한국고대의 종교신앙과
국가체제 정비

한국고대의 종교신앙과 국가체제 정비

김두진 지음

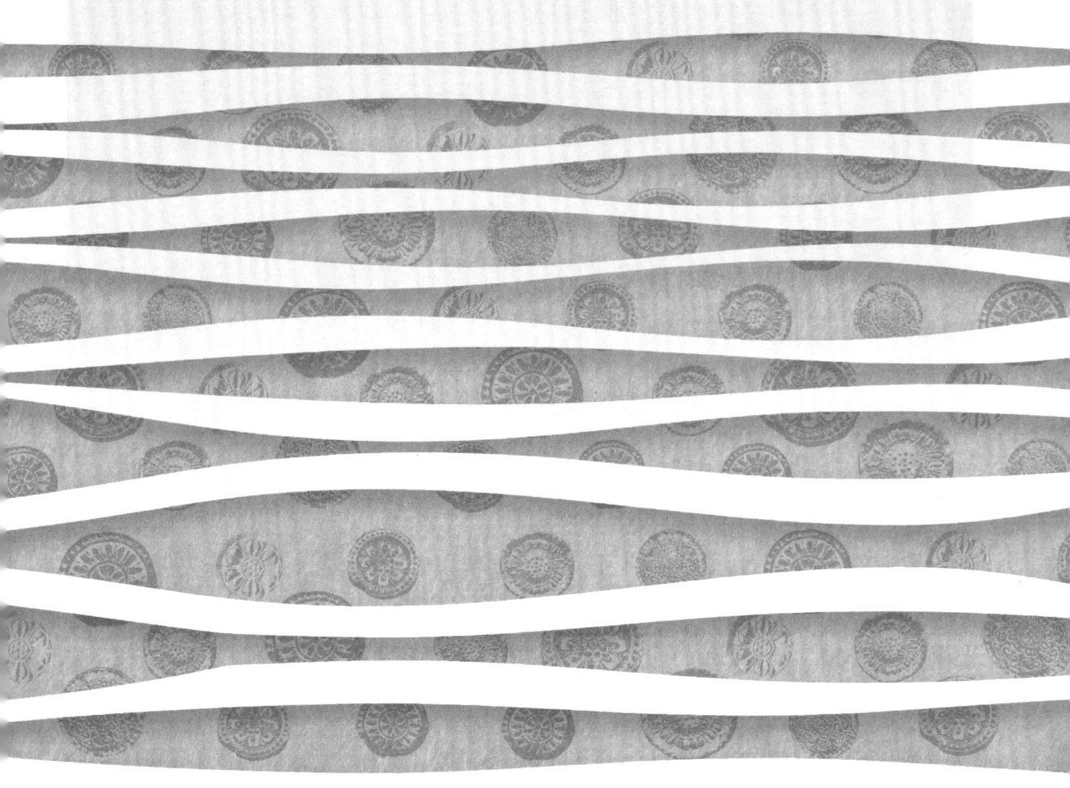

일조각

머리말

일산으로 옮기면서 바쁘게 살아온 소명감에서 벗어나 진정 자유인으로 돌아가고자 하였다. 내가 아닌 남의 눈으로 주위를 바라보면서 그냥 흐르듯 느린 삶을 이어가고 싶기 때문이다. 도심과 숲이 어우러진 호수에서 누리는 한적한 여유는 세월을 먼저 보내는 만년의 즐거움이다. 또한 산업화와 민주화를 거친 세계화의 여정에서 이룬 고달픈 풍요는 미래를 열기 위해 잠시나마 나이를 잊게 한다. 민주화 과정의 이념 갈등이 빚은 우리 사회의 분열과 반목은 오랜 체증으로 남는다. 민족사의 질곡을 잠재우면서 화합과 단결을 모색하고 싶은 상념은 질긴 세간의 인연이라 할 수밖에 없다.

이념의 벽으로 갈라진 우리 사회의 통합을 염원하면서 『한국고대의 종교신앙과 국가체제 정비』를 저술하였다. 2024년 『통일신라의 사회변동과 종교사상』을 출간하였고, 이 책을 출간함으로써 나름대로 한국고대의 사회사상사를 정리하였다. 2024년 출간한 책이 통일신라의 사회사상사라면 이 책은 삼국시대의 사회사상사이다. 두 책 모두 지식사회학적 방법의 연구 성과물이다.

이 책은 서론과 결론을 제외하고 5개 부로 구성하였다. 사실 제2부 「한국고대의 문화의식과 종교신앙」도 서론에 해당한다. 이 부분에서는 한국고대의 사회사상사 연구 방법론을 비롯하여 사회와 종교신앙이 전개되는 사론史論과 문화 복합 과정을 다루었다.

순수 본론은 4개 부이다. 제3부 「한국고대의 연맹왕국 사회와 제의」에서는 연맹왕국시대인 삼한과 부여의 조상숭배신앙과 제의에 수반한 사회 체제를 밝혔다. 나머지 3개 부는 제4부 「고구려의 중앙집권적 귀족국가체제와 삼론사상」, 제5부 「백제의 왕권중심 귀족국가 성립과 계율신앙」, 제6부 「신라의 귀족연합 국가체제와 불교 대중화」이다. 각각 고구려와 백제 및 신라의 종교신앙에 따른 국가체제 정비 과정을 서술하였다. 조상숭배신앙이나 소도신앙이 제천의례와 건국신화로 갖추어지면서 성읍국가가 소연맹국이나 연맹왕국으로 발전하였다. 초전불교를 공인하여 국가불교를 이루고 율령을 반포하면서 중앙집권적 귀족국가(고대국가)가 등장하였다.

율령 반포에 이르기까지 삼국 발전의 단계적 체제 정비는 수많은 읍락이나 지금의 군郡 단위 영역에 존재한 성읍국가를 통합하는 과정이다. 그 지배자들을 왕도로 옮겨 중앙귀족으로 편성한 신분제를 이루면서 중앙집권적 귀족국가체제가 완비되었다. 왕실과 토착귀족이 비슷한 세력을 형성한 고구려가 중앙집권적 귀족국가를 이루었다면, 왕실 세력이 강한 백제는 왕권중심 귀족국가체제를 갖추었으며, 토착귀족 세력이 강한 신라는 귀족연합 국가체제를 정비하였다. 국가체제 정비를 수반한 종교신앙은 융섭적 성향을 지니며, 귀족연합국가를 이룬 신라는 삼국통일을 완수하여 원융한 민족문화를 성립시켰다.

한국고대 사회사상사 연구의 한 단락을 마무리하고 보니, 얽매이지 않고 자유롭게 걸음을 옮길 수 있어 홀가분한 기분이다. 그저 자연스레 흘러 낮은 자리에서 생명을 북돋우는 물이 되었으면 한다. 애써 전공을 내려놓고자 하지만 한국근대 사학사에 관한 관심을 지울 수 없다. 이념으로 얼룩져 우리 사회를 질시와 반목으로 내모는 원인을 발견할 수도 있기 때문이다. 이 시대의 총화와 통합 방도를 찾으려는 바람은 꺼지지 않는 불씨로 남는다. 한국사에서 삼국통일을 완수한 신라의 귀족연합 국가체제와 후삼국시대의 혼란을 통합한 고려의 호족연합 국가체제는 시사성을 준다. 연합국가체제를 거치면서 전승된 민족문화는 원융한 특성을 보였다.

고려 이후 조선시대까지 교선교섭은 물론 유불융합사상 경향이 전승되었고, 근대에는 불교나 기독교, 특히 천주교가 서로의 선한 교리를 인정하려는 다원주의 경향을 보이기도 한다. 원융한 민족문화 전통이 현정顯正을 내세웠기 때문이다. 문화복합 논리가 파사현정破邪顯正에서, 상대를 타파하려는 파사 대신 현정으로 발전하였다. 상대의 옳은 논리를 수용하려는 현정은 매우 소중하며, 앞으로도 민족문화 전통으로 강조해서 살려야 한다. 현정으로 지역과 계층은 물론 남북을 하나로 통합하는 사회연합을 모색해야 한다. 보편적 민족주의로 통일을 이룬 사회연합은 세계화에 역행하는 국제외교의 거친 파고도 잘 헤쳐 나갈 것이다.

이제 학문의 긴 터널에서 조금은 벗어난 느낌이지만, 석양이 불태우는 노을은 눈부시고 아름답다. 지난 여정 여기저기에 가쁜 숨이 머금고 눈길 간 흔적이 묻어난다. 가만히 바라보는 것만으로도 행복하고 감사하다. 돌아보면 지금까지 지나온 길이 고마울 뿐이다. 돌아가신 부모님과 은사님들이 고맙고, 선후배나 제자들이 함께해 주어 또한 고맙다. 특히 가족은 내가 비바람을 피하는 안식처였다. 일조각에 학문의 빚을 많이 졌다. 고 한만년韓萬年 사장은 내가 어려울 때 경제적 도움을 주었고, 김시연金時姸 사장은 시장성이 없는 이 책의 출간을 흔쾌히 허락하였다. 아울러 강영혜姜玲惠 선생은 이 책을 꼼꼼히 교정하고 편집하여 아담하게 꾸며 주었다. 모두에게 감사한 마음을 전한다.

2025년 10월

일산에서 김두진

차례

제5부 백제의 왕권중심 귀족국가 성립과 계율신앙

제 1 부 서론

| 제1장 |

한국고대 사회사상사의 연구 방법론

1. 한국고대사 관계 자료의 성격

한국고대사 연구의 어려움은 관련 사료가 영세한 데에 있다. 일찍이 빈곤한 사료의 한계를 극복하기 위해 고고학을 비롯한 인류학이나 종교학 등 인접 학문의 이론을 도입하려는 연구 경향이 강조되었다. 이런 접근은 한국고대사의 지평을 넓힐 수 있다는 장점이 있어 권장되었다. 다만 역사학 연구에서 문헌 자료의 분석이 우선이고 사회과학 이론의 원용은 부차적이어야 한다.[1] 그렇지 않으면 역사적 사실과는 거리가 먼 허구를 설정하기 때문이다.

문헌 사료가 빈약하다는 핑계로 한국고대사 연구가 실증을 부인하고 다소 이념사학으로 기울었다고 느껴진다. 하물며 문헌 자료를 신용하

1 진단학회 편, 「한국 고대사의 제문제—두계선생과 이기백 교수의 대담 (2)—」, 『역사가의 유향—두계이병도선생추념문집—』, 일조각, 1991, p. 239.

지 않으려 하였고, 그 결과 임의의 한두 사례로 의도한 결론을 끌어낼 수 있게 하였다. 문헌 자료의 외면은 일제 식민사학의 한국문화 말살 행위와 다를 바 없다. 어떤 자료도 온당한 문헌 고등비판을 거치면 역사적 사실, 곧 진실에 접근하게 한다. 한국고대사 관계 사료를 소홀히 할 수 없는 이유이다.

한국고대사 관계 자료는 대부분 당대 사람이 직접 남기지 않은 2차 사료이다. 그것은 인과관계를 염두에 두고 천착해서 이해해야 하는 인고의 노력과 시간을 요구한다. 다른 시대와 비교해 한국고대사 연구에서는 사료를 정치하게 해독하는 등 애써 들여야 할 수고를 감내堪耐해야 한다. 문헌 자료와는 달리 금석문이나 고고학 자료는 1차 사료여서 당대 사회를 직접 알려 주기 때문에 중요하다. 특히 금석문 자료가 문헌 자료의 공백을 메우는 이점이 있다.

유물 자료는 당대 사람들의 생활 모습을 바로 알려 주지만 편년 사료로 이용하기 위해서는 고고학 연구 수준을 높여야 한다. 제조 기법이나 양식 변화로 결정한 편년은 실제 역사 연구의 사료로 사용하기에 적합하지 않다. 탄소 동위원소를 이용한 연대측정 작업은 편차가 커서 정확하지 않을 뿐만 아니라 사회와의 유기적 관련성을 제시할 수 없다. 유물 자료가 제조될 때의 산업이나 사회체제 등을 제시해야 역사 연구 사료로 그 가치를 인정받을 수 있다.

한국고대사 관계 문헌 자료 중 1차 사료는 주로 최치원崔致遠, 혹은 원효元曉를 비롯한 승려들의 문집이다. 법상종 승려인 원측圓測·태현太賢·도증道證 등도 비교적 많은 저술을 남겼다. 금석문 자료의 대부분이 불교 관계 사료인데, 그중에서도 풍부한 내용을 싣고 있는 것은 승려, 특히 나말여초 선사들의 비문이다. 이런 자료는 꼭 당대에 편찬된 것이 아니어도 한국고대 사상사를 연구하는 초석이 되었다.

2차 사료로 중요한 것은 고려시대에 편찬한 역사서인 『삼국사기三國史記』와 『삼국유사三國遺事』 및 승전인 『해동고승전海東高僧傳』이다. 그 외 같은 시대의 중국이나 일본의 역사서에 기록된 우리나라 관계 사료인데, 대체로 전자가 『조선사朝鮮史』 제1편 제3권 지나사료支那史料(조선사편수회朝鮮史編修會, 1933)로, 후자가 『조선사』 제1편 제2권 일본사료日本史料(조선사편수회, 1932)로 정리된 바 있다. 조선시대에 편찬한 『동국통감東國通鑑』이나 『동사강목東史綱目』 및 『해동역사海東繹史』 등은 3차 사료이다. 한국고대사 연구에는 3차 사료가 잘 이용되지 않는다. 이 사료들은 명분론과 연결하여 사학사史學史나 사론史論을 정리하는 데 도움이 되었다.

『일본서기日本書紀』나 『고사기古事記』 등 일본 사서의 한국고대사 관계 사료는 윤색이 심해 엄격한 문헌 고증을 거쳐야 한다.[2] 『사기史記』나 『한서漢書』·『삼국지三國志』 등 중국 정사正史의 동이전東夷傳은 중국인의 우월한 문화의식에서 기록한 민족지民族誌여서 우리 민족의 주체적 성장을 염두에 두지 않았으나, 지리·풍속·특산물·민족성 등을 비교적 상세히 알려 준다.[3] 그중 『삼국지三國志』 위서魏書 동이전東夷傳은 관구검毌丘儉이 내침하여 직접 관찰한 3세기경 우리 사회를 기록한 것이다. 잘 알기 때문에 명칭만 적었던 국내 사서와는 달리, 설명을 붙인 중국 사료가 오늘날 잘 알 수 없게 된 내용을 사실적으로 알려 준다.

『해동고승전』은 고려시대에 영통사靈通寺 주지 각훈覺訓이 교종 중심으로 편찬한 저술이며, 유통流通편의 1권과 2권만이 현전한다. 거기에

---

2 이병도, 「근초고왕척경고」, 『한국고대사연구』, 박영사, 1976, p. 511.

3 고병익, 「중국역대정사의 외국열전—조선전을 중심으로—」, 『대동문화연구』 2, 1966(『동아교섭사의 연구』, 서울대학교 출판부, 1970); 전해종, 『동이전의 문헌적 연구—위략·삼국지·후한서 동이관계 기사의 검토—』, 일조각, 1980.

는 순도順道를 위시한 18명과 묵호자墨胡子를 비롯하여 부기附記한 14명의 삼국시대 승려들을 간략하게 기록하였다. 『고승전』 등 김대문金大問의 저술은 현전하지 않는다.[4] 『해동고승전』이나 『삼국유사』는 물론 통일신라 승려들의 저술은 한국고대 불교사 체계를 수립하기 위해 유용한 것이다. 중국이나 일본의 승전 또는 균여均如나 의천義天 등 고려 승려들의 저술도 한국고대 불교사상사 연구를 풍족하게 하는 데 도움이 된다.

『삼국유사』와 『삼국사기』는 한국고대사 연구의 가장 중요한 사료이다. 묘청妙淸의 난을 진압한 김부식金富軾이 편찬해 사료적 가치에 다소 논란이 있어도 『삼국사기』는 현전하는 우리나라의 가장 오래된 사서이다.[5] 문헌 비판을 거치면 한국고대사의 토대를 마련해 주기 때문에 『삼국사기』에 대해서는 앞으로도 많은 관심을 가져야 한다. 정사正史여서 기전체紀傳體로 편찬된 그것은 합리적 유교사관에 입각하여 간명하면서도 정중한 문체로 서술되어 있다. 『삼국사기』에는 편년으로 서술하기 어려운 설화나 신화가 소략하고, 지志가 빈약한 대신 열전列傳은 풍부하게 기록되었다.

고려후기에 일연一然은 불교흥국佛教興國 사관에 의한 신이神異를 기록한 『삼국유사』를 편찬하였다. 『삼국유사』는 9편목篇目으로 구성되었

4 朴昌和가 일본 宮內廳 書陵部에 전하는 대본을 필사한 김대문의 『화랑세기』는 위작 시비를 밝혀야만 사료로 인정될 수 있다. 노태돈, 「필사본 화랑세기는 진본인가」, 『한국사연구』 99·100 합집, 1997; 이종욱, 「화랑세기의 신빙성과 그 저술에 대한 고찰」, 『한국사연구』 97, 1997.

5 신채호, 「조선역사상일천년래 제일대사건」, 『조선사연구초』, 조선도서주식회사, 1929; 김원룡, 「삼국시대 개시에 관한 일고찰—삼국사기와 낙랑군에 대한 재검토—」, 『동아문화』 7, 1967; 고병익, 「삼국사기에 있어서의 역사서술」, 『김재원박사회갑기념논총』, 1969; 김철준, 「고려중기의 문화의식과 사학의 성격—『삼국사기』의 성격에 대한 재검토—」, 『한국사연구』 9, 1973.

고, 그중 기이紀異 편이 가장 많은 분량을 차지하는데 나머지 편목 기술도 기이 편의 연장에 불과하다. 신이사관은 고려초『구삼국사기』에 나타나지만 고려중기에 합리적 유교사관의 비판을 거치면서 재정립한 것으로, 귀鬼가 아닌 신神에 관한 신앙이며 환幻이 아닌 성聖에 관한 내용으로 정착되었다.『삼국유사』는 거의 전체가 인용문으로 구성되어 있어 한국고대 토착문화의 원래 모습과 전통을 비교적 충실하게 전해 준다. 고조선으로부터 이어지는 역사 기술도 한국고대사를 자주적 입장에서 이해하려는 노력의 산물이다.

『삼국유사』 권3 남월산南月山조의 「미륵존상화광후기彌勒尊像火光後記」와 「미타불화광후기彌陀佛火光後記」는 김지성金志誠이 돌아간 부모와 조상 및 국왕을 위해 남월산사의 미륵존상과 미타불상을 조성하는 사실을 기록한 것이다.[6] 신라장적新羅帳籍 등 구체적 통계 문서도 작성되어 있었다. 그러나 이 같은 한국고대 사회의 모습은 고려시대 사람들에게 꼭 필요한 것이 아니어서 대부분 역사 기록으로 남지 못하였다.『국사國史』 등 삼국시대에 편찬한 역사서는 전하지 않으나,『삼국유사』나『삼국사기』에 그 내용이 다소 인용되어 있다. 그러나 두 사서가 주로 인용한 문헌은 고기古記나 향전鄕傳 등이다. 구체적 사실보다 전승을 기록한 셈이다.

한국고대사 관련 1차 사료가 당대 사회에는 많이 존재하였다. 고려중기 이후까지 전승되는 과정에서 그중 고려 사람들이 관심을 가졌던 사실적 내용은 민간신앙이 덧붙여진 관념 자료로 바뀌어 기록되었다. 예를 들어 「백월산양성성도기白月山兩聖成道記」(『삼국유사』 권3, 남백월이성

6 『삼국유사』 권3, 남월산조의 내용은 다음 두 비문으로 현전한다. 「경주 감산사미륵보살조상기」,『조선금석총람』 권상, 조선총독부, 1919, PP. 34~35; 「경주 감산사아미타여래조상기」,『조선금석총람』 권상, 1919, PP. 35~36.

노힐부득 달달박박南白月二聖 努肹夫得 怛怛朴朴조)는 노힐부득과 달달박박이 관음의 도움으로 각각 미륵과 미타의 양존兩尊으로 성불하는 내용을 기록한 연기緣起설화이다. 백월산사가 남월산사는 아니겠지만, 설화로 기록되기 이전 「백월산양성성도기」의 본 모습은 미륵과 미타 양존의 사실적 조상기였다고 생각한다. 『삼국사기』에도 정도의 차이는 있지만, 구체적 사실이 관념적 사료로 바뀐 기록은 상당히 많이 전한다. 관념적 신앙 자료로 바뀐 한국고대사 관계 자료는 사상사 연구를 더 활발하게 한다.

2. 한국고대 사상사 연구의 성과

한국고대 사상사 연구의 가장 중요한 분야는 불교사상사이다. 삼국시대 초기 토착무교巫敎신앙 사회에 전래되어 수용된 불교가 철학적 논리체계를 구축하면서 불교사상이 한국고대의 정치·사회에 지대한 영향을 주었기 때문이다. 실제로 한국고대 불교사상사는 고려나 조선시대보다 더 많이 연구되었고, 그 성과는 우리 민족의 문화 전통을 이해하는 데 매우 유용하다. 불교가 수용되는 사회 기반에 관심을 가지면서 무교 사회의 토착신앙이나 제의祭儀 연구도 이루어졌다.

한국고대 불교사상사는 주로 동국대학교에 재직한 불교학자 중심으로 처음 연구되었다. 이런 연구로 주목되는 저술을 들면 다음과 같다.

- 조명기, 『신라 불교의 이념과 역사』, 신태양사, 1962.
- 이기영, 『원효사상 1, 세계관』, 홍법원, 1967.
- 안계현, 『신라 정토사상사 연구』, 아세아문화사, 1976.

• 김영태, 『삼국유사 소전의 신라 불교사상사 연구』, 신흥출판사, 1979.

• 김동화, 『삼국시대의 불교사상』, 민족문화사, 1987.

• 고익진, 『한국고대 불교사상사』, 동국대학교 출판부, 1989.

• 전해주, 『의상 화엄사상사 연구』, 민족사, 1993.

• 최원식, 『신라 보살사상사 연구』, 민족사, 1999.

조명기는 신라 불교사상사 연구 분야를 처음으로 개척하였다. 그는 인간 생명의 심오한 영역에서 종교가 발생하고 문화가 창달되기 때문에 불교사 연구를 통해 유구히 총화總和하는 신라인의 생명을 추구하여 우리의 얼을 드러내고자 하였다. 그리하여 원효와 의상부터 원측圓測·태현(대현大賢)·경흥憬興의 저술과 불교사상을 밝혔으며, 원효의 십문화쟁十門和諍에서 출발한 신라 불교가 화엄종뿐만 아니라 법상종의 유식唯識까지도 모두 총화불교를 지향한다고 주장하였다.[7]

조명기 이후 이기영·안계현·김동화 등은 한국고대 불교사의 틀을 마련하였다. 이기영이 『대승기신론』에 의한 원효의 사상을 천착하여 밝혔으며, 안계현은 원효·의적義寂·경흥·법위法位·현일玄一 등 신라 승려의 정토사상을 심층적으로 분석하면서 한국고대 불교사상사 내지 한국불교사상사 연구로 시야를 확대하였다. 김동화는 신라 불교사상사를 중심으로 고구려나 백제 등 삼국시대의 불교사상사를 정립하였으며, 백제 불교의 일본 전파 과정을 제시하였다. 그들은 대체로 한국불교의 위대함과 특수성을 주장하는 한편, 그 사상 전통으로 융섭적融攝的이고 실천적 성격을 들었다.

7 조명기, 『고려대각국사와 천태사상』(동국문화사, 1964)은 신라 總和불교의 전통을 창달한 연구이다. 대각국사 의천의 천태사상은 삼체원융의 총화성을 구현한 것이다(序에서).

김영태·고익진·전해주·최원식 등이 한국고대 불교사상사 연구의 방향을 모색하였다. 우선 김영태와 고익진은 불교사상과 사회와의 관련을 살폈다. 김영태가 『삼국유사』의 분석을 통해 그 속에 담긴 천신天神이나 용신龍神 등 토착신앙과 불국토佛國土나 미륵·미타·관음신앙 등 불교사상을 함께 밝히려 하였다. 고익진은 삼국의 불교 전래에서부터 유식·화엄·밀교사상이나 선종 전래에 이르기까지 한국고대 불교사상을 발전시킨 사회적 기반을 제시하려 하였다.

전해주와 최원식이 한국고대 불교사상에 대한 이해를 심화하였다. 전해주는 의상의 화엄 성기性紀사상이 중국 지엄智儼의 해인삼매관海印三昧觀과 연결되며, 뒷날 보조普照국사 지눌知訥의 선종사상에 영향을 주었다고 하였다. 그리하여 화엄 법계연기의 성기사상을 집중적으로 고찰하였다. 최원식은 원효·의적·승장勝莊·태현太賢의 저술을 분석하여 신라의 보살계사상을 중점적으로 밝혔다. 특히 신라 승려들의 『범망경梵網經』 주석서에 나타난 사회 인식을 고찰하였다.

불교사상사를 개척한 불교학자들은 불교사상에 대한 이해를 심화하면서 그 사회적 기반 등을 밝히려 하였다. 그러나 그 연구가 사회사상사로 이루어지지는 않았다. 그들은 불교사상의 사회적 기반이나 성격을 고찰한다고 하였지만, 실제로 이런 면을 충실하게 다루지 못하였다. 불교사상이 신라 사회에 독특하게 수용된 모습보다는 여러 경전에 기록된 내용을 그대로 나열하였다. 그 결과 신라 불교의 독특한 면을 찾는다고 하면서도 피상적 연구에 머물렀다.

불교학자들의 사회사상사 연구가 정착되기 위해서는 역사학적 방법을 곁들여야 한다. 반면 역사학자들의 사상사 연구는 애초에 사회사상사를 정립시키고자 하였다. 한국고대사의 체계를 마련한 이병도李丙燾는 한국고대사상사에 관한 단독 저술을 남기지는 않았지만, 풍수지리나 도참圖讖사상을 다룬 『고려시대高麗時代의 연구研究』(을유문화사乙酉文化社, 1947)와 함께 『한국유학사韓國儒學史』(아세아문화사亞細亞文化社, 1989)에서 사상과 정치 사회와의 연관을 추구하였다.

역사학자들이 주로 한국고대의 불교사상과 제의나 신화를 포함한 토착신앙 등을 연구하였다. 그들은 선종에 대해서는 오히려 불교학자들보다도 더 관심을 보였다. 대신 유학에 관한 연구는 저술을 낼 정도로 축적하지 못하였으며,[8] 도교에 관해서도 거의 연구하지 못한 실정이다. 역사학자들의 사상사 연구가 사회사상사를 정착시키려 하였으며, 이런 면을 이해하는 데 다음 저술은 참고가 된다.

- 이기백, 『신라사상사연구』, 일조각, 1986.
- 김복순, 『신라화엄종연구』, 민족사, 1990.
- 김상현, 『신라화엄사상사연구』, 민족사, 1991.
- 신종원, 『신라초기불교사연구』, 민족사, 1992.
- 김영미, 『신라 불교사상사연구』, 민족사, 1994.
- 김두진, 『의상 그의 생애와 화엄사상』, 민음사, 1995.
- 정병삼, 『의상 화엄사상 연구』, 서울대학교 출판부, 1998.
- 남동신, 『원효』, 도서출판 새누리, 1999.
- 김두진, 『신라 화엄사상사 연구』, 서울대학교 출판부, 2002.
- 김복순, 『신사조로서의 신라 불교와 왕권』, 경인문화사, 2008.
- 남무희, 『신라 원측의 유식사상 연구』, 민족사, 2009.
- 남무희, 『신라 자장 연구—한국 계율불교의 완성자—』, 서경문화사, 2012.

8 이희덕, 『한국고대 자연관과 왕도정치』(혜안, 1999)는 천재나 지변을 유교 정치사상에서 해석하여 한국고대의 자연관을 왕도정치와 연결한 연구서이다.

• 김두진, 『삼국시대 불교신앙사 연구』, 일조각, 2016.

• 이병학, 『역사 속의 원효와 『금강삼매경론』』, 혜안, 2017.

이기백이 한국고대사상사 내지 불교사상사를 사회사상사로 정립시키려 하였다.[9] 그는 불교가 왕실 및 귀족 사이에서 어떻게 수용되었느냐를 밝혔다. 삼국시대의 불교 전래나 수용은 왕권 중심의 중앙집권적 귀족국가를 형성하는 과정에서 지배체제를 뒷받침할 관념 형태를 정립하려는 것이다. 이런 그의 연구 방법은 김두진에게 영향을 주었다. 그의 저술 『균여화엄사상연구』(일조각, 1983)는 한국고대사상사 분야가 아니지만, 균여均如의 화엄사상이 고려 광종대 전제정치를 이념적으로 뒷받침한다고 하였다.

불교사상의 역사적 해석에 대해 김상현과 김복순이 반대하는 태도를 고수하였다. 그들은 위대한 불교사상을 속인이 분석적으로 접근하는 데 대한 거부감을 나타내었다. 그러나 이미 안계현도 "화엄사상은 신라 무열왕대부터 시작되는 전제왕권에 따라 전개된 율령律令 정치체제의 정신적 뒷받침 구실을 담당한다"라는 결론을 내렸다.[10] 불교학 입장에선 역사학자 안계현과는 달리, 그들은 불교신자의 관점에서 절대적 진리인 불교사상, 특히 의상의 화엄사상이 신라 사회와는 관계가 없다고 주장하였다. 사상이 당대 사회와 적합하지 않다고 할 수는 있어도 아예 관계가 없다는 태도는 학구적이라 할 수 없다.

불교 신자 입장을 견지한 역사학자들은 오히려 법장法藏의 화엄사상이나 유식사상 또는 유교사상이 신라중대의 전제정치를 도왔다고 하였

9 김두진, 「역사학으로서의 신라사상사연구—이기백, 신라사상사연구(일조각, 1986)의 서평—」, 『한국역사학 연구의 성찰』, 서경문화사, 2010, pp. 358~368.

10 안계현, 「의상과 신라 화엄사상」, 『한국 불교사 연구』, 동화출판공사, 1982, pp. 79~80.

다. 그러나 법장의 연기론적緣起論的 수진법계관竪盡法界觀보다 의상의 성기론적性起論的 횡진법계관橫盡法界觀이 더 전제주의에 유용한 것은 분명하다. 김두진의 저술『의상 그의 생애와 화엄사상』·『신라 화엄사상사 연구』·『삼국시대 불교신앙사 연구』 등은 하나 속에 일체를 융섭融攝하려는 의상의 성기론적 화엄사상이 신라중대의 전제정치에 어울린다는 결론을 제시하였다.

신종원·김영미·정병삼·남동신·남무희·이병학 등이 역사학자로서 불교사상사를 전공하였다. 신종원은 신라 불교의 전래와 공인 문제를 추구함으로써 신라 사회의 사상적 기반이나 중고기의 국가체제 등을 이해하였다. 김영미는 대중에게 널리 수용되었던 신라 아미타신앙을 집중적으로 분석하면서, 역사와 함께 불교를 연구 대상으로 삼는 것이 자신에게 너무나 벅찬 일이라고 하였다. 정병삼은 의상 화엄사상의 사회적 성격을 밝히고자 사상이 형성되던 당대 사회와 당시의 과제를 파악하여 해결하려고 하였다.

남동신·남무희·이병학 등도 애써 불교사상의 사회적 성격을 지적하지 않았지만 사회사상사 시각을 드러내었다. 남동신은 좀 더 넓은 시야를 갖는 역사주의 관점에서 원효를 거사居士 모습으로 이해하였다. 남무희는 자료 검토를 통해 실증적 역사학 방법으로 사상사에 접근하였다. 특히 고려시대에 유통된「자장전」을 복원하여 자장의 사상을 연구하였다. 이병학은 원효의『금강삼매경론』을 분석하여 신라 권력의 중심부에서 결코 볼 수 없었던 역사의 비주류인 원효의 혜안을 제시하려 하였다.

역사학자들의 한국고대 사상사 연구는 당대 사회에 대한 관심을 넓히면서도 세부 영역의 분석을 심화하였다. 우선 고구려나 백제 사상사에 관해서는 다음 연구서가 있다.

- 길기태, 『백제 사비시대의 불교신앙 연구』, 서경문화사, 2006.
- 김두진, 『백제의 정신세계』, 주류성, 2006.
- 정선여, 『고구려 불교사 연구』, 서경문화사, 2007.
- 남무희, 『고구려 승랑 연구—동아시아 신삼론 사상의 개척자—』, 서경문화사, 2011.

길기태나 정선여가 고구려나 백제 불교사를 따로 정립한 것은 매우 중요하다. 김두진이나 남무희와 마찬가지로 그들의 연구도 불교사상을 사회와 연관하여 이해하였다. 길기태는 불교신앙의 토대나 국가적 전개 및 사회적 확산을 살핌으로써 기층세력의 움직임을 밝혔다. 정선여는 불교계의 동향뿐만 아니라 귀족연합 정권의 시기별 변화 양상과 같은 고구려의 정치·사회 모습까지도 함께 검토하였다.

역사학자들이 사회와의 연관을 추구하는 방향에서 한국고대 사상사를 연구하였다. 특히 그들은 불교학자나 민속학자들보다도 오히려 더 능동적으로 신라하대의 선종이나 상고대의 토착신앙 등을 연구하였다. 다음은 선종사에 대한 대표적 연구서들이다.

- 추만호, 『나말려초 선종사상사 연구』, 이론과실천, 1992.
- 조범한, 『신라선종연구—낭혜무염과 선주산문을 중심으로—』, 일조각, 2001.
- 최인표, 『나말려초 선종정책 연구』, 한국학술정보, 2007.
- 김두진, 『신라하대 선종사상사 연구』, 일조각, 2007.
- 조범환, 『나말여초 선종산문 개창 연구』, 경인문화사, 2008.
- 조범환, 『나말여초 남종선 연구』, 일조각, 2013.

한국고대의 신화나 제의 및 토착신앙에 관해서는 다음 연구서들이 있다.

- 최광식, 『고대한국의 국가와 제사』, 한길사. 1994.
- 김두진, 『한국고대의 건국신화와 제의』, 일조각, 1999.
- 장인선, 『백제의 종교와 사회』, 서경문화사, 2001.
- 나희라, 『신라의 국가제사』, 지식산업사, 2003.
- 최광식, 『한국고대의 토착신앙과 불교』, 고려대학교 출판부, 2007.
- 채미하, 『신라 국가제사와 왕권』, 혜안, 2008.
- 채미하, 『한국 고대 국가제의와 정치』, 혜안, 2018.

역사학자들은 선종사상이나 토착신앙을 정치 사회의 발전과 연결하여 연구하였다. 중생이 스스로 지닌 불성을 깨우치기 위해 경전을 부정하면서 외식제연外息諸緣과 견성오도見性悟道를 주장하는 선종 승려들은 개인주의적 경향을 보여, 신라하대에 중앙정부의 간섭에서 벗어나 독자 세력을 구축하려던 지방호족과 연결되었다. 그러므로 역사학자들의 신라하대 선종사 연구 대부분은 선종사상이 지방호족의 구미에 어울렸다는 결론을 도출하였다.

역사학자들은 한국고대의 건국신화나 토착신앙을 성읍국가에서 연맹왕국을 거쳐 중앙집권적 귀족국가로 정비되는 국가체제와의 관계에서 파악하였다. 특히 정치사 관점에서 시조묘始祖廟나 신궁神宮 및 종묘宗廟를 고찰하고 국가제의의 운영을 국가 통치 원리에서 검토하였다. 토착신앙을 통해 역사학자들은 무불巫佛관계사를 추구하는가 하면, 정치사회사를 심층적으로 이해하려 하였다. 또한 한국고대 제도사나 사회사 연구자들이 사상에 관심을 두면서 사회사상사 연구를 시도하였다.[11] 역사학자들이 사상사 분야를 세분하고 사회와의 연관을 중시하여 연구하는 경향은 바람직하게 생각한다.

3. 사회사상사 연구 방법의 모색

한국고대 사상사 연구가 심화하기 위해서는 사회사상사로 정립되어야 한다. 한국고대 사상사는 불교사와 토착신앙 분야에서 제법 축적된 연구 업적을 이루었다. 불교사는 심오한 논리와 철학 체계를 갖춘 사상 자체에 대한 이해를 곁들여야 하므로 역사학자들이 쉽게 접근하기 어려운 연구 분야이다. 반면 민속학자들이 다소 관심을 가졌어도 신화나 제의 등 토착신앙에 관한 역사학자들의 연구는 애초에 사회사상사로 출발하였다.

한국고대 불교사상사 연구는 불교학자들에 의해 개척되었고, 역사학자들이 참가하면서 사회사상사로 심화하였다. 초기 불교학자들의 연구는 역사학적 접근이 없어 불교사상이 당대 사회에서 갖는 독특한 의미를 부각하지 못하였다. 그들은 방대한 대장경 속에 전하는 교리를 집중적으로 제시하였는데, 불교 문헌의 난해한 용어를 그대로 노출함으로써 불교사상 자체를 쉽게 이해하기 어려운 결과를 초래하였다. 한국고대 불교사상의 특성을 제시하려 하였지만, 불교사상의 보편성을 밝혀 그 구체적인 모습을 끌어내는 데에는 소홀하였다.

한국고대 불교사상의 특성이 총화總和와 실천이라는 불교학자들의

---

11 노용필, 『한국고대사회사상사탐구』, 한국사학, 2007; 장일규, 『최치원의 사회사상 연구』, 신서원, 2008; 노중국, 『백제사회사상사』, 지식산업사, 2010.

주장은 온당하지만 막연한 감이 없지 않다. 신라·고구려·백제 사회 각각이나 혹은 귀족과 서민대중에게 수용되는 불교사상의 상이한 모습에서 그 특성을 다양하게 찾을 수 있기 때문이다. 불교사상이 당대 사회와 어떻게 연관되었느냐에 대한 관심은 역사학자들의 불교사상사 연구에 구체적으로 나타났다. 어떤 불교사상이 한국고대 사회에 수용되어서 어떻게 영향을 끼쳤는가는 실제로 중요한 문제이다.

역사학자들은 불교사상사 연구를 바람직하게 시행하기 위하여 불교사상 자체에 대해 깊이 이해해야 한다. 마찬가지로 불교학자들도 역사학자와 비슷할 정도로 당대 사회를 알아야 불교사상사를 성공적으로 연구할 수 있다. 불교사상사 연구가 심화되면서 사회사상사 연구가 정립되어 갔다. 사회사상사로 정립되기 위해 불교사상사 연구는 당대 사회는 물론 불교사상 자체에까지 폭넓은 역사학적 분석 작업을 거쳐야 한다. 근래에 역사학자들이 불교사상에 대해 전문적 식견을 갖는 경향은 바람직하다.

불교사상의 식견을 넓히려는 역사학자들의 욕구는 불교신앙에 심취하게 하였다. 불교를 포함한 종교에는 당해 신자만이 느끼는 종교 심리가 존재한다. 그것은 진리에 속하며 논리적으로 설명하기 어렵지만, 오랜 기간을 거쳐 지금까지도 사람들에게 감흥과 영향을 준다. 결코 신앙인이 아니면 감지하기 어려운 위대한 영역이다. 그러므로 불교 신자인 역사학자들은 불교신앙이나 성인聖人들의 사상을 속인이 분석적으로 접근하는 데 거부감을 가졌다. 그들은 불교사상을 사회와 연결해 해석하려는 역사학자들의 연구를 인정하지 않았다.

사회와의 연관을 추구하다 보면 불교사상을 분석적으로 접근해야 한다. 이런 면을 부정하면 불교사상사가 사회사상사로 정립될 수 없다. 불교사상은 진리를 구현하지만, 그 진리는 어느 시기의 개별 사회에 수용됨으로써 특별한 의의가 있다. 특정 사회나 계층에 수용된 진리의 모습은 역사학적 분석으로 밝힐 수밖에 없다. 다만 역사학자들도 인류의 마음을 총체적으로 이끌어 온 신앙 영역을 존중하면서 불교사상을 심층적으로 이해해야 한다. 곧 불교사상이 보편적으로 지향한 진리를 먼저 설정하면서 그것이 시대나 사회에 따라 강조한 면모를 밝혀야 한다.[12]

불교사상사를 사회사상사로 정립시키는 방법은 두 방향에서 진행될 수 있다. 첫째, 당대 사회를 이해한 기반 위에 연관된 사상의 특성을 제시하는 것이다. 둘째, 거꾸로 사상의 변화를 면밀하게 검토한 후 그 변화의 모습에서 달라진 전후의 사회체제를 복원하는 것이다. 그중 전자가 사회사상사를 정립하기 위한 무리 없는 가장 확실한 방법이며, 역사학자 대부분에게 일반적으로 받아들여졌다. 다만 그것은 사실적인 사회사 관계 자료를 충분히 갖추고 있는 조선시대 이후의 사상사 연구에 유리할 수 있다.

고려시대 이전의 사상사 연구에서도 사회나 시대 변혁이 뚜렷한 경우 그에 따른 사상의 변화를 추구하였다. 삼국 각각의 독특한 불교사상을 제시하거나 중앙집권적 귀족국가의 성립으로 인한 국가불교의 수용과

12 교인이 아니면 感知하기 어려운 기독교나 불교 등 여러 종교신앙은 지속해서 인류의 마음을 이끌고 사회에 영향력을 행사해 왔다. 아무리 종교가 달라도 그것들은 모두 도덕적이면서 시대를 초월해 존재하는 진리를 지향해 왔기 때문이다. 불교신앙도 예외일 수는 없다. 신앙 영역을 고려하기 위해서는 불교사상 자체를 폭넓게 심층적으로 이해할 필요가 있다. 사상에 대한 이해가 깊을수록 역사학자들의 불교사상사 연구 수준은 높아질 수밖에 없다. 그들은 시대를 초월한 불교사상의 진리와 아울러 그것이 당대 사회에 수용되면서 나타난 모습을 모두 파악해야 한다. 불교 경전에 나타난 보편적 진리에 대해 거시적으로 살펴 이해해야 한다. 경전 전체의 체계나 내용에 대한 지식이 있어야만 가능한 작업이다. 그런 다음 그것이 시대나 사회에 따라 어떻게 수용되고 변화되었는가를 제시해야 한다. 그러므로 경전 내용의 註釋史를 정리하는 작업은 대단히 중요하다. 주석사가 당대에 경전의 어떤 면을 중시하면서 포용하였는가를 보여 주기 때문이다. 근래 연구가 판본이나 내용의 相異에 치중하였어도 대장경 자체에 관한 관심이 고조되고 있음은 반가운 일이다.

신라하대 지방호족의 대두 속에 선종불교의 유행을 지적한 것 등이 이런 사례에 속한다. 사회사상사를 지향하는 연구 방법의 대부분은 전자에 해당한다. 그러나 한국고대 사상사 연구 방법으로 후자를 시도할 필요가 있다. 고대사 관계 사료가 사상 분야에 치중되어 있어 구체적 사회사실을 알려 주는 경우가 적기 때문이다.

사상의 변화를 통해 그와 연관된 사회의 변화를 추구하려는 후자가 지식사회학적知識社會學的 방법이라 할 수 있다. 지식사회학적 연구는 특정 시기의 사상을 부각하여 그것이 당대의 사회나 정치 세력과 어떤 형태로 연관되었는가를 고찰하는 것이다.[13] 20세기 초 독일의 막스 베버Max Weber는 기독교의 청교淸敎 윤리를 분석하여 거대한 자본주의 경제체제를 끌어냈다.[14] 그는 지식사회학적 방법으로 윤리 사상을 분석하여 봉건사회에서 근대사회로 나아갈 계층이나 경제체제를 제시하였다.[15]

프로테스탄티즘의 세속적 금욕은 부지런히 일하면서도 절약하는 직업윤리가 되어, 많이 벌고 소비를 줄임으로써 자본 형성을 가능하게 하고 자본주의 경제체제를 성립시켰다고 한다.[16] 어떤 사상도 사회와 연관되어 의미를 갖기 때문에 사상의 정치한 분석은 그것과 연결된 사회 모습을 끌어낼 수 있다. 국내 학계에서는 지식사회학적 연구가 일반화되어 있지는 않다. 한국고대 사상을 심층적으로 분석하여 그 성격이 달라지는 모습을 제시한 후, 전후 사회의 변화를 추구하려는 연구가 시도

---

13 차하순, 『현대의 역사사상』, 탐구당, 1994, p. 208.

14 막스 베버 저, 권세원·강명규 공역, 『프로테스탄티즘의 윤리와 자본주의의 정신』, 일조각, 1977(Max Weber, 「Die protestantische Ethik und der Geist des Kapitalismus」, zuerst, 1904~1905).

15 권세원·강명규 공역, 위의 책, 1977, 역자 서문.

16 권세원·강명규 공역, 위의 책, 1977, pp. 139~160.

되어야 한다.

지식사회학적 방법은 사료의 한계로 인한 사회사의 공백을 메워 줄 것으로 기대한다. 설화에 등장한 가공인물의 분석은 그와 행적이 비슷한 실존 인물이나 그 시대상을 보완하는 데 도움을 준다. 이름만 나오는 시무책이나 정책도 당대의 사상 풍토 속에서 이해하면 그 자세한 내력來歷을 끌어낼 수 있다.[17] 사상은 물론 사회를 모두 깊이 이해해야 사회사상사 연구 수준을 높일 수 있다. 그러기 위해 사상사뿐만 아니라 역사학을 구조기능적으로 연구해야 한다. 구조기능사학은 역사학자들이 인류학을 보조학문이 아닌 협동 분야로 간주하게 하였다.[18]

구조기능적 분석은 언어학에서 제기하였지만 인류학에서 강조되었다. 영국의 인류학자인 에번스 프리처드Evans Prichard는 스승 브로니슬라브 말리노프스키Bronisław Malinowski의 영향을 받아 구조기능적 방법으로 종교신앙을 분석하였다.[19] 종교신앙을 사회적 여러 사실과의 유기적 관계에서 해석하였다.[20] 한국고대 사상사의 구조기능적 연구는 사상과 당대의 여러 구체적 사회사실과의 관계를 추구하는 것이다. 사상이 한국고대 사회에 포용되어 담당한 역할을 밝히는 연구는 바로 사회사상사가 된다.

비교사상사는 한국고대 사회사상사의 연구 시야를 확대할 수 있다. 한국고대 비교사상사 연구는 사상을 당대의 다른 사상은 물론, 다른 시

---

17 사회사 자료가 풍부한 조선시대 이후에도 지식사회학적 분석이 필요하다. 개혁 상소문이나 시무책은 작성자의 사상을 폭넓게 이해해야 잘 분석될 수 있다. 성리학과 그것은 밀접하게 연결되어 있기 때문이다. 실제로 상소문이나 시무책은 이기론적 관점에서 사회개혁을 내세우고 있다.

18 차하순, 앞의 책, 1994, pp. 222~234.

19 김두진 역, 『원시종교론』, 탐구당, 1980(E. E. Evans-Pritchard, 『Theories of Primitive Religion』, Oxford: Clarendon Press, 1965).

20 김두진 역, 위의 책, 1980, 역자 후기.

대나 지역의 비슷한 사상과 비교하여 분석하는 것이다. 그러나 두 사상의 단순한 유사성이나 단편적 차이의 지적은 비교가 아닌 나열 위주의 대비對比라 할 수 있다.[21] 사회사상사로 시야를 확대하면서 문화를 다양한 시각에서 해석하기 위해 구조기능적 분석 작업을 거치면서 비교사상사를 연구해야 한다. 사상과 다른 사상의 단순한 상이를 지적하는 데 그치지 않고, 그것이 각각 수용된 사회 내에서 갖는 기능까지 비교할 때 진정한 비교사상사가 이루어진다.

사회사상사를 정립시키기 위한 구조기능적 분석이나, 또한 그런 바탕에서 이루어지는 비교사상사 연구는 많은 시간과 노력을 요구한다. 학제적 공동연구로 출발하는 것도 한 방편이 될 수 있지만, 결국은 개인 연구로 성립시키는 것이 바람직하다. 사회사상사 연구가 진정한 비교사상사로 시야를 확대하면 그 결과는 한 사상을 포용한 사회 기반과 다른 사상을 포용한 사회 기반의 교섭과 절충 과정을 밝히게 된다. 이렇듯 심화한 사회사상사의 온당한 정립은 바로 민족문화사 체계를 구축하게 할 것이다.

4. 한국고대 사회사상사의 정립

사회사상사는 사상이나 사회에 대해 모두 정통한 이해 기반 위에서 정립되겠지만, 그 연구는 우선 사상사에서부터 출발한다. 다만 사상은 심오하고 방대한 철학이나 논리체계를 가져서 쉽게 이해하기 어려운 면을 지녔다. 난해하다는 부담이 사상사 연구를 이미 알려진 관념 중심으

21 차하순, 앞의 책, 1994, pp. 285~293.

로 추구하게 하였다. 그러나 관념의 추구가 이념사학으로 빠질 위험을 안고 있다. 이념사학에서 벗어나야 사상사 연구는 사회사상사로 성립될 수 있다.

사회사상사의 정립은 자연스럽게 시대정신에 접근하게 한다. 시대정신은 당대의 사회와 사상을 총체적으로 이해할 수 있는 문화역량文化力量 속에서 배태된다. 한국고대 사회사상사의 정립이 민족사의 시대정신을 비로소 성립시키기 때문에 매우 중요한 의미가 있다. 특정 사회에 포용된 사상의 여러 사실적 모습이 모여 관념이나 이념을 형성시켜 시대정신을 낳는다. 우리 사회 내부에서 만들어진 이념이 쌓여 시대정신을 성립시키지만, 외부의 규격화된 이념에 맞도록 골라 뽑은 사상의 양상이나 관념은 그것과 무관할 수밖에 없다.[22]

이념사학은 당대 사회에 실재하지 않은 허상을 만들 수 있으므로 시대정신의 창출에 보탬이 되지 않는다. 반면 한국고대 사회 내에서 찾아낸 이념이 바로 우리 민족의 시대정신으로 이어질 수 있다. 그것은 총체적 문화역량의 성립과 표리表裏가 되어 자생적으로 형성된다. 당시 사회와 사상의 수많은 사실을 객관적으로 분석하여 그 실체를 설정하면, 그것이 모여 거대한 총체적 문화역량을 이룬다. 그 안의 수많은 사실을 실증적으로 분석한 개개의 성격이 모여 시계 위로 떠올라 이념이 된다. 안개와 같이 피어오른 이념이 사조思潮가 되어 시대정신을 성립

22 저자가 편의상 우리 사회 내부에서 만들어진 이념과 외부의 규격화된 이념으로 나누어 설명하였다. 다만 이념이 만들어질 당시의 여러 사회사실이 실증에 의한 객관적 분석으로 그 보편성이 추구된 과정을 이해한다면, 양자는 굳이 구분될 필요가 없다. 우리 사회 내부에서 만들어지는 이념은 물론 주로 서구에서 들어온 규격화된 이념도 무수한 사회사실을 실증적으로 분석한 과정을 거쳐 설정되었기 때문이다. 그러므로 생성되기까지의 과정에 대한 이해를 상실한 이념사학은 임의로 외형을 고정한 관념에 맞게끔 허구를 조성할 수 있다.

시킨다.

사회나 사상의 여러 사실을 객관적으로 밝혀 시대정신을 끌어내는 작업은 많은 시간과 노력을 기울여야 한다. 당대의 무수한 사실을 객관적으로 설정하여 밝히면 그사이의 인과관계가 자연적으로 드러난다. 반면 전후 사실을 무시한 채 시비와 포폄褒貶을 논하기 위해 임의로 선택한 한둘의 사실을 이념으로 조급하게 분석하면 존재하지 않는 허구를 만들고 역사 왜곡이 이루어진다. 그것은 사조와 무관하여 시대정신으로 이어질 수 없다.

당대의 무수한 사실을 실증적으로 밝히기 위해 추체험적追體驗的 이해가 요구된다. 추체험적 이해는 19세기 말 독일의 빌헬름 딜타이Wilhelm Dilthey가 언급하였고, 허선도許善道가 주장하였다. 역사적 상대주의에 대항해 랑케Ranke의 실증사학을 계승한 딜타이는 체험을 통해 타당한 보편적 규칙을 내세우고자 인간의 삶을 총체적으로 파악할 것을 주장하였다. 그의 역사학은 삶의 철학이다. 인간 삶으로 들어가 체험한 인식은 철저한 객관성을 가지면서 인류의 본성을 이해하려는 보편성을 띤다.

인간의 삶은 이성만이 아닌 예술이나 문화에 의한 감성 또는 정서까지 폭넓게 경험하는 추체험적 이해를 통해 총체적으로 파악될 수 있다. 그것은 비록 우리가 현대에 살고 있지만 과거 사실을 살필 때는 과거로 되돌아가 당시 사람이 된 처지에서 직접 그 사실을 체험하는 태도를 가리킨다.[23] 인간의 삶으로 들어가기 위해 당대의 사회 환경은 물론 총체적 문화역량이 먼저 복원되어야 한다. 객관적으로 존재하는 수많은 여

23 허선도, 「국사연구의 기본 목적과 방법—올바른 한국사관 정립을 위한 서설—」, 『국민대학보』 157·158호, 1973(『교양국사』, 1981).

러 사회사실의 인과관계에서 삶을 영위하는 인간의 보편적 본성이 시대 정신을 형성시킨다.

다음으로 사회사상사의 정립은 민족문화의 전승과 창달을 가능하게 한다. 이 점은 역사학의 목적과 연결된 문제이다. 모든 학문이 문화 창조에 목적을 두는데, 역사학은 유독 교훈, 곧 계감戒鑑을 강조한다. 역사를 통해 교훈을 얻으려는 사관은 동양과 서양을 막론하고 고대부터 나타나 지금까지 중시되었다. 그러므로 역사학이 계감주의를 배제할 수는 없지만, 그 목적을 다른 학문과 마찬가지로 민족문화의 창조와 그 전승의 창달에 두어야 한다. 그런데 진정한 사회사상사를 정립시키면 역사학 연구가 민족문화를 창조할 수 있게 한다.

역사학의 계감주의에 대한 비판이 20세기 초에 사회학자들을 중심으로 제기되었다. 그들은 사람들의 정신 구조가 항상 같다는 가정을 가진 역사학자들의 시대착오를 지적하고, 특정 시대 사람들의 경험을 자기 경험에 비추어 해석할 위험을 경고하였다.[24] 현재 대두된 사실은 매우 복잡하고 다양성을 지녀 계속해서 여러 방향으로 전개할 가능성을 가졌다. 그런데 역사학자들이 과거의 비슷한 사건을 교훈 삼아 그 발전 방향을 제시하기 때문에 오히려 현대문화 발전의 폭을 축소한다고 한다. 역사학 존재 자체에 대한 심각한 회의가 대두된 셈이다.

사회학자들이 역사주의를 비판하면서 단대斷代 사회의 총체적 문화에 대한 이해를 요구하였지만, 어떤 사실도 역사적 사고를 배제하고는 밝혀질 수 없다. 과거의 인과관계로 존재하는 수많은 사실은 바로 역사적 사고로 해명될 수 있기 때문이다. 귀납적이거나 연역적 논리 자체는 물론 상대성 이론 등 자연과학의 이론 전개 과정이 역사적 사고이다. 현

24 차하순, 앞의 책, 1994, p. 232.

재를 이해하는 데 역사적 사고가 필요하다. 다만 사회학자들이 지적한 단대 사회의 총체적 문화역량에 대한 이해는 중요하다.

이제 역사학은 계감주의에 안주하지 않고 민족문화의 창조 영역으로 눈을 돌려야 한다. 역사적 사실 한둘만 이해해도 교훈을 얻을 수 있다. 그러나 개별 사실의 피상적 분석에 그치면, 그것을 통해 민족문화가 창조될 수 없다. 특히 민족문화를 창조할 수 있는 문화역량을 이해하기 위해서는 사회사상사가 정립되어야 한다. 사회사상사를 정립시킨 구조기능적 분석은 역사학에서의 문화 창조를 가능하게 한다. 역사적 사실에 대한 구조기능적 분석은 그것이 필연적으로 존재하는 이유를 제시하기 때문이다. 과거의 개별 사실이 당대의 문화역량 속에서 반드시 배태될 수밖에 없는 이유는 바로 문화 창조로 이어진다.

구조기능적 분석은 철저한 객관적 실증 작업을 거쳐야 한다. 그렇지 않고 여러 사회관계의 개별 분석에 조금의 애정이 노출되고, 이것이 모인 문화역량은 민족주의 색채를 강하게 지닌 괴물이 된다. 그 결과 민족문화의 창달은 불가능해질 수밖에 없다. 사회사상사의 정립이나 민족문화역량의 제고에는 실증 작업이 절대로 필요하다. 왜곡된 문화역량은 민족문화 전개의 참모습을 이해할 수 없게 하기 때문이다. 철저하게 실증 작업으로 이루어지면 역사학 연구가 교훈을 제시하거나 문화 창조를 이루는 방향은 같아지게 된다. 다만 전자가 크게 방향을 설정한다면 후자는 조그마하게 잉태하는 모습을 보일 뿐이다. 이런 면은 이념사학과 실증사학이 서로 연결하여 협력을 모색할 수 있게 한다.

마지막으로 사회사상사 정립이 민족문화사 전개의 대세를 파악하게 한다. 시대정신이나 총체적 문화역량에 대한 식견은 역사 흐름이나 민족사 체계의 이해에 유용한 것이다. 구조기능적 분석은 여러 세부적 인과관계에 천착하지만, 문화역량을 끌어내어 민족문화를 거시적으로 바라보게 한다. 불교나 유교 등 고대에서부터 지금까지 이어진 사상에 대해 시기별로 달라진 양상을 구조기능적으로 분석하면 총체적 문화역량이 전승되면서 이룬 현재의 민족 문화역량을 밝히게 된다. 그것은 민족문화사의 체계를 수립하고 다음 대의 문화 창조를 가능하게 한다.

실증적 분석은 객관적 규칙을 발견하여 역사적 사실의 속성인 보편성을 높인다. 발견한 규칙들은 다원적이라 하더라도 보편성으로 취합할 수 있다. 구조기능적 분석으로 사상과 연관된 여러 사회적 사실의 객관적 규칙을 밝히면 그것이 합쳐져 보편적 흐름을 보여 준다. 민족문화사 전개의 대세는 무수한 역사적 개별 사실의 보편성이 합쳐져 흐르는 모습으로 나타난다. 오늘날까지 민족문화역량의 이어지는 모습이 바로 민족문화사 전개의 대세이다.

민족문화사의 전개는 인간 중심으로 파악하는 것이 중요하다. 역사 속 인간의 이해가 민족문화사의 폭을 넓혀 주기 때문이다. 모든 역사적 사실은 인간이 만들어 왔다. 민족문화사 전개의 주체는 인간인데, 일제강점기 식민사학은 조선인 부재라는 결과를 낳았다. 그리하여 제도사나 기술적 실증사학이 인간을 고려하지 않았다. 역사 연구에서 인간을 재발견하려는 노력은 민족문화사 서술을 훨씬 활기차게 만들었다.[25] 어느 한 제도 등 단순한 역사적 사실도 관련 인간으로까지 시야를 돌리면 그 연구 범위는 확대될 수밖에 없다.

역사적 사실이 누구를 위하여 존재했는가, 따라서 누구를 위하여 어떻게 운영되었는가는 중요한 것이다. 역사를 움직이는 세력으로서의 인간집단이 주목받았다.[26] 사상은 인간에 의해 주장되고 수용되었기 때

25 이기백,「현대 한국사학의 방향」,『문학과 지성』, 1974, 겨울호;『한국사학의 방향』, 일조각, 1978, pp. 156~157.

26 이기백, 위의 논문,『한국사학의 방향』, 1978, p. 155.

문에 사상사 연구가 다른 분류사와 달리 교리에만 그치지 않고 일찍이 인간 중심으로 진행되었다. 사상이 어떤 세력에 의해 왜 수용되었느냐는 문제가 된다. 사상을 수용한 광범한 인간집단으로까지 눈을 돌리면서 방대하게 이루어지는 사회사상사 연구는 민족문화사 전개의 대세를 짐작하는 데 유용하다.

구조기능적 연구는 여러 사회사실과의 관계를 분석한 분류사를 집합한 것이다. 사회사상사를 정립시킨 구조기능적 연구도 사상과 여러 사회사실과의 관계를 분석한 분류사의 집합이지만, 그 중심에는 인간이 작용하고 있다. 역사 속에 등장한 인간은 환경에 따라 독특한 사상을 창출創出하여도 그 속에는 인류라는 보편적 인간성이 갖추어져 있다. 추체험적 분석이 이런 면을 더 분명히 해 준다. 현대인과 당대 문화역량을 경험하기 위해 되돌아간 과거의 선조는 같은 인간이고 동일한 인간성을 가졌기 때문이다.[27] 사회사상사 정립은 역사 속 인간 행적으로 시야를 확대하면, 방대하면서도 보편적인 민족문화사 전개의 대세를 제시할 수 있다.

민족문화사 체계를 세우는 데 사회나 사상의 변혁기에 관한 연구가 필요하다. 변화되기 전후의 사회나 사상을 아울러 이해하기 위해 구조기능적 분석을 거친 진정한 비교사상사 연구가 권장되어야 한다. 그것은 바로 민족문화사의 전개로 이어질 수 있다. 앞으로 어느 한 사상의 변화를 넘어선 무불巫佛이나 유불儒佛 등 교섭사상사 연구는 개척해야 할 분야이다. 이런 문제는 서로 다른 분야의 사상을 깊이 이해해야 하는 부담이 있지만 기존 문화에 새로운 문화가 들어와 토착화하는 과정을 분명하게 알려 줄 것이다.

---

27 허선도, 앞의 글, 앞의 책, 1981, p. 29.

문화 창조로 이어지는 시대정신의 부각이나 전통문화의 창달 및 민족 문화사의 전개는 지금까지 시기별로 존재한 무수한 총체적 문화역량의 전승이라 할 수 있다. 그것에 대한 이해가 다음 대의 문화 창조를 돕는 길이다. 현대의 총체적 민족문화역량이 쉽게 이해될 수 있는 방도를 모색해야 한다. 민족문화사를 대중화시키는 것도 그 한 방법이 된다. 다만 그것은 대중을 대상으로 하는 민족사가 아니다. 투박한 대중의 정서를 포함하는 민족문화사의 보편성 확대나 그 전개가 역사학의 대중화이다. 쉽게 전달될 수 있는 역사학의 대중화에 관심을 두어야 한다.

| 제2장 |

한국고대 사회문화사론

1. 한국고대의 국가 발달과 삼국

(1) 한국고대의 국가 발달

삼한에만 78개가 존재하였던 한국고대 사회의 수많은 성읍城邑국가를 비롯한 소국은 점차 통합되어 삼국으로 정립되었고 최종에는 통일신라가 성립되었다. 고구려·백제·신라 삼국은 원래 작은 읍락邑落 사회에서 출발하여 성읍국가를 이루고 소연맹국小聯盟國과 연맹왕국 단계를 거쳐 중앙집권적 귀족국가로 발전하였다. 한국고대 사회에서 강력한 집권 세력을 이룬 연맹왕실이 지금의 군郡 단위 영역을 지배하던 부족장이나 성읍국가의 지배자를 통합해 갔다.

삼국시대의 행정조직이나 신분제도는 바로 이 소국의 지배자들을 중앙으로 편성하여 집권적 지배체제로 정비한 것이다. 중앙집권적 귀족국가는 국왕을 정점으로 이전 성읍국가나 소연맹국의 지배자를 귀족으로 흡수하여 왕권 중심의 집권체제로 관제를 정비하였고, 이를 뒷받침할 율령체계나 군사조직 및 조세제도 등을 갖추었다. 대외적으로 끊임없이 지속된 정복 활동은 영토를 확장하면서 지배 권력을 확고하게 구축하였다.

중앙집권적 귀족국가의 성립까지 국가 기원과 발전에 관한 논의가 비교적 일찍부터 활발하게 진행되었다.[1] 먼저 손진태孫晋泰는 국가 발전 단계를 씨족사회와 부족국가 및 귀족국가 시대로 설정하였고,[2] 김철준金哲埈은 부족국가에서 부족연맹국가를 거쳐 고대국가로 발전한다고 하였다.[3] 고대국가는 중앙집권적 귀족국가를 가리키는데, 대체로 태조왕太祖王·고이왕古爾王·내물왕奈勿王대에 서서히 체제가 갖추어지기 시작하여 소수림왕·침류왕·법흥왕대에 완성되었다.

부족국가나 고대국가라는 개념에 문제가 제기되었다. 한 부족으로 이루어진 국가가 없을 뿐만 아니라 부여나 신라·고구려·백제 또는 통일신라시대의 국가체제를 미세하게 구분하려 할 때 고대국가라는 개념은 막역하고 적당하지 않다. 천관우千寬宇가 부족국가라는 개념 대신에 성읍국가 또는 영역(영토)국가라는 용어를 제안하였다.[4] 이기백李基白도 이를 발전시켜 성읍국가·연맹왕국·왕권중심 귀족국가(중앙집권적 귀족국가)로의 국가 발전 단계를 설정하였다.[5]

---

1 노태돈, 「국가의 성립과 발전」, 『한국사 연구 입문』, 한국사연구회 편, 지식산업사, 1981; 김정배, 『한국고대의 국가 기원과 형성』, 고려대학교 출판부, 1986; 이기동, 「한국 고대 국가 기원론의 현 단계」, 『한국상고사의 제문제』, 한국정신문화연구원, 1987; 이종욱, 「한국 초기국가의 형성·발전단계」, 『한국사연구』 67, 1989.

2 손진태, 『한국민족사개론』, 을유문화사, 1948, 목차.

3 김철준, 『한국문화전통론』, 세종대왕기념사업회, 1983, p. 48. 다만 이런 국가 발전 단계는 이미 이병도가 한국고대사 체계로 설정한 것이고, 김철준은 고대국가라는 용어를 처음 사용하였다.

4 천관우, 『고조선사·삼한사연구』, 일조각, 1989, pp. 269~274.

5 이기백, 『한국사신론』, 일조각, 1976, 차례.

이런 논의 과정에서 미국 인류학계의 국가 발달 단계 이론을 소개하면서 도입한 E. R. 서비스Service나 K. V. 플래너리Flannery 등의 신진화론적 국가론이 한국사 연구에 적용되었다. 신진화주의 국가 발달 단계설은 band(군집群集)에서 tribe(부족部族)와 chiefdom(군장사회君長社會)을 거쳐 state(국가國家)로 발전하며, chiefdom과 달리 state에서는 왕이 등장해서 성문법을 반포하고 신분제나 군사제도 및 조세제도 등을 갖춘다고 하였다.

우선 국내 고고학계가 신진화주의 국가 발달 단계설을 수용하여 한국 지석묘 사회를 chiefdom이라고 비정한 가설을 제기하였다. 김정배金貞培는 종래의 부족국가 개념을 비판하고, 신진화론적 발달 단계설을 적용하여 『삼국지』 위서 동이전에 보이는 삼한 사회를 chiefdom으로, 고조선의 마지막 왕조인 위만조선을 state로 비정하였다. 이기동李基東은 chiefdom을 성읍국가로, state를 연맹왕국에서 중앙집권적 귀족국가로의 과도기 혹은 바로 중앙집권적 귀족국가로 비정하였다.

한편 변태섭邊太燮이 chiefdom을 군장君長사회라고 설정하여 삼한 사회를 군장사회로 파악하였다. 아울러 군장사회 이후의 국가 발전을 초기국가나 고대국가 단계로 정리하였다.[6] 초기국가에서는 state 형태가 이루어졌지만 아직 군장사회의 성격이 강하게 잔존하였다고 한다. 이에 비하여 고대국가에서는 왕권이 세습하여 절대화되고, 지방의 군장 세력은 왕권 내에 편입되어 독립성을 상실함으로써 이른바 왕권 중심의 정비된 집권적 통치조직이 마련된다고 보았다. 그리하여 위만조선·부여 및 건국 당시의 고구려·백제·신라 사회를 초기국가 단계로, 태조왕·고이왕·내물왕대를 고대국가체제의 확립기로 각각 설정하였다.

6 변태섭, 『한국사통론』, 삼영사, 1986, 차례.

신진화론의 기본 개념 자체가 온당한 것인지에 대해서는 비판적인 견해가 있다. 하물며 국가 발달 단계설을 한국사에 바로 적용하는 데에도 문제가 있다. 사실 그것은 보편적 이론이기 때문에 개별 지역 사회의 어느 한 곳에 그대로 적용할 수 있는 것이 아니다. 더욱이 chiefdom과 state의 차이가 실제 한국고대사에서 어떻게 나타나며, 그 단계가 명확히 구분되는가는 쉽게 밝혀질 수 없다. 그런데도 국사 교과서는 일단 한국고대 국가체제가 군장국가[7]·연맹왕국·중앙집권적 귀족국가로 발전한다고 정리하였다.

군장국가보다는 성읍국가라는 표현이 더 분명하다. 삼한시대의 국가는 대체로 지금의 군 단위 정도의 지역을 다스렸으며, 성城과 읍邑으로 구성되었다. 초기국가의 출발을 성읍국가로 설정하려는 것은 바람직하다. 오늘날 군 단위 지역에서 성과 읍을 발견하려는 고고학적 과제는 시사성을 준다. 그런 고고학 연구 성과는 초기국가의 실체를 제시할 수 있을 것이다. 읍락을 기본 단위로 성립한 성읍국가에서는 제정일치가 행해지고 있어서 그 국가의 중요한 행사는 종교적 제의였다.

성읍국가(군장국가)가 연합하여 연맹왕국을 이루었다. 성읍국가가 성장하고 발전해 가는 과정에서 이웃의 읍락이나 다른 성읍국가를 흡수하면서 연맹왕국이 성립하였지만 처음에는 소연맹국이 존재하였다. 소연맹국 속에 포함된 성읍국가나 읍락은 별읍別邑을 이루고 있었는데 소연맹국 왕실과 거의 독립적 형세를 유지하였으며, 종교적으로 완전히 독립된 제의를 주관하였다. 그런 별읍이 소도蘇塗이다.[8]

연맹왕국의 다음 단계인 중앙집권적 귀족국가에서는 연맹왕실이 군

7 문교부, 『고등학교 국사 상』, 국사 편찬 위원회 1종도서 연구 개발 위원회, 1990, p. 15.
8 김두진, 「삼한 별읍사회의 소도신앙」, 『한국고대의 국가와 사회』, 역사학회 편, 일조각, 1985, pp. 95~102.

대를 파견하여 그 영역 내에 복속된 읍락이나 성읍국가를 확실하게 장악하였으며, 그 지배자인 부족장을 왕경으로 옮겨 귀족으로 편제하였다. 그렇지만 귀족은 옛날 영유하였던 성읍국가 지역에 대한 지배권을 대부분 가지고 있었기 때문에 실제로 중앙집권적 귀족국가는 왕권중심 귀족국가라 할 수 있다. 연맹왕국으로부터 중앙집권적 귀족국가로 발전해 가는 과정에서 정치조직과 신분제도를 정비하여 중앙집권적 지배체제를 진전시킴으로써 왕권이 강화되어 갔다.

(2) 삼국의 성립과 국가체제

『삼국사기』의 기록과 달리 삼국 중 가장 먼저 성장한 나라가 고구려이다. 고구려는 1세기경에 이미 연맹왕국으로 발돋움하였다. 압록강鴨綠江 중류 통구通溝 지방을 근거지로 옥저 등 동남 지역을 통합하면서 태조왕太祖王대(53~146년)의 고구려는 중앙집권적 귀족국가로 발전해 갔다. 그리하여 2세기에 고구려가 주변 제국을 통합하여 요동 등 서북 지역으로 진출하는 현저한 대외 발전을 이루었다.

2세기 후반 고국천왕故國川王대(179~197년)에 부족공동체적 전통을 가진 종래 5부가 지역 단위의 행정적인 5부로 개편됨으로써 더 강화된 왕권 중심의 집권체제가 이루어졌다. 고구려는 위魏나라나 선비鮮卑 등 중국이나 북방 민족과 투쟁하면서 오히려 왕권을 강화하였다. 중앙집권적 귀족국가체제를 완비해 간 시기는 소수림왕대였다. 광개토왕은 이런 체제 정비를 바탕으로 정복 사업을 진척시켰다.

백제는 마한을 대신하는 새로운 연맹왕국을 형성하고는 한강 유역을 거점으로 성장하였다. 낙랑 등 한군현漢郡縣의 침입에 대응하기 위해 한강 유역의 소국들이 결속함으로써 백제 연맹왕국이 성립하였다. 고이왕대(234~286년)에 백제 연맹왕실은 중앙집권적 귀족국가로 발전하는 중요한 계기를 마련하였다. 백제가 중앙집권적 귀족국가체제를 완비한 시기는 침류왕대이다.

그러나 『삼국사기』에 백제는 고이왕대에 6좌평 설치 등 중앙집권적 국가체제가 정비된 것으로 기록되어 있다. 고이왕대의 관제 정비는 같은 시기 고구려나 신라의 관제 정비와 비교하여 월등하게 세련되었지만 고구려 태조왕대나 신라 내물왕대에 국가제도가 갖추어져 가는 모습과 연결하여 이해해야 한다. 그것은 고구려나 신라와 비교하여 백제가 연맹왕국의 체제 정비를 더 세련되게 갖추는 모습을 알려 준다.

신라가 제일 먼저 개국하였다고 『삼국사기』에 기록되었지만, 실제로 삼국 중 가장 늦게 국가체제를 정비하였다. 사로국斯盧國을 모체로 발전한 신라는 대략 1세기 후반부터 주변의 소국을 병합하기 시작하였다. 내물왕대에 국가 통치조직이 정비되었는데, 그것은 비록 연맹왕국체제를 공고히 하더라도 중앙집권적 귀족국가를 성립시키는 중요한 기틀이 되었다. 당시 우편역郵便驛과 시장市場의 설치로 부족공동체가 해체되어 갔다.

이후 지증왕대까지 왕실은 수도와 지방 군현을 정비하였는데, 특히 주州에는 군대를 관장하는 군주軍主를 보내어 통치하였다. 지방통치체제가 군사조직의 정비와 맞물려 이루어졌다. 이런 제도 정비를 거쳐 신라가 중앙집권적 귀족국가체제를 완비하는 시기는 법흥왕대였다. 법흥왕대의 율령 반포로 인한 국가체제 정비가 바탕이 되어 진흥왕대의 신라는 정복국가를 이루고 영토를 확장하였다.

한편 낙동강 하류의 변한 지역에서 가야가 성장하고 있었다. 가야 연맹왕국은 해상 활동을 통해 번창하였는데, 낙동강을 끼고 내륙으로 진출하면서 남쪽의 김해를 중심으로 한 본가야와 북쪽의 고령을 중심으로 한 대가야의 두 세력권으로 나뉘었다. 초기에는 본가야 연맹왕국이 먼저 성장하였지만, 뒤에는 대가야 연맹왕국이 그 지역의 주도 세력으로 등장하였다. 본가야에서 대가야로 가야 연맹왕국의 중심 세력이 바뀌는 것은 신라나 고구려 등 주변국과의 관계에서 이해해야 한다.

초기에는 신라가 직접적으로 위협이 될 수 있는 대가야를 견제하는 가운데 본가야가 비교적 쉽게 성장하였다. 5세기가 되면 신라를 신속臣屬시키고 왜를 제압하면서 한반도 동남 지역에서 주도권을 장악하려던 고구려가 본가야를 타격함으로써 상대적으로 대가야가 성장하였다. 중앙집권적 귀족국가로의 정치적 발전을 이루지 못함으로써 가야 연맹왕국은 신라에 통합되었다. 가야는 경제적으로 크게 번영하였으며, 일찍이 철기를 사용하는 등 높은 문화를 이룩하고 일본 지역에 전해 줌으로써 고대의 문화교류에 크게 영향을 끼쳤다.

삼국시대 초기 국가 형성 및 발달 과정 연구에서 대두된 가장 중요한 문제의 하나는 『삼국사기』의 기록에 대한 사료적 가치 평가이다. 종래 『삼국사기』의 이 시기에 대한 기록은 대체로 믿을 수 없는 윤색된 자료라고 생각하였다. 이런 자료 해석의 벽에 부딪혀 삼국 초기의 역사 연구가 활발하게 이루어지지 못하였다. 그러다가 한동안 『삼국사기』 기록에 대한 종래의 회의론 또는 부정론을 지양하면서 삼국 초기의 기록을 신빙하려는 의견이 학계에 팽배하였다.

일제강점기에 쓰다 소키치津田左右吉나 이마니시 류今西龍 등 일본인 학자들은 『삼국사기』 기록이 모두 후대에 조작되었으므로 사료적 가치가 없다는 불신론을 전개하였다. 비슷한 시기에 민족주의 사학자, 특히 신채호申采浩도 『삼국사기』의 자료적 가치를 부정적으로 평가하였다.[9]

9 신채호, 「조선역사상일천년래 제일대사건」, 『조선사연구초』, 조선도서주식회사, 1929.

1960년대 후반에 고고학적 연구의 뒷받침을 받아 『삼국사기』 기록이 믿을 만한 것이라는 주장이 등장한 후,[10] 본격적으로 『삼국사기』를 긍정적 태도에서 평가하려는 연구가 나왔다.[11] 삼국 초기에 관한 기록의 신빙성론이 학계에 주류로 자리 잡으면서 그것을 그대로 믿으려는 연구가 나왔다.

『삼국사기』에 대한 재평가와 함께 국가 발전 단계의 여러 이론을 도입하면서 상고대의 삼국 사회를 규명하려는 연구가 이루어졌다. 그리하여 고구려·백제·신라 각국이 처음 성장하는 과정에 대하여 더 상세한 연구가 진행되었다.[12] 『삼국사기』의 삼국시대 초기 기록을 전적으로 신용하는 이종욱李鍾旭은 신라사를 제1기 사로斯盧 6촌시대(기원전 7세기~기원전 2세기), 제2기 사로 소국시대(기원전 2세기 말~기원후 1세기 중반), 제3기 진한 소국정복기(1세기 후반~3세기 말) 등으로 구분하고, 이 과정을 거치면서 신라 국가가 형성되었다고 하였다.[13]

중앙집권적 귀족국가의 구체적 형성 시기에 대해서는 중앙집권국가의 개념을 정리하지 못해서인지 많은 이견이 있다. 신라의 경우 법흥왕대 이후 중고기 초에 전제왕권이 더 강화되었기 때문이다. 삼국시대 초기 기록, 곧 고구려의 태조왕대와 백제의 고이왕대 및 신라의 내물왕대 이전의 기록은 완전히 믿을 수 있는 것은 아니다. 대체로 이 시기에 나온 사실 자체를 부정할 수 없으나 그 연대는 다소 다를 가능성이 있다.

10 김원룡, 「삼국시대 개시에 관한 일고찰—삼국사기와 낙랑군에 대한 재검토—」, 『동아문화』 7, 1967.

11 고병익, 「삼국사기에 있어서의 역사서술」, 『김재원박사회갑기념논총』, 1969.

12 이병도, 『한국고대사연구』, 박영사, 1976; 이기백, 「고구려의 국가형성 문제」, 『한국고대의 국가와 사회』, 역사학회 편, 일조각, 1985; 노중국, 「백제사의 재인식」, 『한국고대사론』, 한길사, 1988; 이종욱, 『신라국가형성사연구』, 일조각, 1982.

13 이종욱, 『신라골품제연구』, 일조각, 1999, pp. 55~70.

그렇지만 삼국시대 중기 이후 기록은 사실뿐만 아니라 연대까지도 믿을 수 있는 것이다.

종래 관심을 끌지 못했던 가야 연맹왕국에 관한 연구가 활발해진 것은 주목할 만하다. 가야사 연구는 삼국 초기 사회를 더 풍부하게 이해하는 데 도움이 된다. 식민사관으로 한국고대사 이해 체계를 왜곡하기 위해 수립한 이른바 임나일본부설任那日本府說의 허구를 증명하기 위해서도 가야 사회의 참모습에 대한 이해는 매우 중요하다고 생각한다. 가야사 연구는 아직 정치사 중심으로 이루어지지만, 현지에서의 풍부한 고고학적 조사가 뒷받침됨으로써 더욱 활발해졌다.

삼국은 처음부터 일정한 국가체제를 갖추었던 것이 아니라, 성읍국가·연맹왕국·중앙집권적 귀족국가로의 단계를 거치면서 성장하였다. 중앙집권적 귀족국가체제를 갖추었을 때도 신라·고구려·백제 주위에는 성읍국가나 소연맹국이 상당히 존재하고 있었다. 정복국가체제를 정비하면서 왕권을 강화한 삼국이 각각 지배 영역을 확장하였다. 삼국의 왕실은 주위에 반독립적으로 존재하던 성읍국가나 소연맹국 영역을 점점 확실하게 장악해 갔다. 압록강 중류나 한강 유역 및 경주 지역에서 출발한 삼국은 6세기를 지나면서 서로 확실하게 국경을 접한 영역국가로 성장하였다.[14]

(3) 삼국의 발전과 남북국

삼국이 중앙집권적 귀족국가로 발전하는 과정에서 사회체제를 정비

---

14 장창은, 「5세기~6세기 중반 삼국의 각축과 국경」, 『삼국시대 전쟁과 국경』, 온샘, 2020, pp. 3~8.

하는 방식은 같다. 종래 성읍국가의 지배자들을 귀족으로 편제하는 신분제도를 수립하였다. 그런 면에서 사회체제를 정비해 가는 삼국의 성장 과정은 공통적인 문화 기반 위에 이루어졌다. 그러나 삼국은 발전 과정에서 다소 차이가 있다. 중국 민족과 투쟁하면서 고구려가 가장 먼저 국가체제를 정비하였으며, 그런 경험이 적거나 거의 없었던 백제와 신라는 국가체제 정비가 늦었다. 정립鼎立된 삼국은 상호 협력 혹은 경쟁 관계를 이루면서 각기 국가 발전을 지속하였다.

고구려는 만주 지역과 한반도 북부에 걸치는 강대한 국가로 성장하여 변방 민족이나 수와 당 등 외세의 침입을 막는 민족의 방파제 구실을 하였다. 백제는 남중국과 일본을 연결하는 국제교류를 통해 풍족한 문화를 받아들여 세련된 국가로 성장하였다. 비록 신라는 가장 늦게 체제를 정비하는 등 정치적 발달이 늦었지만 지방까지 장악한 집권적 군사조직을 갖춤으로써 삼국 항쟁의 마지막 주도권을 장악하였다. 통일신라가 확대된 영토와 함께 왕권의 전제화를 이루면서 전성기를 맞이하였다.

고구려의 발전에서 가장 주목되는 시기는 광범한 영토를 개척한 광개토대왕대이다. 광개토대왕은 64개의 성과 1,400여 개의 촌을 점령하였다. 고구려가 사실상 만주 대륙을 완전히 그 통치 영역으로 확보하였다. 광개토대왕릉비 대부분은 고구려의 대외 정복 기사로 채워져 있다. 그 속에 고구려의 신라와 백제 및 왜와의 관계를 알려 줄 기록이 나온다. 그중 다음 기록은 광개토대왕릉비의 변조變造를 비롯한 학계에 많은 논쟁을 불러왔다.

百殘新羅 舊是屬民 由來朝貢 而倭以辛卯年 來渡海破 百殘□□□羅 以爲臣民

한국과 일본의 역사학계는 이 구절을 각기 달리 해석하였다. 종래 일본 학계는 왜倭가 신묘년(391년) 이래로 한반도에 진출하여 백제·신라·가야를 복속시켰다는 남한경영론의 주요 논거로 삼아 왔다. 곧 왜가 바다를 건너 백제와 신라를 격파하였다고 한다. 이에 대하여 국내 학계는 비문 해석을 달리하거나 글자를 다르게 해독하였다. 비문의 주인공이 광개토대왕이기 때문에 '바다를 건너 파하였다[渡海破]'의 주체가 고구려라는 것이다. 곧 391년에 고구려가 바다를 건너 왜를 격파하였다는 것이다.[15] 그리하여 고구려는 종래 속민屬民이던 백제와 신라를 이때부터 신민臣民으로 삼았을 뿐만 아니라 왜까지 굴복시켜[16] 임나부를 일본열도 내에 설치하여 경영하였다[17]고 한다.

이런 국내 연구는 모두 고대 일본의 남한경영론을 부인하는 것이라는 점에서 일치한다. 동시에 일본 참모본부參謀本部가 고의로 비문을 수정하였다는 주장도 역시 계속되고 있다.[18] 임나부에 관한 기록은 『일본서기』에 나온다. 『일본서기』는 당대의 모습을 그대로 보여 주는 것이 아니며, 14~15세기경에 심하게 윤색되어 기록된 책이다. 그뿐만 아니라 현재 가야 지역에 임나부의 실체를 알려 줄 만한 유물이 전혀 출토되고 있지 않다. 따라서 그것은 허구에 지나지 않는다. 현재 광개토대왕릉비의 연구가 수묘인역守墓人役을 밝히려는 방향으로도 진행되고 있다. 고구려 사회의 실상을 밝혀 주는 중요한 문제라고 생각한다.

한편 충북 중원 지방에서 발견된 고구려비는 장수왕대에 고구려가 한

---

15 정인보, 「광개토경평안호태왕릉비문석략」, 『담원국학산고』, 문교사, 1955, pp. 119~120.

16 정두희, 「광개토왕릉비문 신묘년기사의 재검토」, 『역사학보』 82, 1979, pp. 207~209.

17 金錫亨 저, 朝鮮史硏究會 역, 『古代朝日關係史—大和政權と任那—』, 東京: 勁草書房, 1969, pp. 374~379.

18 이진희 저, 이기동 역, 『광개토왕비의 탐구』, 일조각, 1982, pp. 121~132.

반도 남부 지방으로 세력을 확장하는 내용을 담고 있다.[19] 이런 맥락에서 장수왕의 평양 천도 문제 등이 연구되었다. 평양 천도는 지금까지 고구려의 남하 정책이라는 면에서 추구되었는데, 실상은 남포항을 통해 고구려가 서해로 진출하려는 해상권의 확보와 연관하여 이해해야 한다. 또한 그것은 고구려 국내 정치 상황과 맞물려 있다. 왕실이 국내성 주변의 귀족 세력을 억압하면서 평양 지역에 새로운 세력 기반을 쌓으려는 의도를 담았기 때문이다.

백제는 일찍이 국가체제를 정비하면서 세련된 제도를 마련하였다. 율령을 반포하면서 중앙집권적 귀족국가를 확립한 이후에도 백제는 수도를 여러 번 옮겼다. 백제사는 체제 정비보다는 수도 이동을 중심으로 한성시대·웅진시대·사비시대로 나누어진다. 그런데 이 같은 시대구분은 백제 지배 세력의 변천이라는 측면과도 연관되어 있다. 곧 진씨眞氏와 해씨解氏로 대표되는 한성시대 백제의 지배 세력이 웅진 천도와 함께 점차 약해졌다. 웅진시대에는 공주 지역에 기반을 둔 신흥 귀족 세력인 백씨苩氏가 정치의 주도 세력으로 등장하였으며, 사비시대에는 부여 지역의 사씨沙氏가 유력귀족 세력으로 성장하였다.

한성시대에 백제 지배 세력이 한강 유역에 기반을 둠으로써 그 문화적 성격도 고구려적 요소를 강하게 지녔다. 반면 사비시대의 귀족들은 주로 금강 유역에 기반을 가진 세력이어서 중국 남조문화를 적극적으로 수용하여 세련된 귀족문화를 발전시켰다. 백제가 수도를 옮김으로써 문화 변화는 물론 정치·사회의 변화를 수반하였다. 백제가 가장 강성한 시기는 한성시대이다. 이때의 백제는 요서遼西 지역을 확보하였다

19 장창은, 「4세기 후반~5세기 후반 고구려의 남진과 백제·신라의 대응」, 『고구려 남방 진출사』, 경인문화사, 2014, pp. 79~84.

는 사실이 『송서宋書』나 『양서梁書』 등 중국 사서에 기록되어 있다.

요동을 점령한 고구려에 대항하기 위해 백제는 요서를 경략하여 확보하고자 하였다. 장기간 점유하지는 않았다고 하더라도 백제의 요서경략설은 가능한 것이다.[20] 『삼국사기』에 백제가 부여를 공격한 기록이 나오는데, 그것은 요서 지역에 주둔한 백제 군사가 부여를 공격한 사실을 가리킨다. 그러나 백제가 요서를 경략함으로써 서해를 중심으로 거대한 세계제국을 건설하였다는 주장은[21] 수긍하기 어렵다. 백제가 요서 지역을 확보하였을지라도 곧이어 고구려에 의해 차령 이남 지역으로 밀리는 상황에서 그곳을 계속 확보하여 경영하지는 못하였다.

한국고대사 분야 중 늦게나마 발해사 전문 연구자가 배출되어 그 역사적 위상을 부각시켰다.[22] 고구려 유장 대조영大祚榮이 고구려 영토의 동쪽에 건국한 발해는 종족種族상으로는 다민족 국가이다. 이에 따라 중국 역사학계는 말갈족이 주체가 되어 건립하였다고 파악하여, 발해사를 중국문화의 맥락에서 이해하고자 하였다. 중국인들의 연구는 지금까지 발표된 발해사 관계 연구 저서나 논문의 약 절반에 이를 정도로 축적되었다. 한국에서 연구한 발해사 관계 업적은 남북한을 합해도 전체의 5분의 1 정도에 불과하다.

국내에서 발해사는 당연히 고구려를 계승한 한국사로 파악한다. 그러나 국제적으로 발해사를 한국사로 인정받기 위해서는 국사학계에 더 많은 연구 성과가 이루어져야 한다. 아울러 발해사 계승의 정통성을 파악하는 것도 중요하다. 사실 발해국은 스스로 고구려를 계승하였다고 자

---

20 김상기, 「백제의 요서경략에 대하여」, 『백산학보』 3, 1967; 『동방사논총』, 서울대학교 출판부, 1974, pp. 426~433.

21 문정창, 『백제사』, 인간사, 1988.

22 송기호, 「발해사 연구의 몇 가지 문제점」, 『한국고대사론』, 한길사, 1988; 『발해의 역사』(王承禮 저, 송기호 역), 한림대학 아시아문화연구소, 1987.

처하였다.[23] 특히 발해가 일본에 보낸 외교 문서에서 고구려 계승 국가임을 피력하였고, 국왕을 '고려국왕', 곧 고구려의 왕임을 자칭하였다. 사실 발해문화에는 고구려문화의 영향이 강잉하게 나타나 있다.

발해사를 적극적으로 한국사에 편입시키려는 의욕은 종래 한국고대사 체계에서 일반화되었던 통일신라시대를, 신라와 발해가 남북으로 병존하던 시기라는 의미의 남북국시대라는 용어로 대체하였다. 남북국시대라는 용어는 신라 중심의 역사관에서 탈피하여 고구려 계승의 발해사를 한국사에 더 적극적으로 수용하려는 노력의 일환이라고 볼 수 있다. 그런데 남북국시대라는 인식이 근래에 갑자기 제안된 것은 아니다.

조선후기에 실학자 유득공柳得恭은 신라와 발해를 '남북국'으로 파악하였으며, 김정호金正浩도 "발해가 다시 고구려의 옛 땅을 이어받아 신라와 더불어 200여 년간 남북국을 이루었다"라고 언급하였다. 이와 같은 맥락에서 일제강점기의 장도빈張道斌이나 권덕규權悳奎 등도 '남북국' 혹은 '남북조'라는 용어로 통일신라와 발해의 역사를 서술하였다. 1970년대에 이우성李佑成이 남북국시대론을 다시 제시한 이후 현재 '남북국시대' 용어는 차츰 일반화되어 받아들여지고 있다.[24]

'남북국시대' 용어 문제와 관련하여 중요하게 부각된 것은 당시 발해와 신라의 관계이다. 두 나라는 상호 적대적 관계를 시종 유지한 것으로 이해되었다. 당의 등거리 외교정책으로 양국이 서로 대당 외교의 우위를 차지하기 위해 경쟁하였다. 발해사 관계 자료는 왕조의 멸망과 함께 대부분 인멸되었고, 사료의 빈곤 속에서 단편적으로 나타나는 통일신라와 발해의 대립 관계 기사를 전 시기에 걸쳐 나타나는 사실로 확

23 노태돈, 「발해국의 주민구성과 발해인의 족원」, 역사학회 편, 『한국고대의 국가와 사회』, 일조각, 1985, p. 292.

24 이우성, 「남북국시대와 최치원」, 『창작과 비평』 10-4, 1975.

대하여 해석하였다. 이 점은 양국 관계를 오해하는 출발이 되었다.

통일신라와 발해의 지나친 대립 관계 설정은 시정되어야 한다. 양국이 시종 우호적 관계를 유지하였다고 할 수는 없지만, 서로 경쟁하며 암암리에 적극적으로 교류하였다. 즉 양국은 상호 대립하기도 하였으나 경제적으로는 일정하게 교역하고 있었다.[25] 통일신라와 발해 간에 상설 교통로(신라도)가 개설되어 있었다는 점, 서로 외교 사절을 파견하였다는 기록 등은 양국 관계를 이해하는 데 중요한 시사성을 준다.

발해는 말갈을 포함한 다민족 국가였고 문화적으로도 고구려 전통을 계승하였을 뿐만 아니라 당나라의 영향도 받았다. 다만 그 영역이 현재 우리 영토에서 벗어나 있다. 특히 중국이 발해사를 자국사自國史의 일부로 파악하려는 움직임이 지속되었다. 그러므로 남북국시대라는 용어로써 통일신라와 발해를 동등하게 이해하려는 것은 중요하다. 지금껏 발해사에 관한 연구가 소홀하였기 때문에 남북국시대사는 종래보다 발해사를 더욱 강조하는 것으로 생각한다.

충분한 연구 성과를 축적하지 않은 상황에서 이념적으로 남북국시대라는 용어를 보편화시키는 데에는 유념해야 할 점도 있다. 실제 우리나라에서 발해사의 연구 성과는 통일신라시대사 연구 업적과 비교해 거의 10분의 1에도 못 미치는 실정이다. 남북국시대라는 용어의 정착이 통일신라시대사와 대등하게 되었다는 인식에서 발해사를 많이 연구하였다는 착각을 낳을 수 있다. 한국사에서 진정한 남북국시대사를 정립하기 위해서는 통일신라사와 같은 비중으로 발해사가 연구되어야 한다.

남북국시대를 특별히 강조하면 대두하는 중요한 문제는 신라 삼국통

25 한규철, 「신라와 발해의 정치적 교섭과정—남북국의 사신 파견을 중심으로—」, 『한국사연구』 43, 1983.

일의 역사적 의의를 설정하는 것이다. 삼국통일을 긍정적으로만 강조할 때 발해사의 위치가 약해진다면, 남북국시대사를 강조할수록 삼국통일의 의의는 미약해지기 때문이다. 삼국통일의 의의와 그 한계성을 발해사의 서술과 연결하여 균형 있게 정리해야 한다. 사실 발해는 신라와는 달리 만주와 요동 지역의 수많은 소국을 통합하면서 연맹왕국과 중앙집권적 귀족국가로 성장한 것은 아니다. 민족 구성이나 사회 편제 방법이 달랐기 때문에 통일신라가 발해와 반드시 통합해야 하는 당위성을 가졌던 것은 아니었다.

다만 만주 영유권 문제와 연관해 발해사가 중요할 수밖에 없다. 신라의 삼국통일은 영토 면에서 대동강 이남, 곧 반도의 통합에 그쳤다는 점에서 한계성을 가졌다. 그러나 신라는 고구려나 백제 유민들과 힘을 합쳐 당나라와 투쟁하였고, 무력으로 당군을 물리쳤다. 이는 신라의 삼국통일이 자주적 성격을 견지하고 있었음을 말해 준다. 통일 이전의 고구려와 백제를 신라와 동족 국가라는 인식도 잘못된 것이다. 통일 이후에 민족 개념이 형성되었기 때문이다. 삼국통일은 신라와 당(수)나라, 곧 동서로 이어진 연합세력과 남북으로 돌궐에서 고구려와 백제를 거쳐 왜까지 이어진 연합세력의 대결이라는 냉혹한 국제정세에서 파악해야 한다.

백제와 고구려 일부만 통합한 삼국통일이지만 신라는 민족문화를 능동적으로 성립시켰다. 삼한을 통합하여 일국을 이루고 그에 따른 민족문화가 빨리 정립되었을 경우 그 의의는 더 클 수밖에 없다. 지역 갈등이 훨씬 약하게 나타날 수 있기 때문이다. 민족문화 전승이라는 면에서 삼국통일의 의의는 과소 평가될 수 없다. 다만 고구려 영토를 다수 포함하였던 발해사 연구는 아직 회복하지 못한 우리 민족의 영토관에 대한 향수로 남을 수 있다. 고려통일 이후 북진정책이 강하게 일어났을 때 발해사에 대한 관심이 고조되었다. 남북통일 이후 간도 문제를 해결하기 위해서라도 발해사 연구는 심층적으로 이루어져야 한다.

2. 한국고대의 정치·사회 변천

(1) 관계조직의 정비

한국고대의 국가 영역 확대에 따라 국왕을 정점으로 하는 중앙집권적 정치조직이 갖추어져 갔다. 삼국 각국은 중앙 행정 업무의 통제와 지방사회의 효과적 편제를 위하여 국가체제를 정비하였다. 특히 신라가 삼국통일 이후 왕권의 전제주의에 부응하여 정치조직을 더 정비하였다. 신라 전제 왕실은 발달한 당나라 제도를 받아들여 관직을 개편함으로써 강력한 중앙집권체제를 유지하려고 하였다. 통일신라와 발해는 고유한 특징을 가진 관직을 설치하고 있었다. 지방제도와 군사조직이 상호 밀접한 연관을 가지면서 정비되었지만, 남북국시대에는 행정과 군사 업무가 완전히 분리되었다. 중앙 관부도 분화하여 하급 실무 관직을 설치하였다.

한국고대의 정치조직 중 유독 관등에 관한 관심이 우선하여 나타났고, 삼국시대 정치제도에서 중요한 것은 관등제도이다. 관등은 원래 연맹왕국 내에서 왕실 중심의 국가 권력이 커짐에 따라 둔 것이다. 연맹왕국 내에 통합된 주변의 여러 소국이나 읍락의 지배자인 부족장 세력을 중앙 정부의 관제 속에 편제하는 방도가 관등제로 완성되었다. 연맹권역 속에 포함된 부족장들을 중앙의 귀족으로 편제할 때 그들이 가진 세력 기반의 대소에 맞게끔 관등을 부여하였다. 그러므로 관등제도는 애초에 신분적 성격을 띤 것이다.

삼국시대 관등제의 연구는 대략 세 가지 측면에서 행해졌다. 각 관등명의 어의적語意的 해석 문제와 관등의 성립이나 변천 과정 및 그 성격 등을 밝히고자 하였다.[26] 관등 자체가 신분 계층적 성격을 갖는가 하면 관직 기능을 함께 가지는 경우가 많아, 한국고대의 초기 관등은 기능상 관직과 명확하게 분화되지 않은 미흡한 성격을 지녔다. 연맹왕국시대에 성읍국가의 관직을 편제한 것이 관등의 효시라고 할 수 있다. 성읍국가의 관직은 고하의 직위를 갖춘 관등으로 편입되었다고 하더라도, 당시에는 일정한 임무를 수행하는 직책이었다.

성읍국가의 유풍으로 생각되는 것이 여러 대가大加가 스스로 설치하여 거느린 관직이다. 읍락이나 성읍국가의 지배자를 편성한 제가諸加는 본래 가진 세력 기반에 따라 지위의 차이가 있었다. 연맹왕국의 관계官階는 성읍국가의 관직을 누층적累層的으로 중복하여 구조한 것이다.[27] 연맹왕국시대에 비로소 관등이 나타났어도 성읍국가의 관직명을 그대로 사용하는 등 직책의 의미를 더 강하게 지니고 있었다. 연맹왕국 속에 흡수된 성읍국가의 수만큼이나 많은 제가나 그에 딸린 여러 관직을 종류별로 모으고, 다시 종적으로 편성하여 그 지위의 고하를 분명히 하려는 것이 관등체계이다.

관등제는 중앙집권적 귀족국가체제가 갖추어지는 것과 동시에 완비되었다. 미세한 차이가 있을지라도 삼국은 공통적 방법으로 관등체계를 편제하였다. 관등제는 고구려 12관등, 백제 16관등, 신라 17관등으

26 이와 관련한 연구로 다음 저술을 참고한다. 전봉덕, 『한국법제사연구』, 서울대학교 출판부, 1968; 이기백, 『신라정치사회사연구』, 일조각, 1974; 김철준, 『한국고대사회연구』, 지식산업사, 1975; 신형식, 『한국고대사의 신연구』, 일조각, 1984.

27 김철준, 「고구려·신라의 관계조직의 성립과정」, 『이병도박사화갑기념논총』, 1956; 『한국고대사회연구』. 지식산업사, 1975, p. 129.

로 확립되지만, 처음부터 그 수가 고정되어 있지 않았다. 고구려가 처음에 13관등을 설치하였다가 최종 12관등으로 정비하였다.『주서周書』나『수서隋書』에 기록된 고구려초기 12관등체계는 백제나 신라의 정비된 관등체계 모습과 비슷하다.

고구려 연맹왕국 내의 제가나 사자使者 등 관직을 세력의 대소에 따라 관등으로 편제하였다. 제가는 2위 태대형太大兄·3위 대형大兄·4위 소형小兄으로, 사자는 7위 태대사자太大使者·8위 대사자大使者·9위 소사자小使者로 편성되었다. 백제의 솔류率類 관등이 2위 달솔達率·3위 은솔恩率·4위 덕솔德率·5위 한솔扞率·6위 내솔柰率로, 덕류德類 관등이 7위 장덕將德·8위 시덕施德·9위 고덕固德·10위 계덕季德·11위 대덕對德으로 편성되었다. 이런 모습은 신라에서도 나타난다.

관등제의 정비가 중앙집권적 왕권 강화와 함께 진행되었다.『신당서』에 기록된 고구려의 관등체계는 왕권을 보다 강화하는 성격을 가졌다. 형류 관등보다 하위였던 사자류 관등의 지위를 높였다.[28] 그리하여 형류 관등과 사자류 관등을 교차 설치하여 3위 태대사자·4위 조의두대형·5위 대사자·6위 대형·7위 상위사자·8위 제형·9위 소사자·10위 소형을 두었다. 형류 관등의 족장 세력을 억압하는 것이 왕권 강화 정책이기 때문이다. 관등제의 정비 모습은 백제나 신라의 경우 구체적으로 나타나 있지 않다.

신라의 관등체계는 17위 중 1위 이벌찬伊伐湌에서 9위 급벌찬級伐湌까지가 찬류湌類 관등이다. 그중 1위 이벌찬에서 5위 대아찬大阿湌까지를 진골로, 6위 아찬에서 9위 급벌찬까지를 6두품으로 편성하였다. 엄격한 신분제인 골품제骨品制로 갖추어지기까지 폭넓은 찬류 관등은 부

---

28 김두진,「고구려초기의 패자와 국가체제」,『한국학논총』31, 2009, p. 53.

족장 세력의 저변이 확대된 모습을 보여 준다. 고구려와 비슷하게 부족장 세력을 견제하여 왕권을 강화하려는 관등제를 정비하면서 신라가 율령체계를 갖추었다.[29] 법흥왕대의 율령 반포는 종래에 단순히 복식을 갖추는 정도로 미미한 것이라고 이해하였으나, 근래에는 국가체제 전반에 걸치는 폭넓은 제도 정비를 이룬 것이라고 주장한다.

비석 등 금석문이 관등제의 성립을 밝히기 위한 중요한 자료로 이용되고 있다. 삼국 중 금석문 자료가 가장 풍부하게 남아 있는 신라의 관등제가 주요 연구 대상이다. 영천의 청제비菁堤碑와 울주의 천전리川前里 각석刻石 및 단양의 적성비赤城碑 등이 6세기 전반 관등제 성립을 밝힐 주요 자료로 이용되었다. 1988년 발견한 울진봉평신라비蔚珍鳳坪新羅碑는 법흥왕대의 율령 반포(520년) 직후인 법흥왕 11년(524년)에 제작되었는데, 그 내용은 신라 관등제가 법흥왕대의 율령 반포에 의해 확립되었다는 종래 주장을 더욱 분명하게 뒷받침해 준다.[30]

관등제 정비에 따른 신분 질서를 확립한 중앙집권적 귀족국가가 성립하면서 왕실은 왕권을 전제화하기 위한 관제 개혁을 시도하였다. 신라 전제주의는 여러 설이 있지만, 집사부가 설치되는 진덕여왕 5년(651년) 이후에 성립하였다. 기밀을 관장하는 집사부는 왕실의 전제주의 확립 의도에서 설치되었기 때문이다.[31] 신라중대 왕권의 전제화로 귀족들을 대표하는 상대등 세력이 점차 약해졌다. 상대등과 집사부 장관인 시중의 세력 관계는 통일 이후 신라 사회의 정치적 성격을 이해하는 데 도움을 준다. 적어도 신라중대에는 시중이 정치권력의 중심에 있었다.

---

29 김철준, 「고구려·신라의 관계조직의 성립과정」, 『한국고대사회연구』, 지식산업사, 1975, pp. 146~153.

30 한국고대사연구회, 『한국고대사연구』 2, 울진봉평 신라비 특집호, 지식산업사, 1989.

31 이기백, 「신라 집사부의 성립」, 『진단학보』 25·26·27 합병호, 1964; 『신라정치사회사연구』, 일조각, 1974, p. 151.

집사부 설치와 아울러 조세를 걷고 분배하는 기능을 가진 창부와 조부가 설치되었다. 조세 분배권은 바로 귀족을 통제하는 수단이 되었다. 관리들의 감찰과 서훈을 맡은 관부官府의 설치는 전제주의 성립과 깊은 연관을 가졌다. 같은 시기 발해에서도 왕권의 전제화가 이루어졌다. 발해는 국가체제를 정비하면서 아울러 품계品階와 훈작勳爵 제도를 갖추었다. 귀족들을 통어하면서 왕권을 강화하려는 것이다. 특히 당나라 제도를 모방하여 국가체제를 정비한 발해가 고구려 유민을 지배층으로 받아들여 강력한 전제 왕실을 구축하였다. 전제주의를 강화하려는 의도로 정치제도를 정비한 발해는 중앙의 통치기구로 3성三省과 6부部를 두고 군사제도로 10위衛를 설치하였으며, 전국을 5경京 15부府 42주州로 나누어 다스렸다.

(2) 한국고대의 사회체제

삼국시대 초기 왕실은 연맹왕국 내에 들어온 성읍국가의 지배자인 부족장들을 왕경王京으로 이주시켜 귀족으로 편제하였다. 불교를 공인하거나 군사조직을 마련함으로써 국가체제나 지방제도를 정비한 왕실은 점차 지방을 확실하게 지배해 갔다. 삼국이 중앙집권적 귀족국가를 성립시킨 후 왕권을 전제화하였다. 삼국은 연맹왕국 시대의 관제를 왕실 중심의 일원적 체계로 편제하면서 중앙집권적 귀족국가를 형성하였다.

부족장들은 사제자司祭者의 권한이나 군사적 기반을 점차 상실하고 원래의 세력 기반에 따른 신분 등급을 갖는 중앙귀족으로 편제되었다. 신라의 골품제는 이와 같은 과정에서 이루어진 것이다. 부족장인 제가 밑에서 당시 성읍국가의 관직을 맡은 지배자들이 중앙의 하급 귀족으로 흡수되기도 했지만, 대부분은 지역에 남아 지방 관사官司를 담당하였다. 이들을 위해 외위外位가 마련되었다.

골품제의 성골이 존재한 시기는 『삼국사기』와 『삼국유사』에 각각 달리 기록되어 있다. 『삼국사기』는 진덕여왕 이전의 왕들을 성골로, 무열왕 이후의 왕들을 진골로 규정하였다. 반면 『삼국유사』는 신라중고기, 곧 법흥왕부터 진덕여왕까지의 왕들을 성골로, 무열왕 이후의 왕들을 진골로 기록하였다. 『삼국유사』의 기록이 진실이다. 골품제는 중앙집권적 귀족국가체제를 완비하는 시기에 성립하였기 때문에 율령을 반포한 법흥왕 때에 비로소 성립하였다. 골품제의 성골과 진골 호칭도 신라중고기 이전에 사용되지 않았던 것은 분명하다.

골품제는 골제骨制와 두품제頭品制로 짜여 있다. 골제가 박·석·김씨를 주축으로 하는 왕실의 성씨 집단으로 구성되었으며, 신라 연맹왕국 내에 정복되거나 복속된 성읍국가의 지배자들은 대부분 두품제로 편입되었다. 그러나 연맹왕실을 구성한 성씨가 아니더라도 규모가 큰 소연맹국小聯盟國이 통합되었을 경우, 그 왕실은 두품이 아닌 진골로 편입되었다. 금관가야 왕족인 김유신은 신김씨新金氏로 진골 신분을 가졌다.

성골의 존재에 관해서는 많은 이설이 있다. 『삼국사기』나 『삼국유사』에서는 성골 남자가 없었기 때문에 진골인 춘추가 왕이 되었다고 한다. 춘추가 성골이 아니라는 주장은 논증되지 않는다. 혹은 후대에 성골 관념이 만들어져 추존한 것이라고 이해하여 그 시기는 진성여왕대 전후이거나 무열왕대 혹은 문무왕대라고도 한다. 그러나 흥덕왕 9년(834년)에 내린 교서의 골품제 규정에 성골이 포함되어 있지 않다고 해서, 성골의 실체를 부인하려는 추존설은 정곡을 잃은 것이다.[32]

32 池內宏, 「新羅の骨品制と王統」, 『滿鮮史研究』 上世篇 2, 東京: 吉川弘文館, 1960(『東洋

성골이 강등하여 진골로 되었다는 설도 있다. 실제로 강육두품降六頭品인 낭혜朗慧 무염無染은 아버지 때까지는 진골이었으나 6두품으로 강등되었다. 그는 김인문金仁問의 8세손이다. 신라 사회에는 7세대 동일 친족 집단이 성립되어 있었기 때문에 7세대가 지나는 동안 방계의 성골귀족은 진골로 강등하고 또한 방계의 진골귀족은 6두품으로 강등하였다는 주장도 있다.[33] 신라시대에 친족 집단 규모가 7세대까지의 혈족 집단으로 구성되었는지는 분명하지 않다. 그 근거로 제시한 금석문의 '7세 부모七世父母'는 신라의 친족을 알려 주기보다는 흔히 사용된 불교 용어이다.

김춘추나 무염이 7세대 동안 방계로만 내려왔다고도 단언할 수 없다. 신라사에서 왕실세계王室世系를 제외하면 원효의 가계가 5세대로 알려진 것이 거의 유일하다. 무염의 경우 아버지 범청範淸이 김헌창金憲昌의 난에 가담하였으므로 그 자손이 강등되었다고 한다.[34] 강등설과는 달리 신라중고기 말에 진골보다는 신성한 혈족血族의식을 가진 왕실 집단인 성골이 존재하였다는 주장도 있다. 진평왕대에 진흥왕의 태자 동륜銅輪계가 차자인 사륜舍輪계에 비해 더 우월한 혈족 관념을 가졌다는 것이다.[35] 동륜계는 석종釋宗의식을 가져 스스로 석가족과 연결하였다.[36] 이들이 성골 관념을 주장하였다고 한다.

골품제와 같은 엄격한 신분제도는 신라뿐만 아니라 고구려나 백제에

學報』 28-3, 1941), pp. 567~572; 武田幸男, 「新羅骨品制の再検討」, 『東洋文化硏究所紀要』 67, 1975, pp. 155~165.

33 김철준, 「신라시대의 친족집단」, 『한국사연구』 1, 1968; 『한국고대사회연구』, 지식산업사, 1975, pp. 164~168.

34 김두진, 「낭혜와 그의 선사상」, 『역사학보』 57, 1973, p. 27.

35 이기동, 「신라 내물왕계의 혈족의식」, 『역사학보』 53·54 합집, 1972; 『신라 골품제사회와 화랑도』, 한국연구원, 1980, p, 88.

36 김두진, 「신라 진평왕대의 석가불신앙」, 『한국학논총』 10, 1988, pp. 33~36.

서도 존재했을 가능성이 있다. 그러나 고구려나 백제에 신라와 같은 엄격한 신분제가 분명히 존재한 기록은 보이지 않는다. 그 이유는 고구려와 백제 모두 수도를 자주 옮겼으므로 그때마다 신분제가 해이해졌기 때문이다. 그런 면에서 약간의 차이가 있을지라도 삼국은 신분제의 편제 방향이 같았다. 고구려 연맹왕국 내의 제가諸加나 사자는 물론 백제 연맹왕국에 흡수된 성읍국가나 읍락 지배자의 편제는 골품제와 비슷한 신분제로 정비되었다.

연맹왕국이 성립하면서 삼국은 귀족인 부족장들을 중앙의 수도로 불러 모아 정사를 의논하였다. 고구려에서 대대로를 뽑는 제가회의諸加會議나 백제의 정사암政事巖 남당南堂회의가 바로 그런 것이다. 신라의 왕호인 마립간麻立干은 부족장회의를 주도하는 의장이라는 의미를 갖는 호칭이다. 화백회의는 바로 부족장회의와 같은 남당회의에서 발전한 것이며,[37] 중앙집권적 귀족국가체제를 정비하는 시기에 성립되었다. 원시공동체 회의에서 출발한 남당회의의 전통을 잇기 때문에 화백회의는 만장일치제로 운영되었다. 이 같은 귀족 합의제적合議制的 정치 운영 방식이 왕권의 전제화를 제약하는 역할을 하였다.

한국고대 사회에 미성년 집단이 부족이나 가문별로 존재하였다. 가문별로 존재한 미성년 집단을 개편하여 화랑도花郎徒를 만들었다. 여자를 우두머리로 한 원화源花에서 개창改創한 것이다. 미성년 집단을 개창한 화랑도는 본래 가졌던 종교·의례적 기능보다 교육·군사적 기능을 더 중시하였다. 삼국이 격렬한 통일전쟁을 수행하면서 신라는 화랑도를 중앙 군사조직 속에 편재하였다. 화랑은 진골귀족의 자제였지만 낭

37 이병도, 「고대남당고」, 『서울대학교논문집 인문사회과학』 1, 1954; 『한국고대사연구』, 박영사, 1976, pp. 637~640.

도는 그보다 낮은 신분이어서, 화랑도가 필연적으로 발생하는 신분 계층 간의 갈등을 완화하는 데 이바지하였다.[38]

화랑도와 같은 미성년 집단은 신라에만 있었던 것이 아니라 고구려와 백제에서도 존재하였다. 고구려의 경당扃堂이 비록 귀족 자제로 구성된 것은 아니라 하더라도 바로 그런 조직이었다. 계율 위주의 미륵신앙을 강하게 내세우는 백제 사회에도 화랑도와 비슷한 미륵도彌勒徒가 존재하였을 것이다. 삼국시대 사회생활의 지도 이념이 된 화랑도와 같은 조직의 협동과 단결 정신은 성읍국가시대 이래 공동체적 생활 전통을 국가 관념의 고조에 따라 재편하여 강화한 것이다. 귀산貴山과 추항箒項이 원광으로부터 세속5계를 받았다. 그것은 신라 사회를 상하上下는 물론 횡적으로 묶으면서 전장에서의 용감성을 강조하였다.

통일신라시대에 6두품귀족들은 진골 세력을 억압하면서 중앙집권적 전제주의를 성립시키려는 왕권과 결탁하면서 성장하였다. 그들이 종교 또는 학문 활동을 통해 신분적 한계를 뛰어넘어 국왕의 정치적 조언자로 활동하였다.[39] 신라하대에는 6두품귀족들은 주로 당에 숙위宿衛하여 학생 계층을 이루었고, 골품제에 비판을 가하면서 신라 국가의 개혁을 주장하였다. 그들의 개혁은 진골 신분 중심의 체제를 비판하면서 중앙집권적 귀족국가체제를 6두품 중심으로 재편하려는 것이었다. 그들은 처음부터 신라 국가체제를 부정하지 않았다. 후삼국이 정립되자 그들은 점차 지방호족 세력과 연결하여 새로운 사회, 곧 고려왕조의 건설에 능동적으로 참여하였다.

---

38 이기동, 「신라 화랑도의 사회학적 고찰」, 『역사학보』 82, 1979 ; 『신라 골품제사회와 화랑도』, 한국연구원, 1980, pp. 357~358.

39 이기백, 「신라 육두품 연구」, 『성곡논총』 2, 1971 ; 『신라정치사회사연구』, 일조각, 1974, pp. 58~62.

대조영大祚榮은 부여 계통의 고구려 유장遺將으로 고구려 유민들을 이끌고 발해를 건국하였다. 발해의 지배층이 고구려계 귀족이었으며, 피지배층은 말갈인靺鞨人이었다. 일본 승려가 쓴 역사책인 『유취국사類聚國史』는 “발해 백성 중에 말갈인이 많고 토인土人이 적다. 모두 토인으로서 촌장村長을 삼는데, 대촌大村의 장은 도독都督, 다음은 자사刺史라 하고, 그 이하는 백성들이 다 수령首領이라 부른다”라고 하였다. 토인은 발해의 지배층이었으며, 말갈인이 아닌 것은 분명하다. 그들은 소수였지만 고구려인이었고 백성의 대다수인 말갈인을 다스리고 있었다.

(3) 한국고대의 경제생활

한국고대에 경제생활은 주로 농업 중심으로 운영되었기 때문에 토지에 대한 관심이 증대되었고 생산을 담당하는 농민들은 국가의 수취 대상이 되었다. 그들 중에 자기 토지를 가진 자영自營농민도 있었다. 전쟁에 공을 세운 장군이나 귀족들이 국가로부터 식읍食邑이나 녹읍祿邑을 받았으며, 그 안에 사는 농민들을 사적으로 예속하였다. 자영농민은 인두人頭나 호戶를 단위로 국가에 포布나 곡식을 바쳤으며, 15세 이상 남자(정丁)는 일정 기간 방수나 축성 등의 역역力役에 동원되었다.

농민 중에는 때로 토지를 잃고 용민傭民으로 전락하는 자가 생기기도 하였다. 고구려의 유인遊人이 바로 그런 계층이었다. 그들은 3년에 한 번씩 세를 내며, 그때에도 10명이 합쳐서 세포細布 한 필疋을 납부하였다. 그들의 부담은 일반 농민보다는 훨씬 가벼웠던 셈이다. 한편 자영농민 중에는 경제적 부를 축적하여 신분을 상승시킨 자도 있었다. 고구려의 경우 앉아서 놀고먹는 좌식자坐食者가 이에 속하는데 1만여 명이나 되었다. 이들이 호민豪民으로 이해된다. 한국고대 사회의 생산경제

활동을 주로 담당하였던 농민들이 서서히 계층 분화하고 있었다.

농업 이외에도 목축업이나 수공업이 번성하였다. 수공업 등 특수한 직종에 종사한 부곡部曲·향鄕·소所에 천민 집단이 있었다. 향·소·부곡민은 연맹왕국시대 이래 집단적 노예라고 보려는 것이 정설이다. 그러나 최근에는 기관이나 귀족에게 예속되었을지라도 향·소·부곡을 천민이 아닌 양인의 거주지로 보는 견해가 대두하였다. 이밖에 향이나 부곡과 비슷한 성격을 갖지만 확인되지 않는 지명으로 성成이 나온다. 그것은 왕경王京(경주 부근) 지역에 분포하여 왕실이나 귀족 생활에 필요한 수공업품의 제조를 담당한 곳이라고 생각한다.

삼국을 통일하면서 고대사회의 경제기반이 크게 확충되었다. 통일신라시대에 식읍이나 목장 또는 노비 소유와 고리대업의 성행으로 인한 사원과 귀족들의 경제기반 확대는 견실한 국가 경제의 성립과 상충相衝할 수밖에 없다. 중앙의 진골귀족들은 큰 목장을 가졌을 뿐만 아니라 대규모의 토지를 갖춘 전장田莊을 소유하였다. 그들이 지장知莊을 통해 전장을 관리하였으며 많은 노비를 소유하였다. 노비들은 수공업뿐만 아니라 가내의 잡역에 종사하였으며, 생산 활동에서 큰 비중을 차지하였다.

다만 신라 재상가宰相家가 거느린 노동奴僮 3,000명은 노비라기보다는 부족장인 귀족의 경제외적 수탈에 시달리면서 노역을 담당한 부락공동체원이라고 생각한다.[40] 마치 부여의 일반 백성인 하호下戶를 노비로 기록한 것과 같이 이해할 수 있다. 그들이 생산한 농산물은 귀족들이 사병을 유지하는 기반이 되었다.[41] 그 외 형벌을 받거나 채무를 진

---

40 김철준, 「신라 귀족세력의 기반」, 『인문과학』 7, 1962; 『한국고대사회연구』, 지식산업사, 1975, pp. 224~230.

41 이기백, 「신라사병고」, 『역사학보』 9, 1957; 『신라정치사회사연구』, 1974, pp. 257~260.

자 또는 전쟁 포로 등이 노비가 되었다. 삼국통일 전쟁이 가열되는 속에 노비들은 생산 활동뿐만 아니라 전쟁에도 참여하였다. 진덕여왕 원년(647년) 백제와의 전투에 신라의 비녕자丕寧子와 거진擧眞 부자가 노비 합절合節과 함께 참전하여 모두 전사하였다.

통일신라시대 왕실은 전제왕권을 구축하면서 귀족 세력을 누르기 위해 녹읍을 폐지하였다(신문왕 9년, 689년). 대신 관료전을 지급하였으며, 일반 백성에게는 역역力役 징수의 대가로 정전丁田을 내렸다. 신라 중대의 전제주의는 신문왕 이후 점점 기울어져 가고 있었다. 경덕왕이 전제주의를 안간힘으로 다시 부흥시키려는 개혁을 시도하였다. 경덕왕 16년(757년)에 전국 주현의 명칭을 한자로 바꾸었으며, 경덕왕 18년에 관직명도 한자로 바꾸었다. 경덕왕의 개혁정치는 신라중대의 전제주의가 지향한 한화정책漢化政策을 계승한 것이다. 그러나 혜공왕 12년(776년)이 되면 경덕왕대의 개혁 조치가 모두 그 이전의 모습으로 복구되었다.

경덕왕대의 개혁은 혜공왕대에 이르러 완전히 실패로 끝나면서 신라 하대 사회가 도래하였다. 전제주의로의 복고를 위한 개혁이 한창 진행되고 있는 시기인 경덕왕 16년에 관리들에게 다시 녹읍을 지급하고 있다. 녹읍의 지급은 귀족들의 경제기반을 튼튼히 하는 것이어서 당시 전제주의 개혁과는 분명히 맞지 않는다. 그러므로 이때 부활한 녹읍은 전대의 녹읍과 성격을 달리한다고도 이해한다.[42] 녹읍으로 귀족들을 달래면서 한편으로 그들을 억압하려는 경덕왕대 개혁정치의 한계성을 보여주는 것이다.

42 강진철, 「신라의 녹읍에 대하여」, 『이홍직박사회갑기념 한국사학논총』, 신구문화사, 1969, pp. 63~86.

일본 정창원正倉院에서 발견한 신라장적帳籍은 통일신라시대 민중의 생활 모습을 알려 준다. 신라장적은 3년에 한 번씩 작성되었는데, 현재 서원경西原京 근방의 4개 촌에 대한 것만이 전한다. 그중에 기록된 을미乙未라는 간지로 장적의 작성 연대를 추정할 수 있다. 대체로 경덕왕 14년(755년)에 장적을 작성하였다고 추론한다. 신라장적은 3년 동안에 증감한 호구戶口는 물론 토지·우마牛馬·뽕나무·잣나무 등 나무 수까지 자세한 통계를 수록하고 있다. 가장 중요한 것은 호구에 대한 기록이다.

신라의 촌村은 대략 10호戶가량의 혈연집단이 거주하는 자연촌락을 기준으로 편성되었다. 호는 9등급으로 나뉘었는데, 그 기준을 정丁의 수가 많고 적음에 두었다. 인구는 연령에 따라 6등급으로 나누었으며, 역역力役에 동원할 수 있는 정의 연한은 15세 이상 59세까지였을 것이다. 인구의 등급을 연령에 따라 나누고 호의 등급을 정의 수로 정한 것은 농민들의 국가에 대한 부담이 주로 역역, 곧 노동력 수취였음을 알려 준다.[43] 일반 호인 공연孔烟 외에 계연計烟의 설정은 개별 호의 역역 수취 기준을 제시하려는 것이다.[44]

고대에 우리 민족은 지정학적 위치로 말미암아 중국·일본 등과 대외교섭을 활발히 전개하였다. 위만조선이 중국과 동이東夷 여러 나라와의 중계 무역을 장악하였고, 그런 전통은 이후에도 계속되었다. 고구려는

---

43 신라 촌락문서에 관한 중요한 연구로 다음 논문들을 참조한다. 野村忠夫, 「正倉院より發見された新羅民政文書について」, 『史學雜誌』 62-4, 1953; 이홍직, 「일본정창원 발견의 신라민정문서」, 『학림』 3, 1954; 旗田巍, 「新羅の村落 1·2―正倉院にある新羅村落文書の研究―」, 『歷史學研究』 226·227, 1958·1959; 兼若逸之, 「新羅 ≪均田成冊≫의 研究―이른바 民政(村落)文書의 分析을 중심으로―」, 『한국사연구』 23, 1979; 이종욱, 「신라장적을 통하여 본 통일신라의 촌락지배체제」, 『역사학보』 86, 1980.

44 이태진, 「신라통일기의 촌락지배와 공연」, 『한국사연구』 25, 1979; 『한국사회사연구―농업기술발달과 사회변동―』, 지식산업사, 1986, pp. 44~52.

중국 남북조와 독자적으로 교섭하면서 북방 유목민과도 무역을 전개하였다. 백제가 주로 남중국과 교섭하면서 일본과도 활발하게 교류하여 서해의 해상무역권을 장악하였다. 신라는 처음에 고구려 또는 백제에 의존하여 중국과 통교하였으나 한강 유역을 확보하는 한편, 남조의 양과 교류함으로써 중국과 직접 교섭하였다.

당시 중국으로 가는 항로는 다소 위험이 따른 서해를 가로질러 가기도 하였지만, 한반도의 서해안을 따라 북상하여 안전하게 산둥반도로 나아갔다. 그 통로는 대략 다음과 같다.

① 백제 영토인 흑산도에서 계절풍을 이용하여 양자강구의 국제항인 양주楊州와 명주明州에 도착하는 것.

② 아산 부근의 남양만에서 덕적도와 장산곶을 거쳐 대동강구인 초도 및 요동반도의 서남 끝인 여순旅順과 묘도열도廟島列島를 지나 산둥山東반도의 등주登州에 상륙하고, 다시 육로로 낙양洛陽 및 장안長安으로 가는 길.

통일신라시대에 대외 무역은 더욱 빈번해졌다. 중국의 국제항인 등주에는 발해인을 위한 발해관과 신라의 사신과 해상을 맞이하기 위한 신라관이 세워졌으며, 사천泗川에는 신라인의 집단 거류지인 신라방新羅坊이 건설되었다. 또한 적산현赤山縣에 세워진 신라의 사원인 법화원法華院에는 동시에 250명이 모여 설법을 들었다고 한다.

다만 신라와 발해가 당의 등거리 외교 정책에 의해 서로 빈번하게 교류하지 않았던 것은 사실이다. 빈공과의 수석을 어느 나라의 자제로 결정하느냐와 당에 당도한 사신의 서열로 어느 나라를 앞세우느냐의 문제 등은 발해와 신라의 경쟁의식을 조장시켰다. 당나라가 두 나라의 경쟁의식을 부채질하였다. 그렇지만 두 나라 사이에 교류가 이루어지고 있었음이 중요하다. 발해는 신라와 통하는 신라도新羅道를 두었을 뿐만 아니라 동해의 계절풍을 이용하여 대규모의 사절을 일본에 파견하였다.

일본 정부는 신라와의 빈번한 교역에 대비해서 대마도에 신라역어新羅譯語를 세워 통역사를 양성하였다. 경주의 출입구였던 울산항은 국제항으로서의 면모를 갖추었으며, 이슬람 상인들이 향료 등 사치성 상품을 신라에 전해 주었다. 반구대 유적에 새겨져 있는 낙타를 탄 행렬도行列圖나 페르시아 선박 그림은 신라에 내왕한 이슬람 상인들의 모습을 보여 준다. 괘릉掛陵의 서양인 모습 석상이나 처용의 행적은 모두 이슬람 상인과 연결 지어 해석하기도 한다.[45]

신라하대에 지방호족들이 대두하는 분위기 속에서 왕실의 통제력이 약해지자, 해상 활동을 통한 독자 세력이 구축되기도 하였다. 해적을 소탕하기 위해 활동한 장보고張保皐는 지금의 완도에 청해진을 설치하여 중국 및 일본과의 무역을 독점하였다. 장보고는 당시 서해의 해상 교통을 지배하였을 뿐만 아니라 신라 중앙정계에 영향력을 행사하였다. 아울러 서해안이나 남해안 지역에서도 해상 세력이 커가고 있었다.

청해진 세력은 민애왕을 몰아내고 신무왕을 옹립하는 데 이바지할 정도로 강력한 독자 세력을 형성하였지만, 뒤에 중앙의 정치 싸움에 휘말려 몰락하였다. 그렇지만 장보고와 같은 해상 세력이 계속 존속하였다. 김해 지역에서 해상 세력을 구축한 왕봉규王逢規는 스스로 천주절도사泉州節度使를 칭하면서 중국 왕조에 독자적으로 사신을 보냈다.[46] 예성강 하구 해안에서도 해상 세력이 커 나가고 있었다. 송악 지역의 토착호족

45 이용범, 「처용설화의 일고찰—당대 이슬람 상인과 신라—」, 『진단학보』 32, 1969 참조; 이용범, 「삼국사기에 보이는 이슬람 상인의 무역품」, 『이홍직박사회갑기념 한국사학논총』, 신구문화사, 1969, pp. 103~104.

46 김상기, 「신라말에 있어서의 지방군웅의 대중통교」, 『황의돈선생고희기념 사학논총』 1960; 『동방사논총』, 서울대학교 출판부, 1974, pp. 435~439.

인 왕건은 예성강 하구의 해상 세력과 연합하여 세력 기반을 구축함으로써 고려를 건국하고 삼한을 통합하여 새로운 사회를 마련하였다.

3. 한국고대의 문화 발달

(1) 한국고대 문화의 성격과 예술

삼국의 문화는 각각 특성을 가졌다. 고구려문화가 거칠지만 거대하고 넘치는 패기와 정열을 간직하였다. 백제문화는 아담하면서도 우아하며, 신라문화는 화려하면서도 강인한 힘과 조화미를 갖추고 있다. 삼국 문화의 특성은 각각의 역사적 환경 차이에서 형성된 것이다. 그러나 삼국문화의 차이는 통일신라시대에 통합되어 민족문화를 형성시키는 데 일익을 담당하였기 때문에 모두가 모여 이룬 민족문화의 요소로 이해되는 것들이다.[47]

삼국의 문화는 각각 상이한 특성을 보였을지라도 공통된 성격을 더 많이 가지고 있어서 뒷날 민족문화로 이루어지는 밑거름이 되었다. 상고대에 한군현인 낙랑과 남쪽의 삼한은 말이 통하지 않아 통역으로 외교 문서를 전달하였다. 반면 삼국은 같은 언어권 속에 포함되어 있었다. 백제에서 박해받은 도미都彌부인이 고구려로 가서 잘 살았으며, 삼국은 서로 첩자를 파견하여 간첩 활동을 성공적으로 수행한 경우가 허다하였다.

47 이우성, 「삼국사기의 구성과 고려왕조의 정통의식」, 『진단학보』 38, 1974; 신형식, 「삼국통일의 역사적 성격」, 『한국사연구』 61·62 합집, 1988 참조.

고구려와 백제가 주도하였다가 다시 백제와 신라가 주도하는 국면으로 변화된 이후의 삼국 간의 빈번한 전쟁은 7세기에 이르면서 격렬하게 전개되었다.[48] 이때 비록 팽배했던 적대감은 통합을 위한 것임을 명심해야 한다. 고구려와 백제가 한때 서로 원수처럼 투쟁하지만, 두 나라 왕이 즉위하면 모두 주몽사朱蒙祠로 가서 제사祭祀를 지내고 있다. 곧 그들은 주몽 소생의 형제국兄弟國으로 인식한 셈이다. 그러므로 삼국은 같은 문화 기반을 가져, 결국은 합쳐야 한다는 의식을 가졌다. 삼국통일 전쟁이 처절하게 수행될 수밖에 없었다.

삼국이 공통된 문화 기반을 마련할 수 있었던 것은 그 사회가 모두 부족장으로 편제되었고, 기마민騎馬民문화를 가졌기 때문에 가능하였다. 이미 농경사회를 이루었더라도 고조선이나 부여 등 상고대에 우리 민족은 기마민 전통을 가졌다.[49] 특히 기마민문화 전통을 가졌을 경우 한반도 내에는 고립된 특이한 지방 문화나 사회체제가 강잉强仍하게 온존할 수 없다. 삼국문화의 공통적 기반이 더 넓게 확산하면서 통일신라의 민족문화가 쉽게 형성되었음은 중요하다고 본다. 통일신라는 확대된 민족문화 기반 위에 당나라문화를 받아들여 국제문화의 조류에 동참하였다. 통일신라시대의 민족문화 성립 의의는 높게 평가해야 할 것이다.

발해는 만주 지역 문화를 발전시키는 중심 역할을 담당하였다. 발해문화가 고구려문화를 흡수하여 만주 지역에 광범하게 산재한 말갈족을 깨우치고 그 문화를 함께 개발하였다. 문화 수준이 낮은 말갈족을 피지배층으로 흡수하여 성립하였기 때문에 발해는 문화 기반을 확충하고 발전시키는 데 어려움을 가졌다. 다만 높은 수준의 고구려문화 토대 위에

---

48 장창은, 「삼국간 전쟁의 양상과 시대적 의미」, 『삼국시대 전쟁과 국경』, 온샘, 2020, pp. 313~317.

49 김정배, 「한국에 있어서의 기마민족문제」, 『역사학보』 75·76 합집, 1977, p. 64.

서 출발하였더라도 서민적 문화 기반이 약하였기 때문에 발해는 당나라 문화를 더 철저하게 받아들여 국제적 수준의 문화를 성립하였다.

발해문화 속에 고구려문화의 요소가 강하게 나타나 있다. 발해의 5경제는 고구려의 5부제에 기초를 둔 것이다. 발해 정혜공주묘貞惠公主墓의 천장 구조는 모줄임형식(말각조정식抹角藻井式)이다. 이것은 통구의 사신총이나 강서대묘와 같은 고구려계 고분에 나타난 양식과 비슷하다. 상경 용천부지龍泉府址 궁전지 중 제4궁전이 온돌 장치를 갖추었다. 온돌 구조는 고구려 전통을 이은 것이다. 또한 발해의 이불병좌상二佛竝坐像은 석가불과 다보불로 비정比定되기 때문에 불국사를 구조한 신라 탑이나 불상의 조상 전통과 이어질 수 있어서 흥미롭다.

삼국시대의 예술은 왕실과 귀족 세력의 뒷받침을 받아 발달하였으며, 특히 불교 미술을 주축으로 하여 화려한 모습을 보여 준다. 통일신라시대의 예술은 당나라 미술의 영향을 받아 엄격한 구성 위에 사실적 아름다움을 가진 정제미를 갖추었다. 한편으로 신라중대의 불교 대중화와 신라하대의 지방호족 등장으로 지방 문화가 확산하였다. 그리하여 나말여초의 예술은 귀족문화의 세련된 모습과 함께 서민대중의 투박한 정서를 지니기도 하였다.[50]

삼국시대의 고분은 건축뿐만 아니라 회화와 공예를 이해하는 데 대단히 중요한 것이다. 삼국시대 왕들은 어느 나라를 막론하고 고총高塚을 조영造營하였다. 그들이 생시의 주거 생활을 사후에 지하 무덤으로 옮긴다는 생각을 가졌다. 무령왕릉 지석은 왕이 매매 계약 형식을 빌려

50 고유섭, 「고대인의 미의식—특히 삼국시대에 관하야—」, 『조광』 6-11, 1940(『한국미술문화사논총』, 서울신문사 출판국, 1949); 진홍섭, 「삼국시대의 고구려미술이 백제·신라에 끼친 영향」, 『삼국시대의 미술문화』, 동화출판공사, 1976; 정영호, 「신라미술연구에 있어서의 제문제」, 『신라문화』 1, 1984 참조.

희망하는 묘지를 지신으로부터 돈을 주고 사는 일종의 매지권買地券이라 할 수 있다.[51] 광개토대왕릉에는 왕의 생애와 업적을 기록한 능비陵碑가 건립되어 있다. 광개토대왕릉비나 무령왕릉 지석이 삼국 왕릉의 조성 모습을 알려 준다.

삼국시대의 미술을 이해하는 데 중요한 자료가 고분의 부장품이다. 삼국시대 고분의 많은 부장품은 매장하기 위해 따로 만든 것이라는 설도 있으나, 대체로 현세의 생활 도구를 그대로 무덤 속에 옮겨 넣은 것이다. 도굴하기 쉬운 고구려와 백제의 고분에는 부장품이 많이 남아 있지 않다. 신라와 달리 백제나 고구려의 미술사, 특히 공예사를 연구하는 데에는 자료의 한계를 극복해야 하는 문제가 있다. 다행히 금동용봉봉래산향로金銅龍鳳鳳萊山香爐나 기적처럼 도굴을 모면한 무령왕릉 출토 유물 등은 전통 신앙이나 유학사상에 기반을 두어 국가 혁신이나 태평성대를 구가하기 위해 제작됨으로써 백제 공예의 높은 수준을 이해하게 한다.[52]

고구려 고분은 본래 적석총積石塚이었는데, 점차 낙랑 고분의 외형을 본떠서 석재를 피라미드식으로 쌓아 올려 만든 석총石塚으로 발전하였다. 그 내부에는 상자 모양의 현실을 구조하였다. 장군총 등 고구려 석총은 억센 힘을 소유하고 있는 느낌을 준다. 태왕릉太王陵도 석총으로 광개토대왕릉으로 추정된다. 평양 천도 이후에는 새로운 형식의 토총土塚이 등장하였다. 토총은 봉토 내에 횡혈식 석실을 쌓은 것인데, 낙랑의 영향을 받아 돔 모양의 천장을 갖추었다. 다만 쌍영총은 고구려의

---

51 이병도, 「백제무녕왕릉 출토지석에 대하여」, 『학술원논문집』 11, 1972; 「한국고대사연구」, 박영사, 1976, pp. 564~568.

52 이내옥, 「무령왕릉 조영의 사상적 배경」, 『백제미의 발견—백제의 미술과 사상, 그 여덟 가지 사유—』, 열화당, 2015, pp. 55~58; 이내옥, 「백제 금동대향로의 사상」, 『진단학보』 109, 2010(『백제미의 발견』, 2015, pp. 80~86).

독자적인 모줄임형식 천장을 가졌다.

서울 석촌동 유적의 백제초기 고분은 기단식基壇式 적석총이다. 뒷날 백제 고분이 중국 남조의 영향을 받아 벽돌(전塼) 또는 석재石材로 쌓은 횡혈식 토총으로 바뀌었다. 신라초기 고분은 수혈식竪穴式의 거대한 적석목곽분인데, 법흥왕대부터 횡혈식 석실분으로 조성되어 갔다. 적석총은 부부를 합장하기 위한 쌍분 형식을 구조하는 경우에는 많은 시간과 노력이 든다. 그러나 석실분의 경우 문을 열고 들어가면 부부 합장은 쉬운 작업이었다. 규모가 클 필요가 없었으므로 석실분은 점점 널리 사용되었다.

통일신라에는 봉토封土를 호석護石으로 두른 횡혈식 석실분이 성행하였다. 호석에는 12지신상支神像을 조각하였다. 중국 12지支사상을 받아들여 조성한 12지신상은 중국 분묘에는 볼 수 없는 신라의 독특한 것이다. 발해 분묘는 남쪽에 입구를 가진 횡혈식 석실분인데, 묻힌 사람의 지위가 높고 낮음에 따라 그 구조나 재료 또는 장식 등에 차이가 있다. 발해가 신분제 사회였기 때문에 나타난 현상이다. 다만 발해의 지배층이 고구려 유민이었으므로 귀족들의 분묘 양식은 고구려 고분과 흡사하다.

삼국시대 조각에는 불상이 거의 전부를 차지하고 있다.[53] 그 외 조각 수법이 나타나 있더라도 토우土偶는 괴기하여 본격적 작품이라 할 수 없다. 불교가 전래된 후 삼국은 다투어 사원에 안치할 불상을 조상하였다. 연희7년명금동여래입상延喜七年銘金銅如來立像이나 금동미륵반가상金銅彌勒半跏像으로 대표되는 고구려 불상은 신비한 미소를 머금고 있

53 불상에 대해서는 다음 연구가 주목된다. 황수영, 『한국불상의 연구』, 삼화출판사, 1973; 진홍섭, 『한국의 불상』, 일지사, 1976; 김리나, 『한국고대 불교조각사 연구』, 일조각, 1989.

다. 백제의 서산 마애석불이나 금동미륵반가상이 우아한 얼굴에 너그러운 미소를 띠었다면,[54] 신라의 금동미륵반가상은 정신적 힘을 지녔다. 삼국은 공통적으로 석가상이나 미륵반가상을 많이 조각하였다.

통일신라 때 조각된 수많은 불상이나 보살상 등은 둥근 얼굴에 풍만한 몸매를 갖추고 각기 특색을 가졌는데, 삼국통일 후의 튼튼한 국력과 안정된 정치를 반영함으로써 조화로운 아름다움을 지녔다.[55] 발해 조각 역시 불상이 가장 큰 비중을 차지하였으며, 이불병좌상이 유명하다. 불상 이외에 석사자상이 있는데, 그 형식은 고구려뿐만 아니라 신라의 영향을 받은 것이다. 불상 이외에 백제 조각품으로 무령왕릉에서 나온 석수石獸가 있다. 이것은 같은 시대의 중국에서 유행한 진묘수鎭墓獸의 영향을 받아 제작되었다고 한다. 그러나 중국의 진묘수가 도기 제품인 데 비해 석수는 돌을 조각한 것이다.

회화로 가장 유명한 것은 고구려의 고분 벽화이다. 사신도나 무사도 등 고구려 벽화는 투시법을 무시하는 흠이 없지 않으나, 미의식의 중심을 생동감 넘치는 운동성에 둠으로써 중국 미술의 영향에서 벗어나 독창성을 발휘하였다. 백제 고분에는 고구려의 영향을 받은 벽화가 그려져 있다. 백제 고분 벽화는 고구려의 것과 비교할 수 없을 만큼 극소수 남아 있는 편이지만, 전반적으로 부드러운 멋을 지니고 있다.

불교 건축에서 중요한 위치를 차지하는 것은 탑파塔婆이다. 금당金堂을 위시한 삼국의 목조 건물이 하나도 남아 있지 않지만, 원래는 목탑을 많이 제작하였다.[56] 백제에서는 목조탑의 건축 양식을 모방한 석탑

54 황수영, 「서산백제마애삼존불상」, 『진단학보』 20, 1959; 『한국불상의 연구』, 삼화출판사, 1973, pp. 112~114.

55 진홍섭, 앞의 책, 1976, pp. 231~232.

56 고유섭, 『한국탑파의 연구』, 동화출판공사, 1975, pp. 69~76.

이 건조되었는데, 그 대표적인 것이 미륵사지 석탑이나 정림사지 오층 석탑이다. 신라에는 중국의 전탑을 모방한 석탑이 건조되었는데 분황사의 모전模塼석탑이 바로 그것이다. 신라중대의 걸작인 석가탑과 다보탑은 삼국시대의 거대한 석탑과 비교하여 당당한 기개보다는 질서정연한 조화미를 가져 온아하고 수려한 느낌을 준다. 이런 경향은 전제왕권 아래에서 안정과 조화를 추구하는 귀족의 취향에 부응하여 나타났다.

(2) 불교의 전래와 그 사상의 전개

불교 전래 이전의 삼국 사회에는 무교신앙이 성행하였다. 부족의 조상신을 숭배하는 것이 무교신앙의 특징이다. 연맹왕국시대에 연맹왕실은 물론 그 안에 복속한 성읍국가나 읍락의 지배자인 부족장들은 본래 가졌던 시조신인 천신天神이나 지신 또는 수신水神 등을 독자적으로 숭배하였다. 그리하여 연맹왕은 물론 귀족인 부족장들이 모두 각자의 조상신에 대해 제사를 지내고 있었다. 무교는 제정일치시대의 종교신앙을 체계화하면서 형성되었고, 연맹왕이나 부족장은 읍락공동체의 기반을 그대로 가진 제사장(축무祝巫)이었다.

연맹왕국이 성립하면서 부족장들은 왕의 신하로 편제되지만, 사실상 이전에 지배하였던 성읍국가나 읍락을 거의 독립적으로 관장하였다. 우선 그들은 왕과 동등한 무교신앙 기반을 가졌다. 그러나 무교신앙은 연맹왕국이 성립하기까지 부족장의 윤리로서 유지될 수 있었지만, 중앙집권적 귀족국가가 성립한 후 왕실 중심의 강력한 전제왕권의 이념으로서는 부족한 것이다.[57] 왕실이 부족장들을 중앙귀족으로 편제하면서

57 김두진, 「고대인의 신앙과 불교수용」, 『한국사 2—고대 민족의 성장—』, 국사편찬위원

왕권을 강화하려 할 때 무교신앙과는 다른 이념을 모색하였다. 불교의 전래와 수용은 바로 이런 사회 변화 속에서 이루어졌다.

불교가 한국 고대문화를 건설하는 바탕이 되었다. 잡다한 신앙체계나 권역으로 나뉘어져 있었던 무교를 대신한 불교의 보편적 원리는 삼국시대의 정신문화를 통합하여 이전보다 높은 철학적 차원으로 승화되었다. 처음 불교는 왕실 중심으로 수용되었다. 본래 원시불교는 왕자계급王者階級(크샤트리아) 중심으로 수용되었고 정복국가 이념에 합당한 것이었다.[58] 그뿐만 아니라 원시불교가 강조한 보편적 법(dharma)은 부족 간의 통합 능력을 갖춘 것이어서 왕권을 중심으로 한 중앙집권적 귀족국가 건설에 부합하였다.

불교 공인은 왕실 중심으로 수용된 불교를 귀족에게까지 홍포弘布하려는 것이다. 이때 귀족들이 불교 공인에 반대하는 태도를 보였다. 귀족은 비록 정치적으로 왕실과 주종 관계에 있었지만, 무교신앙의 경우다 같은 제사장으로서 왕실과 동등한 독립적 관계를 유지하고 있었기 때문이다. 불교 공인은 귀족이 종교적 면에서까지 왕실에 예속되는 결과를 초래하였다. 귀족의 완강한 반대에 부딪힌 불교는 쉽게 공인될 수 없었다. 이차돈異次頓 등 왕실 측근이 순교하는 과정을 겪었을 뿐만 아니라 귀족에게도 유리한 성격으로 변하면서 불교가 공인되기에 이르렀다. 말하자면 불교 공인으로 종교 면에서 왕실과 귀족이 타협과 조화를 이루었다.[59]

고구려 불교는 격의格義불교에서 출발하였다. 도교의 '무無' 개념으로

회, 탐구당, 1977, p. 298.

58 김두진, 「신라 공인불교의 사상과 그 정치사적 의미」, 『두계이병도박사구순기념한국사학논총』, 지식산업사, 1987, p. 89.

59 이기백, 「신라 초기 불교와 귀족세력」, 『진단학보』 40, 1975; 『신라사상사연구』, 일조각, 1986, p. 80.

불교의 '공空'사상을 이해하려고 하였다. 고구려 불교가 격의불교에서 벗어나 철학적으로 심화하는 계기는 의연義淵 때 마련되었다. 자연스럽게 고구려에서는 공空사상에 바탕을 둔 삼론종三論宗이 정착하였다. 공사상의 폭넓은 탐구는 중관中觀의 이해로 나아갔다. 그리하여 승랑僧朗은 신삼론사상을 성립시켰는데, 그 이전 혜원慧遠부터 나집羅什 문하 승도僧導에 이르는 성실론적成實論的 삼론을 고삼론이라 한다. 승랑 이후 길장吉藏에 이르러 완성되는 신삼론사상은 『화엄경』과 같은 융섭적 경향을 보였다.[60]

백제에서는 율종이 성행하였다. 백제 율종은 가축을 방생하고 고기잡이 도구를 불사르는 등 형식에 흐를 정도로 엄격한 것이다. 성왕 때 인도에 간 겸익謙益이 율종 관계의 불경을 가지고 돌아와 번역하였으며, 왕은 번역한 경전의 서문을 지었다고 한다. 백제에 율종이 유행한 것은 공주 지역에 성행한 미륵신앙과 관련이 있다. 미륵이 설주說主인 『유가보살계瑜伽菩薩戒』는 출가한 보살이 지닐 엄격한 계율을 수록하였다. 또 중국 남조의 유교문화가 일찍 전래되었기 때문에 유교의 예禮에 익숙한 백제 사회는 불교의 '계'를 받아들이기가 쉬웠다.

삼국시대까지 불교 승려들은 자기 종파의 사상에 대한 이해에 머물렀으나, 통일신라시대에 오면서 불교사상 전반에 대한 종합적 이해 체계를 마련하였다. 한편 정토淨土신앙의 유행으로 불교 대중화를 이루면서 신앙층 기반이 확대되었다. 통일신라시대에 유행한 정토신앙에는 두 유형이 있었다. 하나는 공덕으로 인한 사후 왕생往生신앙이요, 또 하나는 염불에 의한 현신 왕생신앙이다. 물론 전자가 주로 귀족들에게 수용되었겠지만, 정토신앙의 대종을 이룬 것은 후자이며 서민대중 중심으

60 김두진, 「고구려 불성신앙의 형성과 그 양상」, 『진단학보』 114, 2012, pp. 339~342.

로 수용되었다. 그들은 현실의 고통에서 벗어나고자 산 몸으로 극락에 가기를 추구하였다.[61]

통일신라시대에 불교는 교종과 선종으로 나뉘어 교리적 발전을 거듭하였다. 교종은 보이는 현상계, 곧 색色에 대한 논리를 세우는 상종相宗과 보이지 않는 사물의 성격, 곧 공空에 대한 논리를 추구하는 성종性宗으로 나누어진다. 상종이 유식唯識으로 체계화되었으며, 그 대표적 종파가 법상종法相宗이다. 원측圓測이나 원광圓光이 유식사상을 전하였는데, 신라중대에 법상종은 태현계太賢系나 진표계眞表系로 나뉠 만큼 번성하였다.[62] 다만 진표 교학은 점찰법회占察法會라고도 주장되었는데,[63] 점을 쳐서 상을 얻기 때문에 크게 보아 상종, 곧 법상종에서 벗어난 것은 아니다.

성종을 대표하는 것은 화엄종이다. 화엄종을 정립시키는 데 의상이 크게 이바지하였다. 화엄사상은 법계연기法界緣起로 설명된다. 진여眞如인 절대적 진리라고 할 수 있는 원칙적 하나가 인연에 따라 일으켜(연기緣起) 둘이 되고, 둘은 다시 넷이 되어 결국은 우주의 삼라만상을 구성한다. 삼라만상은 원칙적 하나에 의해 일으켜진 가상假相에 불과하므로 결국 하나로 돌아가게 된다. 이것을 성기性起라 한다. 이렇듯 화엄사상은 연기와 성기에 의해 만들어지면서, 한편으로 전화轉化하거나 부서져 간 수많은 법계나 법상 사이의 조화와 균형을 추구한다.

의상은 하나 속에 일체가 포함되었고, 포함된 일체의 하나하나도 역시 그러하다고 하였다. 극히 성기론적 사상 경향을 드러내었다. 화엄사

---

61 이기백, 「신라 정토신앙의 두 유형」, 『역사학보』 99·100 합집, 1983; 『신라사상사연구』, 일조각, 1986, pp. 143~150.

62 문명대, 「신라 법상종(瑜伽宗)의 성립문제와 그 미술 (하)—감산사 미륵보살상 및 아미타불상과 그 명문을 중심으로—」, 『역사학보』 63, 1974, p. 161.

63 김영태, 「신라 점찰법회와 진표의 교법연구」, 『불교학보』 9, 1972, p. 128.

상가에 따라 연기를 강조하여 건립된 삼라만상의 차별을 의도적으로 내세우는가 하면, 성기를 강조하여 삼라만상이 원칙적인 하나로 돌아감을 강조한다. 법장法藏이 전자의 대표자이며, 의상은 후자의 대표자이다. 그러므로 법장의 사상은 물론이고 의상의 화엄사상도 중앙집권적 전제왕권에 유용한 성격을 가졌다.

신라 화엄종의 주류는 의상계인데, 비주류로 원효를 비롯한 견등지見登之나 표원表員 등이 활동하였다.[64] 원효는 원래 화엄사상가이지만『화엄경』외에 유식을 포함하여 불교의 모든 경전에 대해 주석을 남겼다. 신라 불교가 경전 전체를 이해할 수 있는 기반을 마련한 셈이다. 원효는 불교의 모든 종파를 사상적으로 종합하려는 화쟁和諍사상을 주장하였다. 그의 대표 저술인『금강삼매경론金剛三昧經論』은 유식과 공관의 대립을 절충하여 일심一心, 곧 관법觀法 속에 통합하려는 내용을 담고 있다.

신라하대에 선종이 유행하였는데, 실제로 지방호족은 선종 사원을 크게 일으키는 단월 세력이 되었다. 중생 각자의 마음속에 지닌 불성을 깨치려는 선종은 불립문자不立文字나 견성오도見性悟道 및 외식제연外息諸緣을 내세우고 세상과 절연하여 좌선하게 한다. 그리하여 신라하대 초기 선종사상은 내증內證을 강조하는 조사선을 표방하였다. 외부로부터의 모든 간섭을 뿌리치면서 자기 마음속에서 불성을 찾으려는 선종의 사상 경향은 개인주의로 흘러, 왕실의 거추장스러운 간섭을 배제하면서 지방에서 독자 세력을 구축하려는 지방호족의 취향과 부합하였다.

---

64 김지견,「신라 화엄학의 주류고」,『숭산 박길진박사 화갑기념 한국불교사상사』, 원광대학교 출판국, 1975, p. 273.

선종사상은 진성여왕대를 지나면서 변하였으며, 내증외화內證外化를 강조하여 교학사상을 포용하였다.[65] 또한 6두품귀족이 불교는 물론 새로운 유학을 받아들임으로써 학문적 면에서 신분의 한계를 극복하려 하였고, 문란한 귀족정치와 골품제도의 모순을 비판하기 시작하였다. 유교와 불교는 물론 도교(선교仙敎)사상까지 융합하려는 경향이 나타났다. 유심론적 선사상인 풍수지리설이 등장하여 국토를 효율적으로 활용하려는 지방 중심의 국토재구성안을 성립시켰다.[66] 나말여초의 통합적 사상 경향은 다소 미신적 요소를 지녔을지라도 세련된 지성을 겸비한 것이어서 신라 고대사회를 청산하고 새로운 사회를 건설하는 데 이바지하였다.

(3) 고대의 학문과 기술 발달

한자는 중국 철기문화와 함께 이미 전래해 있었다. 진국辰國이 전한에 국서를 보냈으므로 기원전 2세기경에 이미 우리나라는 한자를 사용하였다. 한군현은 한자를 널리 보급하였다. 광개토대왕릉비문에는 한자의 음音과 훈訓을 빌어 우리말을 표현하는 차자표기借字表記가 나온다.[67] 설총薛聰은 신라에서 사용하는 차자표기법을 이두로 정리하였다. 삼국시대에는 일찍부터 한학漢學이 알려졌고, 경서와 역사서가 전해졌다. 고구려에서는 오경五經과 삼사三史·『삼국지』·『진양추晋陽秋』 등이

---

65 김두진, 「신라하대 선종사상의 전래와 그 변화」, 『전남사학』 11, 1977; 『신라하대 선종사상사 연구』, 일조각, 2007, pp. 416~421.

66 김두진, 「나말여초 동리산문의 성립과 그 사상—풍수지리사상에 대한 재검토—」, 『동방학지』 57, 1988; 『신라하대 선종사상사 연구』, 일조각, 2007, pp. 332~352.

67 남풍현, 「한자차용표기법의 발달」, 『국문학논집』 7·8 합집, 단국대학교, 1975; 권인한, 『광개토왕비문 신연구』, 박문사, 2015, pp. 232~254.

들어와 있었다. 백제에도 역사서가 전해졌고, 음양오행을 해독하는 사람이 있었다.

한학의 발달이 역사서의 편찬 사업을 가능하게 하였다. 삼국은 모두 역사서를 편찬하였다. 백제와 신라가 역사서를 편찬한 근초왕대와 진흥왕대는 중앙집권적 귀족국가체제를 강화하면서 국력이 크게 뻗어 나가고 있던 때였다. 『신집新集』 이전에 있었던 고구려의 『유기留記』는 소수림왕대에 편찬되었다고 추측된다. 다시 편찬된 『신집』이 군신의 선악을 기록하여 포폄褒貶을 만대에 보이려는 경향을 보이지만, 애초의 삼국 역사서는 왕실의 정통성과 위엄을 나타내려는 성격을 가졌다.[68]

한자와 함께 유교는 삼국에 일찍 전래하였으나 중앙집권적 귀족국가가 성립할 무렵에 본격적으로 수용되었다. 귀족사회의 질서를 유지하는 도덕으로서 유교가 중시되었기 때문이다.[69] 고구려는 소수림왕 2년(372년)에 태학을 설치하여 중앙의 귀족 자제에게 유학을 가르쳤으며, 지방에는 경당扃堂을 세워 평민 자제에게도 한학과 함께 궁술弓術을 교육하였다. 태학의 교수직으로 박사博士가 있었다. 백제 성왕은 양나라에 표를 올려 모시毛詩박사와 강례講禮박사를 구하였다. 박사제도의 존재로 보아 백제에도 유교 교육기관이 있었다고 생각한다.

화랑도의 세속5계나 「임신서기석壬申誓記石」은 신라에서도 유교 도덕이 널리 권장되었음을 알려 준다. 그러나 유학이 중요시되는 시기는 통

---

68 이기동, 「고대국가의 역사의식」, 『한국사론 6—한국사의 의식과 서술—』, 국사편찬위원회, 1979, pp. 8~9.

69 김철준, 「삼국시대의 예속과 유교사상」, 『대동문화연구』 6·7 합집, 1970(『한국고대사회연구』, 지식산업사, 1975); 이기백, 「유교수용의 초기형태」, 아세아학술연구회 편, 『한국민족사상사대계 2—고대편—』, 형설출판사, 1973(『신라사상사연구』, 일조각, 1986, pp. 201~206).

일신라시대에 들어와서이다. 신문왕대에 국학을 두었으며, 원성왕대에는 독서삼품과讀書三品科를 시행하였다. 『논어論語』와 『효경孝經』이 필수 과목이고 거기에 오경과 『문선文選』이 더해졌다. 효를 중시하였고, 경학 위주였지만 부수적으로 문학까지 배우는 교육을 시행하였다. 통일신라시대에 한학을 진골귀족이 수용하였다. 김대문金大問은 정통 진골귀족이지만 한학을 수용하였고 불교에도 밝았다. 그는 진골귀족 중심의 신라 토착적 전통을 내세우려는 의도에서 『화랑세기』나 『고승전』 등을 저술하였다.70

통일신라시대에 유학은 대체로 6두품귀족 중심으로 수용되었다. 설총薛聰이 「화왕계花王戒」를 지어 왕정을 일깨웠고, 강수强首는 문장가로 외교문서 작성에 깊이 관여하였다. 이들은 학문 활동으로 신분적 제약을 극복하려고 하였다. 마침 왕실이 정통 진골귀족 세력을 누르고 왕권을 강화하는 과정에서 6두품귀족은 왕실의 협조자로서 점점 세력을 키워 갔다. 그렇지만 그들은 골품제의 제약에서 크게 벗어날 수 없었다. 유학자들이 골품제 자체에 대해 비판을 가하면서 신라 국가체제를 개혁하려는 것은 신라하대에 가서 가능하였다.

최치원은 진성여왕에게 봉사10조奉事十條를 올렸다. 그 내용은 왕권을 강화하고 정통 진골귀족 세력을 억압하면서 6두품귀족 중심으로 국가체제를 개혁하려는 것인데, 정통 진골귀족들의 반대로 수용되지 못하였다. 그리하여 최승우崔承祐는 후백제로, 최언위[崔彦撝]는 고려로 갔다. 최치원과 달리 그들은 신라 국가체제를 부정하였다. 신라하대에 6두품귀족들이 유학을 받아들이면서 골품제도의 사회적·정치적 모순

70 이기백, 「김대문과 그의 사학」, 『역사학보』 77, 1978; 『한국사학의 방향』, 일조각, 1978, pp. 9~11.

을 점차 인식하고 있었다.

발해는 문자를 가졌고 많은 서적을 보유하였다. 왕경인 동경성東京城에서 발견된 압자와押字瓦 중에는 한자와 다른 문자가 있다. 이것은 발해 문자였을 가능성이 있지만, 현재 완전하게 판독하지 못하고 있다. 발해에는 발해인이 저술한 역사서나 서적이 있었겠지만 지금 전하는 것은 없다. 그러므로 발해사를 외국인이 남긴 기록으로 연구할 수밖에 없다. 문왕은 당나라에 사신을 보내어 『삼국지』나 『진서晋書』 및 『십육국춘추十六國春秋』 등 역사서를 베껴 오게 하였고, 국내에는 『상서』·『예기』·『역경』·『시경』·『춘추』·『좌전』·『맹자』·『논어』 등이 있었다.

발해인은 한문을 익숙하게 사용하였다. 외교문서는 물론 국내의 공적 기록은 한문을 사용하였고, 관부 명칭이 모두 한문으로 표기되었다. 정혜공주貞惠公主와 정효공주貞孝公主의 묘지墓誌는 발해의 높은 한학 수준을 알려 주는데, 세련된 변려체騈儷體의 한문을 구사하여 작성되었다. 특히 유교가 발달하여 인仁과 효孝를 도덕의 표준으로 삼았다. 정혜·정효 등 국왕이나 공주는 물론 귀족들의 이름을 주로 유교의 중심사상에서 따와 붙였다. 유교의 충·인仁·의義·지智·예禮·신信은 지도자의 행동 기준이 되었는데, 그것은 6부의 명칭이 될 정도였다. 이처럼 발해에서 유교는 광범하게 보급되었다.

삼국시대에 농업을 위시한 산업의 발달로 말미암아 과학 기술에도 큰 진전이 있었다. 특히 천문기상학이 발달하였다. 삼국은 산업이 모두 농업에 기반을 두고 있어서 이와 밀접한 천문·기상·역법에 관심이 컸다. 일식·월식·혜성·지진 등 천체 기상 현상을 관측하고 기록하였다. 천체 현상의 이변은 흉조凶兆로 받아들여 하늘이 지배자에게 경고를 내리는 것으로 생각하였다. 천체 현상을 관찰하는 관원인 일관日官은 제의를 관장하면서 국가정책에 깊이 관여하였다.

경주 첨성대는 현존하는 세계 최고最古의 천문대로[71] 구조상 제의와 연관되었다는 주장도 있다.[72] 점성술과 연관되었을지라도 통일신라의 천문학이 발달하여 시각時刻을 측정하였음을 알 수 있다. 선덕여왕 17년에는 누각전漏刻典을 설치하여 누각박사를 두었다. 김유신의 후손인 김암金巖은 혜공왕 때 당의 음양가법을 배워 와, 사천대박사司天大博士에 임명되어 천문학자로서 이름을 날렸다. 천문학의 이해가 역학曆學의 발달을 가져왔다. 삼국은 남송의 원가력元嘉曆이나 당의 인덕력麟德曆 등 중국 역술을 도입하여 개량한 역법을 사용하였다.

삼국에는 인삼 등 약초가 재배되었으며 약학과 의학 지식이 발달하였다. 침이나 뜸을 사용하거나 온천을 이용하여 병을 치료하였다. 불교를 통해서도 의술이 전해져 승려가 병을 고치기도 하였다. 통일신라의 의학은 독자적으로 발달하였다. 신라의 의서인 『신라법사방新羅法師方』은 현전하지 않지만, 도교의 불로장생술은 물론 불교의 융성에 따른 서역이나 인도의 의학까지 받아들여 독특한 신라 의학을 체계화한 저술이다.[73] 효소왕 원년(692년)에 의학醫學을 세워 의학박사를 두고, 『본초경本草經』이나 『침경針經』 등 의서로 학생을 가르쳤다. 이들이 졸업하여 공봉의사供奉醫師 등의 의관에 임명되었다.[74]

삼국시대에 궁궐은 물론 국내성이나 남산 신성 등을 견고하게 축조하는 역학力學의 응용은 지리학의 발달로 이어졌다. 월성의 축조에 풍수지리적 지식이 활용되었다. 신라말에 도선道詵이 전한 풍수지리설은 경

---

71 남천우, 「첨성대에 관한 제설의 검토—김용운, 이용범, 양씨설을 중심으로—」, 『역사학보』 64, 1974, pp. 134~136.

72 이용범, 「첨성대존의」, 『진단학보』 38, 1974, pp. 31~40.

73 김두종, 『한국의학사』, 탐구당, 1966, pp. 107~108.

74 김두종, 위의 책, 1966, p. 105.

험에 의한 인문지리적 지식을 활용한 국토관찰법이다.[75] 곧 산수의 형세를 관찰하여 명당明堂을 선정하는 것이다. 명당은 여러 곳에 있지만 국가의 명당은 전국의 산수를 살펴야만 선정할 수 있다. 그리하여 전국 규모의 지도인 「삼국도三國圖」를 작성하면, 국토를 운영하려는 비보裨補사상이 발견될 수 있다. 도선이 집대성하였다는 비보는 국토의 운영 원리를 제시하려는 것이다.[76] 풍수지리가 비보사상으로 나타나기까지는 대단히 합리적인 인문지리적 지식이 활용되었다.

75 이용범, 「풍수지리설」, 국사편찬위원회, 『한국사 6—고려 귀족사회의 문화—』, 탐구당, 1975; 이병도, 『고려시대의 연구』, 을유문화사, 1948(아세아문화사, 1980, p. 26).

76 김두진, 「동리산문의 성립과 그 사상—풍수지리사상에 대한 재검토—」, 『신라하대 선종사상사 연구』, 일조각, 2007, pp. 350~351.

제2부 한국고대의 문화의식과 종교신앙

| 제1장 |

한국고대의 문화의식

1. 한국고대의 국가체제 정비와 문화 복합

(1) 왕권중심 귀족국가체제의 정비

한국고대 사회의 공동체적 전통은 강잉强仍하여 신라하대에까지 계속되었다.[1] 고대사회가 부족적部族的 편제編制로 이루어졌기 때문이다. 최초의 정치 세력이 성립하는 과정에서 씨족이 중요한 단위가 되었다. 이들은 처음에 몇 개의 취락 집단으로 이루어졌고[2] 그것이 통합되면서 현재의 군郡 단위 정도의 국가를 성립시켰다. 성읍국가城邑國家를 성립

1 최치원이 『帝王年代曆』을 지어 신라 고유의 왕호를 중국식의 '왕'으로 고쳤다고 함은 그 이전까지 신라 사회에 토착적 전통이 강하게 유지되었음을 알려 준다. 특히 삼국통일 과정에서 丕寧子와 그 아들 擧眞, 家奴인 合節이 백제와의 싸움에서 함께 전사하였다. 이를 보면 신라는 공동체적 전통이 강한 사회를 이루었다.

2 윤용진, 「대구의 초기국가 형성과정—고고학적 자료를 중심으로—」, 『동양문화연구』 1, 1974; 역사학회 편, 『한국사논문선집 Ⅱ(고대 편)』, 일조각, 1976, p. 40.

시키는 데 절대적인 계기가 되었던 것은 북쪽으로부터 우수한 청동기 기술을 가진 부족의 등장이었다.

청동기는 무기나 제기祭器로 사용되었고 자연스럽게 청동기를 가진 부족과 그렇지 못한 부족 사이에 지배와 복속 관계가 나타났다. 한편 부족 내부에서도 변화가 생겨 씨족원 사이에 지배와 피지배 관계가 확립되고,[3] 그 결과 국가가 성립하였다. 철기는 주로 무기로 사용되었으며, 철제 무기의 제작은 이웃 성읍국가를 정벌하여 연맹왕국 출현을 가능하게 하였다. 철제 농기구의 출현은 농업생산력을 증가시켰다. 농업경제의 발전에 따른 남은 생산물의 축적이 연맹왕국으로의 전환을 가능하게 하였다.

신석기시대 말기에 이미 농경이 시작되었다. 인간이 채집이나 수렵생활을 하지 않게 됨으로써 남아도는 노동력을 바구니 짜기나 쟁기·바퀴 제작 및 야금冶金 등에 사용하였다. 청동기시대에 이르면서 농경이 빈번하게 행해졌으나 여전히 석기가 사용되었다. 1927년에 평안북도 위원군渭原郡 용연동龍淵洞 적석총積石塚에서 다수의 명도전明刀錢과 함께 여러 종류의 철제 무기와 괭이·낫·따비 등이 출토되었다.[4]

초기철기시대의 남한 지역에서는 도작稻作이 행해졌다. 이삭을 자르는 데 사용한 반월형석도半月形石刀의 출토는 낙랑군樂浪郡 설치 이전에 화북華北 용산龍山문화의 벼농사가 육로를 통해 전래되었을 가능성을 짐작하게 한다.[5] 이와 별도로 유구석부有溝石斧는 3세기 이전에 화남華南 지역의 벼농사가 해로를 통해 들어와 남한 지역에서 행해지고 있었

3 이기백, 「부족국가시대 법속에 나타난 사회와 사상」, 아세아학술연구회 편, 『한국민족사상사대계 2—고대편—』, 형설출판사, 1973, p. 93.

4 이춘녕, 「한국농업기술사」, 『한국문화사대계 3, 과학·기술사』, 고대민족문화연구소 출판부, 1970, p. 26.

5 김원룡, 「한국 재도 기원에 대한 일고찰」, 『진단학보』 25·26·27 합병호, 1964, p. 308.

음을 알려 준다.[6] 『삼국지』 위서 동이전은 변진弁辰에 오곡 외 쌀[도稻]이 있었다고 기록하였다.

백제 다루왕多婁王 6년(33년)에 "나라 남쪽의 주군州郡에 비로소 벼농사(도전稻田)를 지었다"(『삼국사기』 권23)라고 하였으며, 고이왕 9년(242년)에는 "나라 사람들이 남택南澤에서 벼농사를 짓게 하였다"(『삼국사기』 권24)라고 하였다. 김해 패총貝塚에서 탄화한 쌀알 덩어리와 함께 쇠도끼(철부鐵斧)가 출토되었다. 그러나 삼국시대 초기까지는 보리가 주된 작물이었다.[7] 『삼국사기』에 상맥傷麥·가맥嘉麥·맥련기麥連岐·관맥關麥 등이 누누이 보임은 이를 알려 준다.

초기에 전해진 벼는 원시적 방법으로 재배되었으나, 뒤에 규모가 큰 논(수전水田)을 개발하면서 관개나 치수 공사가 활발해졌다.[8] 이로 인해 중앙집권적 귀족국가가 출현하게 되었다. 수리 시설은 부족 단위로만 이루어지기 힘든 공사로, 많은 인력을 동원할 수 있는 집권적 왕권의 성립과 연관하여 확충되었기 때문이다. 수리 시설로 벼농사의 급속한 발전을 가져왔고, 잉여 농산물은 중앙집권적 귀족국가를 유지하는 군대나 왕권에 복속한 귀족, 곧 관료를 부양하는 자원이 되었다.

신라의 경우 수리에 관해 관심이 커지는 시기는 5세기 이후지만,[9] 일성逸聖니사금 11년(144년)에 제방을 수리한 기록은 삼국시대 초기에 수리에 의한 벼농사가 행해졌던 것으로 생각하게 한다. 흘해訖解니사금 21년(330년)의 벽골지碧骨池 기사는 부정할 것이 아니라,[10] 백제의 사실

6 김원룡, 위의 논문, 1964, p. 308.

7 이춘녕, 앞의 논문, 앞의 책, 1970, p. 34.

8 김원룡, 앞의 논문, 앞의 책, 1964, p. 308.

9 이기백, 「영천 청제비 정원수치기의 고찰」, 『고고미술』 102, 1969; 『신라정치사회사연구』, 일조각, 1974, p. 285.

10 今西龍, 「全羅北道 西北部地方 旅行雜記」, 『百濟史硏究』, 國書刊行會, 1970, pp. 460~

이라는 견해가 있다.[11] 벼농사의 기록을 많이 남기고 있으며, 신라보다 중앙집권적 귀족국가체제를 더 일찍 성립시킨 백제는 벼농사를 위한 수리 시설을 갖추었을 것이다. 고구려에서도 이와 같은 사정은 비슷하게 나타났다.

연맹왕국은 이전 성읍국가의 부족적 기반을 그대로 흡수하였다.[12] 연맹왕국의 귀족으로 등장한 제가諸加는 이전 다스리던 읍락이나 성읍국가 기반을 해체당하지 않고 그대로 지녔다. 고구려의 5부는 종묘·영성靈星·사직社稷을 가졌을 것이다. 신라 6부의 장들은 하늘에서 내려왔다는 천신족 시조신화를 가졌다. 이처럼 연맹왕국 내의 고구려 5부나 신라 6부가 모두 종래 성읍국가로서의 전통을 가졌다. 고구려 태조왕·백제 고이왕·신라 내물奈勿니사금은 그 국가의 실질적 시조로 인정되고 있다. 이 왕들이 연맹왕국체제를 완비하면서 중앙집권적 귀족국가로의 개편을 시작하였기 때문이다.

백제는 고이왕 27년(260년)에 6좌평佐平과 16관등 및 백관의 복색服色을 정하였다. 이때의 관제가 너무 세련되어, 그 기록이 후대에 첨삭되었겠지만 연맹왕국체제가 정비되었음을 알려 준다. 신라는 유리儒理니사금 9년(32년)에 6부를 개편하고 17관등을 설치하지만, 그것은 그대로

---

461 ; 이광린, 『이조수리사연구』, 한국연구도서관, 1961, p. 3.

11 이춘녕, 앞의 논문, 앞의 책, 1970, p. 33.

12 소국은 부족국가, 성읍국가, 존장국가 등으로 불린다. 이런 용어는 통일되어 있지 않지만 크게 구별되는 의미로 쓰이지 않는다. 곧 우세한 부족장이 지금 군 단위 정도의 지역을 통치한 소국을 의미한다. 다만 부족국가보다 더 地緣性이 강한 의미로 성읍국가가 사용되었다. 그러나 성읍국가도 부족국가의 혈연적인 의미를 부인하지 않기 때문에 부족국가보다 더 포괄적 의미로 사용되었다. 존장국가는 'Cheefdom'을 번역한 용어로, 추장국가라고도 부르는데 지연적 의미와 혈연적 의미를 모두 갖고 있다. 한국고대의 소국은 邑落을 기본 단위로 하여 城柵을 쌓았기 때문에 성읍국가가 역사적 용어로 더 적당하다. 또한 고대의 소국이 성과 읍으로 이루어져서 성읍국가라는 용어는 흔적만 남긴 당시의 성곽을 찾는 데 도움이 된다.

믿을 수 없다. 오히려 내물니사금 때에 연맹왕국의 관제를 정비하였다. 이를 바탕으로 신라가 처음으로 중국(전진前秦)에 사신을 파견할 수 있었다. 내물왕대의 신라는 크게 변하여 명호를 개혁하였다고 했는데,[13] 명호의 개혁은 연맹왕국체제를 정립하는 제도 개혁이었다고 생각한다.

내물왕대의 개혁은 기본적으로 백제 고이왕 때의 제도 정비와 같은 성격을 가졌음이 분명하다. 다만 고구려 태조왕 때에는 특별히 제도 정비를 알려 주는 기사가 없지만, 그는 전대의 왕실과 다른 혈족 집단에 속해 있었다. 태조왕은 모본왕慕本王을 살해하고 뒤를 이어 등극하였다. 전대의 왕은 해解씨였는데, 태조왕부터 고高씨가 왕이 되었다. 곧 그는 고구려 고씨 왕조의 시조라고 생각한다. 태조왕의 등장으로 고구려 왕실의 지배 세력이 교체되었고, 아울러 이에 상응한 체제 정비가 따랐을 것이다.

태조왕이나 내물니사금·고이왕 때의 제도 정비는 연맹왕권을 강화함으로써 중앙집권적 귀족국가로의 개편을 시도하였다. 그것은 편입한 성읍국가의 기반을 해체하면서 확대된 연맹왕국의 영역을 유지하는 방향으로 진행되었다. 지금까지 연맹왕국의 왕은 일정한 부족에서 나오지 못하였지만, 이제부터는 한 부족이 영도권을 쥐면서 왕위 세습권을 확립시켰다. 그런 과정에서 연맹왕국 내에 흡수된 이전 성읍국가의 지배자는 왕 밑의 귀족으로 등장하였다.

『삼국지』 위서 동이전은 일찍부터 강력한 왕권을 성립시킨 부여나 고구려의 경우, 부족장인 제가諸加가 연맹왕 밑의 귀족으로 등장하고 있음을 보여 준다. 반면 강력한 연맹왕권이 성립되지 못한 삼한의 거수渠

13 전진 왕 苻堅이 신라 사신 衛頭를 접견하고 해동의 사정을 물었다. 이에 위두는 중국의 시대 변혁처럼 名號의 개혁이 있었으므로 신라가 옛날과 같지 않다고 답하였다(『三國史記』 권3, 奈勿尼師今 26년조).

首는 읍락邑落에서 부족원들과 잡거雜居하였다. 연맹왕국이 중앙집권체제를 강화할수록 성읍국가의 지배자가 그들의 부족 기반에서 떠나, 왕권에 복속하여 귀족으로 등장하였다. 중앙집권적 귀족국가로의 개편이 진행되는 과정에서 연맹왕국의 관계조직은 그대로 존속되었다. 그러나 그것은 독립적인 성격의 단순한 연합에 불과했던 이전과는 달리 연맹왕국의 영역과 그 안의 주민을 통합하기 위한 수단에서 유지되었다.[14]

『삼국사기』에는 백제 고이왕이나 신라 내물니사금 이후 정복 기사가 줄어들고 있다. 고구려본기高句麗本紀에도 태조왕대까지 상당한 분량의 정복 기사가 보이지만, 그 이후에는 월등하게 감소한다. 삼국이 이들 왕대에 연맹왕국으로서의 팽창을 일단락하고, 이후 그 영역을 확실하게 유지하려고 했기 때문에 나타난 현상이다. 이들 왕대 이전과 이후의 정복 기사는 그 성격을 달리 보아야 한다. 이를테면 이들 왕대 이전의 정복 기사는 성읍국가가 연맹왕국체제에 편입됨을 반영한 것이라면,[15] 이후의 정복 기사는 연맹왕국 또는 중앙집권국가가 상호 토지와 인민을 획득하려는 정복 전쟁을 나타낸 것이다.[16]

신라는 소지마립간 때에 6부의 개편을 단행하였다.[17] 이 개편은 중앙집권적 귀족국가체제를 정비하는 과정에서 이전 성읍국가로서 가졌던 6부의 읍락공동체 기반을 수도의 행정조직으로 바꾸려는 것이다. 지증

---

14 천관우 편, 『한국상고사의 쟁점』, 일조각, 1975, p. 210.

15 예를 들면 松讓國·荇人國·梁貊國·海頭國·蓋馬國·句茶國 등의 여러 성읍국가가 5대 모본왕대까지 고구려 연맹왕국에 복속되었다. 7대 차대왕次大王 이후부터는 성읍국가를 복속시킨 기록은 보이지 않지만, 고구려는 계속 정복 전쟁을 수행하였다.

16 천관우 편, 앞의 책, 1975, p. 210.

17 『삼국유사』에는 6부 개편이 儒禮王 9년에 행해졌다고 기록되어 있다. 그러나 이는 믿을 수 없다. 소지마립간 10년(488년) 6월에 東陽에서 六眼을 가진 거북을 헌납하였다. 그것은 중앙집권적 귀족국가체제 정비에 수반하여 6부의 개편이 이루어진 사실을 은유적으로 나타낸다고 생각한다. 또한 이런 추측을 가능하게 만드는 것은 소지왕대 이후 왕권의 전제화가 시도되었기 때문이다.

왕대에는 국호를 신라新羅로 고쳤다. 곧 사방을 망라할 수 있는 중앙집권적 귀족국가의 성립을 의미하는 국명이다. 이전 성읍국가의 지배자들은 수도 왕경王京에서 중앙귀족이 되었지만, 종래 다스리던 지역 기반을 거의 그대로 가지면서 부족장 전통을 유지하였다.

(2) 국가체제 정비에 따른 문화의 복합

연맹왕국 내에는 부족을 이룬 다소의 성읍국가나 읍락공동체가 흡수되어 있다. 그들은 모두 조상신祖上神신앙을 가졌다. 그중 우세 부족인 연맹왕 부족이 중심이 되어 선민選民사상을 체계화한 시조신앙이 개국신화로 나타났다. 단군신화는 고조선 성읍국가가 연맹왕국으로 형성되었던 시기의 세계관을 반영하고 있다. 그것을 구성하는 두 요소는 토템신앙과 우세 부족 중심의 선민사상이다.[18] 토템신앙은 대개 신석기시대 이래의 씨족공동체 생활에서 나온 사유 방식이다.

토템을 조상으로 숭배하는 경우 부족원은 토템 동물과 같은 피를 가졌다는 혈족의식을 형성한다. 토템신앙이 존재하면 그에 따른 혈족 집단이 있게 된다.[19] 단국신화가 형성된 시기의 토착 사회에 곰 토템 부족과 호랑이 토템 부족이 있었고, 그들은 토템 제의를 통해 공동체의식을 강화해 갔다. 환웅桓雄 부족은 우수한 청동기문화를 가진 유이민 집단이라고 생각한다. 그들이 청동제 무기를 들고 토착 부족을 정복하거나 동화하면서 성립시킨 세계관이 선민사상으로 나타났다.

18 천관우 편, 앞의 책, 1975, p. 71.

19 토템신앙이 조상숭배와 연결되지 않을 수도 있다. 그런 경우 토템신앙으로 혈족 집단의 존재를 상정할 수는 없다. 실제로 호주에는 씨족조직과 연관되지 않으면서도 토템신앙을 가진 민족이 있다. 그러나 단군신화의 곰과 호랑이나 신라건국신화의 닭과 말 등은 개인숭배신앙으로 보이지 않기 때문에 그에 따른 혈족 집단이 존재했다고 생각한다.

단군신화 속에는 청동제 무기를 가진 정복 부족이 이를 갖지 못한 부족을 지배하던 우월감이 반영되어 있다. 환웅 부족이 여러 토착 부족 중 곰 토템 부족과 결합하여 지배 세력으로 등장하였다. 다만 곰 토템 부족은 환웅 부족의 등장으로 피지배자 위치로 떨어졌다기보다, 그들에게는 미치지 못하였으나 여전히 지배 세력에 속해 있었다. 단군신화는 신석기 사회에 청동기문화가 유입되면서 일어나는 문화 복합 과정을 반영하면서 형성되었다.

청동기 사회에 철기문화가 들어오면서 선민사상은 영웅전승英雄傳乘이나 신성족神聖族신앙을 가지게 된다. 철기시대에 가장 전형적 영웅전승신앙은 고구려 건국신화 속의 주몽 시조전승에 나타나 있다. 고대인들의 생활방식이나 세계관이 잘 반영된 것은 신화이기 때문에 고구려 건국신화를 전대 사회의 단군신화와 비교하면 당시 문화의식의 변화를 추출할 수 있다. 고구려 건국신화의 주요 내용은 다음과 같다.

① 천자의 아들인 해모수解慕漱와 하백河伯의 딸인 유화柳花 사이에서 주몽朱蒙이 탄생하였다.

② 해모수가 하늘로 올라간 후 유화는 금와왕金蛙王과 혼인하였다.

③ 유화는 신神의 사자使者인 비둘기를 통해 금와왕의 왕자들에게 쫓기는 주몽에게 보리 종자를 전하였다.

우선 이 내용은 단군신화와 상당히 유사하다. 환웅과 해모수 및 웅녀熊女와 유화는 비슷한 성격을 가졌다고 이해된다.[20] 두 신화 모두 우수

20 이병도·김재원, 『한국사—고대편—』(을유문화사, 1959, p. 218)에서 '雄'과 '漱'는 다 같이 남성을 지칭하고 '桓'은 밝다는 뜻인데, '解慕'는 해[日]의 뜻이라 하였다. 그러므로 환웅과 해모수는 같은 성격, 곧 밝은 것을 표방하는 남성 가부장이라는 의미이다. 또한 곰

한 기술 문화를 가진 부족이 토착 사회에 유이流移해 들어오면서 생기는 문화 복합 과정을 반영하고 있다.

그러나 두 신화는 각각 형성시킨 사회 상황의 차이로 말미암아 상당히 다른 성격을 가졌다. 고구려 건국신화에는 전대 사회에서 찾아볼 수 없는 농업신農業神의 성격이 두드러지게 나타나 있다. 주몽에게 보리 종자를 건네준 유화가 지모신적地母神的 성격을 가졌다.[21] 유화는 일단 해모수와 상관하였다가 다시 금와왕과 결혼하였다. 초기 농경사회는 주로 여성을 중심으로 정착 생활을 하게 되지만, 목초지를 찾아 이동하는 부권적父權的 목축 사회는 아직도 정착 생활에 들어가지 못하였다. 그러므로 여성의 대우혼對偶婚은 초기 농경사회에서 행해졌다.

호랑이와 한 동굴에 거주했기 때문에 웅녀에게서도 대우혼의 흔적을 찾을 수 없는 것은 아니지만 직접적으로 나타나 있지는 않다. 무엇보다도 고구려 건국신화에는 토템신앙이 현저하게 줄어들었다. '금와金蛙' 등이 토템신앙의 표현이기는 하나 단군신화의 그것과 큰 차이가 있다. 곰이 바로 웅녀였지만, 개구리는 왕의 이름으로 붙여진 데 불과하다. 적어도 고구려 건국신화에서는 토템신앙 등 신석기시대의 사유 방식이 청산되고 있었다.

고구려 건국신화는 초기철기시대에 철기를 사용하는 부족이 등장하여 토착 사회의 여러 부족을 정복하거나 흡수·동화하는 과정에서 형성되었다. 철제 무기나 농기구를 가진 주몽 부족은 부여족의 일파이다. 주몽 부족이 토착 사회의 가장 유력한 유화柳花 부족과 결합하여 지배

은 호랑이와 같은 동굴에 거주하였다가 환웅과 결혼하였는데, 유화는 해모수와 상관하였다가 금와왕과 혼인하였다. 같은 동굴에 거주한 것을 혼인으로 생각할 수 있으므로 웅녀와 유화는 대우혼을 행하였다고 파악된다.

21 김철준, 「동명왕편에 보이는 신모의 성격에 대하여」, 『유홍렬박사화갑기념논총』, 탐구당, 1971; 『한국고대사회연구』, 지식산업사, 1975, p. 3.

세력으로 군림하였다. 이와 같은 과정에서 주몽과 유화 시조전승에 반영된 두 부족의 의식구조나 세계관이 얽히면서 고구려 건국신화로 나타났다.

영도력을 쥔 주몽 부족이 천신족天神族으로 관념하였다면, 유화 부족은 지신족地神族으로서 하천신河川神 시조신앙을 가졌다. 일반적으로 천신족은 정복 부족인 유이민 집단이지만 지신족은 토착 부족이다. 천신족이 하늘에서 내려오는 수직 이동하는 관념을 가진다면, 지신족은 땅과 연결하여 수평 이동하는 관념을 가졌다. 천신족 계통의 환웅桓雄은 하늘에서 하강하지만, 지신족 계통의 허황옥許黃玉은 멀리 인도의 아유타국阿踰陁國에서 배를 타고 가야 지역으로 들어온다.

철제 무기는 청동제 칼과 달라서 단순히 족장이나 제사장의 위엄을 표시하기 위한 것이 아니라 정복 전쟁을 수행할 수 있는 도구가 되었다. 주몽 시조전승에 나타난 영웅전승적 성격은 이와 연관될 수 있다. 단군이 제정일치적 군장이었다면, 주몽은 무사단을 이끄는 정치적 군장의 성격이 더 강하였다. 그런데 유화 부족이 고구려 건국신화에서 지신족 관념체계를 분명하게 갖추었다. 이 점은 단군신화 속의 웅녀 부족과 비교하여 성격이 다르다.

제정이 분리되면서 주몽 부족이 정치적 지배자로 등장하여 성립시킨 의식구조가 천신족 관념으로 체계화되었다면, 유화 부족은 제사 담당자로서의 지신족 관념을 성립시켰다. 특히 유화는 지모신으로 농업신의 성격을 강하게 지녔다. 신라 건국신화 속의 알영閼英 시조전승도 유화 시조전승과 같은 농업신의 성격을 가졌다.[22] 알영 부족은 유화 부족과 비슷한 지모신 관념체계를 형성하였다.

22 김철준, 위의 논문, 『한국고대사회연구』, 1975, p. 41.

제정이 분리되어 제사를 관장하면서 형성된 소도蘇塗신앙이 마한 지역에서 행해지고 있었다. 1970년에 국립박물관은 소도신앙을 알려 주는 문양이 그려진 농경문청동기를 입수하였다.[23] 이 청동기의 후면에 농경의례를 나타낸 문양이 그려져 있지만, 전면에는 나뭇가지에 새가 앉은 소도 문양이 새겨져 있다. 농경문청동기는 소도신앙이 청동기문화의 소산이지만,[24] 농경사회에서도 행해졌음을 알려 준다. 농경의례 문양 속에 보이는 따비 경작은 상당히 발달한 농경이 행해졌음을 짐작하게 한다. 그러므로 소도신앙이 존재한 시기는 초기철기시대까지로 보아야 한다.

청동기보다 우수한 철제 무기나 농기구를 가지고 등장한 우세 부족의 지배 질서에 대한 반항이 소도신앙 속에 포함되어 있다.[25] 철기를 가진 부족이 천신족 관념을 형성하면서 정치적 지배자로 성장하였다면, 이들에게 복속된 토착 사회의 부족장은 이전 청동기문화의 전통을 고수함으로써 제사장으로 남았다. 소연맹국이 등장하였고, 그 안에서 정치적 지배권을 할양한 토착 사회의 부족장은 소도를 관할하였다. 다만 이들이 유화나 알영처럼 지신족으로서의 관념체계를 성립시키지 못하였는데, 그 이유를 연맹왕국체제를 이루지 못한 마한 토착 부족사회의 특수성에서 찾을 수 있다.

제천의례를 갓 갖춘 초기 고구려에서도 천신과 지신에 대한 제의가 잠시나마 각각 행해졌다. 그러나 마한 소연맹국의 지배자들은 국읍의 천신과 소도의 지신에 대한 제사를 각각 따로 지냈다. 이 점은 고구려

---

23 한병삼, 「선사시대 농경문청동기에 대하여」, 『고고미술』 112, 1971, p. 12.

24 한병삼, 위의 논문, 1971, p. 2.

25 김철준, 「삼국시대의 예속과 유교사상」, 『대동문화연구』 6·7 합집, 1970; 『한국고대사회연구』, 지식산업사, 1975, p. 188.

나 신라의 경우 유력한 토착 부족이 스스로 의식구조나 세계관을 갖추고, 우세 부족인 왕실의 그것과 조화를 이루면서 함께 건국신화체계를 형성시키는 것과는 다르다. 고구려나 신라 사회에서는 토착 부족이 상당한 세력을 가졌으므로 그들 중심의 지신족 관념체계를 형성시켜 천신족인 왕실과 더불어 지배 세력으로 등장할 수 있었다.

신라의 김씨 왕실이 세습된 이후 알영 시조전승은 지배 부족 이념으로 세련되어지면서 신성족神聖族신화를 탄생시켰다. 연맹왕국의 확장에 따라 영웅전승이 필요하였으나, 신성족신화는 중앙집권적 귀족국가로 개편되어 나갈 때 주도적 역할을 담당한 부족, 곧 왕실이 성립시킨 세계관이다. 연맹왕국의 유지에 필요한 신화는 가야 계통의 전승에 나타나 있다. 최치원이 찬술한 「석이정전釋利貞傳」에 의하면, 천신 이비가夷毗訶와 가야 산신山神 정견모주正見母主와의 사이에 두 아들이 있는데, 그중 뇌질주일惱窒朱日은 대가야왕이 되고 뇌질청예惱窒靑裔는 금관가야왕이 되었다고 한다.[26]

가야 건국신화인 이 시조전승은 천신족과 지신족의 결합을 통해 선민신화체계를 가진 대가야와 금관가야의 두 국가가 동등한 입장으로 연맹을 이루면서 성립되었다. 고구려나 백제 계통의 건국신화와는 달리 한 부족이 중심이 되어 공고한 연맹왕국을 이루는 신화가 아니다. 이 같은 현상은 낙동강 중류의 대가야와 하류의 금관가야가 6가야 연맹 중 가장 강성하여 각기 영도권을 주장한 데에서 비롯되었다.[27]

신성족신화는 연맹왕국 내의 한 부족이 영도권을 쥐면서 다른 부족의 시조전승이나 개국신화를 통합하여 더 우월한 세계관으로 발전시킨 것

26 『신증동국여지승람』 권29, 경상도 고령현, 건치연혁조.
27 김철준, 『한국고대국가발달사』, 춘추문고 1, 한국일보사, 1975, p. 72.

이다. 신라 건국신화는 단순하지 않아 박·석·김씨 세 부족의 시조전승이 복잡하게 얽혀서 형성되었다. 신라의 6촌장은 각기 천강天降 시조전승을 가졌는데, 이는 6촌이 각각 개국開國신화를 가진 성읍국가였음을 추측하게 한다.[28] 박혁거세 시조전승은 고구려 건국신화의 영웅전승신화와 같은 구조를 가졌다.

박씨 부족은 천신족으로 유이민 집단이며, 지신족인 알영(김씨) 부족은 토착 세력 집단이다. 이 두 부족의 시조전승이 주축이 되어 사로국의 개국신화가 형성되었다. 이런 개국신화 내에 6촌장 시조전승이 편입된 것은 중요하다. 연맹왕 부족이 중심이 되어 다른 부족의 시조전승이나 신화를 통합하였기 때문이다. 마찬가지로 사로국 개국신화가 석씨 부족이나 김씨 부족의 시조전승을 포함하면서 신라 건국신화를 성립시켰다.

석씨 시조전승은 야장冶匠설화를 가지면서 뒤에 신라 건국신화에서 분리하여 석탈해신화로 성립되었다. 야장전승신화는 더 우세한 철기 기술 문명을 가진 석씨 부족이 박씨 부족을 대신하여 연맹왕국의 지배자로 등장하면서 갖추어졌다.[29] 신라초기에 김씨 부족보다 유력한 박씨나 석씨 왕실이 등장하였지만, 내물마립간 이후 김씨 왕실의 세습이 이루어졌다.

김씨 부족은 강한 왕권을 배경으로 중앙집권적 귀족국가체제를 확립시키기 위해 다른 부족보다 우월한 관념체계를 모색하였다. 이리하여 신성족신화가 등장하게 된다. 지신족으로서의 관념체계를 성립한 김씨 부족이 뒤에 다시 천신족 계통의 알지閼智 시조전승을 성립시키고 있음

28 김철준, 위의 책, 1975, pp. 78~79.

29 脫解가 박씨인 瓠公宅을 빼앗은 것은 석씨가 박씨를 대신해서 연맹왕국의 지배자로 등장한 사실을 시사해 준다.

은 이와 연관된다고 생각한다. 중앙집권적 귀족국가체제로의 개편 이후 우세 부족인 왕실 중심으로 종적인 지배체제를 확립시키고자 할 때 신라 골품제가 만들어졌다. 신성족신화는 골품제와 밀접하게 연결하여 나타났다.

신성족신화는 크게 두 가지 특징을 가졌다. 첫째, 신성족신화가 중국문화의 영향이나 불교신앙의 권위를 빌린 어휘를 사용하여 기록되었다. 『삼국유사』에 나타난 알영 시조전승의 신성화된 모습과 그 이전의 원모습을 구별하여 제시하면 다음과 같다.

① 아리영정娥利英井 곁에 계룡鷄龍이 나타나 그의 왼쪽 옆구리에서 알영閼英이 태어났다.

② 알영정閼英井 곁에 용이 나타나 죽으므로, 그 배를 갈라 알영이 태어났다.

신성족신화가 성립되면서 알영정은 아리영정娥利英井으로, 용은 계룡鷄龍으로 바뀌었다. 또한 용이 죽고 그 배를 갈라 알영이 태어났다는 표현은 신성족 관념을 첨가하면서 계룡의 왼쪽 옆구리에서 알영이 태어나는 것으로 바뀌었다.

아리영은 중국 요堯임금의 두 딸인 아영娥英과 여영女英을 가리키기 때문에 신성족신화는 알영을 그들과 연결하려는 의도를 가졌다. 중국 황실의 공주가 신선이 되어 동방으로 와서 신라 시조 혁거세왕을 낳았다는 선도산신모仙桃山神母도 같은 성격으로 이해된다. 선도산신모는 알영 시조전승과도 연결할 수 있다.[30] 용이 죽고 그 배를 갈라 알영

30 고구려 건국신화의 경우 주몽과 함께 받들어진 母神인 柳花가 地母神으로 나타나 있다. 신라 건국신화에서 신성족 관념을 표방한 알영은 지모신으로 등장하였다고 생각한다. 또한 선도산신모는 지모신적 성격을 갖추고 있으므로, 김씨 부족의 시조전승과 연관되었을

이 태어남은 고대인의 재생신앙을 표현한 것이다. 이를테면 뱀이 탈피하는 것을 재생신앙과 연결한 셈이다. 그러나 뒤에는 알영이 용이 아닌 계룡의 왼쪽 옆구리에서 태어났다고 표현하였다.

옆구리에서 태어남은 불교의 영향을 받은 것이다. 석가가 어머니의 오른쪽 옆구리에서, 미륵은 어머니의 왼쪽 옆구리에서 태어났기 때문이다. 이렇게 되면 알영 시조전승은 중국문화나 불교의 영향을 받으면서 변모하였고, 그것은 알영 부족이 다른 부족과 비교해 우월하다는 관념을 만들었다. 고구려 건국신화에 해모수를 천왕랑天王郎으로 표현한 것도 마찬가지로 생각한다. 다만 신화가 문자로 정착되면서 유학이나 불교 용어를 빌려 권위를 붙인 데 불과한 것이고, 신성족 관념이 신화체계, 곧 그들의 의식구조나 세계관을 급격하게 바꾼 것은 아니다.

둘째, 신성족 관념은 신라 왕실의 진종眞種설화를 성립시켰다.[31] 다음 내용을 참고해 보자.

> 자장慈藏법사가 서학西學하였다. 그는 오대산五臺山에 이르러 문수의 감응을 받고 법계法戒를 받았다. 문수가 이르기를 너희 나라 국왕은 인도의 찰리종왕刹利種王으로 이미 불기佛紀를 받아 특별한 인연이 있으므로 동이東夷의 오랑캐족과는 같지 않다.
>
> —『삼국유사』 권3, 황룡사구층탑皇龍寺九層塔조—

신라 왕실이 인도의 찰리종刹利種을 표방하였다. 신라는 왕의 이름을 불교에서 구하였으며, 더 구체적으로 말하면 석가왕실의 이름에서 따

것으로 추측된다. 선도산신모는 혁거세왕뿐만 아니라 알영을 낳은 것으로 믿었다(『三國遺事』 권5, 仙桃聖母隨喜佛事조).

31 김철준, 「신라 상대사회의 Dual organization(下)」, 『역사학보』 2, 1952, pp. 91~95.

왔다. 곧 인도의 석가족이 윤회하여 신라 왕족으로 태어났다는 것이다.

실제로 23대 법흥왕부터 28대 진덕여왕에 이르는 왕들은 모두 불교식 왕명을 가졌다. 그중 진평왕의 이름이 석가의 아버지 이름인 백정白淨이요, 진평왕 비의 이름은 석가의 어머니 이름인 마야摩耶부인이다. 또한 진평왕의 두 동생인 진정갈문왕眞正葛文王과 진안갈문왕眞安葛文王의 이름은 석가의 삼촌 이름인 백반伯飯과 국반國飯이다. 진평왕에게 아들이 태어났다면 그는 석가로 불렸을 것이다.

선덕여왕의 '선덕善德'은 도리천忉利天을 다스리는 제석帝釋을 상징한다. 선덕여왕은 자신이 죽어 도리천에 장사 지낼 것으로 예언하였다. 과연 선덕여왕이 죽고 10년 후 왕의 무덤 밑에 사천왕사가 건립됨으로써 그 예언이 들어맞았다고 한다. 사천의 바로 위에 중앙의 도리천을 포함한 33천이 있기 때문이다. 이처럼 선덕왕명은 전제왕권의 상징인 도리천신앙을 나타낸 것이다. 결국 진종설화는 김씨 왕실이 자기 부족이나 혈족 집단을 다른 부족보다 우월하게 만들려는 관념체계이다.

2. 삼국문화의 공통적 기반과 특성

(1) 삼국문화의 공통적 기반

신라통일 이후 삼국문화가 합쳐져 민족문화의 근간이 되었다는 점에서 그 각각의 개성이나 차이를 밝히기에 앞서 동질성이 먼저 추구되어야 한다. 철기문화의 유입 과정에서 고조선 사회가 중국 한족漢族에게 굴복하였지만, 결국 한군현漢郡縣의 정치·경제적 속박에서 벗어난 토착 사회는 삼국을 정립하여 오늘날까지 그 문화를 발달시켜 왔다. 삼국문화를 밝히려는 의도가 바로 여기에 있다.

한 무제가 천하를 통일한 이후 중국 한족의 팽창 과정에서 주변의 모든 민족이 일단 포섭·동화되었다. 그러나 유독 우리 민족만은 그들의 통치에 저항하면서 다시 일어나 국가를 세우고 문화를 계승시켰다. 북방에는 부여를 비롯한 여러 연맹왕국이 있었고 남방에는 삼한에 속한 성읍국가나 소연맹국이 존재하였다. 이들 국가가 점차 통합되어 삼국을 이루었다. 삼국은 수·당과의 거듭된 전쟁을 겪었고, 신라가 통일전쟁을 통해 고구려와 백제의 영토 대부분을 아우르게 되었음은 주목된다.

통일신라시대에 민족문화가 성립하여 오늘날까지 전승되고 있지만, 민족문화를 전승시키는 힘은 마땅히 삼국문화 속에서 찾아야 한다. 만리장성으로 중국 민족(한족漢族) 문화와 변방의 새외塞外 민족 문화가 구분되고, 변방민족은 삼국시대나 남북조시대의 5호胡 16국國을 거치면서 계속 활동하고 있었다. 그들은 동북아시아에서 중국과는 다른 문화권을 형성하고 중국문화의 영향을 받으면서도 한족에게 대항하였다. 삼국 백성들은 중국 민족과 접촉하면서 새외 민족과 동질적인 역사 경험을 가졌다.

특히 고구려는 중국 민족과 빈번하게 투쟁해 왔고, 새외 민족과는 대개 동맹 관계를 유지하였다. 고대의 우리 민족 사회는 북중국계나 스키토-시베리안계 청동기문화를 받아들이고 있었다. 그러다가 후기 세형동검細形銅劍은 중국의 백동白銅문화와 새외 민족 문화가 혼합되었음을 알려 준다. 낙랑 이후에는 중국의 철기문화가 바로 들어왔다. 삼국문화는 새외 민족 문화와 동질성을 가지면서 중국문화를 외면하지 않고 독자성을 갖추었다.

삼국문화는 분리된 것 같지만 사실상 연결되어 있었다. 삼국이 대개 종래 성읍국가의 지배자를 중앙귀족으로 편제編制하였기 때문에 그 사회는 부족장이 큰 세력을 가졌다. 무령왕릉武寧王陵에서 출토된 부장품은 양적으로도 많을 뿐만 아니라 질적으로도 상당한 수준에 이르지만 무덤의 크기는 공주 송산리松山里의 다른 고분과 비슷하다. 많은 부장품을 간직하면서도 다른 고분과 비교하여 크기와 규모가 같다는 것은 무령왕릉이 백제 왕족의 가족묘 성격에서 벗어나지 않음을 알려 준다.

고구려의 장군총은 청동기시대의 부족장 무덤인 북방식 지석묘를 계승 발전시킨 것으로 보려는 견해도 있다. 마찬가지로 신라초기 목곽적석총木槨積石塚은 남방식 지석묘에서 발전한 것이다. 창틀을 설치한 장군총의 기단계단식곽적석基壇階段式槨積石은 북방식 지석묘를 연상시키지만, 목곽 위에 어지럽게 쌓은 적석은 남방식 지석묘와 흡사하기 때문이다. 삼국 사회는 청동기시대 지석묘를 건립한 읍락공동체를 기반으로 이루어졌고, 그 지배자인 부족장의 연맹을 통해 체제 통합을 이룰 수 있었다.

삼국의 건국신화에 말[馬]이 많이 등장한다. 주몽朱蒙이 말을 길렀으며, 박혁거세는 말이 무릎을 꿇고 울던 곳에서 발견된 알을 깨고 태어났다. 그 외에 마편馬鞭이나 마구馬具는 물론 마형대구馬形帶鉤가 많이 출토되었고, 경주 155호 고분에서는 천마도天馬圖가 발견되었다. 삼국문화가 형성되는 데 기마민騎馬民문화가 크게 작용하였음을 알려 준다. 5세기경이 되면 일본에서도 갑자기 마구·마기馬器가 늘어난다. 이런 변화는 한반도에서 대거 이주한 기마민들에 의해 이루어진 것이고,[32] 그들이 토착민을 평정해서 야마토(대화大和)조정을 세웠다.[33]

기마민문화가 일본으로 건너가기 전 한반도나 만주에 시베리아계 철

32 천관우 편, 앞의 책, 1975, p. 179.

33 江上波夫,『騎馬民族國家, 日本古代史へのアプローチ』, 中央新書 147, 東京: 中央公論社, 1972, p. 188.

기문화를 빠르게 전파하는 데 큰 역할을 하였다. 특히 기마민들은 빠르게 문화를 전파하고 이동시켜 여러 요소가 합쳐진 문화를 성립시킴으로써 그 문화가 국제성을 띠었다. 기마민문화를 토대로 성립한 삼국문화는 중국은 물론 새외 민족 문화와 연결하여 국제성을 견지함으로써 삼국 각각에 국한된 폐쇄성을 보이기보다는 서로 교류가 쉬운 통합적 성격을 가졌다.

삼국사는 한국사의 발전 과정에서 통합의 한 단계였고, 분리 과정에 있었던 것이 아니다.[34] 삼국이 각각 다른 민족으로 구분해야 할 만큼 혈연적·문화적·역사적으로 서로 달랐다고 볼 수 없다. 삼국 사람들은 공통 언어를 사용하였고, 각자 방언方言을 가졌을 정도의 차이가 있었다.[35] 독자 국가를 이루어 정치적 소속을 달리함으로써 삼국이 적대적 관계를 갖기도 했지만, 『삼국사기』나 기타 그 시대를 서술한 문헌에 그들의 생활 습속이 다르다거나 통역을 통해서 대화할 수 있었다는 기록은 없다.[36]

오히려 백제 사람 도미都彌는 개로왕의 박해를 받아 고구려에 들어가 살았다. 삼국이 보낸 첩자는 서로 상대국에서 무사히 간첩 임무를 수행하였으며, 백제 사람 아비지阿非知가 신라에 들어가 불교 미술에 큰 공적을 남긴 것 등은 삼국이 하나의 생활 무대로 연결되었음을 생각하게 한다. 뒷날 왕건이 고구려의 재건이라는 뜻으로 국호를 '고려高麗'로 칭

34 홍이섭, 「백제사의 성격과 그 문화적 특질」, 『한국사상』 9, 1968; 『한국사상총서』 1, 고대인의 문화와 사상, 경인문화사, 1973, p. 305.

35 가령 지명에서 고구려의 경우는 '忽'로, 신라의 경우는 '火' 또는 '伐'로, 백제의 경우는 '夫里'로 끝나는 것이 많다고 한다. 이런 차이는 오히려 삼국문화의 연결이 가능함을 시사한다. 왜냐하면 그것은 모두 고을이나 들을 가리키는 우리말로 편입되었기 때문이다.

36 천관우 편, 앞의 책, 1975, p. 33. 삼국과는 달리 낙랑과 삼한은 언어가 달라 통역 문제로 전쟁이 일어났다.

하였는데, 이런 사실은 왕건이나 당시 사람들이 고구려가 조상의 나라라는 의식을 가졌기 때문에 가능한 것이다.[37]

삼국 사이의 전쟁은 통합을 지향하는 과정에 불과하였다.[38] 『삼국사기』에는 삼국이 건국 초기부터 서로 투쟁한 것으로 기록되어 있다. 그러나 고구려와 백제의 전쟁은 낙랑·대방이 공략되는 3세기 이후에 시작되었을 것이다. 백제와 신라의 전쟁이 4세기 후반,[39] 신라와 고구려의 전쟁이 5세기 초반부터 행해졌다. 백제와 고구려의 전쟁은 같은 조상의 후예로서의 패권 다툼이라고 본다.[40] 고구려와 투쟁하면서도 백제는 온조의 아버지 주몽을 받들었고, 역대의 왕들이 대부분 동명묘東明廟를 알현하였다. 또 백제 왕실은 고구려와 같이 부여족의 일파임을 강조하여 '부여扶餘'를 성씨로 삼았다.

고구려와 백제는 본래 별개로 건국되었으나 부자국父子國이라는 공통성을 내세우며 극심하게 다투었다. 삼국시대 초기 한반도의 패권은 고구려와 백제의 결전에 따라 움직였으나, 뒤에는 백제와 신라의 전투가 삼국의 형세를 주도하였다. 진평왕대에는 신라가 백제·고구려와의 전쟁에서 승리하였다. 사실 삼국문화는 공통성을 많이 가졌고, 그것의 표방이 국가의 통합을 이루고 민족문화를 성립할 수 있게 하였다. 이 시기 일련의 승전勝戰은 삼국통일을 주도하는 김춘추와 김유신의 정치적 위상을 높여 주었다.[41] 삼국 간 극심한 전쟁으로 통일 기운이 무르익어

37 천관우 편, 앞의 책, 1975, p. 33.

38 홍이섭, 「백제사의 성격과 그 문화적 특질」, 앞의 책, 1973, p. 305.

39 홍이섭은 4세기 후반인 阿莘王 이후부터 백제와 신라의 전쟁이 시작된다고 하였다. 그러나 『삼국사기』에는 백제 多婁王(신라 탈해니사금) 이후부터 두 나라 사이에 전쟁 기록이 나온다. 이것은 주위의 성읍국가나 소연맹왕국이 편입된 사실을 뒷날 신라와 백제 두 나라의 전쟁 기사로 바꾸어 기록하였다고 생각한다.

40 홍이섭, 앞의 논문, 앞의 책, 1973, p. 307.

41 장창은, 「삼국간 전쟁의 양상과 시대적 의미」, 『삼국시대 전쟁과 국경』, 온샘, 2020, pp.

가는 시기였기도 하지만, 신라에서는 '삼한을 일가一家로 한다'는 주장이 나타났다.[42]

안홍安弘이 찬술한 『동도성립기東都成立記』에는 선덕여왕이 이웃 나라를 복속시키려는 목적으로 황룡사구층탑을 세웠다고 한다. 복속 대상인 9개의 이웃 나라를 기록한 순서대로 나열하면, 일본·중화中華·오월吳越·탁라托羅·응유鷹遊·말갈·단국丹國·여적女狄·예맥穢貊이다. 선덕여왕 때에 가장 빈번하게 전쟁을 치렀던 대상국이 고구려와 백제였음에도 그들은 빠져 있다.[43] 신라가 두 나라를 단순히 복속의 상태로 두고자 한 것이 아니기 때문이다. 신라는 고구려와 백제를 통합의 대상으로 파악하였다.

(2) 고구려문화의 특성

고구려는 삼국 중 가장 일찍 중앙집권적 귀족국가체제를 이루었다. 2세기 초에는 연맹왕국을 거쳐 중앙집권적 귀족국가체제를 갖추어 갔다. 초기 고구려는 중국 민족과의 투쟁 과정에서 성장하였다. 그러므로 고구려는 중국과 한반도로 통하는 교통로를 장악하면서 등장하였다.[44] 『삼국지』 위서 동이전에는 "고구려 사람들의 성격이 급하고 흉凶하며,

---

316~318.

42 '삼한을 一家'로 한다는 기록은 김유신전 등에 보인다. 문무왕은 죽어 호국용이 되어 삼한을 鎭護한다는 것도 같은 관념이다. 이와 관련하여 최치원이 마한을 고구려, 변한을 백제, 진한을 신라로 본 것은 삼한 및 후의 삼국이 민족문화의 모체임을 시사해 준다.

43 예맥이 고구려와 백제를 가리키는 것으로 생각할 수 있다. 그렇다 하더라도 고구려와 백제를 나누어 생각하지 않았음은 분명하다. 또 예맥 내에 신라까지 포함할 수도 있음을 유의해야 한다.

44 고구려가 通溝 지역에서 일어나면서 중국의 한반도 동해안 진출로를 차단하였다. 그 결과 고구려는 동예 지역을 후방 기지로 확보하였다. 고구려가 西安平을 점령하면서 중국과 한반도 서해안과의 교통로를 단절시켰다. 이후 곧바로 낙랑이 고구려에 복속되었다.

도적질하기 좋아한다"고 기록하였다. 반면 같은 책에서 고구려와 같은 민족 계통인 부여 사람들의 성격을 "강용强勇하고 근후謹厚하며 도적질하지 않는다"라고 하였다.

중국은 적대적인 선비와 고구려를 견제하기 위해 지정학적으로 그 중간에 있는 부여와 친밀한 외교 관계를 수립하였다. 중국인들이 동맹 관계의 부여보다는 투쟁 관계에 있던 고구려 사람들에 대해 호의적으로 기록할 까닭이 없다. 고구려의 대중국 투쟁을 흉악하고 도적질하는 것으로 기록한 셈이다. 고구려는 일찍부터 부족 단위의 강력한 군사력을 가졌다. 산간에 거주하여 비옥한 토지가 적었기 때문에 고구려의 생업 자체가 전쟁일 수 있다. 정복한 지역의 토지와 인민에 대한 지배는 상당히 매력적으로 보였을 것이다.

초기 고구려의 강한 군사력은 삼국을 성립하여 민족문화를 형성시키는 데 중요한 역할을 담당하였다. 고구려는 중국 민족의 침입에 대한 방파제가 됨으로써 남쪽의 백제와 신라가 온존하게 유지될 수 있었다. 중국은 물론 북방의 선진문화에 일찍 접할 기회를 가졌던 고구려가 대륙을 통해 받아들인 문화를 백제와 신라에 전수하고 다시 일본에까지 이식시켰다.[45] 고구려는 강건한 북방문화를 받아들이면서도 중국문화와 부단히 접촉해 왔다.[46]

중국 민족과 새외 민족 사이에서 경제적·문화적 중계자의 임무를 수행함으로써 중국문화와 북방문화를 조화시키는 면에서 고구려문화의 독자성이 형성되었다. 고구려 주민은 대개 토착 예맥족과 유이流移한 부여족으로 구성되었다. 부여족은 물론 토착 부족도 북방문화뿐만 아

45 홍이섭, 「高句麗人의 思惟」, 『한국사상』 7, 1964 ; 『한국사상총서』 1, 경인문화사, 1973, pp. 102~103.

46 홍이섭, 위의 논문, 위의 책, 1973, p. 102.

니라 중국문화와도 접촉한 경험이 있다. 유이민이나 토착민이 서로 문화 경험에 큰 차이가 없었다. 이 두 세력의 결합은 애초부터 비교적 쉽게 이루어져 별로 복잡한 문제를 일으키지 않고 단조로운 사회를 성립시켰다.

고구려 사회에는 성읍국가 때의 부족장 세력이 큰 변화 없이 그대로 유지되었다. 고구려의 관계官階는 '형兄'으로 불리는 관등이 중심을 이루는데, 부족장이 중앙귀족으로 흡수되면서 만들어졌다. 또 대대로大對盧는 왕이 임명하지 않고 3년마다 부족장으로 구성된 귀족회의에서 선출되었다. 그리하여 연개소문淵蓋蘇文은 아버지의 벼슬인 대대로를 계승하기 위해 동부東部 사람들에게 다시 자기를 선출해 줄 것을 빌고 다녔다고 한다. 이런 사실은 고구려 사회가 부족적 편제編制로 이루어졌고 종래의 부족장이 지배 세력으로 등장해 갔음을 알려 준다.

소수림왕 때에 율령律令을 반포하고 대학大學을 세웠으며 불교를 공인하는 등 체제 개혁이 행해졌다. 이때의 개혁은 태조왕 때의 그것과 달라 정복국가를 이룩한 중앙집권적 귀족국가체제를 완성한 것이었다. 고구려는 지금껏 산간을 이용한 소규모의 유격전에서는 실패한 적이 거의 없으나, 진지를 설치하고 대규모로 싸우는 장기전에서는 대개 패배하였다. 고국원왕故國原王이 모용씨慕容氏에게 패했고, 결국 백제와의 전쟁에서 전사戰死한 사실은 이를 알려 준다.

대규모의 장기전에서 패배한 이유는 고구려의 군사력이 약해서라기보다 부족별로 흩어져 있어서 그 통솔이 어려웠기 때문이다. 부족 세력이 그 기반을 둔 험준한 산곡山谷은 외침의 방어에 유리하였지만 그에 따른 교통 불편이 중앙에서의 결집을 어렵게 하였다. 이런 고구려초기 사회 모순에 대한 반성은 고국원왕이 전사한 다음, 소수림왕 때의 체제 개편으로 나타났다. 그것은 넓게는 종래의 부락공동체 조직을 해체하면서 중앙의 전제왕권을 강화하는 개혁이었지만, 부족별로 흩어진 군사력을 중앙 조직 속에 일률적으로 파악하려는 의도를 가졌다.

소수림왕 때의 개혁은 고구려 국가의 확대를 위한 조직 정비이기 때문에 광개토대왕이 정복 사업을 수행할 수 있는 밑바탕이 되었다. 이후 고구려는 중국의 남북조 세력을 견제하고 조정하면서 계속 발전하였다. 장수왕이 남제南齊에 사신을 파견하고 이어 위魏에 사신을 보냈으며, 양梁과 위는 각각 안장왕安藏王에게 봉작封爵을 내렸다. 곧 고구려는 중국의 남조와 북조 모두와 외교 관계를 수립하고 있었다. 오히려 고구려가 두 세력을 조정하는 위치에 있었다. 장수왕 60년(472년)에는 백제의 개로왕蓋鹵王이 북위에 다음과 같은 국서를 보냈다.

> 고구려는 의롭지 못하여 조작造作함이 하나뿐만이 아닙니다. 겉으로는 중국의 번변藩邊임을 외치지만 안으로는 흉측하여 저돌적으로 행동합니다. 그리하여 고구려는 남송南宋과 통하고 혹은 북쪽으로 몽고 사람과 맹약을 맺어 서로 순치脣齒의 관계를 만들고는 왕을 도모하고자 합니다.
>
> —『삼국사기』 권25, 개로왕 18년조—

이 기록은 고구려가 새외 민족은 물론 중국의 남북조 모두와 외교 관계를 맺었음을 알려 준다. 사실 북방 민족이나 남송과 통한 고구려가 북위의 위협이 되었음은 물론이다. 그런데 북위는 이 국서에 대한 답장에서 은근히 백제를 꾸짖고, 고구려가 위나라에 대해 불손한 사실이 없음을 언급하였다. 북위가 고구려와의 대결을 피하고자 취한 조치였음을 주지하게 한다.

중국의 남북조를 통일한 수를 멸망시키고 천하의 주인이 된 당 고조高祖가 신하들에게 다음과 같이 말한 데에서 고구려의 강성함을 엿볼 수 있다.

고구려는 수隋나라에 신하로 칭했지만 결국 양제煬帝에게 항거했으니 이를 어찌 신하라고 할 수 있겠는가? 짐朕은 만물로부터 경배받지만 교귀驕貴하려고 하지 않는다. 다만 세상에 있으면서 사람들을 편안하게끔 하는 데만 힘쓰고자 하니, (고구려에게) 어찌 신하로 칭하게끔 명령할 필요가 있겠는가? 이제부터는 스스로 위대하게 하고자 한다.[47]

천하를 통일했을지라도 당나라가 고구려에 대해서는 다른 변방 민족과는 달리 동등한 외교 관계를 표명한 셈이다. 당시 당나라가 고구려에 대해 사대 외교를 강요하지 않음으로써 다른 변방 민족에게 미칠 영향이 클 것임에도 불구하고,[48] 정복 야욕을 감춘 노련한 고조는 고구려를 동등한 입장으로 대하고자 하였다. 이것은 거대했던 고구려의 국력이나 문화를 유추하게 한다.

미술이나 건축 등에서 고구려문화는 웅혼雄渾함을 보여 준다. 대표적으로 장군총將軍塚이 그러하다. 높이가 22척尺인 큰 자연석의 광개토대왕릉비廣開土大王陵碑에는 1,800여 자字의 한자가 새겨져 있다. 그 글자의 모양은 소전체小篆體의 영향을 받았다고 생각할 수도 있지만, 오히려 고구려의 독자적인 것으로 보인다. 북방의 새외 민족과 중국 민족을 아울러 조절하면서 만주의 주인공으로 등장한 경험이 이와 같은 미술

---

47 『通典』 卷186 邊防 2 東夷 下 高句麗전에 "高麗稱臣於隋 終拒煬帝 此亦何臣之有 朕敬於萬物 不欲驕貴 但據有土宇 務共安人 何必令其稱臣 以自尊大"라고 하였다. 또한 『新唐書』 東夷傳 高麗전에 비슷한 내용이 간략하게 기록되어 있다.

48 『通典』 卷186 邊防 2 東夷 下 高句麗전에 "裵矩溫彦博進言 遼東之地 周爲太師之國 漢家之玄菟郡耳 魏·晉以前 近在提封之內 不可許以不臣 若以高麗抗禮 四夷必當輕漢"이라 하였다.

문화를 갖게 하였을 것이다. 그러나 고구려문화는 기본적으로 산간에 흩어진 부족 단위로 영위되었다.

중앙집권적 귀족국가체제로 개편되면서 고구려의 산간 문화는 옮겨져 수도에 집중되었다. 고구려문화가 일찍 백제문화에 영향을 주고 다시 신라문화로 꽃을 피우면서도, 자체 유산은 많이 남아 있지 않다. 그 주된 이유가 수도에 집중된 문화였기 때문이다. 고구려가 멸망한 후, 수도에 집중된 문화는 모조리 파괴되어 후대에 잘 전하지 않는다. 오히려 고구려문화가 융해되어 있는 백제나 신라 문화 속에서 그 맥락을 찾아내야 한다.

(3) 백제문화의 특성

백제는 고구려보다 약 1세기 정도 지나서 중앙집권적 귀족국가체제를 정비하였다. 백제문화가 고구려문화와 신라문화를 이어 주는 교량적 역할을 담당하였기 때문에 그것을 온전하게 복원하지 않으면 삼국문화의 정확한 모습을 이해하기 어렵다. 이렇게 중요한 데도 사실상 백제문화는 강성했던 고구려문화나 삼국을 통일한 신라문화에 비해 중요하게 생각되지 않았다. 자연스럽게 역사에서 일실逸失되기 쉬웠다.[49]

통일신라시대에 민족문화를 정리하면서 백제와 고구려 문화에 대한 취사선택이 행해졌다. 후삼국시대 이후 민족의 재통일을 이루면서 고려는 이념적으로 신라를 계승하고 영토상 고구려를 계승한다고 자부하였기 때문에 이때 정리된 민족문화 속에서도 백제문화는 다시 취사선택되었다. 두 번의 인멸 과정을 거친 백제문화가 본 모습으로 전해질 수 없

49 홍이섭, 「백제사의 성격과 그 문화적 특질」, 앞의 책, 1973, p. 303.

었다. 『일본서기』 등 일본의 백제 관계 기록도 대부분 일본고대사의 날조를 위해 왜곡된 것이었고, 여기에 기초한 일본인 학자의 백제사 연구 또한 일제강점기 그들의 경제적 침략을 합리화하기 위해 조작되었다.[50] 이런 사정은 백제문화의 복원이 상당히 어려운 작업임을 시사한다.

백제는 고구려나 신라와 비교해 지방에 세력 근거를 갖는 부족적 전통이 약한 사회를 형성하였다. 백제의 지배층은 중국에서 바다를 건너온 세력도 있지만, 주로 부여족이었으며 만주 지역에서 내려왔다. 이들은 새외 민족의 유목문화와 중국 민족의 농경문화를 모두 접촉하면서 이동하였다. 그러나 피지배층은 고조선에서 일부가 내려왔어도 토착의 한족韓族이며, 오랫동안 한군현의 수탈에 시달렸다. 한군현은 토착 사회의 지배자들끼리 또는 지배자와 피지배자도 대립하도록 토착 사회에 대한 분리 통치정책을 성공적으로 시행하였다.

삼한이나 백제초기 사회에는 강력한 부족장 세력이 형성되지 못하였다. 백씨伯氏나 사씨沙氏는 물론 백제말에는 8성의 귀족이 등장하고 있으나, 이들은 지방 토착 세력으로 성장한 부족적 기반을 가진 것이 아니라 왕권에 기생한 중앙귀족이라는 배경을 가졌다. 지방 기층 사회에 뿌리 박고 있는 부족이 주체 세력으로 성장하지 못한 상태에서 백제문화가 성립되었다. 그런 사정은 일찍부터 중국문화의 영향을 강하게 받아들임으로써 백제문화의 세련미를 형성하였다.

토착의 전통문화 기반이 약하였고, 뒤에는 그로 인한 중국 남조문화에 대한 의존도가 높아져 백제문화는 개성이 약하다는 인상을 준다.[51] 토착민의 문화 수준 또한 낮았다. 그들은 소나 말을 탈 줄 모르고 식용

50 김철준, 「백제사회와 그 문화」, 『무령왕릉 발굴조사보고서』, 문화재관리국, 1973; 『한국고대사회연구』, 지식산업사, 1975, p. 44.

51 김철준, 위의 논문, 『한국고대사회연구』, 1975, p. 50.

으로만 사용하였다. 토착민과 비교해 유이민이 우월한 기술 문화를 가진 백제 사회에서는 지방 토착귀족보다 왕실 세력이 강하여 쉽게 전제왕권을 성립하였다.[52]

한편 백제국가가 인근 토착 사회의 성읍국가를 정복하거나 연맹하기는 그렇게 어려운 일이 아니었다.[53] 백제는 일찍부터 정복국가체제를 성립시켰다. 동북아에서의 패권을 다투던 백제가 고구려의 요동 점령에 대한 견제책으로 요서를 점령하였다.[54] 근초고왕 24년(369년)에 호남지역까지 장악한 백제는 왜왕倭王에게 칠지도七支刀를 하사下賜하였다. 전성기의 백제는 바다 건너 요서 지역에 진출하였고 일본에까지 영향력을 행사하는 해상 세력을 장악하였다.

백제가 한강 유역이라는 지리적 이점을 이용하여 고대 동북아의 상업세력을 형성하였다.[55] 외부로 뻗어 나가면서 고대 해상 세력의 발전에 힘을 쏟은 나머지, 백제는 지방에 웅거한 토착 부족장 세력을 중심으로 굳건하게 사회를 편제하는 체제 정비에 소극적이었다. 강과 평야로 이루어져 교류가 활발하였기 때문에 백제의 부족 세력은 쉽게 이동할 수 있어서 새로운 문화를 받아들이는 한편, 다른 곳으로 전해 주었다.

백제의 관제 정비는 고이왕 때에 단행되었다고 한다. 그것은 연맹왕국체제를 유지하면서 중앙집권적 귀족국가의 성립을 위한 개혁이다. 백제 연맹왕국의 관제 정비는 삼국 중 가장 세련되었기 때문에 고이왕

52 대체로 백제 사회에는 왕실 부족 세력이 강하였다. 『宋書』 百濟傳에는 개로왕 4년(458년)에 백제가 송에 論功行賞을 청한 11명의 성씨가 나온다. 그중 왕족인 餘氏가 8명이고, 다른 성씨가 3명이다.

53 김철준, 「백제사회와 그 문화」, 앞의 책, 1975, p. 48.

54 김상기, 「백제의 요서경략에 대하여」, 『백산학보』 3, 1967; 『동방사논총』, 서울대학교 출판부, 1974, p. 428.

55 김철준, 「백제사회와 그 문화」, 앞의 책, 1975, p. 53.

때 율령 반포가 이루어진 것처럼 생각하게 한다. 율령 반포에 따른 중앙집권적 귀족국가체제를 완비한 관제 개편은 침류왕을 전후한 시기에 이루어졌다. 불교 공인이 침류왕 때에 이루어졌기 때문이다. 이미 왕실 중심으로 국내에 들어와 있던 초전불교가 중앙집권적 귀족국가체제의 정비와 연관하여 공인되었다.

침류왕을 전후한 시기에 행해진 백제의 제도 개혁은 고구려의 그것과는 달리[56] 근초고왕 때의 넓어진 영토를 유지하는 면에서 추진되었다. 한국고대 사회에서 대외적 팽창의 길이 막히고 난 뒤에 이루어지는 제도 정비는 귀족문화를 세련되게 만드는 방향으로 진전되었다.[57] 그러므로 이때 백제의 제도 개편은 정치·사회의 모순을 근본적으로 해결하려는 것이 아니라 그 사회의 현상 유지를 위한 것이었다. 다만 전성기를 거치면서 백제는 체제 정비를 통해 방대하게 축적한 문물을 조밀하게 재구성하면서 우아하면서도 짜임새 있는 문화를 이루었다.

역사상 한강 유역을 확실하게 장악한 세력이 한반도의 패권을 가졌다. 뒷날 왕건과는 달리 백제의 한강 유역 점거는 불완전한 것이었다. 강원도에 이르는 한강 상류 지역을 확보하지 못한 백제는 초기부터 말갈靺鞨(읍루挹婁)의 침입을 방어해야 하는 어려움에 부닥쳤다. 말갈이 육로가 아닌 강줄기를 타고 침입하였기 때문에 백제는 한강 상류의 넓은 지역을 방어해야 하였고, 이에 따라 필요 이상의 국력을 낭비하였다. 이 점은 옥저 지역을 확보하고 중국 민족과의 투쟁 과정에서 후방 기지로 활용하였던 고구려와 대조된다.

---

56 고구려의 경우 소수림왕 때에 국가체제 정비가 있었고, 그것을 바탕으로 광개토대왕의 정복 사업이 이루어졌다. 그러나 백제의 경우 근초고왕 때 정복 사업이 먼저 이루어지고, 넓어진 판도를 유지하는 면에서 침류왕 때에 국가체제가 정비되었다.

57 김철준, 「백제사회와 그 문화」, 앞의 책, 1975, p. 63.

한강 유역을 점유하여 한반도의 동서를 가로지른 백제는 그 지정학적 인 중요성으로 말미암아 뒷날 강성한 세력에 의해 영토가 나뉠 수밖에 없었다. 서해의 해상로를 확보하려는 신라가 한강 유역을 점유하였으며, 결국 백제는 고구려의 공격을 받고 남쪽으로 밀리게 되었다. 이후 전대와 성격을 달리하는 백제문화에는[58] 계율을 강조하는 미륵신앙이 유행하고 율계적律戒的 통치체제가 강화되었다. 그런 백제후기 문화도 전기 문화의 성격을 간직하면서 형성되었으므로 한강 유역을 중심으로 뻗어 나가던 백제문화의 패기에 찬 모습을 찾으려는 노력은 중요하다.

백제초기의 적석총積石塚이나 고구려 양식 고분이 공주 송산리宋山里 고분으로 발전하였다. 그것이 부여 능산리陵山里 고분으로 이어지면서, 구조 면에서 위축되지만 그 안에 세련미를 보여 주는 고분 벽화가 등장하였다. 공주 대통사大通寺의 소박한 석연지石蓮池에 나타나는 웅건한 기질이 부여의 석연지에는 극도의 우아미로 대체되었다. 농염한 귀족문화를 내포한 백제문화가 발전하는 방향을 보여 준다. 백제문화는 중국 남조문화의 영향을 받아 토착의 소박한 부족장적 성격보다는 세련된 귀족적 성격을 갖추어서,[59] 삼국문화의 전체적인 성장에서 볼 때 민족문화 형성에 불가결한 분야를 개척하였다.

(4) 신라문화의 특성

신라는 백제보다 약 한 세기 정도 뒤져서 중앙집권적 귀족국가체제를 정비하였다. 삼국 중 가장 후진인 셈이다. 그런 신라가 삼국을 통일

58 홍이섭, 「백제사의 성격과 그 문화적 특질」, 앞의 책, 1973, p. 312.
59 김철준, 「백제사회와 그 문화」, 앞의 책, 1975, p. 64.

하고, 고구려와 백제의 문화를 계승하여 민족문화의 꽃을 피웠다. 경주 지역에서 평양 다음으로 많은 철제 유물이 출토되었다. 철제 무기를 제작하여 고대 정복국가체제로 바뀌어 가는 데 뒤늦었던 신라가 후에 철제 유물을 많이 남긴 셈이다. 그러나 신라는 처음에는 철기문화 수용에 소극적이었다.

신라가 새로운 철기문화를 늦게 받아들였던 이유는 초기철기문화를 받아들일 문화 기반이 없어서가 아니라, 오히려 그것의 토착적 전통이 강한 데에서 찾을 수 있다. 신라는 새로 들어오는 문화에 둔감하여 철기문화를 전면 수용하지 않았어도, 일찍이 철제 도구의 존재를 알아 그것을 사용하고 있었다. 초기철기시대의 주된 중심지에 대구-경주 지역이 포함되었다.[60] 특히 신라 3성 중 석씨昔氏 부족은 야장冶匠설화의 시조전승을 가진, 이른바 철기 제련 기술을 가지고 신라 사회에 등장하였다.

신라는 토착민 세력이 강한 사회를 이루었다. 신라 국가의 북쪽과 서쪽이 각각 험준한 소백산맥小白山脈과 노령산맥蘆嶺山脈으로 가로막혀 있다. 이 때문에 대륙으로부터 밀려오는 민족 이동의 물결이 대동강이나 한강 유역에 대체로 잔류하였으며, 그 일부는 이 산맥을 넘지 못하고 흩어져 버린다. 험준한 산맥을 넘어서 들어오는 유이민은 소수여서 그 세력이 크지 못하였다. 이들은 장기간에 걸쳐 대륙으로부터 민족 이동의 파동이 칠 때마다 조금씩 흘러들어온 집단에 불과하므로 토착 세력에 흡수, 동화되었다.

60 김원룡, 「三國時代의 開始에 關한 一考察—三國史記와 樂浪郡에 대한 再檢討—」(『東亞文化』 7, 1967)에서 "한국의 초기철기시대에는 3개의 중심지가 있었다. 그 하나가 대구·경주 지구요, 둘째가 영암·광주 지구, 그리고 셋째가 낙동강 지구이다. 이들 3개의 중심지는 소위 삼한 각각의 중심지이거나 대표적인 지역이다"라고 하였다.

신라의 3성 중 일찍 이동해 와서 토착화한 김씨 부족 세력이 가장 강성하여 결국 왕위 세습권을 가졌다. 신라 사회에서는 먼저 이동해서 정착한 토착 부족이 소수의 유이민을 그때그때 흡수하여 그 세력을 확대할 수 있었다. 토착 세력은 지방에 근거를 둔 부족장으로 연결된다. 고구려나 백제와는 달리 신라에서는 부족장 세력이 강성하였다.[61] 중고기의 신라는 귀족연합 정권을 성립시켰는데, 그것은 부족장 세력의 성장을 토대로 이루어졌다.[62]

신라는 부족장 세력을 편제하여 엄격한 신분 질서를 강요하는 골품제를 성립하였다. 신라 사회의 부족적 기반과 강잉強仍한 문화 전통은 하대에까지 계속되었다. 부족장 중심의 윤리가 영향을 준 신라문화는 부족적 전통이 강하였다. 부족적 전통의 고수는 새 문화를 받아들이는 데 소극적이어서 보수적 경향을 띠었다. 대표적 사례로 천 년 동안 국도가 변하지 않은 사실을 들 수 있다. 통일 이후 신라 영토가 크게 확대되었음에도 불구하고 수도는 여전히 국토의 동남부에 치우친 경주였다.

신라 법흥왕 때에 율령이 반포되어 중앙집권적 귀족국가체제의 정비가 이루어졌다. 그것은 진흥왕대의 정복국가체제를 갖추는 데 토대가 되었고, 부족별로 흩어져 있던 병력을 흡수하여 중앙 군사조직 속에 통합하려는 의도를 가졌다. 이런 면에서 고구려와 비슷했던 신라의 국가체제 정비는 귀족문화 유지를 위한 제도를 마련하기보다는 정복국가체제로의 확대를 위한 것이다. 법흥왕 때에 병부의 설치 등 관제가 정비되었으나, 부족별로 흩어진 미성년 집단을 중앙의 군사력 속에 통합시

---

61 김철준, 「신라 귀족세력의 기반」, 『인문과학』 7, 1962; 『한국고대사회연구』, 1975, pp. 230~232.

62 이기백, 「신라 혜공왕대의 정치적 변혁」, 『사회과학』 2, 1958; 『신라정치사회사연구』, 일조각, 1974, p. 253.

키는 화랑도의 개창改創은[63] 진흥왕 때에 이루어졌다.

처음 원화源花로의 개편이 실패하는 과정은 신라의 제도 개편이 순조롭지 못함을 알려 준다. 신라 사회에는 부족적 전통이 강하게 나타났기 때문에 제도 개편이나 새로 들어오는 문화에 대한 거부가 심하게 일어났다. 불교가 공인되는 과정에서도 왕실 측근인 이차돈異次頓이 순교한 것과 같이 고구려나 백제보다 신라는 심한 사회적 진통을 겪어야 하였다. 신라문화는 자기 문화에 대한 자신감을 지녔기 때문에 새로운 제도나 문화를 받아들이는 데 소극적이거나 심한 마찰을 빚음으로써 후진성을 나타내었다. 그러나 수용할 필요를 느껴 호감을 갖게 되면, 보수적 신라문화는 새 문화를 받아들이는 추진력을 가졌다.

일단 새로운 제도나 문화를 접촉하고 난 후의 신라문화는 저절로 그 진전 방향이 뚜렷해져서 새 문화를 포용하는 데 오히려 적극적이며 진취적이었다. 심한 반발을 받았으나 공인되고 난 후의 불교가 수많은 학승을 배출하면서 문화의 꽃을 피우는 것이 좋은 예이다. 특히 화랑도의 개창 이후 국가나 공동체를 위해 살신보국殺身報國하는 수많은 젊은 화랑이 배출되었다. 국가공동체를 우선시하는 화랑도 정신에서 부족적 전통을 가진 신라문화의 나아갈 방향을 찾을 수 있다.

신라문화는 추대麤大했던 고구려문화가 우아하게 다듬어진 백제문화를 거치면서 정비되었기 때문에 화려하면서도 균형 잡힌 정제미를 갖추었을 뿐 아니라 웅혼한 패기도 담았다. 신라 천마총의 부장품인 장니에 그려진 천마도가 바로 이런 모습을 보여 준다. 그것은 정교하여 사실적인 아름다움을 보여 주면서도 하늘로 오르려는 날갯짓 속에 힘찬 패기

---

63 이기백, 「고구려의 경당—한국 고대국가에 있어서의 미성년집회의 일유제—」, 『역사학보』 35·36 합집, 1967, pp. 50~52.

를 느끼게 한다. 경주 금령총金鈴塚에서 출토된 기마인물형토기도 사실적이면서 생동감이 있다.

경주 남산에는 골짜기마다 수많은 불상과 탑이 세워지는 등 신라 사회에는 불국토를 구현하려는 의지가 짙게 배어 있다. 신라인들은 현세불인 석가불은 물론 미래불인 미륵불, 부처를 모시는 협시보살, 여러 신중神衆을 남산의 바위마다 새겨 놓았다. 불상과 보살상의 얼굴이나 옷 주름, 팔다리의 신체 등을 똑같은 수법이나 양식으로 조성하지 않고 다양한 모습으로 표현하였다. 석탑과 불상의 조상에 신라문화의 독창성과 다양성이 반영되어 있다.

삼국통일 이후 신라 사회에는 칼 대신에 붓, 곧 글을 숭상하는 귀족문화가 농축되었다. 석굴암의 보존인 석가여래나 11면 관음상 등은 육감적 관능미를 보여 주면서 이상적 사실주의에 의한 완벽한 조형을 이루었다. 불국사나 석굴암 등 사원의 평면 구성과 석가탑이나 다보탑 등의 비례 구성은 정밀한 기하학적 지식을 응용한 것이다.[64] 1탑 형식이 주류였던 종래의 석탑 양식과 달리 새로운 양식의 석가탑과 다보탑이 나란히 건립되었다. 다보탑은 신라인들이 마치 돌을 떡 주무르듯 의도한 대로 조각하였음을 보여 준다.

쌍탑 형식인 석가탑과 다보탑은 이형탑異形塔을 조성하는 계기가 되었고, 이후 신라 사회에는 구례 화엄사의 4사자四獅子 3층석탑三層石塔 등 다양한 모양의 이형탑이 건립되었다. 신라하대에는 선종의 유행에 편승하여 지방 문화가 확산하면서 둔탁하면서도 괴기한 모습의 불상이나 탑이 곳곳에 건립되었다. 고려초에 조성된 둔마리 고분벽화나 관촉사 은진미륵은 신라의 정제된 귀족문화가 투박한 지방 토착문화로까지

64 이기백·이기동, 『한국사강좌 I (고대편)』, 일조각, 1982, p. 393.

확산된 다양성을 보여 준다. 다양한 신라문화는 불교사상에 바탕을 둔 통합과 융화를 추구하는 방향으로 전개되었고, 그것은 민족문화의 전통으로 자리하였다.

3. 한국고대의 국가의식 성립과 국사 편찬

(1) 한국고대의 국가의식 성립

연맹왕국에서 중앙집권적 귀족국가체제로 바뀌면서 지배이념이나 의식구조가 바뀌었을 것으로 생각한다. 중앙집권적 귀족국가에는 왕·귀족·일반 백성이라는 신분 질서가 확립되었다. 이때 신라는 골품제도를 정비하였다. 부족장 세력을 편제하여 중앙귀족으로 등장시키면서 신분제가 이루어졌다. 신라는 병합한 소국이나 읍락의 지배 세력을 편제하여 중앙집권적 귀족국가를 형성하였다.[65] 이런 부족적 편제 원리는 신라에만 있었던 것이 아니어서 고구려나 백제도 골품제와 유사한 제도를 가졌을 것이다.[66] 삼국이 모두 중앙집권적 귀족국가체제로 개편하면서 형성된 신분 질서는 왕실의 전제화를 위해 유용한 것이다.

당시에 새로 편제된 신분 질서를 합리화하는 국가의식은 전통적 부족장 윤리를 강요함으로써 국가공동체의식을 강조하여 왕실의 전제정치를 뒷받침하였다. 삼국시대 말에 이르면 아미타불상阿彌陀佛像의 조성이 유행하는데, 그 이유는 한결같이 조상과 함께 국왕을 받들기 위해서

65 이기백, 「신라 골품제도의 형성」, 『한국고대사론』, 탐구당, 1975, p. 54.

66 김철준, 「삼국시대의 예속과 유교사상」, 『대동문화연구』 6·7 합집, 1970, p. 117; 『한국고대사회연구』, 지식산업사, 1975, p. 191.

였다. 문무왕 13년(673년)에 만들어진 아미타불상의 다음 명문銘文을 참고해 보자.

△정△正 내말乃末과 김씨 등이 승려와 더불어 국왕·대신大臣·7세七世 부모父母·모든 중생을 위해 존경하는 마음으로 절을 짓기 바란다.[67]

같은 해에 조상彫像한 삼존천불비상三尊千佛碑像도 국왕·대신·7세 부모·법계法界의 중생을 위한 것이었다.[68] 중아찬重阿飡 전지성全志誠(김지성金志誠)이 67세로 관직에서 물러난 후에 아미타불상을 만들었는데, 그 조상명造像銘의 다음 내용도 같은 사실을 알려 준다.

국주대왕國主大王·이찬伊飡 개원愷元·망고亡考(인장仁章 일길찬一吉飡)·망비亡妃·망제亡弟·소사小舍 양성梁誠·사문沙門 현도玄度·망처亡妻 고로리古路里·처妻 아호리阿好里 등을 위하여 미타상을 만든다.

—「감산사甘山寺 아미타여래조상명阿彌陀如來造像銘」—

전지성의 경우 선조인 개원이나 죽은 아버지와 어머니부터 부인인 아호리에 이르는 그의 가문을 위해서 아미타불상을 조상하였고, 앞의 계유명癸酉銘 두 불상도 구체적으로 조상자造像者 자신의 7세七世 부모를 위해서 만들어졌다. 그러나 형식상으로는 가장 먼저 국왕을 위해 불상이 만들어졌음을 밝히고 있다. 조상명을 이처럼 일반화하여 기록하는

67 癸酉銘 全氏 阿彌陀佛三尊石像에 "△△癸酉年 四月十五日 兮△△ 首△△ 道△發願敬 △供爲 △彌次乃△△正乃末 金△△△△等 △五十人智識 共願王大臣 及七世父母 含靈 發願敬造寺 智識名記"라고 하였다.

68 癸酉銘 三尊千佛碑像(황수영 편저, 『한국금석유문』, 일지사, 1976, p. 249).

형식은 당시 모든 국가 권력의 중심을 이루고 있는 것이 국왕이었기 때문이다.

특히 계유명 두 불상에는 조상자들이 7세 부모 외에 위로는 국왕·대신과 아래로는 모든 백성을 함께 기록하였다. 이른바 국왕·대신·백성으로 구축된 신분 질서가 불상의 조상명에 반영되었다. 그런 신분 질서는 전대의 연맹왕국 사회에서는 없었으나 당시 사회에 절실히 요구된 것으로 불상의 조상명에까지 의도적으로 기록하여 남겼다. 왕실이 전제권을 확립하기 위해 신분 질서를 강요할 필요가 있었기 때문이다.

유교 경전에 나오는 '천天' 관념이 표방하는 것은 왕실의 전제화 과정과 연결하여 이해할 수 있다. 다음 기록을 참고해 보자.

> 짐朕이 역수歷數를 타고 태조의 기업을 이어 왕위를 계승하였으며, 스스로 몸을 삼가 건도乾道를 어길까 염려하였다. 또한 천은天恩을 입어 운기運記를 보여주니 음陰으로 신의 도움을 받아 성스러운 부착符笮을 받은 바이다. 인因하여 사방을 탁경託境해서 민토民土를 넓혔다.
>
> —「진흥왕 마운령비眞興王 磨雲嶺碑」—

마운령비에 나오는 '천은天恩'은 중국의 제국帝國을 나타내는 천天과 다른 의미로, 신라 왕실의 부족 전통을 상징적으로 나타내는 데 사용되었다. 조상의 음덕과 성스러운 부착符笮을 받아 태조의 기업을 계승하였다는 것이다.

더욱이 김씨 왕의 세습 이래 왕위 계승을 유교 경전의 '건도乾道'와 연결하여 설명하였다. 건도는 왕을 정점으로 한 신분 사회의 질서 유지와 연관시킬 수 있다. 이에 대해서는 다음 기록에서 이해해 보자.

우리나라의 왕은 위로 하늘의 뜻을 어기지 않고 아래로는 인심을 잃지 않았다.

—『삼국사기』 권42, 김유신金庾信전 중中—

여기서 '하늘의 뜻'은 고려시대 유학자들의 관념으로 첨삭한 용어겠지만, 앞에서 언급한 마운령비의 '건도'와 연결하여 신분 질서 유지라는 조촐한 의미라고 생각해도 좋을 것이다.

신라왕은 건도를 어기지 않았을 뿐만 아니라 아래로 인심까지 잃지 않으려고 하였다. 경덕왕 때의 표훈表訓은 하늘에 오르내리면서 천기를 누설하였기 때문에 천제가 그를 불러 "하늘과 인간은 서로 범할 수 없는 것이므로" 이후부터는 다시 하늘에 오를 수 없게 하였다(『삼국유사』 권2, 경덕왕 충담사 표훈대덕景德王 忠談師 表訓大德조). 왕실이 '천天' 관념을 표방하는 것은 인간과 범할 수 없는 질서를 명백히 설정하려는 의도를 지녔다.

연맹왕국 때에 우세 부족 중심의 영웅전승에서 표방된 '천' 관념과는 달리 중앙집권적 귀족국가 때의 하늘은 부족신적部族神的 성격에서 벗어나서 여러 부족을 포용할 수 있는 권위를 가졌다. 그렇지만 하늘의 질서가 절대적인 것은 아니었다. 그것은 전제군주 자신의 덕목으로 '인仁'을 강조하는 범위 내에서의 질서였다.[69] 진평왕 때 실혜實兮의 다음 말이 이를 알려 준다.

비록 왕의 말이라도 그의 뜻에 맞지 않으면 분함을 누르지 못하였다.

—『삼국사기』 권48, 실혜전—

69 김철준, 「삼국시대의 예속과 유교사상」, 앞의 책, 1975, P. 125.

실혜는 왕의 말도 옳지 않으면 따르지 않았다. 또한 고구려 봉상왕烽上王 때의 국상인 창조리倉助利는 여러 번 왕의 역사役事를 간諫하였으나 조금도 뉘우칠 뜻이 없음을 알고는, 물러나 군신들과 더불어 왕을 폐하였다. 실혜가 왕의 뜻을 따르지 않거나 창조리가 왕을 폐한 것은 그들이 인仁의 덕목을 갖추지 못하였기 때문이었다. 그런데 여기의 '인'이란 유교 경전에서 표방한 의미와는 달리 연맹왕국 당시 부족장들의 이해관계를 조정하는 중앙집권적 귀족국가의 군주가 갖춘 능력이라고 생각한다.

국왕은 신분제에서 절대 권력을 가진 것이 아니라 할지라도, 일반 백성과는 그 궤도를 같이할 수 없을 정도로 특별한 존재이다. 다음 기록은 이런 면을 알려 준다.

소지왕炤智王이 연못 중의 노옹老翁으로부터 봉함된 편지를 받았는데, 그 편지의 겉면에는 "뜯어보면 두 사람이 죽고 뜯어보지 않으면 한 사람이 죽는다"라고 쓰여 있었다.

—『삼국유사』 권1, 사금갑射琴匣조—

왕이 뜯지 않으려고 하였으나, 두 사람은 서민이고 한 사람은 왕이라는 일관日官의 진언에 따라 편지를 뜯어보았다. 궁궐로 돌아간 왕은 거문고 집을 활로 쏴서 반역을 꾀하던 궁주宮主와 분향 승려를 죽였다. 그 결과 왕이 살고 두 사람은 죽게 되었는데, 왕 한 사람보다는 서민 두 사람은 죽어도 좋다는 것이다.

국왕의 신분상 특권은 귀족에게도 마찬가지였다. 다만 국왕의 전제권이 신분상 특권에서 유지된 것은 아니었다. 오히려 왕실은 국가공동체 의식을 통해서 전제권을 행사하였다고 생각한다. 엄격한 신분 질서를 형성하면서도 국왕과 귀족 및 평민 심지어 노비까지 포함한 모든 사람을 하나로 묶는 관념적 유대가 남아 있었다. 왕실은 이런 국가공동체와의 귀일歸一을 통해 왕권의 전제화를 의도하였다.

신라중대 왕실은 죽은 문무왕이 동해 용龍이 되어 방가邦家를 수호한다는 관념을 가졌다. 신라중대 문무왕의 호국용 관념이 왕실과 국가공동체를 일치시키려는 데에서 나올 수 있었다. 왕실과 국가공동체를 일치시키려는 시도는 더 일찍 나타났다. 중앙집권적 귀족국가로의 체제개편 이후 왕실이 줄곧 이런 관념을 표명하였다. 내물니사금 때에 박제상朴堤上이 왕의 아우인 보해寶海와 미해美海를 각각 고구려와 일본에서 구출하였던 것은 이를 짐작하게 한다.

보해와 미해의 구출은 엄밀히 말하면 왕실이나 왕족의 일에 불과한 것이지만 국가적 중대사로 취급되었고, 이들을 구출하기 위해 박제상은 죽음으로써 충신의 표상이 되었다. 중앙집권적 귀족국가가 부족적 편제로써 이루어졌으므로 종래 연맹왕국의 공동체적 기반을 완전히 해체하면서 등장한 것은 아니다. 이 기반 위에서 왕실이 국가공동체 관념을 쉽게 형성시킬 수 있었다. 국가공동체를 위한 살신보국殺身報國이라는 화랑도 정신은 고대의 국가의식과 밀접하게 관련되었다.

화랑도는 국가를 위해 싸우다 죽는 것을 자랑으로 여겼다. 『삼국사기』에는 국가공동체를 위해 전사한 화랑의 이야기가 많이 전한다. 이런 사정은 화랑이 아니어도 마찬가지로 나타났다. 문무왕 때에 심나沈那와 그 아들 소나素那는 각각 백제와 말갈과의 싸움에서 대를 이어 전사함으로써 국가를 위하여 힘을 다해 충절忠切한 것으로 숭상되었다(『삼국사기』 권47, 소나전). 그뿐만 아니라 국가공동체를 위해서라면 승려인 원광圓光도 기꺼이 수나라에 걸사표乞師表를 올렸다. 살생과는 인연이 먼 승려라 할지라도 국가공동체를 위해서는 걸사표를 당연히 올려야 한다고 여겼다.

원광이 귀산貴山과 추항箒項 두 청년에게 내린 세속5계世俗五戒는 고대 국가의식과 연관된 것이다. 왕권을 중심으로 한 중앙집권적 귀족국가체제의 질서 유지를 위해 '충忠'이 강조되었다.[70] 이 시대의 충은 국가공동체 관념과 밀접한 관계에 있다.[71] 국왕은 절대적 권력자라기보다 국가공동체의 대표자였다는[72] 데에서 전제권력을 행사하였다. 이런 점에서 충의 윤리는 왕권의 전제화를 위한 것이다. 박제상은 "임금이 근심이 있으면 신하는 욕을 당해야 하고, 임금이 욕을 당하면 신하는 죽어야 한다(『삼국유사』 권1, 내물왕 김제상奈勿王 金堤上조)"라고 하였다.

세속5계 중 '충' 이외에 '신信'은 화랑도와 같은 집단생활에서 필요한 윤리이다. 개인을 국가공동체로 묶어 일체감을 불어넣기 위해 신이 요구되었다. 그러므로 '신'이 횡적 유대를 위한 것이라면, 종적인 끈으로 연결해 주는 것이 '충'이다. 화랑도의 덕목에서 충과 신을 가장 강조하는 의미를 이런 데에서 발견할 수 있다. 다음 내용이 이를 알려 준다.

> 임신년壬申年 8월 16일에 두 사람이 함께 하늘에 맹서盟誓하고 기록한다. 지금으로부터 3년 이후까지 충도忠道를 집지執持하여 과실이 없기를 맹세한다. 만약 이 일을 저버리면 큰 죄를 입을 것을 맹세한다. 만일 나라가 편안하지 않고 크게 어지러우면 가히 모름지기 행할 것을 맹세한다.
>
> ―「임신서기석壬申誓記石」―

임신년에 '신信'으로 맺어진 두 청년의 공동 목표가 충도忠道를 행하

70 이기백, 「유교수용의 초기 형태」, 『한국민족사상사대계 2―고대편―』, 형설출판사, 1973, p. 154.
71 이기백, 위의 논문, 1973, p. 155.
72 이기백, 위의 논문, 1973, p. 155.

는 것이었다.[73] 당시 충도는 이 두 사람만의 문제가 아니라 모든 사람이 가졌던 관념이었으며, 유교적 이념을 받아들이면서 더욱 세련되어졌다.

그 외에 세속5계에 나타나는 덕목으로 '효孝'가 있다. 이것은 가부장적 가족제도의 발달에 따라 나타났고, 충도를 지탱하는 기본이 되었다. 그러므로 전제왕권이 성립되어 가던 신라중대에는 정작 '충'의 윤리가 필요했던 것이고, '효'의 윤리는 신라하대에 이르러 표출表出되었다. 효녀나 효행에 대한 포상은 신라하대 사회에서 많이 행해졌다. 또한 전장에 나아가서는 물러서지 말 것과 같은 무용武勇은 정복 전쟁의 수행에 필수 덕목이다. 자연히 삼국이 서로 정복국가체제를 갖추면서 무용을 강조하는 분위기가 확산하였다.

(2) 삼국의 역사 편찬

왕실은 충도와 효도를 강조함으로써 중앙집권적 귀족국가의 신분 질서를 유지하면서 왕권 전제화를 의도하였다. 이에 따라 왕실 자체의 권위를 높이는 조치를 마련하였다. 그중 가장 주목할 만한 것이 왕실 중심의 역사를 편찬하려는 작업이다. 삼국은 각각 역사서를 편찬하였는데, 다음 기록으로 알 수 있다.

① 고구려

> 조詔를 내려 태학太學박사 이문진李文眞이 고사古史를 묶어 신집新集 5권으로 만들게 하였다. 국초에 기록한 역사책 100여 권이 있어 유기留記라고 불

73 이병도, 「임신서기석에 대하여」, 『서울대학교논문집 인문사회과학』 5, 1957, p. 2.

렀는데, 이때에 이르러 이것을 줄여 수찬한 것이다.

—『삼국사기』 권20, 영양왕嬰陽王 11년 춘春 정월조—

② 백제

고기古記에 말하기를 백제는 개국 이래 역사를 기록한 사실이 없었는데, 이때 이르러 박사 고흥高興이 처음으로 서기書記를 편찬하였다.

—『삼국사기』 권24, 근초고왕 30년 동冬 11월조—

③ 신라

대아찬 거칠부居柒夫 등에게 명命하여 널게 문사文士를 모아 국사國史를 수찬修撰하게 하였다.

—『삼국사기』 권4, 진흥왕 6년 추秋 7월조—

백제와 신라는 중앙집권적 귀족국가체제를 확립해 가는 시기에 역사서를 편찬하였다. 특히 백제의 경우 온조왕의 개국이 근초고왕의 즉위년을 기준으로 약 360년이 된다. 고대의 역사서는 『태원경太元經(태현경太玄經)』 계통의 사상에서 영향을 받아 서술되었다. 한漢나라 양웅楊雄이 찬술한 『태원경』은 360년마다 국가의 흥운興運을 맞는다는 내용을 담고 있다.[74] 곧 백제 『서기』의 출현이 전성기를 이룬 근초고왕 때를 그 전대의 사회와 구별하려는 노력의 산물이라고 생각한다.

『서기』는 중앙집권적 귀족국가체제를 확립한 백제 왕실의 전제화를 합리화하기 위해 편찬되었다. 금관가야 좌지왕坐知王 때의 개혁은[75] 중앙집권적 귀족국가체제를 확립하기 위한 것이다. 좌지왕의 즉위년은 수로왕이 개국한 이후 정확하게 360년이 되는 해이다.[76] 좌지왕 때의

74 김철준, 「백제사회와 그 문화」, 앞의 책, 1975, p. 49.

75 『三國遺事』 권2, 駕洛國記조에 "改行其政 長御安民也"라고 하였다.

76 좌지왕의 즉위는 개국 이후 왕의 代數를 늘리지 않고 360년이 되도록 편년한 것이다. 금

사회가 전대와는 달리 흥왕하였던 것을 6갑년六甲年이 지난 새 시대로 표현하였다. 그런데 좌지왕대에 조출하게나마 역사를 서술하였던 것은 주목된다.[77]

적어도 삼국의 역사 편찬이 중앙집권적 귀족국가체제의 확립과 연관되는 것이다.[78] 신라의 『국사』 편찬은 중앙집권적 귀족국가체제의 확립과 더불어 이루어졌다. 유독 달라 보이지만 고구려의 역사 편찬도 국가체제 정비와 연관하여 이해하지 않을 수 없다. 소수림왕을 전후한 시기에 역사서가 편찬되었을 것으로 보아야 한다. 그렇다면 『유기』 100여 권은 이때 편찬한 역사서라고 생각한다. 그 후 영유왕 때에 편찬된 『신집』은 백제의 『서기』나 신라의 『국사』와는 성격을 달리하는 역사서라고 생각한다.

삼국이 중앙집권적 귀족국가체제의 확립과 더불어 편찬한 역사서의 성격은 당시 국가공동체의식과 밀접하게 연관되었다. 그것은 왕권 전제화를 위한 왕실의 전통성을 강조하였다. 전통을 내세울 수 있는 설화가 역사 서술의 중심을 이루었다. 삼국이 처음 편찬한 역사서는 전통을 내세우는 토착문화를 강조하였다. 신라사의 경우이지만 다음 내용은 이런 면을 보여 준다.

신라왕의 칭호에 거서간居西干이 1명·니사금이 16명·마립간이 4명 있었다. 신라말의 명유名儒 최치원이 『제왕연대력帝王年代曆』을 지으면서 모두 왕이라

관가야 초기 왕들의 재위 기간은 수로왕이 158년, 居登王이 55년, 麻品王이 32년, 居叱弥王 55년, 伊品王이 60년이다. 좌지왕이 즉위하기까지의 합계가 360년이 된다.

77 『三國遺事』 권2, 駕洛國記조에 "卜士筮得 解卦 其辭"이라 하였다. 상고대의 역사 서술은 神託을 해석하여 기록으로 남긴 것이다. 좌지왕 때에 卦를 풀이하여 기록한 것은 곧 초기에 조출한 역사서의 편찬으로 이해된다.

78 이기백, 「백제왕위계승고」, 『역사학보』 11, 1959, p. 3.

칭했고, 거서간 등의 신라 고유 왕명을 사용하지 않았다. 아마 그 말이 야비野鄙하여 부르기에 족足하지 않다고 생각하였기 때문이다.

—『삼국사기』 권4, 지증마립간智證麻立干 즉위년조—

『제왕연대력』 이전 역사서인 『국사』에서는 거서간 등의 신라 고유 왕명을 사용하였다. 이 점은 『국사』가 왕의 칭호뿐만 아니라 역사적 사실까지 신라의 고유한 전통을 그대로 반영하여 서술한 역사서였음을 짐작하게 한다.

가야국에서 점을 쳐서 그 괘卦를 풀이하여 적는 방식이 곧 역사 서술이었고, 이런 방식은 삼국의 초기 역사 서술에 그대로 사용되었을 법하다. 고구려의 『신집』은 이전에 편찬하였던 역사서를 줄인 것이다. 국초에 비로소 문자를 사용하면서 서술된 역사서가 『유기』 100여 권인데, 이것을 줄여서 『신집』 5권을 만들었다. 물론 『신집』과 『유기』의 단권單卷 분량이 똑같다고는 할 수 없지만, 우선 권수만으로 생각한다면 『유기』가 『신집』의 20배에 이른다. 삼국의 역사서는 처음에 방대한 분량으로 편찬되었다. 그 이유는 사료를 통해 문화를 취사선택한 것이 아니라 왕실 전통에 관계된 자료를 수집하는 데 역점을 두었기 때문이다.

다만 『유기』가 『신집』으로 편찬되면서 수집한 사료에 대한 취사선택이 행해졌다. 이런 면은 신라의 『국사』 편찬에 관한 다음 내용을 통해 살펴보자.

국사는 군신君臣의 선악을 기록하여 만대萬代에 그 표폄褒貶을 보이는 것인데, 역사를 수찬修撰하지 않으면 후대에 무엇으로 보이겠는가.

—『삼국사기』 권4, 진흥왕 6년 추秋 7월조—

임금과 신하의 선악을 중점적으로 기술하면서 자연스럽게 사료의 취사선택이 행해졌다. 곧 왕정의 덕실德失을 논하기 위해 역사서를 편찬하였다고 한다. 이것은 고려 유학자들의 사관을 반영한 기록이며, 진흥왕 때의 역사 편찬이 가졌던 성격은 아니라고 생각한다. 그러나 중앙집권적 귀족국가에서는 전제왕권이 성립되었으면서도 국왕의 덕으로 인仁이 강조되었다. 일단 편찬되고 난 후에 다시 쓰는 역사서에는 바로 이런 면이 반영되었다.

중앙집권적 귀족국가체제에서 국왕의 덕치德治에 대한 관념은 중시되었고, 이것이 유학이나 중국 역사서의 영향을 받으면서 왕정의 덕실을 논하는 역사의식으로 발전하였다. 따라서 진흥왕 때에 왕정의 덕실을 논하는 성격의 역사의식은 『국사』 편찬에 나타난 것이라기보다는 그 후의 사서, 예를 들어 고구려의 경우 『유기』가 아닌 『신집』의 편찬에 나타난 것으로 생각한다. 또한 『제왕연대력』에도 이런 역사의식이 반영되었을 것이다.

삼국의 역사 편찬이나 그 후의 역사의식이 세련된 데 중국의 사서가 상당한 영향을 주었다. 삼국에 전해진 중국 사서에 대한 기록은 다음과 같다.

① 고구려에는 서적으로 5경五經·3사三史·삼국지三國志·진양추晋陽秋가 있다.

—『주서周書』 고구려전—

② 백제의 풍속이 기사騎射를 좋아하고 겸하여 분사墳史를 좋아하였다. 그들 중 뛰어난 자는 속문屬文과 음양오행을 해독하였다.

—『주서』 백제전—

③ (신라의) 춘추春秋가 당唐의 국학에 이르러 석존釋尊과 강론講論을 관참觀

參하였다. 당 태종은 자신이 지은 온양溫陽 및 진사비문晋祠碑文과 아울러 새로 찬술한 진서晋書를 내리니, 춘추는 이를 받아 귀국하였다.

—『신당서新唐書』 신라전—

백제나 신라에 전한 구체적 역사서가 나타나 있지 않지만, 대개 고구려에 전해진 것과 비슷하다고 생각한다. 고구려에는 5경 외에 역사서로 『사기』·『전한서』·『후한서』·『삼국지』·『진양추』 등이 전해져 있었다.

『삼국지』 위서 동이전에는 고구려에 대한 기록이 비교적 자세하게 나와 있다. 그러나 그것은 우월한 문화의 입장에서 주위의 이민족에 대한 기록이기 때문에 이에 대처하기 위한 고구려의 전통을 살필 필요가 있었다. 그런 목적에서 고구려 관계의 기록이 없거나 있다 하더라도 소략하지만 『사기』나 『전한서』·『후한서』에 관한 이해가 요구되었을 것이다. 특히 진晋나라 사람인 손성孫盛이 찬술한 『진양추』는 사관의 직필直筆에 관한 내용을 담고 있어서 『진춘추晋春秋』로 불린다.[79] 삼국의 역사 편찬이 자기 문화의 전통을 내세우려 할 때 중국 역사서의 영향을 받았을 것이고, 그러면서 역사의식이 저절로 세련되어진 후 편찬하는 『신집』 등에서는 서술 체계의 변화가 나타났다.

삼국은 중앙집권적 귀족국가로서 정복국가체제를 갖추고 난 후, 역사의식이 세련되어지는 것과 함께 국제 관계에 자주적 국가의식이 나타났다. 백제 「칠지도명문七支刀銘文」에 다음과 같이 기록되어 있다.

79 『周書』 高句麗전에는 『晋陽秋』로 기록되었으나, 『舊唐書』 高句麗전에는 『晋春秋』로 기록되어 있다.

① 전면

태△泰△ 4년 (9)월 16일일 병오丙午 정양正陽(일중日中)에 백련동철百練銅鐵의 칠지도七支刀를 만들었다. 이는 나아가 백병百兵을 물리칠 수 있는 것으로, 마땅히 왜왕倭王에게 공급供給할 만하다. △△△[사람 이름인 듯함]가 제작製作하였다.

② 후면

선세先世 이래로 아직 이 칼이 없었던 바, 백제 △왕세△王世△(자子) 기생성음奇生聖音이 짐짓 왜왕 지旨를 위하여 만들었으니 후세에 (길이) 전하여 보일지어다.

백제가 왜왕을 위하여 칠지도를 제작하였다. 그런데 이 명문은 백제가 왜왕에게 칠지도를 하사하는 형식으로 되어 있다.[80] 곧 백제는 왜왕을 후왕侯王으로 취급하였다.

고구려의 장수왕은 북연北燕의 왕 풍홍馮弘을 용성왕龍城王 풍군馮君이라 불러 제후의 예로 대하였다. 물론 풍홍은 후위後魏의 압력을 받아 장수왕 당시에는 고구려의 보호 아래에 있었지만, 한때 중국 북조의 지배자였다. 이를테면 고구려가 풍홍을 제후로 대우함은 중국인들의 중화사상에 충분히 영향을 줄 수 있는 것이다. 그렇지만 고구려가 풍홍을 압송해 달라는 북위北魏의 청을 거절하면서 계속 그를 보호 아래 두었던 것은 자주적 국가의식의 발로라고 생각한다.

삼국통일 직후지만 당이 신라 태종의 묘호廟號를 고치라고 요구했으나 신라가 이를 거절한 것도 같은 의미로 해석할 수 있다. 사실 신라는 통일전쟁을 수행하는 과정에서 안승安勝을 보덕왕報德王으로 봉封하여

80 이병도, 「백제칠지도명문」, 『한국고대사연구』, 박영사, 1976, p. 529.

제후로 대우하였다. 삼국이 중앙집권적 귀족국가체제를 갖추면서 역사를 편찬하였고, 정복국가체제에서 이런 역사의식은 자주적 국가의식을 갖게 하였다. 비슷한 시기의 삼국이 서로 연호를 제정하여 사용하였던 것은 자주의식과 연관 지어 생각해야 한다.

| 제2장 |

한국고대의 지모신신앙 유풍과 여성

1. 여사제 유풍과 지모신신앙

한국고대 사회에 모계제母系制가 있었는지는 확실하지 않다. 엄격한 의미의 모계제에서는 재산이나 족장권族長權이 어머니에게서 딸로 전해지지만, 넓은 의미의 모계제에서는 아버지에게서 딸로 또는 아버지에게서 사위로 전해진다. 신라사에 여왕이 등극하였으며 왕위가 사위에게 전해진 예는 있었지만, 한국고대사에서는 전형적인 모계제가 성립되어 있지 않았다. 사회·경제 면에서 모권母權이 강했던 시기는 초기 농경사회가 성립되던 때이다.

수렵이나 목축이 주된 경제활동이던 부족사회가 모계 중심으로 정착하여 농경을 영위하였다. 그러나 부계父系 부족 집단은 계속 사냥터나 목축지를 찾아 이동하고 있었다. 자연스레 모계를 중심으로 한 가족관계가 더 강한 연대성을 갖게 되었고, 여성 한 명에 남편이 두 명 이상 되는 대우혼對偶婚이 행해졌다. 주몽朱蒙신화나 단군신화에는 대우혼의 유습이 남아 있다. 해모수解慕漱와 정을 통하고는 다시 금와왕金蛙王과 결혼한 유화柳花나, 호랑이와 한 동굴에 거주하였으나 뒤에 다시 환웅桓雄과 혼인한 웅녀熊女 등은 본래 토착 사회의 부족 집단이 독자적으로 받들었던 조상신祖上神이었다.

선주先住한 토착 부족은 읍락邑落을 중심으로 독자 세력을 형성하고는 조상신인 지모신地母神에 대한 제사를 받들고 있었다. 지모신신앙의 존재는 당시 사회에서 여성의 지위를 짐작하게 하는데, 여성의 지위에 대해서 최숙경崔淑卿은 다음과 같이 언급하였다.

> 여신女神에게 농사의 풍작을 비는 사상은 구석기시대 비너스 이래의 전통을 이은 것이다. 한편 이 같은 농경에서의 여신숭배는 농경이 채집에 종사하던 여성에 의해 시작되었을 뿐 아니라, 그 뒤 일정 기간에 줄곧 씨 뿌리고 밭 갈아 100배나 1,000배의 수확을 올리던 농경의 주인공이 여성임을 시사하는 것이다.[1]

신석기시대에 이르기까지 여성은 풍요의 신인 지모신과 연계하여 생산과 번식의 신비한 능력을 갖춘 존재로 받들어졌다. 청동기青銅器시대 이후에 인류는 금속을 사용함으로써 급격한 사회변혁을 겪었다. 청동이나 철제鐵製 무기로 무장한 부족들이 말을 타고는, 아직도 석기石器로 자급자족하던 농경사회를 약탈하거나 정복하여 그들이 경작한 농산물을 빼앗아 갔다. 금속을 제련할 수 있는 부족과 그렇지 못한 부족 사이에 빈부의 차이를 가져와 지배와 복속 관계가 이루어지고, 지배계급 중심의 사회체제를 정비하면서 국가가 성립되어 갔다.

---

1 최숙경·하현강 공저, 『한국여성사—고대-조선시대—』, 이화여자대학교 출판부, 1972, p. 24.

금속을 사용하면서 인류는 대혁명을 맞게 되는데, 그 과정에서 여성의 지위에 큰 변동이 생겼다. 여성이 남성에 종속되어 갔다. 사실 철제 무기는 남성의 전유물이 되었다. 이런 변화에 대해 최숙경은 다음과 같이 논하였다.

금속문화의 등장은 인류 생활에 여러모로 큰 변화를 가져다 주었다. 우선 생산력이 증대되었고, 또 종래의 종교적 관념에 많은 수정을 가하게 되었다. 주술 속에 불가능했던 여러 일이 금속을 사용한 새로운 기술로써 극복됨을 경험하였다. 따라서 종래 믿어 온 여성의 신비로운 능력에 대한 관념도 차츰 바뀌고 여성을 보는 눈이 전과 달라져 갔다. 그에 반비례하여 금속은 여러 면에서 실력을 과시하였다.[2]

왕실이 정복국가체제를 갖추면서 이웃의 작은 성읍城邑국가를 병합해 가는 과정에서 철제 무기의 사용은 철저한 가부장제家父長制 사회를 성립시켰다. 가부장제 사회 내에서 여성의 투기죄妬忌罪를 엄격하게 다루었는데, 이에 대해 이기백李基白은 다음과 같이 지적하였다.

간음姦淫과 투기의 처벌은 가부장적인 가족제도를 옹호하기 위한 것으로 생각된다. 특히 부여에서는 가족제도에 관한 규정이 중요시되었음이 눈에 띄는데, 투기죄에 대한 가혹한 규정은 일부다처제一夫多妻制의 풍습이 상류층에 일반적으로 행해지고 있었던 결과일 것이다. 그러나 물론 이런 규정도 하필 부여에 한하는 것이 아니어서 고구려의 장발미인長髮美人으로 유명한 관나貫那부인이 사형

2 최숙경·하현강 공저, 위의 책, 1972, p. 33.

을 받은 것은 투기죄에 대한 처벌의 산 예에 속한다.[3]

부여와 고구려의 투기죄는 엄하게 다스려 사형에 해당하였고, 백제에서 간음한 여성은 적몰籍沒하여 부가夫家의 비婢가 되었다.[4] 일부다처제가 행해졌을 경우 가부장을 중심으로 한 가족 질서를 유지하기 위하여 처첩들 사이의 투기를 억제하였으며, 그 결과가 이에 대한 가혹한 처벌로 나타났다.[5] 투기죄에 대한 처벌은 초기 농경사회에서와는 달리 여성이 남성에게 종속되어 감을 보여 주는 것이지만, 현실적으로 당시 여성의 지위가 후대와 비교해 상대적으로 높았다.

연맹왕국에서 중앙집권적 귀족국가가 성립되면서 왕실의 가부장적인 관념체계로 정리된 것이 개국신화이다. 그러나 개국신화체계 내에 지신족地神族신앙이 존재하거나, 소도蘇塗신앙과 연결될 수 있는 토착 부족의 조상신앙 속에 지모신신앙이 온존溫存하였다. 신라 건국신화의 알영閼英은 지모신신앙과 연결된다. 선도산신모仙桃山神母가 아들을 낳아 동쪽 나라의 시조가 되었다는 신앙이 퍼져 있었다. 그런데 신모와 그 아들은 각각 알영과 박혁거세朴赫居世로 알려지기도 하였다.

고구려 건국신화 속의 유화柳花도 지모신으로 이해된다. 고구려에는 두 신묘神廟가 있다. 그 하나는 부여신夫餘神으로 나무를 새겨 부인상을 만들어 모셨고, 또 하나는 고등신高登神으로 시조 부여신의 아들이라 한다. 부여신이 하백河伯의 딸이라면, 고등신은 바로 주몽이다. 고구려 왕실이 가부장적 개국신화를 성립시키고 난 후에도 부여신은 계속 영향력을 행사하였다.

---

3 이기백, 『한국사신론』(신수판), 일조각, 1967, p. 56.
4 『北史』, 東夷전 百濟조.
5 이기백, 「부여의 투기죄」, 『사학지』 4, 1974, p. 10.

요동성 내 주몽사朱蒙祠에는 갑옷과 창이 있었는데, 그 물건은 전연前燕시대에 천신이 내려준 것이라고 하여 성을 보호하기 위해 신성시되었다. 그런데 당군唐軍의 공격으로 함락 위기에 직면한 고구려의 요동성이 안전하게 보전할 수 있었던 것은 주몽사에 아름다운 부신婦神을 배향했기 때문이다(『삼국사기』 권21, 보장왕寶藏王 4년 5월조). 성을 보전하는 데 갑옷과 창보다 더 효력을 가지고 등장한 주몽의 부인신은 지모신으로 부여신과 연결될 수 있다. 이렇듯 고구려에서는 지모신에 대한 제사가 줄곧 이어져 왔고 큰 영향력을 행사하였다.

삼국시대에 여신 또는 지모신에 대한 신앙이 영향력을 가지면서 후기까지 광범하게 믿어졌다. 지모신에 대한 제사는 일반적으로 여사제女司祭가 맡고 있었다. 남해차차웅의 누이인 아노阿老는 제사를 주관하였다. 남해왕 비 운제雲梯부인은 운제산의 성모聖母가 되었는데, 성모에게 기우제를 드리면 효험이 있었다고 한다. 비를 내리는 운제산성모는 지모신이어서 아노나 운제부인은 지모신신앙을 가진 여사제로 이해되고 있다.[6]

삼국 사회에 가부장적인 제천의례가 성립되고 난 후에도 지모신신앙과 연관한 여사제의 존재를 생각하게 하는 유풍이 여러 곳에 남아 있다. 다음 내용에서 이를 추측해 보자.

① 해와 달의 정기로 여겨졌던 연오랑延烏郎과 세오녀細烏女가 일본으로 건너가서 각각 왕과 왕비가 되자, 신라에서는 해와 달이 광채를 잃었다. 신라 조정은 사신을 보내어 이들을 모셔 오려 했으나, 세오녀는 돌아가지 않는 대신

6 강영경, 「한국 고대사회의 여성—삼국시대 여성의 사회활동과 그 지위를 중심으로—」, 『숙대사론』 11·12 합집, 1982, p. 170.

스스로 짠 베를 가져가 천신에게 제사하면 될 것이라 하였다. 신라 사신은 그 베를 가져와 제사하니 해와 달이 옛날과 같아졌다. 그것을 국보로 삼아 창고에 보관하였는데, 그 창고를 귀비고貴妃庫라 하였다.

—『삼국유사』 권1, 연오랑 세오녀延烏郎 細烏女조—

② 왕王이 군사를 내어 부여를 칠 때 비류수沸流水에 이르러 물가를 바라보니, 어떤 여인이 솥을 들고 유희遊戲하는 것 같아서 가 보니 솥만 남아 있었다. 그것으로 밥을 짓게 하였더니, 불을 지피지도 않았는데 저절로 데워졌다. 밥을 지어 온 군사를 배부르게 먹였다. 갑자기 한 장부가 나타나 이르기를 "이 솥은 본래 내 집 물건인데 누이가 잃어버렸으나, 지금 왕이 발견하였으니 짊어다 드리겠습니다"라고 하므로 그에게 부정씨負鼎氏라는 성을 내렸다.

—『삼국사기』 권14, 대무신왕大武神王 4년 동冬 12월조—

세오녀가 짠 베나 대무신왕이 비류수에 이르러 발견한 솥은 모두 제의에 사용하였던 물건임이 틀림없다. 달의 정기로 믿어진 세오녀가 짠 베나, 저절로 불을 지펴 지은 밥으로 온 군사를 배부르게 먹게 한 솥은 모두 생육을 상징하는 지모신신앙과 연관될 수 있다.

베나 솥을 사용하여 제사를 지냈는데, 그 제사를 주관한 자가 모두 여성이다. 비류수가에서 솥을 들고 유희하는 여인의 모습은 여사제가 제의祭儀를 주관하는 상황을 떠올리게 한다.[7] 이런 제사는 국가적 제의로 흡수하여 체계화되기 이전에는 독립된 지모신신앙을 가졌다. 세오녀는 영일현迎日縣 지역에 존재했던 부족제를 주관하였다면, 비류수가에서 발견한 솥은 부정씨 부족의 제의에 사용하였던 제기祭器였을

7 강영경, 위의 논문, 1982, p. 171.

것이다.

삼국시대에 국가적 제의에 포함되어 있었을지라도 본래는 여사제가 주관한 특정 부족의 시조신인 지모신을 제사했을 것으로 추측되는 사례는 더 찾을 수 있다. 눌지왕대에 일본에 인질로 잡혀 간 신라 왕자 보해寶海를 구하고 그곳에서 죽임을 당한 박제상朴堤上의 부인이 남편을 기다리다가 치술신모鵄述神母가 되었다. 박제상의 부인은 치술신모를 모시는 제의에 깊이 관여하였던 인물임이 분명하다. 가야국 수로왕首露王 비妃인 허왕후는 아유타국阿踰陁國에서 배를 타고 김해 지역의 별포진別浦津에 닿았는데, 육지로 오르면서 입었던 비단옷을 벗어 그것을 폐백으로 삼아 산령山靈에게 드렸다. 곧 그것은 산신령에 대한 제사임이 틀림없고,[8] 허왕후 역시 지모신에게 제사 지내는 유풍을 보여 주고 있다.

삼국시대에 여사제의 유풍과 연관하여 주목되는 것이 노구老嫗이다. 신라 건국신화 속의 알영은 노구에 의해 양육되었다. 또한 탈해脫解는 다파나국多婆那國 왕비王妃의 소생인데, 알로 태어나자 배에 태워져 바다에 띄워졌다. 알에서 깨어난 탈해는 동해 변의 아진포阿珍浦에 이르렀는데, 그를 거두어 양육한 자가 노모老母였다. 여기의 노모는 박혁거세의 해척모海尺母로 나타나 있는데, 노구와 같은 존재라고 생각한다. 박혁거세의 해척모는 아마 동해안 아진포 지역에서 제의를 주관했던 자의 관직 이름이었으며 노모는 제사장, 곧 제관일 것이다.[9]

알영이나 탈해를 양육한 노구는 본래 지모신을 받들던 여사제의 변화된 모습이라고 생각한다. 노구에 대해 최광식崔光植은 다음과 같이 언

8 강영경, 위의 논문, 1982, p. 164.

9 김두진, 「신라 석탈해신화의 형성기반—영웅전설적 성격을 중심으로—」, 『한국학논총』 8, 1986, pp. 15~16.

급하였다.

노구의 성격은 신모의 존재와 무관하지 않을 것이다. 먼저 생각해 볼 수 있는 것은 신모 자신이 현신現身한 존재로 볼 수 있겠다. 한편으로는 신모가 알영의 양육을 부탁한 보호신령保護神靈이라고 파악할 수 있다.[10]

노구는 신모 자신이거나 또는 보호신령이라는 표현이 퍽 애매하기는 하지만 신령을 보호하는 자 혹은 신모의 신령이 내린 자인 사제라고 생각한다.

지모신의 신령을 받은 노구가 직접 자연 현상의 징후를 드러내기도 한다. 요상한 일이나 불길한 징조를 보일 경우, 노구는 남자로 변하거나 여우로 변하여 도망가기도 하였다. 백제 온조왕대에 노구가 남자로 변하자 왕의 어머니가 돌아갔으며, 동성왕대에는 노구가 여우로 변하여 도망가자 그 징조로 백가苩加가 보낸 자객이 왕을 살해하였다. 또한 지모신을 모시는 여사제인 노구는 장차 일어날 일에 대해 징후를 감지하는 능력을 갖추었다. 노구는 왕의 측근에서 제의를 주관하고 실제 일어났던 현실적 문제를 해결하면서 왕정을 보필하기도 하였다.

노구는 왕정이 잘못되었을 때는 이를 비판하기도 하였다. 여사제의 유풍이 강하게 남아 있던 삼국시대 초기 사회에 노구가 국정을 돕거나 비판하면서 왕정에 깊이 관여하였다. 그런 전통은 통일신라시대까지도 간간이 이어져서 효성왕 4년(740년)에 자주색 옷을 입은 여인이 예교隸僑 아래에 출현하여 조정을 비방하다가, 효신공孝信公 집 대문 앞을 지나고는 갑자기 사라졌다. 이 여인은 지모신신앙과 이어진 여사제를 떠

10 최광식, 「삼국사기 소재 노구의 성격」, 『사총』 25, 1981, p. 8.

올리게 하는데, 영종永宗의 반란이 일어나리라는 등 당시의 잘못된 국정에 대한 경각심을 일깨워 주었다.

초기 농경사회에서 여성은 농업을 주도하면서 남성보다 지위가 낮지 않았다. 철기를 사용하면서 남성에게 종속되는 결과를 가져왔지만, 여성은 지모신을 받드는 제의의 사제로서 활약하였다. 그런 유풍이 삼국시대 초기 사회에 널리 전해져 있었다. 여사제의 유풍을 보여 주는 노구는 국가 제사를 담당하는 관원에 포함되었고, 천변지이 등의 재난을 물리치거나 왕정을 보필함으로써 국가 중대사의 결정에 참여하였다.

2. 지모신의 생육과 한국고대의 관음신앙

한국고대 사회는 중앙집권적 귀족국가체제로 개편되는 과정에서 불교를 수용하였다. 처음 불교는 왕실에 의해 받아들여졌지만, 공인公認되면서 귀족불교로 발전하였다. 이후 무교巫敎인 토착신앙 대신 불교가 사회 전반에 큰 영향을 미쳤다. 이전 무교신앙이 사회를 이끌어 가던 시대보다는 덜하지만 불교신앙 내에 지모신신앙의 유풍을 지닌 여사제의 활동은 여전히 두드러지게 나타났다. 그리하여 공인불교에서 여성들이 비교적 활발하게 활동하였다. 아도阿道가 신라에 불교를 전하는 과정에서 모례毛禮의 누이 사씨史氏가 깊이 관여하였는가 하면, 이승단尼僧團이 조직되기도 하였다.

우리나라 고대 불교에서 여성의 활동이 활발하고 그 지위가 높았다는 것은 관음신앙의 모습을 통해 밝힐 수 있다. 관음은 본래 '관세음觀世音'으로 불렀는데, 그 뜻은 세상의 모든 소리를 관조觀照한다는 것이다. 서민들의 사소한 소원을 다 듣고 그 원하는 바를 이루어 주기 때문에 관음이 일반 대중과 가장 친숙하였다. 관음은 이마에 여래상을 지닌 모습을 하고 있지만, 반드시 여성으로 나타나지 않는다.

인도에서의 관음은 여성 모습으로 나타나는 경우가 흔하지 않으며, 그런 경향은 일부 남부 지역을 제외하면 중국에서도 마찬가지였다. 그러나 우리나라 고대 불교에서는 관음이 대체로 여성 모습으로 나타나 있는데, 지모신신앙 유풍과 연결되는 면은 흥미롭다. 의상義湘이 창건한 낙산사洛山寺에 모신 관음은 한국고대의 관음신앙을 상징적으로 대표할 만하다. 보타락가산寶陀洛伽山의 준말인 낙산洛山은 관음의 성지聖地를 가리키는 이름이다.

의상과 비슷한 시기에 활동한 원효元曉가 관음 진신眞身을 친히 만나고자 하여 낙산사로 나아가는 모습이 다음과 같이 나타나 있다.

> (원효가) 남쪽 교외의 논에 이르렀는데, 백의白衣를 입은 여인이 나락을 베고 있었다. 대사가 농담으로 나락을 구하니 여인이 벼 이삭을 건네주었다. 더 나아가서 다리 아래에 이르렀는데, 한 여인이 월수백月水帛(생리에 관한 옷)을 빨고 있었다. 대사가 물을 구하자 여인이 빨래로 더럽혀진 물을 떠서 주었다. 대사가 그것을 버리고 깨끗한 물을 떠서 먹었다. 마침 언덕의 소나무에 앉아 있던 한 청조靑鳥가 우둔한 화상和尙이라 부르고는 갑자기 숨어 보이지 않았다.
>
> —『삼국유사』 권3, 낙산이대성 관음 정취 조신洛山二大聖 觀音 正趣 調信조—

성속聖俗을 초월한 원효에게서 더러움과 깨끗함의 구별은 무의미한 것인데, 굳이 깨끗한 물을 떠서 마신 그가 아집我執을 가진 것으로 비쳤다. 그래서인지 낙산사에 도착하였으나 마침 풍랑이 몰아쳐서 원효는 관음굴觀音堀에 들어가지 못하였다.

물론 원효가 이미 만났던 백의를 입은 여인과 개짐(월수백月水帛)을 빨고 있는 여인은 관음진신이었다. 낙산 관음이 지모신의 변형된 모습을 보여 준다. 나락을 베고 있는 여인이나 생리에 관한 옷을 빠는 여인은 모두 여성이 가진 생육 능력을 상징적으로 나타내고 있다. 지모신의 생육 능력은 대지가 자신의 양분으로써 모든 만물을 소생시켜 길러내는 것인데, 생물이 그 혜택을 받지 않고 살아갈 수는 없다. 토착신앙 속에서 지모신이 가졌던 이미지가 관음신앙으로 흡수되어, 중생에게 복을 심고 혜택을 주는 가장 친근한 보살로서 관음이 자리하게 되었다.

공인 이후 불교가 귀족 중심으로 수용되어 사상적 발전을 거듭하고 있던 진평왕대에 선도산신모仙桃山神母가 크게 불사佛事를 베푸는 연기緣起설화가 전한다. 다음 내용에서 이를 확인해 보자.

진평왕대眞平王代에 지혜智惠라는 비구니가 있었는데 현행賢行을 많이 하였다. 안흥사安興寺에 머물면서 새로 불전을 지으려고 했으나 힘이 미치지 못하였다. 꿈에 한 여선女仙이 나타나 위로하되 "나는 선도산신모이다. 네가 불전을 수축하려는 것이 기뻐서 금 10근을 시주하여 돕기를 원한다. 마땅히 내가 앉은 자리 밑에서 가져다가 주존主尊 3상을 장식하고, 벽 위에는 53불과 6류성중六類聖衆·모든 천신·5악신군五岳神君을 그려서 봄·가을 두 계절의 10일 동안 선남선녀善男善女를 모아, 넓게는 일체의 함령含靈을 위해 점찰법회占察法會를 여는 것을 상례常例로 하라"고 하였다. 지혜는 놀라 깨어 무리를 거느리고 가서 신사神祠 자리 밑을 팠다. 황금 160량兩을 얻어 불사를 마쳤는데 신모가 가르쳐 준 대로 하였다.

—『삼국유사』 권5, 선도성모수희불사仙桃聖母隨喜佛事조—

선도산신모는 토착신앙의 지모신임이 분명한데, 불교신앙이 크게 유행한 분위기 속에서 불전을 장식하기 위해 황금 160량을 비구니 지혜에게 시주하고 있다.

안흥사의 불전을 수리하기 위해 신모가 황금을 내리는 모습은 지모신의 생육 능력이 불교신앙과 융합하여 변형된 것으로 이해할 수 있다. 더욱이 그 황금은 신모를 모신 신사의 신좌神座 밑에서 나온 것이다. 안흥사 주지였던 지혜는 선도산신모의 신사를 함께 관리하였기 때문에 신좌 밑에 묻혀 있던 황금 160량을 파낼 수 있었다. 지혜는 비구니였지만 토착의 무교신앙에서 신모를 받들던 여사제의 전통을 이었다. 불교 공인 이후 삼국 사회에서 여사제의 유풍을 간직하고 있었던 여성들이 불사에 시주자로서 활발하게 활동하였다고 생각한다.

안흥사 불전의 수축을 도운 선도산신모는 불교신앙 내에서 관음의 모습으로 변신해 갔다. 중생사衆生寺 대비상大悲像은 중국 천자의 총희寵姬 초상화를 그렸던 화공畵工이 신라로 와서 이룩한 것이다. 그가 천자의 총희를 그릴 때 잘못하여 붓을 떨어뜨려 그림의 배꼽 밑에 붉은 점이 찍히게 되었다. 그것을 지우려 했으나 잘되지 않자, 그는 본래부터 있었던 것으로 의심하고는 그대로 드렸다. 천자는 비밀스러운 것을 어떻게 알고 그렸느냐고 하면서 화공을 극형에 처하려 하였다. 마침 승상이 화공의 정직함을 간하니, 천자가 어젯밤 꿈에 본 형상을 그리게 하였다. 화공이 11면 관음상을 그려 바치고는 석방되었다.

천자가 꿈에 본 형상이라 하더라도 11면 관음과 총희는 서로 연결이 가능하다. 선도산신모가 본래 중국 제실帝室의 여자였으므로, 화공이 그린 천자의 총희도 신모신앙의 형성에 이바지하였을 법하다. 특히 배꼽 밑에 그려진 붉은 점이 상징하는 것은 신모의 생육 능력을 나타낸다고 생각한다. 그러므로 중생사 관음은 신모신앙과 밀접하게 연관하여 조성되었으며, 자식을 점지해 주는 효험을 가졌다고 널리 알려져 있다.

신라말에 최은함崔殷諴은 오랫동안 자식이 없었는데 중생사 관음전에 빌어 아들을 얻었다. 그가 최성로崔承老이다. 태어난 지 석 달이 채 못 되어 견훤甄萱의 습격으로 수도가 크게 혼란스러웠다. 대성大聖이 점지해 주었으니 능히 보호해 길러 주실 것을 믿고, 부모는 강보에 싸인 아이를 관음보살의 보좌 밑에 감추어 두고 피난을 떠났다. 반달이 지나 적병이 물러나서 찾아보니, 아이는 새로 목욕한 것 같았고 아직도 입에 젖 냄새를 풍기고 있었다. 동란을 만나 부모와 떨어지게 된 최승로는 관음의 도움으로 생육生育되었다.

서민들이 관음에게 비는 대상은 자식을 얻고자 하는 데 그쳤던 것은 아니다. 우금리에 살던 가난한 여인 보개寶開는 민장사敏藏寺 관음에게 빌어 바다에서 조난한 아들을 구하였으며, 한기리漢岐里의 여인 희명希明은 분황사 천수관음에게 빌어 눈먼 자식의 눈을 뜨게 하였다. 자식을 점지하여 길러 주는 관음신앙은 지모신신앙의 유풍과 쉽게 연관되었다. 관음은 수도자가 성불하도록 도와주었는데, 다음 내용이 이런 면을 알려 준다.

신라 백월산白月山의 선천촌仙川村에 노힐부득努肹夫得과 달달박박怛怛朴朴이 산의 양쪽 기슭에서 수도하고는 각각 미륵과 미타로 성불하기를 원하였다. 수도가 무르익어 갈 무렵에 관음이 여자로 변신하여 이들을 시험하였다. 어스름한 저녁에 먼저 박박이 수도하는 곳에 들러 하룻밤을 묵고 가기를 청하였으나 거절당한 관음은 산을 넘어 부득이 수도하는 곳에 이르러 다시 하룻밤을 묵고 가기를 청하였다. 부득은 비록 수도하는 곳이지만 이미 해가 저물었고 또한 여인이 산고産苦를 가진 듯하므로 묵고 가기를 허락하였다. 그날 밤에 여인이 아기를 출산하므로 부득은 목욕물을 데워서 아기를 받았다. 새벽에 관음으로 변한 여인은 부득에게 아기를 씻긴 물에 목욕하기를 권하였다. 목욕을 마친 부득은 미륵불이 되었고, 다음 날 아침에 달려온 박박도 역시 남은 물에 목욕하고는 미타불이 되어 백월산 남사南寺의 양존으로 모셔졌다.

—『삼국유사』 권3, 남백월이성 노힐부득 달달박박조—

백월산에 여인으로 화신化身하여 나타난 관음은 노힐부득과 달달박박이 각각 미륵불과 미타불로 성불하게끔 도와주었다. 일연一然은 그 관음에 대해 "날이 밝으려 함에 쌍둥이를 낳아 놓고 서쪽으로 향해 갔다"라고 하였다(『삼국유사』 권3, 남백월이성 노힐부득 달달박박조).

산고産苦와 연관하여 두 수도자를 성불시키는 관음의 모습은 지모신이 지녔던 생육력, 곧 두 부처를 낳는 것으로 비유되었다. 관음이 서민들의 소소한 모든 소원을 이루어 주는 모습은 자신의 생육 능력을 중생에게 베푸는 것으로 이해할 수 있다. 관음이 여성으로 나타나서인지 여성이 불사를 시주하는 일에 적극적이었다. 그런 여인은 관음과 연결하여 이해하기도 한다. 신문왕대의 경흥憬興은 국로國老로 존경받았는데 오랫동안 질병을 앓아 고생하였다. 그 병을 고쳐 준 자가 여인으로 관음의 화신이다.

관음신앙과 연관한 연기설화는 불교사원 내에서 여성들의 활동이 활발하였음을 알려 준다. 실제 여성들은 불교사원의 단월로서 활약한 예가 많다. 그런 사례를 최숙경은 다음과 같이 밝히고 있다.

삼국 말 원광의 점찰보占察寶 설립에 100결結의 토지를 내놓은 단월니檀越尼가 전한다. (중략) 그 밖에 범종梵種이나 불상의 제작에 시주자가 되었던 여성들을 찾아볼 수 있다. 8세기에 접어들면서 크고 아름다운 많은 범종이 남겨지고 있는데, 지금 남아 있는 상원사上院寺 종鐘의 단월은 휴도리休道里라는 귀족 여성이었다. 비록 전하지는 않으나 기록상으로 전하는 황룡사 종은 현존하는 성덕왕

신종聖德王神鐘(봉덕사奉德寺종)의 4배 중량을 가졌던 것으로, 시주자는 효정이왕孝貞伊王 삼모부인三毛夫人이라고 되어 있다.[11]

절에 토지를 기부하거나 범종이나 불상을 제작한 시주자의 상당수가 여성이었다. 상원사종이나 봉덕사종의 시주자인 휴도리와 삼모부인은 귀족 여성이었다.

소성왕이 돌아가자 왕비 계화부인桂花夫人은 왕의 명복을 빌기 위해 재물을 희사하여 무장사鍪藏寺의 미타상을 봉안하였으며, 미륵사는 백제 무왕의 왕비 선화공주善花公主의 발원으로 이루어졌다. 신라하대에 경문왕의 누이 단의장옹주端儀長翁主는 토지와 노비를 봉암사鳳巖寺 등 절에 희사하였다. 물론 이같이 많은 토지를 기증할 수 있었던 여성은 왕족이거나 귀족이겠지만, 당시 서민 여성들도 일반적으로 불사에 시주하는 일을 게을리하지 않았다.

진정眞定의 어머니는 하나밖에 없는 솥을 절에 시주하고 토기로 밥을 지어 먹었는가 하면, 김대성金大城의 전세前世 어머니는 용전傭田을 시주하여 복록을 구하였다. 불교사원에서 여성의 활발한 활동은 시주에 그친 것이 아니어서, 승니僧尼가 아니라 할지라도 여성이 사원 내에 거주하는 경우가 허다하였다. 수도자가 암자에서 처자를 거느리고 기거하였다. 노힐부득과 달달박박은 처자와 같이 기거하면서 수도하였으며, 광덕廣德과 엄장嚴莊의 성도成道를 도와주었던 광덕의 부인은 본래 분황사의 비婢로 그들과 같이 기거하였다.

광덕의 부인이 '비婢'로 표현되었으나 실제 그 신분이 노비였는지는 확실하지 않다. 애초 절의 노비는 흥륜사興輪寺의 낙성과 더불어 법흥

---

11 최숙경·하현강 공저, 앞의 책, 1972, p. 105.

왕이 절로 보낸 궁중에 있던 친척들이었다. 무열왕대에는 재상 김양도金良圖가 두 딸인 화보花寶와 연보蓮寶를 절에 보내어 비로 삼게 하였다. 그러다가 역신逆臣인 모척毛尺의 가족을 적몰籍沒하여 사원의 노비로 삼으면서 그 신분이 떨어지게 되었다. 사원에 거주하는 비인 광덕부인은 관음보살 19응신應身의 하나였다고 한다.[12] 사비寺婢는 광덕부인과 같이 수도자가 미타를 염송하면서 16관觀을 짓도록 도왔으므로 대개 관음의 화신이라고 믿었다.

통일 이전 삼국시대까지만 해도 절에는 김양도의 딸과 같이, 여성이 거주하면서 불사를 돕고 있었다. 그들은 실제 불교사원에 도움을 주는 존재였다. 사원경제 면에서 여성은 시주자가 되는 경우가 많았으며, 수도자의 성불을 도왔다. 불교신앙 내에서 여성의 활동은 남성과 비교해 현격히 차이가 나지 않았다. 오히려 남성보다 여성이 불사에서 더 도움을 주는 위치에 있었다. 한국고대의 불교신앙에서는 관음이 중시되었다. 관음은 지모신신앙을 흡수하여 불사를 돕고 혜택을 내리는 존재로 믿어졌으며, 불교사원 내에서 여성의 활동을 활발하게끔 하였다.

3. 한국고대의 효 강조와 유교적 여성 덕목 요구

철기시대 이후 여성의 지위가 남성에게 종속되어 가는 과정을 밟고 있었다고는 하지만, 한국고대 사회에서 여성은 후대 사회와 비교하여 상당히 높은 사회적 지위를 누렸다. 그런 사정은 불교 공인 후에도 비교적 그대로 지속되었다. 그러던 중 여성의 사회 활동에 상당한 제약이

12 『三國遺事』 권5, 廣德嚴莊조에 "其婦乃 蓋十九應身之一"이라고 하였다.

가해지면서 그들의 지위에 큰 변화를 초래한 것은 합리적 유교이념이었다. 삼국 사회에 유교는 일찍 들어와 있었지만 유교이념이 보편화된 것은 아니어서, 남녀 관계의 사회적 지위에 큰 변화를 줄 정도로 영향을 주지는 않았다. 그렇지만 삼국시대에 유교적 도덕률은 존재하였다.

고구려 고국천왕이 죽자 왕후 우씨于氏가 저녁에 비밀히 왕의 첫째 동생인 발기發岐에게 나아가 왕위에 오를 것을 권하였으나 거절당하였다. 우씨는 왕의 둘째 동생인 연우延優에게 가서 권하여 왕위에 오르게 하였다. 그가 산상왕山上王이며, 우씨는 다시 그의 왕비가 되었다. 먼저 우씨가 발기를 찾았을 때 그의 꾸지람이 다음과 같이 기록되어 있다.

> 하늘의 운수는 돌아가는 데가 정해져 있으니 함부로 논의하는 것이 아니오. 더구나 부인으로서 밤에 나다니니 어찌 예禮라 할 수 있으리까.
>
> —『삼국사기』 권16, 산상왕 즉위년조—

발기는 형수가 밤에 몰래 자기 집에 온 것과 함부로 왕위 계승 문제를 논의하는 것을 꾸짖고 있다. 곧 그것은 유교적 도덕률임이 분명하다. 그런 도덕률의 기준은 고려중기 이후 합리적 유교이념이 정립한 사회에서 제시된 것이다.

실제 당시 고구려에서는 왕이 죽자 우씨가 동생을 방문하는 것이 크게 문제가 되지는 않았다. 우씨와 산상왕의 즉위 과정은 부여를 위시하여 미약하지만 존재했던 처수제妻嫂制의 유습을 보여 주는 것이다. 이에 대해서는 김기흥金基興의 다음 설명을 참고하자.

> 미망인이 된 형수와 결혼하는 방식은 삼국시대 후반에 갈수록 점차 소멸해 갔다고 보인다. 농업사회가 정착되면서 이런 결혼의 필요성은 상대적으로 줄어들

었다. 그리고 점차 수용되어 가던 유교 문화의 관념으로 볼 때도 두 남편을 섬기는 사실이나, 더구나 형수와 시동생이 결혼한다는 사실은 받아들이기 어려운 점이 있었다. 그러나 이런 결혼 관계는 예외적이었을 것이지만 민간의 경우 좀 더 뒤에까지 지속하였을 가능성이 있다.[13]

처수제는 삼국시대 초기 사회에 크게 문제가 된 것은 아니라 하더라도 유교적 도덕률에서 볼 때 인정할 수 있는 것은 아니다. 합리적 유교 이념이 성립되어 감에 따라 초기 농경사회에서 여성이 남편을 둘 이상 가졌던 대우혼對偶婚은 물론 처수妻嫂의 풍속까지 용납되지 않았다. 유교이념이 점차로 수용되면서 그 도덕률이 여성의 덕목을 요구하였고, 그것은 자연 여성을 구속하고 제약하면서 그들의 사회적 지위를 약하게 만드는 결과를 초래하였다.

삼국시대에 유교적 도덕률은 원광의 세속5계世俗五戒에 담겨 있다. 충忠과 효孝 및 신信, 용勇 등이 그것이다. 유교에서 가장 중시되었던 충과 효는 상하를 잇는 사회의 종적 유대를 강화하려는 것이다. 그러나 엄격히 말하면 삼국 사회에서 유교이념인 충과 효가 같은 시기에 나란히 강조된 것은 아니다. 중앙집권적 귀족국가체제가 정비되면서 왕실은 집권적인 국가를 이루어 가는 과정에서 효보다는 충을 먼저 강조하였다. 내물왕대에 박제상의 충절을 강조하였지만, 그것과 함께 효가 내세워진 것은 아니다.

유교의 효를 강조한 시기는 통일신라시대부터였다. 6두품 출신의 유학자들이 중국 유학에서 돌아와 유교적 정치이념을 펴면서 충과 함께 효를 내세웠다. 그들은 불교를 비판하면서 정치적 입장을 넓혀 갔는데,

---

13 김기흥, 『새롭게 쓴 한국고대사』, 역사비평사, 1993, p. 77.

그 과정에서 출가出家가 효도孝道에 배치됨을 주장하였다.[14] 곧 출가하면 부모는 누가 모시느냐는 것이다. 이런 문제는 통일신라 사회의 일반 서민들이 공통으로 느끼는 사회 문제였다. 대가족을 거느린 귀족이 아닌 서민이 출가할 경우 실제로 부모를 돌보는 문제가 심각하게 대두하였기 때문이다.

효도 문제가 사회적으로 큰 반향反響을 불러일으키자 불교계도 그냥 지나칠 수 없었다. 그 결과 '효선쌍미孝善雙美'신앙이 성립되었다. 출가함으로써 부모를 지옥에 떨어뜨리지 않게 하는 것이 효도가 되기 때문에 출가와 효도를 조화시키려 하였다.[15] 이리하여 신라중대 이후에는 효도가 중요하게 생각되었다. 원성왕대에 실시한 독서삼품과讀書三品科에서 공통 과목으로 제시한 것이 『효경孝經』인 것을 보면 당시 사회가 효를 중시하였음을 이해할 수 있다.

신라 경덕왕대의 향덕向德은 효도의 표본으로 이해되는 인물인데 부모를 봉양하기 위해 자기 허벅지 살을 베어 대접하였다. 성각聖覺도 향덕과 비슷한 방법으로 노모를 봉양하였다. 흥덕왕대의 손순孫順은 늙은 어머니를 봉양하기 위해 반찬을 빼앗아 먹는 어린 아들을 땅에 묻으려 하였다. 진성여왕대에 효종랑孝宗郎은 효녀인 지은知恩을 도왔다. 이 사실을 들은 대왕이 표창하여 곡식과 아울러 집을 내리고, 살던 곳을 효양리孝養里라 하였다. 이렇듯 신라사에서 효도에 관한 기록은 신라중대에서 하대에 걸쳐 집중적으로 나타나 있다.

효도가 널리 숭상되던 시기에 합리적 유교이념이 확산하였다. 그런 분위기 속에 유교의 도덕적 규범을 강조하면서 여성의 덕목 또한 갖추

---

14 이기백, 「신라 불교에서의 효관념―『삼국유사』 효선편을 중심으로―」, 『동아연구』 2, 1983; 『신라사상사연구』, 일조각, 1986, p. 284.

15 이기백, 위의 논문, 1986, p. 287.

어져 갔다. 아마 그것은 통일신라시대 이후에 집중적으로 모색되었겠지만, 그 이전 삼국시대에서도 간간이 나타났다. 백제 개루왕대에 도미都彌부인은 왕의 유혹을 물리치고 정절을 지켰다. 도미와 그의 부인은 왕의 박해를 받자, 고구려로 도망하여 함께 여생을 보냈다. 또한 진지왕이 죽은 후에 그의 혼이 도화녀桃花女에게 접근하였다. 도화녀는 "여자가 지켜야 할 바는 두 남편을 섬기지 않은 것이니, 남편이 있는데 어떻게 허락하겠습니까"(『삼국유사』 권2, 도화녀 비형랑桃花女 鼻荊郎조)라고 거절하였다.

도미부인이나 도화녀의 경우는 여성이 정절을 지켜야 함을 제시하고 있다. 그 외에도 신라중대 초기에 여성의 덕목은 비교적 구체적으로 갖추어져 갔다. 다음에서 그 내용을 알 수 있다.

① 저는 미천한 계집으로 남편과 함께 의식衣食하며 나라의 은혜를 많이 받았거니와, 지금은 독신獨身이니 어찌 감히 후사厚賜를 입어 욕되게 하겠습니까.

—『삼국사기』 권46, 강수强首전—

② 부인은 3종三從의 의義로움을 따라야 하는데 지금 과부가 되었으니 마땅히 자식을 따를 것이나, 원술元述은 이미 아비에게 자식 노릇을 못하였는데 내가 어찌 그 어미가 될 수 있겠느냐.

—『삼국사기』 권43, 김유신전 하下—

신문왕대에 강수强首가 죽었다. 그 아내가 사물私物을 모두 절에 시주하고는 가난하게 살자, 조정이 벼 100석을 내렸다. 그러자 강수의 아내는 그것을 거절하면서 남편에 대한 은혜와 사후에라도 그의 명성을 욕되게 하지 않으려는 부덕婦德을 나타내 보였다. 또한 전장戰場에서 패하였으나 구차하게 목숨을 구한 원술은 부친 김유신이 죽고 난 후 어머니께 용서를 빌었으나, 지소智炤부인은 끝내 그를 준엄하게 나무라는 부덕을 보여 주고 있다.

원술을 꾸짖으면서 지소부인은 여성에게 3종의 도리가 있음을 말하였다. 물론 이 3종의 도리가 고려시대 유교이념에 의해 부연되었을 수도 있다. 그렇다 하더라도 그것은 신라중대에 유교적 도덕률을 강조하면서 여성의 덕목을 요구하던 사회 분위기 속에서 서서히 갖추어져 갔다. 강수의 부인이 남편의 명성을 생각하는 것이나 비슷한 시기에 말갈의 침입을 막다가 장엄하게 전사한 소나素那의 부인이 남편의 의로움을 드러내는 것에서 이를 생각할 수 있다.

지소부인이 3종의 도리를 지적하면서도 그에 앞서 아들을 호되게 꾸짖음은 남편의 뜻을 더 드러내려는 것이다. 통일신라시대에 부인이 남편의 의로움을 드러내는 것이 여성의 덕목으로 갖추어져 간 듯하다. 그것은 3종의 도리를 성립시켜 가는 데 능동적으로 작용하였다. 그래서인지 강수는 부곡釜谷 야장冶匠의 딸과 정을 통하고 지냈는데 그의 부친이 재취할 것을 권하자, "조강지처는 내쫓지 못하고 빈천할 때 사귄 친구는 잊을 수 없다고 하였습니다. 그런즉 그 여자가 아무리 천하더라도 버릴 수는 없습니다"(『삼국사기』 권46, 강수전)라고 하였다.

조강지처가 부인의 덕목과 연관하여 주목받았으며, 강수는 조강지처를 쫓아낼 수 없다고 하였다. 반대로 생각하면 이 말은 당시 여성들에게 3종의 도리가 갖추어져 가고 있었고, 그것에 어긋나게 행동하면 쫓아낼 수도 있었음을 시사한다. 유교 사상에 의해 여성의 덕목이 갖추어져 감에 따라 그 덕목을 수행해야 하는 여성들의 행동에 제약이 가해졌다. 그것은 남성들과 비교해 여성의 사회적 지위를 약하게 하는 결과를 초래하였다. 다음 내용에서 이를 유추할 수 있다.

신라 경덕왕景德王은 표훈대덕表訓大德을 불러 상제上帝에게 올라가 자식을 점지해 주도록 부탁하였다. 표훈은 천제로부터 딸을 점지해 준다는 말을 전하니, 왕은 아들로 바꾸어 달라고 청하였다. 다시 하늘로 올라간 표훈의 말을 들은 천제는 딸을 아들로 바꾸면 나라가 어지러워진다고 하였다. 그래도 좋다는 경덕왕의 청을 전하기 위해 표훈은 하늘에 올라갔다. 천제는 왕의 딸을 아들로 바꾸어 주면서 표훈에게 "하늘과 인간은 서로 어지럽힐 수 없는 것인데 지금 대사가 이웃 동네에 드나들듯 왕래하여 천기天機를 누설함으로써 이후로는 하늘 문을 막아 통하지 않게 한다"라고 하였다.

—『삼국유사』 권2, 경덕왕 충담사 표훈대덕景德王 忠談師 表訓大德조—

표훈이 상제에게 부탁하여 낳은 경덕왕의 아들이 혜공왕이다. 혜공왕이 태어나는 연기설화는 혼란한 신라하대 사회의 도래를 암시하였다. 혜공왕은 여자로서 남자가 되었기 때문에 비단 주머니를 차고 여자들의 놀이를 좋아하며, 도류道流와 어울렸으므로 나라가 어지러웠다고 하였다.

아들 낳기를 비는 것은 전제주의를 강화하려는 욕구에서 나왔는데, 이를 통해 직계直系 자손에게 왕위를 물려주려는 경덕왕의 끈덕진 집념을 읽을 수 있다.[16] 신라중대에 전제주의가 강화된 분위기 속에서 특히 왕실이라는 한정된 대상을 전제로 한 것이기는 하지만, 딸보다는 아들을 선호하는 의식이 싹터 있었다. 그것은 당시 왕자를 낳지 못하였다는 이유로 왕비가 축출당하는 사실과도 연관될 수 있다. 이런 남아 선호 의식이 일반 서민들에게까지 보편적으로 퍼져 있었던 것은 아니라 하더

16 이기백, 「경덕왕과 단속사·원가」, 『한국사상』 5, 1962; 『신라정치사회사연구』, 일조각, 1974, p. 217.

라도, 여성의 사회적 지위가 그 이전 사회와 비교하여 낮아졌음을 생각하게 한다.

한국고대 사회에는 지모신신앙이나 여사제의 유풍이 강하게 남아 있었다. 토착 부족의 조상신을 받드는 지신족신앙은 농경이 정착되면서 지모신신앙으로 나타났다. 여사제가 지모신에게 제사를 지내면서 여성의 사회적 지위가 높았다. 국가불교가 성행하는 속에 지모신신앙은 관음신앙과 연결되었고, 불교사원에서 여성이 활발하게 활동하였다. 삼국시대 말이나 통일신라시대에 합리적 유교사상을 수용하면서 여성의 사회적 지위는 낮아졌지만, 유교적 정치이념이 더 확고해진 고려나 조선 시대와 비교하면 상대적으로 높았다.

| 제3장 |

한국고대의 토착신앙과 불교

1. 한국고대의 토착신앙

삼국시대의 토착신앙이 구체적으로 어떤 것이라고 끄집어내기는 막연하다. 다만 불교 수용 이전의 신앙을 토착신앙이라 보고, 그중 가장 중요하게 다루어야 할 것은 무교巫教(무격巫覡)신앙이라 생각한다. 신라 왕호인 차차웅次次雄이 '무巫'를 의미하는 말이고 보면,[1] 무교신앙이 그 사회에서 갖는 비중은 대단히 컸을 것이다. 『삼국유사』에는 무당[巫]이 귀신을 받들고 제사를 지내기 때문에 세상 사람들은 이를 경외敬畏하는 뜻에서 존장尊長 칭호를 차차웅이라 부른다고 하였다.

제정일치 사회에서 무당이 귀신에 대한 제사를 지냄으로써 그 사회를 지배하던 유풍이 신라 왕의 칭호를 차차웅이라 부르게 하였다. 당시 무교신앙은 지배이념이었기 때문에 미신적인 것으로 치부되어서는 안 된

1 『三國遺事』 권1, 南解王조에 "金大問云 次次雄 方言謂巫也"라고 하였다.

다. 무당은 예지자豫知者 또는 예언자의 기능을 가졌다. 고구려 산상왕의 소후小后는 이름이 후녀后女이다. 그 어머니가 소후를 잉태하였을 때, 무당이 점쳐 말하기를 반드시 왕후를 낳을 것이라고 하였다(『삼국사기』 권16, 산상왕 13년조).

예언자인 무당은 미지의 세계에 대하여 미리 아는 점복占卜 기능을 가졌다.[2] 무당은 국가 사회가 위기에 처했을 때 이를 해결하는 방도를 제시하였고, 천변지이天變地異 등 자연적 징후로써 길흉을 점치고 다음에 나타날 사태에 대처할 능력을 갖췄다. 백제 온조왕 43년(25년)에 홍안鴻雁 100여 마리가 왕실에 몰려든 일이 있었다. 일관日官이 이것은 먼 곳 사람들이 내투來投할 징조라 했는데, 한 달 후 남옥저 구파해仇頗解 등 20여 가家가 투항해 왔다.

온조왕 25년(7년)에 왕궁의 우물물이 갑자기 넘쳤으며, 한성漢城에서는 인가人家의 말이 한 머리에 두 몸을 가진 소를 낳았다. 일관이 해석하기를 우물물이 불어난 것은 대왕이 발흥할 징조요, 한 머리에 두 몸을 가진 소는 대왕이 이웃 나라를 병합할 징조라고 했는데, 과연 온조왕이 마한을 병합하였다. 백제 온조왕 때의 마한 병합 기사는 그대로 믿을 수 없다고 하더라도, 마한의 중심 세력이 백제에 밀려 남쪽으로 이동하는 사실을 가리킨다고 할 수 있다. 온조가 한강 유역과 가까운 마한 성읍국가의 병합을 도모하였다면 이 일을 사전에 충분히 협의하였을 것이다. 협의 과정이 '한 머리에 두 몸을 가진 소'에 대한 해석으로 나타났다고 생각한다.

무당은 국사에 깊이 관여하여 이를 처리하는 데 중요한 역할을 담당하

---

2 임동권, 「한국원시종교사(一)」, 『한국문화사대계 6: 종교·철학사』, 고대민족문화연구소출판부, 1970, p. 50.

였다. 고구려 유리왕瑠璃王대 모천茅川 상류에 검은 개구리 떼가 있었는데 붉은 개구리 떼와 싸워 이기지 못하고 죽었다(『삼국사기』 권13, 유리왕 29년조). 이를 논의하던 사람들이 검은색은 북방을 가리키는 색이기 때문에 북부여가 패망할 징조를 나타낸다고 하였다. 이 사실은 유리왕이 신하와 더불어 북부여 토벌에 대한 논의를 무교신앙으로 기록한 것이다. 유리왕은 북부여를 토벌하면서 무당에게 자문하였다고 생각한다.

국가 중대사를 결정하는 데 무당이 중요한 역할을 담당하였다. 이에 관해서는 다음 내용에서 살펴보자.

> 제사에 사용할 돼지가 달아났으므로 왕이 희생을 주관하는 설지薛支에게 명령하여 이를 쫓아가 잡도록 하였다. 설지는 국내성國內城 위나암尉那巖에서 돼지를 잡았다. 돌아와서 왕에게 말하기를 "신臣이 돼지를 따라 국내성 위나암에 이르렀는데, 그 산수山水가 깊고 험하며 땅은 오곡을 키우기에 알맞고 아울러 순록과 사슴·물고기·자라가 많이 나는 것을 보았습니다. 만약 이곳으로 수도를 옮기시면 백성의 이익이 끝없을 뿐만 아니라 전쟁의 걱정에서 벗어날 수 있을 것입니다"라고 하였다.
>
> —『삼국사기』 권13, 유리명왕瑠璃明王 21년조—

희생 제의를 주관하는 설지는 제사장인 무당임이 틀림없다. 희생에 쓸 돼지가 도망가자, 유리왕의 명령으로 이를 쫓아가 잡은 곳이 국내성이었다. 그는 빼어난 산수를 보고 그곳으로 천도하기를 주청하였다. 유리왕은 설지의 의견을 받아들여 국내성으로 천도하였다.

무당은 국가 중대사의 결정뿐만 아니라 재난을 방지하거나 제거하는 역할을 하였다. 산상왕 12년(208년)에도 제사에 사용할 돼지가 달아나므로 제의를 주관한 사람이 이를 잡으려고 갔다. 그는 주통촌酒桶村에 이르러 돼지를 잡지 못하고 머뭇거렸는데, 20세쯤 되는 아름다운 여자의 도움으로 잡을 수 있었다. 그가 뒷날 왕비가 된 소후小后이다. 왕비의 간택에도 무당이 깊이 관여하였음을 알려 준다. 또는 선덕여왕이 궁궐의 서쪽 옥문지玉門池에서 개구리가 모여 운다는 사실을 듣고 백제 군사가 쳐들어올 것을 알아 이를 막게 하였다. 선덕여왕은 무당이 아니었을지라도 여사제의 기능을 가진 임금이었다.[3]

무당은 전쟁뿐만 아니라 정사政事에서까지 자문 역할을 담당하였고, 왕정이 잘못되었을 경우 그 시정을 간諫하였다. 보장왕 4년(645년)에 당 태종의 정벌로 요동성遼東城이 포위되어 함락될 위기에 처하였다. 무당이 성안 주몽사朱蒙祠에 미녀 아내 신(부신婦神)을 배향하였다. 이때의 무당은 주몽신을 기쁘게 하는 제의를 통해 성을 지키는 병사들에게 심리적 안정을 주었다고 한다.[4] 그러나 중요한 것은 무당이 국난 극복에 참여하여 전술戰術을 맡음으로써 전쟁을 승리로 이끌게 한 점이다.

소지왕대에 고타군古陀郡의 노구老嫗가 "모든 사람이 국왕을 성인이라 하나 첩妾만 그렇게 생각하지 않습니다. 왜냐하면 왕이 미복微服으로 가만히 날이군捺已郡의 여인 집에 다니기 때문입니다"라고 하였다(『삼국사기』 권3, 소지마립간 22년조). 고타군의 노구는 소지마립간이 날이군 사람인 파로波路의 딸 벽화碧花를 만나기 위해 미복으로 몰래 다니는 것을 강하게 비판하였다. 이를 듣고 부끄러움을 느낀 왕이 벽화를 데려다가 궁중의 별실에 두었다.

노구가 소지왕대의 정사를 비판하고 있는데, 고구려 유리왕대에 관한

3 선덕여왕은 당 태종이 보낸 꽃씨가 향기 없는 꽃을 피울 것이라고 하였고, 자신의 葬地가 忉利天이라 함으로써 그 아래에 四天王寺가 세워질 것을 豫感하였다. 말하자면 선덕여왕은 무당의 능력을 갖춘 임금이었다.

4 김광일, 「굿과 정신치료」, 『문화인류학』 5, 1972, p. 163.

다음 기록도 왕정을 바로잡는 모습을 보여 준다.

부여왕 대소帶素가 고구려왕 유리에게 사신을 보내어 사대의 예禮를 강요하였다. 유리가 사신을 보내어 "지금 여기에 계란을 쌓았는데 만약 대왕이 그 계란을 헐지 않으면 장차 대왕을 섬기겠으나, 그렇지 않으면 섬기지 않겠습니다"라고 대답하였다. 부여왕이 이 뜻을 신하에게 물었는데, 한 노구老嫗가 "계란을 쌓은 것은 위험함을 뜻하므로 계란을 헐지 않은 것은 안전함입니다. 그러므로 그 글의 뜻은 대왕이 위험함을 모르고 사신을 보내온 것이므로, 위험을 안전으로 바꾸어 스스로 다스리는 것만 못합니다"라고 대답하였다.

—『삼국사기』 권13, 유리명왕 28년조—

유리왕 28년(9년)에 부여왕 대소帶素가 사신을 보내 고구려가 부여를 섬기지 않으면 침탈하겠다고 으름장을 놓았다. 유리왕과 신하들이 대소의 요구를 들어주려 하였으나, 뒷날 대무신왕이 되는 왕자 무휼이 반대하면서 오히려 부여를 위협하였다. 그러자 노구는 대소왕에게 억지로 사대의 예를 강요하지 말라고 진언하였다. 왜냐하면 고구려가 스스로 섬기게끔 다스림만 못하기 때문이다.

노구는 누란累卵이 위태하나 헐지 않으면 안전한 것이라고 하며 고구려와의 외교 분쟁을 평화적으로 해결하는 자문 역할을 담당하였다. 부여의 노구는 무당이다.[5] 노구는 대소가 정사를 행하는 자리에서 의견을 제시하는 위치에 있었다. 고타군의 노구도 소지마립간과 관련이 없는

5 『삼국사기』에는 '老嫗'가 상당히 많이 나타나는데, 대개 무당과 비슷한 역할을 담당하였다. 신라본기 혁거세왕조에는 노구가 閼英을 기르고 있다. 알영은 지모신신앙을 가졌다고 생각되며, 여기의 노구는 알영을 모시는 사제자, 곧 무당이라 추측된다. 또한 탈해가 탄 배를 발견한 阿珍義先은 혁거세의 '海尺之母'라고 하였다. 탈해를 발견한 것이 吉兆인지 아니면 凶兆인지를 알려는 행동은 아진의선이 무당임을 시사한다.

것으로 보이지 않는다. 왕이 정사의 자문을 무당에게서 구하였으며, 무당의 간언은 왕이 행하는 정치에 상당한 영향을 주었다. 그 외에도 무당은 많은 기능을 가졌다.[6] 이런 무당의 기능을 생각할 때, 당시 무교는 사회를 이끌어 가던 지배이념인 동시에 그 사회를 다스리는 통치 수단이었을 것으로 판단된다.

무당은 주술을 사용하는데, 주술의 효용은 강제적이어서[7] 일반적으로 통치 행위에 포함되었을 것이다. 다음 기록을 참고해 보자.

> 태후 우씨于氏가 돌아가면서 유언하기를 "내가 바르지 못한 행동을 하였으니 앞으로 지하에서 무슨 면목으로 국양國壤(고국천왕)을 뵐 것인가? 여러 신하는 구렁텅이에 떨어뜨리지 않으려거든 나를 산상왕릉山上王陵 옆에 묻어 주기를 바란다."라고 하였다. 마침내 그 유언대로 장사 지냈다. 무당은 국양이 자기에게 강림하여 말하기를 "어제 우씨가 산상왕에게 돌아가는 것을 보고 분함을 이기지 못하여 결국 더불어 싸웠다. 물러나서 생각하니 얼굴이 두꺼워도 차마 나라 사람들을 볼 수 없다. 네가 조정에 알려 물건으로 나를 가리게 하라"라고 하였다. 이리하여 능 앞에 소나무를 7겹으로 심었다.
>
> —『삼국사기』 권17, 동천왕 8년조—

고국천왕 비 우씨는 왕이 돌아가자, 아우인 연우延優와 결혼하여 그를 왕으로 삼았다. 그가 산상왕이다. 그런데 동천왕東川王은 산상왕과 주통촌酒桶村 출신인 소후 사이에서 태어났다. 우씨와 소후 사이에 갈

---

6 임동권, 앞의 논문, 앞의 책, 1970, p. 45에서 무당의 직능을 司祭者·醫巫·예언자의 셋으로 구분하였다. 한국고대의 무당도 의무나 사제자였음을 알려 주는 기록이 나타난다.

7 예를 들면 『三國遺事』 권2, 駕洛國記조에서 "거북아 거북아 머리를 내놓아라, 만약 내놓지 않으면 잡아서 구워 먹겠다"라고 하였다. 거북의 머리를 나오게 하는 주술은 강제성을 띤다. 그러므로 그렇게 안 할 경우는 죽임을 당할 수 있다고 한다.

등이 있었을 것이다.

우씨를 둘러싼 고국천왕 형제들의 대립과 반목을 짐작할 수 있다. 고국천왕과 우씨가 다투는 주술 행위는 실제로 고국천왕 사후에 왕이 되지 못한 산상왕의 형인 발기發岐가 반란을 일으키다가 죽게 된 사실을 묵시적으로 알려 준다. 이런 대립과 반목의 연장선에서 동천왕은 우씨 세력에 대하여 압력을 가하였을 법하다. 그것이 7겹의 소나무를 심는, 이른바 주술 행위로 기록되었다. 말하자면 동천왕은 무교신앙으로써 우씨 세력에 대해 압력을 가할 수 있었다.

무당은 신분이 낮은 일반 백성이었을 리가 없다. 삼국 사회의 부족장들은 중앙집권적 귀족국가체제 아래 중앙귀족으로 등장하기 전에는 무당의 기능을 가진 제사장이었다. 귀족이 된 후에도 그들이 제사장의 직능을 그대로 가졌다. 연맹왕국의 국왕도 본래는 부족장과 같은 기반을 가져서 제사장적 성격을 지녔다. 벌휴伐休니사금이 풍운風雲을 점쳤다는 것은 국왕 자신이 무당과 연결될 수 있음을[8] 시사한다. 그런 유풍은 자연스럽게 전해져 국왕의 누이가 제사를 주관하였다. 앞으로 닥칠 세 가지 일을 미리 알았던 선덕여왕도 무당의 능력을 갖췄다고 생각한다.

국왕도 부족장도 모두 부족적 기반을 가졌고, 제사장적 성격을 가진 무당의 전통을 보였다. 그들은 모두 무교신앙을 지녔다. 다음 기록에서 이런 면을 추측할 수 있다.

가을 8월에 희생犧牲으로 사용될 돼지가 도망가니, 왕은 탁리託利와 사비斯卑를 시켜 쫓게 하였다. (그들은) 장옥택長屋澤 가운데 이르러 (돼지를) 찾아내어

8 김열규, 「무속적 영웅고—김유신전을 중심으로 하여—」, 『진단학보』 43, 1977, p. 89.

칼로 그 다리를 잘랐다. 왕은 이것을 듣고 노하여 "제천에 사용될 희생을 어떻게 상하게 할 수 있는가"라 하고, 마침내 두 사람을 구덩이 속에 빠뜨려 죽였다. 9월에 왕이 병에 걸렸는데, 무당이 말하기를 "탁리와 사비로 말미암은 것입니다"라고 하였다. 왕이 사람을 시켜 사죄하니 곧 병이 나았다.

—『삼국사기』 권13, 유리명왕 19년조—

고구려 유리왕 때의 탁리와 사비는 제사장인 무당이었다. 유리왕 때에 도망간 돼지를 찾아간 설지는 희생을 주관한 제사장이었으므로(『삼국사기』 권13, 유리명왕 21년조), 탁리와 사비도 같이 파악할 수 있기 때문이다. 탁리와 사비는 왕과 이해가 일치하는 처지에 있던 무당은 아니다. 왕이 그들을 죽인 사실은 이를 알려 준다. 다만 왕의 병을 치료해 준 무당은 왕과 친밀한 관계에 있었으며 왕의 처지를 대변하였을 것이다.

탁리와 사비가 죽임을 당하는 이유는 희생에 쓰일 돼지의 다리를 끊었기 때문이다. 그러나 그들이 아무런 이유 없이 다리를 끊지는 않았을 것이다. 다리를 끊음은 제사 행위로 보아야 한다. 곧 그들은 무당으로서의 직능을 수행한 셈이다. 이 사실은 탁리와 사비의 무교신앙이 왕의 그것과 맞지 않아서 그들이 거세됨을 알려 준다. 그런데 왕이 결국은 죽은 탁리와 사비의 혼魂에게 사과하였다. 그렇게 된 것은 실제로 탁리와 사비의 부족 세력이 배경으로 작용하였기 때문이겠지만, 왕의 무교신앙과 대립하였던 그들의 무교신앙이 인정을 받았던 데에서 원인을 찾을 수 있다.

부족장들이 저마다 제사장으로서의 전통을 가졌다. 이 같은 무교 사회의 특성이나 당시 무교신앙의 성격에 대해서는 다음 기록을 통해 이해할 수 있다.

겨울 10월에 부여왕 대소帶素가 머리 하나에 몸이 둘인 붉은 까마귀를 보내왔다. 처음 부여 사람들이 이 까마귀를 잡아서 왕에게 바치니, 어떤 사람이 "까마귀는 검은색인데 지금 변하여 붉은색으로 되었고, 머리 하나에 두 몸을 가졌음은 두 나라를 병합할 징조이니, 왕이 고구려를 아우르는 것입니다"라고 말하였다. 대소가 기뻐하여 이를 고구려로 보내고 어떤 사람이 말한 내용까지 전하였다. 대무신왕과 여러 신하가 상의하여 "검은색은 북방의 색인데 지금 변하여 남방의 색으로 되었으며, 붉은 까마귀는 상서로운 동물인데 당신이 얻어서 가지지 않고 이를 나에게로 보냈으니 양국의 존망을 어찌 모른다고 하겠는가?"라고 답하였다. 대소가 듣고 매우 놀라고 후회하였다.

—『삼국사기』 권14, 대무신왕 3년조—

붉은 까마귀의 출현에 대한 대소와 대무신왕의 해석이 달랐다. 대소는 그것이 부여가 고구려를 병합할 징조로 해석하였으나, 대무신왕은 오히려 고구려가 부여를 병합할 징조로 해석하였다. 곧 대소와 대무신왕이 가진 무교신앙은 전혀 별개여서 독자 운영되었다. 혹은 무교신앙의 내용이 같다고 하더라도, 때에 따라 그것에 대한 해석이 다를 수 있다.

국가가 다르므로 부여와 고구려에서 행해진 무교신앙이 다를 수는 있다. 그러나 고구려 내에서 일어난 같은 사실에 대해 무교신앙의 해석이 다른 경우도 있다. 다음 기록을 살펴보자.

왕이 평유원平儒原에 사냥하였는데 흰 여우가 따라오며 울었다. 왕이 이를 쏘았으나 맞지 않았다. 무당에게 이 사실을 물으니, 그가 대답하기를 "여우는 요망스러운 짐승이어서 상서로운 조짐이 아닙니다. 하물며 그 색이 희니 더욱 괴이한 것입니다. 아마 하늘이 간곡하게 말하지는 않으나 요괴를 보여서 임금으로 하여금 두려워하고 수양하며 살펴서 스스로 새로워지게 하려는 것입니다. 만약 임금이 덕을 닦으면 화를 복으로 바꿀 수 있습니다"라고 하였다. 왕은 "흉한즉 흉한 것이고 길한즉 길한 것인데, 너는 어찌 요괴로써 복이 된다고 하니 무슨 거짓말이냐?"라고 말하고, 결국 그를 죽였다.

—『삼국사기』 권15, 차대왕次大王 3년 7월조—

흰 여우의 출현에 대해 무당이 요망한 일이지만 복으로 바꿀 수 있다고 해석한 것을 왕은 요괴로써 복이 될 수 없다라고 하였다. 그리하여 왕은 무당의 해석을 반박하여 그를 거세하였다. 또는 차대왕 4년에 일식이 나타났지만, 일관이 왕의 노여움을 생각해서 그 원인을 바로 아뢰지 않고 임금의 덕이요 국가의 복이라고 하였다. 그와 같은 사례는 많이 찾을 수 있다. 백제가 망할 즈음에 "백제는 보름달이요, 신라는 초승달이다"라는 참위讖緯에 대해 신라가 흥할 징조로 생각한 무당도 있었지만, 백제가 번성을 누린다고 해석한 무당도 있었다.

무당이 사회 현상에 대해 서로 다른 해석을 할 수 있음은 그들이 각기 다른 부족 기반을 가지고 독립적 신앙권을 가지고 있었기 때문이다. 그리하여 무당은 다른 무당의 해석을 반박하기도 하고, 무교신앙의 내용을 때에 따라 다르게 해석하기도 하였다. 같은 왕실에서도 차대왕이 흉한즉 흉하고 길한즉 길하다고 하였지만, 태조왕은 흉이 변하여 길이 될 수 있다고 하였다. 다음 기록은 이와 같은 사실을 알려 준다.

왕이 꿈을 꾸는데 한 표범이 호랑이 꼬리를 물었다. 깨서 그 길흉 여부를 물으니, 어떤 사람이 말하기를 "호랑이는 백수의 으뜸이고, 표범은 같은 종류의 작은 것입니다. 그 뜻은 왕족 중에 한 사람이 대왕의 후손을 끊으려고 음모하는 것 같습니다"라고 하였다. 왕은 불쾌하여 우보 고복장高福章에게 묻기를 "내가 어젯밤 꿈에 본 것이 있는데, 점치는 사람의 말이 이와 같으니 어찌하면 좋을까?"라고 하였다. 고복장이 대답하기를 "선을 행하지 않으면 길도 변하여 흉이 되고, 선을 행하면 재앙이 변하여 복이 됩니다. 지금 대왕께서 나라를 제집같이 걱정하고 백성을 자식같이 사랑한다면, 비록 작은 이변이 있을지라도 무슨 걱정이 되겠습니까?"라고 하였다.

—『삼국사기』 권15, 태조대왕太祖大王 90년조—

이 기사에서도 두 무당이 해석을 달리하고 있음을 보여 준다. 고복장은 태조왕 때의 우보右輔였는데, 여기서는 무당으로서 제사장의 전통을 지녔다. 태조왕은 고복장의 의견을 좇아 '흉이 변하여 길이 될 수 있다'라는 태도를 보였다. 이것은 차대왕의 입장과는 다르다. 곧 차대왕과 태조왕의 무교신앙에 대한 태도에는 차이가 있었다.

무교신앙은 제정일치 시대의 윤리가 체계를 이루면서 형성된 것이고, 무당은 부족공동체의 기반을 가진 부족장이었으며 제사장 기능을 가졌다. 연맹왕국이 성립되면서 부족장들은 연맹왕 밑의 신하로 등장하였지만, 사실은 독자의 부족적 기반을 그대로 가졌다. 그러므로 그들은 왕과 동등한 무교신앙을 가졌다. 무교신앙에는 절대적 권위가 없다. 왕이 표방하는 무교신앙이라 해서 다른 부족장들의 그것보다 특별히 우월하지 않다.

무교신앙은 연맹왕국을 성립시키기까지 부족장적 윤리로서 유지될 수 있을지라도 중앙집권적 귀족국가가 성립된 후 전제왕권의 이념으로는 부족하였다. 왕실이 부족장들을 중앙귀족으로 편제하면서 강력한 전제왕권을 수립하려고 할 때 무교신앙과는 다른 관념이 필요했을 것이다. 왕실 중심으로 수용한 초전불교가 공인되는 이유를 이런 데에서 찾을 수 있다.

2. 초기 불교의 성격

초전불교의 성격을 밝히기 위하여 성립 당시 불교나 인도의 사회상에 대하여 이해할 필요가 있다. 불교 성립 이전의 인도에서는 브라만교가 성행하였다. 그것은 아리안족 중심의 카스트제도를 배경으로 성립하였으며, 4성四姓은 브라만, 크샤트리아, 바이샤, 수드라이다. 브라만교는 브라만계급을 옹호하는 종교였다. 사실 인도가 수많은 소국을 이루고 있던 제정일치 사회에서는 국가의 가장 중요한 행사가 제사였다. 따라서 브라만은 가장 높은 계급이었다.

인도가 몇 개의 큰 국가로 통합되어 중앙집권적 전제국가로 성립하자 정복 사업을 담당한 크샤트리아계급이 브라만계급보다 우세하게 된다. 이렇게 되자 실질적으로 가장 우세하였던 크샤트리아계급과 브라만교와는 서로 맞지 않게 되었다. 브라만교는 브라만계급의 우월을 내세우기 때문이다. 크샤트리아계급은 브라만교가 아닌 자신을 위한 종교가 필요하였다. 불교가 성립되는 원인을 바로 이런 점에서 찾을 수 있다.

초기 불교는 왕자王者계급을 위한 종교였다. 석가는 크샤트리아계급 출신이었고, 브라만교 대신 크샤트리아계급에 유용한 불교를 창시하였다. 브라만교에서 불교로의 종교 개혁은 당시 인도 사회의 실력자인 크샤트리아계급에 유리하였기 때문에 성공할 수 있었다. 무수한 소국이 존재했던 인도 사회는 석가가 생존할 때 연맹왕국인 16개의 강대국으로 통합되고 있었으며, 그중 마갈타국摩竭陀國과 교살라국憍薩羅國이 가장 강대하였다.[9] 마갈타국은 앙가鴦伽를 비롯한 발기跋耆·말라末羅 등의

9 김동화·홍정식·이재창, 「불교의 국가·정치사상 연구」, 『불교학보』 10, 1973, pp. 28~29.

군소 국가를 정복하였고, 교살라국은 가시국迦尸國 등을 점령하였다. 이와 같은 빈번한 정복 전쟁이 브라만계급보다는 크샤트리아계급을 우세하게 하였다.

불교는 4성 평등을 내세운다. 4성을 구분하기보다는 출가하면 모두 같은 석가족이 된다. 석가가 4성을 인정하지 않으려는 것은 계급을 초월하려는 불교의 평등사상으로 이어졌지만, 현실적으로는 당시 브라만계급에 대한 크샤트리아계급의 우월을 주장하기 위함이었다.[10] 불교 경전에 자주 나타나는 찰리刹利·파라문婆羅門·비사毗舍·수타라首陀羅의 4성 배열 순서는[11] 이를 반영한다고 생각한다.

초기 불교는 정복국가에 필요한 종교였다. 원시불교 경전에 잘 나타나는 전륜성왕轉輪聖王 사상이 당시 강대국을 중심으로 통일 사업을 진행하는 정치이념에 도움을 주었다. 『사성경四姓經』에서 석가는 지금 나의 친족인 석종釋種도 역시 파사닉왕波斯匿王을 받든다고 하였다. 그의 교설은 친족이지만 약소국인 이상 강대국을 받들어야 한다는 것이다. 곧 이것은 마갈타국과 교살라국 두 나라의 압박을 받아 날로 쇠퇴해 가던 석가종족이 강대국에 병합되는 것을 인정한 셈이다.

실제로 석가 생존 당시에 교살라국의 비유리毘瑠璃가 카필라성을 공략하여 석가족이 세운 국가는 멸망하였다. 마갈타국의 아도세왕阿闍世

10 『長阿含經』 卷6, 第2分, 『四姓經』 第1에 "時彼一人 復以善言 慰勞衆人 衆人聞已 皆大歡喜 皆共稱言 善哉大王 善哉大王 於是世間 便有王名 以正法治民 故名刹利 …"라고 하였다. 正法으로써 백성을 다스리는 자로 찰리종을 삼았기 때문에 불교는 찰리계급의 正法統治 이념에 합당한 것이다. 또한 석가가 婆悉吒와 婆羅墮의 婆羅門에게 행한 四姓에 관한 설법은 그 평등을 내세우려는 것이라기보다는 찰리계급의 우월을 주장한 것으로 생각된다. 석가는 세속의 種姓을 버리고 출가하면 모두가 다 沙門인 釋迦族 사람이 된다고 하였다.

11 예를 들면 『長阿含經』 卷13과 『大般涅槃經』 卷23 및 『長阿含經』 卷6, 第2分, 『四姓經』 第1 등에 보인다.

王이 발지국跋祇國을 정복하려는 생각을 가지고 대신 우사雨舍를 시켜 석가에게 그 가부를 자문하였다. 우사는 석가의 제자이다. 강대국이 카필라성뿐만 아니라 발지국을 정복하면서 석가의 동의를 구하였다. 이것은 원시불교 교리가 정복국가를 은근히 두둔하였음을 알려 준다. 그러므로 불교는 석가 생존 당시 두 강대국의 수도인 왕사성王舍城과 사위성舍衛城을 중심으로 성행하였다.

뒤에 호법 군주인 아육왕阿育王·가이색가왕迦膩色迦王·계일왕戒日王 등은 모두 정복국가를 이루어 전 인도에 군림하였다. 불교가 법法의 보편성을 가장 강조하는 것은 정복왕조의 성립과 연관된다고 생각한다. 고대 인도의 '법(dharma)'은 부족의 통합 원리여서 왕권과 연결될 수 있다. 즉 '법'은 '권력의 권력'이며, 이 경우 왕권과 다른 것이 아니게 된다.[12] 결국 법의 보편성을 내세우면서 정복왕조는 통합한 소국을 묶어 고대 전제국가체계를 성립시킬 수 있었다.

초기 불교는 이른바 '왕즉불王卽佛' 신앙을 표명했는데, 이것이 중국 북조를 통하여 우리나라에 전해졌다.[13] 우리나라에 불교가 처음 공인된 때는 고구려 소수림왕 2년(372년)이다. 전진前秦 왕 부견苻堅이 사신과 중(승僧) 순도順道를 보내어 불상과 경문을 전해 주었다. 374년에는 아도阿道가 들어오고, 다음 해에는 초문사肖門寺와 이불란사伊佛蘭寺가 낙성되어 거기에 각각 순도와 아도가 거주하였다.

백제에서는 침류왕 원년(384년)에 불교가 공인되었다. 진晋으로부터 호승胡僧 마라난타摩羅難陀가 들어오자, 왕이 그를 궁중에 모시고 예경禮敬하였다. 385년에는 한산漢山에 불교사원을 세우고 승려 10명을 제

12 高崎直道, 「古代インドにおける身分と階級」, 『古代史講座』 7, 學生社, 1963, 第4長 古代 專制國家 成立期의 階級構造, 참조.

13 김철준, 「신라상대사회의 Dual Organization (下)」, 『역사학보』 2, 1952, p. 92.

도제度하였다. 신라에 불교가 공인되는 때는 고구려와 백제보다 훨씬 늦은 법흥왕 22년(535년)이다. 이차돈異次頓의 순교를 계기로 불교는 국가종교로 인정되고, 그 후 찬란하게 발전하였다.

삼국 사회는 이미 공인 이전에 불교를 접촉하여 알고 있었다. 신라의 눌지마립간이나 소지마립간 때의 묵호자墨胡子나 아도 전설이 이런 사정을 알려 준다. 고구려에서도 372년 이전에 이미 불교는 알려져 있었다. 『양고승전梁高僧傳』이나 『해동고승전海東高僧傳』의 망명亡名전에는 진晋나라 승 지둔支遁이 고구려 도인道人에게 편지를 전한 사실이 나와 있다. 물론 고구려의 도인은 승려였다고 생각한다. 격의格義불교의 우두머리였던 지둔은 366년에 죽기 때문에 고구려의 도인은 이 이전에 불교를 접하여 알고 있었다.

삼국 사회에 불교가 언제 처음으로 전래하였는가를 정확하게 지적하기는 어려울지라도 공인되는 시기는 삼국이 모두 중앙집권적 귀족국가 체제를 정비하던 때였다. 이것은 적어도 불교 공인이 중앙집권적 귀족국가의 성립과 밀접한 관계가 있음을 알려 준다. 초기 불교는 왕실에 수용되었다. 다만 불교가 고구려나 백제에서는 처음부터 왕실의 환영을 받아 큰 저항 없이 공인되지만, 신라에서는 그 사정이 달랐다.[14] 부족장 세력이 강한 신라 사회에서는 왕실의 불교 공인에 대한 귀족들의 반발이 심하였다.

삼국 사회에 처음으로 수용된 불교의 성격을 그 전래설화를 분석함으로써 밝혀 보자. 다만 고구려나 백제의 경우 불교 전래 전설이 전하지 않으므로 신라의 사례를 참고할 수밖에 없다. 먼저 묵호자와 아도의 전설을 분석해 보자. 『삼국유사』나 『삼국사기』를 중심으로 두 전설을 요약

14 이기백, 「삼국시대 불교전래와 그 사회적 성격」, 『역사학보』 6, 1954, p. 135.

하면 대략 다음과 같다.

① 일찍이 눌지왕 때에 묵호자墨胡子가 고구려로부터 일선군一善郡에 이르렀는데, 그 고을 사람 모례毛禮(혹은 모록毛祿)가 집 가운데 굴을 파 방을 만들어 (거기에) 그를 있게 하였다. 그때 양梁나라에서 사신을 파견하여 의복과 서적·향香을 보냈는데, 임금과 신하들이 그 향의 이름과 쓸 바를 몰랐다. 이에 사람을 보내어 향을 가지고 다니며 두루 묻게 하였다. 묵호자가 이를 보고 "이것은 향이라 부르는데, 불에 태우면 몹시 향기로워 신성神聖에게 정성이 통하게 됩니다. 신성이란 삼보三寶보다 더한 것이 없으니, 첫째는 불타佛陀요 둘째는 달마達摩이고 셋째는 승가僧伽입니다. 만약 이것을 태우면서 소원을 빌면 반드시 영험이 있을 것입니다"라고 말하였다. 이때 왕녀王女가 병이 나서 위독하였다. 묵호자를 불러 향을 태우면서 기도하니, 왕녀의 병이 나았다. 왕이 기뻐하여 후히 예물을 주었는데, 갑자기 그가 간 곳을 알 수 없었다.

—『삼국사기』 권4, 법흥왕法興王 15년조—

② 미추왕 2년(263년)에 아도阿道가 고구려로부터 계림에 와서 왕성의 서리西里에 우거寓居하였다. 아도가 대궐에 들어가서 불교를 전하고자 청하니, 전에 보지 못하던 것이라 하여 꺼리고 심지어 죽이려는 사람까지 있었다. 이에 속림續林(지금 일선군一善郡) 모록毛祿의 집으로 도망하여 숨었다. 3년에 성국成國공주가 병이 들었는데 무의巫醫로도 효험이 없으므로 사람을 사방으로 보내어 의사를 구하였다. (아도)법사가 문득 대궐로 들어가 그 병을 치료하니, 왕이 대단히 기뻐하고 소원을 물었다. 아도가 대답하기를 "천경림天鏡林에 절을 창건하여 방가邦家의 복을 비는 것이 소원입니다"라고 하니, 왕이 허락하였다. 얼마 안 되어 미추왕이 세상을 떠나니 국인國人들이 법사를 해치려 하였다. 법사는 모록의 집으로 돌아와 스스로 무덤을 만들고, 그

속에서 나오지 않았다.

—『삼국유사』 권3, 아도기라阿道基羅조—

③ 비처왕毗處王 때에 아도我道화상이 시자侍者 3명과 더불어 모례毛禮의 집에 있었는데, 그 모습이 묵호자와 비슷하였다. 수년을 머물다가 그는 병도 없이 죽었다. 그 시자 3명이 머물면서 경율經律을 강독하니, (불교를) 신봉하는 사람이 가끔 있었다.

—『삼국유사』 권3, 아도기라조—

이 설화에 나타난 초전불교의 특성은 다음과 같다. 첫째, 불교가 전래했을 때는 중앙집권적 귀족국가가 성립해 가는 시기였다. 묵호자가 들어온 눌지마립간 때에는 김씨 왕권의 세습이 이루어졌다. 아도가 들어온 소지마립간 때를 전후하여 중앙집권적 귀족국가체제가 서서히 갖추어져 갔다. 다만 아도본비阿道本碑에는 아도가 미추니사금 때에 들어온 것으로 기록하였다. 이에 대해 일연은 다음과 같이 기록하였다.

이때의 계림은 문물文物과 예교禮敎가 갖추어 있지 않았고 국호國號도 정해져 있지 않았는데, 어느 겨를에 아도阿道가 와서 불교를 받들었겠는가.

—『삼국유사』 권3, 아도기라조—

일연은 미추니사금 때에 아도가 들어온 사실을 부인하였다. 그러나 불교가 전래되기 위해서 국호라든가 문물제도가 갖추어져야 한다는 일연의 지적은 중요하다. 이것은 불교 전래가 중앙집권적 귀족국가체제의 성립과 연관됨을 시사한다.

다만 미추왕대에 아도가 들어온 사실은 믿을 수 없다고 하더라도, 일정한 역사적 의미를 지닌다. 미추니사금은 김씨로서 처음 왕위에 올랐는데, 불교의 초전이 김씨 왕권의 세습과 연관됨을 생각하게 하기 때문이다. 사실 왕권의 세습은 김씨 왕실이 고구려의 후원을 등에 업고 박씨와 석씨 왕실을 제압함으로써 이루어졌고, 당시 고구려 세력이 신라로 들어왔을 때 불교도 같이 전래되었을 것이다.

초기 불교는 정복국가 이념에 합당하였다. 진흥왕 때의 거칠부居柒夫는 장군이 되기 이전에 승려였다. 일찍이 고구려에 갔을 때 승려 혜량惠亮이 그를 알아보고 부탁하기를, 장차 장수가 되어 병정을 이끌고 왔을 때는 나를 해치지 말라고 하였다. 불교와 정복왕조의 이념이 상치하지 않았기 때문에 가능한 일이었다. 외적을 물리치기 위해 절을 창건하거나 원광이 걸사표乞師表를 작성한 것도 이와 같은 맥락으로 생각할 수 있다. 왕실은 불교를 받아들이고 중앙집권적 귀족국가를 성립시키면서 정복국가체제를 갖추어 갔다.

둘째, 초전불교는 전제왕실에 유용하였다. 반면 그것은 부족장이었던 귀족의 호응을 받지 못하였다. 묵호자나 아도가 국왕과 밀접하게 결합하였지만, 국인國人은 그들을 해치려고 하였다. 국인은 귀족이나 부족장이었다고 생각한다. 이 기록만으로 그렇게 단정하기는 어려울지라도 이차돈異次頓의 순교 설화에서는 구체적으로 군신群臣이 불교 공인을 반대한다고 하였으므로 여기의 국인은 군신이라고 생각해도 좋을 것이다.

중앙집권적 귀족국가가 성립하면서 전제왕실은 이전 성읍국가나 연맹왕국의 부족장이었던 귀족보다 우월한 관념을 가지려 하였고, 이런 구미에 맞는 것이 왕즉불王卽佛신앙을 내세우는 불교였다. 당시 전제왕실이 중앙집권적 귀족국가체제를 정비하면서 각 부족을 통합하는 데 불교가 필요하였을 것이다. 왜냐하면 법法의 보편성을 강조하는 불교가 부족과 부족 사이의 통합 능력을 갖췄기 때문이다.

왕실을 중심으로 성행하고 있었던 사천왕四天王이나 도리천忉利天신앙은 바로 불법으로써 왕법을 돕는 것이다.[15] 이렇게 되면 국인, 즉 귀족들이 불교 수용을 반대한 이유는 자명해진다. 불교 수용으로 말미암아 그들은 명실상부하게 왕권에 복속하는 존재로 떨어지기 때문이다. 사실 무교신앙 사회에서는 왕과 부족장이 제사장으로서 대등한 관계에 있었다.[16] 연맹왕국 내에서 부족장 세력의 독립적 지위가 이와 같은 관계를 가능하게 하였다.

귀족들은 무교신앙을 계속 포용함으로써 왕과 대등한 관계를 유지하고자 하였고, 이런 이유로 그들은 불교 수용에 반대하였다. 다만 고구려와 백제의 불교 전래 기사에는 귀족들의 반대를 보여 주는 내용이 보이지 않는다. 고구려나 백제도 불교를 받아들일 때 반발이 없지 않았으나 신라에서처럼 심하게 나타나지는 않았다. 신라 사회는 부족장 세력이 강한 데 비해 고구려나 특히 백제 사회에서는 왕권이 강하였다. 자연 왕권이 강한 사회일수록 왕실이 불교를 받아들이고자 하는 데 대한 귀족의 반발이 덜하였을 것이다.

셋째, 왕실에서 받아들이려는 초전불교는 무교신앙을 대체하는 성격을 가졌다. 왕실이 무교보다 우월한 것으로 불교를 받아들였기 때문이다. 묵호자나 아도가 모두 왕녀의 병을 고치고 있는데, 특히 아도는 의무醫巫가 못 고치는 병을 고쳤음이 주목된다. 무교신앙이 효능을 갖지 못했으므로 불교신앙으로 대체하였음을 알려 준다. 초전불교 수용은 무교신앙의 대체 과정이기 때문에 왕실은 무교신앙의 방식으로 불교신앙을 이해하려 하였다.

---

15 忉利天의 Indra神(帝釋)은 君長神으로 刹利種을 대변하는 신이다.

16 이만열, 「고구려 사상정책에 대한 몇 가지 검토」, 『유홍렬박사화갑기념논총』, 탐구당, 1971, p. 18.

묵호자는 향香에 대해 태워 향기를 내면 신성에 통하는 것이라고 설명하였다. 이것은 무교신앙에서 행해지는 제의 모습을 떠올리게 한다. 그런데 무교의 신성이 불교의 삼보로 설명되었다. 결국 무교신앙 논리로써 삼보를 설명한 셈이다. 이 점은 뒷날 귀족들이 불교신앙을 받아들이는 과정을 순조롭게 하였을 것이다. 익숙한 무교신앙의 신격神格으로 불교의 숭배 대상을 이해하면서 격의格義불교를 수용하기에 이르렀다.

신라는 고구려나 백제와는 달리 초전불교 수용 과정에서 심한 반발을 받았다. 법흥왕 때의 불교 공인에 대해 대략 다음과 같이 기록하였다.

왕이 불교를 일으키고자 하였으나 군신群臣이 반대하는 소리가 높았다. 왕이 이를 곤란하게 생각하였는데, 근신인 이차돈異次頓이 "소신小臣을 참斬하여 중의衆議를 안정하십시오"라고 아뢰었다. 이에 왕이 여러 신하를 불러 물었는데, "지금 승도를 보니, 깎은 머리에 이상한 복장을 하고 있어서 가히 기이하여 꾸짖을 만하겠으며 상도常道가 아닙니다. 만약 불교를 따른다면 아마 후회할 것이므로, 신臣 등은 중죄를 받을지언정 감히 소詔를 받들지 못하겠나이다"라고 대답하였다. 그러나 이차돈이 "지금 여러 신하의 말은 잘못입니다. 비상한 사람이 있은 연후에 비상한 일이 있습니다. 듣건대 불교의 연원이 깊으므로 믿지 않으면 안 될 줄로 압니다"라고 홀로 아뢰었다. 왕이 "여러 신하의 말을 깨뜨릴 수 없는데 다만 너만 이견을 말하였으니 양쪽을 다 따를 수는 없다"라고 말하고는, 마침내 하리下吏를 시켜 그를 죽였다.

—『삼국사기』 권4, 법흥왕 15년조—

여러 신하, 곧 귀족들이 불교 공인을 반대하고 있는데 그 이유에 대해서는 이미 살펴본 바다. 다만 이차돈은 왕의 측근이다. 『삼국사기』와는 달리 『삼국유사』에는 그가 법흥왕의 뜻을 받들어 아도가 전한 불교를 일으키려 하였다고 한다(권3, 원종흥법 염촉멸신原宗興法 厭髑滅身조).

이차돈은 왕명으로 흥륜사興輪寺 창건을 담당하고 있었다. 그러나 그는 귀족들의 반대에 부딪혀 사형될 수밖에 없었다. 기록상으로는 이차돈이 스스로 희생하겠다고 했지만, 법흥왕은 자기의 의사와는 달리 귀족들의 압력을 받고 그를 사형에 처하였다. 그의 죽음으로 문제가 수습되지 않았다면 법흥왕이 왕위에서 물러나는 일이 발생했을지도 모르기 때문이다.[17]

귀족들의 거센 반대에 부딪혔던 불교가 법흥왕 22년(535년) 공인되는 데에는 불교 수용에 대해 왕실과 귀족 세력 사이에 일정한 타협이 이루어졌기 때문이다.[18] 신라 왕실은 '왕즉보살王卽菩薩'인 구세보살救世菩薩사상을 받아들였으며, 왕족은 인도의 석가족이라는 진종眞種설화를[19] 형성시켰다. 진흥왕은 전륜성왕轉輪聖王으로 비견되기도 한다.[20] 왕실의 전륜성왕 관념이 미륵신앙과 깊이 연관됨은 주목할 만하다.[21] 실제 진흥왕은 화랑을 미륵으로 받들었는데, 화랑은 귀족 세력의 상징적 존재였다.[22] 결국 전륜성왕 관념과 미륵신앙은 신라 사회에서 왕권과 귀족 세력이 불교신앙 면에서 일정한 조화를 이루게 하였다.

---

17 이기백, 「신라 초기불교와 귀족세력」, 『진단학보』 40, 1975, p. 27.
18 이기백, 위의 논문, 1975, p. 28.
19 김철준, 앞의 논문, 1952, pp. 91~95.
20 김영태, 「미륵선화고」, 『불교학보』 3·4 합집, 1966, p. 145.
21 김영태, 위의 논문, 1966. p. 145.
22 이기백, 앞의 논문, 1975, p. 31.

3. 삼국의 이론불교사상

고구려에는 처음 격의格義불교가 전해졌다. 소수림왕 때의 불교 공인 이전에 고구려의 도인道人이 진晋의 고승 지둔支遁 도림道林(314~366년)과 서신을 주고받았다. 그런데 도림은 당시 중국 불교계에 크게 유행하던 노장적老莊的 격의불교를 대표하는 고승이었다.[23] 고구려 도인의 불교는 도림의 그것과 밀접한 관계가 있었을 것이다. 『해동고승전』에는 도림의 서신을 받은 고구려의 도인이 상당한 수준에 있었던 승려라고 기록하였다. 당시 고구려 승려가 중국 격의불교를 이해하는 수준이 높았음을 짐작하게 한다.

고구려가 격의불교에서 탈피하게 되는 것이 언제인지 분명하지 않지만, 의연義淵은 평원왕 18년(576년)에 중국에 들어가서 고승 법상法上에게 『십지론十地論』·『지도론智度論』·『지지론地持論』·『금강반야론』 등에 관하여 자세한 것을 알아서 돌아왔다.[24] 적어도 이때의 고구려에서는 불교사상이 깊이 이해될 수 있었을 것이다. 의연이 특히 관심을 둔 것은『지도론』이나『금강반야론』에 의한 삼론三論사상이었다.

격의불교로 출발한 고구려 불교가 결국 '공空'사상에 대해 깊이 이해할 수 있는 기반을 마련하였다. 고구려 불교의 특징은 삼론학의 연구에 있었다고 생각한다. 중국 길장吉藏이 대성한 삼론종은 3대조인 고구려 사람 승랑僧朗의 사상을 기점으로 변하였다. 이를 신삼론新三論이라 한다. 이에 대해 나집羅什으로부터 승랑 이전까지의 성실론적成實論的 공

23 김영태, 「고구려 불교사상」, 『숭산박길진박사화갑기념 한국불교사상사』, 원광대학교 출판국, 1975, pp. 3~5.

24 覺訓, 『海東高僧傳』 권1, 義淵조.

사상을 고삼론古三論이라 한다.[25]

승랑은 실상이 공空의 면과 가假의 면을 모두 갖추고 있으므로 이것을 중도中道라고 설명하였다. '공'사상을 근간으로 획기적인 중도사상을 제창하였다. 승랑이 고구려로 돌아오지는 않았지만 결국 이런 사상 경향이 고구려나 신라 또는 일본으로 전래되었다. 그의 중도융합사상 경향은 한국 불교사상의 융회적融會的 전통을 마련하는 초석이 되었다. 이 외 중국에서 활약한 고구려의 삼론학자로 실實법사[26]와 인印법사[27]가 있다.

고구려의 삼론학이 일본에 큰 영향을 주었다. 혜관慧灌은 영류왕 8년(625년)에 일본으로 건너가 그곳 삼론종의 시조가 되었다. 도등道登은 영류왕 11년(628년)에 당나라로 가서 길장에게 삼론을 배우고, 그 뒤 일본으로 들어가 '공'사상을 전하였다.[28] 고구려말에 보덕普德이 평양의 서쪽 대보산大普山 바위굴에서 선관禪觀을 닦았으므로 그도 이미 '공'사상에 조예를 가진 것으로 보인다. 고구려에서 삼론학자 이외의 승려가 없었던 것은 아니지만 가장 그 수가 많았다.

다만 대부분의 삼론학자가 중국에서 명성을 떨치거나 일본에서 생을 마쳤다. 이런 점은 고구려에서 삼론사상이 성행하였다는 간접 증거가 될 수 있지만, 그 사상을 이해하는 데 고려해야 한다. 고구려말에 지배층의 분열을 틈타 무단으로 권력을 잡은 연개소문淵蓋蘇文이 전통적으로 왕실과 연결되었던 불교와 유교를 탄압하였기 때문이다. 대신 그는 자기 세력 기반으로서 도교를 받아들였다.[29] 결국 고구려 불교도 왕실

25 유병덕, 「승랑과 삼론사상」, 『숭산박길진박사화갑기념 한국불교사상사』, 원광대학교 출판국, 1975, pp. 41~42.

26 道宣, 『續高僧傳』 卷14, 義解篇 10, 唐越州弘道寺釋慧持傳.

27 道宣, 『續高僧傳』 卷15, 義解篇 11, 唐緜州隆寂寺釋靈睿傳.

28 김영태, 「고구려 불교사상」, 앞의 책, 1975, p. 37.

29 이만열, 앞의 논문, 앞의 책, 1971, p. 32.

과 연결되어 있었으며, '공'사상을 바탕으로 발전한 중도사상은 왕실을 중심으로 하는 통합사상이라고 생각한다.

백제 불교의 특징은 율학律學 연구에서 찾을 수 있다. 「미륵불광사사적彌勒佛光寺事蹟」에는 백제 승려 겸익謙益이 성왕 4년(526년) 인도에서 범승梵僧 배달여삼장倍達女三藏과 함께 범본梵本 오부율五部律을 가지고 들어와, 28명의 승려와 함께 율부律部 72권을 번역하였다고 한다. 담욱曇旭과 혜인惠仁은 이에 대한 율소律疏 36권을 저술하였으며, 왕은 번역된 신율新律의 서문을 썼다.[30] 백제에 율학이 크게 성행하였음을 알려준다. 위덕왕 35년(588년)에는 일본의 선신니善信尼 등이 백제에 유학하여 율학을 배웠다.[31] 선신니는 돌아가 일본 율학의 시조가 되었다. 성왕대를 전후한 시기의 백제 불교에는 일본에 영향을 끼칠 정도의 계율이 성행하였다.

백제 율학은 문헌에 그 내용이 자세히 전하지는 않지만 미륵신앙과 깊이 연관된 데에서 그 특성을 발견할 수 있다. 미륵신앙은 특히 공주 지역에 크게 유행하였다. 위덕왕 때의 신라 승려 진자眞慈가 미륵선화彌勒仙花를 만나고자 웅진의 수원사水源寺를 찾아간 사실이 이를 알려준다. 법왕은 599년에 살생을 금하였으며, 민가에서 기르는 가축을 방생하고 고기잡이나 사냥도구 일체를 불사르게 하는 등 형식에 흐를 정도로 계율을 강요하였다.

다음 해 법왕은 사비성의 남쪽에 흥왕사興王寺를 창건하고자 하였으나 겨우 터만 닦고 돌아가니 무왕이 이 절을 완성하여 미륵사라고 하였다. 선화공주의 발원으로 이루어지는 미륵사는 법왕의 계율정책과 상

30 이능화, 『조선불교통사』 상, 신문관, 1918, p. 33.
31 이능화, 위의 책, 1918, p. 35.

당한 관련이 있다. 미륵사 창건이 웅진 지역의 미륵신앙과 계율의 연결을 가능하게 한다. 그것은 율학을 위한 계단을 갖추었을 뿐만 아니라 미륵정토를 구현하려는 사원이었을 듯하다. 그렇지 않다고 하더라도 웅진 지역에 성행한 미륵신앙은 율학에 영향을 주었다.

백제 율학의 근본을 이룬 것은 유가보살계瑜伽菩薩戒이다. 시대가 조금 내려가는 통일신라시대에 진표眞表가 미륵으로부터 보살계를 받았다.[32] 미륵은 진표에게 내린 189개 간자簡子 중 제8·제9의 두 간자를 특히 강조하여 자기의 손가락뼈로 만든 것이라고 하였다. 189간자는 삼세三世 간 189종의 과보果報와 선악의 법상法相을 의미한다.[33] 그중 제8이 '소욕수득묘계所欲受得妙戒'이며, 제9가 '소증수득구계所曾受得具戒'이다.

인간이 갖는 189개의 선악과보상善惡果報相 중 제8·제9 상은 지금까지 있었거나 앞으로 존재할 모든 '계戒'를 모아 강조한 것이다. 특히 진표의 간자가 후삼국 혼란기에 없어졌다가, 왕건의 수중으로 들어가게 된다. 이것은 고려초기 통일국가의 유지나 교단 통제를 위해 계율을 강조한 사실을 반영한다. 백제 율학의 기본이 된 것은 미륵이 설주說主인 『유가보살계』였고, 비구나 비구니의 계율보다 더 엄격한 것이었다.

부여로 천도한 이후 성왕의 불교 장려 정책이 계율을 특히 강요하는 경향을 나타내지만, 그 이전 불교에서 이미 그런 성격이 갖추어졌다.

---

32 김영태, 「신라 점찰법회와 진표의 교법 연구」, 『불교학보』 9, 1972; 김영태, 「점찰법회와 진표의 교법사상」, 『숭산박길진박사화갑기념 한국불교사상사』, 원광대학교 출판국, 1975. 이 두 논문에서는 진표가 이미 地藏에게서 보살계를 받았으며, 미륵은 證明師에 지나지 않는다고 하였다. 그러나 『삼국유사』의 진표전이 알려 주는 분위기는 지장보다 미륵이 殊勝한 것으로 나타나 있다. 따라서 미륵은 지장이 내리는 簡子에 대한 단순한 증명사일 수는 없다. 진표가 미륵으로부터 받은 189개의 간자는 제8과 제9를 강조함으로써 엄격한 계율, 곧 瑜伽菩薩戒와의 연결이 가능한 것이다.

33 김영태, 위의 논문, 1972, p. 13.

그 이유는 대개 두 가지로 추측된다. 하나는 불교를 공인하는 침류왕 이전에 백제가 이미 전성기를 맞았기 때문이다. 불교는 중앙집권적 귀족국가체제를 성립하는 비슷한 시기에 들어와 정복국가의 이념을 합리화하는 데 일익을 담당하였다. 그러나 백제는 근초고왕 때에 정복국가로서 전성기를 맞았으므로 침류왕 때의 불교 공인이나 그에 따른 제도 정비는 이미 넓어진 영역을 유지하기 위해 강력한 영도력을 요구하였다. 이런 체제 정비와 맞물려 백제 불교가 계율을 강요하는 성격을 갖추어 갔다.

다른 하나는 백제에서 율령사회의 사상적 기저가 되는 유교사상의 '예禮'가 불교사상의 '계'와 조화를 이루었기 때문이다.[34] 이런 경향은 동진東晋시대에 나타나기 시작하여 백제에 영향을 주었다. 백제문화는 일찍부터 중국문화를 받아들여 세련되었고 유교를 폭넓게 이해할 수 있는 기반을 마련하였다. 백제 사회에 『논어』가 전해져 있었고, 백제 유학은 남조와 교류하면서 예학을 중시하는 성격을 지녔다. 이것이 백제의 율학을 성립시키는 데 도움이 되었다.

신라 불교의 특성은 화엄학의 연구가 왕성한 데에서 찾아야겠지만 유식학도 일찍부터 대두하였다. 곧 불교의 성종性宗과 상종相宗을 함께 이해할 수 있는 기반을 만듦으로써 뒷날 신라 불교문화가 꽃을 피울 수 있었다. 유가 학승인 원측圓測은 진평왕 48년(626년)에 중국으로 들어가 그곳에서 입적했기 때문에 그의 사상이 신라의 유식학과 직접으로 연결된다고 단정할 수는 없다. 당시 중국 유식사상은 자은慈恩·혜소惠詔·지주智周로 이어지는 정통파와 원측·도증道證으로 이어지는 신라 계통의

34 홍윤식, 「백제 불교」, 『숭산박길진박사화갑기념 한국불교사상사』, 원광대학교 출판국, 1975, p. 81.

일파가 있었다.

중국 정통파인 자은파가 유식의 8식은 일체一體라고 하여 성실론成實論을 주장했음에 대해 원측은 6식이 일체이나 7식과 8식은 유전하는 행상行相, 곧 별상別相으로 보아 윤회적 사상 경향을 표명하였다.[35] 중국 정통파에 맞서 원측을 중심으로 설립한 서명파西明派 유식사상은 신라의 유식사상과 밀접하게 연결되었다. 통일신라시대의 태현太賢이 원측의 사상을 계승하였다. 신라에는 중국과 다른 유식사상이 형성되어 있었다. 당시 신라가 불교사상을 이해하는 수준이 높았음을 짐작하게 한다.

신라 공인불교는 귀족불교로 발전하였고 미륵신앙이 귀족 중심으로 수용되었다. 특히 귀족은 윤회전생輪廻轉生사상을 받아들이면서 불교사상의 이해에 접근하였다.[36] 윤회전생사상이 전세에서 베푼 적선의 결과 귀족으로 태어났음을 강조하여 그들의 신분적 특권을 당연한 것으로 받아들이게 하였다. 귀족불교의 발전은 유식사상을 이해하는 데 충분히 도움을 주었다. 뒷날 중간 계층 이하의 귀족이 특별히 유식사상을 수용하였다. 고려초기에 인주仁州 이씨李氏 세력이 법상종을 크게 후원하였던 것은 이를 방증해 준다.[37] 원시 유식사상인 섭론종攝論宗을 전하였다는[38] 원광圓光은 6두품 신분이었다.[39]

---

35 황성기, 「원측의 유식학관에 관한 연구」, 『불교학보』 9, 1972, p. 30.

36 이기백, 「신라 초기 불교와 귀족세력」, 앞의 책, 1975, p. 38.

37 최병헌, 「천태종의 성립」, 『한국사 6—고려귀족사회의 문화—』, 국사편찬위원회, 1975, p. 83.

38 김동화, 「신라하대의 불교사상」, 『아세아연구』 3-2, 1968, p. 255.

39 이기백, 「원광」, 『창작과 비평』 3-2(통권 10호), 1968, p. 255. 이기백은 이 논문(p. 263)에서 원광이 전제왕권과 결합하였다고 하였다. 유식사상이 대체로 중간 계층 귀족과 연결된 사상이었지만 왕실과도 연관되었다. 玄奘의 유식사상은 당 태종의 전제왕권과 결연되었다. 八識一體說이나 유가보살계는 왕권의 전제화를 위해 충분히 유용한 것이다. 대신 법장은 性相融會를 주장하여 당시 則天武后의 전제권을 도왔다(鎌田茂雄, 『中國華嚴思

신라의 화엄학을 밝히고자 할 때 원효를 중시하는 연구 경향이 있는가 하면,[40] 그는 화엄사상의 방계이고 의상이 주류였다는 연구 경향이 있다.[41] 원효와 의상의 화엄사상이 달랐기 때문이다. 의상이 중국에 유학하여 지엄智儼 문하에 있을 때 「화엄일승법계도華嚴一乘法界圖」를 작성하였고, 신라에 돌아와서 『화엄일승법계도기華嚴一乘法界圖記』와 「백화도량발원문白花道場發願文」을 지었다. 이 저술은 지금까지 전하는데, 간략하지만 의상의 화엄사상을 잘 알려 준다. 그 외에 의상의 저술로 『대화엄십문간법관大華嚴十門看法觀』 1권·『입법계품초기入法界品鈔記』 1권·『소아미타의기小阿彌陀義記』 1권 등이 있지만 현재 전하지 않는다.

의상의 화엄사상은 일승원교一乘圓教로 특징지을 수 있다. 원교의 종요宗要를 펴면서 가장 강조한 것은 원융圓融사상이다. 의상의 화엄사상은 융회적融會的 성격을 가졌다. 그는 원교 일승을 삼승과 구별하여 다음과 같이 말하였다.

> 삼승법三乘法은 머리와 다리가 각각 다르다. 무슨 말이냐 하면 아이들의 나이와 생일이 각각 다름과 같다. 왜냐하면 상相으로 줄여서 설說한 때문이며 신심信心을 일으켰기 때문이다. 그러나 원교일승법圓教一乘法은 머리와 다리가 하나를

想史の研究』, 東京: 東京大學東洋文化硏究所, 1965, p. 145). 곧 '성상융회'관념은 귀족이 측천무후의 전제권에 복속됨을 합리화하였다고 한다. 그러므로 왕실이 화엄사상을 포용하였다면, 귀족은 법상종사상을 수용하고 있었다고 보아야 할 것이다. 그러나 엄밀히 말한다면 법상종사상은 중류 이하의 귀족들에 의해 포용되었다.

40 권상노, 『조선불교약사』(신문관, 1917)와 김잉석, 『화엄학개론』(동국대학교 출판부, 1960) 등의 개설적 연구가 있다. 본격적인 논문으로 장원규, 「화엄교학 완성기의 사상연구—방의의 삼사를 중심으로—」(『불교학보』 11, 1974)가 있다. 이 논문에서 중국 화엄종의 방계인 李通玄 장자의 화엄사상을 크게 부각한 것은 곧 신라 화엄종의 방계인 원효의 사상에 비중을 둔다는 의도이다.

41 김지견, 「신라 화엄학의 계보와 사상」, 『학술원논문집』 12, 1973; 김지견, 「신라 화엄학의 주류고」, 『숭산박길진박사화갑기념 한국불교사상사』, 원광대학교 출판국, 1975.

이루고 있다. 왜냐하면 연緣으로 말미암아 이루어졌기 때문이며, 도리道理로 줄여서 설說한 때문이다.[42]

머리와 다리는 삼승법의 형상으로 보면 차이가 있으나 원교일승의 만들어진 인연으로 보면 하나로 이루어진다. 원교일승에서 만물은 구별이 없어져 '일一'인 것이다. 그런데 '일'은 분별이 없어져서 중도中道이다. 그것은 하나로 이루어지면서도 일체이고, 일체의 만물은 구별되지 않아 하나이기 때문이다.

의상이 「법계도인法界圖印」에서 "법성法性은 원융하여 2상二相이 아니다"라고 하였다. 법성은 분별이 없고 여여如如해서 하나(일一)이다. 원융사상을 안에서 뒷받침하고 있는 것은 연기緣起사상이다. 원칙적 하나가 연기에 의해 만들어지고, 또한 만들어진 일체는 다시 하나로 돌아간다. 이를 성기性起라고 한다. '일'에서 일체의 만물이 생겼으므로 역으로 일체의 만물은 일(하나)로 돌아가게 된다. 의상은 이를 지엄의 십전법十錢法으로 비유하여 설명하였다. '일중십一中十'을 향상래向上來라고 하며 '십중일十中一'을 향하거向下去라고 한다.

그런데 '일중십'과 '십중일'은 서로 무애無碍한 것이어서 상대를 용납한다. 곧 일문一門을 나타내는 가운데 십문十門을 구족具足하는 의미이다.[43] 의상의 화엄사상은 '일중다一中多'와 '다중일多中一'이 서로 융회融會하면서 결국은 하나 속에 일체를 회통會通하려는 것이다. 그리하여 「법계도인」에는 "하나의 조그만 티끌 속에 시방의 세계를 포함한다"라고 하였다. 이렇듯 성기론적 의상의 원융사상은 중앙집권적 귀족국가

---

42 義相, 『華嚴一乘法界圖記』.
43 의상, 『화엄일승법계도기』.

체제를 이룬 전제 왕실의 구미에 맞는 것이다. 왕실이 주위의 모든 세력을 통합하면서 국가 권력을 집중하려고 할 때, 하나 속에 모든 것을 회통하는 화엄사상이 필요했을 것이다.

의상은 중국의 법장法藏과 함께 지엄의 문하에서 수학하였지만, 그의 화엄사상은 법장의 그것과 상당히 달랐다. 지엄이 의상을 '의지義持'라고 불렀으나 법장을 '문지文持'라고 불렀던 것이 이를 알려 준다. 법장이 당시 중국에 와 있던 의상의 제자인 승전勝銓을 통해 자신의 저서인 『화엄오교장華嚴五敎章』을 의상에게 보내면서 그 교정을 부탁하였다. 그런데 의상은 『화엄오교장』의 10문으로 된 내용을 살펴보고, 제9문과 제10문의 순서를 바꾸어 교정하였다.

법장이 제10문에 「의리분제義理分齊」를 두고 제9문에 「소전차별所銓差別」을 두었던 것을 바꾸어 배열하였다. 그리하여 신라에서는 2본의 『화엄오교장』이 전하였는데, 의상이 정정한 본을 '초본草本'이라 하고 정정하지 않은 본을 '연본錬本'이라 불렀다.[44] 초본이 의상계 문인인 심상審祥에 의해[45] 일본으로 전해져, 그곳의 화엄종을 일으키는 데 이바지하였다. 의상의 화엄사상은 일본에 상당한 영향을 주었다.

균여의 저술은 의상의 화엄사상과 법장의 그것이 다른 점을 많이 알려 준다. 우선 가장 기본적으로 두 사람의 법계法界에 대한 관념이 다르다. 법장은 수진법계관竪盡法界觀을 주장하였고, 의상은 횡진법계관橫盡法界觀을 주장하였다. 수진법계관에서는 일체가 각각 '자명구허自名口許'하지만, 횡진법계관에서는 일체가 모두 '일명구허一名口許'한다.[46] 예를 들

44 均如, 『釋華嚴敎分記圓通鈔』 권1, 5엽 右~左.

45 김지견, 「신라 화엄학의 계보와 사상」, 앞의 책, 1973, p. 45. 그러나 장원규의 「화엄교학 완성기의 사상연구—방의의 삼사를 중심으로—」(『불교학보』 11, 1974, p. 26)에서는 심상을 원효계 인물로 보고, 이때 원효의 『화엄경소』가 일본에 전해졌다고 하였다.

46 균여, 『一乘法界圖圓通記』 권하, 21엽 우.

면 10전을 헤아릴 때 법장은 1전에서 10전에 이르기까지 그것을 각각 관념하지만, 의상은 1전에서 10전에 이르기까지를 모두 1전인 하나로 관념한다. 곧 그의 원교종요圓敎宗要가 이런 법계관을 형성하였다.

원효의 화엄사상은 일승만교一乘滿敎로 표현되었다. 그는 일대의 불교를 기機에 따라 일승과 삼승으로 나누고, 교敎에 따라 별교別敎·통교通敎·분교分敎·만교滿敎의 4교로 나누었다. 삼승별교에서는 『아함경阿含經』을 설하였다. 2승二乘의 범부를 위한 소승교가 이에 해당한다. 삼승통교에서는 『반야경』·『심밀경深密經』을 설하였다. 반야와 유식을 묶어 삼승통교라 한다. 여기서 원효는 편파성이 지나친 사변성을 갖는다고 하여 일단 현장玄奘의 법상종이나 길장吉藏의 삼론종을 비판하였다.

일승분교에서는 『범망경』을 설하였다. 여래장 계통의 교훈이 여기에 속한다. 여래장 사상은 『기신론소起信論疏』에 가장 잘 나타나 있고, 『금강삼매경론』은 이를 발전시킨 것이다. 그러나 원효가 『기신론』과 『화엄경』을 동위同位로 생각하면서도,[47] 4교 중에 『기신론』이나 『금강삼매경론』을 배정하지 않았다. 최종의 일승만교에 『화엄경』을 배정한 셈이다. 원효가 으뜸으로 한 것은 『기신론』이나 『금강삼매경론』보다 『화엄경』임을 알 수 있다.

원효가 찬술한 『화엄경소華嚴經疏』는 지금 전하지 않는다. 다음 기록에서 이에 대해 추측할 수 있다.

> 일찍이 분황사芬皇寺에 머물면서 화엄경소를 찬술했는데, 제4 십회향품十廻向品에 이르러 끝내 절필絕筆하였다. 또 공사로 인하여 몸을 백(100)百 송松으로

---

47 장원규, 「화엄철학 완성기의 사상연구」, 1974, p. 7.

나누었기 때문에 항상 위계位階의 초지初地이다.

―『삼국유사』 권4, 원효불기元曉不羈조―

지금까지 원효가 『화엄경소』의 찬술을 끝마치지 못한 이유는 그의 입적 때문으로 알려졌다.[48] 그렇지만 원효가 이때 입적했다는 아무런 증거도 보이지 않는다. 오히려 그가 제4 십회향품에서 찬술을 끝낸 것은 그의 화엄사상의 경향과 연관된다고 생각한다.

원효가 몸을 100가지 소나무로 나누어도 항상 위계의 초지에 있다고 했음은 '일체가 모두 하나의 이름으로 불린다[일명구허一名口許]'는 관념으로 연결된다. 초지를 강조한 원효도 기본적으로는 횡진법계관을 가졌다. 근본적인 하나를 중시해서 그것으로써 전체를 관조觀照하기 때문이다. 수진법계관을 가진 법장이 『화엄경』 전부를 주석한 『화엄경소』를 찬술하였지만, 횡진법계관을 가진 의상은 법성게法性偈라 할 수 있는 극히 간략하면서도 근본적인 「법계도기」를 짓는 데 그쳤다.

결국 「법계도기」에서 초지로써 법계의 모든 법상을 설명할 수 있게 되자, 의상은 아예 『화엄경소』를 찬술하려 하지 않았거니와 원효 또한 제4 십회향품 이상으로 찬술할 필요를 느끼지 않았다. 그러므로 그는 의상과 비슷한 법계관을 가졌다고 생각한다. 원효의 만교는 원교와 크게 다르다기보다는 그것에 별교別教를 더 첨가한 것이다.[49] 원효와 의상이 융회적인 사상 경향을 가진 것은 모두 원교를 포용하고 있었던 데에서 찾아야 한다.

원효의 화엄사상은 의상의 그것과 똑같지 않다. 의상과 같이 중국으

48 장원규, 위의 논문, 1974, p. 24.

49 장원규, 위의 논문, 1974, p. 16.

로 유학하러 가는 도중에 원효가 해골바가지의 물을 마시고는 '일심一心'을 깨달아 돌아왔다. 그러나 의상은 '일심'의 깨침보다는 '구래성불舊來成佛'을 위한 단혹斷惑을 주장하였다. 의상이 진여라 할 수 있는 절대적인 '일(하나)'을 추구하였다면 원효는 폭넓게 교학뿐만 아니라 관법觀法을 중시하였다. 원효의 사상은 법장의 그것과 비슷한 점이 있다. 그의 4교판四教判이 법장 등 중국의 화엄사상가에게 대단한 영향을 주었다.[50] 사실 그의 교판은 당시까지의 불교사를 통찰하여 체계화하려는 것이었다.

원효는『화엄경』을 종요로 삼으면서도 불교의 거의 모든 경전을 주석하였다. 그가 찬술한 경전으로 비교적 중요한 것은『법화경종요法華經宗要』·『열반경종요』·『무량수경종요』·『미륵상생경종요彌勒上生經宗要』·『영락본업경소瓔珞本業經疏』·『화엄경소』·『금강삼매경론』·『아미타경소』·『보살계본지범요기菩薩戒本持犯要記』·『범망보살계본사기梵網菩薩戒本私記』·『대승기신론소』·『대승기신론별기』·『중구분별론소中區分別論疏』·『판비량론判比量論』·『유심안락도遊心安樂道』·『대승육정참회법大乘六情懺悔法』·『이장의二障義』·『십문화쟁론十門和諍論』 등이다. 이를테면 그는 거의 모든 경전에 대해 논소를 붙인 셈이다.

원효의 불교사상은 신라 불교가 모든 경전을 이해할 수 있는 단계에 이르렀음을 시사한다. 통일신라시대 이후 불교사상의 발전 기반이 원효의 사상에서 갖추어졌다. 특히 그는 화쟁和諍사상을 주장하였다.『십문화쟁론』은 백가의 이론을 모아서 10문으로 분류하여 정리한 저술이다. 그러므로 고려 문종은 그에게 화쟁국사和諍國師라는 칭호를 내렸

50 이기영, 「경전 인용에 나타난 원효의 독창성」, 『숭산박길진박사화갑기념 한국불교사상사』, 원광대학교 출판국, 1975, p. 186.

다. 모든 경전에 대해 이해할 수 있는 기반이 그의 화쟁사상을 낳게 하였을 것이다. 화쟁사상의 출현은 신라의 여러 불교사상이 일단 원효 당시에 정리되었음을 뜻한다. 그것은 신라 불교를 새로운 차원으로 나아가게 하였다.

제3부 한국고대의 연맹왕국 사회와 제의

| 제1장 |

삼한시대의 읍락과 그 성격

1. 삼한시대 읍락의 실체

삼한三韓의 국가 성립이나 사회상을 밝히는 데 자주 읍락邑落이 언급되었다. 『후한서』 동이열전이나 『삼국지』 위서 동이전에는 당대 사회의 기본적 사회 단위로서 읍락이 자주 나온다. 삼한에 관한 연구는 기록이 빈약하다는 면에서 사회 구조를 해부하려는 노력을 소홀히 해 왔다. 저자는 삼한시대의 소도蘇塗신앙에 관심을 가져오던 중 그것이 뿌리박고 있는 기층사회를 이해할 필요에서 읍락을 밝히고자 한다. 일찍이 『삼국지』 위서 동이전 한전을 분석하여 삼한사회 모습을 구체적으로 연구하려는 노력이 시도되었다.

이병도李丙燾가 진국辰國이나 진한辰韓 문제를 해결하려는 목적에서 삼한 소국의 위치나 사회상을 밝힌 바 있다.[1] 이후 삼한 소국의 위치에

1 이병도, 「삼한문제의 신고찰」, 『진단학보』 1~8, 1934~1937 ; 『한국고대사연구』, 박영사,

관한 연구와 함께[2] 국가 형성 문제에 관심이 고조됐다.[3] 삼한연맹을 형성한 여러 소국이 성읍국가城邑國家로서의 기반을 가졌기 때문에 그 구조를 밝히는 작업은 당대 사회를 이해하는 데 중요하다. 특히 읍락에 대한 해명은 삼한의 사회 상황을 파악하는 첩경이라고 생각하지만, 지금껏 이에 관한 구체적 연구가 이루어지지 못하였다.[4] 성읍국가의 기본 구조를 밝히기 위해 국읍國邑이나 별읍別邑을 언급하면서 잠깐 읍락을 부연하는 데 그치고 있다.

이병도는 도읍都邑과 촌락村落이 구분되는데, 삼한시대에 그 둘의 뚜렷한 구별이 없어 미분한 부락部落 상태를 읍락이라고 하였다.[5] 이현혜李賢惠는 읍락이 국읍과 같은 사회 기반을 갖는다고 파악하고, 그중 규모가 크거나 혈연적으로 종宗에 해당하는 대읍락大邑落을 국읍이라 하였다.[6] 다케다 유키오武田幸男의 학설이 이런 견해와 비슷하다.[7] 김정배金貞培는 읍락을 군장君長(chiefdom)이 지배하는 국가로 보았다.[8] 비슷한

1976.

2 천관우, 「진·변한 제국의 위치 시론」, 『백산학보』 20, 1976; 천관우, 「마한제국의 위치 시론」, 『동양학』 9, 1979; 천관우, 「목지국고」, 『한국사연구』 24, 1979; 김정배, 「삼한 위치에 대한 종래설과 문화성격의 검토」, 『사학연구』 20, 1968.

3 천관우, 「삼한의 성립과정—삼한고 제1부—」, 『사학연구』 26, 1975; 천관우, 「〈삼국지〉 한전의 재검토—삼한고 제2부—」, 『진단학보』 41, 1976; 천관우, 「삼한의 국가형성(상)·(하)—삼한고 제3부—」, 『한국학보』 2·3, 1976; 이현혜, 「삼한의 '국읍'과 그 성장에 대하여」, 『역사학보』 69, 1976; 이현혜, 「마한 소국의 형성에 대하여」, 『역사학보』 92, 1981; 김정배, 「삼한사회의 '國'의 해석문제」, 『한국사연구』 26, 1979.

4 문창로, 『삼한시대의 읍락과 사회』(신서원, 2000)는 삼한 읍락 사회에 대해 잘 정리한 연구 업적이다. 문창로 교수는 삼한의 읍락이 연맹왕국을 거쳐 중앙집권적 귀족국가로 발전해 가는 과정에서 읍락 사회의 변화 과정을 밝혔다. 특히 읍락 사회의 계층 분화를 주목하여 渠帥는 물론 下戶에서 성장한 豪民을 창의적으로 밝혔다.

5 이병도, 앞의 논문, 앞의 책, 1976, p. 279.

6 이현혜, 앞의 논문, 1981, p. 4.

7 武田幸男, 「魏志東夷傳にみえる下戸問題」, 旗田巍·井上秀雄 編, 『古代の朝鮮』, 東京: 學生社, 1974, p. 24.

8 김정배, 앞의 논문, 1979, p. 4.

견해를 가진 이종욱李鍾旭은 읍락을 사로斯盧 6촌에 비정하여 씨족장氏族長이 거주하는 마을이라 하였다.[9]

읍락에 대한 해석이 학자에 따라 상당한 차이가 남으로써 삼한 사회를 설명하는 많은 이견이 나올 수밖에 없었다. 그러므로 읍락의 구체적 모습을 먼저 제시하고자 한다. 사전적 의미에서 읍락은 촌락村落과 부락部落의 뜻을 모두 가진다. 옥저沃沮의 읍락에 대한 다음 기록에서 이런 의미를 확인할 수 있다.

> 관구검毌丘儉이 고구려를 토벌하자 고구려왕 궁宮(태조왕太祖王)이 옥저沃沮로 도망갔다. 관구검은 군사를 내어 궁을 추격하며 옥저의 읍락을 모두 파괴하였고 3,000여 명을 참획斬獲하였다. 궁이 북옥저北沃沮로 도망갔다. 북옥저는 일명 치구루置溝漊라 하는데 남옥저南沃沮와 800여 리 떨어져 있으며 남·북옥저의 풍속은 모두 같다. 읍루挹婁와 접하고 있는데, 읍루는 배를 타고 구초寇鈔하기를 좋아하니 북옥저가 이를 두려워하여 여름철에는 항상 산암山岩이나 심혈深穴 중에 거하면서 수비하고, 겨울철에 얼음이 얼어 선도船道가 통하지 않게 되면 내려와 촌락村落에 거하였다.
>
> —『삼국지』 위서 동이전 동옥저東沃沮전—

이 기사의 끝부분에 대해서는 다음과 같이 기록된 것도 있다.

> 겨울철에 선도船道가 통하지 않게 되면 내려와 읍락邑落에 거하였다.
>
> —『후한서』 동이열전 동옥저전—

---

9 이종욱, 『신라국가형성사연구』, 일조각, 1982, pp. 19~20. 한편 같은 책(p. 194)에서는 왕실이 거주하는 斯盧國의 중심부를 읍락 단계라고 규정하면서, 家系長이 거주하는 마을에서 氏族長이 거주하는 마을로 발전된 단계를 곧 읍락이라 하였다.

『후한서』에 나오는 옥저의 읍락은 『삼국지』에 촌락으로 기록되었다. 곧 읍락이 촌락으로 불렸다. 『후한서』의 읍락이 『삼국지』에서는 단순히 명칭만 촌락으로 기록되었을까? 그렇지만은 않을 것이다. 이 문제와 연관하여 중국 정사正史의 동이전에 읍락이 기록된 경우는 『후한서』와 『삼국지』뿐임을 유념해야 한다.

읍락은 기원을 전후한 시기부터 기원후 3세기경까지 존속하였으며, 뒤에 분화하거나 파괴되어 촌락이 되었다. 다만 읍락이 촌락으로 나타난 시기는 지역에 따라 다소 차이가 있다. 읍락은 북쪽의 고구려나 부여의 경우 다소 빨리 와해하였는가 하면, 남쪽의 삼한에서는 그대로 유지되고 있었다. 옥저의 경우 후한後漢시대에 존재한 읍락이 파괴되었고, 그 결과 『삼국지』는 그것을 촌락으로 기록하지 않았을까 생각한다.

읍락은 어떻게 분화 또는 파괴되어 갔을지 궁금해진다. 우선 전쟁이 읍락을 붕괴시켰다. 이민족의 침입으로 인한 읍락의 파괴는 가속되었다. 관구검毌丘儉의 침입으로 옥저의 읍락이 모두 파괴되었고, 동예東濊에서도 침략받은 지역의 읍락은 파괴되었다. 중국 민족과 대결하면서 성장해 온 고구려의 읍락 역시 관구검이나 공손씨公孫氏의 침략을 받으면서 붕괴되어 갔다.

기황饑荒 등으로 인해 민호民戶가 유망流亡한 경우도 읍락의 파괴 요인으로 작용하였다. 온조왕 37년(19년)에 "한수漢水의 동북 부락部落에 굶주림이 들어 고구려로 유망한 자가 1,000여 호戶에 이름으로써 패수浿水와 대방帶方 지역이 비어 사람이 거주하지 않았다"(『삼국사기』 권23, 백제본기 1)라고 한다. 당시 패수 유역의 부락이 읍락공동체를 강하게 유지하였는지는 분명하지 않으나 기황으로 인하여 해체되고 있었다.

다음으로 연맹왕국의 형성과 함께 강력한 연맹왕권의 성립이 읍락을 분해하는 요인으로 작용하였다. 아울러 이민족의 침입에 대항하기 위해 창설된 연맹왕실의 직속부대가 읍락을 분해하는 데 일익을 담당하였다. 강력한 왕권은 읍락과 구성원의 결속을 와해시킬 수 있기 때문이다. 직접적인 사료는 아니지만, 백제초기의 다음 기록은 이 같은 사정을 이해하게 한다.

① 2월 왕이 부락을 순무巡撫하여 농사를 권하였다. 추秋 7월에 한강漢江 서북西北에 성을 쌓고 한성漢城의 백성을 분거分居시켰다.

—『삼국사기』 권23, 시조 온조왕 14년조—

② 국내의 민호民戶를 나누어 남부南部와 북부北部로 만들었다.

—『삼국사기』 권23, 시조 온조왕 31년 춘春 정월조—

온조왕은 한강 서북쪽에 성을 쌓고 한성漢城의 백성을 이주시켰는가 하면, 민호民戶를 나누어 남부南部와 북부北部로 만들었다. 백제초기의 이 기록이 1세기경 삼한 사회의 전반적인 모습은 아니었을 것이다. 한강 유역의 백제가 강력한 연맹왕국을 형성해 가는 시기는 한군현漢郡縣의 침입이 잦아지는 3세기경이다. 이때 강화된 백제의 연맹왕권이 읍락내에 정착한 백성을 분거分居하거나 이주시킴으로써 읍락은 점차 와해하였다.

기원을 전후해서 3세기경까지 존재한 읍락의 모습은 어떠하였을까? 분화 또는 파괴되어 촌락으로 되기 이전의 읍락은 공동체적 성격을 강하게 지녔다.[10] 다음 기록에서 이런 면을 확인할 수 있다.

---

10 이병도, 「두레」와 그 어의」(『이병기기념논총』, 1966; 『한국고대사연구』, 박영사, 1976, pp. 775~780)에서 촌락의 공동체적 성격은 최근까지 한반도 중부 이남의 농촌 사회에서 발견된다고 하였다.

읍락邑落을 서로 침범하면 문득 벌하여 생구生口와 우마牛馬로 배상하게 하니, 이를 일러 책화責禍라 한다.

—『삼국지』 위서 동이전 예濊전—

우선 동예東濊 내에 상당수 존재했던 읍락은 독립된 생활권을 영위하였다. 읍락을 서로 침범할 수 없기 때문이다. 읍락을 침범하면 생구生口나 우마牛馬로 변상하는데, 이를 책화責禍라고 불렀다.

동예의 읍락이 보여 주는 책화 풍속은 사회가 분화되어 인위적 행정 질서를 갖추었기보다는 오히려 원시공동체가 강하게 유지된 데서 나타난 것이다.[11] 또한 『삼국지』 위서 동이전 예전에는 "산천山川을 중시하였고 산천에는 각각 부분部分이 있어서 쓸데없이 서로 들어가지 못한다"라고 하였다. 산천에 경계가 있고 그 안에 함부로 들어갈 수 없다면, 그것은 독립된 공동체적 생활 영역으로 편입되었음이 분명하다. 각 산천의 경계로 동예의 읍락 영역이 확정되었다.

읍락공동체가 영위되는 영역은 주거 부락이나 농경지뿐만 아니라 그에 딸린 산천의 경계까지 확대하였다. 본래 조선朝鮮 유민들이 산곡山谷 사이에 나뉘어 6촌六村을 이루어 살고 있었는데, 이것이 신라의 전신인 서나벌국徐那伐國이 되었다(『삼국사기』 권1, 박혁거세朴赫居世 즉위년조). 서나벌국의 6촌은 산곡을 단위로 생활을 영위하였음이 분명하다. 읍루挹婁에 대한 다음 내용은 이를 이해하는 데 도움이 된다.

---

11 『三國志』 魏書 東夷傳 濊전에 "同姓不婚 多忌諱 疾病死亡 輒損棄舊宅 更作新居"라 하였다. 이 기록은 원시공동체 사회의 遺風을 보여 준다. 가뭄이나 홍수로 인한 흉년 혹은 유행병 등의 어려운 일에 직면했을 때 原始共同體員들은 대부분 거주지를 버리고 다른 곳에 옮겨 살았다.

대군장大君長이 없으며 읍락에는 각각 대인大人이 있어서 산림山林 사이의 동굴에 거처하는데, 대가大家는 9제九梯를 놓아 들어갈 정도로 깊으며, 제梯를 많이 놓을수록 좋게 여긴다.

—『삼국지』 위서 동이전 읍루挹婁전—

읍루의 읍락에는 대인大人이 함께 살고 있는데. 이들은 아홉 사다리(9제九梯)를 놓아 들어가야 할 정도로 깊은 골짜기의 동굴에 거주하였다. 다만 읍루의 읍락이 깊은 산골짜기를 근거로 형성되지는 않았을 것이다. 오히려 읍락 내에 산과 골짜기가 포함되었다고 생각한다. 산골짜기도 읍락공동체원의 생활 영역이 되었다.

읍락에서의 공동생활을 영위하기 위해 제의祭儀가 중요한 역할을 담당하였다. 당시 공동체적 유대는 지역에 따라 달리 나타났다. 일찍 분해되었던 고구려 읍락은 공동체적 성격을 약하게 지녔다. 그런 고구려의 읍락에서도 '저녁에 남녀가 모여 서로 가희歌戲한다'(『삼국지』 위서 동이전 고구려전)라고 하였다. 또한 10월에는 제천의례祭天儀禮를 행하는데, 나라 안에서 대회를 열고 이를 동맹東盟이라 불렀다.

삼한에서는 5월과 10월에 파종을 마치거나 추수를 끝내고 귀신鬼神을 제사하였다. 다음 내용은 삼한에서 행해지는 제의 모습을 알려 준다.

군취群聚하여 가무歌舞하고 술을 마시면서 주야晝夜로 쉬지 않는다. 수십數十인人이 춤을 추면서 모두 일어나 따르며, 땅을 밟고 뛰는데 수족手足이 서로 응應한다. 이 춤추는 모습은 마치 탁무鐸舞와 비슷하다.

—『삼국지』 위서 동이전 한韓전—

제의 행위 중에 수족이 서로 응하도록 추는 춤은 공동체적 유대감을 고조시키려는 것이다.[12] 삼한은 물론 고구려의 읍락에서 행해지는 가무는 제의 행위의 유습이며, 동맹제의 중에도 가무가 행해졌을 것이다.

고구려뿐만 아니라 3세기경까지 한국 사회의 국가들이 대체로 제천의례를 행하거나 천신天神 등을 제사하고 있었다. 부여의 영고迎鼓나 동예의 무천舞天 등은 제천의례이다. 읍루의 침략에 대비한 옥저沃沮 사람들은 여름에 깊은 산골짜기의 동굴에 거주하였다. 곧 산골짜기를 중심으로 옥저 사람들의 생업이 영위되었음을 알 수 있다. 그러다가 옥저 사람들은 겨울에 다시 촌락으로 내려와 생활하였다.

옥저 사람들이 촌락에 내려와 생활한 것은 기록된 대로 단순히 읍루의 침략이 없는 겨울이기 때문일까? 꼭 그렇지는 않다고 생각한다. 그 이유 중 하나는 생업을 영위하기 위해 산골로 흩어졌던 옥저 사람들이 다시 모여 공동체적 유대감을 공고히 할 필요가 있었기 때문이다. 이때 그들은 제의를 시행하였고, 제단이 있는 읍락의 중심 부락으로 거처를 옮겼다.[13] 3세기경까지 읍루는 물론 삼한에 읍락공동체가 존속하였다.

읍락 내에는 주거지와 농경지는 물론 산곡山谷까지 포함되어 있었다. 읍락의 광범한 영역에서 생활해 가는 공동체원들을 결속시키는 데 종교

---

12 祭儀에서 행하는 춤을 심리학적으로 해석하기도 한다. Jane E. Harrison은 『Ancient art and Ritual』(Oxford, MARUZEN, 1963, p. 31)에서 제의의 춤은 곡식을 잘 자라게 하는 呪術 행위라 하였다. 제의의 춤이 일상사에서 쌓인 심리적 긴장을 해소해 준다는 주장도 있다. 그러나 Durkheim은 그것을 사회학적으로 해석하여 氏族員이나 部族員을 결속시켜 준다고 하였다. 곧 제의는 사회를 응집시키는 역할을 담당하였다.

13 에번스-프리처드 저, 김두진 역, 『원시종교론』, 탐구당, 1976, pp. 108~109(E. E. Evans-Pritchard, 『Theories of Primitive Religion』, Oxford: Clarendon Press, 1965). 氏族員들은 분산하여 생활할 때 공동체적 감정이 희박해지므로 會集이나 儀式을 통해 공동체 결속을 강화한다. 祭儀가 그런 기능을 가졌다. 에스키모인들은 여름에 소가족 집단을 이루어 텐트에 분산하여 생업을 영위한다. 겨울에 얼음이 얼면 수렵할 수 없으므로 그들은 군집 생활을 하며 祭儀를 통한 공동체적 유대감을 공고히 한다. 沃沮 사람들의 겨우살이도 이런 생활방식과 다르지 않다고 생각한다.

적 제의가 중요한 역할을 담당하였다. 3세기를 지나 연맹왕국이 등장하면서 읍락이나 성읍국가를 통합하였고, 그 과정에서 전쟁 등을 통해 세속적 정치권력을 강화하려 하였다. 제정일치 단계를 벗어난 읍락 사회에서도 여전히 조상신을 받드는 종교적 제의는 중시되었다.

2. 삼한의 읍락 구조

읍락 사회를 더 구체적으로 이해하기 위해 우선 그 규모나 크기에 대해 이해하고자 한다. 이 문제와 관련하여 일찍이 국읍國邑이나 소별읍小別邑을 유념하면서 당시 국가의 크기를 규명하려고 노력해 왔다. 『삼국지』 위서 동이전에는 삼한 78개의 크고 작은 국가가 나와 있다. 그중 대국인 건마국乾馬國의 인구를 약 1만 명 정도로 추정하였다.[14] 이렇게 추출한 인구를 기준으로 당시 국가의 크기를 계수하였다.

삼한의 국가는 대략 50리 내외의 반경을 가지는 지역으로[15] 형성되었다고 한다. 실제 선사시대의 주민들이 사회경제적 면에서 활동할 수 있는 공간이 지름 10km 정도였다는[16] 데서 삼한 사회의 마을 크기를 제시한 것이다. 지름이 약 40km에 이르는 국가는 지금의 군郡 단위 크기에 해당하는 성읍국가로 추정된다.[17] 이런 국가 내의 주민이 사회경제적으로 편리하게 활용할 수 있는 지역으로서의 마을을 상정할 수 있다.

읍락은 당시의 국가나 마을과 어떻게 연관되어 있느냐를 밝히는 것이

14 김정배, 앞의 논문, 1979, p. 4.
15 백남욱, 「"삼국지" 한전의 '國'에 관한 문제」, 『백산학보』 26, 1981, p. 46.
16 이종욱, 앞의 책, 1982, p. 28.
17 천관우, 「삼한의 국가형성 (上)—삼한고 제3부—」, 『한국학보』 2, 1976, pp. 12~17.

그 규모를 이해하는 데 도움이 된다. 삼한 사회 내에는 국읍國邑과 그 외 소별읍小別邑이 있었다. 다음 기록을 통하여 국읍과 별읍의 관계를 살펴보기로 하자.

① 염사치[廉斯鑡]는 진한辰韓 우거수右渠帥로서 낙랑樂浪의 토지가 아름답고 인민人民이 요락饒樂함을 듣고, 떠나 내항來降하고자 하여 그 읍락邑落을 나왔다.

—『삼국지』 위서 동이전 한전—

② 국읍國邑에 주수主帥가 있으나 읍락邑落에 잡거雜居하여 능히 서로 잘 제어하지 못한다.

—『삼국지』 위서 동이전 한전—

우선 국읍과 읍락이 같지 않음은 분명하다. 주수主帥는 원칙적으로 국읍에 있어야 하나 읍락에 거주하고 있다. 이 기록만으로 국읍과 읍락이 어떤 관계에 있었는지를 단정할 수는 없다. 국읍 내에 읍락이 있었는지, 아니면 국읍과 읍락은 각각 다른 영역을 가진 것인지가 분명하지 않다.

주수는 국읍의 지배자이지만 별도로 자기의 읍락을 가졌음이 분명하다. 주수가 거주한 읍락은 부락공동체였을 것이다. 염사치[廉斯鑡]는 진한辰韓 우거수右渠帥였으며 우거수는 읍락의 지배자이다. 옥저에 보이는 장수長帥와 거수渠帥는 읍락 지배자를 지칭하는데,[18] 삼한 사회에서는 다음과 같이 다양하게 불렸다.

---

18 이종욱, 앞의 책, 1982, pp. 19~20.

① 마한馬韓은 서쪽에 있으며, 그 백성은 토착민土着民인데 나무를 심고 잠상蠶桑을 알았으며 면포綿布를 지었다. 각각 장수長帥가 있어 큰 자는 스스로 신지臣智라 부르고 그 다음 자는 읍차邑借라 불렀다.

—『삼국지』 위서 동이전 한전—

② 변진弁辰은 역시 12국이 있으며 또 여러 소별읍小別邑이 있고, 각각 거수渠帥가 있어 큰 자를 신지臣智라 부르고, 그 다음은 험측險側, 그 다음은 번예樊濊, 그 다음은 살해殺奚, 그 다음은 읍차邑借라 불렀다.

—『삼국지』 위서 동이전 변진弁辰전—

마한馬韓 54국의 각각에는 장수가 있었으며, 변진弁辰의 12국과 여러 소별읍에도 거수가 있었다.[19] 국가의 지배자인 장수와 소별읍의 우두머리인 거수는 동격의 정치적 성향을 지녔다. 그들은 세력 규모의 대소에 따라 신지臣智·험지險智·험측險側·읍차邑借 등으로 불렸기 때문이다. 이렇게 되면 삼한의 국가나 소별읍 및 읍락의 장은 같은 성격의 지배자였다.[20]

국읍이 국가와 같은 것인지는 분명하지 않다. 삼한은 마한·진한·변한의 큰 연맹체聯盟體를 이루고 있었지만 연맹왕의 지위가 미약하였다. 다만 그 안에는 크고 작은 많은 국가가 존재하였다. 마한 54국이나 변·진한 24국 등과 그 외에도 더 작은 국가가 존재했을 가능성이 있다.[21]

19 『三國志』 魏書 東夷傳 韓전의 기록으로는 渠帥가 弁辰 12국의 長인지 아니면 小別邑의 長인지가 분명하지 않다. 그러나 『後漢書』 東夷列傳 韓전의 기록은 소별읍의 장이 거수임을 분명히 하였다.

20 이현혜, 앞의 논문, 1981, p. 14에서 "小別邑의 實相이란 것도 邑落 集團이라는 면에서는 國邑과 그 내용을 같이 한다"라고 하였다. 小別邑·邑落·國邑은 동일한 정치 사회적 기반에서 출발하였다. 다만 국읍은 大邑落을 말하는데 여타 읍락과 구별되는 것은 그 안에 別邑이 존재하고 있는 점이라 하였다.

21 이병도, 「삼한문제의 신고찰」, 앞의 책, 1976, p. 268.

변한이나 진한에 나타나는 소별읍은 본래 국가로서의 기반을 갖추었다. 왜냐하면 소별읍의 장이 국가 지배자와 같은 정치 성향을 지녔기 때문이다.

성읍국가 외에 본래 읍락으로서 국가 기반을 가졌던 소별읍은 삼한시대에 이미 독립적 자치 능력을 상실하였다. 소별읍은 이웃 성읍국가에 복속되었다. 그리하여 삼한 사회의 큰 국가가 이웃 읍락이나 소국을 포함한 소연맹국小聯盟國을[22] 이루고 있었다. 그럴 때 국읍은 국가와 똑같을 수 없다. 적어도 소연맹국은 소별읍인 읍락이나 부락공동체를 기본으로 하는 몇 개의 정치 집단이 모여 이루어졌고, 국읍은 소연맹국을 영도해 가는 정치 중심지였다.

삼한 사회에서 소연맹국의 연맹권역 내 결속력은 공고하지 못하였다. 국가에는 강력한 영도력을 가진 왕이 아니라 주수主帥가 있었고, 그는 국읍에 거주하기보다는 본래의 자기 기반인 읍락에 거주할 수밖에 없었다. 주수가 능히 잘 제어하지 못하였다는 표현은 이런 그의 정치 능력을 나타내 준다고 생각한다. 소별읍의 지배자가 읍락의 우두머리와 같이 불릴 수 있는 것은 양자가 본래 같은 정치·사회적 성격을 가졌기 때문이다.

국가의 지배자 역시 소별읍이나 읍락의 우두머리와 같은 성격을 가졌

22 小聯盟國은 규모가 큰 城邑國家 내지 領域國家이다. 그것은 강력한 왕족 중심의 연맹왕국과는 질적으로 다르다. 邑落 또는 성읍국가가 성장해 가는 과정에서 이웃의 읍락이나 작은 성읍국가를 흡수·편입한 국가가 소연맹국이다. 이때 편입된 읍락이나 성읍국가는 소연맹국과의 결속력이 워낙 약하여 어떤 계기가 생기면 이완되기도 하며 宗敎的으로는 완전히 독자적 신앙체계를 가지고 있었다. 그런데 이현혜가 小聯盟體란 용어를 사용하였다(『삼한사회형성과정연구』, 일조각, 1984). 그것은 소연맹국과 비슷한 성격을 많이 가졌으나, 兩者의 차이점도 분명히 있다. 小聯盟體란 小國統合體로서 연맹왕국을 축소한 느낌을 준다. 그리하여 소국들 사이의 결속 관계는 정치적이라기보다는 靑銅器의 제작과 교역을 매개로 하는 경제적인 것이라 하였다(위의 책, p. 170). 소연맹국은 규모가 작은 小聯盟體일 수도 있고 혹은 그 속에 소연맹체를 포함한 국가일 수도 있다.

다. 그러므로 셋은 본래 부락공동체에 근거한 동격의 정치·사회적 기반을 가졌다. 삼한의 읍락은 부락공동체적 성격이 분해되어 독자의 정치적 결속력을 가지고, 다른 읍락과 연합하면서 성읍국가 혹은 소연맹국으로까지 발전하였다. 반면 어떤 읍락은 오히려 다른 국가 영역 내에 흡수되어 독립적 통치 능력을 잃은 소별읍으로 전락하였다.

삼한의 국가나 별읍은 읍락을 기반으로 이루어졌다. 국가의 통합력이 공고하지 못한 삼한 사회에 공동체적 성격을 강하게 유지한 읍락이 서로 어떻게 결속하였는가를 이해하는 것은 중요하다.[23] 읍락 사회의 규모를 알기 위해 〈그림 1〉을 참고해 보자.[24]

읍락이 사로斯盧 6촌에 해당한다는 이종욱李鍾旭의 견해는 도움이 된다. 곧 〈그림 1〉의 촌이 읍락에 비정될 수 있다. 촌의 구조를 표시하면 〈그림 2〉와 같다.[25]

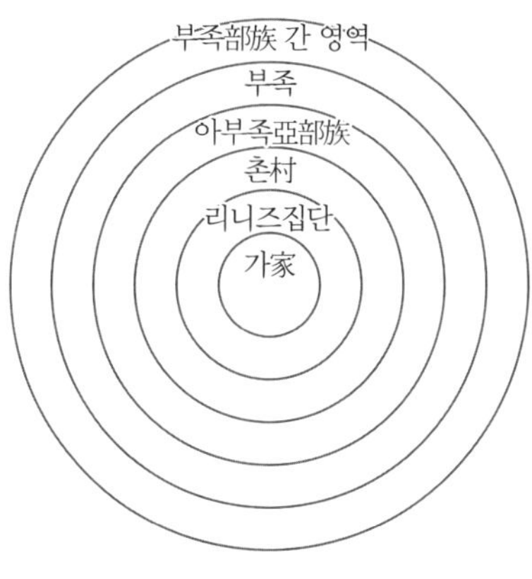

〈그림 1〉 부족의 영역

23 이 점은 고구려나 부여 사회와 특별히 다른 점이다. 이들 사회에서는 유력한 聯盟王室이 성립되어 연맹왕국 내의 결속력을 강하게 유지하였다. 그리하여 부락공동체적 성격은 분해되고 있었다.

24 Marshall D. Sahlins, 『Tribesmen』, New Jersey, Prentice-Hall, 1968, p. 16 또는 p. 85.

25 Marshall D. Sahlins, 위의 책, 1968, p. 16.

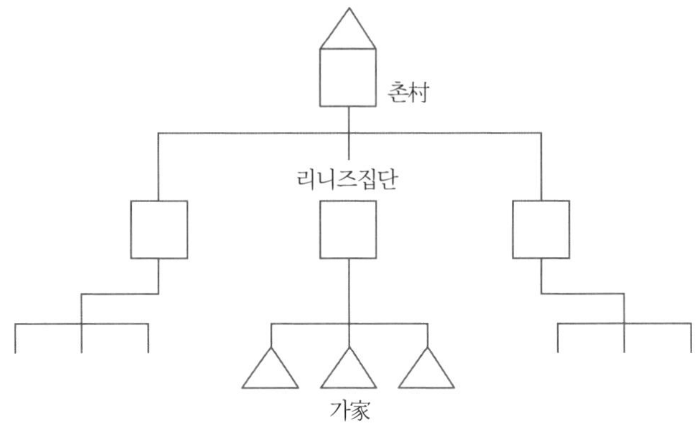

〈그림 2〉 촌의 구조

촌은 여러 개의 가계로 형성된 혈족(리니지) 집단이 모여 이루어졌다. 읍락 사회도 이와 같아서 그 안에는 몇 개의 혈족 집단이 있었고, 그것을 거느리는 씨족장氏族長이 읍락의 우두머리였다. 그러면 삼한 사회에서 구체적인 읍락을 찾아볼 필요가 있다. 아마 염사廉斯는 읍락이지 않았을까 생각한다. 다음 기록에서 이를 확인하자.

건무建武 20년(44년)에 한韓의 염사인廉斯人 소마시蘇馬諟 등이 낙랑樂浪에 와서 공물貢物을 바쳤다[염사廉斯는 읍명邑名이며 諟의 발음은 시是이다]. 광무제光武帝가 소마시를 한漢의 염사읍군廉斯邑君으로 봉封하여 낙랑군樂浪郡에 속하게 하였다.

—『후한서』 동이열전 한전—

염사 사람인 소마시가 낙랑에 조공하여 엄사읍군으로 봉해졌고, 광무제 때에 염사는 낙랑군에 속하게 되었다고 한다. 이와 연관하여 염사치[廉斯鑡]에 대한 기록을 상기해 볼 만하다. 『삼국지』에 소마시보다 약 20

년 정도 앞서 염사치가 등장하고 있다.

염사가 읍명邑名이라면 읍락 형태로 존재하였다고 생각한다. 행적으로 보아 염사치와 소마시는 동일 인물이 아닐까 추측한다.[26] 우거수인 염사치는 읍락의 장이거나 이에 버금가는 인물이고, 그의 읍락은 염사였다. 소마시가 한漢으로부터 읍군邑君을 받은 것도 염사를 읍락으로 생각하게 한다. 본래 읍락의 장수나 거수였던 신지나 험측 등이 낙랑으로부터 읍군이나 읍장邑長 벼슬을 받고 있기 때문이다.

염사 외에 확실하게 읍락이라 규정할 수 있는 것을 잘 찾을 수 없다. 다만 부여의 사출도四出道는 본래 읍락이었다고 생각한다. 이 경우 읍락의 규모를 더 구체적으로 제시할 수 있다. 다음 기록에서 이를 살펴보자.

① 6축六畜으로서 관명官名을 삼으니 마가馬加·우가牛加·구가狗加 등이 있다. 그 읍락은 모두 제가諸加에 주속主屬되었다.

—『후한서』 동이열전 부여夫餘전—

② 읍락에는 호민豪民이 있고 민民인 하호下戶는[27] 모두 노복奴僕처럼 대우받았다. 제가諸加는 따로 사출도四出道를 다스리는데, 큰 것은 수천 가家, 작은 것은 수백 가家를 다스렸다.

—『삼국지』 위서 동이전 부여전—

---

26 廉斯鑡와 蘇馬諟의 기록 내용은 완전히 일치하지 않는다. 그러나 비슷한 시기에 廉斯 지역의 長이 樂浪에 來降하여 漢으로부터 벼슬을 받는 점으로 보아, 兩人은 동일 인물이 아닌가 생각한다.

27 『三國志』 魏書 東夷傳 夫餘전의 "邑落有豪民 民下戶皆爲奴僕"은 여러 가지 해석이 가능하다. 곧 '豪民과 民·下戶' 혹은 '豪民과 民은 모두 下戶' 및 '豪民과 또한 民, 즉 下戶' 등, 아직 定說이 없는 편이다. 다만 여기서는 '民, 즉 下戶'라고 해석하였다.

제가諸加는 읍락을 다스렸는데 동시에 여러 읍락을 거느렸다.[28] 그런데 중요한 것은 제가가 사출도를 다스리고 있는 점이다. 읍락과 제가가 거느린 사출도는 같은 기반을 가졌다고 생각한다. 제가가 지배하는 읍락 중에 어떤 것은 사출도로 나타났다. 사출도는 후대에 변질한 중앙집권적 지방통치조직의 성격을 띠지만,[29] 그 원초 형태는 읍락이었다.

사출도의 규모가 수백 가家에서 큰 것은 수천 가에 이르고 있다. 이런 규모의 사출도는 삼한의 소국과 비슷한 규모를 가졌다. 다만 삼한에는 1만여 가에 이르는 대국도 있었다. 대국은 규모가 컸겠지만, 읍락 단위로 내부를 통치하였을 것이다. 읍락이 정치적 통합력을 가지면서 주위의 다른 읍락과 연맹하여 큰 국가, 곧 소연맹국을 이루었다. 삼한의 읍락은 자치 능력을 상실하면서 국가 내의 단순한 부락공동체로 존립하였는가 하면 성읍국가로 성장하기도 하였고, 몇 안 된 큰 성읍국가는 다른 읍락을 포함하여 소연맹국을 이루기도 하였다.

소연맹국으로 성장하기까지 읍락은 부락공동체가 많이 무너져 간 사회일수록 분화된 모습을 더 뚜렷이 나타내었다. 다음 기록에서 이런 면을 구체적으로 이해할 수 있다.

① 대군장大君長이 없다. 한漢에 복속된 이래 그 관직으로 후侯·읍군邑君·삼로三老가 있다.

—『삼국지』 위서 동이전 예전—

② 거수渠帥를 봉封하여 후侯로 삼았다. 지금 불내예후不耐濊侯는 모두 그러

28 이기백·이기동, 『한국사강좌 I (고대편)』, 일조각, 1982, p. 98.
29 이기백·이기동, 위의 책, 1982, p. 100.

한 종류이다.

—『삼국지』 위서 동이전 예전—

③ 그 후에 현縣 중의 모든 거수渠帥로 현후縣侯를 삼았다. 불내不耐·화려華麗·옥저沃沮의 제현諸縣이 모두 후국侯國이 되었다.

—『삼국지』 위서 동이전 동옥저전—

④ 제諸 읍락邑落의 거수渠帥는 모두 스스로 삼로三老라 칭하였다.

—『삼국지』 위서 동이전 동옥저전—

읍군邑君은 읍락의 장에게 내린 관직이다. 삼로三老가 읍락의 장인 거수渠帥이다. 현후縣侯도 거수로 임명되었기 때문에 본래 읍락의 장이었음이 분명하다. 이렇게 되면 동예 연맹왕국 내에 존재한 후侯·읍군·삼로는 본래 모두 읍락의 장이었다.

읍락은 성읍국가나 소연맹국으로까지 발전하였고, 그 우두머리는 삼로·읍군·현후에 임명될 정도로 정치적 지배력을 가졌다. 그중 삼로는 가장 작은 규모인 단일 읍락 사회가 성장한 소국을 다스렸다. 읍군이 지배하던 성읍국가 내에는 이미 자치력을 상실한 다른 읍락이 포함되었으며, 현후가 다스리던 성읍국가의 영역 내에는 더 많은 읍락이 연맹관계를 유지하고 있었을 것이다. 적어도 불내예후不耐濊侯·화려후華麗侯·옥저후沃沮侯 등은 다소의 읍락을 포함한 소연맹국을 다스렸을 것이다.

이상에서 설명한 동예 사회의 읍락을 알기 쉽게 나타내면 〈그림 3〉과 같다. 〈그림 3〉에서 제시한 읍락 사회의 결속 관계는 삼한 사회의 그것을 이해하는 데 시사적이다. 삼한 사회에서도 신지臣智가 지배하는 큰 성읍국가는 소연맹국을 형성하여 그 안에 자치력을 상실한 읍락을 포함하고 있었으며, 읍차邑借가 지배하는 작은 성읍국가는 삼로가 지배하는

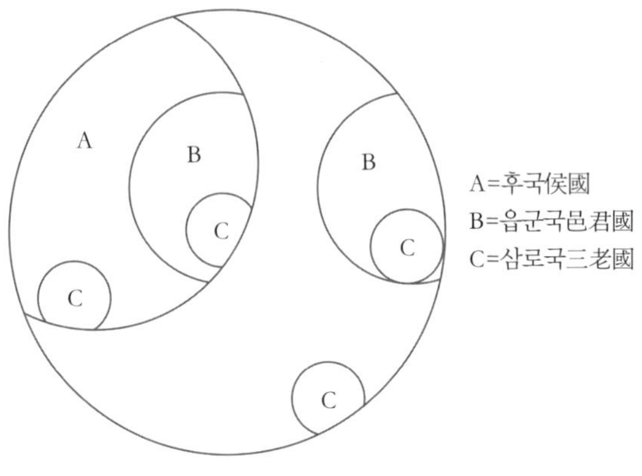

〈그림 3〉 예연맹濊聯盟 사회의 구조

행정영역과 비슷한 규모를 가졌다. 혹은 험측險側이나 번예樊濊·살해殺奚가 다스리는 성읍국가는 읍군이 다스리는 성읍국가와 비슷하였으며, 염사는 이런 성읍국가의 규모에 해당하는 읍락이었다.

3. 삼한시대 읍락 내의 계층 분화

읍락이 파괴되어 부락공동체가 해체되는 과정에서 계층 분화가 이루어졌다. 비교적 많이 파괴된 북쪽의 부여나 고구려의 경우 읍락 사회의 계층 분화 현상이 현저하게 나타났으나, 삼한 사회는 그런 현상을 뚜렷하게 보여 주지 않는다. 그러므로 계층 분화가 부여나 고구려 사회의 경우 어떤 방향으로 진전되고 있었는지를 살핀 다음, 삼한 사회에서 어느 정도 진척되었는가에 대해 이해하고자 한다.

부여에서는 제가가 읍락을 다스렸는데, 읍락 내에 호민豪民과 민民인 하호下戶가 있었다. 부락공동체원이 계층으로 나누어지면서 읍락의 지배층은 호민이고 피지배층인 일반 백성은 하호下戶이다. 먼저 지배층에 대해 일별하고자 한다. 읍락의 지배자로 제가諸加 외에 호민이 있다. '가加' 관직을 설치한 국가는 부여와 고구려인데,[30] 두 나라에는 비교적 강력한 연맹왕이 존재하고 있다. 『삼국지』 위서 동이전 고구려전에 기록된 고구려 관직은 다음과 같다.

그 나라에는 왕이 있고 그 관직으로 상가相加·대로對盧·패자沛者·고추가古雛加·주부主簿·우태優台·승丞·사자使者·조의皁衣·선인先人이 있는데 그 존비尊卑에 각각 등급이 있다.

상가는 제가 중에서 임명되었다. 상가와 동급일 수 있는 제대가諸大加도 스스로 사자使者·조의皁衣·선인先人을 두며, 그 이름이 모두 왕에게 알려져 마치 경卿·대부大夫의 가신과 같았다(『삼국지』 위서 동이전 고구려전)고 하였다. 이런 고구려 연맹왕국의 관직을 알기 쉽게 나타내면 〈그림 4〉와 같다.

왕의 직속 관직 중 대로對盧를 설치하면 패자沛者를 두지 않고, 패자를 두면 대로를 설치하지 않기 때문에 특별히 그 두 관직이 동시에 있었던 것은 아니다. 주부主簿는 왕명 출납을 맡았을 뿐만 아니라 왕과 대로 밑에서 직접 국사를 총리總理하였다.[31] 우태優台는 왕실 내 왕족 업무를

30 그 외 沃沮의 경우 "句麗復置其中大人爲使者 使相主領 又使大加 統責其租賦"(『三國志』 魏書 東夷傳 東沃沮전)라고 하였다. 고구려는 옥저의 大加로 하여금 그 지역의 租賦를 걷게 하였다. 그런데 『後漢書』의 같은 기사에는 大加가 나타나 있지 않다. 곧 본래 옥저 연맹 내에 대가가 등장하였다기보다는 고구려가 옥저를 복속한 후 그 연맹 중 비교적 큰 성읍국가의 長을 대가로 임명하였을 것이다.

31 김철준, 「고구려·신라의 관계조직의 성립과정」, 『이병도박사화갑기념논총』, 1956; 『한국고대사회연구』, 지식산업사, 1975, p. 128.

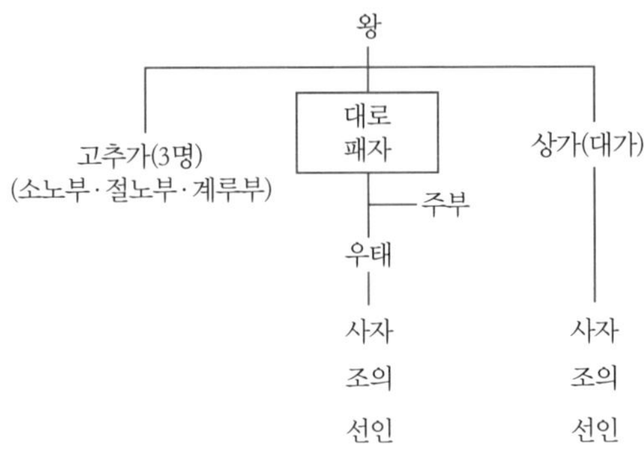

〈그림 4〉 고구려 연맹왕국의 관직

담당한 관직이다. 이 관직들은 연맹왕국체제에 맞춰 설치된 것이기 때문에 왕이 본래 성읍국가 때부터 가진 관직은 사자·조의·선인인데, 이것은 상가가 가진 관직과 같다. 상가는 본래 연맹왕과 같은 성읍국가의 기반을 가진 셈이다.

초기 고구려 연맹왕국 내에는 상가가 존재하였으며, 그들은 모두 성읍국가의 기반을 알려 주는 자체의 관직체계를 가졌다. 다만 고구려 연맹왕국 내에 들어온 성읍국가의 장이 모두 상가로 등장하였는지는 의문이다. 상가가 고구려 연맹왕국의 관리로 편입하기 전에는 큰 성읍국가, 곧 소연맹국을 다스리고 있었다.[32] 부여의 제가 역시 같이 이해될 수 있다. 그러므로 '가加'는 본래 가진 성읍국가 내의 읍락에 대한 지배권을 행사하였다. 그런데 읍락에는 호민이란 지배층이 있었다.

가加가 왕의 신하로 등장하면서 읍락을 떠나 왕경王京에 거주하는 중

32 큰 성읍국가나 소연맹국 기반을 가진 加가 '大加'로 지칭되었다. 대가와는 달리 小加는 작은 성읍국가 기반을 가졌고, 거느린 독자 관직이 연맹왕국의 관직체계에 흡수되지 않았다. 그러므로 고구려 연맹왕국의 관직이 연맹권역 내에 포함된 모든 성읍국가의 관직 전부를 받아들여 構造한 것으로 생각하지 않는다.

앙귀족으로 자리를 굳혀 가는 대신, 호민은 읍락 내에 하호와 같이 거주하면서 그들을 실질적으로 지배하고 있었다. 가는 연맹왕국의 귀족으로 등장한 후 그 국가의 중대사를 결정하였다. 그들은 전쟁에 참여하였으며 화백和白회의와 같은 제가평의회를 열어 형벌을 주관하였다. 반면 읍락에 관한 일은 제가가 손수 처리하였다기보다는 그 안의 유력자인 호민을 통하여 관장하였다.[33]

호민은 직접 읍락을 지배하였다. 읍락 내에서 호민의 수가 어느 정도였는지를 분명히 제시하기는 어려우나 광범한 상층부를 이루고 있었다. 다음 기사를 살펴보자.

> ① 그 나라 중의 대가大家는 전작佃作을 하지 않으며 좌식자坐食者가 1만여 구口인데, 하호下戶가 멀리서 식량과 어염魚鹽을 이들에게 공급해 준다.
>
> —『삼국지』 위서 동이전 고구려전—
>
> ② 사도성沙道城을 개축改築하여 사벌주沙伐州 호민豪民 80여 가家를 옮겼다.
>
> —『삼국사기』 권2, 유례니사금儒禮尼師今 10년 춘春 2월조—

1만여 구口나 되는 고구려의 좌식자坐食者는 가 계층을 일부 포함했겠지만 대부분 부여의 호민과 비슷한 계층이라고 생각한다.[34] 곧 고구려 연맹왕국 내에는 1만여 명에 이르는 호민이 존재한 셈이다. 고구려 연맹왕국 내에 읍락이 얼마나 존재했는지를 정확하게 알 수 없으므로, '1만여 구口'를 통해 읍락 내에 있었던 호민의 수를 분명히 밝히기는 어렵

33 이기백·이기동, 앞의 책, 1982, p. 98.

34 홍승기는 「1~3세기의 '민'의 존재형태에 대한 일고찰—소위 '하호'의 실체와 관련하여—」(『역사학보』 63, 1974, pp. 49~50)에서 豪民은 渠帥보다 격이 낮은 邑落의 지배자라고 하였다. 읍락 내의 노비나 後代의 小作人으로 생각될 수 있는 계층은 이들에게 의존하였다. 그러므로 坐食者의 대부분이 호민이었다.

다. 다만 신라 유례니사금 때의 기사는 당시 읍락의 호민 수를 이해하는 데 시사성을 준다.

고구려의 호민이 신라 읍락에 있었던 호민과 같을 수 없겠지만, 양자는 모두 당대 사회의 부유층인 지배계급이라고 생각한다. 사벌주沙伐州로부터 사도성沙道城으로 옮겨진 호민이 약 80여 가家였다. 당시 성城이나 군郡·현縣에 존재한 호민의 수가 80가 정도였으며, 사벌주와 같은 큰 고을의 호민은 이보다 2배 이상 많았을 것이다. 따라서 약 80에서 150여 가에 이르는 호민이 읍락에 거주하였다.

다만 지역에 따라서 호민 내에 어느 정도 신분 분화가 이루어지고 있었다. 부여에서는 단순히 호민으로만 알려져 있지만, 고구려의 경우 상가에 속한 사자·조의·선인의 관직을 받으면서 호민의 직능이 세분되었다. 불내예不耐濊가 낙랑에 복속된 후의 불내예후는 밑에 공조功曹·주부主簿 등의 여러 관직을 두었다(『삼국지』 위서 동이전 동옥저전). 불내예후 밑에 둔 관직은 고구려의 상가 밑에 설치한 관직과 같은 성격을 가졌다.[35]

상가나 불내예후 밑에서 관직을 받은 자들은 읍락 사회의 유력자임이 틀림없다. 강력한 연맹왕권이 성립하여 읍락 사회를 분화하면서 호민층은 세분되었다.[36] 삼한의 읍락 사회 내에서도 호민과 같은 유력자가 있었겠지만 이들의 실체가 잘 드러나지 않는다. 강력한 연맹왕이 존재하지 않았기 때문에 읍락의 장은 그 안에서 일반 백성과 같이 거주하였다. 그는 부여나 고구려와는 달리 호민을 매개로 하지 않고 직접 하호

35 읍락의 유력자들이 夫餘보다 더 세분된 계층으로 나뉜 不耐濊侯의 기사는 樂浪에 복속된 이후 훨씬 후대의 모습을 보여 주는 것으로 생각한다.

36 『三國志』 魏書 東夷傳 夫餘전에는 "水旱不調 五穀不熟 輒歸咎於王 或言當易 或言當殺"이라 하였다. 부여 연맹왕국이 결성되었지만 연맹왕권은 강력하지 못하였다. 그 이유는 분화되지 않은 邑落의 부락공동체가 왕권에 제약을 가하는 요소로 작용하였기 때문이다.

를 지배하였다.

읍락에서 호민의 지배를 받고 있던 자들이 하호이다. 하호는 지금까지 그 신분에 대한 여러 학설이 있었지만 민民, 곧 일반 백성으로 이해한다.[37] 다만 이들의 사회경제적 처지는 국가나 지역에 따라 상당히 달랐다. 부여나 고구려의 경우 하호의 사회경제적 처지가 낮았다. 이미 부여의 하호는 지배자로부터 노복과 같은 대우를 받았다. 고구려 하호의 사회경제적 처우는 다음 기록에서 이해할 수 있다.

> 대가大家는 전작佃作을 하지 않으며 하호下戶가 부세賦稅를 공급하므로 마치 노객奴客과 같다.
>
> —『태평어람太平御覽』 권783, 사이부四夷部 4, 동이 4, 고구려전—

하호는 제가들이 전쟁할 때 음식을 공급하거나 성을 쌓는 등 요역에 동원되었다.[38] 하호의 이 같은 부담은 상당히 무거운 것이어서 중국인의 눈에 노객奴客처럼 보였을 것이다. 그러나 실제로 하호는 노비가 아니었다.

삼한의 하호는 고구려나 부여와 비교해 사회경제적 처지는 높았다. 다음 기록은 삼한 읍락 사회에서 하호가 활동하거나 노역한 모습을 알려 준다.

> ① 그 나라 풍속에는 의책衣幘을 좋아하였다. 하호下戶가 낙랑군樂浪郡에 이르러 조알朝謁할 때는 모두 의책을 빌려 입는다. 스스로 인수印綬와 의책을

37 홍승기, 앞의 논문, 1974, p. 28.
38 홍승기, 앞의 논문, 1974, pp. 42~44.

입은 자가 1,000여千餘 인人이 되었다.

—『삼국지』 위서 동이전 한전—

② 여러 연소한 용건자勇健者는 모두 등가죽을 뚫어 큰 줄로 묶고, 한 장 정도 크기의 나무를 꽂는다. 하루 종일 환호하며 일을 하는데 고통으로 여기지 않는다. 대개 이로써 일하기를 권하고 더욱 건장健壯하게 생각하였다.

—『삼국지』 위서 동이전 한전—

낙랑에까지 조공할 수 있었고 스스로 의책衣幘을 갖출 정도의 하호는 사회경제적 처지가 높았음이 틀림없다.[39] 아마 이들은 읍락 내에서 비교적 부유한 지위를 누리고 있었을 것이다.

반면 삼한 읍락 사회 내에서도 하호의 노역은 역시 과중하였다. 지게를 사용한 하호들의 노역은 중노동임이 틀림없다.[40] 줄에 묶여 힘들게 일하면서도 고통으로 여기지 않았다고 표현할 정도라면, 하호는 고구려나 부여에서의 경우와 같이 노객奴客으로 취급받았을 것이다. 그 외 삼한 읍락 사회 내에는 실제 노예가 존재하였다. 낙랑으로부터 나무를 도벌하기 위해[41] 들어온 호래戶來 등 1,500명의 존재가 이를 알려 준다.

---

39 『三國志』 魏書 東夷傳 倭전에는 "其俗國大人皆四五婦 下戶或二三婦"라고 하였다. 大人은 읍락의 지배자로 알려져 있다(이종욱, 앞의 책, 1982, pp. 19~20 및 『三國志』 魏書 東夷傳 挹婁전 참조). 읍락의 長은 부인을 4~5명 거느렸음에 비하여 그 지배를 받는 下戶 중에 2~3명의 부인을 거느린 자도 있었다. 이런 하호는 읍락 내에 부유한 지위를 누렸던 자들로, 삼한 사회에서 낙랑에 朝謁하고 스스로 衣幘과 印綬를 착용한 千餘人의 하호와 같은 성향을 지녔다.

40 이병도·김재원, 『한국사—고대편—』, 을유문화사, 1959, pp. 310~312. 『三國志』 魏書 東夷傳 韓전에서 "등가죽을 뚫어 큰 줄로 묶고, 한 장 정도 크기의 나무를 꽂는다"라고 한 것은 지게를 진 모습으로 해석된다.

41 초기 낙랑의 고분은 木槨墳이어서 나무를 빨리 부식시키지 않기 위해 숯과 자갈을 木槨의 좌우 아래에 쌓았다. 이에 따라 목재의 수요가 엄청나게 많아졌기 때문에 낙랑 사람들이 삼한 지역으로 내려가 나무 도벌을 빈번히 시도하였다.

노예가 된 후 3년이 지나는 동안에 이들 중 500명이 죽었다. 하호뿐만 아니라 노예의 노역이 과중했던 것은 분명하다.

하호가 계층 분화하면서 사회경제적 처지가 몰락하는 예도 있었으며, 그중에는 노비로 전락하기도 하였다. 부여나 고구려에서는 살인했을 경우 그 가족은 노비가 되었다. 용작민傭作民으로 전락한 사례도 없지 않았다.[42] 하호가 왜 용작민으로 전락하였는지 분명히 알 수 없으나 부락공동체에서 이탈해 갔기 때문이라고 생각한다.[43]

부여나 고구려보다 삼한 읍락 사회에서는 하호의 계층 분화가 활발하게 이루어진 것 같지 않다. 호래는 삼한 사회의 부락공동체원이 아니었고, 연소한 용건자勇健者들의 노역은 미성년집회의 성년식을 위한 집단 시련이라고 이해하기도 한다.[44] 오히려 삼한의 읍락은 부락공동체로서의 성격을 강하게 전습傳習하고 있다. 하호가 부락공동체원의 성격에서 벗어나지 못함으로써 삼한 읍락 사회 내에 다양한 계층 분화가 확실하게 이루어지지 못하였다.

고구려나 부여와 달리 삼한 읍락에서의 호민豪民과 같은 지배층에 대한 기록이 분명히 나타나 있지 않다. 그러나 부유한 하호는 호민 계층으로 분화할 소지를 충분히 가졌다. 삼한 내에 스스로 의책衣幘과 인수印綬를 착용한 1,000여 명에 이르는 부유층은 읍락 내의 유력자임이 분명하다. 부락공동체가 더 분해되어 강력한 연맹왕권이 성립하는 과정에서 하호는 일반 백성이지만, 용작민으로까지 전락하기도 하고 호민과 같은 지배층으로 변신해 가기도 하였다.

호민은 읍락 내에 계층 분화가 이루어지면서 부유층을 이룬 하호로

42 홍승기, 앞의 논문, 1974, pp. 31~39.

43 이기백·이기동, 앞의 책, 1982, p. 99.

44 三品彰英,『新羅花郎の研究』, 東京: 三省堂, 1943, pp. 11~12.

이루어졌다.[45] 그리하여 이들이 이미 앞에서 지적한 사벌주沙伐州에서와 같은 호민층으로 형성되었다. 비교적 강한 연맹왕권이 성립하였던 고구려나 부여의 읍락 사회에서는 계층 분화가 뚜렷하게 나타났지만, 부락공동체적 성격이 강하게 남은 삼한 읍락 사회 내에는 계층 분화가 많이 이루어진 것 같지 않다. 삼한 사회의 하호도 부여나 고구려와 마찬가지로 과중한 노역에 종사하였다. 한편 삼한 읍락 사회에 부유한 하호층이 존재했지만 호민층으로 불리지 않았다. 다만 이들이 뒤에 호민층으로 성립되어 갔다.

4. 삼한 읍락 사회의 성격

읍락은 기원을 전후한 시기부터 약 3세기경에 이르는 기간에 걸쳐 우리나라는 물론 동북아 지역의 여러 부족이 형성한 부락공동체로, 시대가 내려오면서 분해되어 가는 과정을 밟고 있었다. 부락공동체가 와해되는 시기에 공동체원의 계층 분화가 이루어졌다. 그런 변화는 국가나 지역에 따라 또는 시기에 따라 달리 나타났다. 여기서는 삼한 읍락 사회의 여러 양상을 다른 국가와 비교함으로써 그 역사적 의미를 추론하고자 한다.

우선 삼한 사회에서는 강력한 연맹왕국이 성립되어 있지 않아서 가加는 물론 호민 계층이 뚜렷이 나타나 있지 않았다. 다만 삼한 사회에 특별히 별읍別邑이 보이는데 소연맹국 내에 존재하였다. 가 계층은 대체

45 豪民이 읍락 내 부유한 下戶로만 이루어진 같지는 않다. 읍락이 소연맹국으로 발전하였을 경우 그 長은 고구려나 부여와 같은 강력한 연맹왕국의 加로 등장하였다. 그러나 소연맹국의 장에게 來屬한 다른 읍락의 長은 호민으로 남았을 가능성이 있다.

로 연맹왕국의 국가 권력을 집중한 강력한 연맹왕권의 출현과 더불어 성립되었다.[46] 대가는 연맹왕의 신하인 귀족으로 등장하기 이전에 연맹왕국 내의 비교적 큰 성읍국가를 지배하였다.

삼한의 읍락이 성장하여 소연맹국을 형성한 예도 있었다. 신지는 본래 소연맹국의 장이었다. 신지와 같은 소연맹국의 장이 가 계층으로 성장하였는가의 문제는 강한 연맹왕국을 배경으로 얼마나 집권적 연맹왕권이 성립해 있었는지를 밝히는 첩경이 될 것이다. 다음 기록에서 삼한 사회의 연맹왕권 성장에 대한 모습을 이해해 보자.

① 왕이 6부六部에게 명하여 수로왕首露王을 향연饗宴하게 하였다. 5부五部는 모두 이찬[伊飡]으로 맞았으나 오직 한기부漢岐部 만이 지위가 낮은 자로 주관케 하였다. 수로首露가 노하여 종(노奴) 탐하리耽下里에게 명하여 한기부주漢岐部主 보제保齊를 죽이고 돌아갔다.

—『삼국사기』 권1, 파사니사금婆娑尼師今 23년 추추 8월조—

② 한기부漢岐部 사람 부도夫道는 집이 빈한하였으나 아첨하지 않고 공工·서書·산算으로 당대에 저명하였다. 왕이 그를 징집하여 아찬[阿飡]으로 삼고 물장고物藏庫의 사무를 맡겼다.

—『삼국사기』 권2, 첨해니사금沾解尼師今 5년 춘春 정월조—

이 사료는 연맹왕국이 성립한 초기 신라에 관한 기록이어서 삼한 사회에 그대로 적용될 수는 없겠지만 일반적 연맹왕권의 모습을 이해하는 데 도움을 준다. 한기부漢岐部는 신라 연맹왕국 내에 들어오기 이전의 소연맹국이나 성읍국가였다. 6부(6촌)도 본래 성읍국가로서 기반을 가

46 김광수, 「고구려 전반기의 '加' 계급」, 『건대사학』 6, 1982, p. 24.

졌으며, 그런 전통으로 말미암아 스스로 부주部主를 선임하였고 수로왕을 맞는 향연饗宴을 독자적으로 준비하였다.

금관가야의 수로왕이 신라 연맹왕국에 복속한 두 소국의 영토 분쟁을 해결하기 위해 초청되었다. 음즙벌국音汁伐國은 파사婆娑니사금 때 신라 연맹왕국으로 완전히 병합되지만, 그때까지는 소연맹국을 형성하였다. 실직곡국悉直谷國과 음즙벌국이 경계를 다투었는데, 분쟁이 된 영토가 음즙벌국의 소속으로 되었다(『삼국사기』 권1, 파사니사금 23년 추 8월조). 이때 음즙벌국의 영토로 들어오게 된 지역은 성읍국가 또는 읍락의 기반을 가졌을 것이다.[47] 그렇다면 음즙벌국은 성읍국가의 영역을 확대해 나가면서 소연맹국을 구성하였다. 곧이어 음즙벌국이 신라 연맹왕국 내에 완전히 병합되었다.

병합되기 이전에도 음즙벌국은 신라 연맹왕국 속에 포함되어 있었다. 왜냐하면 음즙벌국이 실직곡국과의 영토 분쟁을 파사니사금에게 해결해 달라고 요구하였기 때문이다. 한기부주漢歧部主 보제保齊를 죽인 수로왕의 종[奴] 탐하리耽下里가 음즙벌주音汁伐主 타추간陁鄒干의 집으로 도망하여 숨었다. 국왕이 사람을 보내어 그 종을 찾게 하였으나 음즙벌국의 타추가 돌려보내지 않았다. 초기 신라 연맹왕국 내에 6부는 물론 다른 성읍국가가 속해 있었지만, 국왕은 성읍국가의 장과 엄격한 주종관계를 이루고 있지는 않은 듯하다.

한기부가 금관가야와 독자적 전쟁을 수행하였고,[48] 신라 연맹왕국

47 왜냐하면 民戶가 전혀 없는 황무지는 영토 분쟁의 대상이 될 수 없기 때문이다. 그렇다면 민호가 거주한 이 지역이 音汁伐國이나 悉直谷國의 어디에도 예속되어 있지 않았다면 독자의 통치조직을 가졌을 법하다. 따라서 이 지역에 읍락이나 이와 비슷한 정치조직이 있었을 것으로 생각한다.

48 『三國遺事』 권2, 駕洛國記조에 "名曰脫解 從海而來 身長三尺 頭圍一尺 悅焉詣闕 語於王云 我欲奪王之位故來耳 王答曰 天命我俾卽于位 將令安中國而綏下民 不敢違天之命 以

에 속하였던 음즙벌국의 장은 국왕이 찾는 수로왕의 종 탐하리를 돌려 보내지 않았다. 다만 국왕은 연맹왕국 내에 편입된 한기부의 성읍국가 때 가졌던 자치권을 간섭할 수 있어서 점차 연맹왕권을 강화해 가는 추세였다. 파사니사금은 6부에 명령하여 수로왕에게 향연을 베풀게 하였다. 국왕이 한기부 사람 부도夫道를 임의로 징집하였던 사실도 그 한 예이다. 당시 첨해니사금은 공工·서書·산算으로 저명한 부도를 징집하여 아찬으로 삼고 물장고物藏庫 사무를 맡겼다.

부도의 징집으로 강화되는 연맹왕권과는 달리 한기부주의 위상은 낮아질 수밖에 없다. 그리하여 신라는 음즙벌국·실직곡국·압독국을 완전하게 병합하면서 종전보다는 연맹권역 내의 지배권을 확실하게 수립하였다. 삼한 사회에 강력한 연맹왕국이 성립해 있지는 않았다. 고구려나 부여와 달리 삼한 지역에는 78개의 크고 작은 많은 국가가 존재하였다. 그 사회의 기초적 운영 단위가 성읍국가를 중심으로 영위되었기 때문이다. 3세기를 지나면서 소연맹국 중에서 백제나 신라와 같은 강력한 연맹왕국이 성립하였다. 연맹왕국이 성립하기 이전 삼한 사회에 특별히 별읍別邑이 등장하였다.

소연맹국이 성립하면서 큰 성읍국가에 내속來屬한 읍락이 별읍으로 존재하였다. 실직곡국과 경계를 다툴 당시 음즙벌국 내에 새로 들어온 부락공동체는 별읍으로 파악된다. 신라 연맹왕국으로 편입되기 이전 대구 지역에는 상당히 큰 성읍국가가 형성되어 있었다. 본래 대구 지역에는 정치적 색채를 농후하게 지닌 4개 세력 집단이 성립되어 있었는

與之位 又不敢以吾國吾民 付囑於汝 解云 若爾可爭其術 王曰可也 俄頃之間 解化爲鷹 王化爲鷲 又解化爲雀 王化爲鸇 于此際也 寸陰未移 解還本身 王亦復然 解乃伏膺曰"이라 하였다. 漢岐部는 신라의 吐含山을 포함한 동남 해안 지역에 있었다. 脫解와 首露의 재주 다툼은 婆娑尼師今 당시 한기부와 金官加耶와의 전쟁을 암시해 준다.

데, 석곽묘石槨墓를 조성한 시기에는 3개로 줄고 다시 석실묘石室墓를 조성한 시기에는 하나의 세력 집단으로 통합되었다.[49] 이렇게 해서 성립한 정치 세력은 큰 성읍국가였으며, 그 안에 다른 정치 세력 집단을 통합하면서 소연맹국을 형성하였다.

소연맹국 내에 편입된 다른 정치 세력 집단은 본래 읍락이었지만 별읍으로 존재하였다. 연맹왕국으로 형성되어 가는 과정에서 소연맹국은 어느 지역에나 존재할 가능성을 가졌지만 유독 삼한 사회에서 별읍의 존재가 뚜렷하게 나타나는 이유가 궁금해진다. 삼한의 여러 국가 내에는 소도蘇塗라 부르는 별읍이 있는데, 그 안에까지 국가의 지배권이 철저하게 미치지 못하였다. 삼한의 경우 별읍은 소연맹국 내에 거의 독립된 정치 세력 집단으로 존재하였다.[50] 이 점이 고구려나 부여 내에 있었을 법한 소연맹국의 상태와 다른 면이다. 『삼국지』 위서 동이전 한전에서 별읍을 특별히 기록한 이유가 여기에 있다.

삼한의 읍락 사회가 성읍국가를 이루어 가는 과정에서 별읍이 형성될 수 있었던 것은 그 사회의 정치적 결속력이나 통합 능력이 약한 데서 찾아야 한다. 이와 연관을 지어 낙랑군樂浪郡의 존재를 생각하지 않을 수 없다.[51] 낙랑군이 삼한 사회에서 경제적 수탈을 자행하였음은 염사치

---

49 윤용진, 「대구의 초기국가 형성과정—고고학적 자료를 중심으로—」, 『동양문화연구』 1, 1974; 『한국사논문선집 Ⅱ(고대편)』, 역사학회 편, 일조각, 1976, p. 46.

50 이현혜, 「삼한의 '국읍'과 그 성장에 대하여」, 『역사학보』 69, 1976, p. 14에서 小別邑은 독립된 자치적 정치 지도자에 의해서 統主되었으며, 國邑과 小別邑 集團은 상호 대등한 관계로 존립했다고 하였다. 그런데 소별읍은 바로 別邑이다.

51 김원룡, 「삼국시대의 개시에 관한 일고찰—삼국사기와 낙랑군에 대한 재검토—」, 『동아문화』 7, 1967, pp. 14~24에서, 樂浪郡은 大同江 유역의 조그만 조차지에 불과하며, 토착 사회에 끼친 영향이 거의 없다고 하였다. 이 논문이 발표되기 이전까지는 낙랑군이 토착 사회에 끼친 문화 영향을 너무 과대평가해 왔다. 마치 토착 사회의 문화가 낙랑군으로부터 개발되었다고 생각하였다. 낙랑군이 三韓 여러 나라의 성장 방향을 돌리거나 바꿀 수 있을 정도로 토착 사회에 대단한 영향을 준 것이 아님은 분명하다. 그러나 三韓 邑落

[廉斯鑡]설화에 잘 나타나 있다. 호래戶來와 같이 나무를 도벌하러 왔다가 잡혀서 노예가 된 1,500명의 낙랑 사람 중 이미 죽은 500명에 대한 변상으로, 염사치는 진한辰韓사람 15,000명과 변한포弁韓布 15,000필을 빼앗아 돌아갔다.

한군현의 경제 수탈에 시달린 삼한 읍락 사회는 발전이 더딜 수밖에 없었다. 낙랑군은 경제적 수탈에만 그치지 않고, 삼한을 더 수월하게 통어하기 위해 그 사회의 정치적 분열을 획책하였다. 읍락의 지배자 중 염사치 또는 소마시蘇馬諟 등은 낙랑군에 기식하여 권력을 누린 자들이다. 그런가 하면 하호下戶도 낙랑군에 조알朝謁하여 인수印綬와 의책衣幘을 착복하였다. 낙랑군이 읍락의 장에 대해 차등을 두어 관직을 내림으로써 이들과 각기 이해를 달리하여 관계를 맺었을 뿐만 아니라 이들의 지배를 받았던 하호에까지 암암리에 벼슬을 내렸다.

낙랑군의 처지에서 볼 때 삼한 사회에 대규모의 통합된 정치 세력이 등장하는 것은 바람직하지 않았다. 비록 삼한 사회에 소연맹국이 성립되었으나, 그 장長이 고구려나 부여 사회의 가加 계층과는 달리 읍락 사회에 대해 강력한 지배력을 행사하지 못하였다. 삼한 사회의 읍락이 별읍으로 나타나게 되는 원인 중 하나는 강한 연맹왕국이 성립하지 못한 데서 찾을 수 있다. 비록 소연맹국에 통합되었으면서도 그 장의 정치적 지배권에 반항할 수 있을 정도의 독자 세력을 행사하는 읍락이 별읍으로 등장하였다.

소연맹국과 별읍의 장이 각자의 읍락에서 독자 기반을 가졌다. 이러한 별읍은 낙랑군에 의해 삼한 토착 사회가 정치적으로 상호 견제되는 가운데 오히려 그 위치가 더욱 뚜렷하게 부각되었다. 삼한 읍락 사

社會의 성장에는 낙랑군의 존재가 어느 정도의 변수로 작용하였던 것은 분명하다.

회가 각각 어느 정도의 독자적 정치 세력으로 성장하였는가는 부락공동체적 성격을 얼마나 더 강하게 유지하였는가와 연관된다. 삼한 읍락사회는 고구려나 부여와 비교해 부락공동체적 성격을 훨씬 강하게 유지하였다. 토착신앙으로 묶인 부락제部落祭 등을 통하여 읍락의 공동체적 성격이 공고해졌다. 소도신앙은 이런 정치 사회적 상황 속에 성행하였다.[52]

삼한의 읍락이 성읍국가 단계를 거치면서 소연맹국으로 발전하였지만, 아직 강력한 연맹왕권을 가진 넓은 영역국가로 성장하지는 못하였다. 그리하여 정치적으로 그 사회는 작은 성읍국가부터 소연맹국까지 수많은 국가로 나뉘어 있었다. 3세기경이 되면서 삼한의 소연맹국은 연맹왕국으로 발돋움해 갔다. 그런데 삼한 토착 사회가 한군현으로부터 문화적 영향을 많이 받았으므로, 연맹왕국의 출현은 지역에 따라 달리 나타났다. 북쪽 한강 유역의 국가들이 낙랑군의 정치적 영향을 많이 받았을 것으로 생각하게 한다. 그러나 낙랑군이 미친 정치적 영향은 토착 읍락 사회 사이의 분열을 획책하는 것임이 틀림없다.

낙랑군에서 멀리 떨어진 지역에서는 오히려 읍락 거수渠帥 중심의 단합된 토착 세력이 형성되면서 연맹왕국을 이루어 갔다. 이렇게 해서 신라국가는 토착 세력이 주도하는 연맹왕국으로 커 나갔다. 반면 한강 유역의 읍락 사회에서는 거수 등의 토착 세력이 낙랑군에 복속되어 갔다. 거수 중심의 단합된 토착 세력이 커 나가지 못한 것은 이 같은 복속 과정을 더 순조롭게 만들었다. 낙랑에 복속한 신지 등 거수에 대항하는

52 蘇塗신앙은 部落祭를 거쳐 祭天儀禮로까지 나아갈 요소를 갖춘 토착신앙인데, 소연맹국이 성립되는 과정에서 別邑 중심으로 성행하였다. 이에 대해서는 別稿로 다루었다(김두진, 「삼한 별읍사회의 소도신앙」, 역사학회 편, 『한국고대의 국가와 사회』, 일조각, 1985).

소읍락 사회의 지배자들이 공존하였지만, 그들도 한군현漢郡縣의 비호를 은근히 받고 있었다. 한편 소읍락의 장이 독자적 소도신앙을 견지함으로써 토착신앙을 강조하였다. 물론 대국인 소연맹국의 장도 각자의 조상신을 받드는 소도신앙을 가졌어도 그들의 지배체제는 바로 낙랑군과 연결되었다.

낙랑군의 토착 사회에 대한 침입을 강화하는 시기에 한강 유역의 여러 국가가 단합할 필요를 절감하였다. 다만 이 지역의 연맹왕국인 목지국目支國이 단합의 중심 역할을 감당하지 못하였다. 사실 목지국은 그럴 정도로 강력한 연맹왕권을 형성시키지 못하였다. 이에 목지국을 대신할 새로운 연맹왕국의 성립이 요구되었다. 강력한 왕권을 가진 백제 연맹왕국은 이런 사회적 요구 속에서 출현하였다. 그리하여 초기 신라 연맹왕국은 오히려 토착 세력이 강한 사회를 형성하였지만, 한군현과 대항하면서 성립한 백제 연맹왕국은 왕실 세력이 강한 사회를 성립시켰다.

| 제2장 |

마한 소연맹국 사회와 귀신신앙

1. 마한의 소연맹국과 연맹왕권

(1) 마한의 소국과 소연맹국

『후한서』나 『삼국지』 동이전에 나타난 한국고대의 사회 단위로서 읍락邑落을 중시하여 이에 관한 심층적 연구가 이루어졌다.[1] 읍락은 기원부터 3세기에 존재한 부락공동체였고 농경지를 위시하여 산골짜기까지 포함하는 부락민部落民들의 생활 영역이었는데, 연맹왕국이 성립하면서 여러 가지 이유로 공동체적 성격이 무너져 변모해 갔다.[2] 읍락이 성장하면서 성읍국가城邑國家를 이루었는가 하면, 혹은 어떤 읍락은 성읍국가에 흡수 편입되기도 하였다.[3]

1 문창로, 『삼한시대의 읍락과 사회』, 신서원, 2000.
2 문창로, 「'읍락'의 역사적 실체」, 위의 책, 2000, pp. 81~87.
3 김두진, 「삼한시대의 읍락」, 『한국학논총』 7, 1985, pp. 27~28.

같은 기반을 가졌다고 하더라도 성읍국가로 성장한 읍락과 이웃 대국에 편입된 읍락은 구별될 수밖에 없다. 삼한시대 국가 내에는 국읍國邑이 있었으며, 또 이와는 별도의 별읍別邑이 존재하였다. 마한 사회의 읍락이 변모하여 국읍과 별읍으로 구별되고 있음을 유념해야 한다. 국읍이 별읍과 비교해 규모가 크거나 혈연적으로 종宗에 해당하는 대읍락大邑落을 지칭한다고 하여, 이미 그런 구별은 규모의 대소에 따라 나타난 것으로 파악하려 하였다.[4]

국읍과 별읍은 물론 크기에서도 차이를 가졌겠지만, 소속된 국가와의 관계에서 고찰하는 것이 더 중요하다. 우선 국읍과 국가와의 관계를 생각해 보자. 다음 기록은 이를 이해하는 데 도움이 된다.

> 대방帶方의 동남東南 대해大海 가운데 있는데, 산도山島를 의지하여 국읍國邑으로 삼았으며, 옛날에는 100여百餘 국國이 있었다.
>
> —『삼국지』 위서 동이전 왜인倭人전—

왜인倭人들의 국가는 국읍과 일치한 듯하다.[5] 산도山島를 국읍으로 삼

---

4 武田幸男, 「魏志東夷傳にみえる下戸問題」, 旗田巍·井上秀雄 編, 『古代の朝鮮』, 東京: 學生社, 1974, p. 26; 이현혜, 「삼한의 '국읍'과 그 성장에 대하여」, 『역사학보』 69, 1976, p. 14에서 國邑이 大邑落을 가리키며 餘他의 邑落과 구별되는 것은 그 안에 別邑이 존재하고 있는 점이라 하였다.

5 倭의 城邑國家가 山島를 중심으로 이루어져 있다. 그것은 바로 邑落의 규모와 일치한다고 생각한다. 당시 읍락은 農耕地를 위시하여 山谷까지 포함하고 있었다. 挹婁의 읍락은 "處山林之間 常穴居 大家深九梯 以多爲好"(『三國志』 魏書 東夷傳 挹婁전)라 하였고, 三韓에서는 "出其邑落 見田中驅雀男子一人"(『三國志』 魏書 東夷傳 韓전)이라 하였다. 읍락 간에는 서로 경계가 있어서 "山川各有部分 不得妄相涉人"(『三國志』 魏書 東夷傳 濊전)이라 하였다. 그러므로 읍락을 서로 침범하였을 경우 生口나 牛馬로써 罰責하게 하는 責禍 풍속이 있었다.

은 100여 국에 이르는 왜국倭國은 성읍국가이다.[6] 마한 지역의 국읍 규모도 처음에는 성읍국가의 영역과 일치하였다.

성읍국가가 발전하여 영역을 확대하면서 다른 읍락은 물론 이웃 소국을 편입하였다. 이때 영역 확대의 주체가 된 성읍국가는 국읍이 되었다면 그 외 편입된 소국이나 읍락이 별읍이다. 마한의 국가들은 모두 별읍을 갖지는 않았다. 국읍 외에 별읍, 곧 다른 읍락을 흡수한 국가는 영역 면에서 더 큰 규모를 가졌다. 별읍을 가진 성읍국가를 소연맹국小聯盟國으로 파악하고자 한다.[7] 소연맹국을 다스리는 소국이나 읍락이 국읍이다. 국읍 중심으로 소연맹국의 통치 영역이 이루어졌다. 국읍에 거주하는 소연맹국의 지배자는 편입한 읍락이나 소국인 별읍을 관장하였다.

일반적으로 마한 지역 성읍국가의 인구는 1만 명 정도였고,[8] 그 영역은 대략 50리里 내외의 반경을 가졌을 것으로 이해된다.[9] 이런 모습의 국가는 삼한의 소국에 해당하며 인구가 더 적은 국가도 있었다. 이미 강력한 영도력을 가진 성읍국가의 지배자들이 영역을 확대하여 구축한 소연맹국은 마한의 대국이다. 당시 고구려가 확실한 연맹왕국을 형성하였음에 비해 마한은 상징적 연맹왕국을 성립시켰다. 마한 연맹 내에 흡수된 소연맹국은 거의 독립적 통치 영역을 이루고 있었다.

마한 연맹에 속한 대국은 물론 소연맹국에 흡수된 소국도 독자적 통치 영역을 가졌다. 연맹왕국체제가 확립되지 않아 정치적으로는 독립적 형세를 유지하였으므로 마한 소연맹국은 오히려 그 사회의 주도적

---

6 문창로, 「읍락 사회와 그 변천과정」, 『삼한시대의 읍락과 사회』, 신서원, 2000, pp. 101~102.

7 小聯盟國의 정의에 대해서는 김두진, 「삼한시대의 읍락」(1985, p. 27)의 주 22 참조.

8 김정배, 「삼한사회의 "국"의 해석문제」, 『한국사연구』 26, 1979, p. 4.

9 백남욱, 「"삼국지" 한전의 '국'에 관한 문제」, 『백산학보』 26, 1981, p. 46.

위치를 차지하였다. 그중 하나가 영도권을 쥐면서 연맹왕국을 성립시켰다. 삼한의 여러 국가나 소별읍小別邑에는 각각 거수渠帥가 거주하였다. 거수는 성읍국가나 별읍의 지배자이다.

마한 연맹 내 여러 국가의 지배자인 신지나 읍차 등의 칭호는 국가 규모와 연관하여 붙여진 이름이다. 한군현漢郡縣은 마한의 신지에게 읍군邑君의 인수印綬를 가하고 그다음에는 읍장邑長의 인수를 내렸다(『삼국지』 위서 한전). 마한의 국가나 별읍의 장에게 내린 이런 직함의 구별은 마치 옥저나 동예 연맹왕국 내에 존재한, 거의 독립된 읍락의 지배자에게 후侯·읍군邑君·삼로三老라는 직함을 구별하여 내린 것과 비교된다. 적어도 신지가 지배한 국가 중에는 소연맹국이 있었다.[10]

소연맹국으로 성립한 마한의 대국은 그리 많지 않았다. 소연맹국은 마한 연맹의 맹주인 목지국보다는 크지 않았을지라도 비슷한 규모를 이루었다. 목지국도 소연맹국체제를 크게 벗어난 것은 아니었다. 따라서 연맹왕실은 소연맹국이나 성읍국가의 지배자들을 왕권에 복속된 존재로 굳건하게 묶지 못하였다. 목지국이나 다른 소연맹국 지배자는 연맹왕권을 확고하게 수립하는 과정에서 아직도 서로 경쟁자였으며, 그 사이 역학 관계의 변화에 따라 반드시 당시 맹주가 연맹왕국 왕실로 고착될 수도 없었다.

마한 소국이 소연맹국 내에 복속해 들어왔을 경우 국읍國邑으로부터

---

10 『三國志』 魏書 東夷傳 韓전에 "臣智或加優呼臣雲遣支報安邪踧支濆臣離兒不例拘邪秦支廉之號"라 하였다. 이 부분은 명확하게 해석되지 않지만, 臣智 중에 "優呼臣雲遣支報 安邪踧 濆臣離兒不例 拘邪秦支廉"의 호칭을 더 붙였던 것 같다. 그 호칭이 優呼臣雲遣支報·安邪踧支·濆臣離兒不例·拘邪秦支廉之號 등의 몇 개로 갈라질 수 있는지 또는 그것이 모두 하나의 칭호인지는 분명하지 않다. 다만 그런 호칭을 더 붙여 사용한 신지는 그렇지 못한 신지와 구별되었다. 그 경우 전자가 다스린 국가는 규모 면에서 후자가 다스린 그것보다 컸을 것이고, 연맹왕권이 더 강한 소연맹국으로 성립되어 있을 것이다.

어느 정도의 정치적 제약을 받았을 것이다. 소연맹국 사회를 이해하기 위해 마한 내에 존재한 여러 소국이 상호 간 또는 소연맹국과 어떤 관계로 결속하였는지를 살펴볼 필요가 있다. 우선 소연맹국과 그 안에 편입된 소국과의 관계를 파악하는 데 고구려 연맹왕국의 다음 기록이 참고된다.

> 송양松讓이 나라를 들어 내항來降해 오자, (고구려는) 그 땅을 다물도多勿都로 삼고 송양으로 다스리게 하였다.
>
> —『삼국사기』 권13, 시조 동명성왕始祖 東明聖王 2년, 하夏 6월조—

송양국松讓國이 고구려에 내항하였다. 주몽朱蒙은 그 나라를 다물도多勿都로 만들었지만, 여전히 송양이 그곳을 다스리게 하였다. 이때의 다물도는 소연맹국 내의 별읍과 비슷한 성격으로 고구려 연맹왕국 속에 포함되었다.[11]

송양이 다물도에서 이전부터 주관한 조상신에 대한 제사를 독자적으로 담당하였지만, 정치적으로 고구려 연맹왕국과는 어떤 관계에 있었는지 궁금하다. 그는 다물도에 대한 독자적 통치권을 행사하였으나, 한편으로는 고구려로부터 상당한 제약을 받았음도 분명하다. 그런 제약 중 하나로 조세를 걷어 공납貢納하였다고 생각한다. 실제 고구려는 옥저의 여러 소국을 복속하고는, 그중 대인大人을 사자使者로 삼아 조세를 걷어 바치게 하였다.[12]

---

11 문창로, 「읍락 사회의 거수와 그 정치적 성장」, 『삼한시대의 읍락과 사회』, 신서원, 2000, p. 177.

12 『後漢書』 東夷列傳 東沃沮전에 "其土迫小 介於大國之間 遂臣屬句麗 句麗復置其中大人 遂爲使者 以相監領 責其租稅"라 하였다.

소연맹국 내에 복속한 소국의 지배자들은 국읍의 지배자로부터 공부貢賦를 강요받았다. 그 과정에서 그들이 정치적으로도 어느 정도 구속되었을 것이다. 다만 신라 경우이지만 연맹왕국에 복속한 소국의 지배자와 연맹왕과의 관계는 소연맹국체제를 이해하는 데 참고가 된다. 음즙벌국音汁伐國과 실직곡국悉直谷國은 모두 신라 연맹왕국 속에 복속되어 있던 소국인데, 그 지배자가 인접한 지역을 서로 차지하려는 영토분쟁을 전개하였다. 또한 신라 연맹왕국 내에 복속된 한기부漢歧部는 금관가야金官伽倻와 독자적 전쟁을 수행하였다.

음즙벌국이나 한기부가 자치권을 가졌으며, 제사는 물론 군사 등에서 연맹왕의 간섭을 받지 않았다고 생각한다.[13] 마한 연맹 내 소연맹국과 별읍이나 연맹왕과 여러 소국 지배자도 비록 공부나 통치권 면에서 약간의 제재를 주고받았을지라도 상호 독립적 통치 영역을 형성하였다. 그래서인지 여러 소국 사이의 결속력은 외부의 침입에 대해 공동으로 대항할 정도로 공고하게 맺어졌던 것 같지는 않다. 진한辰韓의 우거수右渠帥 염사치[廉斯鑡]는 낙랑의 토지가 아름답고 사람들이 살기에 좋다는 말을 듣고, 그 읍락을 나와 낙랑군에 내항하였다. 염사치는 염사廉斯 읍락의 지배자이다.

염사는 진한 또는 마한 소연맹국 중 하나에 포함되어 있던 읍락이었다.[14] 그런 염사가 소연맹국에서 떨어져 나왔으며 결국 낙랑군에 내속內屬하였다. 후한 광무제가 염사치와 같은 인물로 추정되는 소마시蘇馬諟를 염사읍군廉斯邑君으로 봉하자, 염사읍은 낙랑군에 속하였다고 하였다. 읍군으로 봉해지는 염사는 읍락에서 벗어나 성읍국가를 이루었

13 김두진, 앞의 논문, 1985, pp. 40~41.
14 김두진, 앞의 논문, 1985, p. 26.

을 것이다. 읍락 또는 염사 소국은 낙랑군에 내속함으로써 마한 연맹국에서 벗어났다.[15] 곧 염사 소국은 마한 소국들과의 결속력이 약해서 언제든지 계기만 주어지면, 그들로부터 이완하여 낙랑군에 복속할 수 있었던 존재였다고 생각한다.[16]

염사 소국의 이완은 진한 또는 마한 연맹국에서 벗어나 낙랑군으로 항복해 가는 면을 보여 주지만, 마한 별읍이 복속한 소연맹국에서 이완하여 다른 소연맹국으로 내속하는 것도 쉽게 이루어졌을 것으로 추측하게 한다. 마한 54국 중에 신소도국臣蘇塗國의 존재가 이를 알려 준다. 신소도국은 정치적 총 맹주인 진왕辰王의 목지국目支國과 비견되는 종교적 대소도大蘇塗라고 이해한다.[17] 그것은 큰 별읍別邑으로서 그 맹주로 간주되었다. 별읍이 국읍에 대해 종속적 위치에 있던 사회 상황 속

15 廉斯 邑落은『三國志』魏書 東夷傳 韓전에 나오기 때문에 일단 馬韓에 있었다고 추론된다. 물론 廉斯鑡가 辰韓 右渠帥여서 염사 읍락은 진한에 속했던 것으로 추측하지만, 뒤에 樂浪이 배로 공격할 수 있는 지역에 존재하였을 것이기 때문에 韓半島의 서남 지역에 있었다고 생각한다. 설령 염사가 마한 지역에 있지 않았다고 해서 이 글의 논리가 부정되는 것은 아니다.

16 小聯盟國으로부터 小國이나 읍락이 쉽게 이완하는 것은 유독 三韓 사회만의 특성으로 부각할 수는 없다. 당시 소연맹국은 물론 연맹왕국 내에 들어온 소국이나 읍락의 결속력이 약해서 거기로부터 이완하여 다른 소연맹국이나 연맹왕국으로 內屬해 가는 것은 보편적으로 나타나고 있었다.『三國志』魏書 東夷傳 韓전에는 “魏略曰 初右渠未破時 朝鮮相 歷谿卿 以諫右渠不用 東之辰國 時民隨出居者二千餘戶”라고 하여 歷谿卿은 右渠王과 뜻이 맞지 않자 魏滿朝鮮을 떠나 辰國으로 갔다. 역계경이 거느리고 삼한으로 간 二千餘戶는 그 무리의 규모로 보아, 소국 이상의 정치조직을 가졌음이 분명하다. 또 고구려 瑠璃王代에 大輔 陜父는 國內城으로의 遷都에 반대하여 “王新移都邑 民不安堵 宜孜孜焉 刑政之是恤而不念此 馳騁田獵 久而不返 若不改過自新 臣恐政荒民散 先王之業墜地 王聞之震怒 罷陜父職 俾司官園 陜父憤去之南韓”(『三國史記』권13, 瑠璃王 22년조)이라 하였다. 陜父도 역계경과 같이 파악해도 좋을 듯하다. 그는 성읍국가의 기반을 가졌을 것인데, 고구려 연맹왕국을 떠나 南韓으로 내려갔다. 그렇지만 삼한 사회에서는 강한 연맹왕권이 존재한 다른 사회에서보다는 小國 간의 결속이 더 쉽게 이완되었을 것으로 생각한다.

17 이병도, 「삼한문제의 신고찰」, 『진단학보』 1~8, 1934~1937; 『한국고대사연구』, 박영사, 1976, p. 282.

에서 신소도국이 별읍의 종교적 맹주였는지는 분명하지 않으나 본래는 소도蘇塗, 즉 별읍이었을 것이다.

이전 읍락이나 성읍국가로서의 세력 기반이 튼튼하였던 별읍은 소속된 소연맹국의 정치적 통제에서 벗어났다. 이렇게 해서 성립한 신소도국은 오히려 그 안에 다른 소국이나 읍락을 편입하여 소연맹국으로까지 발전하였다.[18] 신소도국이 원래 속하였던 소연맹국의 별읍 상태에서 벗어나 마한 54국 중의 하나로 성장한 이유는 서산瑞山 지역에 위치하여[19] 해로를 통해 들어오는 새로운 세력을 받아들임으로써 독립된 정치적 통치권을 다시 확립할 수 있었던 데서 찾아야 한다.

우수한 기술 문화를 가지고 들어온 유이민이 강인한 자기 세력 기반을 갖추지 못한 채 지배 세력으로 군림한 경우에는 오히려 별읍 사회로 존재하던 선주先住한 토착 부족이 그들을 제압하면서 사회의 주도 세력으로 성장하였다.[20] 별읍에서 벗어난 토착 부족의 읍락은 독립된 통치권을 갖는 국가로 성장하였고, 다시 주위 읍락이나 소국을 흡수하여 소연맹국을 이루면서 국읍이 되었다. 마한 사회는 소연맹국 중심의 통치권이 형성되어 있었는데, 그 안의 별읍인 소국과 소연맹국 또는 소국 상호 간의 결속은 공고하지 못하였다. 이런 경향은 그 사회의 연맹왕권이 강대해져 강력한 집권적 연맹왕국이 성립하면서 점차 없어졌다.

---

18 김두진, 「삼한 별읍사회의 소도신앙」, 역사학회 편, 『한국고대의 국가와 사회』, 일조각, 1985, pp. 117~118.

19 이병도, 앞의 논문, 앞의 책, 1976, p. 266.

20 이런 경우는 斯盧 小聯盟國 단계를 설정할 수 있다. 박씨족이 정치적 지배권을 행사할 때 김씨족은 사로 소연맹국에 別邑을 형성하여 소도신앙을 고수하였을 것이다. 그렇지만 김씨족은 선주 토착 부족으로서의 세력 기반이 强仍하여 신라 연맹왕국에서 중앙집권적 귀족국가로 성장해 가는 과정에서 오히려 주도적 역할을 담당하였기 때문에 뒤에는 그들 중심의 神聖族 관념과 독립된 건국신화를 형성시킬 수 있었다(김두진, 「신라 건국신화의 신성족 관념」, 『한국학논총』 11, 1989, pp. 40~44).

(2) 소연맹국의 연맹왕권 성장

마한 사회에 연맹왕국이 성립하지 않은 것은 아니지만, 왕권이 약해서 연맹왕국 중심으로 사회체제가 정비되었다기보다는 오히려 소연맹국 중심의 사회가 영위되었다. 소연맹국이나 여러 소국의 지배자들이 그 사회를 움직이는 실질적 세력이었다. 다만 마한 사회에 목지국目支國 중심의 상징적 연맹왕국은 분명히 성립되어 있었다. 마한의 목지국이나 연맹왕국을 이해하기 위해 다음 기록을 참고해 보자.

① 무릇 50여 국國이며 … 총 10여만 호戶인데, 진왕辰王은 목지국目支國을 다스렸다.

—『삼국지』 위서 동이전 한전—

② 진한辰韓은 옛날의 진국辰國이며, 마한馬韓은 서쪽에 있어 그 백성이 토착민土着民이다.

—『삼국지』 위서 동이전 한전—

③ 그 12국은 진왕辰王에게 속하였다. 진왕은 항상 마한인馬韓人으로 세워져서 세세世世로 이어져 왔으며, 자립하여 왕이 되지 못하였다(위략魏略에서 말하기를, 그 백성들이 유이流移한 사람이므로 마한의 다스림을 받았음이 분명하다고 하였다).

—『삼국지』 위서 동이전 변진전—

④ 준準이 이미 왕王으로 잠칭僭稱하다가 연燕의 망인亡人인 위만衛滿에게 나라를 빼앗긴 고로, 좌우의 궁인宮人을 거느리고 해로海路를 통해 한韓 땅에 와서 거주居住하면서 스스로 한왕韓王이라 불렀다.

—『삼국지』 위서 동이전 한전—

마한 사회에 연맹왕국의 존재를 뚜렷이 밝히려는 작업은 진국辰國과 진왕辰王에 대한 실체를 부각하는 것이다. 이에 관해서는 상당히 많은 연구가 이루어졌으나 서로 심한 견해차를 보임으로써 오히려 혼동을 조장한 느낌을 준다.[21] 물론 여기서는 진국 문제를 본격적으로 다루려는 것은 아니다.

진왕과 진국은 연관된다고 생각한다. 다만 진국이 진한辰韓 이전에 존재한 국가(정치조직체)였는데 진왕이 변진弁辰의 12국을 관장하였으므로, 시기상으로 진국과 진한은 반드시 연결되지는 않는다.[22] 다만 분명한 것은 진왕辰王이 마한 54국 중 하나인 목지국의 지배자이면서 진한 12국을 관장한 사실이다. 그렇다면 진왕은 연맹왕국을 이루었고, 그 맹주인 목지국의 왕이었다. 또한『후한서』에서는 진왕이 목지국에 도읍을 정하고 삼한을 다스렸다고 기록하였다.[23]

『후한서』의 기록은 옛날 진국의 영역이 4,000여 리里여서 동쪽과 서쪽은 바다로 끝을 삼았다는[24] 내용과 연관하여 나타났을 것 같다. 적어도 삼한 지역을 아우르려는 연맹왕국 의식이 뒤에 마련되었고, 그것을 진국의 설정으로 기록하였다. 그 결과 진왕은 삼한 사회에 존재한 연맹왕이 되었다. 관념상으로 진왕은 마한 또는 변한과 진한을 포함한 삼한 전체의 연맹왕이었던 듯하다. 마한 54국 총 호수戶數를 거론하면서 바

---

21 북쪽의 古朝鮮과 대응해 남쪽의 辰國이 삼한 지역 전체를 지배하였다. 그리하여 진국에서 마한으로, 다시 여기서 삼한이 성립한다고 고대사의 체계를 세우려는 것은 큰 의미가 없다. 오히려 진국은 당시 주위에 존재한 衛滿朝鮮·眞番 등과 함께 일정한 통치 영역을 갖춘 국가로 보는 것이 타당하다(김정배, 「준왕 및 진국과 '삼한정통론'의 제문제」, 『한국사연구』 13, 1976; 『한국고대의 국가기원과 형성』, 고려대학교 출판부, 1986, pp. 275~276).

22 김정배, 위의 논문, 위의 책, 1986, p. 279에서 辰國과 辰王의 연결을 부정적으로 서술하였다.

23 『後漢書』 東夷列傳 韓전에는 "辰王都目支國 盡王三韓之地"라 하였다.

24 『後漢書』 東夷列傳 韓전에는 "地合方四千餘里 東西以海爲限 皆古之辰國也"라 하였다.

로 진왕이 목지국을 다스렸다고 하였다. 『삼국지』의 이런 표현은 진왕이 마한 연맹왕인 것으로 추측하게 한다.

목지국은 예산禮山 지역에 있었으며, 1만여 가家에 이르는 대국이어서 마한의 중심이 되었다.[25] 목지국 외에도 1만여 가에 이르는 대국은 금마면金馬面 일대에 존재한 건마국乾馬國을 비롯하여[26] 소연맹국을 형성한 몇 개의 국가가 더 있었다. 그런 면에서 목지국의 지배자가 진왕辰王이라 칭했을지라도 사실 그 국가 기반은 연맹왕국체제를 갖춘 것 같지 않다. 진왕은 마한 연맹왕국을 의식한 상징적 왕호이다.[27] 마찬가지로 대동강大洞江 유역에서 연맹왕국을 형성했던 준準이 남하南下하여 자칭한 한왕韓王은 비록 삼한 지역에서 소연맹국 이상으로 지배 영역을 확보하지 못하였어도 이전 연맹왕실의 경험에서 오는 상징적 칭호라고 생각한다.

진왕은 스스로 왕이 되지 못했음을 한결같이 강조하였다. 이 점은 진왕이 연맹왕의 상징에 불과하였으며, 실제 연맹왕권은 확실하게 성립되지 않았거나 아주 미약했을 것으로 추측하게 한다. 다음 기록을 참고해 보자.

국읍國邑에는 비록 주수主帥가 있으나 읍락邑落에 잡거雜居하므로 능히 서로 잘 제어制御할 수 없다.

—『삼국지』 위서 동이전 한전—

25 김정배, 「목지국고」, 앞의 책, 1986, p. 287.

26 김정배, 「삼한사회의 "국"의 해석문제」, 앞의 책, 1979, p. 11.

27 『三國志』 魏書 東夷傳 弁辰전에 "十二國亦有王"이라 한 표현은 각 小國의 渠帥들을 별 의미 없이 '왕'으로 나타낸 것에 불과하다. 또한 丁仲煥, 「辰國·三韓及加羅 名稱考」(『부산대 개교십주년기념논문집』, 1956, p. 10)에서는 辰國을 삼한 지역 전체에 대한 막연한 汎稱, 즉 '臣智의 나라'라는 뜻을 가진 상징적 의미로 파악하였다.

이 기록에 대한 해석은 연구자들 사이에 상당한 견해 차이가 있다. 대체로 주수主帥가 국읍에 거주해야 하지만, 그렇지 않고 각자의 읍락에 머무는 것으로 이해한다.

연맹왕국이 성립하면 그 안에 편입된 소국의 지배자들이 자신의 읍락을 떠나 국읍, 즉 왕경王京에 거주하는 중앙귀족으로 전화하면서 연맹왕권은 강해졌다. 연맹왕국이 강대해져서 원래 소국의 지배자인 주수가 중앙귀족으로 등장하면 부여나 고구려의 '가加'나 '사자使者'와 동등한 존재가 된다.[28] 특히 가는 왕경에 머물면서 본래 가졌던 읍락을 지배하였다. 반면 강력한 연맹왕권이 성립되지 못했을 경우 소국 지배자들은 국읍國邑에 머물지 않고, 각자의 읍락에 거주하면서 소국의 실질적 통치권을 행사하였다.

대군장大君長이 없는 옥저沃沮나 읍루挹婁 사회의 읍락에는 모두 지배자인 장수長帥나 대인大人이 거주하고 있었다.[29] 대군장이 없다는 것은 그 사회에 연맹왕이 존재하지 않았음을 뜻한다. 동예東濊에서도 대군장이 없었다. 낙랑군과 대방군帶方郡은 동예 사회 내 비교적 큰 국가의 지배자였던 불내예후不耐濊侯 등을 왕으로까지 봉封하였다. 그런데 그들은 민간에 잡거雜居하였으므로[30] 자신의 읍락에 거주하고 있었다. 동예나 옥저·읍루 사회에도 강력한 연맹왕권이 성립되지 않았으며, 그런 사정은 마한의 사회상과 비슷하다고 생각한다.

---

28 문창로, 「읍락 사회의 거수와 그 정치적 성장」, 앞의 책, 2000, p. 183.

29 『三國志』 魏書 東夷傳 東沃沮전에는 "無大君王 世世邑落 各有長帥"라 하였고, 挹婁전에는 "無大君長 邑落各有大人 處山林之間"이라 하였다. 이런 표현은 『三國志』 魏書 東夷傳 韓전의 "國邑雖有主帥 邑落雜居"라는 내용과 연결된다고 생각한다. 그런데 연맹왕권이 성립된 夫餘의 邑落에는 豪民이 있었고 그 지배자였던 渠帥 등은 王京에 거주하였다.

30 『三國志』 魏書 東夷傳 濊전에서 "不耐濊王 居處雜在民間"이라 했는데, 이것은 韓의 主帥가 "邑落雜居"한 표현과 같이 이해될 수 있다.

마한 사회의 상징적 연맹왕인 진왕은 비록 존재하였어도 목지국을 통치하는 데 그쳤다. 소국 지배자들이 거의 모두 각자의 읍락에서 독자적 통치 영역을 확보하고 있어서 연맹왕에 의한 그들의 일률적인 통치는 거의 불가능하였다. 그래서 읍락에 잡거한 주수들은 서로 잘 제어할 수 없었다. 한강 유역에서 백제가 점차 크게 성장하면서 마한 사회의 연맹왕권도 서서히 강대해져 갔다. 다음 기록은 마한 연맹왕권 모습을 알려준다.

① 마한왕馬韓王이 사신使臣을 보내어 꾸짖어 말하기를 "왕王(온조溫祚)이 처음 강을 건너왔을 때는 발을 디딜 곳이 없었으므로 내가 동북東北의 100리百里 땅을 떼어 주어 안주安住케 하였으니, 왕에 대한 대접이 후하지 않음이 없었거늘 마땅히 보답할 바를 생각해야 할 터인데 지금 나라가 완전完全하고 백성이 모여드니 나와 더불어 대적할 자가 없다고 생각하여 크게 성지城池를 만들고 우리의 강역을 침범하니 그리고도 의리가 있다고 하겠는가"라고 하였다. 왕은 부끄럽게 여겨 그 책柵을 헐어 버렸다.

—『삼국사기』 권23, 시조 온조왕 24년조—

② 호공瓠公을 보내어 마한馬韓을 예방하였다. 마한왕馬韓王은 호공을 꾸짖으며 "진辰·변卞 두 나라는 우리의 속국屬國인데, 근년에 들어 조공을 바친 일이 없으니 사대事大의 예禮가 이러할 수 있는가"라고 하였다.

—『삼국사기』 권1, 시조 혁거세거서간始祖 赫居世居西干 38년조—

이 기록의 마한왕馬韓王이 진왕辰王으로 불린 연맹왕이라고 생각한다.[31] 마한왕은 『삼국지』 위서 동이전 한전에 보이는 진왕보다 훨씬 강

---

31 馬韓王은 辰王이 아니라 하더라도 목지국 정도의 세력 기반을 가진 소연맹국을 확대한 연

화된 연맹왕권을 행사하였다. 우선 백제의 성책城柵 쌓는 일을 중단시켰으며, 사로국斯盧國에게 조공을 강요하면서 그 사신을 강하게 꾸짖었다.

다만 마한의 연맹왕권이 강화된 시기에 백제나 사로국 같은 소연맹국도 연맹왕국으로 성장하여 상당한 연맹왕권을 행사하였던 것 같다. 또 그렇게 될 수밖에 없을 정도로 마한 사회가 변하고 있었다. 그런 변화를 가능하게 한 것은 3세기 중엽에 낙랑군과 마한 사이에 외교 문제로 말미암아 일어난 잦은 전쟁이었다. 다음에서 이를 이해해 보자.

> ① 건안建安 중에 공손강公孫康이 둔유현屯有縣 이남의 황무지를 대방군帶方郡으로 삼아, 공손모公孫模·장창張敞 등을 보내어 유민들을 수집收集하고 병사를 일으켜 한예韓濊를 토벌하였다.
>
> —『삼국지』 위서 동이전 한전—
>
> ② 부종사部從事 오림吳林은 낙랑樂浪이 본래 한국韓國을 통치하였다고 하여 진한辰韓 8국을 나누어 낙랑에게 주었다. 이吏가 그것을 통역으로 전하면서 이동異同이 있게 되니, 신지臣智가 노해서 대방군帶方郡의 기리영崎離營을 공격하였다. 이때 태수太守 궁준弓遵과 낙랑태수樂浪太守 유무劉茂가 병사를 일으켜 쳐왔는데, 궁준은 전사하였으며 2군二郡은 드디어 한韓을 멸망시켰다.
>
> —『삼국지』 위서 동이전 한전—

3세기 초에 공손강公孫康이 대방군을 세우면서 한강 유역의 마한 소

맹왕국의 통치자인 聯盟王이다. 그러므로 마한왕은 진왕과 같은 기반에서 출발하였고, 그와 같은 성격으로 파악해도 좋을 듯하다. 또 이 글에서는 마한 연맹왕의 성격을 문제 삼기 때문에 마한왕을 진왕으로 파악해도 논리가 모순되는 것은 아니다.

국들과 한군현漢郡縣 사이에 불화가 자주 일어났다. 한군현이 토착 사회의 소국들에 대한 군사적 침략을 자행하였기 때문이다. 진한 8국을 분할한 부종사部從事 오림吳林의 외교와 그 통역 문제도 이런 침략을 유발하는 한 요인으로 작용하였다.

한강 유역의 소국들이 한군현의 침입에 효과적으로 대처하기 위해 연맹을 결성할 필요를 느꼈다.[32] 이런 연맹은 이미 존재한 연맹왕국이 강력한 영도력을 발휘하였다면, 그것을 중심으로 더 굳건하게 뭉쳤을 것이다. 그러나 현실적으로 한군현의 침입을 직접 맞닥뜨리는 한강 유역의 국가들이 상호 굳건한 연맹을 결성하였다. 이 지역에서 소연맹국을 형성한 백제가 연맹을 주도하면서 연맹왕권을 강화해 갔다. 3세기 중엽 한군현과 싸운 마한의 신지臣智는 백제 연맹왕국을 통솔하였는데,[33] 대방 태수 궁준弓遵을 전사시킬 정도로 강한 군사력을 지닌 연맹왕권을 가졌다.

삼한 사회에 강력한 영도력을 갖는 연맹왕국의 출현은 낙랑군의 방해로 말미암아 쉽게 이루어지지 못했는데,[34] 한군현과의 분쟁은 한강 유역뿐만 아니라 마한 사회에서 여러 소국의 결속을 공고하게 만드는 계기가 되었다. 이런 불화의 여파로 진왕의 권한이 강화되어 갔다. 마한 지역에서 비교적 강력한 왕권을 가진 연맹왕국도 출현하였다. 마한왕

32 이병도·김재원, 『한국사—고대편—』, 을유문화사, 1959, p. 348.

33 천관우, 「〈삼국지〉 한전의 재검토—삼한고 제2부—」, 『진단학보』 41, 1976, p. 8. 천관우는 「목지국고」(『한국사연구』 24, 1979, pp. 20~21)에서 마한의 진왕을 백제왕으로 추정하였다.

34 『三國志』 魏書 東夷傳 韓전에 "諸韓國臣智 加賜邑君印綬 其次與邑長 其俗好衣幘 下戶詣郡朝謁 皆假衣幘 自服印綬衣幘 千有餘人"이라 하였다. 漢郡縣은 소국의 지배자들에게도 그 세력에 따라 邑君·邑長 등 차등 있게 印綬를 내렸거니와, 피지배자인 下戶에게까지 암암리에 인수를 내리고 있다. 이런 점은 토착 사회의 소국 지배자들이 한군현에 대한 이해를 서로 달리하게 함으로써 공통의 이해로 뭉쳐 크게 연합한 정치 세력으로 등장하지 못하게 하였다. 곧 한군현은 토착 사회를 정치적으로 분리 통치하는 정책을 세웠다.

은 상징적 연맹왕이었던 진왕의 전통을 이었기 때문에 연맹왕국을 성립시키는 데에 유리하였다. 백제나 사로국을 꾸짖으며 제어하던 마한왕은 이 과정에서 성장한 연맹왕국의 왕이었다. 처음 마한왕은 백제나 사로국을 통할하였다.

3세기 이후에는 백제나 사로국이 연맹왕국으로 정립해 갔다. 소연맹국이던 백제가 한군현의 침입을 막아야 할 한강 유역의 현실적 욕구로 말미암아 신속하게 연맹왕국으로 성장하였다. 그러므로 실제 그 세력 기반은 탄탄한 결속력을 지녔다.[35] 낙랑군으로부터 가장 멀리 떨어져 있던 진한의 사로국이 연맹왕국으로 성립해 가는 사정도 그 지역의 특수한 여건과 연결되어 있었지만,[36] 백제 다음으로 연맹왕권을 강화하여 갔다. 백제나 사로국 등이 연맹왕국 세력을 넓혀 가는 속에 목지국이 이끌던 마한 연맹왕국은 세력 기반이 축소되면서 이들 나라에 의해 축출되었다.

2. 마한 종교사회의 발전

(1) 소연맹국 내의 별읍 사회

연맹왕국이 출현했어도 마한은 소연맹국 중심으로 정국을 운영하였다. 소연맹국 내에는 국읍과 별읍이 있었다. 국읍은 소연맹국을 주도

35 이현혜, 「소연맹체의 대두와 삼한의 분립」, 『삼한사회 형성과정 연구』, 일조각, 1984, p. 176에서 철기의 유입 등으로 인해 伯濟國 중심의 소연맹체가 진왕 중심의 전통적인 맹주국의 제반 기능을 장악하여 그것을 능가하였다고 하였다.

36 이종욱, 「사로국의 성장과 진한」, 『한국사연구』 25, 1979, p. 17에서 斯盧國이 정복국가로 크게 성장해 간 이유로 낙랑과 백제와의 陸路가 각각 개통된 사실을 들었다.

한 읍락이나 소국이다. 다만 소연맹국을 이루지 못한 성읍국가城邑國家도 국읍으로 파악된다. 곧 소연맹국은 물론 성읍국가에도 모두 국읍이 있었다. 반면 복속된 읍락이나 소국인 별읍은 소연맹국 내에만 존재한다. 그러므로 별읍에 대한 이해가 소연맹국체제를 규명하는 첩경이 될 것이다.

별읍 사회도 삼한 여러 국가와의 관계를 고려해서 밝혀야 한다. 기록상 삼한 사회에는 성읍국가를 포함한 78개의 크고 작은 국가가 존재하였다. 그 국가의 모습에 대해 다음 내용을 통해 이해해 보자.

① 무릇 50여 국國인데 대국大國은 1만여 가家이며 소국小國은 수천 가家이고 총 10여만 호戶이다.

—『삼국지』 위서 동이전 한전—

② 변한弁韓·진한辰韓은 합하여 24국國인데 대국大國은 4,000~5,000가家이며 소국小國은 600~700가家이고 총 4만~5만 호戶이다.

—『삼국지』 위서 동이전 변진전—

마한 사회 내에는 1만여 가家에 이르는 대국이 있는가 하면 수천 가에 지나지 않은 국가가 있었고, 변한이나 진한에는 겨우 600가에 불과한 소국도 존재하였다. 이런 삼한 또는 마한의 국가는 성읍국가라고 이해하는데, 최근에는 추장酋長이 지배하는 군장君長(chiefdom)사회라는 주장이 나왔다.[37]

성읍국가에 대한 이런 규준이 타당한지는 더 고찰해야겠으나, 마한 사회의 국가들을 성읍국가로만 일률적으로 파악해서는 분명히 이해하

37 김정배, 「삼한사회의 "국"의 해석문제」, 앞의 책, 1979, p. 1.

기 어려운 면이 있다. 적어도 1만여 가에 이르는 대국을 성읍국가 또는 군장사회로만 파악할 수는 없다. 수천 가 정도인 국가는 성읍국가겠지만 변한이나 진한 사회의 600여 가에 불과한 소국도 역시 성읍국가였다면, 대국과의 사이에 엄청난 규모의 차이를 상정하지 않을 수 없다.

비슷한 시대에 고구려의 호수戶數가 3만이다. 동옥저東沃沮는 5,000, 가장 많은 부여가 8만 정도의 호수를 가졌다. 현재 호戶와 가家의 차이를 정확하게 설정하기는 어렵지만, 1만여 가에 이르는 마한의 대국은 결코 고구려나 동옥저와 비교하여 규모 면에서 월등하게 작다고 단정할 수는 없다. 그것은 이미 성읍국가 단계를 넘어 주위의 읍락이나 소국을 다소 흡수한 소연맹국小聯盟國의 존재를 알려 준다.

이미 강력한 영도력을 구축한 성읍국가의 지배자들이 주위의 소국이나 읍락을 다소 흡수하여 더 확대된 영역을 가진 마한의 대국은 소연맹국으로 성립하였다. 소연맹국인 마한의 대국은 그렇게 많지 않았을 것이다. 물론 마한 연맹왕국의 진왕辰王이 다스렸던 목지국目支國은 이미 소연맹국을 이루었지만, 뒷날 백제를 이루는 백제국伯濟國도 소연맹국으로 성립해 있었다. 이처럼 마한 연맹왕국 내에 맹주인 목지국 왕실의 지배에서 거의 독립한 소연맹국이나 성읍국가가 존재하였으며, 바로 이런 면이 북쪽의 부여나 고구려 연맹왕국과의 차이점이다.

고구려는 확실한 연맹왕국을 이루었으나, 그러지 못한 마한 연맹왕국 내의 소국은 물론 대국도 거의 독립적 통치 영역을 가졌다. 소연맹국 내에 편입된 읍락이나 소국이 독자적 형세를 유지하였다. 소연맹국 사회의 별읍別邑은 우선 규모가 크지 않았다. 소국 범주에도 들기 힘든 읍락도 있었지만, 그중에는 성읍국가를 이루었던 정치 집단도 있었다. 다음 내용은 별읍을 이해하는 데 참고가 된다.

① 변진弁辰은 역시 12국이며, 또 여러 소별읍小別邑이 있는데 각각 거수渠帥가 있다.

—『삼국지』 위서 동이전 한전—

② 국읍國邑은 각 1명을 세워 천신天神을 주제主祭하는데 이를 천군天君이라 한다. 또 제국諸國에는 각각 별읍別邑이 있는데 이를 소도蘇塗[38]라 부른다.

—『삼국지』 위서 동이전 한전—

변한과 진한의 24국 외에 소별읍이 있으며 각각 거기에 거수가 거주하였다고 한다. 또 여러 국가에는 별읍이 있는데, 이를 소도라고 불렀다. 소도신앙과 연관하여 별읍을 주목하였다. 대신 국읍은 천군天君을 세워 천신天神을 제사하였다. 삼한시대 국가 내에 있는 국읍과 별읍의 관계를 구체적으로 밝히는 작업이 마한의 사회구조를 밝히는 데 유용하다.

국읍과 별읍은 본래 읍락에서 성장하였다.[39] 국읍의 지배자가 주수主帥이며, 그것은 거수를 가리킨다. 변한과 진한의 국가 지배자가 거수인데, 별읍의 지배자 역시 거수임이 주목된다.[40] 옥저沃沮 읍락의 지배자는 거수이며 그들은 스스로 삼로三老라 칭하였다. 예濊의 읍락 지배자인 대인大人도 거수와 같은 성격을 가진 것으로 이해한다. 그렇다면 국읍과 별읍은 동일한 정치·사회적 기반을 가졌으며, 별읍은 본래 읍락

38 『三國志』에는 別邑을 "名之爲蘇塗"라 하였는데, 『後漢書』 東夷列傳 韓전에는 "諸國各有別邑 爲蘇塗"라 하였다. 처음부터 별읍이 蘇塗로 불렸는지는 분명하지 않으나, 소도를 위해 설치된 것임은 분명하다. 그렇다면 별읍 및 소도가 설치되는 정치·사회적 기반은 같다고 생각한다.

39 이현혜, 「삼한의 '국읍'과 그 성장에 대하여」, 『역사학보』 69, 1976, p. 14.

40 물론 『三國志』 魏書 東夷傳 弁辰전의 기록만으로 臣智·險側 등이 12국의 지배자이지만 小別邑의 지배자인지는 분명하지 않다. 다만 소별읍의 지배자를 渠帥라 하는데, 이들은 세력 규모에 따라 신지·험측 등으로 불렸을 가능성이 있다. 이 소별읍은 곧 別邑이라고 생각한다.

또는 성읍국가로서의 기반을 갖추었다.[41] 국읍이나 별읍 및 읍락의 지배자들이 같은 정치적 기반을 가졌다.

다음으로 별읍과 국가와의 관계를 살펴보기로 하자. 소연맹국의 주수는 자기가 가진 읍락, 곧 국읍 외에 편입한 다른 읍락에 대해 확실한 통치권을 행사하지 못하였을 것이다. 별읍의 소도신앙에 대한 다음 내용이 이런 면을 알려 준다.

> 대목大木을 세워 방울과 북을 걸고 귀신鬼神을 섬긴다. 여러 도망자逃亡者가 그 속에 들어가면 모두 잡아내지 못하므로 도적질하기 좋아하게 되었다. 그 소도蘇塗를 세운 뜻은 부도浮屠를 세운 뜻과 유사類似하나, 그것으로 인해 행해지는 선악善惡에는 차이가 있다.
>
> —『삼국지』 위서 동이전 한전—

별읍 내에 들어간 도망자를 잡아 올 수 없다. 말하자면 국읍의 통치질서가 별읍 내에는 거의 미치지 못하였다. 그러므로 소도는 막연하게 "철기문화鐵器文化가 성립시키고 있는 새로운 사회질서에 대항하는 재래 전통의 반발적 성격을 가진 것"으로 파악하기도 한다.[42]

성읍국가의 지배자들이 철기문화를 받아들이면서 청동기문화靑銅器文化를 고수하던 주위의 읍락을 편입하고는 확대한 영역의 정치적 지배권을 장악하였다. 그러나 넓힌 성읍국가의 영역 내에 새로 편입한 읍락은 비록 소연맹국의 지배 질서 속에 포함되었을지라도 종래의 독립적 통치 영역을 거의 그대로 가졌다. 특히 그것은 종교적 면에서 독립된

41 김두진, 「삼한시대의 읍락」, 앞의 책, 1985, p. 27.

42 김철준, 「한국고대정치의 성격과 중세정치사상의 성립과정」, 『동방학지』 10, 1969; 『한국고대사회연구』, 지식산업사, 1975, p. 275.

제의祭儀를 거행하고 있었다. 이렇듯 별읍이 소연맹국 내에 거의 독립된 형태로 존속하였다.[43]

다만 확대한 성읍국가의 영역 속에 편입된 모든 읍락이 별읍으로 성립하였는지는 단언할 수 없다. 아마 그렇지 않았을 것이다. 적어도 영역을 확대한 소연맹국의 통치 질서 속에 거의 완전히 편입해 들어온 읍락은 별읍을 이루었을 것 같지 않다. 국읍 외의 별읍이 읍락과는 달리 독립된 종교적 제의를 거행할 정도의 강력한 공동체적 성격을 가졌으며, 정치적으로도 상당히 독자적 통치 영역을 형성하였다.

(2) 별읍 사회의 귀신신앙

마한의 종교사회를 밝힘은 소도蘇塗신앙을 사회사적 입장에서 정리하려는 의도를 담은 것이다. 소도신앙에 대해서 비교적 많은 연구가 이루어졌으며, 민속학은 물론 종교학에서도 관심의 대상이 되었다.[44] 역사학자들도 소도에 관한 연구를 계속하였고, 정치사적 입장에서 그것을 규명하였다.[45] 그리하여 소도신앙의 사회사적 연구도 상당히 진전된 셈이다. 그런데도 소도신앙은 마한 사회에 나타난 독특한 것으로 이해하였다. 마한 사회의 역사적 개별 사실을 특수성으로만 파악하려는 태도는 바람직하지 않다.

---

43 김두진, 「삼한 별읍사회의 소도신앙」, 앞의 책, 1985, pp. 97~101.

44 손진태, 「소도고」, 『민속학』 4-4, 1932(『조선민족문화의 연구』, 을유문화사, 1948); 村上正雄, 「魏志韓傳に見える蘇塗の一解釋」, 『朝鮮學報』 9, 1956; 末松保和, 「魏志韓傳の別邑に就いて」, 『史學雜志』 64~12, 1955; 허회숙, 「소도에 관한 연구」, 『경희사학』 3, 1972.

45 김철준, 「삼국시대의 예속과 유교사상」, 『대동문화연구』 6·7 합집, 1970(『한국고대사회연구』, 지식산업사, 1975); 김정배, 「소도의 정치사적 의미」, 『역사학보』 79, 1978; 김두진, 「삼한 별읍사회의 소도신앙」, 앞의 책, 1985.

소도신앙 역시 역사의 보편적 발전 방향에서 이해해야 한다.[46] 마한 소연맹국 사회에서 영위한 소도신앙은 연맹왕국 사회로 이행하면서 의당히 제천의례祭天儀禮로 정립되어 갔다. 그러므로 마한 사회를 비슷한 시기의 고구려나 부여 및 변·진한 사회와 비교하여 소연맹국에서 연맹왕국으로 이행하는 과정을 이해하는 것이 소도신앙을 밝히기 위해 중요하다. 읍락은 부락제部落祭를 행하였다. 부락공동체가 분해되어 소연맹국을 거쳐 연맹왕국으로 성장해 가면서 부락제는 점점 국가제의로 발전하여 제천의례로 성립된다.

마한의 소도신앙은 제천의례라고 할 수는 없으나 부락제에서 발전한 것이다. 마한 사회에서 5월과 10월에 행해지는 의례가 제천이라고 분명하게 기록되지는 않았다. 천군天君은 천신을 주제主祭하였다. 천군이 천신과 함께 지신들을 아울러 제사하였다면 그것은 제천의례와 연결할 수 있다. 말하자면 천군이 천신과 함께 소도신앙을 주도한 것은[47] 일단 제천의례와 연결될 수도 있다. 그러나 별읍인 소도 사회가 읍락 각각의 조상신인 지신을 제사하였다면 그것은 진정한 의미의 제천의례라 할 수 없다.

마한 사회에서는 강력한 왕권을 수립한 연맹왕국이 형성되어 있지 않았다. 천군이 주제한 천신도 초부족적 연맹왕국을 배경으로 숭배되었다기보다는 동예의 무천舞天에서 받드는 조상신에 비교할 정도로 소연맹국의 범위를 벗어나 생각할 수는 없는 존재이다. 천신은 소연맹국의 왕실이 받들었던 조상신에 불과하다. 천군이 비록 천신을 제사한다고 하더라도, 그것과 독자적으로 별읍에서 행해진 소도신앙의 대상은 각

46 김두진, 「고구려초기 동맹제의의 소도 신앙적 요소」, 『한국학논총』 18, 1966.

47 天君이 蘇塗에서 제사를 주관했는지에 대해서는 현재 전하는 자료로는 확실하게 단정할 수 없다.

읍락이 제사하는 조상신이며 대체로 지신이었다. 오히려 천군의 존재 이유를 설명하면서 "귀신鬼神을 믿기" 때문이라 한 기록에 더 주의할 필요가 있다.[48] 소도신앙은 귀신을 제사하는 단계의 제의지만[49] 뒤에 제천의례로 나아갈 수 있는 소지를 가졌다.[50]

다음으로 소도신앙이 받든 귀신에 대해 이해해 보기로 하자. 마한 사회에는 일반적으로 귀신을 제사하였다. 다만 변한과 진한에서는 귀신을 제사하는 데에 차이가 있다고 하였다(『삼국지』 위서 동이전 변진전). 성곽이나 의복·거처는 물론 언어·법속도 같거나 비슷하면서도 귀신을 제사함에 차이가 있었다. 마한 사회에서 귀신을 섬기는 것은 조상신祖上神에 대한 제사로 이해해도 무방하다. 왜냐하면 제천의례 단계를 완전히 넘어선 중국인들의 신 관념에서 볼 때 2~3세기경 동이족東夷族이 믿는 조상신들은 잡신雜神으로 파악할 소지를 가졌기 때문이다.

변한과 진한 사회에서 귀신을 제사함에 차이가 있음은 일단 신 관념, 곧 조상신의 차이에서 나타난 것이다. 어떤 읍락 부족의 조상신은 토템동물이라면 어떤 부족의 조상신은 하천이나 산의 정령이다. 신 관념은 사회가 투영投影되어 이루어진다.[51] 사회가 다르면 신 관념도 달라진

48 김정배, 「소도의 정치사적 의미」, 앞의 책, 1978, p. 5.

49 『後漢書』 東夷列傳 韓전에는 "諸國邑各以一人 主祭天神 號爲天君 又立蘇塗 建大木以懸鈴鼓 事鬼神"이라 하였고, 또 『通典』 邊防門에는 "諸國邑各以一人 主祭天神 號爲天君 又立蘇塗 建大木以懸鈴鼓 事鬼神"이라 하였다. 곧 소도에서 받드는 제의는 鬼神을 섬기는 것임을 분명히 하고 있다.

50 문창로, 「읍락 사회의 신앙의례와 그 변천」, 『삼한시대의 읍락과 사회』, 신서원, 2000, pp. 250~251.

51 神이나 종교적 신앙을 사회적으로 해석하려는 학설은 Durkheim에 의해 체계화되었다. 그에 의하면 종교적 여러 관념이 사회질서와 어떤 관련이 있다는 전제를 세우고, 精靈·靈魂·神과 같은 종교적 관념이나 이미지는 사회의 投射 혹은 사회가 분할된 일부분에 지나지 않는다고 하였다(E. E. Evans-Pritchard, 『Theories of Primitive Religion』, Oxford: Clarendon Press, 1965; 김두진 역, 『원시종교론』, 탐구당, 1976, pp. 109~112).

다. 신관神觀의 형성과 변천은 사회의 분화·발전과 연결해 생각해야 한다. 소도신앙에 나타나는 신 관념을 구체적으로 지적하기는 힘들다. 다만 동예나 고구려의 경우 제사를 지내는 신격神格의 모습을 살펴볼 수 있다.

우선 무천제의舞天祭儀를 시행하는 동안 동예는 천신을 제사하면서 따로 호랑이를 신으로 삼아 제사하였다. 이때의 호랑이는 단순히 동물 숭배의 범위를 넘어서 신으로 경배하였기 때문에 분명히 토템신앙으로 연결된다.[52] 호랑이가 토템 조상신이라면 그것을 조상으로 경배하는 부족 집단이 있게 마련이다. 동예 사회에서는 동성同姓끼리 혼인할 수 없다. 곧 동예는 강한 혈연에 기인한 동족의식을 가졌다.

토템신은 토템신앙을 기반으로 한 신석기시대 이래의 혈연공동체血緣共同體에서 유래하였으며, 적어도 연맹왕국 시대에 이르면 토템적 혈연의식은 약해지기 마련이다.[53] 따라서 무천제의에서 천신 외에 토템신을 제사지냈으리라 생각하지 않지만, 동예 사회에 따로 토템 조상신을 제사할 유습이 남았을 가능성은 충분히 있다. 연맹왕국을 이룬 사회에서는 토템 조상신이 인간신人間神(euhemerism)으로 대치하여 주위를 정복해 가는 영웅신화英雄神話를 만들 뿐만 아니라 그 전 단계인 애니미즘이나 주술呪術에 의한 정령신앙精靈信仰보다는 훨씬 발전된 사회를 기반으로 성립되었기 때문이다.

우선 별읍인 소도에는 대목大木을 세워 북과 방울을 매달고 귀신鬼神을 받든다. 이때 귀신을 주제한 자가 누구였는지가 궁금해진다. 지금까지 소도에 관한 연구는 대체로 천군을 그곳의 주제자主祭者로 파악하였

52 단순한 동물숭배인지 토템신앙인지는 구별하기 어렵다. 대체로 숭배 대상이 된 동물이나 식물 또는 사물이 神格化되어 제사의 대상이 되었을 경우 토템신앙이라 할 수 있다.

53 김두진, 「단군고기의 이해방향」, 『한국학논총』 5, 1983, p. 24.

으나[54] 최근 천군과 소도를 별개로 생각하려는 견해가 없지 않다.[55] 천군은 국읍에서 세워져 그곳에 거주하였다면 소도의 주제자로 되었는지에 대해 의문의 여지가 있다. 그러나 천군을 당시 마한의 일반적인 신앙 형태인 소도와 분리하여 생각할 수도 없다.

천군은 별읍에서 귀신을 받드는 자와 꼭 일치된 인물일 수 없다. 비록 그가 소도신앙이 행해지는 사회 구조 속에서 제사를 담당하지만, 반드시 소도에서 행해지는 제사를 주관하였다고는 보이지 않는다. 소도신앙의 주제자는 거기에서 받든 신격과 연결하여 파악해야 한다. 동예와는 달리 마한 사회에 토템 조상신이 거의 나타나 있지 않다. 그러나 진한 지역, 특히 사로국斯盧國에는 토템 조상신을 숭배한 흔적이 발견된다. 박씨족의 말이나 김씨족의 닭이 본래 토템 조상신으로서 건국신화 속에 모습을 남기고 있다.

변한이나 마한 지역에서는 토템 조상신이 구체적으로 나타나지 않는다. 이런 이질성이 진한과 변한에서 조상신을 제사하는 차이 중 하나라고 생각한다. 사로국을 중심으로 진한 사회에 먼저 들어와 토착한 유이민이 강한 부족적 전통을 유지하였고,[56] 그런 사회적 배경으로 말미암아 일찍부터 계속해서 토템 조상신이 숭배되었다. 역으로 변한이나 마한 사회에서는 토템 신앙이 뚜렷하게 나타나지 않기 때문에 오히려 토착민들의 강한 부족적 전통은 약했을 것으로 추측한다.

---

54 손진태, 「소도고」(『조선민족문화의 연구』, 1948)나 그 후 허회숙, 「소도에 관한 연구」(『경희사학』 3, 1972), 김정배, 「소도의 정치사적 의미」(1978) 등은 대체로 天君을 주제자로 파악하였다.

55 이종욱, 『신라국가형성사연구』, 일조각, 1982, p. 71.

56 斯盧國 사회에 流移民이라 할 수 있다면 朴·昔·金氏族이지만, 이들이 구체적으로 어디에서 들어왔는지는 불분명하다. 이런 면은 고구려의 朱蒙이나 백제의 溫祚가 뚜렷하게 夫餘族의 一派로 流移해 온 점과 대조적이다. 곧 신라의 박·석·김씨족은 시기를 달리하여 유이해 와서 일찍 토착화한 부족 집단으로 이해할 수 있다.

마한 사회에서 토착민 부족의 조상신인 지신의 모습이 뚜렷하게 나타나지 않으나 천신이 존재하였던 것은 분명하다. 소연맹국의 제의는 제천의례에 이르렀다고 할 수 없을지라도 천신을 제사하는 단계에 접어들었다. 다만 천신에 대한 제사도 소도신앙 내에서 파악된다. 천군이 받드는 천신이나 소도에서 모시는 귀신은 모두 당해 부족의 조상신이다. 그러므로 소연맹국 사회에서 천군이 행하는 제사나 별읍에서 행해지는 의례를 모두 소도신앙의 범주로 이해할 수 있다. 소도신앙은 소연맹국 사회를 배경으로 형성되었다.

소연맹국의 별읍이나 국읍 단위로 독립하여 행해지던 모든 소도신앙이 연맹왕국 성립 이후 천군 중심으로 통합되면서 명실상부한 제천의례로 발전한다. 연맹왕국 시대 연맹왕실의 천신족과 그에 복속된 여러 토착 부족의 지신족이 결합하여 건국신화를 형성하였고, 제천의례는 국가적 제사로 발전하였다. 연맹왕실이 조상신인 천신과 통합한 모든 부족의 조상신인 지신을 함께 묶어 제사하는 국가적 제천의례를 갖추면서 신라에서와 같은 사전祀典 체제를 정비하였다.

3. 마한 연맹왕국의 출현과 그 성격

마한 사회는 연맹왕국을 이루어 갔다고 할지라도 그 안에 크고 작은 여러 국가가 존재하였다. 이들 국가는 대체로 성읍국가 단계의 해체기에 들어, 그중 대국은 소연맹국을 이루었다. 마한 소연맹국 사회나 초기 연맹왕국 사회에 편입된 소국이나 별읍의 상호 결속이 외부의 침입에 대해 공동 대처할 정도로 공고한 것은 아니었다. 그들은 소연맹국의 국읍이나 연맹왕실로부터 공부貢賦를 부담하거나 통치권을 조금 할양割

讓당하였지만 거의 독립적 통치 영역을 확보하고 있었다.

마한 사회의 토착민은 한족韓族이며, 이들이 한군현漢郡縣을 통하여 중국 남방문화를 접하였지만 북방민족의 유목문화를 바로 받아들였던 것은 아니다. 그들은 한군현으로부터 문화를 계발啓發받는 만큼 그들의 식민지적 수탈 대상이 되었다.[57] 그런데 북쪽으로부터 내려오는 유이민 집단은 북방민족의 유목문화와 한족漢族의 농경문화를 모두 경험한 기술적으로 우수한 문화를 가졌다. 자연 토착민과 유이민의 문화적 격차가 심한 마한 사회에서는 그것을 해소하면서 사회 구성원을 결속시키는데 복잡한 문제를 안고 있었다. 그리하여 마한 사회에 연맹왕국의 출현이 늦었다.

마한 사회에서는 연맹왕국체제에 상응한 관료조직이 잘 정비되지 않았다. 마한 사회는 읍군邑君이나 귀의후歸義侯·중랑장中郎將·도위都尉·백伯·장長·후侯 등의 관직을 두었다. 이런 관직은 한군현이 마한 소국의 지배자에게 내린 것으로,[58] 마한 연맹왕국 내의 관료체계와는 관계가 없다. 적어도 읍군이나 귀의후 등이 대체로 독립된 영역을 지배한 연맹왕 밑에 예속되었던 것은 아니다. 반면 부여와 고구려의 경우 이와는 상당히 사정이 다르다.

고구려 연맹왕국의 관직으로 연맹 내 복속된 소연맹국의 지배자였던

---

57 『三國志』 魏書 東夷傳 韓전의 廉斯鑡說話에는 戶來와 같이 나무를 도벌하러 三韓으로 내려온 樂浪人을 기록하고 있다. 이들 1,500명은 삼한에 잡혀서 노예가 되었는데, 3년이 지나는 동안에 그중 500명이 죽었다. 낙랑은 죽은 500명에 대한 변상으로 辰韓人 15,000명과 弁韓布 15,000匹을 빼앗아 갔다. 이 점은 漢郡縣의 토착 사회에 대한 수탈이 심한 경제적 착취로 나타났음을 알려 준다.

58 『三國志』 魏書 東夷傳 韓전에 "其官有魏率善·邑君·歸義侯·中郎將·都尉·伯·長·侯"라 하였는데, 여기의 '魏率善'이 무슨 뜻인지 정확하지 않다. 그렇지만 그것은 魏에서 내린 官爵이라는 뜻을 내포하고 있다. 따라서 읍군 이하의 관직은 위가 토착 사회의 지배자에게 내린 관작일 것으로 생각한다.

상가相加와 5부의 부족장에게 내린 고추가古雛加가 있었으며, 부여의 사정도 이와 비슷하였다. 그 외 대로對盧나 주부主簿, 승丞 등 관직은 왕권에 직속되어 연맹왕국을 공고하게 결성하는 데 일익을 담당하였다. 다만 대가 중 상가는 비록 연맹왕국의 귀족으로 등장했지만 본래 가졌던 성읍국가의 통치 영역을 거의 그대로 가졌다. 연맹왕국의 하부 통치조직인 사자·조의·선인은 상가도 거느렸다.

그러나 연맹왕국의 회동 때에 상가가 거느린 사자·조의·선인은 왕가의 그것과 동렬이 되지 못하였다. 바로 이런 점에서 고구려의 관료조직이 마한은 물론 부여보다 더 왕권 중심으로 체계화되었다. 관료조직을 정비하지 못한 마한 사회에 연맹왕국의 출현이 늦었고 그에 따른 연맹왕권이 미약하였다. 반면 고구려나 부여 사회에서는 일찍 연맹왕국이 성립되어서 비교적 강한 연맹왕권을 성립시켰다. 특히 부여보다 고구려의 연맹왕권이 강하였다. 강력한 연맹왕권은 연맹권역을 확대해 가는 원동력이 됨으로써 정복왕조 출현을 가능하게 하였다. 그리하여 고구려는 일찍부터 중국 민족과 투쟁하면서 강성해졌다.

태조왕대는 물론 그 이전에 이미 고구려는 중국 민족과 끊임없는 투쟁 기록을 남겼다.[59] 이에 비해 3세기 이전 마한 사회는 오히려 경제적으로 수탈당하는 등 한군현의 영향권 아래 놓여 있었고, 이에 대항해서 조직적인 전쟁을 수행할 만큼의 강력한 연맹왕이 이끄는 공고한 연맹왕국체제를 갖추지 못하였다. 이 점은 마한과 고구려 사회가 스스로 자국사 기록을 가졌는가의 차이와도 연관된다.

고구려는 중국 민족과 끊임없는 투쟁을 전개하였고, 바로 그것이 역

59 『三國志』 魏書 東夷傳 高句麗전에는 王莽 初에 高句麗侯인 騶가 漢族과 충돌하는 기록이 실려 있다. 이 騶가 누구인지는 분명하지 않으나 瑠璃王 31년에 嚴尤에게 죽임을 당하는 고구려 장군 延丕로 추정된다.

사 기록으로 남아『삼국지』고구려전의 상당 부분을 장식하고 있다. 애초에 중국 민족과는 친밀한 관계를 유지하였고[60] 고구려만큼이나 강한 연맹왕권을 성립시켰던 것은 아니라 하더라도,[61] 부여에 대한 역사 기록이 상당한 비중으로『삼국지』에 남아 있다. 그러나 마한의 경우 3세기경에 한군현과 다툰 것 외는 특별한 역사 기록이 남아 있지 않다. 이것은 적어도 3세기경에 이르러서야 마한이 연맹왕권을 강화하면서 정복국가체제를 갖추었을 것으로 생각하게 한다.

이상에서 강력한 왕권을 갖춘 정복국가의 출현 시기나 정복국가로의 전환 시기 면에서 마한 사회를 북쪽의 고구려나 부여 사회와 비교하였다. 마한 사회에서는 북방의 고구려나 부여 사회와 비교해 강력한 왕권을 갖춘 정복국가로의 출현이 늦었다. 그러나 3세기 이후 마한 사회도 상당히 강력한 연맹왕권을 성립하였으며, 한군현과 대항하여 전쟁을 수행하고 이를 물리칠 정도의 정복국가체제를 갖추었다. 다음으로 마한 사회를 한반도의 동남부에 치우친 변·진한 사회와 비교하고자 한다.

한반도에 들어오는 선진문화는 북방의 새외문화나 남방의 중국문화이다. 당시 마한 사회는 무엇보다도 낙랑 등 한군현을 통해 선진문화를 받아들였다. 다음 내용을 통해 그런 사정을 이해해 보자.

60『三國志』魏書 東夷傳 夫餘전에서 "其人麤大 性强勇謹厚 不寇鈔"라 하여 夫餘人에 대해 상당히 좋게 기록하였다. 鮮卑族과 고구려의 중간 지역에 있는 부여와 결속함으로써 중국은 그들 두 민족을 잘 통어할 수 있었다. 따라서 이런 기록은 漢族과 부여가 친밀한 외교 관계를 맺었기 때문에 나타난 것이다. 반면『三國志』魏書 東夷傳 高句麗전에는 "其人性凶急 喜寇鈔"라 하여 高句麗人을 대단히 나쁘게 기록하고 있다. 여기서 고구려인이 좋아한다는 寇鈔는 漢族에 대한 군사 행위라고 생각한다.

61『三國志』魏書 東夷傳 夫餘전에 "舊夫餘俗 水旱不調 五穀不熟 輒歸咎於王 或言當易 或言當殺"이라 하였다. 부여가 연맹왕국을 처음으로 형성시켰을 때 왕권이 강하지 못하였음을 보여 준다. 고구려와 비교해 부여의 연맹왕권이 아직도 강하지 못한 것으로 이해된다. 한편 馬韓 연맹왕국이 처음 결성된 시기의 연맹왕권도 부여왕이 가졌던 것에서 크게 벗어나지 않았다고 생각한다.

그 북방北方의 군郡에 가까운 제국諸國은 점차 예속禮俗을 알았으나, 그 먼 곳은 마치 수도囚徒와 같았다.

—『삼국지』 위서 동이전 한전—

마한 연맹 속의 여러 나라 중 한군현에서 멀리 떨어져 있는 국가는 문화를 개발하지 못하였다는 것이다. 대체로 낙랑군과 멀리 떨어진 변한과 진한의 여러 나라는 모두 문화가 뒤떨어졌다는 해석도 가능하다. 마한 사회보다 변한과 진한 사회는 낙랑군으로부터 들어오는 철기문화의 혜택을 가장 늦게 받았음이 분명하다.

마한과 변·진한 두 사회는 정치 세력 성장 면에서 상당한 차이가 있다. 고구려 등 북방 사회와 비교해 마한 사회의 연맹왕국 성장이 늦었지만, 변한과 진한 사회의 그것은 이보다 더 늦었고 특히 진한은 한때 마한에 의해 상당한 간섭을 받기도 하였다.[62] 마한 사회에서는 유이민이 큰 세력으로 부상하였으나, 변·진한 사회에는 토착민 세력이 착실하게 성장하였다. 토착민 사회의 문화 기반은 지리적 여건에 의해 크게 좌우되었는데, 마한 사회는 변·진한 사회보다는 우수한 문화 기반을 갖추었다.

마한 사회의 토착민이 변·진한 사회의 토착민보다 비록 우수한 문화를 가졌다고 할지라도 마한 사회는 유이민 중심의 새로운 정치 질서를 쉽게 성립시켰다. 마한 사회는 토착민 세력이 뿌리를 내리면서 그들이 선진문화를 받아들여 새로운 정치 질서를 창조하도록 능동적으로 작용하지는 못하였다. 유이민이 중심이 되어 성립시킨 새로운 정치 질서는

62 『三國志』 魏書 東夷傳 辰韓전에 "辰韓在馬韓之東 其耆老傳世自言 古之亡人避秦役 來適韓國 馬韓割其東界地與之"라 하였고, 그래서인지 진한 12국을 거느리는 辰王은 馬韓人에 의해 세워졌다고 하였다.

그 사회에 정착될 수도 있었지만, 잦은 이동으로 오히려 와해하여 새롭게 변신하기 쉬웠다. 이에 비해 변·진한 사회의 토착민들이 문화적으로 훨씬 후진이었지만 재지在地에 기반을 둔 그 나름의 독자 세력을 구축하였다.

변·진한 사회에 새로 들어오는 유이민 세력은 비록 토착민보다 우수한 기술 문화를 가졌다 하더라도, 극히 적은 수가 긴 기간을 통해서 조금씩 이동해 들어왔기 때문에[63] 토착민들에게 흡수되거나 동화되었다. 그리하여 변·진한 사회에서는 토착민 세력이 점차 성장해 갔다. 이런 토착적 전통을 가졌기 때문에 한군현에서 멀리 떨어진 변·진한 사회는 중국 민족의 문화와 비교하여 색다른 문화를 가진 것으로 비쳤다. 그 결과 중국인들은 낙랑에서 멀리 떨어진 변한과 진한에 대해 예속을 모르는 수도囚徒와 같다고 기록하였다.

변·진한 사회에서는 읍락이나 소국의 거수 중심으로 단합한 토착 세력이 성장하면서 서서히 연맹왕국을 이루어 갔다.[64] 그렇지만 마한보다 뒤처진 변·진한 사회에서는 국가체제가 더 늦게 정비될 수밖에 없었다. 사로국이 한강 유역의 백제에 비해 적어도 1~2세기 후에 국가체제를 정비하면서 정복국가로 발돋움하는 이유를 이런 데에서 찾을 수 있다. 다만 마한 사회가 토착적 전통을 고수하지 않았던 것은 아니다.

63 이 점은 弁·辰韓 지역의 북부와 서부가 험준한 산맥으로 가로막혀 있는 것과 연관된다. 대륙에서 큰 사건이 터지면서 민족 이동의 파동이 생기고, 그 여파가 韓半島로 밀려 들어오면서 流移民 집단이 南下하게 된다. 이 경우 유이민 대부분은 대동강·청천강 유역에서 안주하게 되며, 거기에서 다시 남하하는 경우 漢江 유역에서 멈추게 된다. 한강 유역에서 다시 남하하는 세력은 대체로 小白山脈을 넘지 못하고 머물렀는데, 개중에는 산맥을 넘어서 남하하는 세력이 있었다. 그러나 그 세력은 극히 미약하여 독자의 정치적 통솔력을 가지면서 세력 기반을 확충해 가기 어려웠다. 따라서 그들은 오히려 토착민에게 흡수·동화되었고, 그 사회에 토착 세력이 강하게 뿌리를 내렸다.

64 김두진, 「삼한시대의 읍락」, 앞의 책, 1985, pp. 44~45.

한강 유역 국가의 지배자들이 낙랑군의 정치적 영향을 강하게 받았으므로 『삼국지』 위서 동이전 한전에는 그들이 예속을 알았다고 하였다. 마한 사회에서 대국 또는 소연맹국의 지배자일수록 처음에는 낙랑군과 연결하였을 가능성이 크다. 다만 이들과 이해를 달리하는 읍락 또는 별읍別邑 사회의 지배자들도 공존하였으며, 이들은 낙랑문화에 상당히 젖어 있는 소연맹국의 지배자들과 달리 토착적 전통 또는 토착신앙을 강조하였다. 변·진한 사회와 비교하여 마한 사회에서는 토착 세력이 뿌리내리기 어려웠으나, 새로 들어오는 선진문화에 대해 자기의 토착문화를 간직하려는 전통도 있었다.

마한 사회는 새로운 문화를 받아들이는 데 능동적이어서 후진인 변·진한 사회보다는 빨리 연맹왕국을 결성하면서 정복국가체제를 갖추어 갔다. 마한 사회에서는 제정이 일찍 분리되었고 별읍과 소연맹국은 정치적으로 막연하나마 결속하였지만 독자적 종교신앙이나 의례가 행해지고 있었다. 소연맹국 시대 소도신앙의 종교 의례는 종전의 성읍국가나 읍락 단위로 행해졌다. 이 점이 소도신앙 이후에 성립되는 제천의례와 다른 면이다. 제천의례나 건국신화 속에는 천신이 토착 부족의 조상신인 지신과 조화를 이룬다.

천신족에 버금가는 지신족으로서의 관념체계를 성립시킬 수 있었던 것은 토착민 중 당해 부족 세력 기반이 강하게 유지되었음을 알려 준다. 진한 지역, 특히 신라에서는 새로 들어오는 유이민 세력이 약하여 선주 토착 부족이 조상신인 지신족 관념을 체계화하였다. 그런데 마한의 소도신앙에서는 지신족 관념이 뚜렷하게 나타나지 않는다. 고구려나 부여 또는 변한과 진한에서와는 달리 마한 사회에 토착 부족 세력이 굳건하게 뿌리내리지 못하였기 때문이다.

마한 연맹사회의 최후 종주국 지위를 굳힌 백제의 건국신화 속에 지신족 시조전승이 뚜렷하게 나타나지 않음은 마한 소도신앙의 특성에서 찾아야 한다. 백제의 국가제의는 '제천사지祭天祀地'하는 것으로 기록되었다. '사지祀地'는 백제 건국신화 속의 지신족 시조전승으로 발전하지 못하였을지라도 여러 부족이나 성읍국가의 조상신인 지신을 읍락 단위로 제사하는 소도신앙을 상징하는 것이다. 백제 건국신화에는 지신족 신앙이 분명하게 나오지 않으나 백제 왕실과 연결된 지신족 시조전승의 흔적은 광범하게 전한다.

마한의 정치·사회상이나 종교신앙 문제에 대한 규명은 사료의 제약으로 말미암아 흔쾌하게 밝혀지기 어려운 부분이기도 하다. 고고학이나 민속학 자료의 이용이나 종교인류학宗教人類學 등의 이론을 원용함으로써 이 시대 사회상에 대한 심층적 연구가 이루어질 것이다. 소도신앙은 삼한 사회만의 특이한 신앙 형태가 아니다. 양상을 조금씩 달리할지라도 부여나 고구려·동예·옥저 등 주변 나라는 소도신앙 단계를 겪었거나 겪어 갔다.

| 제3장 |

부여 연맹왕국의 등장과 제천의례

1. 부여 연맹왕국의 성립

한국상고대에 선진先進 정치 세력은 한반도 북부 지역인 서북 사회와 동북 사회를 중심으로 성립되었고, 상대적으로 한강 이남의 남방 사회는 후진적 모습을 띠고 있었다. 그중 서북의 고조선이 가장 먼저 선진 문화를 이루어 왕실 중심의 연맹권역을 굳건하게 결속한 국가체제를 정비하였다.[1] 진秦을 이어 중원을 통합하고 변방으로 뻗으려던 중국 민족의 팽창주의에 극렬하게 대항하였던 고조선은 한漢 무제武帝의 공격으로 패퇴하여 해체되었다. 그러나 새외塞外의 다른 민족과 달리 우리 민족은 다시 국가를 건설하고, 그것을 통합하여 민족문화를 이루었다.

고조선의 해체로 인해 이식된 중국의 식민 세력에 저항하면서 동북 사회의 정치 세력이 성장하였지만, 오히려 그들의 수탈로 시달림을 받

1 이병도, 「고조선문제의 연구」, 『한국고대사연구』, 한국학술정보, 2012, pp. 28~29.

은 남방 사회에서는 통합된 정치 세력이 쉽게 나타나기 어려웠다. 동북 사회에서는 고조선 다음으로 굳건한 연맹왕실 중심의 국가체제가 성립하였다. 일찍이 한반도의 동북 사회를 선도한 정치 세력은 부여夫餘이다. 부여를 위시해서 고구려·동예·옥저·읍루·삼한 등의 정치 세력은 『후한서』 동이열전에 입전入傳되어, 『삼국지』에 비교적 구체적으로 기록되었다. 이전의 『사기』나 『한서』에는 이들 국가 대신 조선朝鮮이 입전되어 있는데, 그 내용은 주로 위만衛滿조선과 중국의 통일 왕조인 한漢과의 전쟁 기사였다.

부여를 위시한 동북 사회의 정치 세력은 1·2세기경에 국가체제를 갖추어 갔다고 생각한다. 부여는 전국시대 말에 존재하였으며, 고조선보다 강대하지는 않았으나 연맹왕국으로서의 정치 기반을 가졌다. 후한부터 위진魏晋 남북조시대에 부여는 비교적 강성한 국가로 존속하였다. 『후한서』 이전의 동이전에 단독 국가로 입전되지는 않았더라도, 부여는 『사기』나 『한서』는 물론 『상서尙書』나 『논형論衡』 등에 단편적으로 이름을 전하고 있다.[2] 『사기』나 『한서』에는 고조선이 집중적으로 기록되었지만, 부여도 간략하게 언급되었다.

『사기』에 처음으로 보이는 부여는 서남쪽으로 연燕과 맞닿아 있었다. 이때의 연은 북쪽으로 오환烏桓·부여와 인접하였고 동쪽으로는 예맥濊貊·조선 및 진번眞番과 인접하였는데, 발해와 갈석碣石 중간에 있는 도회에 불과하였다고 한다.[3] 연은 상곡上谷에서 요동에 이르기까지 넓은 땅에 백성이 적어 약한 국가였다면, 부여는 고조선이나 진국辰國에 버

2 박대재, 「부여의 왕권과 왕위 계승—2~3세기를 중심으로—」, 『한국사학보』 33, 2008, p. 12.

3 『史記』 卷129, 貨殖列傳 第69(金陵局本, p. 3264)에 "夫燕亦勃 碣之閒 一都會也 南通齊趙 東北邊胡 上谷至遼東 地踔遠 人民希 數被寇 大與趙 代俗相類 而民雕捍少慮 有魚鹽棗栗之饒 北鄰烏桓夫餘 東綰穢貉 朝鮮 真番之利"라고 하였다.

금가는 정치체제를 갖추었을 것으로 이해된다. 『한서』의 다음 내용에서 연과 부여를 포함한 주변국의 모습을 조금 더 구체적으로 이해할 수 있다.

① 연왕燕王의 태자 단丹이 용사 형가荊軻를 서쪽으로 보내어 진왕秦王을 시해하려 하였으나 성공하지 못하고 죽임을 당하였다. 진나라가 드디어 군사를 일으켜 연燕을 멸망시켰다. 계薊는 남쪽으로 제齊나라와 조趙나라에 통하며 발해와 갈석碣石 중간에 있는 한 도회都會였다. (중략) 상곡上谷에서 요동遼東에 이르기까지 땅은 넓고 백성은 드물어 자주 오랑캐의 침입을 받았다. 풍속은 조趙나라와 서로 비슷하며, 생선과 소금·대추·밤 등이 풍족하게 생산되었다. 북쪽으로는 오환烏丸 및 부여夫餘와 인접하였다. 동쪽으로는 진번眞番과 현토玄菟·낙랑樂浪으로 이어졌는데, (이들 군현은) 무제武帝 때에 두어졌으며 모두 조선朝鮮과 예맥濊貊·구려句驪 만이蠻夷에 속하였다.[4]

② 연왕燕王 노관盧綰이 반란을 일으켜 흉노匈奴로 도망가자, 위만魏滿이 망명亡命해 왔다. 무리 1,000여 인을 거느린 (그는) 상투를 틀어 오랑캐 옷을 입었는데, 동쪽의 새외塞外로 달아나 패수浿水를 건너 진秦나라의 옛 공지空地인 상하장上下障에 거주하였다. 점차 진번眞番과 조선朝鮮 만이蠻夷 및 옛 연燕나라·제齊나라의 망명자를 모아 왕 노릇을 하고 왕검王儉에 도읍을 정하였다. 효혜제孝惠帝 고후高后 때를 맞아 천하天下가 처음으로 정착되자 요동태수遼東太守는 위만을 외신外臣으로 삼아 변방의 만이를 보호하여 도둑질하지 못하게 하고, 만이의 군장君長이 천자天子를 뵙겠다고 하면

4 『漢書』 卷28, 地理志 第8 下에 "燕王太子丹 遣勇士荊軻 西刺秦王 不成而誅 秦遂擧兵滅燕 薊南通齊趙 勃碣之間 一都會也 … 上谷至遼東 地廣民希 數被胡寇 俗與趙代相類 有魚鹽棗栗之饒 北隙烏丸夫餘 東賈眞番之利 玄菟樂浪 武帝時置 皆朝鮮濊貉 句驪蠻夷"라고 하였다.

이를 금지禁止하지 못하도록 상주하였다. 위에서 이를 허락하였다.[5]

주周 무왕武王이 은을 멸망시키고, 동생 소공召公을 연의 제후로 봉하였다. 그 뒤 연은 36대로 이어져 내려오면서 전국시대에는 7웅雄으로 성장하여 동쪽으로는 어양漁陽·우북평右北平·요서遼西·요동에 이르고, 서쪽으로는 상곡上谷·대군代郡·안문雁門을 취하였으며, 남쪽으로는 탁군涿郡과 북쪽으로는 신성新城·신창新昌·발해까지 확보한 강국을 이루었다. 그러나 전국시대 말에 연 희왕喜王의 태자 단丹이 형가荊軻를 진의 수도 함양咸陽으로 파견하여 진시황(영정嬴政)을 죽이려고 하였다. 이 사건이 실패로 끝나면서 연은 멸망하기에 이르렀다.

형가가 진시황을 알현하면서 지금 북경 남쪽에서 하북성의 보정保定 북쪽에 해당하는 독항督亢 지역을 바친다고 하였다. 이후 바로 진의 공격을 받아 단은 죽임을 당하고 희왕은 요동으로 달아났다. 국토 대부분을 상실하고 북경 지역인 계薊와 요동에 잔존殘存해 있을 당시의 연은 동북쪽으로 부여와 인접하였다. 『사기』에 처음으로 기록된 부여도 이때의 모습을 알려 주는 것으로 생각한다. 진이 연을 멸망시키면서 천하를 통일할 당시에 부여는 중국에 알려져 있었으며, 위만조선이 성립된 이후에도 계속해서 존속存續하였다.

한이 다시 천하를 통일한 이후 유방劉邦은 노관盧綰을 연왕燕王으로 봉하였다. 얼마 후 그가 반란을 일으켜 흉노匈奴로 도망가자, 그 휘하의 위만魏滿이 1,000여 명의 무리를 이끌고 패수浿水를 건너 망명하였

5 『漢書』 卷95, 列傳 第65, 朝鮮전에 "燕王盧綰反入匈奴 滿亡命 聚黨千餘人 推結蠻夷服而東走出塞 度浿水 居秦故空地上下障 稍役屬眞番朝鮮蠻夷 及故燕齊亡在者 王之 都王險 會孝惠高后 天下初定 遼東太守 卽約滿爲外臣 保塞外蠻夷 毋使盜邊 蠻夷君長 欲入見天子 勿得禁止 巳聞 上許"라고 하였다.

다. 그는 옛 공지空地인 상하장上下障에 거주하여 나라를 세웠다. 이어 위만은 기자箕子의 후예인 준왕準王을 몰아내고 대신하여 고조선의 연맹왕권을 장악하였다. 위만의 손자인 우거왕右渠王이 고조선 연맹왕국을 다스렸다. 그는 기원전 109년에 한 무제가 보낸 육군 5만 명과 수군 7,000명의 대군을 맞아 다음 해 여름까지 항쟁하였다. 이 전쟁으로 말미암아 『사기』에는 우리 민족의 경우, 유독 고조선만이 외이外夷 열전 속에 입전되었다.

위만조선이 연맹왕국을 형성하였을 당시에 후방의 동북 지역이나 남방 지역에는 고조선에 상응하는 국가나 정치 세력이 성립되어 있었다. 상하장에 거주할 당시에 위만은 고조선 연맹왕국 속에 포함된 성읍국가를 다스렸다. 그러다가 그는 중국(한漢)의 도움을 받아 고조선 연맹왕국의 연맹왕권을 장악하였다. 그러기까지 위만은 동이의 여러 군장이 중국과 교섭하는 것을 중재하는 역할을 담당하였다. 고조선의 후방이나 남방 지역에 중국과 통하려는 상당수의 국가나 정치 세력이 존재하였다.[6] 부여 역시 고조선과는 독립된 존재로 중국에 알려져 있었다.

전한시대의 부여가 어떤 국가체제를 성립시켰는지 잘 알 수 없으나, 고조선과 비슷한 모습의 연맹왕국을 형성하였을 것으로 생각한다. 고조선 연맹왕국의 모습은 부여의 국가체제를 이해하는 데 도움이 된다. 한나라 군사가 10도道로 쳐들어오기 때문에 숙위宿衛하겠다고 속인 위만은 수도로 들어가 준왕을 몰아내고 고조선의 연맹왕권을 장악하였다. 이로 보면 실제로 준왕의 고조선 연맹왕실은 위만이 다스리는 성읍

6 『漢書』 卷95, 列傳 第65, 朝鮮전에는 "眞番眞國 欲上書見天子 又雍閼弗通"이라 하였다. 또한 위만이 上下障에 거주하면서 眞番과 朝鮮 蠻夷 및 옛 燕·齊의 망명자를 모아 왕 노릇을 하였고, "侵降其旁小邑 眞番臨屯 皆來服屬 方數千里"라고 하였다. 위만은 상하장에서 진번과 임둔 지역의 소읍을 정복하여 수천 리에 이르는 연맹왕국을 지배하였는데, 그 외의 지역에도 고조선에 완전하게 복속되지 않는 독립적인 정치 세력이 존재하였다.

국가의 상황에 대해 모를 정도로 서로 독립적 형세를 견지하였다. 위만이 등장하기 전후의 고조선 연맹왕국 내에는 다소의 독립적 기반을 가진 정치 세력, 곧 성읍국가나 소연맹국이 복속되어 있었다.

고조선 연맹왕국에 복속된 소국 지배자들은 때때로 연맹왕실과 독자적 군사행동을 강행하거나 연맹권역에서 이탈할 수 있을 정도의 반독립적 형세를 이루었다. 우거왕은 이들의 도움을 받음으로써 한나라 대군을 맞아 한 해를 넘기는 장기간의 항쟁을 이끌었다. 고조선은 왕실 중심의 연맹권역을 공고하게 결속시킴으로써 한나라의 대군을 효과적으로 막았지만, 반대로 그 결속이 와해하면서 멸망하였다. 조선상朝鮮相 노인路人·상한相韓 도陶·이계상尼谿相 삼參·장군왕將軍王 담唊 등이 우거왕을 시해하고 항복하였다. 대신 성기成己는 끝까지 항거하였으나 우거왕의 아들 장長과 노인의 아들 최最가 그를 죽임으로써 고조선은 평정되었다.

우거왕의 신하인 노인·도·삼·담 등이 한나라에 항복하였는데, 그 공로로 한의 제후로 봉작을 받았다.[7] 그러나 그들의 봉국封國을 연이어 모두 회수하여 없앰으로써 한나라는 고조선의 토착적 정치 세력 기반을 철저하게 해체하였다. 노인·도·삼·담 등은 역계경과 같은 본래 성읍국가나 소연맹국의 지배자로서 고조선 연맹왕국의 신하로 활동하였다.

---

7 『史記』 및 『漢書』 朝鮮전에는 漢에 항복한 고조선 신하들이 모두 封爵을 받았다. 곧 右渠王의 아들 長은 幾侯로, 路人의 아들 最는 溫陽侯로, 相韓 陶(陰)는 萩苴侯로, 尼谿相 參은 澅淸侯로, 將軍王 唊(唊)은 平州侯로 임명되었다. 그러나 기후 장은 기원전 105년에 모반하여 죽임을 당함으로써 그의 나라가 없어졌다. 온양후 최는 기원전 104년에 후사를 두지 않고 죽자 그의 나라가 없어졌다. 추저후 도의 나라는 기원전 91년에 없어졌다. 홰청후 삼은 기원전 99년에 下獄되어 病死함으로써 그의 나라가 없어졌다. 후사를 두지 않고 죽자, 평주후 담(겸)의 나라는 기원전 107년에 없어졌다. 한은 협조한 고조선의 신하들에게 제후를 내렸지만, 실제로는 그들이 관장한 성읍국가나 소연맹국의 정치 기반을 그대로 인정해 주었고, 얼마 있지 않아 그들의 국가를 모두 없앰으로써 고조선 토착 사회의 정치적 기반을 철저하게 해체하였다.

조선상이나 상한·이계상·장군왕 등은 그들이 가진 토착 사회의 정치 기반과 연관하여 받았던 관직이다.

전한시대에 부여가 고조선과 비슷한 연맹왕국을 성립시켰던 것은 분명하다. 그 연맹권역 내에 복속하였던 정치 세력을 구체적으로 지적하기는 어렵다. 당시 부여 왕실이 연맹권역 내에 흡수한 성읍국가나 소연맹국 등의 여러 정치 세력을 모두 공고하게 결속하고 있었던 것은 아니다. 오히려 한의 군현에 대항하는 광범한 정치 세력이 부여 연맹왕국을 성립시킨 기반이 되었다. 부여 연맹왕국 내에 흡수된 여러 소국은 더 광범한 지역에 흩어져서 독자적 정치 기반을 확충해 갔다. 그들은 언제든지 부여 연맹왕국에서 벗어나 독립된 정치 세력을 성립시키려고 하였다.

『삼국지』 위서 동이전에 입전된 국가 중 오직 부여와 고구려에만 연맹왕실이 있었다. 부여에는 군왕君王이 존재하였고 고구려에도 왕이 있었다. 반면 그 외의 동옥저東沃沮나 읍루·동예·삼한 등에는 대군왕大君王이 없었다고 한다. 대군왕은 연맹왕국의 국왕이다. 국왕이 다스렸던 부여와 고구려가 비교적 큰 연맹왕국을 이루고 있었다. 부여가 8만 호戶를 가졌다면, 고구려는 3만 호를 장악하였다. 이에 비해 동옥저와 동예는 각각 5,000호와 2만 호를 거느렸다. 상대적으로 그들은 규모가 작은 연맹왕국이나 소연맹국을 형성한 셈이다.

다만 반드시 큰 연맹왕국이라 하더라도 그 맹주가 연맹왕실을 이루었던 것은 아니다. 마한은 총 10여만 호를 거느렸지만, 목지국目支國이 그 전체를 통할하는 연맹왕실로 성장하지는 못하였다. 초기 부여도 뒤의 읍루挹婁나 고구려(졸본卒本부여)를 포함한 광대한 영역의 연맹왕국을 이루었지만, 이들을 결속하는 강력한 연맹왕실을 성립시키지는 못하였다. 해모수解慕漱가 부여(북부여)를 세웠다고는 하나 천제天帝의 지시로 동해의 가섭원迦葉原으로 옮겨 동부여를 열었는가 하면, 북부여를 이어 다시 졸본부여가 일어났다.

고구려에서 남하한 온조가 세운 백제는 남부여로 불렸으며, 부여에 복속해 있던 읍루는 220년경에 이탈하여 연맹왕국으로 성장하였다. 중국 사서에 단일하게 기록된 부여가 『삼국유사』 등 국내 사서에는 북부여나 동부여 또는 졸본부여 등으로 나타나 있다. 부여 연맹왕국이 나누어진 모습을 보여 준다. 부여는 동북(후방)의 광대한 영역에 걸쳐 연맹왕국을 형성하였지만, 연맹왕실이 그 안의 읍락이나 성읍국가 등의 정치 세력을 연맹권역 속에 굳건하게 결속시키지 못하였다. 그 결과 큰 정치 세력을 이룬 일부 소연맹국이 부여 연맹왕국에서 이탈하여 고구려나 읍루 또는 동부여 등과 같은 연맹왕국으로 성장하였다.

2. 부여 연맹왕실의 중앙집권체제

전한시대부터 이미 부여는 고조선보다 공고하지는 않다고 하더라도 연맹왕국을 성립하고 있었다. 후한시대에 부여가 연맹왕권을 강화하면서 국가체제를 정비해 갔다. 부여 연맹왕실의 중앙집권적 통치체제 정비는 같은 부여계인 고구려 연맹왕국의 국가체제와 비교해 이해할 수 있다. 당시 고구려 및 주변국의 모습은 부여 연맹왕실이 어느 정도의 중앙집권적 통치 질서를 가졌는지 추측하는 데 도움을 준다.

연맹권역이 축소되는 등 정치적 부침을 겪은 부여는 고구려 대무신왕이 멸망시킨 것으로 기록되었지만 3세기까지 연맹왕실의 중앙집권적 통치 질서를 수립하였다.[8] 다만 고구려가 연맹왕국의 중앙집권체제를

8 『三國遺事』 권1, 東扶餘조에 "地皇三年壬午(2년) 高句麗王無恤伐之 殺王帶素 國除"라고

강화해 가는 모습을 구체적으로 보여 주는 데 비하여 부여의 연맹왕국 체제를 알려 주는 기록이 많이 전하지 않는다. 태조왕 때까지 고구려는 비류국沸流國이나 행인국荇人國 등 주위의 여러 성읍국가나 읍락을 복속시키고 있다. 비슷한 시기에 부여가 정복국가체제를 갖추었는지는 알 수 없다.

부여에는 국왕 밑에 6축六畜의 이름으로 붙여진 관직이 있었다. 그것이 마가馬加·우가牛加·저가豬加·구가狗加이고, 그 외에 대사大使·대사자大使者·사자 등의 관직이 보인다. 이들 관리는 본래 읍락의 지배자였으나 연맹왕국의 관직을 받았으므로[9] 중앙귀족으로 등장하였고 읍락을 떠나 수도에 머물렀다.[10] 읍락에는 호민이 본래 연고권을 가진 제가諸加의 지시를 받아 하호를 다스렸다. 중앙귀족으로 등장한 제가 등 관리들은 읍락을 거의 독립적으로 관장하였다. 제가는 별도로 사출도四出道를 다스렸는데, 그것은 수천 가에서 작게는 수백 가에 이르렀다.

하였다. 다만 『三國史記』 권14, 大武神王 5년(22년)조에는 고구려가 부여를 쳐서 고구려 장수 怪由가 부여왕 帶素를 죽였다. 그러나 당시 왕을 잃은 부여 사람들이 굴복하지 않고 고구려 군사를 포위하였으므로 대무신왕은 겨우 빠져나와 돌아갔다. 대무신왕이 부여를 정벌하여 그 왕을 죽였으나 그 나라를 멸망시키지 못하고 오히려 군사와 물자를 많이 잃었다고 한다. 이후 대소의 사촌 동생이 세운 曷思國은 고구려에 흡수되기도 하였으나, 태조왕 때에 부여 왕자 尉仇台는 고구려 군사를 크게 쳐부수었다.

9 『後漢書』 東夷列傳 夫餘전에는 "六畜으로서 官名을 삼으니 馬加·牛加·狗加 등이다. 그 邑落은 모두 諸加에게 主屬되었다"고 하였다. 諸加는 중앙귀족으로 등장하기 이전에 가졌던 읍락을 거의 독립적으로 다스렸다.

10 부여나 고구려에서 중앙귀족으로 등장한 것과는 달리 大君王이 없었던 東沃沮나 挹婁·東濊·馬韓 등에서는 읍락의 지배자들이 연맹왕국의 수도에 거주하지 않았다. 『三國志』 魏書 東夷傳 東沃沮전에는 "無大君王 世世邑落 各有長帥"라고 하였고, 挹婁전에는 "無大君長 邑落各有大人"이라 하였다. 또한 『三國志』 魏書 東夷傳 濊전에는 "詔更拜不耐濊王 居處雜在民間"이라 하였고, 韓전에는 "國邑雖有主帥 邑落雜居"라고 하였으며, 弁辰전에는 "又有諸小別邑 各有渠帥"라고 하였다. 동옥저나 동예·읍루·삼한 등의 長帥나 大人·主帥·渠帥 등은 읍락의 지배자인데, 모두 읍락에 거주하였다. 다만 소연맹국의 지배자였을 법한 不耐濊王도 민간과 섞여 살았으므로 읍락에 거주하였다.

제가가 거느린 사출도의 규모는 삼한 78개의 크고 작은 국가를 떠올리게 한다. 삼한의 국가 중 수백 가에 그치는 소국이 한 읍락에서 성장한 성읍국가지만, 수천 가에서 만 가에 이르는 대국은 다소의 읍락이나 성읍국가를 통합한 소연맹국을 이루었다.[11] 부여의 사출도는 본래는 성읍국가나 소연맹국의 기반을 가졌던 것이 분명하다. 부여의 제가는 소연맹국으로서의 기반을 가져 사출도를 포함해서 동시에 여러 읍락을 거느렸다.[12] 사출도는 우리 민속의 윷놀이를 연상시키는데 중앙에서 사방으로 뻗은 행정조직을 장악하고 있어서 마치 중앙집권적 지방통치조직을 갖추었다는 인상을 준다.[13]

사출도의 중앙집권적 통치조직 모습은 후대에 윤색하여 강조한 것으로, 오히려 부여 연맹왕국의 중앙집권체제를 이해하는 실마리가 될 수 있다. 3세기경까지 부여는 고구려와 비슷할 정도로 강한 연맹왕권을 성립시키면서 중앙집권적 통치체제를 구축하였다. 적어도 초기 연맹왕국 성립에서 고구려보다는 부여가 더 앞섰다. 그러나 다음 내용은 이런 주장을 의심하게 한다.

옛 부여의 풍속에 수한水旱이 고르지 못하여 오곡五穀이 익지 않으면, 문득 그 허물을 왕에게 돌려 혹은 마땅히 갈아야 한다거나 혹은 마땅히 죽여야 한다고 말하였다.

—『삼국지』 위서 동이전 부여전—

가뭄이나 홍수로 인하여 흉년이 들면 그 허물을 왕에게 돌렸고, 왕을

11 김두진, 「삼한시대의 읍락」, 『한국학논총』 7, 1985, pp. 30~32.

12 김두진, 위의 논문, 1985, p. 30.

13 이기백·이기동, 『한국사강좌 I(고대편)』, 일조각, 1982, p. 100.

교체하거나 죽였다고 한다. 중앙집권적 강력한 연맹왕권이 성립되어 있지 않음을 시사해 준다. 그러나 이 자료는 관구검毌丘儉이 고구려를 토벌할 때 전문傳聞한 부여의 옛 풍속을 기록한 것이어서 3세기 부여의 일반적 정치 정세를 알려 준다고 생각하지 않는다.[14] 『삼국지』 위서 동이전의 내용은 3세기경의 사회상은 물론 그 이전의 공동체적 전통을 함께 담고 있다. 순장 풍속도 같은 맥락이라고 생각한다.

초기 연맹왕국이 성립할 무렵의 부여는 고구려보다 오히려 더 굳건하게 결속한 연맹권역을 관장하였다. 고구려 건국 당시에 상대적으로 부여가 강국으로 나타났던 것은 시사적이다. 부여는 연맹왕권을 강화하면서 중앙집권체제를 정비하였다. 부여의 관직은 상위의 족장 계층인 제가와 그 밑의 하위 계층인 사자 등으로 나뉜 체계를 가졌다. 언뜻 보아 이는 당시 고구려의 관직체계와 비슷한 느낌을 준다. 그러나 엄밀히 살피면 두 나라의 관직체계에는 차이가 있다.

고구려는 연맹왕국체제를 구축하면서 복속된 성읍국가의 지배자를 상가相加 등 제가諸加로 편제하였다. 소연맹국의 지배자가 상가로 편입되었겠지만, 읍락이나 소국의 지배자는 사자로도 편입되었다. 고구려 연맹왕국의 관직체계는 성읍국가나 소연맹국 지배자들 각자가 가진 관직을 양적으로 모두 흡수하면서 누층적累層的으로 정비한 것이다.[15] 크게 보아 초기 고구려는 상위의 가加 계층과 하위의 사자使者 계층으로 구성되는 관직체계를 가졌다. 그러다가 후기에 고구려의 관직은 가 계

14 이 자료는 毌丘儉의 고구려 토벌 기사와 依慮의 왕위 계승 기사 사이에 어울리지 않게 삽입되어 있는데, 『後漢書』 東夷列傳 夫餘전에는 나와 있지 않다. 그러므로 관구검이 耆老로부터 들은 바의 옛 풍습을 기록한 것이어서 그 속에는 부여의 공동체적 유습이 강하게 반영되어 있다.

15 김철준, 『한국고대국가발달사』, 춘추문고 1, 한국일보사, 1975; 『한국고대사연구』, 서울대학교 출판부, 1990, pp. 28~29.

층인 형류兄類 관등보다 하위의 사자류使者類 관등의 지위가 높아졌다.

고구려와 달리 부여에는 초기부터 사자 관직의 위상이 높았다. 마가나 우가 등의 가 계층과 대사나 대사자 및 사자로 짜인 부여 연맹왕국의 관직은 초기 고구려의 관직체계와 비슷하다. 그러나 부여 연맹왕국에서 하위인 사자 계층의 지위가 크게 신장해 있었던 것은 중요하다. 『삼국지』 위서 동이전 부여전의 다음 내용은 이런 면을 충분히 알려 준다.

① (부여왕) 위구태尉仇台가 죽자 간위거簡位居가 왕위에 올랐으나, 적자嫡子가 없고 서얼庶孼인 마여麻余가 있었다. 위거位居가 죽자 제가諸加가 함께 마여를 세워 왕으로 삼았다. 우가형牛加兄의 아들 이름이 위거인데, 그는 대사大使가 되어 재물을 가볍게 여기고, 남에게 선하게 베푸니 국인國人이 그를 따랐다.

② 유주자사幽州刺史 관구검毌丘儉이 고구려를 칠 때 현토태수玄菟太守 왕기王頎를 부여로 보내니, 위거位居가 견가犬加를 교외로 보내어 군대를 맞고 군량軍糧을 공급해 주었다. 계부季父인 우가牛加가 딴마음을 품었는데, 위거가 계부 부자를 죽이고 그 재물을 적몰籍沒하였다.

③ 마여麻余가 죽자 그 아들 의려依慮가 6살로 서서 왕이 되었다.

우가형牛加兄의 아들인 위거位居는 대사로서 부여 왕위에 올랐던 인물이다. 『삼국지』에는 관구검毌丘儉이 고구려를 침공해 올 때 위거가 견가犬加를 교외로 보내어 군량을 공급해 주었다고 하였다.

이 내용에는 위거가 부여왕이라는 명확한 기록이 없다. 다만 같은 내용을 수록한 『태평어람太平御覽』에는 위거가 부여왕이라고 하였다.[16] 딴

16 李昉, 『太平御覽』 卷781, 四夷部2, 東夷2, 夫餘조에 "王位居遣大加郊迎 供軍糧"이라

마음을 품은 계부 우가牛加와 그 아들을 처단한 사건도 위거가 부여왕이었음을 알려 준다. 관구검이 고구려를 침공하는 244년을 전후한 시기의 부여왕은 위거이다. 위거 이전의 부여왕 위구태尉仇台는 요동태수 공손탁公孫度(190~204년)의 종녀宗女를 아내로 맞이하였다(『삼국지』 위서 동이전 부여전). 곧 공손탁이 요동을 다스리던 때의 부여왕은 위구태이다.

위구태를 이어 부여왕은 간위거簡位居와 마여麻余·의려依慮로 계승되었다. 이런 왕위 계승에는 위거가 들어 있지 않기 때문에 간위거와 마여 사이의 부여왕은 위거라고 한다.[17] 간위거왕 다음에 위거왕이 등극하였는지는 분명하지 않다. 위구태왕이 204년 이후에도 상당 기간을 다스렸다면, 간위거는 244년경에 부여왕이 되었을 것이다. 그렇다면 위거왕은 간위거왕이라고 생각한다. 설령 그렇지 않다고 하더라도 위거가 대사로서 최고의 권력자가 되었던 것은 중요하다.

3세기경의 부여가 연맹왕권을 강화하기 위한 중앙집권체제를 정비하였다. 하위직인 대사는 그 직무가 중시되면서 제가를 누를 수 있는 초월적 직책으로 떠올랐다. 대사를 포함한 대사자 등이 사자 계층에 속한 관직인데, 이와 구별되는 읍락이나 성읍국가의 지배자인 족장에게 내린 상위의 가 계층에 속한 관직이 있다. 사자는 본래 소연맹국을 다스렸던 가에 종속되거나 정복된 소국의 지배자에게 내려진 관직이었다. 그것은 종래의 수장적首長的 칭호인 가계 관명과는 상대적 위치에 있던 실무 담당의 막료 계열 관직이었다.[18]

부여 연맹왕국은 권역을 확대하면서 하위직이던 사자 직책을 중시하

하였다.

17 박대재, 앞의 논문, 2008, p. 26~27에서 부여 왕위는 尉仇台(190년 전후~)-簡位居-位居(244년~245년 전후)-麻余-依慮(~285년)로 계승되었다고 하였다.

18 김광수, 「부여의 '대사'직」, 『수촌박영석교수화갑기념 한국사학논총 (上)』, 탐구당, 1992, p. 68.

였고, 대소의 여러 관직을 분화하면서 그 직능이 강화되었다. 부역이나 조세를 수렴하였기 때문에 사자의 정치적 권력은 갈수록 강대하였다. 고구려는 옥저를 복속시키고 그 안의 읍락이나 소국의 지배자인 대인大人을 사자로 임명하거나 대가를 파견하여 다스리게 하면서 조부租賦를 거둬들였다.[19] 부여의 중앙집권적 통치체제가 정비되면서 사자 직능이 부상하였지만, 실제로는 가 계층의 인물이 사자 직능까지 관장하는 고위의 막료계幕僚系 관직이 등장하였다.[20]

위거는 우가형의 아들로 대사직을 관장하여 왕위에 올랐다. 부여의 최고 중앙귀족인 위거가 대사직을 수행하여 최고의 권력자가 되었다. 사자직을 중시하는 것은 부여 연맹왕실의 중앙집권적 통치 질서가 정비되는 모습을 보여 준다. 이런 면은 고구려의 국가체제 정비 과정에서는 다소 분명하게 나타나 있다. 연맹왕국 초기의 조의皁衣와 선인先人을 포함한 사자 계층 관직은 연맹왕실 내에 설치되어 있었지만, 제가가 다스렸던 소국이나 복속된 성읍국가에까지 광범하게 편성되어 있었다.

중앙집권적 국가체제를 강화하면서 일차적으로 왕실이나 제가 등 여러 정치 세력권 내에 나누어 설치하였던 사자 계층의 관직을 단일한 체계 내의 대소 관등으로 분류하였다. 그리하여 대사와 대사자 및 사자의 구분이 나타난 것이다. 마찬가지로 상가를 비롯하여 광범하게 존재한 제가諸加 역시 단일한 체계 속에 대소 관등으로 분화되었다.[21] 다만 사자류使者類 관등이 초기에는 가 계층, 곧 형류兄類 관등 아래에 있었으나 점차 연맹왕권이 강화되는 과정에서 가 계층과 비슷한 관등으로 부

19 『三國志』 魏書 東夷傳 東沃沮전에 "遂臣屬句麗 句麗復置其中大人爲使者 使相主領 又使大加 統責其租賦"라고 하였다.

20 문창로, 「부여의 관제와 그 계통적 접근」, 『한국학논총』 31, 2009, p. 11.

21 문창로, 위의 논문, 2009, p. 9에는 大加와 小加 등으로 편입되었다고 하였다. 다만 고구려 관직의 경우 太大兄·大兄·小兄 등으로 설정되었다.

상하였다. 이런 면은 중앙집권적 귀족국가체제를 성립시키는 과정에서 왕권을 강화하려는 의도를 지닌 것이다.[22]

대사가 제가를 초월하는 직능을 가졌던 3세기경 부여에서는 중앙집권적인 강한 연맹왕권이 성립되어 있었다. 부여에서도 귀족회의가 국가의 중대사를 결정하였다. 그 전통은 삼국시대에 중앙집권적 귀족국가가 성립하면서 오히려 굳건하게 확립되었다. 부여왕의 옹립은 제가회의에서 결정되었다. 아울러 적자嫡子 왕위 계승 원칙을 지켰다.[23] 적자를 두지 못한 위거(간위거簡位居)왕이 죽자 서얼인 마여麻余를 왕으로 옹립하였다. 부여에서는 부자 왕위 계승이 일반화되었던 것이 분명하다. 부자 왕위 계승 원칙은 강한 연맹왕권이 성립되어 있었음을 생각하게 한다.

3세기경 부여의 연맹왕권은 제가 세력을 비교적 확실하게 복속시킬 정도로 강대하였다. 실제로 위거가 계부季父 부자의 반란을 쉽게 제압하였다. 현토태수 왕기王頎에게 군사작전이라 할 수 있는, 군량을 전하는 견가는 위거왕의 명령을 충실히 이행한 인물이다. 마여왕이 죽자 아들인 의려가 6세였지만 즉위하였던 사실도 연맹왕권이 강대하였음을 생각하게 한다. 당시 부여의 가부장적家父長的 사회질서는 연맹왕권이

22 『周書』 卷49, 列傳 第41, 異域 上, 高(句)麗조에 고구려의 13관등은 大對盧·太大兄·大兄·小兄·意侯奢·烏拙·太大使者·大使者·小使者·褥奢·翳屬·先人·褥薩이라 하였다. 또한 『三國史記』 권40에는 고구려 12관등에 대해 『隋書』를 인용하여 太大兄·大兄·小兄·對盧·意侯奢·烏拙·太大使者·大使者·小使者·褥奢·翳屬·先人이라 하였고, 『新唐書』를 인용하여 大對盧·鬱折·太大使者·皁衣頭大兄·大使者·大兄·上位使者·諸兄·小使者·過節·先人·古鄒大加라고 하였다. 물론 『삼국사기』에 실린 고구려 12관등은 『수서』와 『新唐書』에서 그대로 기록되어 있다. 『주서』나 『수서』에는 사자 계열이 가 계열의 아래 관등으로 나와 있으나, 『신당서』에서는 사자 계열이 가 계열과 비교하여 동등하거나 어떤 것은 오히려 높게 나와 있다. 곧 중앙집권적 귀족국가가 성립된 후 고구려가 전제왕권을 강화하면서 사자 계열의 관등을 중시하였던 사실을 알려 준다.

23 박대재, 앞의 논문, 2008, p. 17~28.

강대해지는 데 도움이 되었다. 가부장을 중심으로 한 가족 질서를 유지하기 위해 부여에서는 가혹한 투기죄妬忌罪가 유지되었다.[24]

고조선 멸망 이후 3세기경까지 한반도의 서북 사회에 부여 연맹왕국이 가장 강대하였으나 중앙집권적 귀족국가로의 체제를 정비하면서 정복국가로 발전하지는 못하였다. 285년에 선비족 모용외慕容廆가 침입하여 부여를 격파하면서 의려왕은 자살하고 그의 자제들은 옥저 지역으로 옮겨 살았다.[25] 다음 해에 부여왕 의라依羅가 일시적으로 나라를 회복하였다고는 하지만 여전히 선비족의 침탈을 받았다. 이후 연燕이나 고구려에 종속된 부여는 뒤에 북부여와 북옥저(동부여로 불림)나 그 서북부에 이르는 광범한 지역으로 나뉘어 연명만 이어갔다.[26] 5세기경에 북위와 교섭하면서 독자 노선을 일시 시도하였지만, 결국 부여는 494년(문자명왕文咨明王 3년)에 고구려에 복속되어 멸망하였다.

3. 부여의 건국신화와 제천의례

(1) 부여의 건국신화 형성

한국상고대에는 수많은 성읍국가가 존재하였다. 이들 소국은 서로 복속되거나 연합하면서 소연맹국이나 연맹왕국을 이루고, 확보한 지역을 군사적으로 확실하게 통치하는 중앙집권적 귀족국가로 성장하였다. 성

24 이기백, 「부여의 투기죄」, 『사학지』 4-1, 1970; 『한국고대정치사회사연구』, 일조각, 1996, P. 40.

25 『晉書』 卷97, 列傳 第67, 四夷, 東夷 夫餘國전.

26 노태돈, 「부여국의 경역과 그 변천」, 『국사관논총』 4, 1989, pp. 50~51.

읍국가의 지배자들이 조상신을 받드는 개국開國신화를 성립시켰다. 천신족天神族과 지신족地神族의 결합으로 이루어진 개국신화는 뒤에 연맹왕국이나 중앙집권적 귀족국가체제를 정비해 가는 과정에서 주위 정치세력의 시조전승을 흡수함으로써 더 복잡한 건국신화를 형성하였다.

부여 건국신화의 모습은 연맹왕국으로 성장하는 사회 상황에 대한 이해를 곁들여야 더 성공적으로 밝힐 수 있다. 현재 부여 정치사에 대한 자료를 많이 찾아내기는 사실상 어렵다. 부여 건국신화를 이해하기 위해 단군신화나 고구려 건국신화와 비교 검토하는 방법은 도움이 된다. 부여 건국신화는『후한서』에 처음 나타나는데 다음과 같다.

처음에 북이北夷의 색리국왕索離國王이 출행出行한 후, 그 시녀(시아侍兒)가 임신姙娠하였다. 왕이 돌아와 죽이려 하자, 시녀가 말하기를 "일전日前 천상天上에 달걀 크기만 한 기氣가 있는 것을 보았는데, 나에게 내려와 이로 말미암아 임신하였습니다"라고 하였다. 왕이 시녀를 가두었는데, 후에 드디어 남자아이를 낳았다. 왕이 (아이를) 돼지우리에 갖다 버리게 하였더니, 돼지가 입김을 불어 주어 아이는 죽지 않았다. 다시 마구간으로 옮겼더니, 말도 역시 이같이 하여 살리는 것이었다. 왕은 신神이라고 의심하여 이에 그 어미에게 거두어 기르도록 허락하고는 이름을 동명東明이라 하였다. 동명은 장성하면서 활을 잘 쏘았다. 왕은 그 용맹스러운 것을 꺼려서 다시 그를 죽이고자 하였다. 동명은 남쪽으로 달아나서 엄사수掩淲水(지금 고구려에 개사수蓋斯水가 있는데, 이를 가리키는 것으로 생각한다)에 이르렀다. (동명이) 활로써 물을 치니 물고기와 자라가 모두 모여 물 위에 떴다. 동명이 이를 타고 물을 건넜다. 이리하여 부여에 이르러 왕이 되었다.

—『후한서』 동이열전 부여전—

또한『위략魏略』에도 이와 비슷한 부여 건국신화가 실려 있었는데, 다소 중복되지만 그 내용은 다음과 같다.

옛날 북방北方에 고리국槀離國이 있었는데, 그 나라 왕의 시비侍婢가 임신하였다. 왕이 죽이려 하니, 시비가 말하기를 "달걀만 한 기氣가 하늘에서 나에게로 내려왔으며, 그로 인하여 임신하였다"라고 하였다. 후에 아들을 낳았다. 왕이 그를 돼지우리에 버리니 돼지가 입김으로 불어 주었고, 옮기어 마구간에 두니 말이 기氣를 부어 주어 죽지 않았다. 왕은 천자天子가 아닌지 의심하였다. 이에 그 어머니에게 명하여 (아이를) 거두어 기르게 하고는 이름을 동명東明이라 하였다. (왕은) 항상 말 먹이는 일을 시켰는데, 동명은 활을 잘 쏘았다. 왕은 나라를 빼앗을까 걱정하여 그를 죽이고자 하였다. 남쪽으로 달아난 동명은 시엄수施掩水에 이르러 활로써 물을 치니 고기와 자라가 떠올라 다리가 되었다. 동명이 물을 건너자 고기와 자라가 해산하였으므로 추격 군사들이 건너지 못하였다. 이리하여 동명은 부여 땅에 도읍하고는 왕이 되었다.

—『삼국지』 위서 동이전 부여전—

색리국索離國 또는 고리국槀離國의 개국신화가 부여 연맹왕국의 건국신화를 이루는 기본 구조를 제공해 준다. 그것은 영웅전승적 건국신화의 토대가 되었으며, 선민選民사상에 바탕을 둔 단군신화와는 차이가 있다. 단군신화는 천신족인 환웅족桓雄族과 지신족인 웅족熊族이 결합하여 그 자손인 단군이 고조선을 개국하는 신화이다. 뒤에 그것은 다른 정치 세력으로 지신족인 호족虎族까지도 흡수하여 연맹왕국으로 성장하는 고조선 건국신화로 형성되었다. 그러나 단군신화는 천신의 자손이 스스로 개척하기보다는 선택된 신시神市에 개국하는 내용으로 구성되었다.

연맹왕국체제가 정립하면서 영웅전승적 건국신화가 등장하는데, 부여 건국신화는 그 효시를 이루었고 주몽신화인 고구려 건국신화가 그 전형적인 모습으로 형성되었다. 연맹왕국의 권역이 확대됨으로써 부여 건국신화는 복잡한 구조를 지녀, 결국에는 사실상 고구려 건국신화로 정착하였다. 『후한서』에는 색리국 개국신화가 부여 건국신화로 기록되었지만, 『삼국지』에는 고리국 개국신화가 부여전 끝에 부록으로 실려 있다. 곧 부여 건국신화에서 점차 벗어나는 인상을 준다. 색리국 개국신화는 처음 부여 건국신화로 등장하였지만 점차 고구려 건국신화로 정착되었던 사실을 추측하게 한다.[27]

부여 건국신화는 연맹왕국에 흡수된 여러 성읍국가의 개국신화를 복잡하게 구조하면서 이루어졌더라도, 뼈대가 된 것이 색리국 개국신화이다. 색리국왕의 시녀가 하늘로부터 달걀만 한 기氣를 받아 임신하여 낳은 아들이 동명東明이다. 동명은 박해받아 도망가서는 스스로 국가를 세웠다. 동명이 부여를 건국하기까지의 과정이 바로 영웅전승적 성격을 가졌다. 색리국왕은 자기 자손이 아니기 때문에 마구간이나 돼지우리에 그를 버렸다. 동명이 박해받는 과정은 여기에서부터 시작된다. 그때마다 말이나 돼지가 입김을 불어 주어 그 온기로 살아남을 수 있었다.

국왕이 시기하여 죽이고자 하니, 동명은 달아나 엄사수掩淲水(개사수蓋斯水)를 건너 부여를 건국하였다. 동명은 활을 잘 쏘았다. 엄사수에 이르러 추격병이 쫓아오자, 그가 활로써 강물을 치니 고기와 자라가 떠올라 다리를 만들어 주었다. 바로 영웅전승적 성격을 알려 주는 대목이다. 무사단을 이끌고 새로운 천지를 찾아 개척하면서 국가를 건설하는 모습을 가지기 때문에 영웅전승신화는 철제 무기가 등장하는 철

27 槀離라는 국호는 '高(句)麗'와 발음상 비슷하다. 그뿐만 아니라 朱蒙신화에서 東明이 말을 먹이는 역할은 다음에 고구려 기반을 닦는 중요한 요소로 기록되었는데, 이런 사실을 알려 줄 내용은 고리국 개국신화와는 달리 색리국 개국신화에 빠져 있다.

기시대를 배경으로 형성되었다.[28] 또한 색리국 개국신화에는 초기 농경사회에 등장하는 대우혼對偶婚이 나타나 있다.[29] 동명의 어머니인 시녀는 국왕은 물론 달걀 크기로 표현된 천기天氣와 혼인 관계를 맺은 셈이다.

부여 건국신화는 단군신화인 선민신화와는 달리 영웅전승신화의 기본 구조를 지녔고, 연맹왕국의 권역을 넓히는 과정에서 주변의 시조전승이나 개국신화를 포함하여 복잡한 모습을 갖추었다. 종국에는 그것이 고구려 건국신화에 흡수되었다. 그러므로 고구려 건국신화를 통해 본래 부여 건국신화에 포함된 내용을 추출하는 작업이 중요하다. 고구려 건국신화는 부여 건국신화와 같은 영웅전승신화로 구성되었으며, 그 내용을 간략하게 제시하면 다음과 같다.

하백河伯의 딸인 유화柳花가 천제天帝의 아들인 해모수解慕漱와 사통私通하였으므로 하백은 그녀를 태백산太伯山 남쪽의 우발수優渤水로 귀양보냈다. 마침 부여왕 금와金蛙가 유화를 얻어 방 안에 가두어 두었더니, (유화는) 햇빛을 받고는 태기가 있어 알을 낳았다. 왕이 알을 개와 돼지에게 주었으나 모두 먹지 않았고, 또 길 가운데 버리니 소와 말이 피해 갔으며, 들에 버리니 새가 날개로 품어 주었다. 왕은 알을 도로 그 어머니에게 주었다. 알을 싸서 따뜻한 곳에 두었더니 한 남자아이가 알을 깨고 나왔는데, 활을 잘 쏘았기 때문에 주몽朱蒙이라 불렀다.

금와의 아들 대소帶素 형제들의 시기를 받은 주몽은 말 기르는 일을 맡았다. 왕자王子 및 제신諸臣이 주몽을 모해謀害하려 하자, 어머니가 이를 눈치채고는

28 김두진, 「고구려 건국신화의 영웅전승적 성격」, 『한국고대의 건국신화와 제의』, 일조각, 1999, pp. 141~142.

29 김두진, 「단군고기의 이해 방향」, 위의 책, 1999, p. 18.

멀리 가서 뜻을 펴게 하였다. 주몽은 드디어 오이烏伊·마리摩離·협부陜父 등 3명과 함께 길을 떠나 엄사수掩淲水에 이르렀는데, 수신水神에게 아뢰기를 "나는 천제天帝의 아들이요 하백의 외손外孫이다"라고 하면서 도움을 청하자, 물속의 고기와 자라가 수없이 떠올라 다리가 되었다. 주몽이 강을 건너자 고기와 자라가 흩어지니 추격병追擊兵이 건너지 못하였다. 주몽 일행이 모둔곡毛屯谷에 이르러 마의麻衣를 입은 재사再思와 납의衲衣를 입은 무골武骨, 수소의水藻衣를 입은 묵거默居를 만났다. 그들과 함께 졸본천卒本川에 이르러 도읍하였다.

—『삼국사기』 권13, 시조 동명성왕 즉위년조—

부여 건국신화와 비교하여 주몽신화에는 오이烏伊·마리摩離·협부陜父나 재사再思·무골武骨·묵거默居 등 주몽과 동행한 인물들이 구체적으로 나온다. 『삼국사기』에 실린 고구려 건국신화에는 이 내용과 구별되는 시조전승이 흡수되어 있는데, 다음과 같다.

① 금와金蛙의 탄생
② 아란불阿蘭弗의 이도移都
③ 송양국松讓國 병합
④ 유리瑠璃의 왕위 계승

다만 주몽의 송양국 병합이나 유리의 왕위 계승 전승이 『삼국사기』에서 연대기로 삽입되었지만, 그 본래 모습은 주몽신화 속에 흡수되어 있었다. 실제로 이규보李奎報의 「동명왕편東明王篇」(『동국이상국집東國李相國集』 권3)은 송양과 유리 전승을 주몽신화 속에 비교적 장황하게 기록하였다. 그런데 『삼국사기』나 「동명왕편」과는 달리 『삼국유사』에는 금와의 탄생이나 아란불阿蘭弗의 이도移都 전승이 주몽신화에서 분리하여 동부여東扶餘의 개국신화인 부루扶婁 시조전승으로 독립되었으며, 그 외에 북부여北扶餘의 개국신화로 해모수解慕漱 시조전승이 나와 있다.

부여의 동명형 건국신화가 여러 시조전승을 흡수하여 주몽신화로 갖추어졌다. 송양이나 유리 전승을 제외한 고구려 건국신화의 모습은 부여 건국신화와 구별되지 않으며, 그 중심은 북부여 개국신화인 해모수 시조전승이라고 생각한다. 북부여 개국신화는 뒤에 주몽 시조전승과 연결되었지만, 본래의 모습은 천제天帝인 해모수가 오룡거五龍車를 타고는 흘승곡성訖升谷城으로 내려와 도읍하는 내용으로 구성되었다(『삼국유사』 권1, 북부여조). 그러다가 부여의 건국신화로 형성되면서 그 속에는 동부여의 부루 시조전승은 물론 고구려 주몽 시조전승이 포함되었다.

북부여왕 해부루는 천제인 해모수의 아들로 나와 있지만 아란불의 건의로 동해 쪽의 가섭원迦葉原으로 이도移都하여 동부여를 건국하였는데, 그의 아들이 금와金蛙이다. 천제 시조전승을 가진 부여 건국신화 속에 계보상으로는 아들과 손자로 이어졌지만, 실제로는 각각의 부족으로 이루어진 부루와 금와 시조전승이 흡수되었다. 그중 아란불의 이도 전승은 고구려 개국신화와 연결하여 전개되었다. 천제의 자손이 북부여 땅에 개국하고자 하니, 부루는 가섭원으로 옮겨가 동부여를 세웠다. 그리하여 북부여에서 일어난 주몽은 천제의 아들인 해모수의 아들이라 하였다.

천신족인 북부여의 해모수 시조전승을 차용借用하여 성립된 고구려 개국신화는 천제의 아들 해모수와 하백의 딸인 유화 시조전승을 중심으로 연맹왕국 속에 복속된 여러 지신족 시조전승을 흡수한 복잡한 모습의 건국신화를 형성시켰다. 그러나 북부여 개국신화에 해모수는 아들이 아닌 바로 천제로 나타나 있음이 흥미롭다. 부여 건국신화가 본래 더 권위를 가졌던 사실을 짐작하게 한다. 부여 건국신화는 우세한 북부여 개국신화를 중심으로 송양과 유리의 전승을 제외한 고구려 건국신화에 흡수된 여러 시조전승은 물론 고구려 개국신화까지를 포함한 복잡한 모습으로 형성되어 있었다.

(2) 부여의 영고제의 정비

부여는 3세기경에 연맹왕국으로 성립하여 그에 따른 건국신화를 형성하였다. 다만 국력의 부침으로 부여는 중앙집권적 강대한 연맹왕권을 구축하지 못할 경우 연맹권역의 결속력이 이완되기도 하였다. 복속한 읍락이나 성읍국가가 부여 연맹왕국에서 이탈하여 독립하거나 다른 연맹왕국 속에 흡수되어 갔다. 이렇듯 부여 연맹왕국 속에 포함되었을지라도 읍락이나 성읍국가는 연맹왕실과 독자적 세력 기반을 유지하였다. 특히 그들은 종교신앙으로 중앙의 연맹왕실과는 다른, 독자적 시조전승이나 제의를 가졌다.

소연맹국시대에 왕실은 물론 그 안에 흡수된 읍락이나 성읍국가의 지배자들이 각자의 조상신에 대해 제사를 지냈다.[30] 이때의 제의에서 받들어진 조상신은 개국신화나 시조전승에 등장한 개별 신격이다. 연맹왕국시대에 왕실은 자신의 조상신은 물론 건국신화 속에 흡수된 여러 시조전승의 신격을 함께 묶어 제사 지내는 제천의례를 성립시켜 갔다.

부여는 건국신화를 배경으로 영고迎鼓라는 제천의례를 갖추었다. 영고제의 모습에 대해서는 다음 내용을 통해 이해해 보자.

30 김두진, 「삼한 별읍사회의 소도신앙」, 『한국고대의 국가와 사회』, 일조각, 1985; 『한국고대의 건국신화와 제의』, 일조각, 1999, pp. 73~74.

납월臘月에 제천祭天한다. 연일 대회大會를 열어 술을 마시고 음식을 먹으면서 가무歌舞하는데, 이를 영고迎鼓라고 부른다. 이때에는 형옥刑獄을 단행斷行하고 죄수를 풀어 준다. 군사軍事가 있으면 역시 제천하는데, 소를 잡아 그 발굽을 보아 길흉吉凶을 점쳤다. (『위지魏志』에서 말하기를 소의 발굽이 갈라지면 흉凶하나 합쳐지면 길吉하다고 한다.) 행인行人은 밤낮없이 노래 부르기 좋아해서 그 소리가 끊어지지 않았다.

—『후한서』 동이열전 부여전—

영고가 개최될 때에는 대회를 열고 음식과 술을 먹고 마시면서 연일 노래하고 춤추었다. 부여는 영고제의 외에도 전쟁 등 군사에 관한 일이 있으면 제천의례를 행하였고, 소를 잡아 그 발굽을 보고는 전쟁의 승패를 점쳤다. 물론 이때에도 노래하고 춤추면서 음식과 술을 먹고 마셨던 것이 분명하다. 다만 3세기경 부여의 영고제의는 이 모습과는 조금 달리 표현되고 있음이 흥미롭다. 『후한서』는 영고제의와 전쟁 등 군사에 관한 일을 점치기 위한 제천의례를 서로 연결하여 기록하였지만, 『삼국지』에는 두 개의 제천의례가 각각 따로 설명되어 있다.

『삼국지』는 은력殷曆 정월에 행한 제천의례인 영고에 대해 "국중에 대회를 열고 연일 술을 마시고 음식을 먹으면서 가무歌舞하였는데, 이때에는 형옥刑獄을 단행하고 죄수를 풀어 준다"라고 간략하게 제시하였다. 이어 처수제妻嫂制나 투기죄 등 부여의 풍속을 제법 장황하게 기록하였다. 그중 하나로 영고제의 외에 또 다른 제천의례를 다음과 같이 소개하였다.

군사軍事가 있으면 역시 제천祭天한다. 소를 잡아 그 발굽을 보아 길흉吉凶을 점쳤는데, 발굽이 갈라지면 흉凶하나 합쳐지면 길吉하다고 하였다. 적병敵兵이

쳐들어오면 제가諸加가 스스로 싸웠으며, 하호下戶는 모두 양식을 날라 이들을 먹였다.

—『삼국지』 위서 동이전 부여전—

전쟁 등 군사 문제가 있을 때 행해진 제천의례에서는 제사 자체라기보다는 승패에 관한 점복占卜이 강조되었다. 아울러 전쟁을 담당하는 제가諸加와 하호下戶의 역할이 관심의 대상이었다. 그다음에 장제葬制를 기록함으로써 『삼국지』에 실린 부여의 풍속 소개가 끝을 맺고 있다.

부여 연맹왕국에는 영고제의가 성립되어 있었는데, 그와는 다른 제천의례가 행해졌던 것이 분명하다. 『후한서』의 영고나 제천의례에 관한 내용은 그런 면을 생각하게 한다. 그러다가 3세기경의 부여에는 영고가 국가적 제사의례의 중심이 되었고, 전쟁 등 군사 문제가 있을 때 행해진 제천의례의 종교적 중요성은 감소하였다. 부여 연맹왕실이 주제主祭한 제천의례에는 왕실뿐만 아니라 연맹왕국에 흡수된 읍락이나 성읍국가의 지배자가 받드는 모든 조상신이 함께 모셔졌다. 영고는 명실상부한 '제천사지祭天祀地'의 제천의례로 성립되었다.[31]

다만 전쟁 등 군사 문제가 있을 때 행해진 제천의례도 연맹왕실이 주재하였던 것이 분명하다. 그것이 영고제의와 같은 규모를 가졌는지는 알 수 없으나 '제천사지' 형식으로 봉행奉行되었다. 부여 영고제의의 바로 이런 면은 비슷한 시기 주변국의 제천의례와 구별된다. 고구려 연맹왕국은 10월에 대회를 열고 제천의례를 행하였으며, 이를 동맹東盟이라 불렀다. 동맹제의가 열리는 같은 기간에 나라의 동쪽 동굴에 모신 수신

31 김두진, 「백제 건국신화의 복원시론—'제천사지'의 의례와 관련하여—」, 『한국고대의 건국신화와 제의』, 1999, 일조각, pp. 182~186.

隧神을 맞아 제사를 지냈다.

동맹제의 기간에 제천의례가 행해지면서 이와는 별도로 지신地神인 수신에 대한 제의가 병행되었다. 고구려 동맹제의의 모습은 이웃인 동예의 무천제의에서도 비슷하게 나타나 있다. 다음 내용이 그런 추측을 가능하게 한다.

항상 10월에 제천祭天한다. 주야로 음주飮酒하며 노래 부르고 춤추는데, 이를 무천舞天이라 부른다. 또한 호랑이를 제사하여 신으로 여겼다. 그 읍락邑落을 상호 침범侵犯하면 벌로써 생구生口나 우마牛馬를 내어놓도록 하였으며, 이를 책화責禍라고 부른다.

—『삼국지』 위서 동이전 예전—

동예의 호랑이도 읍락이나 성읍국가에서 받든 조상신임이 분명하다. 이런 전통이 남아 후대에까지 호랑이는 함흥 등 동해안 지역에서 신성시되었다. 동예의 무천제의에서도 당연히 천신에 대해 제사를 지냈지만, 이와는 따로 지신인 호랑이를 제사하고 있다.

동맹제의는 물론 무천제의도 연맹왕실 중심의 제천의례를 행하였다. 제천의례 속에 다른 읍락이나 성읍국가의 시조전승을 가진 상당수의 조상신인 지신을 묶어 제사를 지냈지만, 수신이나 호랑이에 대해서는 따로 제사를 지냈다. 연맹왕국의 권역 내 결속력이 강하지 못하였을 경우 왕실 주관의 제천의례에서 벗어난 읍락이나 성읍국가의 지배자가 자신의 조상신에 대한 제사를 독자적으로 지낸 셈이다. 이런 현상은 동맹제의나 무천제의가 지닌 소도신앙적 요소를 알려 주는데, 읍락이나 성읍국가의 공동체적 기반이 강하기 때문에 나타났다.

소도신앙이 행해지는 삼한 사회에는 강력한 연맹왕국이 성립되어 있지 않았다. 파종을 마쳤거나 수확이 끝난 5월이나 10월에 행하는 국중國中 대회에서는 조상신인 귀신에 대해 제사를 지냈다. 제의가 국읍國邑이나 혹은 별읍別邑인 소도에서 읍락공동체 중심으로 각각 행해졌다. 소연맹국 사회에서 행해진 소도신앙은 연맹왕국시대에 제천의례로 성립되었다. 그러다가 중앙집권적 귀족국가가 성립하면서 '제천사지'에 포함된 여러 조상신을 종합하여 일률적인 국가의례를 체계화하였다.

동예의 책화責禍는 읍락이 서로 침범하지 못할 정도로 독자적인 공동체 전통을 강인하게 지녔다. 동맹제의에서 수신을 따로 제사하는 고구려 사회는 공동체적 전통을 강하게 유지하였다. 이에 비해 3세기경의 부여는 주변국과 비교하여 강력한 왕권을 가진 연맹왕국을 형성하였다. 영고제의 외에 행해진 제의가 제천으로 표시되었던 점은 이와 연관하여 시사성을 준다. 물론 부여에서도 영고제의와는 별도로 조상신인 지신에게 제사를 지내기도 하였다. 다음 내용에서 이런 면을 이해할 수 있다.

(해解)부루夫婁가 늙도록 아들이 없어 하루는 산천山川에 제사를 지내 후사後嗣를 구하였다. (이때) 탔던 말이 곤연鯤淵에 이르러 큰 돌을 보고 상대相對하여 눈물을 흘렸다. 이것을 이상하게 여긴 왕은 사람을 시켜 그 돌을 굴리게 하니, 금빛 개구리 모양의 아이가 있었다. 왕은 기뻐하며 말하기를 "이는 바로 하늘이 나에게 아들을 주신 것이다"라고 하고, 이에 거두어 기르고 이름을 금와金蛙라고 하였다.

—『삼국유사』 권1, 동부여東扶餘조—

부여왕 해부루는 아들을 얻기 위해 산천에 제사를 지냈다. 부루가 곤연鯤淵이나 거기에 있던 큰 돌에 제사를 지내고는 아들 금와를 얻었다.

동부여의 시조전승인 금와신화는 산천, 곧 지신을 받드는 제의를 성립시켰다. 부여 건국신화 속에 흡수된 시조전승의 사례에 불과한 셈이다. 이와는 달리 북부여北扶餘의 시조전승은 천제인 해모수解慕漱가 부루를 낳는 내용으로 구성되었다(『삼국유사』 권1, 북부여조). 금와신화와 비교하면 북부여의 부루신화도 천신을 받드는 제의를 성립시켰던 것이 분명하다.

『삼국유사』에 금와와 부루의 탄생이 각각 동부여와 북부여의 시조전승으로 구별하여 기록되었지만, 『삼국사기』에는 모두 고구려 건국신화로 흡수되었다.[32] 실제로 이런 시조전승은 합쳐져서 부여 건국신화로 먼저 형성되었고, 이를 기반으로 영고제의가 성립되었다. 다만 고구려의 동맹제의나 동예의 무천제의와는 달리 부여에서 영고제의 외에 별도로 행한 제사도 제천의례로 불렸다. 영고제의는 물론 부여의 국가적 제사는 적어도 소도신앙 단계를 넘어서서 '제천사지' 형식을 갖추고 있었다.[33]

영고제의가 비교적 확실한 재천의례로 발전하였던 면에서 부여는 같은 시기의 고구려나 동예 등 이웃 국가와 비교하여 왕권이 강한 연맹왕

---

32 『三國史記』 권13, 東明聖王 卽位조에 "其舊都有人 不知所從來 自稱天帝子解慕漱 來都焉"이라 하였다. 이에 앞서 고구려 건국신화에는 金蛙 탄생설화와 阿蘭弗의 移都설화가 함께 기록되어 있다.

33 『三國史記』 권15, 太祖大王 69년 10월조에 "王幸扶餘 祀太后廟"라고 하였다. 태조왕이 부여로 가서 제사를 지낸 태후묘는 고구려에 개설되었는지 분명하지 않으나 부여에는 분명하게 설치되어 있었다. 태후묘나 백제 온조왕 17년에 세워진 國母廟는 현실적으로 국모를 모셨겠지만, 여러 地神을 묶어 제사하는 사당이었다. 그러므로 태후묘의 설치 이후에는 여러 지신을 읍락별로 각각 제사하는 소도신앙의 모습은 점차 사라지게 되었다. 다만 신라의 神宮은 태후묘나 국모묘의 전통과 이어지겠지만 그에 덧붙여 천신, 곧 왕실의 조상신까지 함께 제사를 지낸 사당이다(김두진, 「신라 알지신화의 형성과 신궁」, 『한국고대의 건국신화와 제의』, 일조각, 1999, pp. 340~342).

국을 형성하였다.[34] 그러나 그것이 신라의 사전祀典과 같은 체계적인 짜임새를 갖추지 못함으로써 부여는 중앙집권적 귀족국가를 형성하지 못한 상태에서 해체되었을 것으로 생각한다. 3세기경의 부여는 고구려 등 이웃 국가와 비교하여 비교적 강력한 연맹왕권을 가졌다. 그러나 부여왕 대소帶素가 22년(고구려 대무신왕 5년)에 고구려 장수 괴유怪由와 싸우다 살해되었으며, 이때 파멸된 부여는 대소의 아우가 새로 도읍함으로써 명맥을 유지하였다.

다만 1세기경에 부여가 고구려에 예속될 정도로 국력이 쇠퇴하였는지는 의문의 여지가 있다. 괴유와 싸우기 이전의 대소왕은 고구려 유리명왕에게 사신을 보내어 강압적으로 부여를 섬기도록 요구하였다. 이에 유리명왕은 “과인이 바닷가에 치우쳐 있어서 예의를 알지 못합니다. 지금 대왕의 가르침을 받고 보니, 감히 명령을 따르지 않을 수가 없습니다”라고 회답하였다(『삼국사기』 권13, 유리명왕 28년 8월조). 건국 초기의 고구려는 부여의 국력을 능가하지 못하였다. 그러므로 이후 10년 정도 지나 부여가 패망하였다는 사실은 믿을 수 없다.

연맹왕국체제를 정비하면서 정복국가로 발돋움하는 고구려 태조왕대에 부여가 오히려 강성하였다. 부여왕은 121년(태조대왕 69년)에 아들 위구태尉仇台를 보내, 후한과 힘을 합쳐 고구려 군사를 크게 격파하였다.[35] 위구태는 언제 즉위하였는지 분명하지 않지만, 공손탁이 패망하는 204년경에는 부여왕으로 재위하였다. 그리되면 무려 80여 년간 활동한 것이 되기 때문에 왕자인 위구태와 부여왕 위구태는 동일인이 아

34 문창로, 「부여의 왕과 제천의례」, 『북악사론』 10, 2003, p. 34.

35 『三國史記』 권15, 太祖大王 69년 12월조에 “扶餘王遣子尉仇台 領兵二萬 與漢兵并力拒戰 我軍大敗”라고 하였다. 이보다 1년 전(120년)에 부여왕은 아들 尉仇台를 후한에 보내어 朝貢하니, 天子는 그에게 印綬와 金綵를 내렸다. 부여는 후한과 연합함으로써 고구려뿐만 아니라 선비를 제압하였다.

닌, 부자의 이름을 혼동한 것으로 이해하기도 한다.[36] 적어도 위구태왕이 다스리던 부여는 고구려보다 강성하였다.

부여는 적장자 왕위 계승 원칙을 고수하였고, 고구려와 선비에 대항해서 정복국가체제를 구축하였다. 부여 왕실이 연맹왕국의 결속력을 강화하면서 중앙집권적 통치 질서를 수립하는 과정에서 건국신화의 형성과 '제천사지'의 영고제의를 성립시켰다. 그러나 부여 연맹왕국은 중앙집권적 귀족국가체제를 성립시키지 못한 상황에서 해체되기에 이르렀다. 고구려나 선비족의 강성은 바로 부여의 붕괴를 재촉하였다.

36 이병도, 「부여고」, 『한국고대사연구』, 한국학술정보, 2012, p. 244.

제4부 고구려의 중앙집권적 귀족국가체제와 삼론사상

| 제1장 |

동맹제의를 통해 본 고구려의 조상신신앙

1. 고구려의 조상신신앙

(1) 고구려의 동맹제의 내용

성읍국가시대에 여러 부족은 읍락邑落 단위로 각각의 조상신에게 제사를 지냈다. 소연맹국小聯盟國이 성립되는 과정에서 그 속에 흡수된 성읍국가나 읍락의 지배자들은 정치적으로 국읍國邑에 종속되었을지라도 종교적으로 독립된 제사권을 관장하였다. 연맹왕국이 정립한 이후 그러한 제사는 점차 조직화하여 부족과 부족을 잇는 국가적 제의로 발전하였다. 이리하여 성립된 것이 제천의례祭天儀禮이다.

일찍이 부여는 영고迎鼓라는 제천의례를 행하였으며, 고구려의 동맹제의東盟祭儀도 제천의례라고 할 수 있다. 동맹제의는 제천의례이지만, 초기에는 왕실이 자기 부족의 조상신인 천신을 제사한 것으로 생각한다. 청동기시대 이래 우수한 기술 문화를 가지고 토착 사회를 정복하거나 흡수 동화하면서 이동해 들어온 부족은 일반적으로 그런 좁은 의미의 천신에 대해 제사를 지냈다.

비록 동맹제의가 성립해 있었지만 처음부터 같은 장소에서 천신과 지신을 묶어 동시에 제사한 것은 아니었다. 고구려초기에 왕실은 조상신인 천신에 대해 한동안 독자적으로 제사를 지냈다. 다음 기록을 참고해 보자.

① 10월에 제천祭天하며 나라에 대회大會를 여는데 동맹東盟이라 한다. 그 대회의 의복은 모두 비단과 금은金銀으로써 스스로 장식한다.

—『삼국지』 위서 동이전 고구려전—

② 그 나라 동쪽에 큰 굴이 있어 수혈隧穴이라 불렀다. 10월에 나라에서 대회가 열릴 때 수신隧神을 맞아, 나라의 동쪽으로 돌아와 제사하는데 신좌神座에는 목수木隧를 두었다.

—『삼국지』 위서 동이전 고구려전—

『삼국지』에서 보여 주는 동맹제의에 관한 내용은 고구려 연맹왕실이 조상신인 천신을 제사하지만, 같은 때에 연맹왕국 내에 흡수되어 있던 성읍국가나 읍락의 지배자가 자기의 조상신인 수신隧神에 대한 제사를 따로 지냈음을 알려 준다.

동맹제의를 거행하던 공회公會 장소에서 천신을 제사하였다면, 공회와 별개의 장소인 나라의 동쪽에서 수신에 대해 제사를 지냈다.[1] 고구려 동맹제의에서 가장 뚜렷하게 받든 조상신이 천신과 하백河伯인 지신

1 본문에 제시한 『三國志』 기사의 註에서 "迎隧神 還於國東上 祭之"라 하였다. 이런 표현은 東盟제의에서 隧神을 제사하던 곳이 天神을 제사하던 곳과는 달랐을 것으로 추측하게 한다.

이다. 다음 내용을 통해 이를 이해해 보자.

고구려는 항상 10월에 제천祭天하는데 음사淫祠가 많다. 신묘神廟가 두 곳에 있다. 하나는 부여신夫餘神인데 나무를 조각하여 부인상을 만들었으며, 또 하나는 고등신高登神인데 시조인 부여신의 아들이다. 아울러 관사官司를 설치하고 사람을 보내어 수호하게 하였다. 대개 하백녀河伯女와 주몽朱蒙을 말함이다.

—『삼국사기』 권32, 제사祭祀조—

고구려에는 귀신을 받들어 음사淫祠가 많으며, 신묘神廟가 두 곳에 있다. 부여신夫餘神과 고등신高登神이 그것이다. 고구려의 국가적 두 신묘에서 각각 받든 부여신과 고등신은 유화柳花와 그의 아들인 주몽朱蒙으로 비정한다.

유화는 지신인 하백의 딸이며 주몽의 아버지는 천신인 천제의 아들 해모수解慕漱이다. 부여신이 수신으로 연결된다. 수신은 신좌神座에 목각상木刻像으로 안치되었는데 부여신은 목각의 부인상으로 모셔졌다. 수신은 지모신적 존재였기 때문에 그 목각상 역시 부인상이었다.[2] 수신상과 부여신상이 같은 모습을 하였으며, 동일한 신이었는데 사서에 따라 그 이름을 달리 기록하였을 것이다.

동맹제의 기간에 고구려 연맹국왕이 자기 부족의 조상신인 천신에 대한 제사를 주관하였는데, 수신 등 지신에 대한 제사도 부족 단위로 따로 행해졌다. 비록 후기로 가면서 동맹제의가 천신에 대한 제사 속에 지신을 모시는 제사를 흡수하여 폭을 넓혀 갔을지라도 부족 대부분은

2 김두진, 「삼한 별읍사회의 소도신앙」, 『한국고대의 건국신화와 제의』, 일조각, 1999, p. 81.

각자의 독립된 조상신을 따로 제사하였다. 그것은 고구려의 동맹제의가 '제천사지祭天祀地' 의미에서 진정한 제천의례로 성립하였다기보다는, 그 속에 삼한시대와 같이 소도신앙 요소를 많이 간직하였음을 알려준다.

(2) 천신계의 영웅전승 조상신신앙

주몽을 제사하는 사당이 시조묘이다. 그것을 언제 세웠는지도 분명하지 않지만, 졸본卒本에 있었기 때문에 수도를 국내성으로 옮기는 유리왕 22년(3년) 이전에 설치하였다. 유리왕대에 이미 설치해 있었다 하더라도 시조묘는 주몽을 모셨으며, 유화를 함께 제사하는 사당은 아니었다. 동맹제의에서 주몽은 고등신으로, 유화는 부여신으로, 두 신묘에 나누어 배향되었다. 오히려 주몽의 아버지 해모수와 어머니 유화가 같이 숭배되었을 가능성도 있다.

처음 고구려 연맹왕실은 천신족 조상신신앙을 가졌다. 부여의 재상 아란불阿蘭弗이 하늘로부터 전해 들은 다음 내용이 이를 알려 준다.

> 요사이 하늘에서 나에게 이르기를 "장차 나의 자손으로 여기에 나라를 세울 것이니 너희들은 여기를 피하라. 동해 바닷가에 땅이 있는데 가섭원迦葉原이라 부르고 기름지므로 오곡五穀을 심기에 적당하니 가히 도읍할 만하다"라고 하였습니다.
>
> —『삼국사기』 권13, 시조 동명성왕 즉위년조—

아란불의 간언을 받아들인 부여왕 해부루解夫婁는 수도를 가섭원迦葉原으로 옮겼다. 그것이 곧 동부여이다. 해부루가 이도移都한 후 부여의 옛 수도에는 천제의 아들인 해모수가 와서 도읍을 세웠다. 고구려 왕실을 포함한 부여족은 천신족 조상신신앙을 가졌다.

부여와 고구려는 모두 까마귀를 상서로운 토템 조상신으로 숭배하였다. 고분벽화 속에 나타나는 삼족오三足烏는 고구려 왕실이 태양 조상신 신앙을 가진 것으로 이해하게 한다. 다만 고구려와는 달리 부여왕 금와金蛙가 꼭 천신족 조상신신앙을 고수하였는지는 분명하지 않다. 해부루가 지신인 산천신山川神에게 제사를 지내, 곤연鯤淵가에서 얻은 아들이 금와이기 때문이다. 연못가에서 태어났을 뿐만 아니라 그의 이름이 파충류인 개구리를 가리키는 것도 지신족 조상신신앙과 연결될 수 있다.[3]

금와왕은 해모수와 사통한 유화를 깊숙한 방 안에 가뒀다. 유화는 방 틈새로 비치는 햇빛을 처음에 피하였다. 그러나 계속해서 따라 들어오는 햇빛을 받고는 주몽을 낳았다. 주몽이 햇빛과 인연을 가진 셈이다. 자라면서 주몽은 금와왕의 아들인 대소帶素 형제로부터 시기를 받았다. 박해받아 그들에게 쫓긴 주몽은 시엄수施掩水에 이르자 "나는 천제의 아들이고 하백의 외손이다"라고 외치면서 구원을 청하였다. 마침 물 위에 떠서 다리가 되어 준 물고기와 자라의 도움으로 강을 건너자, 그는 따르는 무리에게 "나는 지금 천명을 받들고 나라를 세운다"라고 하였다.

주몽의 고구려 건국 과정은 정치적 박해를 받아 새로운 천지를 찾아 떠나는 영웅전승英雄傳承신화를 구성하였다. 새로운 천지를 찾아 국가를 건설해 가는 과정이 바로 영웅전승으로 이어졌다. 처음 고리국槀離國 또는 색리국索離國의 조상신전승에서는 동명東明이 단순히 국왕의 박해를 받아 남쪽으로 도망하고, 시엄수를 건너 부여 땅에 도읍한다고 하

3 김두진, 「고구려 건국신화의 영웅전승적 성격」, 『국사관논총』 62, 1995; 『한국고대의 건국신화와 제의』, 일조각, 1999, pp. 160~161.

였다. 그는 부여국 왕실의 조상신으로 추앙받았다. 부여 왕실의 주몽 조상신신앙으로 성립한 영웅전승은 뒤에 고구려 건국신화에서 다시 복잡한 양상으로 재구성되었다.

주몽이 대소 형제들에게 쫓겨서 남쪽으로 내려가는 시조전승은 전형적인 동명형 조상신신앙을 떠올리게 한다. 그러나 고리국 시조전승과는 달리 고구려 건국신화는 주몽이 남하하는 과정에서 여러 사람과 동행하는 사실을 자세하게 기술하였다. 이런 모습은 유리瑠璃 시조전승이나 백제의 온조溫祚 시조전승에서도 비슷하게 나타나 있다.

주몽은 비극적 삶으로 생을 마감한 것은 아니지만, 출중했던 능력으로 말미암아 버림받거나 박해받았다. 동명형 조상신신앙에는 난생설화가 공통으로 나타나 있다. 동명 또는 주몽이 알의 모습으로 출생하였다. 같은 난생설화이면서도 신라의 박혁거세나 김알지와는 달리 주몽은 알로 태어난 게 상서롭지 못하다고 하여 버림받았다. 고리국의 시비侍婢나 유화가 낳은 알을 돼지우리에 버리고 마구간에 내팽개쳤으나, 소나 돼지가 입김을 불어 주었다. 그런가 하면 들에 버리자, 새들이 알을 보호하였다.

주몽은 오이烏伊나 마리摩離, 협부陜父 등이 각각 이끄는 부족 집단을 거느리고 시엄수를 건너 졸본 지역으로 내려왔다. 그가 거느린 무리는 무사단이었음이 분명하다.[4] 무사단을 거느린 주몽은 송양국松讓國을 정벌하였다. 남하하면서 동행한 재사再思나 무골武骨, 묵거默居 등도 주몽의 무사단에 합류한 부족 집단의 우두머리였다. 동명과 비교해 주몽은 바로 이런 무사단을 거느리고 선주先住 세력을 병합하면서 등장하였다.

---

4 김두진, 위의 논문, 『한국고대의 건국신화와 제의』, 일조각, 1999, p. 138.

주몽은 활을 잘 쏘았으며, 말을 기르고 다루는 탁월한 능력을 갖췄다. 7세 때에 주몽은 스스로 활과 화살을 만들어 쏘았다. 그가 쏜 화살은 백발백중이었다. 부여 말로 활을 잘 쏘는 사람을 주몽朱蒙이라 불렀다. 사냥하러 갔을 때도 그는 적은 화살을 받았지만, 그것으로 더 많은 짐승을 잡았다. 금와왕이 그에게 말을 기르게 하였다. 주몽은 날랜 말과 둔한 말을 잘 판별하였다. 둔한 말을 살찌우게 하여 왕에게 바친 대신 날랜 말을 여위게 길러서 자기 소유로 만들었다. 이런 능력은 영웅전승적 시조전승과 연결되었다.

고구려 왕실의 조상신신앙과 연관된 유리나 백제의 비류沸流·온조 시조전승도 부여계의 영웅전승적 성격을 가졌다. 온조와 비류는 유리의 등장으로 말미암아 국내에 있지 못하고 새로운 천지를 찾아 떠나 국가를 건설하였다. 그들도 역시 부여계의 천신족天神族 조상신신앙을 가졌다. 유리가 물 긷는 부인의 물동이를 깨뜨리자 꾸지람을 들었다. 그것은 박해받는 모습의 다른 표현으로 이해된다. 주몽이 숨긴 칼 도막을 찾아 졸본에 이르는 과정은 영웅전승적 시조전승이라고 생각한다. 주몽과 유리는 모두 무사적武士的 소양을 갖춘 것으로 지적되었다. 그들은 신기神技에 가까울 정도로 활을 잘 쏘는 능력을 지녔다는 점에서 서로 공통된 모습을 보여 준다.

유리 시조전승의 성립은 주몽 시조전승을 대신한 고구려 연맹왕국 내에 지배 세력의 변동이 있었음을 알려 준다.[5] 고구려 연맹왕국 내에서 일어난 지배 세력의 교체는 왕실과 연맹권역 속에 포함된 성읍국가의 지배자들이 공고하게 결속하였다기보다는 서로 거의 독립적 세력권을 가졌기 때문에 가능하였다. 영웅전승적 조상신신앙을 갖는 것은 고구

5 김용선, 「고구려 유리왕고」, 『역사학보』 87, 1980, pp. 54~56.

려 왕실이 이웃 성읍국가를 흡수하면서 정복국가체제를 성립하였지만 아직도 왕권이 확고하게 세워져 있지 않았음을 나타낸다.

영웅전승에서 신성족神聖族 조상신신앙을 갖추면서 연맹왕국의 왕권은 더 공고해졌다. 초기 고구려 연맹왕국 속에 포함된 여러 성읍국가는 거의 독립적 세력권을 가졌는데, 형세가 달라지면 고구려 연맹왕국에서 벗어날 수도 있었다. 이에 비해 시대는 다소 내려가지만 신라의 경우 왕실은 연맹왕국 속에 포함된 성읍국가의 지배자들을 더 확실하게 장악하였다. 그것이 이른바 신라 왕실의 신성족 조상신신앙과 연관되었다.[6] 신성족 조상신신앙을 표방한 김씨족은 신라 연맹왕국의 영도 세력으로 확고한 지위를 성립시켰다.

(3) 토착 부족의 지신계 귀신신앙

고구려 동맹제의에서 받든 천신과 지신들은 모두 여러 부족의 조상신이다. 연맹왕국 출현 후 동맹제의가 성립하면서 왕실의 천신계 조상신은 영웅전승신앙을 포용하였으나, 지신계 조상신은 여전히 귀신신앙으로 숭배되었다. 동맹제의의 이들에 대한 제사가 처음에는 부족 단위로 독립하여 행해졌지만, 뒤에는 왕실이 천신과 지신을 함께 묶어 제사하였다. 그중 가장 중요한 것은 고구려 건국신화의 중심을 이룬 주몽 부족의 해모수와 유화 부족의 하백이다.

해모수가 천신족 조상신신앙으로 받들어졌다면, 하백은 지신족 조상신신앙의 대상이 되었다. 동맹제의에 등장한 수신隧神도 부여신으로 연결되는 지신이다. 동맹제의에 모신 여러 부족의 조상신이 귀신으로 표

6 김두진, 「신라 건국신화의 신성족 관념」, 『한국학논총』 11, 1989, pp. 33~38.

현되었다. 다음 기록을 참고해 보자.

① 고구려는 귀신鬼神이나 사직社稷·영성零星에게 제사함을 좋아한다. 10월에 제천祭天하는데 그 대회大會의 이름을 동맹東盟이라 한다. 그 나라의 동쪽에 큰 동굴이 있어 수신隧神이라 부르며, 역시 10월에 맞아들여 제사를 지낸다.

—『삼국사기』 권32, 제사조—

② 그 풍속은 절식節食을 하며 궁실宮室을 짓기 좋아한다. 거주하는 좌우에 대옥大屋을 지어 귀신을 제사한다. 또한 영성과 사직에 대해 제사한다.

—『삼국지』 위서 동이전 고구려전—

귀신에 대한 제사를 마치 영성零星(靈星)과 사직社稷을 제사하는 것과 동등하게 기록하였다.[7] 동맹제의에 제사를 지내는 천신이나 수신도 처음에는 귀신신앙과 연결되며, 거주하는 옆에 세운 대옥大屋에서 귀신을 제사하였다.

사직과 농업신인 영성에 대한 제사는 성읍국가시대 이래 국가적 제의였다. 특히 토지신과 곡신穀神을 뜻하는 사직은 토지와 거기에 깃든 곡령穀靈 혹은 인민으로 그 자체가 국가를 상징한다. 사직제의가 성읍국가에서 받들어진 조상신에 대한 제사이고, 대옥은 신사神祠나 신묘神廟이다. 그것은 가족 중심으로 세우기도 했지만 소국 또는 부족 단위의 제장祭場이다. 대옥에서 제사를 지낸 귀신은 성읍국가나 부족의 조상신이다. 제천의례로 흡수하기 이전의 별읍別邑인 소도蘇塗신앙에서 받든

7 『三國史記』 권32, 祭祀조에서는 "梁書云 高句麗於所居之左 立大屋 祭鬼神 冬祠零星社稷"이라 하였다. 고구려 사람들은 大屋에서 귀신을 제사하고, 겨울에는 영성과 사직을 제사하였다.

조상신을 귀신으로 파악하였다.[8]

고구려 연맹왕국의 조상신을 모신 신묘를 정비하면서 제천의례가 국가적 제의로 체계화되었다. 부여신인 유화 시조전승이 국가적 제의로 갖추어지는 모습은 귀신인 토착 부족의 조상신을 전화하는 과정을 보여주는데, 우선 다음 기록을 참고해 보자.

동명왕東明王 14년 추추 8월에 왕의 어머니인 유화柳花가 부여에서 돌아갔다. 부여왕 금와金蛙가 태후太后의 예禮로 장례하고는 드디어 신묘神廟를 세웠다. 태조왕 69년 동冬 10월에 부여로 가서 태후묘太后廟에 제사하였다.

—『삼국사기』 권32, 제사조—

동명왕 14년(기원전 24년)에 유화를 모신 신묘를 세워 태후묘太后廟라고 불렀는데, 그것은 고구려가 아니라 부여에 세워졌다. 태조왕이 태후묘에게 제사하기 위해 부여로 가고 있음이 이를 알려 준다.

본래 성읍국가 기반을 가진 고구려 5부는 각각 종묘宗廟를 가졌다. 종묘가 왕실의 조상신을 모신 사당이다. 고구려에 성읍국가의 조상신을 제사하는 종묘는 일찍부터 있었다. 종묘의 제사가 언제부터 국가적 제의로 거행되었는지는 불분명하다. 다만 고구려는 고국양왕故國壤王 9년(392년)에 유사有司에게 명하여 국사國社를 세우고 따로 종묘를 수리하였다(『삼국사기』 권18, 고국양왕 9년 3월조). 국사는 종묘에 대응하는 고구려 국내에 설치한 신묘였으며, 유화인 부여신을 제사하는 곳이었다.

고국양왕 때 국사의 설치는 적어도 유화 부족의 조상신을 독자적 부족 제사에서 벗어나 국가적 제의로 받드는 계기를 마련하였다. 국사에

8 김두진, 「삼한 별읍사회의 소도신앙」, 앞의 책, 1999, p. 79.

서 행한 조상신에 대한 제사는 왕실에서 주관하는 중요한 의례가 되었다. 동맹제의에 흡수된 여러 토착 부족의 조상신은 지모신신앙을 포용하였다. 주몽의 어머니인 유화부인은 바로 그런 모습을 보여 준다. 신모神母인 유화부인이 비둘기를 통해 대소 등 왕자들에게 쫓긴 주몽에게 보리 종자를 전해 주었다. 유화는 곡물 생산을 관장하는 지모신이다.[9]

부정씨負鼎氏 부족의 조상신도 이런 모습을 보여 준다. 대무신왕이 군사를 내어 부여를 치려고 비류수沸流水에 이르렀을 때 여인이 솥을 들고 유희遊戲하는 모습을 보았다. 다가가서 보니 단지 솥만 있었다. 갑자기 한 장부가 나타나 말하기를 "이 솥은 본래 내 집 물건인데, 누이가 잃어버렸습니다. 지금 왕께서 얻었으니 청하건대 짊어지고 따라가겠습니다"라고 하였다. 드디어 그에게 부정씨라는 성을 내렸다(『삼국사기』 권14, 대무신왕 4년 동冬 12월조). 솥은 부정씨 부족의 제기祭器였음이 분명하다.

솥을 들고 유희하는 모습의 여인은 마치 제의를 주관하는 여사제의 모습을 떠올리게 한다.[10] 그리고 불을 지피지도 않았는데 솥이 스스로 데워져 그 솥에서 지은 밥으로 온 군사들을 배불리 먹였다. 이런 모습은 지모신신앙과 연관하여 대지의 생육 능력을 상징적으로 나타낸다.[11] 유희하는 여사제는 부정씨 부족의 제의를 주관하여 지모신에게 제사를 지낸 것으로 보인다. 그 제의는 부정씨 부족의 조상신신앙을 바탕으로 하여 성립되었다.

부정씨 부족은 고구려 연맹왕국이 팽창하는 과정에서 그 안에 흡수

9 김두진, 「단군고기의 이해 방향」, 『한국학논총』 5, 1983; 『한국고대의 건국신화와 제의』, 일조각, 1999, pp. 17~18.

10 강영경, 「한국고대 사회의 여성—삼국시대의 사회활동과 그 지위를 중심으로—」, 『숙대사론』 11·12 합집, 1982, p. 171.

11 김두진, 「한국 고대 여성의 지위」, 『한국사시민강좌』 15, 일조각, 1994, p. 25.

된 세력 집단인데, 독자적 조상신에게 제사를 지냈다. 고구려 연맹왕국 속에 복속된 다른 성읍국가나 부족 세력은 부정씨 부족과 비슷한 독자의 제의와 신앙 권역을 가졌다. 그들이 비록 정치적으로 종속되었으나 종교적으로는 아직도 연맹왕실과 대등한 자신의 조상신을 받드는 귀신 신앙을 가졌다. 그들의 조상신은 유화나 부정씨 부족처럼 대체로 처음에는 지모신이었는데, 동맹제의나 고구려 건국신화를 갖추는 과정에서 그 성격이 탈락하여 귀신의 지신으로 변모하였다.

2. 고구려 동맹제의의 체계화 의미

천신과 지신을 함께 제사하는 동맹제의는 연맹왕국 성립 이후 고구려의 중앙집권적 귀족국가체제를 정비하는 것과 함께 확립되었다. 후기의 동맹제의 속에 여러 부족의 조상신을 체계화하는 모습은 다음 기록을 통해 이해할 수 있다.

> 고구려의 풍속風俗에는 음사淫祠가 많으며 영성靈星이나 해[日]·기자箕子·가한可汗 등의 신神에게 제사를 지냈다. 나라의 왼쪽에 큰 굴이 있어 신수神隧라 부르는데 매 10월에 왕이 스스로 모두를 제사한다.
>
> —『삼국사기』 권32, 제사조—

고구려에는 음사로 여기는 영성靈星이나 해·기자箕子·하신河神(가한可汗)에 대해 제사를 지내는 풍속이 있었다. 10월의 제천의례 때에 왕이 귀신과 영성·사직은 물론 동굴신인 수신隧神까지 모두 제사하였다고 한다. 고구려 연맹왕은 자기 부족이 받들던 천신뿐만 아니라 복속한 다른 부족의 조상신인 수신 등 여러 지신에 대한 제사를 함께 지낸 셈이다. 이런 모습은 중앙집권적 귀족국가체제를 정비하면서 보다 강화되었다.

고구려의 동맹제의에 관한 이런 내용은 '제천사지祭天祀地'하는 제천의례의 모습에 비교적 충실하게 접근한 것이다. 고구려 왕실이 천신은 물론 여러 지신들을 묶어 제사한, 곧 엄밀한 의미에서 제천의례를 행하였다고 생각된다. 다음 기록은 이런 면을 뚜렷하게 보여 준다.

> 고구려는 항상 3월 3일에 낙랑樂浪의 언덕에 모여 사냥하고 돼지와 사슴을 잡아 천신天神과 함께 산천신山川神을 제사하였다.
>
> —『삼국사기』 권32, 제사조—

3월 3일에 낙랑의 언덕에서 행한 제의는 '제천사지'의 제천의례임이 분명하다. 산천신 속에는 영성과 일신 및 하신·기자·수신(신수神隧) 등이 포함되는데, 10월의 동맹제의에서 왕이 이 모두를 함께 제사하였다. 고구려의 동맹제의가 제천의례로 확립되면서 여러 부족의 조상신인 천신과 지신을 묶어 체계화하는 작업은 연맹왕국에서 중앙집권적 귀족국가체제를 정비하는 것과 짝하여 진행되었다.

동맹제의는 물론 건국신화 속에 포함된 여러 조상신신앙은 그것을 받들던 부족 세력이 고구려 연맹왕국 속에 흡수되었음을 짐작하게 한다. 고구려는 일찍부터 연맹왕국을 이루고는 정복국가로 발전해 갔다. 복속한 읍락이나 성읍국가의 장을 귀족으로 편제하여 중앙집권적 귀족국가체제가 정비되면서 제천의례와 건국신화가 성립되었다. 그러나 고구려 건국신화 속의 송양국 정복 기사는 초기 고구려 국가의 성격을 생각하게 한다. 동맹제의 속에 흡수된 조상신을 받들던 부족이나 성읍국가의 모습을 알려 준다.

고구려초기 연맹왕국을 정립하는 과정에서 복속한 국가들이 정복 기사로 기록되었다. 유리왕은 오이·마리 등에게 양맥국梁貊國을 정벌하게 하였으며, 대무신왕도 개마국蓋馬國·구다국句茶國 등을 정벌하였다. 남하하는 주몽과 합류한 극씨克氏의 재사나 중실씨仲室氏의 무골, 소실씨少室氏의 묵거뿐만 아니라 성을 하사下賜받은 기산箕山의 이인異人이나 국내성 사물택沙勿澤의 위사물位沙勿 등은 성읍국가 또는 부족 세력을 이루고는 고구려 연맹왕국 속에 흡수된 부족장들이다.[12]

복속한 국가의 지배자들은 초기 고구려 연맹왕국을 이루었지만, 독자의 조상신을 제사하였고 정치적으로도 어느 정도 독립해 있었음이 분명하다. 당시 고구려 왕실과 연맹권역 속에 흡수된 성읍국가와의 관계에 대해서는 황룡국黃龍國의 사정을 통해 이해할 수 있다.

> 유리왕瑠璃王 27년에 태자 해명解明이 용맹함을 듣고는 황룡국왕黃龍國王이 강궁强弓을 바쳤다. 해명이 이를 당기어 꺾어 버림으로써 황룡국왕을 무색하게 만들었다. 유리왕이 이 사실을 알고는 황룡국왕에게 효도를 모르는 자식인 해명을 없애 달라고 요청하였다. 황룡국왕이 해명을 자기 나라로 불렀으나 죽이지 않고 돌려보냈다.
>
> —『삼국사기』 권13, 유리명왕瑠璃明王 27년 및 28년조—

황룡국은 고구려 연맹왕국 속에 포함된 국가였다. 황룡국왕이 태자 해명解明에게 튼튼한 활(강궁强弓)을 선물하였거나 유리왕이 해명을 죽이

12 鄒敎素가 大室氏로 성을 받는 과정은 조금 특이하게 나타나 있다. 비류부의 부족장은 仇都나 逸苟·焚求 등이었는데, 왕실은 이들을 몰아내고 남부의 사자인 추발소를 임명하였다. 추발소는 남부의 사자라고 하지만, 아마 남부의 지배자였다고 생각한다.

도록 황룡국왕에게 요청하였기 때문이다. 그러나 황룡국은 거의 독자적으로 통치되었음이 분명하다. 황룡국왕은 고구려의 요청을 거절하면서 해명을 살려 고구려로 보낸 사실 등이 이를 증명한다. 황룡국은 고구려 연맹왕국 속에 들어와 있었을지라도 독자적 통치권을 행사하였다.

고구려 연맹왕국 속에 흡수되었던 성읍국가나 소연맹국도 처음에는 황룡국과 같은 상황으로 존재하였을 법한데, 시대가 내려가면서 더 확실하게 연맹왕실에 복속되었다. 그들의 존재 양태는 태조왕을 전후하여 달라졌다. 태조왕대 이전에 고구려 연맹왕국 속에 흡수된 소국 지배자는 거의 독립적인 세력 기반을 유지하였다. 그들이 일부 통치권을 할양당하였으나 성읍국가나 소연맹국 영역을 관장하면서 종교적으로는 완전히 독립된 제사를 담당하고 정치적으로도 상당한 독자 세력을 형성하였다.

태조왕대 이후에는 성읍국가에 관한 정복 기사가 보이지 않는다. 성읍국가의 정복과는 대조적으로 태조왕대에는 전쟁 기사가 기록되었다.[13] 태조왕대 이후 성읍국가를 정복하는 기사가 없음은 연맹왕국으로서의 확장이 끝나고, 정복국가체제를 정비하는 것을 의미한다. 주나朱那나 조나藻那 정복 기사는 연맹왕국 속에 흡수되었으나 이전과는 달리 독립 형세를 유지하였던 부족 세력을 고구려가 완전히 복속시키는 모습을 반영하고 있다.

이후 확대된 고구려 국가 영역 내에 연맹왕은 군대를 파견하여 그 지배권을 확실히 장악하면서 대외적으로 정복국가체제를 정비해 갔다. 태조왕대에는 고구려 연맹왕국 이외 지역인 옥저를 정복하여 그 영토

13 태조왕 4년에 고구려는 東沃沮를 정복하였는데, 그곳을 城邑으로 삼았다. 또한『삼국사기』권15, 태조대왕 53년 정월조·69년조·94년 8월조에는 중국 군현과의 전쟁 기사가 실려 있다.

를 넓혔다. 그리하여 넓어진 영토와 정복국가로 정비한 체제를 기반으로 고구려가 한군현과의 끊임없는 정복 전쟁을 주도하였다. 태조왕대는 고구려 연맹왕국이 정복국가체제로 전환하는 계기를 마련하였다.

태조왕대에 고구려초기의 지배 세력이 교체되었다. 모본왕이 두로杜魯에 의해 살해되고 난 다음에 태조왕이 등극하였다. 태조왕의 등장으로 해씨解氏 부족을 대신하여 고씨高氏 부족이 왕족으로 자리하는 사실은 고구려 왕실이 연노부涓奴部에서 계루부桂婁部로 바뀐 것을 가리킨다. 태조왕계는 계루부의 세력 근거지인 두만강 유역을 확보하고 있었으며,[14] 그곳에서 풍부하게 생산되는 철로 만든 무기나 농기구를 바탕으로 국력을 신장하여 정복국가체제를 갖추었다.

동맹제의를 제천의례로 확립하면서 왕실의 조상신이 영웅전승적 성격을 가짐은 태조왕계가 등장하여 정복국가체제를 갖추어 가는 것과 연관된다. 이후 동맹제의 속에 여러 부족의 조상신을 편입하였다. 동맹제의 속에 흡수된 지신족신앙 계통의 모든 조상신은 처음에 각각 독자의 풍부한 지모신신앙을 간직하였다. 그것은 유화 조상신신앙이 고구려 건국신화에 흡수되기 이전에 말하자면, 「동명왕편東明王篇」에서 보여 주는 바와 같은 양적으로 풍부하면서도 지모신의 생육生育 능력을 강하게 보여 주는 내용을 담고 있었다. 유화 조상신신앙을 제외한 재사나 무골 등의 조상신은 지모신신앙을 완전히 배제한 모습을 보여 준다. 그 외 금와 조상신신앙에도 지모신신앙이 거의 빠져나갔다.

다만 유화 조상신신앙은 주몽 시조전승과 함께 고구려 건국신화의 바탕을 이루는 것이기 때문에 비록 지모신신앙을 나타내 주는 설화를 많이 생략하였다고는 하지만 지신족신앙으로서 손색없는 관념체계를 갖

14 이용범, 「고구려의 성장과 철」, 『백산학보』 1, 1966, p. 63.

추었다. 왕실이 가진 영웅전승적 성격의 조상신은 고구려 연맹왕국이 정복국가체제로 전환하는 과정에서 주위의 작은 성읍국가나 부족 세력을 확실하게 장악하는 모습을 반영하기 때문에 그 속에 흡수된 조상신이 독자적 지신족신앙 모습을 갖출 수 없었다. 여러 부족의 조상신이 지모신적 성격을 상실하면서 동맹제의는 제천의례로 성립되어 갔다. 그리하여 왕실은 천신을 제사하면서 그 속에 여러 부족의 조상신을 함께 묶어 제사하였다.

| 제2장 |

고구려초기의 패자와 국가체제

1. 고구려초기의 관직

한국고대 사회에는 부족장 세력을 편제하면서 국가체제가 정비되었다. 상고대의 삼한에 78개 소국이 존재했는데, 근대에 이르기까지 한강 이남 지역에는 약 70개 군현이 설치되어 있었다. 현재 군郡 단위 정도의 지역에는 대체로 성읍국가가 성립되었던 셈이다. 이런 사정은 북한 지역에도 비슷하게 전개되었다. 성읍국가가 서로 연합하면서 소연맹국小聯盟國이나 연맹왕국을 이루었다. 연맹왕실이 왕권을 강화하기 위해 성읍국가의 지배자들을 귀족으로 편제하면서 중앙집권적 귀족국가를 성립시켰다. 그리하여 율령을 반포함으로써 신라의 골품제와 비슷한 엄격한 신분제 사회를 이루었다.

고구려는 소수림왕 때에 중앙집권적 귀족국가체제를 정비하지만 이미 태조왕을 전후한 시기에 연맹왕국체제를 갖추었다. 왕실이 연맹권역 내에 흡수한 성읍국가 지배자의 기반을 해체하지 않고 포용하였다.

『삼국지』 동이전이나 『삼국사기』 태조왕을 전후한 시기의 고구려 관직은 바로 이런 모습을 보여 준다. 우선 고구려 관직에 대한 다음 내용은 참고가 된다.

① 제대가諸大加도 역시 스스로 사자使者와 조의皁衣·선인先人을 두는데, 그 이름이 모두 왕에게 상달上達되므로 마치 경卿이나 대부大夫의 가신家臣과 같다. 회동할 때는 왕가王家의 사자·조의·선인과는 동렬同列이 될 수 없다.

—『삼국지』 위서 동이전 고구려전—

② 관직을 설치할 때 대로對盧를 두면 패자沛者를 두지 않고 패자를 두면 대로를 설치하지 않는다. 왕의 종족宗族으로 대가大加는 모두 고추가라 칭한다. 연노부涓奴部는 본래 국주國主였으나 지금은 비록 왕이 되지 못하지만, 적통嫡統의 대인大人은 고추가라 칭하며 역시 종묘宗廟와 영성靈星·사직社稷을 세운다. 절노부絕奴部는 대대로 왕과 더불어 혼인함으로써 고추가 칭호를 덧붙였다.

—『삼국지』 위서 동이전 고구려전—

여러 대가大加는 상가相加라고 이해되는데, 성읍국가의 지배자인 부족장이다.[1] 연맹왕국 속에 흡수한 성읍국가의 수만큼 제가諸加가 존재하고, 연맹왕국의 관직은 성읍국가의 관직을 횡적으로 모아 놓은 데에 불과한 것이다.

다만 대가와 상가가 반드시 일치하는지는 단언할 수 없다. 대가와 비교해 상가는 연맹왕국 내에서 왕실의 집권체제 속에 더욱 밀착해 있었

1 김철준, 「고구려·신라의 관계조직의 성립과정」, 『이병도박사화갑기념논총』, 일조각, 1956; 『한국고대사회연구』, 지식산업사, 1975, p. 127.

다. 상가와 대가는 연맹왕국으로 흡수되기 이전에 가졌던 국가체제의 기반에도 대소의 차이가 있었을 것이다. 연맹왕실이나 대가는 모두 소연맹국으로 성장하였을 당시의 성읍국가 내에 사자·조의·선인이라는 독자적 관직체계를 두고 있었다.

고구려 연맹왕실은 대가와 비교해 대로對盧·패자沛者·고추가古鄒加·주부主簿·우태優台·승丞을 더 두었는데, 그중 고추가는 왕족이나 왕비족의 대가나 전왕족의 적통嫡統 대인大人에게 내린 관직이다. 고추가에 세 부족의 지배자가 임명되었다. 주부나 우태는 각각 연맹왕국의 궁궐 사무를 관장하거나 왕실 부족에 관련된 일을 담당하였다. 궁궐 사무가 아닌, 정작 연맹왕국체제를 뒷받침하는 관직으로는 대로·패자·승 등을 더 설치한 셈이다. 또한 대로와 패자는 하나의 관직에 불과하였다. 연맹왕국은 대가가 가진 성읍국가에서 출발한 기반과 비교하여 크게 달라진 것이 아니다.

연맹왕국의 왕은 물론 상가나 대가도 성읍국가의 지배자였던 부족장, 곧 가加 계층에 포함할 수 있다. 3세기경에 가 계층이 다양하게 분화되었는데, 그 이유는 이전에 가진 제가諸加의 국가 크기가 달랐기 때문이다. 당시에는 크고 작은 수많은 국가가 존재하였고, 큰 국가는 소연맹국을 형성하였다.[2] 소국과 대국이 연맹왕국으로 흡수되었을 경우 그 지배자들이 모두 동일한 관직을 받지 않았다. 그중 상가를 받은 자가 고구려 연맹왕국에 버금갈 정도의 소연맹국을 형성한 국가의 지배자였다.

상가의 수는 극히 제한되어 있었음이 분명하다. 부여의 관직 모습은 고구려초기의 관직을 이해하는 데 도움을 준다. 부여의 제가들 중 4~6

2 김두진, 「삼한 별읍사회의 소도신앙」, 『한국고대의 건국신화와 제의』, 일조각, 1999, p. 70; 「삼한시대의 읍락」, 『한국학논총』 7, 1985, p. 32.

명 정도가 가축 이름으로 된 연맹왕국의 관직을 부여받았다. 최고의 가加 관직은 마가馬加·우가牛加·저가豬加·구가狗加이고 그 밑에 견사犬使와 견사자犬使者가 있다.[3] 고구려의 최고 관명인 상가에는 동시에 여러 명이 임명될 수 없었다. 상가로 임명되지 못했을 경우에도 대가는 연맹왕국에서 주부 이상의 관직에 임명되었을 것이다. 대가와 주부가 같은 모자를 착용한 사실이 이를 짐작하게 한다.

동맹제의와 같은 모임에서 대가는 주부와 함께 책幘을 썼으나 소가는 절풍折風을 착용하였다. 적어도 대가는 주부와 동등한 대우를 받은 듯하다. 그러나 소가와 대가는 왕실의 직접적 통치 질서인 고구려 관직체계 속에 포함되었다기보다는 관속官屬과 일단 구분된, 일반화한 지배 신분층을 이루고 있었다.[4] 바로 이들이 귀족합의체인 제가회의諸加會議의 구성원이 되었다. 고구려의 제가회의는 죄지은 자를 평결評決하여 죽이거나 그 처자를 노비로 적몰籍沒하는 등의 일을 처리하였지만, 본래는 부여에서와 같이 왕을 옹립하거나 폐위하는 등의 중요 국사에 관여하였다.

제가회의의 존재나 광범한 지배층인 가 계층의 실체는 연맹왕실 중심의 지배체제 확립을 보여 준다.[5] 특히 대로·주부·사자 등이 왕명의 수행자로서 연맹왕권과 밀접한 관련 속에서 설립된 관직이라고 생각한

---

3 다만 고구려와는 달리 부여의 연맹왕국 체제는 왕권이 공고하게 성립되어 있지 않았기 때문에 가축명으로 된 加 관직은 4개 이상일 수도 있다. 犬使나 犬使者는 가 관직이 아니지만, 부여에는 따로 犬加가 있어 주목된다. 곧 毌丘儉의 고구려 침입 시에 부여의 位居는 犬加를 파견하여 玄菟태수 王頎에게 군량을 공급하였다(『三國志』 魏書 東夷傳 夫餘전). 이때의 견가가 연맹왕국의 관직체계에 속한 관직이었는지는 분명하지 않다. 그렇다고 하더라도 부여의 관직체계 속의 가 관직을 받은 자는 6명을 넘지 않았을 것이다.

4 김광수, 「고구려 전반기의 '가' 계급」, 『건대사학』 6, 1982, p. 5.

5 김광수, 위의 논문, 1982, p. 16.

다.[6] 그중 사자는 세금을 거둬들이거나 연맹왕국 속에 흡수된 세력을 통어하기 위해 중앙의 연맹왕실이 직속으로 설치한 관직이다.[7] 고구려가 옥저를 복속시키고 그 지배자인 대인大人을 사자로 임명하여 조세를 거둬들였으며, 대무신왕은 남부南部 사자인 추발소鄒敎素를 비류부장沸流部長으로 임명하여 비류부의 횡포를 다스렸다.[8]

대가는 소연맹국의 지배자로 성장한 상태에서 고구려 연맹왕국 속에 흡수되었지만, 소연맹국 당시에 이웃 읍락이나 성읍국가를 흡수하여 그 지배자에게 관직을 주었던 것이 분명하다. 대가가 거느린 사자 등의 관직을 받은 자가 이전에는 성읍국가의 관리였다. 연맹왕국 직속의 하위 관직인 사자와 조의 등에도 성읍국가의 지배자였던 소가小加 등이 임명되어 있었을 것이다. 다만 주부 이상의 직속 관직에 대가를 임명하였기 때문에 주부는 물론 대로나 패자 또는 상가 등은 별도로 사자 등의 관직을 설치하여 다스리는 독립적 영역을 가졌다.

이외에도 고구려초기의 관직을 다소 찾을 수 있다. 다만『삼국사기』의 고구려초기 기록에는 상가相加가 전혀 보이지 않는 대신 대보大輔나 우보右輔·좌보左輔 등이 나타나 있다. 사자나 조의·우태·고추가·패자·주부 등은『삼국지』를 포함한 중국 사서史書나『삼국사기』에 모두 기록되었다. 또한 대가大加가『삼국지』나『삼국사기』에도 나오지만, 관직인지는 불분명하다.[9] 대보나 우보 또는 좌보는 국상제國相制로 연결되

---

6 임기환,「고구려의 정치·경제와 사회」, 국사편찬위원회,『한국사 5』, 탐구당, 1996, p. 151.

7 여호규,「고구려초기 나부통치체제의 성립과 운영」,『한국사론』27, 서울대학교 국사학과, 1992, p. 55.

8『三國史記』권14, 大武神王 15년 3월조.

9 東川王은 主簿와 大加로 하여금 군사 1,000명을 거느리고 가서, 公孫淵을 치는 魏의 司馬宣王을 돕게 하였다(『三國史記』권17, 東川王 12년조). 이때의 대가는 주부와 竝稱한 관직이라는 인상을 준다. 다만『三國志』魏書 東夷傳 高句麗전에 幘을 착복할 수 있는 대

고 상가와 관련이 있을 것으로 생각한다.

2. 고구려의 패자 설치와 운영

『삼국지』 위서 동이전 고구려전에 나타나는 상가나 대로·패자·주부·우태 등이 관직인지 관등인지를 정확하게 가르기 어렵다. 『삼국사기』의 고구려초기에 나타나는 관명官名이 관직인지 또는 관등이었는지를 분명하게 제시하는 작업도 마찬가지이다. 성읍국가로서 출발한 고구려는 소연맹국을 거쳐 연맹왕국을 성립시키고는 소수림왕 때를 지나면서 율령을 반포하여 중앙집권적 귀족국가체제를 확립하였다. 그런 과정에서 흡수된 성읍국가나 소연맹국의 지배자인 부족장을 편제編制하면서 귀족들의 신분 개념이 농후한 관등이 확립되었다. 관등은 신라의 골품제와 같은 엄격한 신분제 사회를 전제로 성립한 것이다.

연맹왕국 성립 이전 성읍국가나 소연맹국이 존재할 당시에 왕 밑에 직무를 수행하는 관직이 있었으나 그에 따른 관등 개념이 특별히 나타난 것은 아니다. 이들 국가의 지배자를 흡수하여 귀족으로 편제하면서 연맹왕국은 성읍국가의 장이나 그 밑의 신료를 구별하였을 뿐만 아니라 넓은 영역을 다스린 소연맹국과 그렇지 못한 읍락이나 성읍국가의 지배자들에게 차등을 두어 관직을 내림으로써 전반적 관계官階체계를 수립

가와 주부가 병칭으로 나오는데, 여기의 대가는 고구려 관직 속에 들어 있지 않다. 또한 『후한서』에 나오는 蠶支落部 大加 戴升을 『삼국사기』 본문에는 大家 戴升으로 기록하였다. 이 점은 중국 사서에 쓰인 大加가 고구려에서 사용되지 않았을 것으로 생각하게 한다. 따라서 大加는 중국 사서를 인용함으로써 나타났고, 다분히 중국인의 시각에서 표현한 것으로 파악하기도 한다(김경숙, 「고구려 초기의 중앙정치구조—제가회의와 국상제를 중심으로—」, 『한국사연구』 86, 1994, p. 115).

하였다. 소연맹국이 존재할 당시부터 연맹왕국 성립 초기에는 관직과 관등이 구별되지 않는 채로 혼동하여 사용되었다.

고구려초기에 나타나는 패자도 관등을 표시하는 것이지만 처음에는 관직이라는 인상을 준다. 패자가 존속한 기간은 1세기에서 3세기에 걸쳐 약 200년간이다. 그러나 실제로 패자에 대해 기록한 내용은 극히 빈약하다. 다음 기록을 참고해 보자.

① 관나부貫那部 패자沛者 달가達賈를 보내 조나藻那를 정벌하고, 그 왕을 사로잡았다.

—『삼국사기』 권15, 태조대왕 20년조—

② 왕은 환나부桓那部 패자 설유薛儒를 보내 주나朱那를 정벌하고, 그 왕자王子 을음乙音을 사로잡아 고추가古鄒加로 삼았다.

—『삼국사기』 권15, 태조대왕 22년조—

여기의 패자는 반드시 관등으로 생각되지 않는다. 패자와 대로가 관등이라면 어느 하나를 설치하고 다른 하나는 설치하지 않거나 할 수 없다. 『삼국사기』에 패자가 처음으로 등장하는 것은 태조왕 때이다.

태조왕은 관나부貫那部 패자 달가達賈를 파견하여 조나藻那를 정벌하였고, 또한 환나부桓那部 패자 설유薛儒를 파견하여 주나朱那를 정벌하였다. 이외에 패자의 성격을 알려 줄 직접적 자료는 발견되지 않는다. 고구려사에서 처음으로 등장하는 패자는 왕명을 받고 조나나 주나와 같은 정치 세력을 정복하는 역할을 담당하였다. 패자의 주된 임무가 군사적 기능을 수행하였을 것으로 추측하게 한다.[10] 달가와 설유가 특별히

10 김광수, 「고구려의 '국상'직」. 『이원순교수정년기념 역사학논총』, 교학사, 1991, p. 173.

다른 관직을 갖지 않았기 때문에 그들의 군사 행동은 바로 패자의 직능과 연결해 이해할 수 있다.

달가와 설유는 각각 관나부와 환나부의 지배자 곧 대가임이 분명하다. 관나부나 환나부는 본래 소연맹국 이상으로 성장한 상태에서 고구려 연맹왕국 속에 비교적 확실하게 흡수되었고, 달가와 설유가 왕실로부터 패자의 직책을 부여받았다. 반면 조나나 주나는 고구려 연맹왕국 속에 들어왔더라도 반독립적 소국을 이루고 있었다.[11] 조나나 주나가 독립한 국가로 기록되지는 않았으나, 그 지배자를 왕으로 불렀다. 조나나 주나와 같은 반독립적 소국을 연맹왕권에 더 확실하게 예속시키고자 할 때, 고구려는 패자를 보내어 이들을 복속시켰다.

설유가 주나를 정복하고는 그 왕자 을음乙音을 사로잡아 고추가로 삼았음은 중요하다. 같은 시기에 달가가 조나를 정복하여 그 왕을 사로잡았을 때도 주나와 비슷하게 처리했을 것이다. 달가나 설유는 이들을 정복하였지만, 그 기반을 해체하지 않고 지배자를 고추가로 임명하였다. 고추가는 종묘宗廟를 세우고 영성靈星과 사직에 제사를 지내고 있어서 연맹왕실에 비견할 정도의 독립 제사를 관장하였다. 왕실에 버금가기 때문에 고추가는 최고의 관등으로 신라의 거서간居西干과 비견되었다.[12] 뒤에 고구려는 가加 계층을 왕족 중심으로 편재하면서 고추가를 세분한 관등의 최고위에 편성하였으며, 그 밑으로 대가와 소가를 두었다.[13]

반면 전前 왕족王族이나 왕비족의 적통 대인에게 내려졌고 왕실의 대가로 임명되기도 하였지만, 고추가는 직접 왕위에 오르지는 않았다는

11 이종욱, 「고구려 초기의 지방통치제도」, 『역사학보』 94·95 합집, 1982, p. 91.

12 김철준, 앞의 논문, 『한국고대사회연구』, 지식산업사, 1975, p. 127.

13 김광수, 「고구려 전반기의 '가' 계급」, 앞의 책, 1982, p. 7~9.

점에서 신라의 갈문왕葛文王과도 비슷한 것으로 파악한다.[14] 고구려초기에 왕의 아버지로서 왕위에 오르지 못한 사람이 고추가가 되는 경우가 흔하다. 태조왕의 아버지인 재사再思를 비롯하여 미천왕의 아버지 돌고咄固라든지[15] 문자명왕의 아버지 조다助多가[16] 그런 사례에 속한다. 이렇듯 왕실 내의 인물로 한정하여 고추가를 부여하면서 고구려는 집권적 정치체제를 보다 빨리 갖추어 갔다.[17]

재사가 고추가로 임명된 사실은 주나의 을음과 함께 단순히 왕의 아버지로서가 아니라 고구려 연맹왕국 속에 흡수된 이웃 소국 지배자들을 왕실의 집권적 지배체제 속에 더 견고하게 포함하는 것과 연결하여 이해해야 한다. 고구려가 연맹왕국으로 팽창하고 있을 당시에는 정복한 소국을 해체하지 않고, 그 지배자를 연맹왕국의 관등체계 내로 흡수하였다. 비슷한 시기에 고구려가 정복한 행인국荇人國이나 양맥梁貊은 물론 속국이 된 선비鮮卑의 지배자도 송양松讓과 비슷한 독립된 통치 영역을 가졌을 것이며, 이들을 정벌하여 고구려 연맹왕국 속에 더욱 확실하게 복속시키는 역할을 패자가 담당하였다.[18]

달가와 설유 이후에 나타나는 패자는 관등의 성격이 뚜렷하여 패자로 임명된 자가 받았던 관직을 통해 그 성격을 다소 유추할 뿐이다. 다음 기록은 패자의 성격을 이해하는 데 도움을 준다.

---

14 이기백, 「신라시대의 갈문왕」, 『역사학보』 58, 1973; 『신라정치사회사연구』, 일조각, 1974, pp. 17~18.

15 『三國史記』 권17, 美川王 즉위년조.

16 『三國史記』 권19, 文咨明王 즉위년조.

17 임기환, 「고구려초기 관계조직의 성립과 운영」, 『경희사학』 19, 1995, p. 59.

18 조나와 주나를 정복하는 貫那部의 達賈나 桓那部의 薛儒는 분명하게 패자로 임명되어 있으나, 패자 설치 이전에 행인국이나 양맥 또는 선비를 정벌한 烏伊와 摩離·부분노 등은 패자로 임명될 수 있는 성격을 지녔다.

명림답부明臨荅夫를 국상國相으로 임명하고 작위爵位를 더하여 패자로 삼아서 중앙과 지방의 군사를 담당하고 아울러 양맥梁貊 부락을 거느리게 하였다.

—『삼국사기』 권16, 신대왕新大王 2년조—

차대왕 수성遂成은 태조왕의 친동생인데, 양위를 받은 후에는 그의 아들들과 신하를 죽임으로써 포악한 정치 행각을 드러냈다. 학정을 견디지 못하자 연나椽那 조의皁衣인 명림답부明臨荅夫가 차대왕을 죽이고 신대왕을 즉위시키는 데 주동적 역할을 담당하였다. 그 공로로 명림답부는 국상國相에 임명되었고, 조의에서 패자로 작위를 올려 받았다. 그리하여 그는 중앙과 지방의 군사권을 장악하였으며, 양맥梁貊 부락을 따로 받아 거느렸다.

최고위 관직인 국상은 국정 전반을 관장하는 것이 원칙이다. 명림답부가 중앙과 지방의 군사권을 관장하였는데, 패자로 관등을 높여 받고 있음은 중요하게 생각된다. 이 점은 관등으로 성립되기 이전의 패자가 가진 직능과 연결해 이해해야 한다. 간접적이기는 하지만 다음 기록을 참고해 보자.

① 왕은 달가達賈를 보내어 적(숙신肅愼)을 치게 하였다. 달가는 의표를 찔러 엄습하여 단로성檀盧城을 빼앗아, 그 추장을 죽이고 600여 가家를 부여의 남쪽 오천烏川으로 옮겼으며 부락部落 6·7곳을 항복시켜 부용附庸으로 삼았다. 왕은 크게 기뻐하여 달가를 안국군安國君으로 삼아 서울과 지방의 군사권을 관장하게 하고, 아울러 양맥梁貊과 숙신肅愼의 여러 부락을 통솔하게 하였다.

—『삼국사기』 권17, 서천왕西川王 11년조—

② 왕이 오이烏伊와 부분노扶芬奴에게 명하여 태백산 동남쪽의 행인국荇人國

을 쳐서 그 땅을 빼앗아 성읍城邑으로 삼았다.

—『삼국사기』 권13, 시조 동명성왕 6년조—

③ 부분노扶芬奴는 관문을 지키면서 (적을) 막아 싸워 목 베어 죽였다. 왕은 깃발을 세우고 북을 치며 앞으로 나아갔다. 선비는 앞뒤로 막혀 계책이 다하게 되자 힘이 꺾여 항복하고는 속국이 되었다. 왕은 부분노의 공을 생각하여 식읍食邑을 상으로 내렸으나 사양하고 받지 않았다.

—『삼국사기』 권13, 유리명왕 11년조—

달가는 서천왕의 동생이었는데 큰 공적이 있어 백성의 존경을 받았다. 그 때문에 서천왕 사후 조카인 봉상왕이 서면서 그는 시기를 받아 죽임을 당하였다. 당시 달가가 패자 관등을 갖지는 않았을 것이다. 그런데 달가의 행적은 패자의 직능을 이해하는 데 시사성을 준다.

서천왕 11년(280년)에 숙신이 쳐들어왔다. 왕은 달가를 보내어 적을 쳤다. 그는 단로성檀盧城을 함락시켜 그 추장을 죽이고 600여 가家를 오천烏川으로 옮겼으며, 6·7부락을 함락하여 예속민으로 삼았다. 이러한 공로로 서천왕은 그를 안국군安國君으로 삼아 수도와 지방의 군사권을 관장하게 하였다. 달가가 안국군이라는 작위를 받는 모습은 명림답부가 패자를 받는 정경을 떠올리게 한다. 물론 이때의 달가는 태조왕 20년(72년)에 패자로 처음 등장하는 달가와 같은 인물일 수 없다. 그러나 한편으로는 안국군 달가가 태조왕 때에 비로소 등장하는 패자 달가의 상징적 성격에 접근하고 있음은 흥미로운 사실이다.[19]

19 태조왕 때의 達賈와 서천왕의 동생인 達賈는 분명 다른 사람임이 틀림없다. 그렇지만 두 인물이 군사권을 관장하면서 주위 부락이나 소국을 점령하는 모습은 유사하다. 특히 고구려사는 태조왕 때에 왕실의 지배체제가 바뀌면서 『삼국사기』에 나타난 절대 연대의 혼란을 심층적으로 바로잡아야 하는 문제를 안고 있다. 우선 태조왕은 주몽과 함께 고구려 건국의 주역이었던 再思의 아들일 뿐만 아니라, 94년 동안 왕위에 재위하였다. 이렇듯 부조

오이烏伊와 부분노扶芬奴는 태조왕 이전에 활동한 인물인데, 패자가 설치되는 모습을 추측하는 데 다소 도움을 준다. 물론 그들이 패자 관직을 부여받았던 것은 아니다. 고구려 건국 초에 오이와 부분노는 행인국을 점령하거나 선비를 공격하여 항복을 받고는 속국으로 삼았다. 그들의 군사 행동이 태조왕 때에 나타나는 패자의 직능을 생각하게 한다. 오이와 부분노도 고구려 연맹왕국 속에 더 확실하게 흡수된 소국의 지배자, 곧 부족장이었던 것은 분명하다.

연맹왕실이 연맹권역 내에 흡수한 이전 성읍국가의 지배자나 부족장을 패자로 임명하였는데, 그 직능은 연맹왕국에 편입한 반독립적 소국의 지배자를 굳건한 연맹체계로 결속시키는 것이었다. 그럴 때 패자는 연맹왕국의 군사권을 관장하였다. 주위의 소국 지배자들을 연맹왕국 속에 더욱 확실하게 복속시키는 방법은 패자가 군대를 이끌고 나아가 그들이 가졌던 군사력을 회수하는 것이었다.[20] 패자의 군사적 직능을 염두

리한 모습은 고구려 연맹왕국 속에 흡수되기 이전 재사 왕국의 가계가 첨가되어 高句麗世系 속에 체계화하면서 일어났을 것이다. 그러나 절대 연대에 문제점이 있다 하더라도 허위 사실이 첨부될 수는 없다. 다만 개별 인물이나 사실의 상징적 의미가 다소 부연되면서 비슷하게 될 소지는 있다고 생각한다.

20 이런 점은 고구려초기에 분명하게 드러나지 않는다. 그러나 신라의 사례는 많은 시사성을 준다. 신라는 중앙집권적 체제 정비를 완성하는 율령 반포가 이루어지기 전인 법흥왕 4년(517년)에 이미 중앙 관부로 兵部가 처음 설치되었다. 그런데 병부 설치는 신라초기의 군사조직이 지방제도 정비와 竝行하여 이루어졌다는 점에서 시사성을 준다. 신라는 처음 京畿의 관할 구역을 확실히 한 다음에 지방제도를 점차 정비해 갔다. 경기의 통치체계를 확립한 자비왕 12년(469년) 이후 무려 36년이 흐른 지증왕 6년(505년)에 지방제도가 갖추어지는데, 지방을 통치하기 위해 군사권을 관장하는 軍主가 파견되고 있음은 주목된다. 그 사이 官道와 郵便驛이 설치되기도 하지만, 군주의 파견으로 족장인 귀족이 지방을 근거로 가진 군사력을 중앙으로 흡수하면서 지방제도가 정비되고 최종적으로 병부가 설치될 수 있었다. 신라의 군주나 지방제도의 정비 과정은 고구려 패자의 직능과 직접 연결해 이해하기는 어려울 수 있다. 우선 무엇보다도 京官으로서 지방에 파견되는 군주와 군사적 임무를 띠고 일시적으로 파견되는 패자를 같이 볼 수 없기 때문이다. 다만 신라에 병부가 설치되고 20여 년이 지난 법흥왕 25년에 지방으로 파견되는 외관外官이 가족을 거느리고 근무지에 부임할 수 있도록 허용하고 있다. 이런 사실은 이전까지만 해도 지방을 군사적

에 두면 명림답부도 군사력으로 차대왕을 몰아냈으며, 국상뿐만 아니라 패자로서의 기반이 서울과 지방의 군사권을 장악하게 했을 것이다.

신대왕 2년(166년)에 명림답부는 국상에 임명되었다. 이때 좌보左輔와 우보右輔를 합쳐 처음으로 국상을 설치하였다. 이후 중천왕 7년(254년)에 국상 명림어수明臨於漱가 죽자 비류 패자인 음우陰友를 국상으로 삼았다. 고구려초기에 최고 관직인 대보大輔는 대무신왕 8년에 우보로, 같은 왕 10년에 좌보로 각각 나뉘었으며, 둘 중 더 높은 관직은 좌보이다. 좌보에 임명된 태조왕 때의 목도루穆度婁나 차대왕 때의 설유薛儒는 모두 패자 관등을 받았다. 패자는 최고위인 국상이나 좌보 관직에 임명될 수 있는 관등으로, 그것에 보임된 자는 왕실 직속 관료군의 최고 책임자였다.[21]

고구려초기에 패자는 본래 소연맹국 이상의 국가 기반을 가진 상태에서 고구려 연맹왕국을 형성하는 주체 세력으로 등장하였다. 패자는 연맹왕실의 통제를 받으면서도 독자적 군사력을 소유하였다.[22] 곧 군사력을 전제로 한 나부那部의 최고직으로 파악된다.[23] 패자가 군사적으로 연맹왕실의 중앙집권화 정책을 시행하는 역할을 담당하였다. 패자의 존재로 나부는 나국那國이었을 때의 독자성을 잃고 연맹왕실의 기반으로 확정된 국도, 곧 근기近畿로 편입되었다.[24] 그리하여 부족적 유대를 가진 나국체제에서 중앙왕권에 직속된 방위적 나부체제로 바뀌어 갔다.[25]

으로 확실하게 장악하지 못했음을 알려 주기에 충분하다.

21 노중국, 「고구려국상고(상)—초기의 정치체제와 관련하여—」, 『한국학보』 16, 1979, p. 18.

22 여호규, 앞의 논문, 1992, p. 51.

23 김광수, 『고구려-고대-집권국가의 성립에 관한 연구』, 연세대학교 박사학위논문, 1983, pp. 109~114.

24 이종욱, 앞의 논문, 1982, p. 109~112.

25 고구려의 5部는 신라의 6부와 연관시켜 이해하는 것이 옳다. 삼한 지역과 마찬가지로 고

고구려의 제가는 모두 독자의 군사력을 지니고 있었다. 제가들을 왕실 중심의 더 확실한 중앙집권체제로 묶기 위해서는 그들이 가진 군사력을 중앙으로 흡수하지 않으면 안 된다. 이전 소국의 기반을 이루었을 당시 패자가 가졌던 군사력은 연맹왕실의 군사조직 속에 더욱 긴밀하게 결속되었겠지만, 한편으로 제가의 군사력을 흡수하면서 중앙집권체제를 구축하는 데 보탬이 되었다.

3. 패자의 소멸과 고구려 국가체제의 변화

고구려초기 태조왕 20년(72년)에 처음으로 등장한 패자는 중천왕 7년(254년)에 음우陰友가 국상이 되는 사례를 마지막으로 다시 나타나지 않는다. 곧 패자는 대략 2~3세기경에 존재하였다. 이는 『삼국지』 위서 동이전 고구려전에 패자가 기록된 시기와 거의 일치하는 셈이다. 『삼국지』 이후 사서에서 보이는 고구려의 관등 변화를 정리하면 〈표 1〉과 같다.

『삼국지』 위서 동이전 고구려전에 나타나는 상가相加는 물론 패자나 주부·우태·사자·조의·선인 등은 3세기경에 관등으로 성립되어 있었다. 그러나 『주서周書』나 『수서隋書』 등부터는 패자가 전혀 보이지 않으며 상가나 대가大加 등이 태대형太大兄·대형大兄·소형小兄 등으로 분화

구려 지역에도 여러 소국이 존재하였고, 고구려 연맹왕국이 성립하면서 연맹왕실은 이웃의 성읍국가나 소연맹국을 흡수하면서 영역을 넓히고 있었다. 이런 경우 연맹왕국을 이룬 핵심 세력의 국가나 거주 지역이 수도, 곧 근기 지역으로 편입되면서 다른 소국의 지배자를 귀족으로 편제하여 수도권으로 흡수하였다. 이런 모습은 삼국이 국가체제를 정비할 때 공통으로 보이는 것이라 할 수 있다. 다만 신라와 비교하여 차이를 보이는 것은 고구려초기에 잦은 수도의 이동으로, 그때마다 수도 지역의 핵심 세력으로 등장하는 나국의 실체를 일정한 기준으로 체계화하기 어려운 부분이다. 그러므로 다소 양상은 다를지라도 部는 기본적으로 서울 지역의 제도 정비와 연결해 이해하는 것이 옳다.

〈표 1〉『삼국지』 이후 고구려의 관등

관등	『주서周書』	『수서隋書』	『신당서新唐書』
1	대대로大對盧	태대형太大兄	대대로大對盧
2	태대형太大兄	대형大兄	울절鬱折
3	대형大兄	소형小兄	태대사자太大使者
4	소형小兄	대로對盧	조의두대형皁衣頭大兄
5	의후사意侯奢	의후사意侯奢	대사자大使者
6	조졸烏拙	조졸烏拙	대형大兄
7	태대사자太大使者	태대사자太大使者	상위사자上位使者
8	대사자大使者	대사자大使者	제형諸兄
9	소사자小使者	소사자小使者	소사자小使者
10	욕사褥奢	욕사褥奢	소형小兄
11	예속翳屬	예속翳屬	선인先人
12	선인仙人	선인仙人	고추대가古鄒大加
13	욕살褥薩		

하여 차등화되었고, 하위직이기는 하지만 다시 사자使者 관등이 태대사자·대사자·소사자 등으로 분화하였다.

『주서』나 『수서』에 나타난 고구려 관등은 연맹왕국이 왕실 중심으로 집권체제를 강화하면서 이전 성읍국가나 소연맹국의 관직을 받아들이고 양적으로 확대하여 재편한 것이다. 독자적으로 존재한 상가나 패자 또는 사자 등의 제가諸加 세력을 중앙집권적 관계官階로 편성하여 그 분화된 세력 관계를 보여 준다. 이후 사자 관등의 중요성이 커지면서 『당서唐書』는 형兄으로 묶은 관등과 사자로 묶은 관등을 서로 교차시켜 배열하였다. 고구려사에서 형 관등이나 사자 관등이 분화하여 정비되는 시기나 그다음 단계인 형류 관등과 사자류 관등이 서로 교차하여 정비되는 시기가 언제인지를 분명히 정하기는 어렵다.

다만 패자가 설치된 시기는 태조왕 때 이후이면서 대형과 소형 관등이 등장하기 이전임은 분명하다. 봉상왕 2년(293년)에는 북부 소형 고노자高奴子가 모용외慕容廆의 침입을 막아 낸 공으로, 작위를 더해 대형에 임명되고 곡림鵠林을 식읍으로 받았다. 이를 보면 254년 이후부터 봉상왕이 즉위하기까지의 어느 시기에 형이나 사자 등급이 분화하여 정비되었고, 자연스레 패자 관등은 사용되지 않았다. 그렇다면 형류 관등과 사자류 관등을 교차하여 두는 체제 정비는 부족장층인 형 관등을 가진 상위 귀족이 하위 관등까지 독점하려 하기보다는,[26] 중앙집권체제를 더 강화하는 것으로 이해해야 한다.

고구려사에서 패자가 등장한 사회 분위기는 『삼국지』 위서 동이전 고구려전을 통해 이해할 수 있다. 당시 고구려와 그 주변국 읍락의 사회 상황은 다소 차이가 있다. 옥저나 예濊를 포함해서 삼한 사회에서는 대군왕大君王이 없었기 때문에 강한 연맹왕실이 성립되어 있지 않았다. 이에 비해 부여나 고구려는 분명히 연맹왕국을 이루고 있었다. 왕의 존재가 이를 알려 준다. 대군왕이 없는 옥저나 삼한 사회에 존재한 성읍국가 중 규모가 큰 국가는 소연맹국을 이루었다. 소연맹국 속에 복속된 읍락이나 성읍국가는 독자적 신앙권을 가진 별읍을 이루면서 소도신앙을 성립시켰다.[27]

동맹제의에 소도신앙적 요소가 나타나기는 하지만,[28] 고구려는 물론 부여도 이미 성읍국가나 소연맹국까지 흡수함으로써 별읍 사회를 거친 연맹왕국을 이루었다. 삼한을 위시한 예나 옥저 등의 읍락이나 성읍국가 지배자는 연맹왕국의 수도가 아니라 읍락에 거주하였다. 곧 장수長帥나 거수渠帥 또는 신지·읍차 등은 연맹왕국의 귀족으로 등장한 것은

---

26 김철준, 앞의 논문, 앞의 책, 1975, p. 137.

27 김두진, 「삼한 별읍사회의 소도신앙」, 앞의 책, 1999, pp. 67~71.

28 김두진, 「고구려초기 동맹제의의 소도신앙적 요소」, 『한국학논총』 18, 1976; 『한국고대의 건국신화와 제의』, 일조각, 1999, p. 124.

아니다. 이에 비해 마가馬加나 우가牛加 또는 상가·대로·패자·사자 등 부여나 고구려의 관직은 본래 성읍국가나 소연맹국 지배자로서 연맹왕국의 귀족으로 등장한 자에게 내려진 것이다.

부여와 고구려는 연맹왕국 체제를 갖추고 있었다. 그리하여 연맹권역 내에 흡수한 세력을 통제하기 위한 사자의 역할이 상대적으로 커졌다. 부여와 비교해 고구려의 왕권이 훨씬 강화되어 있었다. 부여의 경우 홍수나 가뭄으로 생활이 어려워지면 그 흠을 왕에게 돌려 왕을 바꾸거나 심지어 죽이기까지 하였다. 반면 고구려 연맹왕실은 연맹권역 내에 흡수한 세력과의 결속을 공고히 하면서 그들을 더 잘 통제하였다. 이 점은 삼한 사회에서 결속력이 공고하지 못했기 때문에 별읍이 쉽게 이탈하여 다른 소연맹국 내로 통합되는 것과는 대조를 이룬다.

연맹왕권이 강화되어 있음에도 막연하게 부체제部體制 또는 나부那部체제 등으로 이해된[29] 고구려 연맹왕국은 왕권 중심의 집권체제를 성립시키지 못하였다. 사자의 파견은 연맹권역 내 반독립적으로 존재한 소국에 대한 조세를 수렴하려는 목적을 가졌다. 그러나 사자가 군사적 임무를 수행하지는 않았다. 고구려초기 사회에 연맹왕국의 결속력을 강화하면서 중앙집권체제를 마련하는 데 패자가 더 큰 역할을 담당하였다. 초기 고구려 왕실이나 패자의 정벌 기사는 이를 이해하는 데 도움을 준다.

다만 패자가 등장한 태조왕 이후와 그 이전의 정복 기사는 같은 성격으로 파악될 수는 없다. 태조왕 이전에는 비교적 많은 정복 기사가 나온다. 동명성왕(동명왕) 6년(기원전 32년)에 행인국荇人國, 동명성왕 10년

29 노태돈, 「삼국시대의 '部'에 관한 연구—성립과 구조를 중심으로—」, 『한국사론』 2, 서울대 국사학과, 1975, pp. 72~76; 여호규, 앞의 논문, 1992, p. 3.

에 북옥저, 유리명왕 11년(기원전 9년)에 선비, 유리명왕 33년(14년)에 양맥梁貊과 고구려현高句麗縣, 대무신왕 9년(26년)에 개마국蓋馬國과 구다국句茶國 등의 정벌을 들 수 있다. 이들 정복된 국가나 지역은 거의 예외 없이 성읍城邑으로 편입되었다. 정복으로 인해 고구려의 영역이 확대되고 있음을 보여 준다. 태조왕 이전의 빈번한 정복 전쟁은 연맹왕국으로서의 연맹권역을 확장하는 성격을 지녔다.

성읍의 편입은 중앙집권적인 지방 군현의 정비가 아닌, 연맹권역 내에 독자 세력의 모습을 상정하게 한다. 패자가 활동한 시기에 연맹권역의 확장이 마무리되면서 성읍으로 편성된 여러 성읍국가나 소연맹국은 고구려 연맹왕국 내에 확실하게 복속되어 갔다. 군현으로 편성되고 복속된 소국의 지배자가 중앙귀족으로 재편되었다. 비류국을 다물도多勿都로 삼아 지배하고 있던 송양松讓은 딸을 부여에서 내려온 유리명왕의 왕비로 만들어 고구려 연맹왕실을 구성하는 중요한 세력으로 등장하기도 하였다.

나부那部와 나국那國의 차이를 정확하게 제시하기는 어렵다. 둘 다 고구려 연맹왕국 속에 흡수된 성읍국가나 소연맹국인 것은 분명하다. 그중 나부가 왕도王都, 곧 근기에 포함되어 연맹왕실과 더 견고하게 결속되어 있었다면, 나국은 연맹권역 속에 포함되었을지라도 상당히 독자 세력을 형성하였을 것이다. 기본적으로 5부, 곧 부部는 수도의 행정조직으로 완비된 것이다.[30] 따라서 패자의 정벌은 고구려 연맹왕국의 중앙집권체제를 완비해 가는 과정에 불과한 것이다.

태조왕 이후 중천왕에 이르기까지 정벌 기사가 거의 나타나지 않는

30 今西龍, 「高句麗五族五部考」, 『史林』 6-3, 1921; 『朝鮮古史の研究』, 近澤書店, 1937, pp. 430~441.

사실도 연맹왕국 내의 왕실이 중앙집권화를 시도하는 것과 연결하여 이해해야 한다. 다음 기사는 패자가 있을 당시의 국가체제를 이해하는 데 도움을 준다.

① 좌보 패자 목도루穆度婁는 수성遂成이 이심異心을 가졌음을 알고 병을 칭탁하여 조정에 나아가지 않았다.

—『삼국사기』 권15, 태조대왕 80년조—

② 중외대부中畏大夫 패자 어비류於畀留와 평자評者 좌가려左可慮는 모두 왕후의 친척으로서 나라의 권세를 잡고 있었는데, 그 자제들이 세력을 믿고 교만하여 사치하였으며 남의 자녀와 전택田宅을 빼앗았으므로 국인國人들이 분하고 원통하게 여겼다. 왕이 이를 듣고 노하여 죽이려 하니, 좌가려 등이 4연나椽那와 더불어 반란을 도모하였다.

—『삼국사기』 권 16, 고국천왕 12년조—

③ 백고伯固가 죽고 두 아들이 있었는데, 큰아들은 발기拔奇이고 작은아들은 이이모伊夷模이다. 발기가 불초不肖하자 국인國人이 문득 이이모를 받들어 왕으로 세웠다. (중략) 발기는 형兄이면서 등극하지 못함을 원망하여 연노가涓奴加와 더불어 각각 하호下戶 3만여 구口를 거느리고 공손강公孫康에게 나아가 항복하고는 비류수沸流水가로 돌아와 거주하였다. 항복했던 오랑캐들도 이이모를 배반하였다. 이이모는 다시 새로운 국가를 세웠는데 지금 있는 나라가 이것이다. 발기는 드디어 요동遼東으로 갔으며, 아들로 고구려에 머문 자는 지금의 고추가 박위거駮位居가 그 사람이다.

—『삼국지』 위서 동이전 고구려전—

패자인 목도루穆度婁와 어비류於畀留는 역모를 진압할 수도, 또는 능동적으로 반란에 가담할 수도 있는 위치에 있었다. 그러나 이런 사태를 처결하는 데 그들이 오히려 소극적으로 행동하였다. 목도루는 태조왕의 동생인 수성遂成이 이심을 가졌다는 사실을 알고도 적극적으로 대처하지 않고 오히려 병을 칭탁稱託하여 조정에 나가지 않았다.

패자 어비류는 평자評者 좌가려左可慮와 함께 왕후의 친척으로서 비리에 연루되어 거세될 처지에 처하였다. 이에 좌가려 등이 4연나椽那와 더불어 반란을 도모하였으나 곧 평정되었다. 그러나 연나부가 거세되었다기보다는 4부部, 곧 소노부消奴部(비류부沸流部)·절노부絕奴部(연나부椽那部)·순노부順奴部·관노부灌奴部는 함께 의논하여 왕에게 동부의 안류晏留를 천거하고 그 결과 을파소乙巴素가 등용되었다. 4연나의 반란에도 불구하고 연나부가 온존하였다는 사실은 독자적인 이들의 세력 기반을 왕실의 중앙집권체제 속에 재편시키려는 것으로 생각된다.

발기拔奇가 거세去勢되는 사실은 매우 혼동되어 있다. 신대왕 백고伯固가 죽자, 작은아들 이이모가 고국천왕이 되었다.[31] 큰아들 발기는 형이면서 등극하지 못함을 원망하여 연노가消奴加와 더불어 각각 하호下戶 3만여 구를 거느리고, 공손강公孫康에게 나아가 항복하고는 비류수沸流水가로 돌아와 거주하였다. 연노가와 발기는 각각 하호 3만여 구를 거느릴 정도로 고구려 연맹왕국에서 독자 세력 기반을 갖추고 있었다. 발기의 기반이 고구려 연맹왕국에서 이탈하였을지라도, 그의 국내 기반이 완전히 와해된 것은 아니었다. 발기의 아들 박위거駮位居는 국내에 남아 고추가로 임명되었다.

동천왕대 이후 공손씨의 몰락으로 고구려가 중국 군현郡縣이나 신라

31 고국천왕 伊夷模가 아들 없이 죽자 둘째 동생인 延優가 즉위하여 산상왕이 되었다. 첫째 동생인 發岐는 형이면서 등극하지 못한 데 불만을 품고 반란을 일으켰다가 실패하자, 처자를 거느리고 요동의 公孫度에게 나아가 투항하였다. 이때 일어난 發岐의 난은 고국천왕 때에 일어난 拔奇의 난과 다소 혼동되어 있다.

혹은 백제와 직접 영역이 맞닿게 되었다. 이때부터 전쟁은 규모가 커지면서 장기전이나 지구전의 양상을 띠었다. 동천왕 20년(246년)에는 유주자사幽州刺史 관구검毌丘儉이 군사 1만 명으로 침입하였고, 이후 고국원왕 12년(342년)에는 연왕燕王 모용황慕容皝이 4만의 군사를 이끌고 침입하였다. 고국원왕 41년(371년)에는 백제 군사 3만 명의 침입을 받아 왕이 전사하였다. 잦은 전쟁을 통해 고구려는 수도가 함락되고 왕이 피난을 가는가 하면, 왕비와 왕의 어머니가 포로로 잡히는 수모를 겪었다.

성읍국가나 부족 단위의 소규모 전쟁에서 항상 승리한 고구려가 이렇듯 처참한 실패를 경험하게 된 것은 군사력이 약하기 때문이 아니었다. 비록 방어에는 유리하였으나 험난한 지세는 외곽에서 진을 치고 장기적으로 농성하는 대규모의 적군을 신속하게 대처하는 데에는 오히려 불리하게 작용하였다. 이제 고구려는 부족 단위로 산간에 의지한 독자 세력이 보유한 군사력을 중앙의 통제 아래에 두면서, 효과적으로 통어할 수 있는 제도를 마련할 필요를 통감하였다. 대규모 전쟁이나 장기전에 대비하기 위해서 고구려는 왕실 중심의 집권체제를 강화해야만 하였다.

고국원왕대에 무차별하게 무너졌던 고구려는 소수림왕 때의 불교 공인과 왕권중심 귀족국가체제 정비를 거치면서 막강한 정복왕조로 되살아났다. 연맹왕국 내에 흡수된 독자 세력을 중앙으로 편제하여 그 지배자가 귀족으로 등장하면서 군장적軍長的 성격을 가진 패자의 중요성은 점점 상실되어 갔다.[32] 대신과 같은 성격의 관등인 대로가 부각하였다. 패자는 나부那部의 통치에 관여하면서도 왕실 직속의 관료였다.[33] 반면

32 白南雲,『朝鮮社會經濟史』, 東京: 改造社, 1933, p. 168에서 대로와 패자를 원시사회의 酋長과 軍長의 관계로 이해하였다.

33 이종욱,「고구려초기의 좌·우보와 국상」,『전해종박사화갑기념 사학론총』, 일조각,

대로는 나부의 통치에서 물러나 있던 왕실의 직속 관료로 등장한 중앙 귀족이었다.

『주서』와 『당서』에는 대대로大對盧가 최고위 관등으로 나와 있을 뿐만 아니라 『수서』에는 대로가 4등급의 관등으로 설정되었다. 독자적 세력 기반을 상실하면서 중앙귀족으로 변신해 가는 과정에서 종래 성읍국가나 소연맹국의 지배자들은 중앙의 신분 질서 속에 편입되었다. 그들이 받은 형이나 사자 관등이 대형이나 소형 또는 태대사자나 대사자 등으로 세분되면서 귀족들의 합의체를 이끌어갈 대로가 중시되었다. 대로에서 파생하여 격상한 대대로는[34] 귀족들의 대표라는 성격을 가졌고, 귀족회의 장으로서 지위가 격상되었다.[35]

중앙집권적 귀족국가체제는 소수림왕 때를 지나면서 완비되었다. 이미 형이나 사자 관등을 세분하여 차등하였으며, 다시 사자 관등을 높여 형류와 사자류 관등을 교차시켜 설치하였다. 그리하여 종래 성읍국가나 소연맹국의 지배자가 산간에 의지하여 독자 세력을 유지하면서 가졌던 군사력을 중앙으로 흡수하면서, 고구려 왕실은 지방제도나 군사제도를 아울러 정비하였다. 소수림왕대를 지나 광개토대왕 때에 고구려가 막강한 정복국가로 등장하는 실마리를 바로 이런 데에서 찾을 수 있다. 이리하여 고구려의 왕실이 귀족 세력을 관료로 부릴 수 있는 계기를 마련하였다.

1979, p. 491.

34 노중국, 앞의 논문, 『한국학보』 16, 1979, p. 18.

35 노중국, 「고구려국상고(下)」, 『한국학보』 17, 1979, p. 22.

| 제3장 |

고구려 소수림왕대의 체제 정비와 삼론사상

1. 고구려 소수림왕대의 체제 정비

(1) 동천왕대 이후 연맹왕국체제의 한계

주몽朱蒙은 부여夫餘 연맹왕국에서 이탈하여 고구려를 개국하였다. 태조왕이 등극하면서 고구려는 연맹왕국으로서의 체제를 정비하고 비약적 대외 발전을 이루어 갔다. 초기 고구려 연맹왕국에 복속한 성읍국가나 소연맹국의 지배자는 연맹왕실과 어느 정도 독자적 형세를 유지하였다. 이런 면은 백제나 신라 연맹왕국에서도 공통으로 나타났다. 연맹왕권을 강화하여 중앙집권체제가 성립되면서 그들이 중앙귀족으로 등장하였다. 그리하여 중앙집권적 귀족국가가 성립하였다.

고구려 연맹왕국의 왕실 부족은 부여족의 일파로 험준한 산간에 의거依據한 무력 기반을 가졌다. 주몽은 부여에서 많은 부족장 세력과 같이 남하南下하여 고구려를 건국하였다. 유리가 옥지屋智·구추句鄒·도조都

祖 등과 함께 부여에서 고구려로 내려오자, 불안을 느낀 온조溫祚와 비류沸流 형제는 다시 오간烏干 등 10신하臣下와 남쪽으로 떠나 새 국가를 건설하였다. 이들이 모두 고구려 연맹왕국을 이루는 부족 세력이었는데, 그중 온조와 비류 및 그들이 거느렸던 오간 등의 부족은 고구려 연맹왕국에서 이탈하였다.

특히 주몽이 부여에서 내려오던 중 만나 동행한 재사再思 부족은 초기 고구려 연맹왕국에 복속해 있었는데, 유리왕계를 대신하여 최종적으로 연맹왕실을 장악하면서 무리 없이 주몽으로 이어지는 왕실 세계世系를 성립시켰다.[1] 재사의 아들인 태조왕의 등장으로 고구려 왕실의 지배 세력이 해씨解氏에서 고씨高氏 부족으로 바뀌었다. 그리하여 소노부消奴部(또는 연노부涓奴部)를 대신하여 계루부桂婁部가 고구려 왕실을 장악하였다.[2] 계루부의 고지故地인 두만강 유역에는 풍부한 철이 생산되었다.[3] 철제 무기를 사용함으로써 통구通溝와 동가강佟佳江 유역에서 국력을 비축한 고구려가 요동 진출을 시도하였다.

태조왕대에 설치되는 패자沛者는 연맹왕국체제를 정립하고 왕권을 강

1 태조왕은 慕本王을 살해하고 등극하였다. 그의 아버지 再思는 瑠璃王의 아들로 나와 있지만, 주몽과 함께 실제로 고구려를 건국하는 데 주도적 역할을 담당하였다. 재사는 태조왕계가 지배 왕실 세력으로 확립된 시기에 주몽으로 이어지는 高句麗世系 속에 편입되었을 것이다. 온조나 비류계가 이탈하거나 재사계가 편입되는 등의 변화가 있었어도, 고구려세계는 지배 세력 교체에 따른 사회 충격이 비교적 완화된 모습을 보여 준다. 그 결과 상대적으로 고구려 연맹왕국의 결속력은 강화되었다.

2 『三國志』 魏書 東夷傳 高句麗전에 "本涓奴部爲王 稍微弱 今桂婁部代之"라고 하였다. 중국 사서에 기록된 계루부의 등장을 朱蒙의 松讓國 제압이나 온조 형제를 떠나게 한 瑠璃王의 계승 또는 慕本王을 죽인 태조왕의 등극 및 拔奇(發歧)를 대신한 山上王의 등극 등과 연결하는 다양한 견해가 있다. 그중 태조왕의 등극은 계루부의 등장이라고 생각한다. 解氏에서 高氏 왕실로 바뀌는, 이른바 가장 큰 고구려 왕실의 지배 세력 교체이기 때문이다.

3 이용범, 「고구려의 성장과 철」, 『백산학보』 1, 1966, pp. 64~79.

화하기 위한 군사 임무를 수행하였다.[4] 태조왕대부터 고국천왕대까지 고구려가 연맹왕국체제를 확립하면서 순조로운 대외 발전을 이룩하였다. 그러나 산상왕 때까지 고구려의 왕위 계승이 대개 형제상속으로 이루어지고 있는 것은 왕권의 전제화가 이뤄지지 않았음을 의미한다.[5] 그것은 부족사회에서 연장자年長者를 족장으로 선출하던 관습(축지배祝支配체제)의 유제로, 마치 신라의 이사금尼師今이 다스리는 시기와 같은 연맹왕국 시대에 주로 나타났다.

고구려 연맹왕실은 중앙집권체제를 성립시키면서 왕권을 강화하는데 어려움을 겪었다. 고구려 연맹왕국 속에 복속한 성읍국가 지배자들이 왕실과 크게 마찰을 빚지 않으면서 대부분 본래 가진 통치 기반을 존속시켰다. 태조왕대 이후에는 집권적 연맹왕권을 강화하면서 연맹권역 내 흡수한 이전 성읍국가나 소연맹국 지배자의 독자 기반을 해체하였다. 이 경우에도 연맹왕실은 그들을 거세시키기보다는 오히려 귀족으로 편제編制하였다.

연맹왕실과 귀족이 독자 기반을 가지면서 공존하였다. 바로 이런 점은 집권적 연맹왕국체제를 확립하는 데에 불리하게 작용하였다. 연맹왕실이 왕권을 강화하면서 복속한 이전 성읍국가의 지배자, 곧 귀족을 쉽게 통어統御하기 어려웠다. 고구려초기에 지배 세력 사이에 권력 쟁탈을 위한 반란이 자주 일어났고, 거기서 패한 세력은 자신의 세력 기반을 그대로 거느린 채 연맹왕국에서 이탈하였다.

고국천왕 또는 산상왕의 등극으로 고구려 연맹왕국의 내부 모순이 그대로 노출되었다. 『삼국지』 위서 동이전 고구려전에 발기拔奇가 형이면

4 김두진, 「고구려초기의 패자와 국가체제」, 『한국학논총』 31, 2009, pp. 46~51.
5 이기백, 「고구려 왕비족고」, 『진단학보』 20, 1959; 『한국고대정치사회사연구』, 일조각, 1996, p. 84.

서도 왕이 되지 못한 것을 원망하여 연노가涓奴加와 함께 공손강公孫康에게 항복하고 비류수沸流水로 돌아와 거주하니, 이이모伊夷模는 다시 새 나라를 세웠다고 하였다. 이이모伊夷謨(伊夷模)가 고국천왕으로 즉위하는 내용은 『삼국지』보다 『삼국사기』(권14, 고국천왕 즉위년조)에 더 자세하게 기록되어 있다. 신대왕 백고伯固의 장자는 발기拔奇이고 둘째 왕자가 이이모이다. 발기가 불초하므로 신대왕이 죽자 국인國人이 이이모를 고국천왕으로 옹립하였다. 발기는 형으로서 왕이 되지 못한 것을 원망하여 연노가와 함께 각각 하호 3만여 명을 거느리고 공손강에게 나아가 항복하고는 비류수 강변에 머물렀다.

연우延優가 산상왕으로 등극할 때도 이 내용과 비슷한 상황이 전개되었다. 고국천왕이 돌아가자 왕비 우씨于氏는 사실을 숨기고, 밤에 먼저 왕의 큰동생 발기發歧에게 들러 왕위 계승을 권고하였으나 거절당하였다. 무안한 우씨는 바로 연우에게 들렀고, 다음 날 새벽에 그를 산상왕으로 세웠다. 우씨가 다시 산상왕의 왕후가 되었다. 발기는 형으로서 왕이 되지 못하자 처자를 거느리고 요동의 공손탁公孫度에게 투항하였다. 그는 공손탁의 군사 3만 명을 빌려 저항하였으나 막내아우 계수罽須에게 패하여 죽임을 당하였다.

신대왕에게는 발기拔奇·이이모(고국천왕)·발기發歧(拔奇)·연우(산상왕)·계수의 5형제가 있었던 셈이다. 다만 고국천왕의 형인 발기拔奇와 동생인 발기가 두 사람이었는지는 확실하지 않다. 발기의 두 반란 사건에 대한 기록이 혼란되어 있어서 『삼국지』 위서 동이전 고구려전의 발기 관계 기록은 상징성을 갖는다고 생각한다. 고구려 왕위가 형제상속으로 이어지는 가운데 등극하지 못한 형제가 일으킨 빈번한 반란의 양상을 알려 준다. 실제로 태조왕의 왕위를 잇지 못한 아들 막근莫勤과 막덕莫德이 죽임을 당하였으며, 고국천왕 이후 일정 기간에 왕제王弟의 피

살 사건과 이에 따르는 반란 사건이 자주 일어났다.[6]

반란을 일으킨 발기와 연노가는 각각 3만여 명을 거느리고 고구려 연맹왕국에서 이탈하였으며, 비류수 유역에 거주하면서 나라를 세웠다. 복속한 오랑캐들이 고구려 연맹왕국에서 이탈하였기 때문에 오히려 고국천왕이 다시 나라를 세웠는데, 바로 이 국가가 고구려라고 한다. 발기가 세운 국가와 고국천왕이 수도를 옮긴 국가가 서로 고구려 정통을 표방한 셈이다.[7] 이탈이 쉬웠을 뿐만 아니라 발기의 아들 박위거駮位居가 고구려 연맹왕국 내에 남아 온존할 수 있었던 것은 고구려 연맹왕국 사회의 결속이 해이하였던 사정을 알려 준다.

초기 고구려는 순조롭게 연맹왕국으로 성립하였으나 귀족들이 독자 기반을 그대로 가짐으로써 왕실이 연맹권역을 강하게 결속시키는 집권적 전제왕권을 성립시키기에 어려웠다. 그리하여 동천왕대부터 고국원왕대까지 고구려 사회는 서서히 대외 발전의 한계에 직면하였다. 태조왕 때에 동옥저를 정벌하여 동해와 살수까지 영토를 확장한 고구려가 요동으로 진출하기 위해 중국 군현과 투쟁하지 않을 수 없었다. 그러나 집권적 국가체제를 성립하지 못한 고구려는 규모가 커진 장기간의 대외 전쟁을 수행하기 힘들었다.

---

6 이기백, 위의 논문, 『한국고대정치사회사연구』, 일조각, 1996, pp. 82~84에 王弟나 그와 연관된 반란 사건을 자세하게 소개하였다

7 『三國志』 魏書 東夷傳 高句麗전에 "又有小水貊 句麗作國 依大水而居 西安平縣北有小水南流入海 句麗別種依小水作國 因名之爲小水貊"이라 하였다. 小水와 大水에 따로 세운 고구려는 각각 발기가 세운 국가와 고국천왕이 새로 세운 국가인지는 분명하지 않지만, 고구려 연맹왕국 내에서 쉽게 이탈할 수 있는 小水貊 등 고구려 별종의 존재를 알려 준다. 拔奇의 반란으로 고국천왕이 새로 국가를 세웠다는 것은 山上王 13년(209년)에 수도를 國內城에서 丸都城으로 옮긴 사실을 가리킨다고 생각한다. 拔奇 또는 發歧의 亂은 다소 혼동되어 있을 뿐만 아니라 산상왕은 즉위와 동시에 發歧의 난을 진압하였고, 그다음 해(산상왕 2년)에 환도성을 쌓았다. 다만 소수맥 기사는 公孫氏(公孫康)가 발기를 정통으로 삼았기 때문에 나타난 중국 측 기록이다.

당시 중국은 위와 촉 및 오의 삼국으로 나뉘어 있었고, 그중 위가 월등하게 강성하여 실제로 동북아 지역에 영향력을 행사하였다. 공손탁公孫度이 요동태수로 임명되어 처음에는 위의 영향력 아래에 있었지만, 3대 50여 년이 지난 뒤의 공손연公孫淵은 오와 통하는 등 독자 세력으로 성장하였다. 고구려도 오와 비밀 외교 교섭을 가지면서[8] 낙랑 지역을 확실하게 확보하기 위해 자주 서안평西安平을 침략하였다. 이런 사정은 당연히 위에 대한 위협이 되었다. 동천왕 12년(238년)에 위의 사마의司馬懿가 요동의 공손연을 토벌한 사건은 고구려가 중국 민족은 물론 북방의 새외 민족과 직접으로 대결하게 하였다.

남쪽의 오나 후조後趙와 연결하여 요동으로 진출하려던 고구려는 위나 전연에 위협적 존재였다. 동천왕 20년(246년)에 위의 관구검毌丘儉이 1만의 군사로 내침하였다. 수도 환도성丸都城이 함락되고 왕은 강계江界와 황초령黃草嶺을 넘어 남옥저 지역으로 피난을 갔다. 고국원왕 12년(342

8 『三國志』 卷3, 魏書 3, 明帝紀 第3, 景初元年 秋7월조에 "初權遣使浮海與高句麗通 欲襲遼東"이라 하였다. 또한 『三國志』 卷47, 吳書 2, 吳主傳 第2, 嘉禾 2년 春正月조에 "吳書曰 初張彌許晏等 俱到襄平 官屬從者四百許人 淵欲圖彌晏 先分其人衆 置遼東諸縣 以中使秦旦張羣杜德黃疆等 及吏兵六十人 置玄菟郡 … 旦羣德疆等 皆踰城得走 時羣病疽創著膝 不及輩旅 德常扶接與俱 崎嶇山谷 行六七百里 … 於是推旦 疆使前 德獨留守羣 捕菜果食之 旦疆別數日 得達句驪(王宮) 因宣詔於句驪王宮及其主簿 詔言有賜為遼東所攻奪 宮等大喜 即受詔 命使人隨旦還迎羣德 其年 宮遣皁衣二十五人送旦等還"이라고 하였다. 234년(동천왕 8년)에 오의 손권은 張彌와 許晏 등 400여 명을 공손연에 파견하였다. 229년(동천왕 3년)에 오는 사신으로 張剛과 管篤 등을 파견한 이래 이미 공손씨와 비밀 외교 관계를 맺었다. 232년(동천왕 6년)에 이런 사실을 포착한 위는 田豫를 보내어, 공손연에게 가던 오의 사신 周賀와 裵潛 등을 成山에서 잡아 죽였다. 이후 공손연은 오가 보낸 사신 장미와 허안 및 그 무리를 국내에 분산하여 머물게 하였다. 마침 현토군에 머물렀던 秦旦과 張羣·杜德·黃疆 등이 탈출하여 고구려로 갔다. 동천왕이 이들을 오로 돌려보냄으로써 두 나라 사이의 외교 교섭이 이루어졌다. 진단 등의 탈출로 공손연은 장미와 허안 등을 죽여 그 머리를 위로 보냈다. 또한 『三國史記』 권17, 東川王 10년 春2월조에 "吳王孫權遣使者胡衛通和 王留其使 至秋七月 斬之 傳首於魏"라고 하였다. 공손씨와 고구려가 위에 굴복하는 모습을 보여 준다.

년)에 연왕 모용황慕容皝이 45,000의 병사로 침입하였다. 이때에도 수도가 함락되고 왕이 피난을 갔는데, 연왕은 사로잡은 왕비와 왕대비 및 남녀 5만 명과 함께 미천왕의 시체를 파서 돌아갔다. 1만에서 5만에 이르는 병력으로 침입한 대규모의 장기전에 고구려는 참담하게 패퇴하였다.

(2) 소수림왕대의 중앙집권적 귀족국가 출현

고구려는 동천왕 이후 고국원왕 때에 위나 전연의 침입으로 수도가 함락되는 등 쓰라린 패배를 경험하였다. 전진이 전연을 정벌함으로써 그 압력에서 벗어났으나, 고국원왕은 백제와의 전투에서 전사하고 아들 소수림왕이 등극하였다. 이런 이전 시대의 실패에 대한 반성이 소수림왕대의 체제 정비와 불교 공인을 가능하게 하였다. 소수림왕이 죽고 동생인 고국양왕이 섰다. 그의 아들 광개토대왕이 요동까지 확보함으로써 실제로 고구려는 만주의 주인이 되었다.

고국원왕대의 대외전쟁에서 처참하게 패배하였던 고구려가 바로 다음 대에 강력한 정복국가로 등장한 사실에서 소수림왕대 국가체제 정비의 성격을 이해해야 한다. 소수림왕 때의 국가체제 정비 기사는 다음과 같이 소략하게 전한다.

① 진秦나라 왕 부견苻堅이 사신과 중 순도順道를 파견하여 불상과 경문經文을 보내왔다. 왕은 사신을 보내 답례하고 토산물을 바쳤다. 대학大學을 세우고 자제들을 교육하였다.

—『삼국사기』 권18. 소수림왕 2년 하夏 6월조—

② 처음으로 율령律令을 반포하였다.

—『삼국사기』 권18, 소수림왕 3년조—

고국원왕이 죽은 다음 해에 소수림왕은 전진으로부터 불교를 받아들였고, 유교 교육기관인 태학太學을 세워 귀족 자제들을 가르쳤다. 이어 소수림왕 3년(373년)에는 율령을 반포하여 국가체제를 정비하였다.

귀족 자제의 교육을 담당하는 태학의 설립은 유교적 통치체제를 마련하려는 것이다. 소수림왕이 불교는 물론 유교 이념의 도움을 받아 국가체제를 정비하였다. 곧 통치이념을 모색하면서 그에 부합하는 국가체제의 정비를 단행하였다. 통치이념 설정과 국가체제 정비는 왕권을 전제화하면서 강력한 정복왕조로 발돋움하려는 것이므로 일조일석에 이루어지지는 않았다. 고구려의 중앙집권적 귀족국가체제는 이미 동천왕대 이후 중국 민족이나 북방의 새외 민족과 투쟁하던 중에 서서히 갖추어졌다.

중앙집권적 귀족국가체제의 정비에 가장 걸림돌로 작용하였던 것은 산악으로 이루어진 고구려의 험준한 지형이었다. 한수韓壽가 모용황에게 건의한 다음 내용으로 이런 면을 확인할 수 있다.

> 고구려 땅은 지킬 수 없습니다. 지금 그 왕이 도망가고 백성은 흩어져 산곡山谷에 숨어 있으나, 대군大軍이 돌아가면 반드시 다시 모여들어 나머지 무리를 모두 불러 모으므로 오히려 큰 근심거리가 될 것입니다. 그의 아버지 시신을 싣고, 생모生母를 잡아 돌아가기를 청합니다.
>
> —『삼국사기』 권18, 고국원왕 12년 11월조—

한수는 점령한 고구려 땅이 험하여 지킬 수 없다고 하였다. 험한 산골을 따라 형성된 고구려의 읍락은 일시 무너졌더라도 다시 흩어진 무리가 서로를 불러 모아 게릴라식 전투를 수행하는 전초기지가 되었다.

『삼국지』 위서 동이전 고구려전에는 "큰 산과 깊은 골짜기가 많고 평지가 적어, 사람들은 산골짜기를 따라 거주하며 바위에서 흘러나오는 물을 마셨다. 좋은 밭이 없으므로 힘써 밭을 갈아도 배를 채우기 힘들었다"라고 하였다. 이런 사정은 고구려가 농경 등 일정한 산업에 힘썼다기보다는 무력을 갖추고 전쟁을 통해 성장하였음을 짐작하게 한다. 험한 산간에 의지하여 강한 군사력을 가진 고구려는 방어에 유리하여 소규모의 전쟁에서 쉽게 승리하였다.

험난한 지리 조건은 고구려가 중앙집권적 귀족국가로 발전하는 데에는 불리하게 작용하였다. 소통을 어렵게 하여 중앙에서 효율적으로 지방을 통제하는 국가체제나 제도의 정비를 어렵게 하기 때문이다. 고구려가 중앙집권적 귀족국가로 성립하면서 중앙귀족의 상당수는 본래의 세력 기반을 보전하지 않았고 일부는 중앙에서 새로운 기반을 마련하였다. 귀족이 되어 수도로 이주하면 넓은 농경지나 평야가 아닌 산골은 경제적으로 크게 소용될 수 없기 마련이다. 신라와 달리 고구려의 중앙귀족은 계속해서 원래 가졌던 협착狹窄한 지방에 세력 기반을 유지하기가 어려웠다.

성읍국가나 소연맹국의 지배자들을 귀족으로 편성되면서 중앙집권적 귀족국가체제가 이루어졌다. 행정구역으로 편입됨과 동시에 지방 군현은 중앙 군사제도의 설비와 동시에 정비되었다. 읍락이나 소국 영역을 주현으로 설정하면서 그 지배자의 군사력을 흡수하여 전국적인 군사조직이 갖추어졌다. 이런 국가체제 정비 모습은 삼국 등 고대사회에 공통으로 나타난다. 소수림왕대의 율령 반포는 중앙집권적 귀족국가체제의 완비를 의미한다. 고구려 왕실은 왕비족과 연합한 귀족연합 정권을 이루면서 여타의 귀족 세력을 누르고 왕권을 전제화하였다. 마치 신라 법흥왕대에 박씨 왕비족의 등장으로 귀족연합 정권이 들어서는 것과 비교된다.

『삼국지』 위서 동이전 고구려전에는 절노부絕奴部가 대대로 왕실과 혼인한 왕비족王妃族이라고 하였다. 고구려에 왕비족의 존재가 뚜렷했음을 알려 주는 것이다. 절노부의 존재는 관구검이 침입한 동천왕대 이후 고구려의 왕비족과 연결하여 이해해야 한다.[9] 그러나 실제로 동천왕대 이후 고구려의 왕비족 세력은 오히려 약해졌다. 『삼국지』 위서 동이전 고구려전에 보이는 절노부가 『삼국사기』에 고구려의 왕비족으로 나오는 연나부椽那部이다.[10]

고국천왕 비 우씨于氏는 연나부 출신이다.[11] 이후 서천왕에 이르기까지 5대에 걸쳐 연나부 출신 왕비가 등장하였다.[12] 연나부 왕비족은 신라 법흥왕에서 진덕왕까지의 박씨 왕비족과 백제 근초고왕에서 아신왕까지의 진씨眞氏 왕비족의 존재를 떠올리게 한다.[13] 왕실과 왕비족의 귀족연합 정권이 성립한 것이다. 다만 백제나 신라와는 달리 고구려는 귀족연합 정권보다 강력한 중앙집권적 귀족국가체제를 완비하는 율령을 반포하였다.[14] 고구려 왕실은 고국천왕대 이후 귀족연합 정권을 이루는 동시에 이를 극복하려는 중앙집권체제를 강화하려고 시도하였다.

고국천왕이 돌아가자 왕비 우씨는 왕의 동생인 발기發歧와 연우延優를 임의로 택하고자 하였고, 그중 연우와 결혼하여 산상왕으로 옹립하

9 이기백, 앞의 논문, 앞의 책, 1996, p. 68.

10 이기백, 앞의 논문, 앞의 책, 1996, p. 75.

11 이병도 역주, 『국역 삼국사기』, 한국학술정보, 2012, p. 293. 『삼국사기』에 故國川王 妃 于氏는 提那部 于素의 딸로 기록되었는데, 제나부는 椽那部의 오식이라는 것이 통설이다.

12 이기백, 앞의 논문, 앞의 책, 1996, pp. 76~77. 고국천왕 비와 山上王 妃는 于氏이고 東川王 妃는 椽那部 출신이다. 中川王 妃 掾氏나 西川王 妃인 西部 于素女는 모두 연나부 출신이다.

13 이기백, 앞의 논문, 앞의 책, 1996, pp. 77~78.

14 신라는 귀족연합 정권이 성립된 법흥왕 때에 율령을 반포하였다. 백제도 근초고왕 이후 침류왕 때에 왕권중심 귀족국가체제를 성립시키는 율령을 반포하였다. 다만 고구려는 椽那部 왕비족 시대를 지난 소수림왕 때에 율령을 반포하였다.

였다. 이는 처수제妻嫂制를 생각하게 하지만 우씨, 곧 연나부 세력이 왕실을 장악한 사실을 알려 준다. 고국천왕 때에 어비류於畀留와 좌가려左可慮는 왕비 우씨의 친척으로서 나라의 권세를 잡고 있었는데, 그들의 자제가 교만하고 사치하여 남의 자녀와 전택田宅을 빼앗았으므로 원망이 자자하였다. 고국천왕 때에 국정을 어지럽힐 정도로 왕비족인 연나부 세력이 강성하였다.

연나椽那 조의皁衣 명림답부明臨答夫가 차대왕을 죽이고 신대왕을 옹립하면서 연나부는 고구려 정치권력의 중심에 섰다. 연나부의 유력 부족이 명림씨였으며, 명림답부는 신대왕 2년(166년)에 국상國相에 임명되어 중앙과 지방의 군사를 통할하였다. 연맹왕국의 왕권을 강화하는데 귀족연합 정권은 도움이 되었지만, 왕권중심의 집권체제를 성립시키기 위해서는 한계성을 가졌다. 고구려 왕실은 점차 왕비족을 견제할 수밖에 없었다. 고국천왕 때에 어비류와 좌가려가 4연나椽那와 더불어 일으킨 반란은 곧 진압되었다.

연나부 세력이 다소 거세되었던 것이 분명하다. 그러나 4연나의 난을 평정한 고국천왕은 영을 내려 자신이 밝지 못했음을 탓하면서, 4부部로 하여금 현명한 사람을 추천하게 하여 국정을 보필하려고 하였다. 4부의 국정 보필이 연나부의 온존을 생각하게 한다. 고구려 연맹왕국 속에 편입될 당시 소연맹국인 연나부는 그 안에 성읍국가나 읍락을 거느렸다. 4연나는 부내부部內部라기보다는[15] 연나부 속에 편입되어 있던 이전 성읍국가와 같은 정치 세력이었다. 4연나는 거세되었을지라도 나머지 연

15 노태돈, 「삼국시대의 '부'에 관한 연구」, 『한국사론』 2, 서울대학교 국사학과, 1975, pp. 26~34. 중앙집권적 귀족국가로 성립되어 중앙과 지방 행정구역이 정비되면서, 部는 수도의 행정구역으로 설정되었다. 다만 신라와 백제의 경우 部 내의 행정구역으로 防과 里가 보인다.

나부 세력이 상당히 존속하였다. 연나부 왕비족 시대가 서천왕대 이후 끝나면서 명림씨 세력도 와해되어 갔다.[16]

고구려 왕실은 중앙집권적 귀족국가체제를 수립함과 동시에 연나부 세력까지 견제하면서 왕권을 전제화하였다. 귀족연합 정권 시대에 연맹왕국 내의 여러 부족장을 중앙귀족으로 편제하는 신분제가 수립되었다. 연맹왕국체제가 완비되면서 상가나 그 휘하의 수많은 사자使者와 조의皁衣 및 선인先人 등을 중앙집권적 단일 관등 체제로 정비하였다. 여러 상가를 태대형과 대형 및 소형으로, 그 밑의 사자 등을 태대사자나 대사자 및 소사자로 정비하면서 『주서周書』에서와 같은 관등체계가 성립되었다. 이런 관등체계는 『수서隋書』에도 나타나는데, 중앙집권적 귀족국가체제를 이루는 계기를 마련하였다. 연나부 왕비족이 등장한 고국천왕대 이후 귀족연합 정권을 이루었을 당시에 13관등체계가 정비되어 있었을 것으로 생각한다.

고구려 왕실은 연맹왕국 내 다른 유력귀족 세력을 제압하면서 왕권을 전제화하였다. 을파소乙巴素를 국상으로 등용하는 다음과 같은 모습은 시사성을 준다.

① 조신朝臣과 국척國戚이 을파소乙巴素가 신진으로서 구신舊臣을 이간한다고 하여 미워하였다. 왕은 교서를 내려 "귀천貴賤을 막론하고 무릇 국상國相을 따르지 않는 자는 멸족滅族시키겠다"라고 하였다.

② 지금 왕이 홀로 결단하여 을파소를 해빈海濱에서 뽑아 여러 사람의 입방아에도 흔들리지 않고 백관百官의 위에 두었으며, 또한 천거한 자에게도 상을

16 明臨於漱는 東川王 4년(230년)부터 中川王 7년(254년)에 죽을 때까지 國相에 임명되었다. 또한 중천왕 9년(256년)에 明臨笏覩는 공주와 결혼하여 駙馬都尉가 되었다. 西川王代 이후에는 명림씨가 중용된 사례가 보이지 않는다.

내렸으니 선왕先王의 법을 얻었다고 할 수 있다.

—『삼국사기』 권16, 고국천왕 13년조—

좌가려의 난을 진압한 후 고국천왕은 4부에 문의하여 어질고 착한 사람을 천거하게 하였다. 마침 동부 사람 안류晏留를 추천하였는데, 그가 다시 서압록곡西鴨淥谷 좌물촌左勿村 사람 을파소를 천거하였다. 4부는 왕족인 계루부를 제외한 소노부消奴部(연노부涓奴部)·절노부絕奴部(연나부椽那部)·순노부順奴部·관노부灌奴部이다. 이때의 고구려 5부 명칭은 수도의 방위를 나타내는 이름으로 바뀌고 있었다.

5부는 소연맹국 상태에서 고구려 연맹왕국 속에 흡수되었으며, 그 지배자가 중앙귀족으로 편입되었다. 중앙집권체제의 강화에 따라 재편된 수도의 행정조직인 5부는 방위명方位名으로 바뀌어 갔다.[17] 을파소를 천거한 안류는 동부(순노부) 사람이다. 적어도 고국천왕 때에 5부가 방위명으로 개편되었고, 이후 중천왕 때까지는 방위명과 함께 부족명部族名으로 병칭竝稱되다가 서천왕 때부터 방위명으로 고정되었다.[18] 수도의 행정체제와 동시에 고구려는 지방의 행정구역을 정비하였다.[19]

5부가 방위명인 내부內部(계루부)·서부(소노부, 하부下部)·북부(절노부)·동부(순노부, 상부上部)·남부(관노부)로 확실하게 바뀌면서 고구려 왕실은 중앙집권적 전제왕권을 수립하였다. 왕권의 전제화 개혁을 주도한 을파소의 신분이나 관등이 낮았던 사실은 시사성을 준다. 고국천왕은 바닷가 출신인 을파소를 백관의 위에 두었다. 을파소가 사람들이 의

17 김두진, 앞의 논문, 2009, p. 52의 註25 또는 p. 56.

18 이기백, 앞의 논문, 앞의 책, 1996, p. 85.

19 고구려의 수도가 신라나 백제와 같이 部·防·里로 정비되었는지는 분명하지 않다. 그러나 삼국은 모두 수도의 행정구역과 지방 행정구역을 동시에 정비하였다.

아할 정도로 신분이 낮았던 것이 분명하다. 그는 대사자로 임명되어 개혁을 주도하였다. 관등이 높았던 것은 아니지만, 대사자의 직능이 실제로 백관의 위에 있었다.

고국천왕 이후 중앙집권적 왕권을 수립하려는 개혁은 줄곧 이어졌다. 소수림왕대의 국가체제를 마련하는 데 도움을 줄 만한 개혁을 주도한 창조리倉助利도 을파소와 비슷한 정치 성향을 지녔다. 그는 남부의 대사자로서 국상에 올라 봉상왕을 몰아내고 미천왕을 옹립하였다. 을파소나 창조리는 모두 대사자로서 국가체제를 개혁하였다. 다만 그들이 받았던 대사자 관등의 위상에 차이가 있었던 것으로 생각한다. 창조리가 대사자로서 의당 국상의 봉임을 받았다면, 을파소는 먼저 국상에 임명되고 이어 대사자로 제수되었다.

국상이 되면서 작위를 올려 대주부大主簿가 되었기 때문에 창조리가 받았던 대사자는 원래 높은 관등이 아니었다. 곧 『주서』에 보이는 7~9위에 해당하는 사자류 관등에 속하였다. 사자류 관등은 2~4위의 형류兄類 관등의 하위를 이루었다. 중앙집권적 왕권을 전제화하기 위해 왕실은 사자류 관료를 중용하였다. 국상인 을파소도 대사자로서 특수 왕명을 받아 왕권을 강화하려는 개혁을 시도하였다.

을파소의 개혁은 왕비족을 포함한 5부 및 유력귀족 세력을 제압하면서 왕권을 강화하려는 것이다. 조신朝臣과 국척國戚이 그의 개혁에 대해 신진으로서 구신舊臣을 이간한다고 비판하였다. 조신과 국척으로 표현된 구신, 곧 유력귀족 세력을 억압하기 위해 고국천왕은 을파소로 대변되는 신진귀족 세력을 지원하였다. 그리하여 을파소를 따르지 않는 자는 귀천을 막론하고 멸족시키겠다는 교서를 내렸다. 을파소나 그를 천거한 자를 포함한 신진귀족 세력의 등장은 왕권을 강화하는 개혁을 순조롭게 하였다.

미천왕대가 되면 대사자인 창조리가 바로 국상에 임명될 정도로 신진귀족 세력은 성장하였다. 대사자 지위의 상승과 그 직능의 강화는 중앙집권적 왕권의 성립과 비례하는 것이다. 고국천왕 이후 대사자 지위는 점차 상승하였다. 동천왕은 관구검 침략을 격퇴하다가 전사한 유유紐由를 구사자九使者로 추증하였으며, 그의 아들 다우多憂를 대사자로 삼았다.[20] 서천왕은 서부 대사자 우수于漱의 딸을 왕비로 맞았다. 이렇듯 일등 공신이 대사자 관등을 받거나 대사자의 딸을 왕비로 들이기도 하였다.

위상이 높아진 사자류 관등을 현실적으로 반영하여 체계화한 것이 『신당서』에 보이는 고구려 관등이다. 『주서』나 『수서』와는 달리 『신당서』에 나오는 고구려 관등은 사자류와 형류 관등을 서로 교차 배치한 것이다. 울절鬱折은 형류의 최상위 관등인 태대형과 같은 것으로 생각되지만, 분명하게 형류 관등이라고 단언할 수 없다. 그리되면 형식 면에서도 태대사자가 상위에 배정되는 등 사자류 관등이 형류 관등을 오히려 능가한다는 인상을 준다.[21]

패자와 대로는 동격 관등의 관직이었고, 궁극적으로 같은 목적의 직능을 가졌다. 패자가 제가의 군사력을 흡수함으로써 연맹왕국의 중앙집권체제를 구축하는 임무를 맡았다면, 대로는 귀족을 통할함으로써 중앙집권적 귀족국가의 왕권을 강화하는 역할을 담당하였다.[22] 대로는

20 東川王 때에 密友와 紐由는 관구검의 침략을 격퇴하는 으뜸 공신이 되었다. 그리하여 밀우는 巨谷과 靑木谷을 식읍으로 받았는데, 전사한 유유는 九使者로 추증되었고 그의 아들 多憂는 대사자로 보임되었다. 식읍에 버금갈 정도의 상으로 받은 대사자는 지위가 높았다고 생각한다.

21 5위와 6위 관등이 각각 大使者와 大兄이고, 9위와 10위 관등이 각각 小使者와 小兄이다. 兄類 관등보다 使者類 관등이 더 높아졌다.

22 김두진, 앞의 논문, 2009, pp. 52~58.

패자나 주부와 함께 왕실 직속 관직이었는데, 중앙귀족의 관등이 세분화하는 과정에서 설치되었다. 대신과 같은 의미의 대로는 『수서』 소재 고구려 관등에서는 형류의 바로 아래인 4위 관등으로 되어 있다. 그런데 『주서』와 『신당서』 소재 고구려 관등에는 대로가 빠진 대신 대대로는 최고 관등으로 나와 있다.

대로에서 격상한 대대로는 귀족의 대표라는 입장에서 귀족합의체를 이끌었다.[23] 귀족회의의 장으로 지위가 상승하였더라도 대대로는 반드시 신분이 높지 않아 중앙귀족의 대변자는 아니었다. 연나부 명림답부가 조의로서 차대왕을 죽이고 신대왕을 옹립하였으며, 이후에도 중앙집권적 체제 개혁을 주도한 자는 유력귀족이 아닌 경우가 허다하다. 이런 분위기는 대체로 고구려말까지 이어졌다.[24]

『주서』에 이어, 사자류 관등의 지위가 격상된 『신당서』 소재, 고구려 관계에 대대로가 최고 관등으로 기록된 것은 중요하게 생각한다. 고구려 왕실이 고국천왕 이후 귀족연합 정권에서 벗어나 왕권을 강화함으로써 중앙집권체제를 성립시키려고 하였다. 왕실은 을파소나 창조리 등 신분이 낮은 신진귀족을 중용하여 유력귀족을 억압하는 개혁을 추진하였다. 진대법賑貸法을 시행한 것도 그중 하나이다. 개혁에 서민 대중의 처지를 반영하는 것은 유력귀족을 탄압하는 명분이 될 수 있기 때문이다.

중앙집권적 왕권을 강화하는 개혁은 소수림왕 때까지 성공적으로 추진되었다. 체제 개혁을 통해 신진귀족의 진출이 쉬워졌다. 그들의 사회적 지위를 견고히 하는 개혁이 소수림왕 때의 율령 반포로 나타났다.

23 노중국, 「고구려국상고(하)—초기의 정치체제와 관련하여—」, 『한국학보』 17, 1979, p. 22.

24 중앙의 고위 관등은 아니지만, 북부 褥薩 高延壽와 남부 욕살 高惠眞은 수의 공격으로부터 안시성을 구함으로써 빛나는 전공을 세웠다.

당시 율령 내용을 정확하게 알 수는 없다. 『신당서』 소재 고구려 관등은 소수림왕의 체제 개혁을 반영한 것으로 생각한다. 이후 고구려는 강력한 왕권중심 귀족국가를 이루었다. 관구검 및 연과의 전쟁은 체제 개혁의 걸림돌을 제거하는 결과를 초래하였다. 그리하여 광개토대왕 때의 정복 전쟁 수행을 가능하게 하였다.

2. 고구려 소수림왕대의 국가불교와 삼론사상

전진前秦 왕 부견苻堅이 사신과 함께 중 순도順道를 고구려에 보냄으로써 불교는 소수림왕 2년(372년)에 처음 전래하였다고 한다. 소수림왕 때의 불교 전래는 신라 법흥왕대 이차돈異次頓의 순교와 마찬가지로 국가불교를 표방하는 불교 공인 사실을 가리킨다. 이미 고구려 승려 망명亡名의 존재는 공인 이전에 불교가 전래하였음을 알려 준다. 고구려 초전불교는 신라의 아도阿道나 묵호자墨胡子가 전한 불교와 마찬가지로 왕실 중심으로 수용되었다.

고구려 초전불교는 소수림왕대에 공인되었다. 불교 공인은 왕실 중심으로 수용된 초전불교를 귀족에게까지 홍포弘布하려는 것이다. 일반적으로 조상숭배신앙에 기반을 둔 토착적 무교신앙 전통을 고수하는 귀족은 왕실의 불교 홍포 정책에 반대하였다. 귀족 세력의 기반이 강할수록 그 반대는 심각하게 나타나기 마련이다. 신라의 경우 왕실 측근인 이차돈이 처형될 정도로 귀족의 저항은 심각하게 나타났다. 반면 고구려는 불교 공인 과정에서 귀족의 반대가 다소 있었지만 심각하지 않았다.[25]

25 김두진, 「고구려 초전불교의 공인과 그 의미」, 『한국학논총』 36, 2011, p. 7.

귀족이 미륵신앙이나 윤회전생輪廻轉生신앙을 선호하였다면 석가불신앙이나 전륜성왕轉輪聖王신앙은 왕실에 유용하였다. 귀족 세력의 기반이 강한 중국 남조의 구세보살救世菩薩신앙과는 달리 왕즉불王卽佛신앙은 왕권이 강한 북조에서 유행하였다.[26] 고구려 초전불교가 왕즉불신앙을 지녔고 소승적 계율을 강조하였다.[27] 공인 이후 고구려 국가불교는 왕자王者 계급에 유용한 소승 계율을 내세우지는 않았어도 왕즉불신앙을 견지하였다. 신라 공인불교가 왕즉불신앙에서 구세보살, 곧 왕즉보살王卽菩薩신앙으로 바뀐 것과 대비될 수 있다.[28]

고구려 국가불교는 귀족의 취향에 어울리는 토착적 신이神異신앙을 다소 흡수하면서 선악에 기초한 윤회전생신앙을 포용하였다.[29] 고구려 국가불교에도 미륵신앙이나 전륜성왕신앙 및 석가불신앙이 모두 나오지만, 그 신앙 양상은 신라와는 상당히 다른 면을 지녔다. 영양왕 7년(건흥建興 5년, 596년)에 상부上部의 불제자인 청신녀淸信女 아엄皃奄이 석가문불釋迦文佛을 조상造像하고는 "바라건대 나고 다시 나는 세상마다 부처를 만나 불법을 듣고, 일체중생이 이 서원을 이루게 하소서"라고 빌었다.[30]

아엄은 다시 태어나는 세상마다 부처를 만나 불법을 듣고자 석가문불을 조상하였다. 영양왕보다 훨씬 시기가 앞선 광개토왕 18년(409년)에 축조한 덕흥리고분의 묘주墓主 진鎭이 석가문불의 제자로 자처하였다.

26 山崎宏,『支那中世佛教の展開』, 東京: 淸水書店, 1942, pp. 130~131.
27 김두진, 앞의 논문, 앞의 책, 2011, pp. 6~7.
28 김두진,「신라 공인불교의 사상과 그 정치사적 의미」,『두계이병도박사구순기념 한국사학논총』, 지식산업사, 1987, pp. 85~87.
29 김두진, 앞의 논문, 앞의 책, 2011, pp. 11~14.
30「건흥명금동불광배」, 허흥식 편저,『한국금석전문—고대—』, 아세아문화사, 1984, pp. 51~52.

상부의 아엄이나 진은 유력귀족이라고 생각한다. 석가문불은 미륵신앙과 연결된 석가불인데, 고구려의 불교 공인 이후 줄곧 귀족들이 받들어 모시는 부처였다. 석가불은 『미륵하생경彌勒下生經』에 석가문불로 기록되었으며, 미륵신앙과 연관을 가졌다.[31] 석가문불의 강조는 석가불과 함께 미륵을 받들려는 의도를 지녔다.

고구려 국가불교에서 귀족은 미륵신앙과 함께 석가불신앙을 표방하였다. 미륵신앙의 양상이 신라 국가불교에서의 모습과 매우 다르게 나타나 있다. 신라 국가불교의 경우 미륵신앙은 석가불 또는 전륜성왕신앙과 조화를 이루었을 뿐만 아니라 귀족이 석가불신앙을 공공연히 표방하지도 않았다. 영양왕 7년(596년)에 신△辛△이 돌아가신 어머니의 명복을 빌고자 미륵불상을 조성하였다. 조상 목적은 정토淨土신앙을 구하기보다 미륵 3회의 설법을 듣고 죄업을 소멸消滅하여 보리菩提를 이루는 데 두었다. 마치 아엄의 석가문불 조상과 같이 윤회전생신앙에서 선연善緣을 쌓으려는 것이다.[32]

고구려 국가불교에서 전륜성왕신앙은 미륵 이상세계의 건설을 내세우지 않으면서 강한 정복 군주의 모습을 보여 준다. 요동성遼東城 육왕탑育王塔을 건립한 고구려 성왕聖王이 전륜성왕을 표방하였는데, 광개토대왕이라고 추정한다.[33] 육왕탑은 아육왕阿育王이 통일한 염부제주閻浮提洲의 곳곳에 세운 탑 중의 하나라고 한다. 정복 군주로서의 전륜성왕을 강하게 표방한 셈이다. 고구려 국가불교는 왕실이나 귀족의 이해에 모두 부응하는데 신이神異신앙을 곁들인 윤회전생신앙을 포용하면서도 미륵신앙을 크게 부각하기보다 석가문불이나 전륜성왕신앙을 표

31 김두진, 앞의 논문, 앞의 책, 2011, pp. 19~20.

32 김두진, 앞의 논문, 앞의 책, 2011, p. 16.

33 정선여, 『고구려 불교사연구』, 서경문화사, 2007, p. 23.

방하였다. 그리하여 왕즉불신앙을 유지한 귀족불교가 이루어졌다.

고구려 국가불교가 격의格義불교를 극복하면서 이론불교를 정립하였다. 격의불교에서 출발하였기 때문에 고구려 국가불교는 『반야경般若經』의 공관空觀에 대해 쉽게 접근하면서 삼론三論사상을 이해하는 데 유리하였다. 고구려 불교가 이론적으로 성숙하는 데 이바지한 자가 의연義淵이다. 그는 고구려 대승상大丞相 왕고득王高得의 종용으로 불법을 구하고자 북제의 수도 업鄴으로 나아갔다. 의연은 평원왕 18년(576년)에 계율과 지혜를 아울러 갖춘 지론종地論宗의 대가 법상法上 문하에서 『십지론十地論』·『지도론智度論』·『지지론地持論』·『금강반야론金剛般若論』에 대해 특별히 문의하였다.

『십지론』 등 4개 경론에 대한 이해는 고구려 국가불교가 이론불교로 성숙하는 데 필요한 것이다. 『십지론』이나 『금강반야론』을 지은 세친世親과 『지지론』을 저술한 무착無著 형제가 인도에서 유식학파를 체계화하였다. 초기 유식이 실상론實相論을 강조하였다. 의연은 법상 문하에서 지론종地論宗의 영향을 받아 성실론成實論을 극복하고자 하였다. 유식학파가 중시한 『지지론』과 『십지론』은 모두 보살의 수행 방편을 설한 저술이다.

『십지론』은 『화엄경』 속에 체계화되어 중관학파中觀學派에게 전폭적으로 수용되었다.[34] 『대품반야경大品般若經』의 해석서가 연기의緣起義를 설하는 『지도론』이다. 그것을 지은 용수龍樹는 중관학파의 시조로 추앙받았다. 고구려 국가불교가 『십지론』과 『지도론』을 접한 사실이 주목된다. 의연은 유식에 밝았으나 중관까지 이해하였다. 지론종 성립에 근본이 된 『십지론』은 위魏 선무제宣武帝(재위 499~515년) 때에 보리유지菩提

34 김두진, 「고구려 불성신앙의 형성과 그 양상」, 『진단학보』 114, 2012, pp. 337~338.

留支가 번역한 저술인데, 그 역경 사업에 중인도 출신 늑나마제勒那摩提가 참가하였다.

지론종은 북도파北道派와 남도파南道派로 나뉘어 있었는데 보리유지와 제자인 도총道寵이 북도파를 개창開創하였다면, 늑나마제와 제자인 혜광慧光이 남도파를 성립시켰다.[35] 법상은 혜광의 제자였고, 의연은 지론종 남도파의 교학에 접하였다. 유식사상의 제8 아뢰야식阿賴耶識을 북도파가 망식妄識으로 보았으나 남도파는 진식眞識이라 하였다. 진식은 아뢰야식이 불종자佛種子이지만 기세간器世間을 포함한다고 인식하기 때문에 법상은 세간법이 곧 불법이 된다고 주장하였다. 의연 교학은 고구려 국가불교가 유식에 기반을 두었지만, 중관의 이해까지 시야를 넓히면서 융합적 성격을 갖게 하였다.[36]

고구려 국가불교의 융섭적融攝的 경향도 삼론사상을 정립시키는 데 도움을 주었다. 승랑僧朗은 고구려 삼론사상의 발전에 크게 이바지한 인물이다.[37] 이전 혜원慧遠으로부터 승도僧導에 이르는 삼론사상이 성실론적 성격을 가져 고삼론이라 불린다. 승랑은 화엄사상에 밝았을 뿐만 아니라 고구려 국가불교의 융섭적 성격에 영향을 받아 신삼론新三論사상을 제창하였다. 신삼론사상이 이후 길장吉藏에 의해 완성되지만, 그 융섭적 논리체계는 승랑이 수립한 것이다.

승랑은 2체시교의二諦是教義나 중가의中假義 등으로 신삼론사상을 설명하였다. 2체가 세체世諦와 제1의체第一義諦이다. 세체는 자성이 공空하지만 세간에 전도轉倒하여 항상 존재하는 유有에 의미를 둔다. 제1의

35 장계환, 「북위불교의 사상적 특징—지론학파를 중심으로—」, 『불교학보』 35, 1998, pp. 158~164.

36 김두진, 앞의 논문, 2012, p. 339.

37 김두진, 앞의 논문, 2012, pp. 339~342.

체는 진체眞諦라고 하는데, 전도를 초월하여 성품이 본래 공空한 것이다. 2체二諦는 세체의 가생假生과 제법이 공한 진체의 실불생實不生으로 나뉘지만, 그것은 둘이 아닌 하나이다. 중론은 공관이 성숙하면서 갖추어졌지만 2체, 곧 유무나 진속眞俗의 통합 논리로 나타났다. 2체를 통합하려는 데에서 융섭적 삼론사상이 등장하였다.

승랑은 2체의 체體를 중도中道라고 함으로써 2체시교의를 주장하였다. 그것이 2체를 파악하는 성실론적 고삼론사상과 다른 면이다. 세체와 진체의 2체는 각각 세간이나 불보살로 나뉘더라도 전도함으로써 절대의 이理가 될 수 없다. 2체시리의二諦是理義가 아닌 2체시교의는 2체를 경계로 나누는 경리境理와 관계없이 교教라 하고, 그 체를 중도라 함으로써 융섭적 성격을 갖는다. 승랑이 어교2체설於教二諦說이나 3중2체설三重二諦說 및 4중2체설四重二諦說에서 2체의 중도융합 논리를 보강하면서 신삼론사상을 정립하였다.

어교2체설은 융섭적 중가의中假義를 설명하는 것이다. 부처가 본래 공과 유의 2체를 설법하였는데, 방편인 소의所依의 유2체有二締가 어2체於二締라면 능의能依의 공空2체는 교教2체이다. 어2체가 유무의 융섭을 논하였다면 교2체는 비유비무非有非無의 융섭을 논하였다.[38] 승랑이 진체는 물론 세체 속에 유도 있지만 무도 있음을 제시하였다. 특히 교2체는 중도 논리로 전개되었다. 가의假義가 유무를 모두 포함하고 중의中義가 비유비무를 뜻하기 때문에 중가의는 바로 중도를 나타내는 것이다.[39] 승랑은 3중2체설과 4중2체설에서 중도 논리를 분명하게 제시하였다.

38 남무희,「고구려 승랑의 생애와 그의 신삼론사상」,『북악사론』4, 1997, pp. 88~89.
39 김두진, 앞의 논문, 2012, pp. 341~342.

승랑이 2체를 3중에서 종국에는 4중으로 나누어 삼론학파의 논리를 다소 종합하였다. 3중 2체 중 첫째와 둘째 2체는 성실론적 경향을 보였지만 셋째 2체가 중도를 분명하게 표방하였다. 넷째 2체는 앞의 3중2체를 통합하였다.[40] 승랑은 셋째와 넷째 2체를 중도로 설정하여 융섭 논리를 제시하였다. 중도통합 논리로 3중중도三重中道를 설정하였다. 승랑은 불생불멸不生不滅의 세체중도世諦中道와 비불생비불멸非不生非不滅의 진체眞諦중도를 통합한 2체합명중도二諦合明中道를 설정하였다.

고구려 신삼론사상은 융섭적 국가불교의 영향을 받아 중도와 통합 논리를 갖추었다. 의연은 고구려 국가불교가 중관中觀을 수용하는 데 이바지하였고, 승랑은 성실론을 극복한 융섭적 신삼론사상을 성립시켰다. 고구려 국가불교가 융섭적 공관으로 발전하였다. 그러나 고구려 신삼론사상은 신라 화엄종사상과는 달리 통합한 모든 법상法相을 민별泯滅하여 혼연混然일체를 이루는 강력한 융합사상으로는 발전하지 못하였다.

중도를 융섭의 주체로 인식함으로써 고구려 국가불교는 일체의 혼연한 융섭融攝보다 그 주체를 더 분명히 하려는 성격을 가졌다.[41] 고구려 국가불교에서 2체를 통합하는 중도는 바로 부동한 정법正法이 된다. 정법인 중도가 불성으로 연결되는 것은 다음 내용에서 이해할 수 있다.

① 불성의佛性義를 해석함에 바로 중도中道가 불성이라고 하였다. 이후 제사諸師는 모두 승랑법사僧朗法師의 의소義疏에 의해 열반涅槃과 불성의를 강

40 김인덕, 「고구려 삼론사상의 전개」, 『가산이지관스님화갑기념논총 한국불교문화사상사』 상, 가산문고, 1992, pp. 181~183.

41 김두진, 앞의 논문, 2012, p. 343.

론하고 해석하였다.[42]

② 지금은 중도中道 정법正法이 열반체涅槃體라고 하였다.[43]

중도를 강하게 내세우는 고구려 국가불교가 불성佛性신앙을 견지하면서 정토와 열반을 중시하였다. 승랑은 중도가 불성이라 하였고, 이런 불성의는 당시 불교계에 널리 통용되었다.

신삼론사상은 중도 통합의 융섭적 성격을 가졌다. 성실론을 극복한 신삼론사상에서 중도는 통합과 융섭의 주체가 되었다. 극단적인 비유비무의 논리가 귀착할 수밖에 없는 중도는 실체를 뛰어넘는 부동의 정법이 된다. 승랑은 중도가 부동의 정법이어서 바로 불성이요 열반의 주체라고 하였다. 승랑의 신삼론사상이 불성신앙을 포용한 데에 고구려 국가불교의 특성이 있다. 고구려 국가불교에 불성신앙은 널리 유포되어 있었고, 열반신앙을 포용함으로써 더욱 번성하였다.

승랑이 중도를 통해 불성과 열반을 함께 이해하였다. 이 견해는 그의 『열반의소涅槃義疏』에 나타나 있는데,[44] 이후 여러 승려에게 널리 수용되었다. 고구려말의 보덕普德은 『열반경』을 강의하면서 선관禪觀을 닦았다. 의천義天은 원효元曉와 의상義湘이 보덕으로부터 열반과 방등方等의 두 교의를 전해 받았다고 하였다. 보덕의 영향을 받아 원효는 『열반경종요涅槃經宗要』를 저술하였고, 중도를 고리로 하여 열반과 불성신앙을 끌어내었다.[45]

불성신앙은 여래장如來藏신앙에 근거한 것이다. 여래의 법신法身은

---

42 吉藏, 『大乘玄論』 卷第3(『大正新修大藏經』 卷45, p. 35下)에 "釋佛性義 正以中道爲佛性 爾後諸師 皆依朗法師義疏 得講涅槃 乃至釋佛性義"라고 하였다.

43 吉藏, 위의 책, p. 46中에 "今以中道正法爲涅槃體"라고 하였다.

44 김두진, 앞의 논문, 2012, p. 344.

45 김두진, 앞의 논문, 2012, p. 345.

드러나지 않지만 편만遍滿하여 존재한다. 중생이 여래의 법신을 두루 갖추고 있다는 것이 중생즉불中生卽佛사상으로 나타났다.[46] 중생이 가진 불성의 추구가 바로 열반, 곧 정토에의 왕생을 뜻한다. 보편적 불성신앙은 열반으로 이어지기 마련이다. 보덕이 『열반경』과 함께 『방등경方等經』을 강조함으로써 대승의 평등한 진리를 표방하였다.

고구려 국가불교의 불성신앙이 중도 공관과 연결되었던 데에 의미가 있다. 고구려 국가불교의 불성신앙은 『열반경』 여래성품如來性品에 한정한 것이 아니라, 『열반경』 사자후품獅子吼品에 따라 전개되었다. 남종선에서 사자후품을 중시하였고, 그 속에 나타난 불성신앙은 공관에 기초를 둔 것이다.[47] 선승들이 선禪 수행과 함께 열반을 추구하였다. 보덕이 닦은 선관은 고구려 국가불교의 불성신앙이 중도 공관에 기초한 것임을 알려 준다.

공관이 실체를 인정하지 않을 뿐만 아니라 법상法相이 자성을 고집하지 않기 때문에 융섭이 가능해진다. 그러나 고구려 국가불교 형성에 영향을 준 격의불교는 『금강반야경』의 공사상을 이해하려 했는데, 그것이 단단해서 금강석으로 비유되었다. 고정된 주체를 생각하게 한다. 신삼론사상의 중도 공관은 고구려 국가불교가 융섭적 성격을 갖게 하면서도 융섭의 주체가 되었다. 고구려 국가불교의 중도 공관은 불성으로 연결되면서 열반의 주체가 되었다. 그것은 『금강반야경』의 공사상 진수에 접근하면서 선관으로도 이어졌다.

고구려 국가불교에서는 귀족의 특권을 옹호하는 윤회전생신앙이 강하게 나타나 있지 않다. 윤회전생신앙은 정토신앙과 연관하여 유행하

---

46 김두진, 앞의 논문, 2012, p. 347.

47 노용필, 「보덕의 사상과 활동」, 『한국상고사학보』 2, 1989, pp. 121~122.

였지만 정작 서민 대중을 위한 정토왕생을 표방하지 않았다.[48] 망자를 위해 미륵은 물론 석가불상을 조상하였다. 이에 따라 망자가 무생無生을 깨달아 궁극의 보리를 이룸으로써 선연善緣을 쌓게 하였다. 특히 석가불신앙은 미륵신앙과 연관되었으며 왕실뿐 아니라 귀족에게도 수용되었다. 다만 왕실은 구세보살의 전륜성왕신앙보다는 왕즉불신앙을 선호하였다.

고구려 국가불교는 융섭적 성격을 포용하였지만, 그 주체인 중도 공관을 뚜렷하게 내세웠다.[49] 고구려 국가불교가 불성신앙을 내세운 점이 중요하다. 불성신앙은 왕실뿐만 아니라 귀족이나 서민에게까지 수용될 수 있는 것이다. 석가불이나 전륜성왕 신앙 등이 왕실이나 귀족 모두에게 수용되면서도,[50] 고구려 국가불교는 강한 주체인 중도 공관을 추구하면서 융섭사상을 성립시켰다.

소수림왕대 이후 중앙으로 편입된 귀족은 신라의 경우와는 달리 본래 가졌던 협소한 산악 지역을 계속해서 세력 기반으로 유지하지 못하였다. 근거지를 상실하였지만, 그들 세력은 수도에 그대로 옮겨진 셈이다. 각자 소유한 강력한 군사력은 중앙의 통제 아래에 재편되었더라도 그 통할권이 여전히 귀족에게 있었다. 왕실과 귀족이 엇비슷한 기반을 가져서인지 고구려 국가불교에서는 석가불신앙이나 전륜성왕신앙은 물론 미륵신앙을 수용하는 계층이 뚜렷하게 구분되어 있지 않았다.

왕실에 버금가는 강력한 세력 기반을 가진 고구려 중앙귀족은 왕위계승에 깊이 관여하였다. 계루부 왕실이 확립하였지만 전 왕족인 소노

48 김두진, 앞의 논문, 앞의 책, 2011, p. 16.

49 이 점은 신라 국가불교로 꽃피운 화엄사상과 구별된다. 의상의 화엄사상은 하나 속에 일체를 融攝하고는 그 안에 모든 법상을 泯滅하여 차별을 설정하지 않는 특성을 가졌다.

50 김두진, 앞의 논문, 앞의 책, 2011, p. 17.

부消奴部(연노부涓奴部)나 왕비족인 절노부絕奴部(연나부椽那部)는 여전히 중앙정계에서 영향력을 행사하였다. 왕실이나 귀족 세력의 왕위 계승 다툼은 문자명왕대 이후 국가체제의 붕괴를 자초하였다. 안장왕과 안원왕이 왕위 계승 싸움에서 희생되었다. 안원왕이 병들자 중부인中夫人 추군麤群과 소부인小夫人 세군細群 세력 사이에 왕위 계승을 위한 무력 충돌이 일어났다. 이 싸움에서 안원왕은 살해되고 추군이 승리하였으며, 세군 세력 2,000여 명이 희생되었다.

계속된 왕위 계승 다툼으로 왕실의 전제적 권위는 상실되었고 분열한 중앙귀족의 세력 기반이 와해되어 갔다.[51] 그리하여 왕위를 획득한 일부 중앙귀족이 권력을 농단하는 사태에 이르렀다. 고구려말 연개소문淵蓋蘇文의 아버지 태조太祚와 할아버지 자유子遊는 막리지幕離支를 역임하였다. 이런 가문의 배경으로 대대로에 올랐던 연개소문은 영류왕을 시해하고, 반대파 세력을 제거하여 보장왕을 세움으로써 국가권력을 농단하였다.

왕실 중심으로 성립된 귀족연합 정권이 붕괴하였고, 평원왕대부터 보장왕대까지 누대에 걸쳐 국가권력을 장악한 연개소문 가문은 중앙귀족을 도태시키고 왕실을 억압하면서 독단적 전제 체제를 구축하였다.[52] 중앙집권적 귀족국가체제가 해체되면서 고구려 국가불교는 성립 기반을 상실하였다. 연개소문은 왕실이나 귀족연합 체제에 부응한 국가불교를 타파하면서 오히려 도교를 숭상하였다.[53] 왕실이나 귀족의 세력 기반이 무너진 상황에서 불성 중심의 융합사상인 고구려 국가불교가 뿌리내리지 못하였다.

51 이내옥, 「연개소문의 집권과 도교」, 『역사학보』 99·100 합집, 1983, p. 79.
52 이내옥, 위의 논문, 1983, pp. 81~83.
53 이내옥, 위의 논문, 1983, pp. 91~100.

제5부 백제의 왕권중심 귀족국가 성립과 계율신앙

| 제1장 |

백제의 건국신화를 통해 본 조상숭배신앙

1. 한성시대 백제의 건국신화 속 영웅전승적 모습

불교나 유교를 제외한 백제초기의 토착신앙이나 사상은 다소 막연하여 더 구체화한 모습으로 접근해야 한다. 저자는 이미 백제 건국신화를 복원하고, 그것이 전승되어 정착하는 과정을 백제국가의 정치·사회와 연결하여 분석한 바 있다.[1] 이 장에서는 백제 건국신화의 내용을 언급하면서 한성시대의 조상숭배신앙을 밝히고자 한다. 한국고대의 건국신화는 처음 성읍국가의 개국開國신화를 근간으로 성립하였다. 단군신화가 이에 해당하며, 그 속에는 선민選民의식이 깔려 있다.[2]

연맹왕국 성립 후 왕실은 자신의 시조始祖전승을 중심으로 복속한 성

1 김두진, 「백제 건국신화의 복원시론—'제천사지'의 의례와 관련하여—」, 『국사관논총』 13, 1990; 「백제시조 온조신화의 형성과 그 전승」, 『한국학논총』 13, 1991; 『한국고대의 건국신화와 제의』, 일조각, 1999.

2 김두진, 「단군고기의 이해 방향」, 『한국학논총』 5, 1983; 『한국고대의 건국신화와 제의』, 일조각, 1999, p. 20.

읍국가 지배자의 시조전승을 통합하였다. 이리하여 성립한 건국신화가 이전 성읍국가의 개국신화를 종합한 것이다. 개국신화의 통합은 연맹왕국 속에 성읍국가가 흡수되는 모습을 반영함으로써 연맹왕국의 건국신화는 영웅전승적英雄傳承的 성격을 띠었다. 중앙집권적 귀족국가체제가 정비되면서 신성족神聖族신화를 성립시켰다.[3] 그것은 연맹왕국 내 왕실이 주도권을 쥐면서 흡수한 다른 개국신화보다 자신의 시조전승이 더 우월하다는 관념을 모색하면서 성립하였다.

백제 건국신화는 애초에 온조 시조전승을 근간으로 여러 성읍국가의 개국신화를 포함한 복잡한 양상을 띠었으나, 후대에 문자로 기록되면서 변모하였고 신화로서의 성격이 누락되었다. 백제 건국신화 속에는 다음과 같은 시조전승이 전한다.

① 온조溫祚
② 비류沸流
③ 도모都慕
④ 구태仇台

도모와 구태 시조전승의 구체적 내용은 잘 알 수 없으며, 온조와 비류 시조전승은 대략 다음과 같다.

① 백제의 시조는 온조왕이다. 그의 아버지 주몽朱蒙은 북부여北扶餘로부터 난을 피해 졸본부여卒本扶餘에 이르러, 부여왕의 둘째 딸(혹은 월군녀越郡

3 김두진, 「신라 건국신화의 신성족 관념」, 『한국학논총』 11, 1989; 『한국고대의 건국신화와 제의』, 일조각, 1999, pp. 276~281.

女)과 혼인하였다. 부여왕이 죽고 주몽이 왕위를 이어 두 아들을 낳았는데, 장자는 비류沸流라 하고 차자는 온조溫祚라 하였다. 주몽이 북부여에 있을 때 낳았던 아들이 와서 태자가 되므로, 비류와 온조는 용납되지 못할 것을 두려워하여 오간烏干·마려馬黎 등 10신하臣下와 더불어 남쪽으로 떠나니, 백성들도 따라나서는 사람들이 많았다. 드디어 한산漢山에 이르러 부아악負兒嶽에 올라 가히 거주할 만한 땅을 바라보고는 이곳에 도읍을 세웠다. 비류는 이를 따르지 않고 그 백성을 나누어 미추홀彌鄒忽로 가서 거주하였다. 온조는 하남위례성河南慰禮城에 도읍을 정하고 국호를 십제十濟라 하였다. 비류가 죽자 그의 신하나 백성들은 모두 위례성으로 돌아갔다. 이로부터 날로 백성들이 즐겁게 따르므로 국호를 백제百濟라고 하였다.

—『삼국사기』 권23, 시조 온조왕 즉위년조—

② 시조는 비류왕이다. 그의 아버지는 우태優台로 북부여왕 해부루解夫婁의 서손庶孫이며, 그의 어머니는 소서노召西奴로 졸본 사람 연타발延陀勃의 딸이다. 소서노는 처음에 우태에게로 와서 두 아들을 낳았는데, 장자는 비류이고 차자는 온조이다. 후에 주몽이 부여에서 남쪽 졸본으로 달아나 고구려를 세우고 이어 소서노를 아내로 맞아 왕비로 삼았다. 소서노는 창업의 기반을 닦을 때 자못 내조가 있었다. 그런데 주몽이 부여에 있을 때 예씨禮氏에게서 난 아들 유류孺留가 와서 태자가 되어 왕위를 계승하였다. 이에 용납되지 못할 것을 염려한 비류는 어머니를 모시고 아우 온조와 그 무리를 거느리고, 패수浿水와 대수帶水를 건너 미추홀彌鄒忽에 이르러 거주하였다.

—『삼국사기』 권23, 시조 온조왕 즉위년조—

백제 건국시조를 온조와 비류로 보는 두 시조전승은 내용상으로 조금 차이를 보이지만, 대체로 비슷한 구도를 가졌다. 곧 그들의 어머니는 북부여로부터 내려온 주몽과 혼인하여 고구려를 건국하는 데 많은 도움을 주었다. 그러나 주몽이 북부여에 있을 당시 결혼한 예씨禮氏와의 사이에서 탄생한 유리瑠璃(유류孺留)가 와서 태자가 됨에 따라 온조와 비류는 용납되지 못할 것을 걱정하여 남쪽으로 내려갔다. 그들은 유리왕의 박해를 피해 새로운 천지를 찾아 국가를 건설하는 영웅전승적 모습을 보여 준다.

영웅전승신화는 고구려 건국신화에 전형적인 것이 나타나지만, 원모습은 부여계 건국신화 속에 나온다. 부여를 건국하는 동명형東明型신화에서 가장 강조한 것은 동명이 국왕의 박해를 받고는 도망하여 새로운 천지를 찾아가는 부분이다. 이 점은 이전의 단군신화와 비교하여 크게 다르다. 단군신화 속에는 천신天神과 지신地神의 결혼으로 선택된 그 자손이 국가를 여는 선민의식이 강하게 나타난다. 단군신화와 비교해 동명형신화에서 선민의식은 무시된 듯한 느낌을 준다. 반면 동명이 새로운 천지를 찾아 떠나는 부분은 단군신화에 나타나지 않는다.[4]

다만『수서隋書』에는 동명 대신 주몽이 등장하여 고구려를 건국하는 것으로 기록하였다.『수서』에 실린 동명형신화는 고구려 건국신화의 가장 전형적 모습을 보여 준다. 부여왕이 하백녀河伯女를 얻어 밀폐된 방에 두었다. 하백녀는 햇빛을 받아 큰 알을 낳았는데, 남자애가 껍데기를 깨고 나오자 이름을 주몽이라 하였다. 부여왕의 시기를 받아 도망한 주몽은 큰 강에 이르러 하백의 외손이요 태양의 아들임을 들어 도움을 청하자, 물고기와 자라가 만들어 준 다리로 건너갔다(『수서』 동이전 고려전).

백제 건국신화는 고구려 건국신화의 주몽 시조전승을 재정립한 듯한

4 東明型신화에서 강조된 것은 바로 이런 영웅전승적 성격이다. 동명형신화는 그 후의 중국 사서에서도 나타나고 있는데, 고구려와 연관하여 서술하고 있음이 흥미롭다.『梁書』卷54, 列傳 第46, 諸夷 高句麗전에서는 고구려의 祖先이 櫜離王子인 東明이라 하였으며,『通典』卷185, 邊防 1, 東夷 夫餘전에서는 櫜離國을 바로 고구려라고 하였다.

인상을 준다. 주몽은 대소帶素 형제들에게 쫓겨 내려갈 때 동행한 오이烏伊 등이 거느린 부족 세력, 곧 무사단을 이끌고 먼저 거주한 토착 부족 세력을 정복하거나 흡수·동화하면서 새 국가를 건설하였다.[5] 온조와 비류 형제도 고구려에서 내려올 때 오간烏干·마려馬黎 등 10신하를 거느렸다. 이들 역시 온조 형제를 따르던 부족장이었다. 온조는 주몽과 마찬가지로 무사단을 이끌고 토착 부족 세력을 정복하거나 동화하면서 백제국가를 건설하였다.

다만 백제 건국신화 속의 온조와 비류 두 시조전승에 영웅전승신화의 모습이 분명하게 나타난 것은 아니다. 10신하를 거느리고 남쪽으로 내려오는 사실은 비류 시조전승에 반영되지 않았다. 그렇다고 비류 시조전승이 영웅전승신화로서의 성격을 갖지 않는 것은 아니다. 비류와 온조 형제가 유리를 피해 내려가는 사실 자체가 영웅전승으로 구성된 것이다. 신하를 거느리고 내려가는 모습은 온조 시조전승에만 기록되었으나 본래는 비류 시조전승에도 포함되어 있었을 것이다.

온조와 비류 두 형제가 같이 내려와서 각각 한산과 미추홀에 성읍국가를 건설하였다. 온조와 비류는 백제 건국신화에서 형제로 나타나 있지만, 본래는 부족이 달라 각기 다른 시조전승에 의한 성읍국가를 건설하였다. 그러므로 두 국가는 별개의 개국신화를 가졌다.[6] 백제 연맹왕

5 김두진, 「고구려 건국신화의 영웅전승적 성격」, 앞의 책, 1999, pp. 138~139.

6 온조와 비류 시조전승이 각각 伯濟와 미추홀의 개국신화로 성립되었으나 두 국가가 백제 연맹왕국으로 합쳐지면서 百濟 건국신화에는 두 사람이 형제로 나타났다. 이런 모습은 가야 건국신화 속에 더 분명하게 나온다. 최치원이 찬술한 「釋利貞傳」에는 가야의 산신인 正見母主와 천신인 夷毗訶가 혼인하여 대가야왕인 惱窒朱日과 금관가야왕인 惱窒青裔를 낳았다고 한다. 뇌질주일은 伊珍阿支王의 별칭이고 뇌질청예는 수로왕의 별칭이다(『新增東國輿地勝覽』 권29, 慶尙道 高靈縣, 建置沿革조). 그러나 『三國遺事』 권1, 駕洛國記조에는 금관가야의 개국신화가 기록되었고, 거기에는 수로 시조전승만이 실렸으며 이진아지왕에 대한 기록은 보이지 않는다. 금관가야와 대가야 또는 6가야의 개국신화가 각각 따로 존재하였다. 그 뒤 가야 연맹왕국이 성립되면서 6가야의 개국신화는 합쳐져 그 전승이

국이 성립하면서 온조 시조전승이 주체가 되어 비류 시조전승을 흡수하여 건국신화를 형성시켰다. 자연스럽게 백제초기의 건국신화에 흡수된 비류 시조전승은 개국신화의 모습을 대부분 상실하였다.

백제 건국신화에는 구태 시조전승이 들어 있다. 백제 건국신화 속에 온조 외의 다른 시조전승이 전한다는 것은 연맹왕국 내에 지배 세력이 교체된 사실을 추측하게 한다. 그러고 보면 온조에서 사반왕으로 이어진 왕실 가계는 이질적인 고이왕의 등장으로 교체되었다.[7] 구태 시조전승은 바로 고이왕을 시조로 받든 개국신화였고, 연맹왕국체제를 정비한 고이왕이 백제의 실질적 시조로 받들어졌다.[8]

백제 건국신화 속에서 떨어져 나온 비류 시조전승이 다시 정립되는 것은 고이계古爾系의 등장과 관련이 있다. 고이계는 백제 연맹왕국 속에 흡수된 비류계로 파악한다.[9] 고이왕 이후 온조-초고계肖古系와 대조되는 비류-고이계가 주도 세력으로 등장하였지만, 근초고왕이 서면서 다시 온조-초고계 세력이 백제 왕실을 장악하였다. 이후 백제 건국신화는 온조 시조전승을 중심으로 정착되었다.[10]

온조와 비류가 세운 성읍국가의 개국신화에는 모두 영웅전승적 내용이 담겨 있다. 그러나 최후에 온조 시조전승을 백제 건국신화의 중심으

6개의 알에서 각각의 시조가 태어나는 것으로 되었다. 이런 단계를 거치고 가야 연맹왕국의 결속이 더 공고하게 되면서, 수로왕과 이진아지왕은 형제로 나타났다.

7 『三國史記』 권24, 古爾王 즉위년조에는 "仇首王在位二十一年薨 長子沙伴嗣位 而幼少不能爲政 肖古王母弟 古爾卽位"라고 하였다. 장자인 사반왕이 등극하였으나 어려서 정치를 감당하지 못했기 때문에 고이왕이 즉위하였다. 곧 고이왕은 사반왕을 거세시키고 등장하였다. 고이왕은 비록 蓋婁王의 둘째 아들로 되어 있지만, 온조에서 초고왕 및 사반왕으로 이어진 왕실 가계와 다른 부족 집단에 속하였음이 분명하다.

8 이병도, 「백제의 건국문제와 마한중심세력의 변동」, 『한국고대사연구』, 박영사, 1987, pp. 472~476.

9 천관우, 「삼한의 국가형성 (하) —삼한고 제3부—」, 『한국학보』 3, 1976, pp. 134~137.

10 김두진, 「백제시조 온조신화의 형성과 그 전승」, 앞의 책, 1999, pp. 218~221.

로 기록하면서, 무사단을 이끄는 영웅전승신화의 모습은 온조 시조전승에 포함되었지만 비류 시조전승 속에도 미약하게 남았다. 물론 비류 시조전승에도 비류와 온조 형제를 따라간 무리가 나타나 있지만, 이들은 온조 시조전승에 기록된 신하들과는 차별된다.[11] 특별히 비류 시조전승과는 달리 온조 시조전승에는 백제가 미추홀을 병합하는 기사가 실렸다. 영웅전승적 백제 건국신화의 구체적 모습이라 할 수 있다.

미추홀을 병합할 당시 백제는 비류가 건설한 성읍국가보다 선진문화를 가졌다. 두 시조전승을 비교함으로써 이런 문제에 대한 해답을 찾을 수 있다. 온조 시조전승에는 주몽이 북부여에서 예씨와 결혼하고 다시 졸본卒本 왕의 둘째 딸, 혹은 월군녀越郡女를 아내로 맞이하였다고 한다. 곧 주몽의 가부장적인 혼인이 드러났다. 비류 시조전승에도 주몽의 가부장적 혼인은 약하게나마 반영되었다. 반면 온조와 비류의 어머니에 대한 설명은 두 시조전승에서 상당히 달리 표현되었다. 온조 시조전승에서 온조와 비류는 주몽의 아들이며, 어머니인 월군녀는 주몽하고만 혼인하였다. 그러나 비류 시조전승에서 온조와 비류는 우태優台의 아들이며, 그들의 어머니인 소서노召西奴는 우태와 혼인하였다가 다시 주몽과 결혼하였다.

비류 시조전승에 뚜렷하게 나타난 대우혼對偶婚의 모습이 온조 시조전승에서는 사라졌다. 온조와 비류 시조전승은 가부장적 가족 윤리를 확립한, 철기시대 이후의 사회체제 속에서 형성되었다. 가부장적 혼인으로 일사불란하게 정비된 온조 시조전승에 비해 비류 시조전승에는 소서노의 대우혼과 주몽의 가부장적 혼인이 엉성하게 혼합해 있다.[12] 청

11 補益하는 구체적 인물을 등장시킨 온조 시조전승은 그런 내용이 등장하지 않는 비류 시조전승에 비해 무사단의 성격을 보다 강하게 지녔을 것으로 생각하게 한다.

12 김두진, 앞의 논문, 앞의 책, 1999, p. 200.

동기시대 이래의 초기 신앙 형태를 가진 비류 시조전승이 온조 시조전승보다 더 원초적이고 오래되었기 때문이다. 백제는 먼저 정착한 미추홀을 병합하였을 뿐만 아니라 연맹왕국으로서의 체제를 갖추고는 서서히 중앙집권적 귀족국가로 성장하였다.

백제는 이웃 소국을 복속하거나 병합하였기 때문에 온조 시조전승을 중심으로 성립한 건국신화에는 여러 시조전승이나 개국신화가 흡수되었다.[13] 백제 건국신화의 영웅전승적 모습을 이런 면에서 추측할 수 있다. 백제 연맹왕국 속에 이웃 소국의 지배자나 부족장이 편입된 사실은 뒤에 연대기年代記 자료로 활용되기 쉬운 것이어서 그들의 시조전승은 건국신화에서 빠져나가 백제국가의 정복 기사로 편성되었다. 초기 백제가 이웃 소국을 점령한 역사 기록에서 거꾸로 백제 건국신화의 영웅전승적 모습을 추측할 수 있다.

2. 건국신화에 비친 백제의 조상숭배신앙

(1) 부여계 천신신앙의 재정립

온조와 비류 시조전승이 밀접하게 얽혀 백제 건국신화를 구성하는 근간이 되었다. 백제 건국신화 속의 온조와 비류는 직접 신성神性을 갖지 못한 것으로 보인다. 그들은 신神의 아들이 아니며, 아버지인 주몽을 통해 신의 가계家系로 이어졌다. 다만 시조 도모都慕는 일신日神이

13 이런 모습은 고구려 건국신화에 구체적으로 나타난다. 주몽이 烏伊·摩離·陜父 등을 거느리고 남쪽으로 내려갈 때 毛屯谷에 이르러 再思·武骨·默居 등을 만나 동행하였다. 이들은 부족장으로 주몽에게 복속되거나 동화된 세력의 우두머리였다.

강령降靈한 것으로 믿어졌다. 도모는 추모鄒牟, 곧 주몽을 가리킨다. 백제 시조를 주몽으로 내세운 셈이다. 백제 건국신화는 동명형東明型신화의 영웅전승적 성격을 가지면서 내용상으로는 특히 주몽신화와 연결되었다.

온조와 비류 시조전승이 주몽으로 이어지는 것은 신성의 회복뿐만 아니라, 특히 백제 시조전승이 부여로 연결됨을 내세우려는 것이다. 백제 건국신화의 온조 시조전승은 다음 내용으로 끝을 맺었다.

국호를 백제라 하였다. 그 세계世系는 고구려와 더불어 부여扶餘에서 나왔기 때문에 부여로 성씨를 삼았다.

—『삼국사기』 권23, 시조 온조왕 즉위년조—

백제는 수도를 사비泗沘로 옮겨서 국호를 남부여라 하였으며, 국도는 뒤에 부여군으로 불렸다. 백제왕의 성씨를 부여씨扶餘氏로 삼은 것은 그 세계世系가 고구려와 마찬가지로 부여에서 나왔기 때문이다. 이렇듯 백제는 부여를 계승하려는 의식이 강하였고, 백제 왕실이 받든 조상신도 부여족이 받든 천신으로 이어졌다.

백제 건국신화 속에는 부여계의 천신족신앙이 직접으로 나타나지는 않았으나 부여계 신화의 여러 신앙 모습이 담겨 있다. 『삼국사기』 백제 본기의 초기에 나타나는 사슴에 관한 기록도 이와 연관 지어 이해할 수 있다. 다음 기록을 참고해 보자.

① 왕이 사냥하러 가서 신록神鹿을 잡아 마한으로 보냈다.

—『삼국사기』 권23, 시조 온조왕 10년 秋 9월조—

② 왕이 횡악橫岳의 아래로 사냥하여 두 마리의 사슴을 맞히니, 여러 사람이

이것을 탄미歎美하였다.

—『삼국사기』 권23, 다루왕多婁王 4년 9월조—

③ 왕이 한산漢山으로 사냥하러 가서 신록神鹿을 잡았다.

—『삼국사기』 권23, 기루왕己婁王 27년조—

④ 서부西部 사람 회회茴會가 흰 사슴을 잡아 바치니, 왕이 상서롭게 여겨 곡식 100석을 내렸다.

—『삼국사기』 권23, 초고왕肖古王 48년 秋秋 7월조—

신라와는 달리 백제초기에 사슴 관련 기사가 많이 나타난다. 사슴은 부여에서 토템신앙의 숭배 대상이었다. 상고대에 만주나 북방 지역 부족들의 생활과 사슴, 특히 순록馴鹿의 사육은 밀접하게 연결되었다. 퉁구스족 방언에서 사슴[鹿]을 부여(Buyo)라고 부른다. 사슴에 대한 신앙은 부여족에게 매우 광범하게 퍼져 있었다.

동명왕이 이웃의 송양국松讓國을 항복시키는 과정에 사슴신앙이 등장한다. 동명왕은 서쪽으로 순수巡狩할 때 큰사슴을 얻었다. 그는 해원蟹原에서 사슴을 까꾸로 매달고는, 하늘이 비를 내려 송양국을 표몰漂沒하지 않으면 풀어 주지 않을 것이라 하였다. 사슴의 슬픈 울음소리가 천제天帝의 귀에 사무쳐서 장대 같은 비가 내림으로써 송양왕이 항복하였다.[14] 백제초기에 등장하는 흰 사슴, 특히 신록神鹿 등은 「동명왕편東明王篇」에 보이는 눈빛 흰 사슴을 바로 떠올리게 한다. 백제초기의 역사기록으로 분산하여 정리된 사슴신앙은 본래 백제 건국신화 속에 포함

14 李奎報, 「東明王篇」(『東國李相國集』 권3)에 "東明西狩時 偶獲雪色麃 倒縣蟹原上 敢自呪而謂 天不雨沸流 漂沒其都鄙 我固不汝放 汝可助我憤 鹿鳴聲甚哀 上徹天之耳 霖雨注七日 霈若傾淮泗 松讓甚憂懼 沿流謾橫葦 士民競來攀 流汗相瞪眙 東明卽以鞭 畫水水停沸 松讓擧國降 是後莫予訾"라고 하였다.

되어 있었고, 백제가 부여계의 천신족신앙을 수용하였음을 은유적으로 나타낸 것이다.

백제가 건립한 시조묘始祖廟는 동명묘東明廟이다. 동명은 백제 건국신화에서 시조로 표방되는 점에서 정치적 상징뿐만 아니라 중요한 종교적 의미를 지녔다.[15] 백제초기 건국신화가 전승하면서 나타나는 혼란을 생각할 때, 온조왕 원년에 건립한 동명묘는 상징적 의미를 지닌 데 불과한 것이며 실제로는 다루왕 2년 춘정월에 구체적으로 세워졌다.[16] 시조묘라는 명칭도 다루왕 2년에 비로소 붙여졌다.

주몽 시조전승과 동명 시조전승은 각각 고구려계와 부여계의 개국신화를 이루었다. 백제의 동명묘가 부여계 개국신화에 속한 것이기 때문에 백제 건국신화는 부여계 개국신화를 재구성한 것이라고 이해한다.[17] 다만 주몽과 동명을 각각 고구려와 부여의 시조로 기록하던 이전 사서史書와는 달리 이미 『삼국사기』는 혼칭混稱하고 있다.[18] 주몽과 동명을 명백하게 가르기는 어렵다. 특히 고구려본기는 동일 인물로 기록하였다. 백제 건국신화 중 주몽과의 관계를 돈독하게 내세우는 것은 온조 시조전승이다.

고구려 건국신화와 비교할 때 백제 건국신화의 주몽에 대한 기록이 매우 격하된 느낌을 준다. 그는 졸본왕의 딸 또는 소서노召西奴와 결혼

---

15 노명호, 「백제의 동명신화와 동명묘—동명신화의 재생성 현상과 관련하여—」, 『역사학연구』 10, 1981, p. 55.

16 『三國史記』 권32, 祭祀조의 동명묘에 관한 기사에서는 온조왕 원년의 기록이 빠져 있다. 이것은 상당한 의미를 감추고 있는 듯하다. 적어도 온조왕대에 상징적으로 설립된 동명왕묘가 역사적 사실로 명백한 것이라면 漏落될 수 없기 때문이다. 온조왕대 설립된 것으로 기록된 시조묘는 東明 개인을 모신 듯한 인상을 준다. 다루왕 이후부터는 동명묘라 불렀던 데 비해 온조왕대의 그것은 동명왕묘로 기록되어 있다.

17 노명호, 앞의 논문, 1981, pp. 40~43.

18 이종태, 「고구려 태조왕계의 등장과 주몽국조의식의 성립」, 국민대학교 석사학위논문, 1987, p. 78.

하여 부인이 가진 기반으로 말미암아 성장하는 것으로 묘사되었다. 백제 건국신화에서 온조와 비류가 주몽과 연결되었다는 점에서 고구려 또는 부여계 부족 세력을 이끌었던 것이 분명하다. 그렇지만 백제 건국신화에서의 주몽은 신격화되지 않고,[19] 그 행적에는 새로운 천지를 찾아 개척하면서 국가 기반을 마련하는 것과 같은 가장 중요한 사실이 빠져나갔다. 이 점은 백제 건국신화가 주몽으로 이어졌다고 하더라도 고구려 건국신화와는 이질적임을 알려 준다.

범부여계凡夫餘系에 속한 이질 부족 집단이 백제와 고구려를 건국하였다. 주몽으로 이어지는 백제 개국신화는 범부여계 개국신화에 속한다. 천제天帝의 아들과 하백河伯의 딸이 결혼하여 낳은 아들이 국가를 건설하는 개국신화는 범부여계 부족이 공통으로 믿었던 것이고, 그중 고구려 건국신화가 가장 풍부한 내용을 간직하면서 전승되었다. 따라서 범부여계에 속한 백제 건국신화가 주몽으로 이어졌다. 그렇지만 그것은 주몽보다는 범부여계 개국신화의 전통에 좀 더 접근해 있었다.[20] 특히 온조 시조전승에서 비류 형제는 해부루解夫婁의 자손이라거나 또는 해부루의 외손으로 기록한 것은 이를 짐작하게 한다.

백제 건국신화가 부여계 개국신화에 속한다는 면에서 천신족 시조전승은 태양신숭배신앙과 깊이 관련되었다. 초기 고구려 왕실을 장악한 부여족 지배자들은 해씨解氏였는데, 그들은 태양숭배신앙을 가졌다. 백제에서도 왕실을 구성하는 지배 세력 집단 중 비류계는 해씨였다.[21] 백

---

19 서대석, 「백제의 신화」, 『진단학보』 60, 1985, p. 241에서 백제 건국신화 속의 주몽에 대한 기록을 고구려의 주몽신화와 대비하였다. 백제 건국신화에서는 주몽의 성장 지역이 다른 점과 그의 神性이 약해져서 온조의 모계가 강조된 점 등을 제시하였다.

20 서대석, 위의 논문, 1985, p. 242.

21 노중국, 「백제왕실의 남천과 지배세력의 변천」, 『한국사론』 4, 서울대학교 국사학과, 1978, pp. 23~25.

제 건국신화에서도 천신족 시조전승은 태양숭배로 이어졌음이 분명하다. 온조왕 20년에 대단大壇을 설치하여 천지에 대한 제사를 지낼 때 신이神異한 새 다섯 마리가 날았다는 기록은 유념된다.[22] 제의와 연관하여 나타난 새는 일단 천신계, 곧 천상의 메시지를 전달하는 신의 사자로 믿기도 한다. 부여족의 태양숭배신앙에는 까마귀가 등장한다.[23] 당시 백제의 제의에 나타난 새가 까마귀였는지는 분명하지 않다.

온조를 따라 내려온 10신하 중의 오간烏干은 태양신 혹은 까마귀숭배신앙이나 그 제의에 깊이 관여한 인물이 아닐까 생각한다. 온조왕이 제의를 관장할 때 나타난 새는 한편으로 고구려 건국신화의 비둘기를 연상시키며 신령神靈을 전해 준 것으로 보인다. 백제 건국신화 중 온조나 비류 집단이 남쪽으로 내려오면서 가졌던 천신족 시조전승은 부여족의 태양숭배신앙과 연관되었다. 그것이 뒤에 변질하면서 온조의 신성이 많이 빠져나가 설화 형태로만 남게 되었고, 그 나머지 부분은 정치적 공적으로 연대기에 기록되었다. 그러나 처음 백제 시조는 태양신의 아들로서 신의 계보를 가지고 있었다.

22 『三國史記』 권23, 始祖 溫祚王 43년조에 "九月 鴻鴈百餘集王宮 日者曰 鴻鴈民之象也 將有遠人來投者乎 冬十月 南沃沮仇頗解等二十餘家 至斧壤納款 王納之 安置漢山之西"라고 하였다. 물론 기러기가 백성의 象이기 때문이라고는 하지만, 새로 상징된 그것은 어쩌면 천신족 신앙과 관련되었을 법하다.

23 『三國史記』 권14, 大武神王 3년조에 "春三月 立東明王廟 秋九月 王田骨句川 得神馬名駏驤 冬十月 扶餘王帶素 遣使送赤烏 一頭二身 初扶餘人得此烏 獻之王 或曰 烏者黑也 今變而爲赤 又一頭二身 并二國之徵也 王其兼高句麗乎 帶素喜送之 兼示或者之言 王與羣臣議答曰 黑者北方之色 今變而爲南方之色 又赤烏瑞物也 君得而不有之 以送於我 兩國存亡 未可知也"라고 하였다. 고구려가 동명왕묘를 세우고 神馬와 赤烏를 얻는 것을 서로 연관하여 기록하였다. 여기의 까마귀는 부여계 태양숭배신앙과 연관되어 있다.

(2) 백제의 지신계 조상숭배신앙

백제 건국신화의 내용이 문자로 정착하는 과정에서 역사적 사실로 분산하여 기록되었다. 천신족 시조전승은 변질되었으나 건국 시조와 천신이 계보상 연결되는 것은 분명하다. 백제 건국신화 속에 지신족 시조전승이 빠져 찾기가 힘들다. 온조 시조전승에서 온조와 비류의 어머니인 월군녀越郡女나 비류 시조전승에서 연타발延陀勃의 딸인 소서노召西奴는 지모신 신앙을 가진 것으로 생각되지만 신의 계보로 바로 연결되지 않는다. 다만 백제 건국신화 속에서 지모신 신앙의 모습을 더 강하게 보여 주는 것은 비류 시조전승의 소서노이다.

온조와 비류가 모시고 남쪽으로 내려온 소서노는 월군녀와 비교하여 대우혼을 행하는 등 모계제母系制 유풍을 많이 지녔다.[24] 다만 온조 시조전승의 월군녀도 소서노와 비슷한 지모신 신앙을 지녔을 것이다. 온조와 비류의 어머니는 백제 건국신화 속에 빠져나간 지모신 신앙의 모습을 떠올리게 한다. 백제초기에 국모묘國母廟를 갖추는 모습은 백제 건국신화 속의 지모신신앙이 존재하였음을 알려 준다.

온조왕 17년에 세우는 국모묘는 같은 왕 13년에 왕의 어머니가 돌아간 사실과 연결될 수 있다. 왕 어머니의 죽음은 노구老嫗가 남자로 변하는 것과 같은 이상한 일들이 일어나는 징조와 연관되어 있다(『삼국사기』

24 온조 시조전승에는 주몽의 가부장적인 혼인이 강하게 나타나 있다. 북부여에 있을 때 주몽은 예씨와 결혼하여 아들을 낳았고, 다시 졸본부여로 내려와서 越郡女와 결혼하였다. 이 같은 가부장적인 주몽의 결혼 모습은 비류 시조전승에도 나타났다. 그러나 召西奴는 월군녀와 달리 먼저 優台와 혼인하여 비류와 온조 형제를 낳았고, 다시 북부여에서 내려온 주몽과 결혼하였다. 바로 이런 면은 백제 건국신화 내 지모신 신앙의 원형을 알려 주기 때문에 주목된다. 또한 주몽과 예씨 사이에서 태어난 孺留가 와서 태자가 되자, 소서노는 소생인 비류·온조 형제와 함께 남쪽으로 내려갔다.

권23, 시조 온조왕 13년조). 이런 연고로 세우는 국모묘가 토착신앙과 연결되었으며, 온조왕 원년에 동명왕묘를 건립하는 것과 대비된다. 당시 시조묘라 할 수 있는 동명왕묘와 나란히 설립된 국모묘는 건국신화 속의 지모신신앙과 연결할 수 있겠지만 현재 전하는 자료로 그런 해석이 쉽게 가능할 것 같지 않다. 이외 백제사에서 국모묘에 대한 기록은 거의 전하지 않는 실정이다.

백제 건국신화 속에 지모신이 어떤 모습으로 나타났는지가 궁금하다. 온조와 비류 시조전승 속에는 지모신의 모습을 알려 줄 내용은 뚜렷하게 보이지 않는다. 백제 건국신화에 포함된 지모신 모습은 부여계 신화 속에서 찾아 유추할 수 있다. 부여계 신화에서 지신은 하천과 관계된 수신水神이다. 유화는 하백의 딸이고 우발수優渤水와 연관이 있다. 혹은 유화는 부여신夫餘神이며 동굴신(수신隧神)으로 이해된다. 백제 건국신화 중 지신도 이 범위를 크게 벗어나지 않을 듯하다.

백제 무왕은 홀로된 어머니가 남쪽 못에 사는 용과 통하여 낳은 아들이다(『삼국유사』 권2, 무왕武王조). 무왕이 태어나는 설화는 그 내용의 많은 부분이 탈락하여 민담民譚이나 전설로 보이지만, 사실은 백제 왕실의 신화로 추정되며 오늘날 구전되는 야래자夜來者설화로 이어진다고 생각한다.[25] 야래자설화는 특히 백제왕과 관련되어 있으면서 그 내용에 따라서 성씨의 시조·마을의 시조·국가의 시조 등 시조전승 내지 시조신화의 성격을 띠었다.[26] 백제 왕실은 아니지만 후백제를 건국한 견훤의 탄생설화가 야래자설화에 속한다.

견훤은 광주光州 북촌에 살고 있던 부자의 딸과 밤에 몰래 왔다가는

---

25 서대석, 앞의 논문, 1985, p. 243.

26 崔常壽, 『韓國民俗傳說集』, 通文館, 1958, pp. 120~122.

담장 밑 지렁이와의 사이에서 태어났다(『삼국유사』 권2, 후백제 견훤조). 견훤의 탄생설화는 백제 왕실의 전통과 연결되는 상징적 의미가 있으므로 후백제 건국 시조전승으로 수용하였을 법하다.[27] 서동薯童설화나 견훤의 탄생설화에서 용 또는 큰 지렁이가 토템 조상신이다. 우리나라의 설화에서 나타난 야래자는 수달·용·뱀·거북·지렁이 등으로 물과 연관된 동물이다. 그것은 수신水神으로 신성시하던 존재였다. 백제 왕실과 연관한 시조신화 속에 수신의 존재를 상정할 수 있다.

견훤의 탄생설화에 나온 야래자인 큰 지렁이가 수신인 것은 분명하지만 담장 밑에 살았다. 곧 동굴신을 떠올리게 한다. 백제 건국신화의 수신도 동굴신과 인연이 닿은 듯하다. 공주의 웅진사熊津祠는[28] 백제의 건국신화 속에 포함된 동굴신이 있었을 것으로 추측하게 한다.[29] 곰에 대한 신앙은 동굴과 연관되었으며, 실제로 공주의 고마나루 제의에 얽힌 전설에는 곰과 그 배우자인 나무꾼이 한 동굴에 거주한 내용을 담고 있다.[30]

---

27 이 점은 견훤이 혈통으로는 신라 왕실을 계승하려 했다는 점과 연관하여 유념할 만하다. 「李碑家記」에는 "眞興大王妃思刀 諡曰白駥夫人 第三子仇輪公之子 波珍干善品之子 角干酌珍 妻王咬巴里生角干元善 是爲阿慈个也 慈之弟一妻上院夫人 第二妻南院夫人 生五子一女 其長子是尙父萱 二子將軍能哀 三子將軍龍盖 四子寶盖 五子將軍小盖 一女大主刀金"(『三國遺事』 권2, 後百濟 甄萱조)이라 하였다. 「이비가기」는 그대로 믿을 수 있는 것은 아니지만, 견훤의 가계를 신라 진흥대왕의 방계로 연결하였다. 그러므로 이것과 대응하여 古記의 견훤 탄생설화는 백제 왕실의 전통과 연결하려는 의도를 깔고 있었던 것으로 추측된다.

28 『新增東國輿地勝覽』 권17, 忠淸道 公州牧, 祠廟 熊津祠조.

29 鄭璟喜, 「東明型說話와 古代社會—宗教·社會史的 觀點으로부터의 接近—」, 『歷史學報』 98, 1983, pp. 12~13.

30 문화재연구소, 『한국민속조사보고서—충청남도 편—』, 문화재관리국, 1975, pp. 728~729에 고마나루에 얽힌 전설을 다음과 같이 소개하고 있다. "나무꾼이 산속에서 암곰에게 업혀 굴에 들어가 함께 살면서 자식을 둘까지 낳았다. 암곰은 밖에 나갈 때면 돌로 굴을 막곤 했으나 몇 해 지나자 안심하고 열어둔 채 나갔다. 나무꾼이 달아나 배를 타고 건너자, 뒤늦게 암곰이 쫓아오다가 물에 빠져 죽었다. 관가가 나루터에 곰 사당을 짓고 초

웅진사가 거국적 제의를 거행하였던 곳인지는 분명하지 않으나 웅진시대 백제의 중요한 사당이었을 것이다. 그렇다면 그것은 백제 건국신화의 지신계 시조전승으로 연결된다. 백제 건국신화에서 지신은 수신이었으며 동굴과도 연관을 가졌다. 백제 시조전승의 지신이 고구려 건국신화 속 지신의 모습을 연상시키지만 사실 그 둘은 현격히 다르다. 고구려의 지신이 신모神母(지모신地母神)의 성격을 가졌음에 비해 무왕이나 견훤과 연결된 지신은 부계적 성격을 가졌다.

백제 건국신화 속에는 포함되지 않았으나 토착 부족은 각각 조상숭배신앙을 가졌다. 그것이 백제 사회에 광범하게 퍼져 있는 지신족 시조전승으로 형성되었다. 백제 사회의 여러 지신地神은 국가체제가 정비되는 과정에서 오제五帝나 혹은 산악신山岳神으로 구체화하여 기록되었다. 백제는 매 사중四仲의 달에 왕이 하늘 및 오제신五帝神을 제사하였다(『삼국사기』 권 32, 제사조). 물론 5제가 중국인들이 전설상으로 받들었던 황제黃帝·요堯·순舜 등을 가리키는 것은 아니다.

오제신은 사방을 주재하는 다섯 신으로서 중앙(황제黃帝), 동방(창제蒼帝), 서방(백제白帝), 남방(적제赤帝), 북방(흑제黑帝)의 신을 가리키는데,[31] 그 제의가 여러 산악에서 행해지던 사비시대의 지신에 대한 제사로 이해된다.[32] 백제의 도성(사비)에는 일산日山·오산吳山·부산浮山 등 세 영산靈山이 있었고, 거기에 신인神人이 거처하였는데 서로 날아서 왕래함이 아침저녁으로 끊이지 않았다(『삼국유사』 권2, 남부여 전백제 북부여南扶餘 前百濟 北扶餘조). 부여의 부산·오산·일산은 각각 지금의 부산浮

하루와 보름마다 제사를 지냈으나, 日帝 때에 그 풍속이 없어졌다."(정경희, 위의 논문, 1983, p. 13에서 재인용)

31 유원재, 「사비시대의 삼산숭배」, 『백제의 종교와 사상』, 충청남도, 1994, pp. 79~80.

32 이도학, 「사비시대 백제의 사방계산과 호국사찰의 성립—법왕의 불교이념 확대정책과 관련하여—」, 『백제연구』 20, 1989, p. 120.

山·오산烏山·금성산錦城山으로 비정된다.

백제초기에 산악숭배신앙은 더 강조되었다. 그 구체적 모습이 『괄지지括地志』에 보인다. 오산烏山은 나라의 북쪽 경계에 있는 큰 산인데, 초목과 조수鳥獸가 중국과 같다. 나라 동쪽에 계람산鷄藍山이 있고, 산의 남쪽에는 조조산祖粗山이 있다. 나라의 남쪽 경계에 영오산靈五山이 있는데, 그 산의 초목은 겨울이나 여름이나 항상 번성하고 있다. 차단산且那山이 나라의 서쪽 경계에 있고 또한 산차산山且山과 예모산禮母山이 있는데 모두 나라의 남쪽 땅에 있다(『한원』 번이부蕃夷部, 백제전).

중국인에게까지 알려진 백제의 오산·계람산·조조산 등은 모두 영산으로, 사비 도성의 3산과 같아 신이 거주함으로써 제의의 대상이 되었다. 5제나 3산이 모두 백제 지역에 퍼져 있었던 지신족 신앙의 변형된 모습이다. 사비시대의 백제에는 산악숭배신앙이 유행하였다. 궁성의 남쪽에 못을 파고 물을 20여 리나 끌어들였으며, 못 언덕에 나무를 심고 못 속에 섬을 만들어 그것을 방장선산方丈仙山으로 비정하였다(『삼국사기』 권27, 무왕 35년 3월조).

백제는 신선사상에 바탕을 둔 도가적인 삼신산을 구축하였다.[33] 백제의 이런 신선사상이 동경銅鏡이나 산경문전山景文塼 또는 금동용봉봉래산향로金銅龍鳳鳳萊山香爐 등의 유물 문양에 표현되었다. 백제초기의 산악숭배신앙이나 신선사상이 갖추어지는 모습은 각 부족의 조상신인 지신에 대한 신앙이 변형되는 것과 연관된다. 백제의 지신족 신앙 흔적을 찾아낼 수 있으나, 백제 건국신화 속에는 지신족 시조전승이 뚜렷하지 않아 뒤에 탈락되거나 변질되어 기록으로 남았다.

33 강인구, 「백제의 역사와 사상」, 『한국사상사대계 2—고대편—』, 한국정신문화연구원, 1991, p. 66.

3. 주변 국가의 조상숭배신앙과의 차이

백제초기의 왕실이 천신족天神族 시조전승을 가졌다면, 토착의 여러 부족은 각각 다양한 모습의 지신족地神族 시조전승을 가졌다. 한강 유역의 성읍국가인 백제나 미추홀의 개국신화가 형성되면서 왕실의 조상신인 천신과 유력한 토착 부족의 조상신인 지신이 결합하여 백제 개국신화의 모습을 갖추었다. 처음 백제 건국신화 속에는 온조와 비류 시조전승 외에도 유력한 토착 부족의 조상신이 지신족 시조전승으로 포함되었다. 백제 건국신화 속에 포함되지 못한 토착 부족의 시조전승도 별도로 전하였지만 그 구체적 모습은 기록으로 남아 있지 않다.

천신과 지신으로 나타난 여러 부족의 조상신은 건국신화로 체계화하면서 제천의례 속에 포함되었다. 제천의례로 성립되기까지 백제초기의 여러 조상신을 제사하는 모습은 소도신앙을 통해 다소 이해된다. 소도신앙은 천군天君이 소도에서 제사를 담당한 것으로 이해하였다. 그렇지만 현재 전하는 자료상으로 천군이 반드시 별읍別邑인 소도에 있었다고는 논증되지 않는다. 국읍國邑에서 한 사람의 천군을 세웠으므로 천군은 국읍에 있으면서 천신을 제사한 것으로 이해되기도 한다.[34] 후자가 진실이라고 생각한다.

소도신앙은 강력한 왕권을 가진 연맹왕국을 형성시키지 못한 소연맹국小聯盟國 사회에서 제의나 신앙이 이중적으로 구조되었음을 보여 준다. 한국상고대의 여러 국가는 모두 연맹왕국을 형성하여 강력한 왕권을 성립시킨 것이 아니었기 때문에 국가에 따라 천신을 제사하는 과정이 반드시 제천의례로 연결되지는 않는다. 백제초기 사회의 소도신앙

34 이종욱, 『신라국가형성사연구』, 일조각, 1982, pp. 246~247.

과 연관된 '제천신祭天神'은 제천의례의 사례라 할 수 없다.[35]

소연맹국의 지배 왕실은 국읍에서 천군이 천신을 제사하게 하였다. 그것이 '제천신'이다. 반면 소연맹국에 복속하였으나 거의 독립적 신앙과 제의를 주관한 별읍은 소도신앙을 고수하면서 토착의 조상신을 제사하였다.[36] 그것이 별읍에서 제사한 지신이다. 다음은 백제에서 행한 제의의 모습을 알려 준다.

> 항상 5월에 파종이 끝나면 귀신鬼神을 제사하는데, 무리 지어 가무歌舞하고 술을 마시면서 주야로 쉬지 않는다. 그 춤은 수천 사람이 함께 일어나 서로 따르며 답지踏地하면서 저앙低昻하는데, 수족이 상응하며 절주節奏하는 모습이 탁무鐸舞와 유사하다. 10월에 농사가 끝났을 때도 역시 다시 이처럼 한다.
>
> —『삼국지』 위서 동이전 한전—

파종을 마친 5월과 가을걷이가 끝난 10월에 각각 제의하면서 귀신鬼神에게 제사를 지냈다. 이때 제사를 지내는 대상은 분명 조상신이었을 텐데 귀신으로 나와 있다. 다만 조상신으로 숭배하는 귀신 속에는 천신까지 포함되어 있음이 흥미롭다. 귀신이 잡귀로 이해되는 것은 고려후기 이후이다.[37] 적어도 삼국시대 초기까지 귀신은 천신과 지신을 모두

---

35 이 외에 강력한 연맹왕권이 성립되어 있지 않았기 때문에 東濊의 舞天이 祭天儀禮였는지 일단 의심이 간다. 그렇지만 고구려의 東盟과 부여의 迎鼓는 제천의례로 이해된다.

36 김두진, 「삼한 별읍사회의 소도신앙」, 역사학회 편, 『한국고대의 국가와 사회』, 일조각, 1985, pp. 103~111.

37 鬼神은 원래 음양이 조화된 神靈으로, 음의 신령인 鬼와 양의 신령인 神은 크게 구별되지 않고 혼칭되었다. 그것은 인류에게 화복을 내리는 조상신으로서의 의미를 지녔다. 그러다가 귀와 신은 고려후기에 가서 분명하게 구별되었다. 곧 李奎報는 "非幻也 乃聖也 非鬼也 乃神也"(『東國李相國集』 卷3, 東明王篇)라고 하였다. 그리하여 양에 대한 음의 신령인 귀는 인류에게 凶禍를 내리는 요귀로까지 전락하였다.

포함한 조상신을 가리킨다.

고구려에서 귀신이나 영성 및 사직에 지내는 제사는 조상신을 섬기는 것이며, 10월의 동맹제의에서 모시는 천신이나 동굴신도 엄격히 말해 왕실이나 유화柳花 부족의 조상신이다. 귀신을 제사하기 위해 거주하는 좌우에 세운 큰 집(대옥大屋)은 조상신을 모시고 제사하는 사당이다. 다만 그것이 부족 혹은 가문 단위로 설치되었는지는 잘 알 수 없다. 영성과 사직도 부족 단위로 모셔졌고, 연노부涓奴部나 절노부絕奴部 등에서 받든 조상신이었다.[38]

동예의 무천舞天은 10월에 행해지는 제천의례인데, 천신에게 제사를 지내면서 일부 지신을 함께 제사하였다. 무천이 행해지는 동안에 특별히 호랑이를 신으로 여겨 제사를 지냈다. 동예의 호랑이는 조상신으로 지신이다. 제천의례 때에 별도로 제사를 지내는 호랑이는 마치 동맹제의 때에 따로 모신 동굴신인 수신과 다를 바 없으며, 소도신앙의 모습이 강잉強仍하게 전해졌음을 알려 준다.[39] 소도신앙이 영위된 백제초기 사회에서 귀신을 제사하는 데 차이가 있었다. 부족별로 드리는 조상신에 대한 제사가 각각 달랐기 때문이다.

귀신에게 제사를 지내는 차이는 제의의 절차나 형식이 달랐다기보다는 모시는 신격神格의 이질성으로 말미암아 나타났다. 백제 사회의 각

---

38 『三國志』 魏書 東夷傳 高句麗전에 "王之宗族 其大加 皆稱古雛加 涓奴部本國主 今雖不爲王 適統大人 得稱古雛加 亦得立宗廟 祠靈星社稷 絕奴部世與王婚 加古雛之號"라고 하였다. 왕족인 계루부는 물론 전 왕족인 연노부와 왕비족인 절노부의 대가나 적통의 대인은 고추가의 칭호를 가졌고, 또 이들의 부족은 종묘를 세우고 영성과 사직에게 제사를 지냈다. 그렇다면 이 부족들은 본래 성읍국가로서의 기반을 가졌고, 고구려의 5부는 모두 이런 국가적 기반을 가져 영성과 사직에게 제사를 지냈다. 곧 영성과 사직은 본래 이 부족들의 조상신으로 연결되었을 것이다.

39 김두진, 「고구려초기 동명제의의 소도신앙적 요소」, 『한국학논총』 18, 1996 ; 『한국고대의 건국신화와 제의』, 일조각, 1999, pp. 103~106.

부족이 모시는 조상신 모습이 구체적으로 달랐을 것이다. 백제초기 사회에는 동예의 호랑이나 고구려의 동굴신과 같은 구체적 모습을 갖추지는 않았으나, 별읍 단위로 각각 제사를 지내는 수많은 조상신인 지신이 존재하였다. 그러나 백제 건국신화 속에 지신족 시조전승이 분명하게 나타나지 않는 것은 왕실에서 받드는 천신에 대응할 뚜렷한 지신을 설정하기가 어려웠기 때문이다. 실제로 백제초기에 온조부족과 연합한 왕비족의 실체가 구체적으로 전하지 않는다. 역설적이지만 이런 면은 백제초기에 토착 부족의 조상신인 지신이 광범하게 존재하였음을 생각하게 한다.

백제 건국신화 속에 지신족 시조전승이 드러나지 못한 것은 왕족과 연합한 유력 부족의 세력 기반이 미비하여 그들의 조상신을 부각시키지 못하였음을 짐작하게 한다. 반면 별읍 사회에서 각 부족이 제사를 지낸 조상신은 여러 모습으로 다양하게 존재하였다. 백제초기의 조상신인 지신의 모습에 대해서는 다음 기록을 통해 더 살펴보고자 한다.

① 사비泗沘 강변에 한 바위가 있는데, 소정방蘇定方이 일찍이 그 위에 앉아서 낚시로 어룡魚龍을 낚았다. 그러므로 바위 위에 용이 꿇어앉았던 흔적이 있으며 인하여 용암龍岩이라 이름하였다.

—『삼국유사』 권2, 남부여 전백제 북부여조—

② 사비의 낭떠러지에 또한 한 바위가 있는데 10여 명이 앉을 만하다. 백제왕이 왕흥사王興寺에 행차하여 예불하고자 할 때는 먼저 이 바위에서 부처를 바라보고 예배하는데, 그 돌이 스스로 따뜻해졌다. 이로 말미암아 돌석堗石이라 부른다.

—『삼국유사』 권2, 남부여 전백제 북부여조—

백제에서 용신龍神은 크게 주목받았다. 소정방이 처음 백제 공략에 실패하자, 결국 용을 낚고는 백제를 멸망시켰다. 사비 강변에 살았던 용은 수신水神인 하백河伯임이 분명한데, 백제의 운명을 걸머져서 국가적으로 받들어진 존재였다.

일찍부터 농경이 발달한 초기 백제 사회에 농업신의 존재인 수신은 중요한 숭배 대상이었으며, 백제 건국신화에 빠진 지신은 수신이었을 것이다. 웅진 곰나루에 모신 웅신熊神이 사비의 용신과 연결될 수 있다.[40] 사비에 있었던 돌석堗石도 제의가 행해지던 제장祭場이었고, 거기에서는 지신을 받들었을 듯하다. 자신을 스스로 따뜻하게 데우는 모습이 지모신을 떠올리게 한다. 돌석은 고구려의 대무신왕에게 바친 솥을 연상시킨다.[41] 그것은 지모신신앙으로 이어진 부정씨負鼎氏의 시조전승인데, 돌석에서 받든 지모신도 사비 지역 토착 부족의 조상신이었다.

부여 근방의 일산 등 수많은 산악에 거주한다고 믿은 산신은 토착 부족이 받들었던 조상신이었다. 왕실이 받들던 천신 외에 수많은 지신이 존재하였다. 물론 고구려초기 사회에서도 천신 외에 다수의 지신이 발견되지만[42] 토착 부족의 조상신은 대체로 제천의례 속에 체계화되었다. 이와는 달리 백제초기 사회에는 제천의례나 건국신화 속에 체계화된 지신의 실체가 분명히 드러나지 않고 오히려 광범하게 존재한 조상신을

40 『三國遺事』 권5, 惠通降龍조에 "龍旣報寃於恭 往機張山爲熊神"이라 하였다. 곧 혜통이 중국에서 굴복시킨 용이 국내의 기장산에 들어와 熊神이 되었다. 여기의 기장산이 정확하게 어느 곳에 있었는지는 명확하지 않다. 다만 용이 웅신으로 되었음은 시사적이다. 곰이나 용을 모두 수신으로 믿은 셈이다.

41 『三國史記』 권14, 大武神王 4년 冬12월조에 "王出師伐扶餘 次沸流水上 望見水涯 若有女人舁鼎游戱 就見之 只有鼎 使之炊 不待火自熱 因得作食飽一軍 忽有一壯夫曰 是鼎吾家物也 我妹失之 王今得之 請負以從 遂賜姓負鼎氏"라고 하였다.

42 『三國史記』 권32, 祭祀조에 "高句麗常以三月三日 會獵樂浪之丘 獲猪鹿 祭天及山川"이라 하였다. 또한 고구려에는 '淫祠'가 많다고 하였다. 음사나 산천신 및 수신은 고구려에도 많은 地神이 있었음을 알려 준다.

설정할 수 있다.

소연맹국의 지배 세력이 천신족신앙을 표명하였다. 다만 소도를 형성한 토착 사회가 다음 단계로 발전하는 과정에서 천신족신앙과 결합한 지신족신앙을 형성하기도 하였다. 그런데 스스로 지신족 관념을 형성시키지 못한 경우도 있다. 별읍을 이룬 부족 세력이 백제초기 왕실의 천신과 결합한 지신족 시조전승을 확고하게 세웠을 것 같지는 않다.[43] 따라서 백제 건국신화나 국가적 제의에 여러 지신이 체계적으로 정립되지 못하였다.

백제와 마찬가지로 신라에도 토착 부족의 수많은 조상신이 존재하였다. 그러나 백제와 달리 신라는 산천신山川神을 대사大祀·중사中祀·소사小祀로 체계화한 사전祀典을 성립시켰다.[44] 신라초기 사회의 토착 부족이 가졌던 조상신의 가장 원초적 모습은 건국신화에 나타났다. 박혁거세朴赫居世나 알영閼英 또는 알지閼智 시조전승에는 토템신앙이 미약하게 나타나 있다.[45] 이에 비해 백제초기 사회의 토착 부족이 가졌던 조

43 五帝神에 대한 제의는 토착신앙으로 이어지는 것인데, 그중 어느 것도 토착 부족을 대표하는 성격을 명확하게 보여 주지 못한다. 이 점과 연관하여 백제 王妃族이 뚜렷하지 못한 것은 많은 시사성을 준다. 물론 왕비족으로 解氏·眞氏 등이 있었다고 지적된다. 그러나 이들 성씨의 왕비가 구체적으로 잘 나타나지 않는다. 또 백제사에 왕비의 존재를 쉽게 찾을 수 없다. 백제사의 이런 면은 地神族 신앙의 존재 양상과 분명히 연결될 것이다.

44 신라의 제사조직은 일시에 갖추어진 것이 아니다. 토착 부족의 조상신이 오랜 기간에 걸쳐 국가적 제의 속에 점차로 편입되면서 그 체계화된 모습은 신라하대에 가서야 구체적으로 정립되었다. 그러면서도 어떤 부족의 조상신은 끝내 국가적 제사조직 속에 편입되지 않은 채 부족 단위로 독립하여 제사를 지냈다. 예를 들어 金敬信이 제사를 지낸 北川神은 신라의 국가적 제의에 속해 있지 않았지만, 원성왕계의 혈족 집단이 받들었던 것으로 생각된다.

45 신라 건국신화 속의 朴赫居世 시조전승이나 閼英·閼智 시조전승에는 말이나 닭 토템신앙의 흔적이 나타나 있다. 그러나 박혁거세가 말 또는 알영·알지가 닭과 토템 혈연으로 연결되지는 않는다. 그렇다고 말이나 닭이 그들의 이름과 연결되지도 않는다. 곧 이 시조전승 속에는 토템신앙의 흔적이 미약하게 남아 있던 셈이다.

상신은 토템신앙을 보다 강하게 지녔다. 백제초기 사회에 존재한 수많은 조상신이 토착 부족의 혈연의식을 바탕으로 숭배되었기 때문이다.

백제초기 토착 부족의 조상신신앙은 토템 혈연의식의 흔적을 덜 보이는 신라 토착 부족의 조상신신앙보다 더 원초적이면서 투박한 모습을 간직하였다. 그러나 백제 토착 부족의 조상신들은 건국신화나 국가적 제사조직 속에 체계화되지 못하였다. 백제 건국신화 중 지신족 계통의 시조전승이 구체성을 띠지 못하면서 변질하거나 탈락할 수밖에 없었다. 한강 유역을 중심으로 한 백제초기 사회에 확고한 지역적 기반을 갖춘 토착 세력의 뿌리가 약하거나 적어도 백제를 대변할 수 있는 상징적 토착 부족 세력이 설정되지 않아 백제 건국신화 중 지신족 시조전승의 존재가 뚜렷하지 않다.

| 제2장 |

백제의 국가 형성과 지배층 변천

1. 백제의 국가 형성과 마한

(1) 백제국가의 형성

온조溫祚와 비류沸流는 주몽朱蒙의 아들인데 그들의 어머니가 졸본부여 왕의 둘째 딸이다. 또는 그들의 아버지가 북부여왕 해부루解夫婁의 서손인 우태優台이고 어머니가 졸본부여 사람 연타발延陀勃의 딸인 소서노召西奴라고 한다. 주몽이 북부여에 있을 때 부인 예씨禮氏와의 사이에서 태어난 유류孺留가 와서 태자가 되자, 온조와 비류는 졸본부여에서 신하들을 이끌고 남하하여 각각 국가를 건설하였다. 그들은 부여족의 일파이며, 초기 백제 왕실은 부여계 유이민 부족 집단으로 구성되었다.

『구당서舊唐書』 백제전에는 백제국이 부여의 별종別種으로 마한의 고지에 세워졌다고 기술하였는가 하면, 『당서』에도 같은 내용이 나온다. 당나라 이후가 되면 이미 중국에서 백제는 부여의 별종이라는 인식이 퍼져 나갔다. 국내 사서에도 이런 모습은 다음과 같이 분명하게 나와 있다.

> 그 세계世系는 고구려와 더불어 같이 부여에서 나왔으므로 해解로써 성씨를 삼았다.
>
> —『삼국유사』 권2, 남부여 전백제 북부여조—

『삼국사기』에 백제는 고구려와 더불어 부여에서 나왔으므로 왕실이 성씨를 부여扶餘라고 하였다고 한다(권23, 시조 온조왕 즉위년조). 비슷한 내용이 『삼국유사』에도 나오는데, 다만 왕실의 성을 해씨解氏라고 한 점이 다르다. 태조왕 이전의 고구려 왕실이 해씨였기 때문에 부여의 별종인 고구려에서 온조와 비류 형제가 무리를 이끌고 남하하였음을 은유적으로 나타내 준다.

성왕 16년(538년)에 백제가 수도를 사비泗沘로 옮기고 국호를 남부여南扶餘라고 하였다. 사비는 소부리所夫里로 불렸는데, 소부리 또한 부여의 별호였다. 백제 왕실은 국명이나 수도 이름을 따올 정도로 스스로 부여에서 갈라져 나왔음을 인식하고 있었다. 온조가 국가를 세운 원년(기원전 18년)에 동명왕묘東明王廟를 세웠다. 이후 새로운 왕이 등극하였을 경우 동명왕묘를 알현하는 경우가 허다하였다.[1] 곧 백제는 고구려와 같은 조상의식을 가진 국가로서 부여족의 일파임을 표방하였다.

온조와 비류 부족 집단이 북쪽으로부터 내려오기 이전의 삼한 사회에 선주先住한 토착 세력은 한족韓族이다. 그 안에 고조선에서 내려온 주민이 포함되었다. 위만衛滿이 등장하기 이전 기자箕子조선에서도 유이

---

1 온조왕이 죽고 元子인 多婁王이 등극하자, 다음 해 정월에 東明廟를 알현하였다. 그 외에 구수왕 14년에는 동명묘에서 기우제를 드렸으며, 責稽王 2년·汾西王 2년·분서왕 9년·阿莘王 2년 등 계속해서 동명묘에 알현하고 있다.

민 세력이 계속해서 삼한 지역으로 이주하였다. 위만이 고조선의 연맹왕권을 장악하자, 준왕準王은 좌우의 궁인宮人들과 함께 삼한 지역으로 내려와 한왕韓王이라 자칭하였다. 이때 같이 내려오지 않고 위만의 치하에 머문 그의 자손이나 친척들은 한씨韓氏 성을 사용하였다.

북쪽의 고조선으로부터 삼한 지역으로 내려온 한족은 부여족 이주 이전의 토착 세력을 형성하고 있었다. 한족의 이주는 위만조선 당시에도 이루어졌다. 우거왕에게 중국과 전쟁하지 않도록 간하였으나 듣지 않자, 역계경歷谿卿이 따르는 무리와 함께 동쪽의 진국辰國, 곧 진한 지역으로 떠나갔다. 이때 그가 거느리고 내려간 2,000호戶는 성읍국가 이상의 규모였을 것이다.

국내성國內城으로 천도한 이후 고구려 유리왕대에 대보大輔 협부陜父는 왕이 형정刑政을 바로 하지 못하고 백성을 구휼救恤하지 않으면서 사냥하러 나가 오랫동안 돌아오지 않는 것을 간하였다. 왕이 이를 듣고 진노하여 협부의 관직을 빼앗고는 관원官園을 맡아 보게 하니, 그는 분하게 여겨 남한南韓으로 갔다. 협부도 역계경처럼 따라나서는 백성들과 함께 삼한으로 내려갔다. 고구려로부터도 유이민 세력이 삼한 지역으로 내려오고 있었다. 그러고 보면 부여족이 백제의 왕실 세력으로 이주해 오기 전의 삼한 사회에는, 한족은 물론 북쪽의 예濊나 맥족貊族도 소수지만 먼저 내려와 토착 세력을 형성하였다.

백제가 건국하여 연맹왕국으로 성장할 무렵 한군현으로부터 경제적 수탈을 받은 토착 사회는 정치적으로는 물론 문화적으로도 뒤떨어져 있었다. 삼한의 거수渠帥들은 신지臣智나 읍차邑借 등으로 차별하여 불림으로써 그들 상호 간의 세력 우열이 나타났다.[2] 한군현은 소국이나 읍

2 문창로, 『삼한시대의 읍락과 사회』, 신서원, 2000, p. 125.

락의 지배자에게도 세력에 따라 차등하여 읍군邑君이나 읍장邑長 등을 제수하였거니와 피지배자인 하호下戶에까지 암암리에 관직을 내렸다. 이 하호가 뒤의 호민豪民으로 파악된다.[3]

낙랑은 비밀리에 일반 백성에게도 관직을 내림으로써 지배자와 피지배자가 은근히 대립하도록 만들었다. 토착 사회의 소국 지배자들이 한 군현에 대한 이해를 서로 달리함으로써 공통 목표로 뭉쳐 크게 통합한 정치 세력으로 등장하지 못하였다. 한군현의 식민지적 수탈에 시달림으로써 토착민 세력이 약한 백제 사회에 유이민 중심의 정치 질서가 쉽게 성립하였다. 마한 연맹왕국이 형성되어 있었다고는 하지만 연맹왕실이 복속한 여러 성읍국가를 실질적으로 장악하지 못하였다.

삼한의 맹주는 목지국目支國인데 익산 지역에 있었다고 추론한다. 처음에 삼한의 중심 세력이 직산稷山 등 아산만 일대에 있었다.[4] 목지국은 이전 진국辰國의 기반을 이어받았지만, 마한 연맹왕국의 여러 소국을 효율적으로 통솔하지 못하였다. 연맹왕권이 약한 마한 사회에서는 소연맹국이 주위의 소국에 대해 다소의 영향력을 행사하였다. 4세기에 접어들면서 북쪽의 부여나 고구려가 연맹왕권을 강화하고 중앙집권적 귀족국가체제로의 전환을 모색하고 있었다.

마한 사회에도 독립적인 소국이 합쳐지면서 더 넓은 영역 국가를 성립시키는 변화가 나타났다. 이 변화를 보다 과속화시키는 주역은 낙랑과 마한 사이에 일어난 잦은 전쟁이다. 후한 때가 되면 낙랑군은 토착 사회의 저항에 부딪히게 된다. 환제桓帝(재위 147~167년) 때에 그런 조짐이 나타나서 영제靈帝(재위 168~188년) 말년에 이르면 한韓과 예濊가

3 문창로, 위의 책, 2000, pp. 125~129.

4 이병도, 「목지국의 위치와 그 지리」, 『한국고대사연구』, 박영사, 1976, p. 243.

강성하여 한군현이 이들을 제압하지 못하였다. 그리하여 많은 백성이 한국韓國으로 유입하였다.

낙랑의 백성이 마한 사회로 유입한 이유는 한군현 세력이 약해진 데에서 찾을 수 있다. 이런 형세 속에 실질적으로 요동을 통치하던 공손강公孫康이 건안建安(헌제獻帝 196~219년) 중에 고구려를 공격하여 격파하고 그 읍락을 불살랐다. 동시에 둔유현屯有縣 이남의 황무지에 대방군을 세우고 공손모公孫模와 장창張敞 등을 보내 유민들을 불러 모으는 한편, 군사를 일으켜 한과 예를 공격하였다.

대방군 설치로 한군현과 마한 사이에 고조된 긴장이 계속해서 이어져 갔다. 그 긴장은 요동 지역의 실질적 지배자인 공손씨가 몰락하면서 더욱 표출되었다. 238년에 위魏의 명제明帝는 사마의司馬懿를 파견하여 공손연公孫淵을 토벌하였다. 이어 임명된 대방태수 유흔劉昕과 낙랑태수 선우사鮮于嗣가 공손씨의 세력권에 있던 두 군을 회수하였다. 위는 공손씨 세력을 평정함으로써 삼한 토착 사회에 대한 지배권을 강화하였다. 그 결과 한강 유역을 둘러싼 낙랑과 마한 사이의 영토 분쟁이 일어났다.

영토 분쟁의 원인을 부종사部從事 오림吳林의 통역 잘못으로 돌릴 수 없다. 사실 한강 유역의 성읍국가들은 평소에도 긴밀한 연맹 관계를 유지하였다. 한강을 다스리기 위해서는 주위의 국가들이 힘을 합쳐야 하기 때문이다. 한강 중류 지역에 있던 백제는 일찍부터 한강 유역의 여러 국가와 결속하여 비교적 강력한 영도력을 가진 소연맹국을 형성하였다. 낙랑과의 전쟁이 발발할 경우 백제 소연맹국은 우선 현실적으로 그들의 침입에 직접 개입할 수밖에 없었다. 백제는 낙랑과 마한 토착 사회와의 전쟁을 계속해서 이끌어 가야만 하였다.

한군현의 침입에 직접 맞부딪치는 한강 유역의 국가들은 굳건한 연맹을 결성하였고, 이미 그 지역에서 소연맹국을 형성하고 있던 백제가 그것을 주도하면서 연맹왕권을 강화해 갔다. 비슷한 시기에 목지국 등 마한이나 삼한의 상징적 연맹왕국이 부각하는 것도 이런 전쟁의 여파에서 가능하였다. 연맹왕국의 성립과 결속 및 왕권 강화는 마한 및 삼한 지역에 절실하게 요구되었다. 마한 지역에 강력한 영도력을 갖는 연맹왕국의 출현이 한군현의 방해로 말미암아 쉽게 이루어지지 못하였는데, 한군현과 한강 유역 국가와의 전쟁은 마한 지역, 특히 한강 유역에서 여러 소국의 결속력을 공고하게 만드는 계기가 되었다.

백제는 한군현과 대항하면서 국가체제를 정비하였다. 3세기 말에 진晉이 삼국을 통일하였지만, 삼한 토착 사회나 주변국에 대한 영향력은 오히려 줄어들었다. 계속해서 등장하는 북방의 새외塞外 민족으로 말미암아 진이 한반도의 토착 세력을 쉽게 제어할 수 없는 형국이 만들어졌다. 이 형세에 편승하여 백제는 마한의 여러 소국을 복속·흡수하면서 연맹왕국을 성립시키고, 이어서 국가체제를 정비하면서 중앙집권적 귀족국가를 성립시켜 갔다.

(2) 백제의 마한 세력 축출

백제는 소연맹국의 기반 위에서 한군현의 침입을 막아야 할 지역의 현실적 욕구에 편승하여 연맹왕국으로 성립하였기 때문에 실제로 튼튼한 세력 기반을 가졌다. 그러나 백제가 한강 유역에 국가를 세울 당시에는 목지국이 마한 연맹왕국의 맹주였다. 한강 유역의 소국을 소연맹으로 결속하여 실질적으로 이끌었다고는 하지만, 백제는 여전히 마한 연맹왕국에 복속되어 있었다.

마한과의 관계를 정확하게 설정하기 위해 백제의 수도 위치에 대한 이해가 중요하지만, 이에 대해서는 통설을 설정할 수 없을 정도로 많은 이설이 있다. 백제가 처음 도읍한 한강 이북의 위례성은 부아악負兒嶽 부근으로 지금의 세검정이나 평창동·구기동 일대이거나[5] 혹은 정릉동 지역으로 추정된다. 이때 온조왕은 신비로운 사슴을 잡으면 마한에 보냈다. 온조가 처음 정착한 곳은 당시 마한 연맹왕의 통할 영역 속에 포함되었으며, 위례 백제는 마한의 부용국附庸國과 비슷한 성격을 보였다.[6]

하북위례성에 도읍할 당시의 백제는 마한과 크게 마찰을 빚지는 않았다. 이때 마한 연맹왕국이 어디에 있었는지는 분명하지 않으나 아산만을 중심으로 한강 이남에까지 영향력을 행사하였다.[7] 소연맹국으로 성장하면서 백제가 마한과 이해를 달리하였다. 다음 기록으로 백제의 형세를 이해해 보자.

> 8월에 사신을 마한에 보내 도읍을 옮긴 사실을 알리고, 마침내 강역疆域을 구획하여 정하였다. 북쪽으로는 패하浿河에 이르렀고, 남쪽은 웅천熊川을 경계로 하였으며, 서쪽으로는 큰 바다로 막혔으며, 동쪽으로는 주양走壤에 이르렀다.
>
> —『삼국사기』 권23, 시조 온조왕 13년조—

백제는 온조왕 13년 7월에 수도를 하남위례성으로 옮기고,[8] 한 달 후에 그 사실을 마한에 보고하였다. 이렇듯 백제는 사신을 파견하여 국내 정세를 일일이 보고할 정도로 마한의 영향력 아래에 있었다.

---

5 이병도, 「위례고」, 『한국고대사연구』, 박영사, 1976, pp. 493~497.

6 박찬규, 「백제의 마한사회 병합과정 연구」, 『국사관논총』 95, 2001, p. 32.

7 박찬규, 위의 논문, 2001, pp. 16~25.

8 천관우, 「삼한의 국가형성 (하)—삼한고 제3부—」, 『한국학보』 3, 1976, pp. 116~117. 또한 『三國史記』 권23, 始祖 温祚王 14년조에도 봄 정월에 도읍을 옮겼다고 기록되어 있다. 이때에 河南慰禮城으로 도읍을 옮겼다고 생각한다.

하남위례성으로 옮기면서 백제의 강역은 북쪽의 패하浿河에서 남쪽의 웅천熊川 및 서해변西海邊과 동쪽으로 주양走壤에 이르렀다. 그것이 어느 정도의 판도를 의미하는지 정확하게 제시하기는 어렵다. 웅천은 금강이거나 안성천安城川으로 이해되기 때문에[9] 북쪽으로 예성강에서 동쪽으로는 춘천, 남쪽으로는 적어도 안성에 이르는 판도를 형성하였다. 그렇다면 백제는 분명 마한 연맹왕국에 위협적인 존재로 부상하였을 것이다. 고이왕 때의 사실을 부회附會한 것이어서[10] 온조왕 당시 백제가 이렇듯 광대한 영토를 확보하였는지는 불분명하지만, 하남위례성으로 옮기면서부터 영토 평창 면에서 마한 연맹왕국과 이해를 달리하였다.

하남위례성으로 옮긴 백제는 처음부터 마한과 대립하였던 것은 아니다. 그 이유는 말갈의 침입에 대비하기 위해 백제가 한강 서북쪽을 중시하여 거기에 성을 쌓고 한성의 백성을 나누어 살게 하였기 때문이다. 마침 말갈이 침입하여 오자 온조왕은 군사를 거느리고 칠중하七重河에서 맞아 싸워 추장 소모素牟를 사로잡아 마한으로 보냈다. 그뿐만 아니라 이때의 백제는 낙랑과도 심하게 다투고 있었다. 그러다가 서북쪽이 안정을 회복하자 남쪽 영역으로 눈을 돌리면서 백제는 마한과 불편한 관계를 드러내었다. 다음 내용에서 이런 면을 이해할 수 있다.

가을 7월에 왕이 웅천책雄川柵을 세우자 마한 왕이 사신을 보내 나무라기를 "왕이 처음 강을 건너왔을 때는 발을 디딜 만한 곳도 없었으므로, 내가 동북쪽 100리 땅을 떼어 주어 편히 살게 하였다. 왕을 대우함이 후하지 않았다고 할 수 없으므로 마땅히 이에 보답할 생각을 하여야 할 터이다. 이제 나라가 완성되고

9 이병도, 「백제의 건국문제와 마한중심세력의 변동」, 『한국고대사연구』, 박영사, 1976, p. 479.

10 이병도, 위의 논문, 위의 책, 1976, p. 481.

백성들이 모여들자, '나와 더불어 대적할 자가 없다'고 하면서 성城과 못을 크게 설치하여 우리의 영역을 침범하니 그것이 의리에 합당한가?"라고 말하였다.

—『삼국사기』 권23, 시조 온조왕 24년조—

백제가 남쪽으로 마한과 접하는 웅천책雄川柵을 설치하자, 마한 왕이 사신을 파견하여 나무랐다. 물론 이 기록도 백제가 마한의 보호를 받으면서 성장하였음을 알려 준다. 하남위례성으로의 천도까지도 마한의 협조로 이루어졌을 듯하다. 마한 왕이 동쪽 100리의 땅을 떼어 온조 무리를 거주하게 한 사실은 이를 짐작하게 한다.

사실 마한의 배려는 백제를 통해 위협 세력이었던 낙랑과 말갈 등 적대 세력의 영향을 차단하려는 의도에서 나온 것이지만,[11] 마한 왕의 꾸지람을 들은 온조왕이 부끄러워하면서 목책을 헐어 버렸다. 그러나 그의 마한 병합 시도는 여기에서 머물지 않았다. 마침 왕궁의 우물이 갑자기 넘쳤고, 한성의 민가民家에서 말이 소를 낳았는데 머리 하나에 몸이 둘이었다고 한다. 일관日官이 말하기를 "우물물이 넘친 것은 대왕이 우뚝 일어날 징조요, 소가 머리 하나에 몸이 둘인 것은 이웃 나라를 병합할 징조입니다"[12]라고 하였다. 이를 들은 온조왕은 기뻐하면서 진한과 마한을 병탄할 생각을 가졌다고 한다.

백제는 온조왕 26년(8년)에 마한을 공격하였다. 온조왕은 군사를 내어 겉으로는 사냥한다고 하면서 몰래 마한을 습격하여 그 국읍國邑을 병합하였다. 다만 원산성圓山城과 금현성錦峴城이 굳게 지키면서 항복하지 않았으나, 마한은 온조왕 27년에 항복하였고 이로써 멸망하였다.

---

11 박현숙, 『(잊혀진 우리의 역사) 백제이야기』, 대한교과서, 1999, p. 47.

12 『三國史記』 권23, 始祖 温祚王 25년조.

온조왕 34년(16년)에는 마한의 옛 장수였던 주근周勤이 우곡성牛谷城에 웅거하여 반란을 일으켰으나 바로 평정되었다. 이후 백제사에 마한의 존재를 다시는 확인할 수 없다. 즉 마한이 백제에 완전히 병탄倂呑되었음을 생각하게 한다.

온조왕의 마한 병합 기사는 한강 이남에서부터 아산만 일대에 머물던 마한 연맹왕실의 주도 세력이 백제에 흡수된 사정을 알려 준다. 그러나 이때 밀려 내려갔거나 차령산맥과 금강 이남 또는 영산강 유역에 토착하였던 마한 세력은 온존하였다.[13] 백제사와는 달리 주변 국가나 중국의 역사에는 온조왕 27년 이후에도 마한이 존재하였음을 알려 주는 기록이 전한다. 다음 기록을 참고할 수 있다.

① 마한의 장수 맹소孟召가 복암성覆巖城을 들어 항복해 왔다.

—『삼국사기』 권1, 탈해니사금脫解尼師今 5년 秋 8월조—

② 무제武帝 태강太康 원년(280년, 백제 고이왕 47년)과 2년에 마한 왕(맹주盟主)이 빈번하게 사신을 파견하여 방물方物을 바쳤다. 태강 7년(286년, 백제 책계왕責稽王 1년)과 8년·10년(백제 책계왕 4년)에도 빈번하게 이르렀다. 태희太熙 원년(290년, 백제 책계왕 5년)에는 동이교위東夷校尉 하감何龕에게 와서 헌납하였고, 함녕咸寧 3년(277년, 백제 고이왕 44년)에도 다시 왔으며, 이듬해에는 또 와서 물건을 바쳤다.

—『진서晋書』 사이전四夷傳 마한馬韓전—

신라 탈해니사금 5년(61년)에 마한의 장수 맹소孟召가 복암성覆巖城을 들어 항복해 온 사실은 한강 이남의 마한이 백제에 병합되고 난 직후에

13 박현숙, 앞의 책, 1999, p. 51.

잔존殘存 세력이 반란을 일으키다가 실패하여 투항해 온 것이라고 이해할 수도 있다. 그렇다고 하더라도 온조왕 27년 이후에 마한 세력의 일부가 존재하였던 것은 분명하다.

이후 금강 이남에는 마한의 남은 세력이 온존하였다. 3세기 후반까지 영산강 유역에는 신이국新彌國 등 여러 나라가 마한 세력으로 존속하였고,[14] 금동 신발이나 금동관이 출토된 나주 복암리伏岩里와 익산 입점리笠店里 고분 또는 나주 반남면潘南面 신촌리新村里 고분군을 축조한 주인공은 마한 연맹왕국을 이루고 있었다.[15] 3세기 후반인 고이왕 때나 책계왕 때에 중국 진晉나라와 빈번하게 사신을 파견하여 교류하였던 마한은 금강 이남에 존속하였다.

금강 이남의 마한 세력들은 고인돌 사회를 기반으로 발전하여 거대한 고분을 축조하였다. 영산강 유역에 존재한 마한 세력이 백제에 완전히 통합되는 것은 근초고왕 때이다. 초고왕肖古王은 왕자 귀수貴須와 함께 군사를 이끌고 비리比利·벽중辟中·포미지布彌支·반고半古 등 4읍을 정벌하였다(『일본서기日本書紀』 권9, 신공황후神功皇后 49년조)고 한다.

전북 김제에서 전남 나주나 광산光山 지역에 있었다고 추정되는 비리 등 4읍과[16] 침미다례沈彌多禮를 통합한 것은 근초고왕 부자가 마한의 잔존 읍락이나 소국을 병탄함으로써 영산강 유역까지 확실하게 확보한 사실을 알려 준다.[17] 백제는 근초왕 때에 마한 영역을 거의 완전하게 장악하여 전남 일대까지 확보함으로써 일본과 외교를 틀 수 있었다. 일본의 도움으로 이 지역을 병탄하였다는『일본서기』의 기사는 오히려 이런 사

14 이병도, 「백제의 건국문제와 마한중심세력의 변동」, 앞의 책, 1976, p. 481.

15 박현숙, 앞의 책, 1999, pp. 49~51.

16 김기섭, 『백제와 근초고왕』, 학연문화사, 2000, p. 169.

17 이병도, 「근초고왕척경고」, 『한국고대사연구』, 박영사, 1976, pp. 512~515.

정을 짐작하게 한다.

서남해안의 큰 섬에 근거지를 둔 소국들은 아직도 백제에 완전하게 복속되었다기보다는 반독립적 형세를 유지하였다. 이들을 통제하기 위해 백제는 광주 지역을 중시하였다. 실제로 동성왕 때에 탐라耽羅가 조공을 바치지 않았다. 동성왕이 친히 이를 정벌하려고 무진주武珍州에 이르니, 탐라가 사신을 파견하여 사죄하므로 이를 중지하였다. 근초고왕 때의 백제는 한강 유역에서부터 동쪽으로는 북한강을 타고 올라갔으며, 금강 이남의 전남 지역을 장악하였다. 이후 공주 지역으로 수도를 옮기면서부터 백제의 영산강 유역에 대한 지배는 오히려 강화되었다.

2. 백제의 국호와 지배층 변천

(1) 십제에서 백제로의 성장

처음 백제의 국호는 다소 혼동되어 있다. 연맹왕국을 형성하기 이전에 온조와 비류가 각각 성읍국가를 이루었다. 신화상으로 그들 형제는 졸본부여로부터 남쪽으로 내려왔다. 그중 온조가 위례성慰禮城에 도읍하고 국호를 십제十濟라고 불렀다. 그런데 비류는 백성을 나누어 미추홀彌鄒忽로 들어가 살았다. 미추홀은 땅이 습하고 물이 짜서 편히 살 수 없었다. 위례로 돌아와 본 비류는 도읍이 안정되고 백성들이 편안하게 살므로 부끄러워하고 후회하다가 죽었다.

온조가 세운 십제국은 연맹왕국을 형성하면서 미추홀의 비류가 세운 성읍국가를 통합하면서 국호를 백제百濟로 고쳤다. 이런 사정에 대해서는 다음 기록을 통해 이해해 보자.

미추의 신하와 백성들은 모두 위례에 귀부하였다. 그 후 처음 내려올 때 백성들이 즐겨 따랐다고 하여 국호를 백제百濟로 고쳤다.

—『삼국사기』 권23, 시조 온조왕 즉위년조—

십제를 백제로 고친 시기는 온조의 위례 성읍국가가 미추홀을 흡수한 이후였음이 분명하다. 그런데 백제로 국호를 고친 이유에 대해서는 처음 졸본부여에서 내려올 때 백성들이 즐겨 따라나섰기 때문이라 하였다.

온조와 비류는 모두 부여계에 속하였다고 생각되지만, 연맹왕국으로 통합하기 이전에 위례와 미추홀의 성읍국가는 각기 다른 기반을 가졌을 것이다. 온조 부족이 한강 중류 지역을 기반으로 삼았다면, 비류 부족은 한강 하류인 서해의 해변에 국가를 건설하였다. 이 두 국가의 지정학적 차이로 미루어 비류 부족 집단이 해로를 통해, 온조 부족 집단은 육로를 통해 이동하였을 것으로 추측한다.[18]

미추홀을 병합하면서 바뀐 백제百濟라는 국호는 온조 또는 비류 부족 집단이 이동하는 모습을 보여 주어 흥미롭다. 다음 기록을 참고해 보기로 하자.

① 동명東明의 후손에 구태仇台라는 자가 있어 어질고 믿음이 돈독하여 비로소 대방의 옛 땅에 나라를 세웠다. 한나라 요동태수 공손탁公孫度이 딸을 아내로 주었으며, 점점 창성昌盛하여 동이東夷의 강국이 되었다. 처음에 백百가家가 바다를 건넜으므로 인因하여 백제百濟라고 불렀다.

—『수서隋書』 동이전東夷傳 백제전—

18 노중국, 『백제정치사연구—국가형성과 지배체제의 변천을 중심으로—』, 일조각, 1988, p. 61.

② 처음에 백 가百家로써 건넜으므로 인하여 백제百濟라고 불렀다.

—『북사北史』 백제전—

③ 『기로기耆老記』에 이르기를 (중략) (피류避流와 온조溫祖) 두 사람은 뜻을 같이하여 남쪽으로 한산漢山에 이르러 나라를 세웠다고 하였으니, 지금의 광주廣州가 바로 그곳이다. 본래 백 가百家가 강을 건넜으므로 백제百濟라고 불렀다.

—『해동고승전』 권1-1, 마라나타摩羅難陀전—

『수서』나 『북사』 등 중국 사서는 동명의 후손인 구태仇台가 대방의 옛 땅에 나라를 세웠으며, 요동 태수 공손탁公孫度의 딸을 아내로 맞아 점점 번창하고 강국을 이루었다고 기록하였다. 그러면서 백제百濟라는 국호가 백百 가家를 거느리고 바다를 건넌 데에서 유래하였음을 명시하였다. 『수서』와 달리 『북사』는 단순히 '백 가가 건넜다'라고만 기록하였지만, 전후 문맥으로 보아 『수서』의 내용과 다를 바가 없다.

중국 사서와 비교해 『해동고승전』은 온조와 비류(피류避流)가 남쪽으로 내려와 한산에 나라를 세웠으며, 백제百濟는 백 가를 거느리고 강을 건넌 것에서 붙여진 이름이라 하였다. 곧 백 가가 바다가 아닌 강을 건넜다고 하였다. 백제라는 국호가 백 가를 거느리고 바다를 건넌 것인지 아니면 강을 건넌 것에서 유래하였는지는 분명히 해야 한다. 백 가와 같은 많은 무리를 거느리고는 강보다는 바다를 건너 해변에 정착하는 것이 순리이다. 오히려 비류가 바다를 통해 유이한 세력을 받아들여, 인천 지역인 미추홀에 국가를 건국하는 사정은 백 가가 바다를 건넜다는 분위기에 어울렸을 듯하다.

『삼국사기』에는 온조가 한산에 이르렀음을 언급하면서 국호를 십제十濟라고 하였다. 그것은 오간 등 10신하와 함께 강을 건넜기 때문에 붙은 것으로 추측하게 한다. 그런데 정작 이들이 강을 건넜다는 사실을 언급하지 않은 채 10신하의 보필을 받았기 때문에 십제라는 국호를 사용하였다고 한다. 뒤에 미추홀을 합병하고는 백제라고 국호를 바꾸면서도, 그 이유는 처음 남하할 때 백성들이 따랐기 때문이라 하였다. 백 가가 바다를 건넜다는 언급이 들어 있지 않았다. 이런 면은 백제라는 국호가 애초에 온조 부족 집단이 표방하지 않았던 것으로 추측하게 한다.

온조가 세운 국가는 비류 부족 집단을 통합하고 난 후 어느 시기에 백제로 국호를 변경하였다. 비류 집단이 백제라는 국호를 먼저 표방한 것이 아닌가 하는 의심을 불러일으킨다. 그렇다면 백 가를 거느리고 바다를 건넜다는 데에서 '백제' 국호가 유래한 것이 더 진실에 가깝다. 육로를 통한 온조 부족 집단의 남하는 한산에 이르기까지 강을 건너면서 계속되었다. 그러나 『삼국사기』는 이런 면을 백제와 연관하여 언급하지 않았다. 유독 『해동고승전』에 백 가를 거느리고 강을 건넜다고 기록하였는데, 바로 이 부분은 부회되었을 것으로 생각한다.

삼한 사회는 크고 작은 성읍국가로 이루어져 있었다. 이들 국가 중에 백제국百濟國이 있었다고 한다. 다음 기록은 이를 알려 준다.

① 『백제지리지百濟地理志』에 말하기를 "『후한서後漢書』에 삼한은 무릇 78국으로 이루어졌는데, 백제百濟는 그중 한 나라이다"라고 하였다.

―『삼국유사』 권2, 남부여 전백제 북부여조―

② 변진弁韓과 진한辰韓이 각각 12국이며 마한馬韓에는 54국이 있는데, 대국은 1만여 가家이고 소국은 수천 가이며 총 10여만 호戶이다. 백제百濟는, 즉 그중 한 국가인데 후에 점점 강대해져서 여러 소국을 통합하였다.[19]

19 『梁書』 諸夷傳 東夷 百濟조에 "弁韓辰韓 各十二國 馬韓有五十四國 大國萬餘家 小國數千

현재 전하지는 않으나 『백제지리지』는 『후한서』를 인용하여 '백제百濟'가 삼한 78국 중에 있었다고 기록하였지만, 『삼국지』 위서 동이전 한전의 78국 중에는 '백제百濟'는 보이지 않고 '백제伯濟'가 있다. '伯濟'는 '百濟'와 관련됨을 시사해 준다. 여기의 『후한서』가 정사가 아닌 사찬私撰 사서로 따로 존재하였는지는 알 수 없다. 정사인 『후한서』에는 "삼한 78국이 있는데 '백제伯濟'가 그중 한 국가이다"라고 하였다.[20] 이보다 후대의 기록인 『양서』에는 삼한 78국 중에 '백제百濟'가 있다고 기록하였다. 이로 보면 마한을 포함한 삼한 78국 중 백제伯濟는 백제百濟이다.

다만 『백제지리지』는 물론이거니와 후대의 국내 사서에 삼한 78국 중 하나인 백제伯濟를 백제百濟로 연결하여 기록한 사례를 쉽게 찾을 수 없다. 이 점은 일단 삼한 78국 중의 '백제伯濟'를 '백제百濟'와 바로 연결시키는 것을 주저하게 한다. 그러나 백제사 관계 사서인 『백제지리지』는 삼한 78국 중에 백제百濟를 포함하였다. 중국 정사 동이전 중 삼국, 곧 고구려·백제·신라전이 처음으로 모두 실린 『양서』나 『남사』의 '백제百濟'는 이런 분위기가 반영되어 마한 54국 중 한 국가로 기록되었다.[21] 후대의 사서, 특히 중국 사서는 마한의 백제국伯濟國이 바로 백제百濟임을 생각하게 한다.

온조와 비류 부족 집단이 통합하여 백제百濟를 이루었다면, 마한 54

家 總十餘萬戶 百濟卽其一也 後漸强大 兼諸小國"이라 하였다.

20 『後漢書』 東夷列傳 韓전에 "凡七十八國 伯濟是其一國焉 大者萬餘戶 小者數千家"라고 하였다. 동이전 속에 百濟조를 설정하지 않은 상황에서 유독 伯濟를 드러내 78국 중의 한 국가로 기록한 의도는 마한의 백제국이 百濟와 연결될 수 있음을 시사한다.

21 百濟가 삼한 78국의 一國이었다는 『梁書』의 기록은 『南史』 夷貊傳 東夷 百濟전에 그대로 나온다. 다만 신라전이 실리지 않은 『宋書』나 『魏書』 및 『周書』 백제전은 百濟와 삼한과의 관계를 언급하지 않았다. 고구려·백제·신라전을 처음으로 모두 실은 『양서』의 서술 태도는 중요하다고 생각한다. 이로 보면 중국 사서가 삼국시대의 百濟를 삼한과 연결하여 이해하였다.

국 중의 백제伯濟는 두 부족 집단이 세운 성읍국가와 연결됨직하다. 그런데 마한의 백제伯濟가 온조 부족 집단이나 그 뒤의 백제百濟와 쉽게 연결되지 않는 것은 오히려 비류 부족 집단이 세운 성읍국가였을 가능성이 있다. 백제百濟라는 국호가 '백 가를 거느리고 바다를 건넜다'는 데에서 유래하였다는 것은 비류가 세운 성읍국가와 연결 지을 수 있다. 국내 사서와는 달리 중국 사서는 '백제百濟'가 마한 54국 중 한 국가였고, 백 가를 거느리고 바다를 건넜던 것에서 유래한 국명임을 명기하였다. 그것은 미추홀을 기반으로 비류가 세운 성읍국가를 가리킨다.

온조 부족 집단이 한산을 기반으로 성읍국가를 건설하였는데, 그것은 백제百濟라는 국명으로 바뀌는 과정에서 처음에는 십제十濟로 불렸다. 그러나 정확하게 언제 십제국으로 불렸는지는 알 수 없지만, 실제로 온조 당시에는 위례국慰禮國을 표방하였다.[22] 위례성에 도읍한 십제는 미추홀의 비류가 세운 성읍국가를 통합하여 연맹왕국으로 성장하면서 국호를 백제百濟로 고쳤다. 그러나 처음 백제는 비류가 세운 성읍국가의 국호였으며, 백제伯濟로도 기록되었다. 십제에서 국호를 고친 백제百濟는 연맹왕국의 기반을 마련하였으며, 동시에 연맹왕실의 주도 세력도 교체되었다.

(2) 백제 왕실의 지배 세력 변천

백제초기에는 미추홀 세력이나 위례·동부의 흘씨屹氏·북부의 해씨解氏나 진씨眞氏 세력이 지배 세력으로 성립해 있었다. 이들은 본래 소국을 이루었지만, 통합한 백제 연맹왕국의 주체 세력으로 등장하였다. 그

22 이병도, 「삼한문제의 연구」, 『한국고대사연구』, 박영사, 1976, p. 263.

중 미추홀의 비류와 위례의 온조 부족 집단이 백제 연맹왕국을 실제로 이끌어 갔다. 그들은 북쪽에서 육로 또는 해로를 통해 선진 기술 문화를 보유하면서 등장한 유이민 세력이었다. 이에 비해 흘씨·해씨·진씨 등의 동부나 북부 세력은 각각 비류나 온조 부족 집단과 연합한 토착 부족이거나 선주 유이민이었다. 그 외 동부나 남부 세력도 본래는 소국을 이루고 있었지만, 연맹왕국이 팽창하는 과정에서 흡수한 토착 부족이었다.

십제로 불렸던 위례국은 선주한 다른 토착 부족 세력과 마찬가지로 성읍국가로서의 기반을 가졌다. 다음 기록이 이를 짐작하게 한다.

그것을 위례慰禮라고 부르는 것은 방언方言이다. 넓게 성곽을 사변으로 두르는 것을 위리圍哩라고 말한다. 위례慰禮와 위리圍哩의 발음이 서로 비슷하다. 성채를 세우고 토성을 쌓아 넓게 성곽을 짓기 때문에 이것을 위례라고 부른다.[23]

처음 위례국은 성읍국가로 출발하였다. 그것은 성채를 세우고 사방으로 크게 토성을 쌓았으며, 위례국뿐만 아니라 통합하여 들어온 다른 소국도 비슷한 형세를 이루었다. 위례국은 이웃의 다른 소국을 통합할 수 있을 정도로 비교적 규모가 큰 소연맹국을 이루고 있었다. 온조가 남하할 때 동행한 오간·마려 등 10신하는 복속한 부족장이며, 이전에는 성읍국가의 기반을 가졌을 것이기 때문에[24] 위례국이 소연맹국으로 커 나

23 丁若鏞, 『與猶堂全書』 第6集, 疆域考 卷3, 慰禮考에 "其謂之慰禮者方言 凡匡郭之四圍者 謂之圍哩 慰禮圍哩 聲相近也 樹柵築土 以作匡郭 故謂之慰禮也"라고 하였다.

24 烏干·馬黎 등 10신하의 존재에 대해서는 先住 토착 세력으로 파악하는가 하면(노중국, 앞의 책, 1988, p. 52), 온조를 따라 남하한 부족장(노태돈, 「삼국시대의 '부'에 관한 연구—성립과 구조를 중심으로—」, 『한국사론』 2, 1975, p. 59) 내지 家臣으로(이종욱, 「백제왕국의 성장—통치체제의 강화와 전제왕권의 성립—」, 『대구사학』 12·13 합집, 1977,

간 모습을 생각하게 한다.

위례국이 소연맹국을 이루었을 당시에는 비류 부족 집단도 미추홀에서 소연맹국을 성립하였다. 이 두 소연맹국이 주가 되어 이웃 소국들을 통합하면서 백제 연맹왕국을 이루었다. 국호가 십제에서 백제로 바뀐 것은 비류 부족 집단이 위례국으로 통합되었다는 의미를 지니지만, 연맹왕국의 탄생을 상징적으로 나타내 준다. 소연맹국으로 존재할 때의 비류 부족 집단은 위례보다 큰 세력을 형성하였을지라도 처음 백제 연맹왕국의 지배 왕실은 온조계 부족이었다. 그렇지만 비류계 부족도 지배 세력으로 온존하였다.

백제 왕실의 지배 세력이 교체되는 것은 고이왕古爾王의 등장으로 말미암았다. 구수왕仇首王의 장자인 사반왕沙伴王이 등극하였으나 너무 어려 능히 정사를 처리할 수 없으므로 초고왕肖古王의 모제母弟인 고이왕이 즉위하였다. 이런 『삼국사기』의 기사와는 달리 『삼국유사』 왕력에서는 구수왕의 장자인 사반왕이 서자마자 폐위되었다고 하였다. 고이왕이 사반왕을 폐위시키면서 등극하였음이 분명하다. 구태 시조전승은 고이왕과 연관된 것으로 추측한다.[25] 고이왕은 백제전기 왕실 중에 이질 부족 집단으로 등장했기 때문에 시조로 이해되었다.

고이왕이 개루왕蓋婁王의 아들이라는 사실 자체가 그대로 믿기 어려

---

p. 67) 파악되기도 한다. 10신하를 선주 토착 세력으로 파악하려는 것은 신라의 6촌장이나 가락국의 9간과 비교될 수 있기 때문이라 하였다. 그런데 백제에도 5부가 있고, 그들은 선주 토착 세력임이 분명하다. 5부가 통합되면서 백제는 연맹왕국체제를 확립하였다. 따라서 10신하는 5부, 즉 연맹왕국 성립 이전에 흡수되었던 부족 세력으로 생각된다. 엄격하게 말하자면 이들은 온조 부족 집단과 같이 이주해 내려왔다기보다는 위례국이 소연맹국으로 발돋움하면서 흡수한 이웃의 소국이며 온조보다 조금 빠르거나 거의 비슷한 시기에 정착하였을 것이다. 그래서 10신하를 5부와 같은 성격의 선주 토착 세력으로 보는 데에는 주저할 수밖에 없다.

25 이병도, 「백제의 건국문제와 마한중심세력의 변동」, 앞의 책, 1976, pp. 472~476.

우며, 온조계인 구수왕과 연결하려는 목적에서 고이왕의 계보를 왜곡해 조작한 것으로 파악된다.[26] 개루왕 이후 고이왕계와 초고왕계의 양계 교립交立에 의해 왕위가 이어졌다. 이런 사실은 백제의 시조로 비류와 온조 형제를 들고 있는 것과 연관된다. 비류와 온조 형제를 각각 시조로 받드는 전설이 초고왕과 고이왕 양계의 교립에 현실적인 근거를 두고 있다면, 양계의 교립은 왕실 자체의 교대를 의미한다.[27]

고이왕은 온조왕으로부터 이어지는 초고왕계와 직접적 혈연관계를 인정할 수 없는 이질 부족 집단에 속하였다면, 비류계와 연결하여 이해하기도 한다.[28] 고이왕과 초고왕의 양계 교립이 비류와 온조를 시조로 받드는 시조전승과 관계된 것이라면, 온조-초고왕계와 이에 대립하는 비류-고이왕계를 설정할 수 있다. 백제사에서 고이왕의 즉위는 왕실 지배 세력의 교체이며, 특히 비류계의 등장으로 이해된다. 다음의 기사가 그런 사정을 알려 준다.

3년 동冬 10월에 왕이 서해西海의 대도大島에서 사냥하였는데, 왕은 손수 활을 쏘아 40마리의 사슴을 잡았다.

—『삼국사기』 권24, 고이왕古爾王 3년조—

인천 지역을 기반으로 가진 비류 부족 집단은 5부 중 서부에 속하였다. 서해의 섬들도 비류 부족의 세력권 내에 들어 있었다. 『삼국사기』에는 고이왕대 정사政事의 첫 기록으로 서해의 대도大島에서 사냥하는

26 이기동, 「백제 왕실교대론에 대하여」, 『백제연구』 12, 1981, 충남대학교 백제연구소, pp. 23~24.

27 이기백, 「백제왕위계승고」, 『역사학보』 11, 1959, p. 10의 주 15 참조.

28 천관우, 앞의 논문, 앞의 책, 1976, p. 114, pp. 134~137.

것을 수록하였다. 서해의 섬은 고이왕대의 왕정과 연결된다. 그런 점에서 미추홀의 세력권 내에 있던 지역으로 사냥하는 고이왕을 비류계의 등장과 연결하여 파악하려는 관점은 의미 있어 보인다.

이와는 대조적으로 시조인 온조왕대에는 한강 유역에 관한 관심이 집중적으로 나타나 있다. 물론 온조가 한강 유역에 도읍을 정하였기 때문이기도 하다. 그러나 이후 온조-초고왕계 왕들은 한산으로 사냥 가는 등 한성漢城을 중시하였다. 한산으로 사냥 가는 기사는 다음과 같다.

① 왕은 한산漢山으로 사냥하러 가서 신록神鹿을 잡았다.

—『삼국사기』 권23, 기루왕 27년조—

② 왕은 한산漢山으로 사냥 갔다.

—『삼국사기』 권23, 개루왕蓋婁王 4년 하夏 4월조—

기루왕이 잡은 신록神鹿과 연관된 한산漢山은 종교적 혹은 국가적으로 중시되었던 곳임을 생각하게 한다. 기루왕 21년에 두 용龍이 한강에 나타났고, 개루왕 5년 2월에는 북한산성北漢山城을 쌓았다. 반면 비류계로 이해되는 고이왕에서 책계왕責稽王·분서왕汾西王·계왕契王에 이르는 시기에는 한산에 관한 기사가 전혀 나타나지 않는다.

고이왕계는 계왕을 끝으로 단절되고 백제 왕실은 초고왕계로 이어진다. 초고왕계가 다시 정치적 실권자로 등장하는 시기는 근초고왕 때지만, 근초고왕의 부친인 비류왕比流王을 주목해야 한다. 비류왕은 발음이 같다는 면에서 비류沸流와 연관을 갖지 않았을까 추측된다. 비류가 전통적 의미의 시조라고 간주하였으므로 그에 상당한, 말하자면 백제의 태조로 비류왕의 존재를 드러낼 필요가 있었다. 비류왕의 즉위로 왕실 가계가 교체되는 것은 분명하다. 그의 즉위년이 간지干支로 갑자년

甲子年(304년)임은 주목된다.[29]

비류왕의 이름으로 보아 반드시 온조-초고왕계에 속하였는지는 분명하지 않지만 근초고왕은 초고왕계와 연결되며, 근구수왕 역시 구수왕과 관련지으려는 의도에서 붙인 이름이다. 근초고왕이 비류왕의 태자가 아닌 둘째 아들(제2자第二子)로 기록된 것은 흥미롭다. 근초고왕의 형인 태자의 행적에 대해서는 전혀 기록이 남아 있지 않다. 이 점은 근초고왕의 왕위가 비류왕을 이었지만, 상당히 독립적으로 이루어졌음을 추측하게 한다. 비류왕이 죽자 분서왕의 장자인 계왕으로 왕위가 넘어갔으나 그는 1년을 넘기지 못하고 죽었다. 이런 사정은 근초고왕의 즉위가 단순히 왕위 계승 서열에 의한 것이라기보다는 무단적 힘으로 이루어졌다는 추측을 낳게 한다.

근초고왕은 비록 비류왕의 아들이지만 장자가 아님을 명기한 데서 비류왕과 정책 면에서 반드시 일치하였다고 생각하지 않는다. '비류比流'라는 왕명이 온조왕계와는 이질적이다. 근초고왕과 그의 태자 근구수왕은 온조-초고왕계를 분명히 표방하였다. 그렇다면 비류왕의 아들이라고 기록되었지만, 근초고왕은 아무래도 비류왕과는 이질 부족 집단이었을 것으로 생각한다. 근초고왕은 정복 군주로서 정력적으로 영토를 넓히면서도 한수漢水와 한산을 중시하였다.[30] 이 점은 마치 온조-초고왕계가 한산을 중시한 것과 연관된다. 근초고왕이 즉위하여 온조-초고왕계를 표방하는 의식이 깔리면서 백제는 웅략적雄略的으로 발전하였다.

---

29 이기동, 앞의 논문, 1981, p. 27.

30 『三國史記』 권24, 近肖古王 24년 冬11월조에 "大閱於漢水南"이라 하였고, 같은 왕 26년에 "漢山으로 都邑을 옮겼다"라고 하였다. 그런데 比流王 24년 9월에는 왕의 庶第인 內臣佐平 優福이 北漢城에 의거하여 반란을 일으키고 있다. 곧 비류왕의 정책이 漢城을 중시하는 것과는 거리가 있음을 알려 주며, 그것은 역시 근초고왕의 개혁과는 방향이 달랐을 법하다.

(3) 고이왕대의 연맹왕국체제 정비

백제 고이왕의 등장은 고구려사에서 태조왕의 등장과 비슷한 모습을 보여 준다. 고구려 태조왕은 실질적 건국자라는 의미의 왕호를 가졌는데, 고이왕도 백제의 건국 시조인 구태와 같은 인물로 파악된다. 성읍국가가 아닌 연맹왕국으로서의 엄밀한 백제 건국이 고이왕에 의해 이루어졌다.[31] 그런데 해씨解氏인 모본왕慕本王을 죽이고 등극한 태조왕은 고씨高氏로, 이때 고구려 왕실이 소노부에서 계루부로 바뀌었다고 한다. 고구려사에서 계루부 왕실의 등장은 중국 사서에만 나오기 때문에 『삼국사기』 등 국내 사서로는 증명하기 어려운 부분이지만, 대체로 태조왕의 등장과 연결하는 것이 정설이다.

고이왕도 사반왕을 폐위하면서 등극하기 때문에 이때를 계기로 백제 왕실 내에 지배 세력의 교체가 있었다는 것은 통설로 인정된다. 백제사에서도 고구려와 마찬가지로 왕실 내 부족 세력이 교체되었다. 그리하여 비류계와 온조계를 각각 백제왕의 성씨인 해씨解氏와 부여씨扶餘氏로 연결하였다.[32] 백제 왕실의 성씨로 『삼국사기』에는 부여씨扶餘氏가 나와 있다면, 『삼국유사』에는 부씨扶氏와 해씨解氏가 나와 있다. 부씨는 부여씨를 가리킨다고 생각한다.

비류 부족만이 부여족의 일파여서 해씨로 파악해야 하는지는 쉽게 판단을 내릴 수 없다. 오히려 온조를 해씨로 파악하기도 한다.[33] 백제 연맹왕국이 성립하고 난 후 비류 부족은 서부를 기반으로 삼았을 터인데, 해씨는 북부에 속하였다. 해씨가 온조계 왕실을 구성한 듯한 인상을 주

31 이병도, 「백제의 건국문제와 마한중심세력의 변동」, 앞의 책, 1976, pp. 473~475.

32 노중국, 앞의 책, 1988, pp. 69~70.

33 安鼎福, 『東史綱目』에 “卒本人解溫祚 立國於慰禮城”이라 하였다.

지만, 그것은 사비 천도 이후 국호를 부여라고 부르는 분위기와 어울리지 않는다. 따라서『삼국유사』에 나오는 해씨 성에 대해서는 큰 의미를 설정할 필요가 없다. 중요한 것은 비류계인 고이왕이 백제 연맹왕국의 주도 세력으로 등장하였으며, 그들이 국가체제를 정비해 갔다는 사실이다.

고구려나 신라의 율령 반포와는 달리 백제는 고이왕 27년(260년)에 국가체제를 정비한 것으로 기록하였다. 당시에 갖추어진 관제는 다음과 같다.

① 6좌평제佐平制: 내신좌평內臣佐平·내두內頭좌평·내법內法좌평·위사衛士좌평·조정朝廷좌평·병관兵官좌평

② 16품品 관등官等: 1품 좌평·2품 달솔達率·3품 은솔恩率·4품 덕솔德率·5품 한솔扞率·6품 내솔奈率·7품 장덕將德·8품 시덕施德·9품 고덕固德·10품 계덕季德·11품 대덕對德·12품 문독文督·13품 무독武督·14품 좌군佐軍·15품 진무振武·16품 극우克虞

이와 함께 관리들의 복색을 정하였는데, 6품 이상은 자색紫色 옷에 은화銀花와 관冠으로 장식하였고, 6품 이하 11품 이상은 비색緋色 옷을 입었으며, 그 이하 16품 이상은 청색靑色 옷을 입었다.

6좌평제는 잘 짜인 중앙 관부官府조직이다. 내신좌평은 왕명의 출납을 맡았으며 내두좌평은 창고와 재정에 관한 일을, 내법좌평은 예법과 의례에 관한 일을, 위사좌평은 왕궁을 지키는 군사에 관한 일을, 조정좌평은 형법과 감옥에 관한 일을, 병관좌평은 지방의 군사에 관한 일을 맡았다. 중앙 관직이 16품의 관등으로 정비되었을 뿐만 아니라 관등의 고하에 따라 복색을 정하여 입는 옷을 구별하였다. 이렇듯 백제는 잘

정비된 중앙의 관등체계와 그에 딸린 신분제도를 짜임새 있게 정비하였다. 복색의 구분은 관리들의 신분 질서가 구체적으로 갖추어졌음을 알려 준다.

고이왕 27년에 단행한 제도 정비는 마치 백제가 중앙집권적 귀족국가체제를 갖춘 듯하다. 왕의 명령에 복종할 수 있는 귀족 관료나 시위군侍衛軍 및 군대를 유지하려면 막대한 경제력이 소요된다. 고이왕 9년(242년)에 남택南澤을 논으로 개발하는 것은 벼의 수확량을 늘리려는 의도였다. 잉여剩餘농산물이 확보되어야 관료나 군대를 양성할 수 있기 때문이다. 고이왕대에 이르기까지 백제사에서 대규모의 관개灌漑사업이 이루어진 것 같지는 않다.

신라 흘해니사금訖解尼師今 21년(330년)에 벽골지碧骨池를 개발하였다. 그러나 이 사실은 백제가 제방을 쌓은 내용을 신라사에 잘못 기록한 것이다. 벽골제는 백제 비류왕 27년, 즉 고이왕이 죽은 지 45년이 지나서 조성되었다. 잉여농산물의 증가가 이전 소국 단위로 자급자족하던 촌락공동체를 유지할 수 없게 하였다.[34] 내물니사금 이후 법흥왕에 이르는 시기에 신라는 제방 축조와 동시에 잉여농산물의 유통을 위해 우편역郵便驛과 함께 관도官道와 시장市場을 개설하였다. 그리하여 수도의 방리坊里와 전국의 주군현州郡縣을 정비하여 군사조직을 갖추고 중앙 관부를 개설하였다.

내물왕대 이후 법흥왕대에 이르는 신라의 제도 정비 과정은 백제의 관제 정비를 이해하는 데 시사성을 준다.[35] 내물니사금 때에 신라가 연

34 문창로, 앞의 책, 2000, p. 118.

35 지방제도와 군사조직이 병행하여 갖추어지면서 중앙 관부로는 법흥왕 4년(517년)에 처음으로 兵部가 설치되고, 곧이어 율령이 반포되었다. 아울러 백관의 公服이 제정되었을 뿐만 아니라 법흥왕 22년(535년)에 불교가 공인되었다.

맹왕국으로의 제도 개편을 추진하기 시작하여 중앙집권적 귀족국가체제를 완비하는 것은 법흥왕대에 가서야 이루어졌다. 이에 비해 백제에서는 연맹왕국체제를 정비하는 고이왕 때의 제도 개편이 마치 신라 법흥왕이나 혹은 고구려 소수림왕 때의 율령 반포와 비슷한 모습으로 나타났다. 그렇지만 고이왕 이전에 잉여농산물의 유통을 위한 우편역이나 시장의 설치는 물론 지방제도를 군사조직과 병행하여 정비하는 조처 등은 뚜렷하게 나타나지 않는다.

고이왕대 이후에 제방을 쌓는 등의 관개사업이 이루어지면서 전성기인 근초고왕대를 막 거친 침류왕 때에 불교가 공인되었다. 이 점은 고이왕 때에 고구려나 신라와 비교해 연맹왕국으로서 관제를 세련되게 정비하였을지라도 백제의 중앙집권적 귀족국가체제 정비는 근초고왕 이후 침류왕대에 이르는 시기에 이루어졌을 것으로 추측하게 한다. 다음 내용은 이런 사정을 짐작하게 한다.

① 왕은 소매가 큰 자주색 두루마기와 푸른색의 비단 바지를 입었으며, 금화金花로 장식한 비단 관 및 흰 가죽 띠와 검은 가죽신을 착용하고 남당南堂에 앉아 정사를 보았다.

—『삼국사기』 권 24, 고이왕 28년조—

② 무릇 관리로서 도둑질한 자는 장물贓物의 3배를 징수하고, 종신토록 금고禁錮형에 처하였다.

—『삼국사기』 권24, 고이왕 29년조—

고이왕이 남당南堂에 앉아 정사를 볼 때 입는 복식은 제사장의 복장에서 완전히 벗어나지 못한 인상을 준다. 관리가 도둑질하였을 때 받는 형벌도 정비된 율령 사회에서 적용한 것이라기보다는 원시 만민법적 흔적을 물씬 풍긴다. 그런데 남당 정치는 연맹왕국에서 행해진 것이다. 신라에서는 마립간麻立干이라는 왕호를 처음으로 사용하는 눌지왕대에 남당 정치가 행해졌다.[36] 눌지마립간은 남당에서 노인들을 대접하였는데, 몸소 음식을 집어 주고 곡식과 비단을 차등하여 내렸다. 고이왕과 마찬가지로 눌지마립간의 남당 정치도 의례적인 모습을 짙게 풍긴다.

마립간은 부족장 연합회의의 장이라는 의미를 지닌다. 마립간이 주관하는 남당은 왕과 각 부 출신의 부족장인 귀족이 모여 정사를 논의하는 합의合議 기관이면서 정무를 집행하는 기관이다.[37] 그러나 그 정치적 의미는 중앙집권적 정치체제를 구축하기 시작하였다는 것이다.[38] 남당 정치가 행해지는 고이왕 때의 관제 정비는 엄격히 말해 법흥왕이나 소수림왕 당시 신라나 고구려의 체제 개편이라기보다는 내물니사금이나 태조왕 때의 제도 정비와 비슷한 것으로 생각한다. 즉 중앙집권적 귀족국가를 성립시켰다기보다는 연맹왕국 내에 중앙집권적인 관제를 설치한 것이었다.

연맹왕국의 제도 정비를 마무리하는 조치는 신라의 내물니사금이나 고구려의 태조왕 이후에도 나타났다. 신라의 경우 내물니사금에서 지증왕대까지의 제도 정비가 그런 모습을 보여 준다. 고구려 태조왕은 연맹왕국 내에 복속한 별읍別邑이나 소국을 징벌하여 그 영역에 대한 지배권을 강화하였다. 그러나 고이왕 때처럼 중앙집권적인 관제를 설치하는 모습은 나타나 있지 않다. 백제가 비교적 일찍 중앙집권적 정치체제를 성립한 듯한 모습을 보이는 것은 우선 연맹왕국에서 중앙집권화를

36 『삼국사기』와는 달리 『三國遺事』 권1, 王曆에는 奈勿王代에 麻立干이라는 왕호가 사용되었다고 기록되었다. 내물왕대는 연맹왕국 체제를 완비하는 시기이다. 내물니사금 이후 중앙집권적 귀족국가로의 체제가 정비되는 시기에 마립간이 왕호로 사용되었다.

37 이병도, 「고대남당고」, 『한국고대사연구』, 박영사, 1976, p. 635.

38 이병도, 위의 논문, 위의 책, 1976, p. 630.

시도하는 제도 정비가 고구려나 신라와 비교해 훨씬 세련되게 갖추어졌던 데에서 찾을 수 있다. 백제는 중국 남조문화와 접하면서 일찍부터 유교의 영향을 받았다. 특히 유교의 예禮를 받아들이면서 백제의 관제는 짜임새 있게 조직되었다.

| 제3장 |

백제 침류왕대의 체제 정비와 계율신앙

1. 백제 침류왕대의 체제 정비

(1) 근초고왕대의 정복국가로의 발전

한강 중류 지역에서 성읍국가로 출발한 백제가 한강 하류 지역의 비류국沸流國을 통합하면서 연맹왕국으로 성장하였다. 건국 초기 말갈의 잦은 침입은 백제의 국력을 소모시켰지만 연맹왕권을 강화하는 계기가 되었다. 백제 연맹왕실을 구성한 부여족은 북쪽에서 내려오면서 북방의 유목문화와 남방의 농경문화를 모두 경험하면서 우수한 기술 문화를 가졌다. 반면 토착 부족이 굳건한 세력 기반을 갖지 못함으로써 일찍이 백제 연맹왕국은 왕실이 강한 사회를 이루었다.

백제는 마한을 제압하면서 강성하였다. 『삼국사기』 권23, 온조왕 27년(9년)조는 마한이 멸망한 것으로 기록하였다.[1] 꼭 이때라고는 할 수 없어도 백제가 건국 초기에 마한을 공주 이남 지역으로 몰아내면서 정복국가의 기반을 갖추었다. 나주 반남면 고분군은 해상으로 이동한 마한 세력이 구축한 것으로 이해한다. 근초고왕은 공주 이남 지역에 잔존殘存한 마한 세력을 정벌하였다. 다음 내용에서 이를 추측할 수 있다.

황전별荒田別과 녹아별鹿我別을 장군으로 삼아 구저久氐 등과 함께 병사를 독려하여 바다 건너 탁순국卓淳國에 이르게 하였다. 신라를 공격하려 할 때 누군가 "병사 수가 적어 신라를 깨뜨릴 수 없다"고 하니, 다시 사백개로沙白蓋盧를 보내어 군사를 늘려 달라고 청하였다. 즉시 목라근자木羅斤資와 사사노궤沙沙奴跪(두 사람은 성을 알 수 없는 인물인데, 다만 목라근자는 백제의 장수이다)에게 명하여 정예 병사를 이끌고 사백개로와 함께 가게 하였다. 모두가 탁순국에 모여 신라를 공격하여 깨뜨리고 인하여 비자본比自㶱·남가라南加羅·녹국喙國·안라安羅·다라多羅·탁순卓淳·가라加羅의 7국을 평정하였다. 이어 병사를 옮겨 서쪽으로 고해진古奚津에 이르러 남만南蠻인 침미다례沈彌多禮를 무찔러 백제에 주었다. 이에 그 왕 초고肖古 및 왕자 귀수貴須가 군사를 이끌고 와서 만났다.[2]

『일본서기』의 기사를 그대로 믿을 수 있는 것은 아니다. 우선 연대를 2주갑周甲 정도 내려야 한다. 신공기神功紀 49년(249년)은 근초고왕 24

---

1 건국 초에 백제는 마한의 간섭을 받았다. 백제는 기원전 9년에 新鹿을 잡아 마한에 보냈으며, 기원전 6년에 사신을 마한에 보내어 도읍을 옮긴 사실을 보고하였다. 6년(온조왕 24년)에 마한과의 사이에 영토 분쟁이 일어나고, 그다음 해부터 백제는 마한을 침략하였다. 백제본기에는 온조왕 27년 이후에 마한이 등장하지 않지만, 『삼국사기』 신라본기 탈해니사금 5년(61년)에는 마한 장수 孟召가 覆巖城을 들어 신라에 항복하였다.

2 『日本書紀』 卷9, 神功紀 49年조에 "以荒田別鹿我別爲將軍 則與久氐等 共勒兵而度之 至卓淳國 將襲新羅 時或日 兵衆少之 不可破新羅 更復奉上沙白蓋盧 請增軍士 卽命木羅斤資 沙沙奴跪(是二人 不知其姓人也 但木羅斤資者 百濟將也) 領精兵 與沙白蓋盧共遣之 俱集于卓淳 擊新羅而破之 因以平定 比自㶱南加羅喙國安羅多羅卓淳加羅七國 仍移兵西廻至古奚津 屠南蠻沈彌多禮 以賜百濟 於是 其王肖古及王子貴須 亦領軍來會"라고 하였다.

년(369년)에 해당한다.[3] 왜倭가 신라 및 가야 7국을 평정한 내용은 임나일본부任那日本府의 실체를 가리키기보다, 일본으로 이주한 백제인들이 6세기 중엽까지 가야 지역으로 진출하던 그들의 경험을 반영한 기록이다.[4] 목라근자木羅斤資 등 백제 장수의 출전도 시사성을 준다.

왜의 가야 7국 평정은 역사적 사실이 아니다. 다만 근초고왕 부자와 황전별荒田別 등이 의류촌意流村(주류수기州流須祇)에서 만나는 신공기의 기록은[5] 백제와 왜의 교섭 관계를 알려 준다. 왜와의 통교로 백제가 쉽게 호남 지역으로 진출하였다. 근초고왕은 군사를 이끌고 남정南征하여 369년에 비리比利·벽중壁中·포미지布彌支·반고半古 등 소국(성읍국가)을 병합하였다. 포미지가 나주이고 벽중이 보성이어서 4개 소국은 일부 전북 지역을 포함한 전남 지역에 잔존殘存한 마한 세력으로 추론된다.[6] 근초고왕은 노령산맥을 넘어 전남 지역까지 진출함으로써 마한의 영토를 거의 병탄하였다.[7] 전남 지역의 장악은 백제가 서남해안 도서의 정치 세력이나 탐라耽羅까지 거느리는 계기가 되었다.[8]

---

3 이병도, 「근초고왕척경고」, 『한국고대사연구』, 박영사, 1976, p. 514.

4 김기섭, 『백제와 근초고왕』(학연문화사, 2000, pp. 167~170)와 이근우, 「『日本書紀』 神功紀 加羅 7국 정벌기사에 대한 기초적 검토」(『한국고대사연구』 39, 2005, pp. 129~149) 참조. 沈彌多禮(耽羅 또는 강진 지역의 소국)를 南蠻으로 표현한 것도 백제 입장을 반영한 기록이다.

5 『日本書紀』 卷9, 神功紀 49年조에 "是以 百濟王父子及荒田別木羅斤資等 共會意流村(今云州流須祇) 相見欣感 厚禮送遣之"라고 하였다.

6 이병도, 앞의 논문, 앞의 책, 1976, pp. 512~513.

7 이병도, 앞의 논문, 앞의 책, 1976, pp. 513~514. 다만 김기섭, 앞의 책, 2000, pp. 168~171에서는 비리 등 4소국은 전북 김제 지역과 전남 나주·광산 지역의 작은 정치 세력이라고 하였다.

8 동성왕 20년(498년)에는 탐라국이 공물과 조세를 바치지 않았는데 왕이 친히 정벌하고자 武珍州(지금의 광주)에 이르니, 탐라가 사신을 보내어 굴복하였다고 한다(『三國史記』 권26, 東城王 20년조). 백제는 광주를 통해 전남 해안 도서의 정치 세력을 확실하게 장악하였다. 다만 이런 체제는 웅진시대에 더 확고하게 이루어졌지만 이미 이전부터 갖추어져 있었다. 사실 웅진시대의 백제는 고구려에 밀려 南下하는 과정에서 흐트러진 체제를 재정

마한 병합 이후 백제가 한반도에서 고구려와 패권을 다투었다. 근초고왕 24년(369년)에 태자 수須(뒤의 근구수왕近仇首王)는 치양雉壤에 침입해 온 고구려 고국원왕의 군사를 격파하여 5,000명을 죽이거나 사로잡았다. 2년 후 고구려가 다시 쳐들어오자 근초고왕은 패하浿河에서 이를 격퇴하였고, 태자 수는 평양성平壤城을 공격하여 고국원왕을 살해하였다. 이때 태자는 반걸양半乞壤에서 싸워 크게 이기고는 수곡성水谷城의 서북 지역에 이르렀다(『삼국사기』 권24, 근구수왕近仇首王 즉위년조). 반걸양과 치양은 동일 지명의 이칭으로 황해도 연백군 백천白川이고, 수곡성은 황해도 신계新溪 부근이다.[9] 패하는 예성강이며[10] 평양성은 남평양, 곧 재령이겠지만 지금의 평양이라고도 추정된다.[11]

백제가 재령강까지 세력을 뻗쳐 수곡성 서북 지역인 예성강 유역을 확보하여[12] 황해도 일대의 대방 고지를 장악하였다. 개국 초에 한강 유역에서 일어나 한강 상류 지역을 확실하게 장악하지 못한 한계성을 가졌을지라도, 근초고왕대의 백제는 경기도와 충청도 및 전라도는 물론 강원도 일부 지역까지 관장하는 전성기를 이루었다.[13] 근초고왕대에는 박사 고흥高興이 『서기書記』를 찬술하였다. 처음 공식적으로 편찬한 역사서인 『서기』에는 백제가 흥기를 만나 도약하는 모습이 담겨 있다.[14] 『서기』 편찬은 강화된 왕권과 정비된 국가체제를 배경으로 백제가 전대와 달리 새로운 시대를 맞아 도약하고 있음을 과시하려는 것이다.[15]

비하는 데 힘을 쏟았다.

9 이병도, 앞의 논문, 앞의 책, 1976, pp. 509~510.

10 김기섭, 앞의 책, 2000, pp. 147.

11 김기섭, 앞의 책, 2000, pp. 151.

12 김기섭, 앞의 책, 2000, pp. 152~155.

13 이병도, 앞의 논문, 앞의 책, 1976, pp. 514.

14 김철준, 「백제사회와 그 문화」, 『한국고대사회연구』, 지식산업사, 1975, p. 49.

15 360년마다 국가의 興運을 맞는다는 중국 한나라 楊雄의 『太元經(太玄經)』 사상에서 영

근초고왕대의 백제는 정복국가체제를 갖추고 영토 확장뿐만 아니라 문화나 외교 면에서도 비약적으로 발전하고 있었다. 근초고왕 27년(372년) 정월에 백제가 동진東晋에 사신을 파견하자, 6월에 동진은 근초고왕을 진동장군鎭東將軍 낙랑태수樂浪太守로 봉하였으며[16] 이후 두 나라 사이에 교류가 잦았다. 기록상 동진과의 국교는 근초고왕 때에 시작되었어도 실제로 백제는 일찍부터 남중국과 빈번하게 교류하였다. 낙랑태수 책봉은 근초고왕 때의 백제가 고구려나 주변국과 비교하여 강성하였던 사실을 알려 준다.[17]

근초고왕 27년에는 남쪽의 왜와도 통교하였다. 근초고왕은 구저久氐를 보내어 칠지도七支刀를 왜왕에게 전하였다.[18] 서해와 남방 경영은 백제가 일찍이 해상 세력으로 성장함으로써 가능하였다. 진나라 때에 고구려가 요동을 공략하자, 백제도 역시 요서遼西·진평晋平 두 군郡을 점거하고 스스로 백제군百濟郡을 설치하였다(『양서梁書』 제이전諸夷傳 백제전). 이 요서경략설遼西經略說은 중국 사서에만 기록되어 있어 정설로 인정받지 못하지만, 고구려를 견제할 필요에서 백제가 요서 지역을 확보하였을 가능성이 전혀 없는 것은 아니다.[19] 그리하여 근초고왕대에

향을 받아 편찬한 『서기』는 온조의 개국에서 근초고왕의 즉위까지가 약 360년(실제로 363년)이 되게 기록하였다.

16 『晋書』 卷9, 簡文帝紀, 咸安 2년 6월조.

17 김기섭, 앞의 책, 2000, pp. 156~158. 같은 시기 고구려 고국원왕은 前燕으로부터 樂浪公高句麗王에 책봉되었다(『三國史記』 권18, 故國原王 25년조).

18 이병도, 「백제칠지도고」, 『한국고대사연구』, 박영사, 1976, pp. 523~525. 일본 石上神宮의 七支刀 후면에 새겨진 銘文은 "先世以來 未有此刀 百濟王世△(子) 奇生聲音 故爲倭王旨造 傳示後世"라고 하였다. 이를 이병도는 "先世以來로 이 칼이 없었던 바, 百濟王世△(子) 奇生聲音이 일부러 倭王 旨를 위하여 만들었으며, 後世에 길이 전하여 보일지어다"라고 해석하였다(같은 책, p. 529). 곧 근초고왕은 후왕인 왜왕 旨에게 칠지도를 제작하여 내렸다.

19 김상기, 「백제의 요서경략에 대하여」, 『백산학보』 3, 1967; 『동방사논총』, 서울대학교 출판부, 1974, pp. 428~432. 『南齊書』 百濟전에는 後魏가 백제를 공격하자 東城王 牟大가

요서경략이 이루어졌을 것으로 생각하기도 한다.[20]

시대가 다소 내려가지만 양梁 원제元帝로 즉위하는 소역蕭繹이 형주자사荊州刺史로 재임하던(526~536년) 중 내조한 외국 사신의 모습을 그린 「직공도職貢圖」에는 반파叛波·탁卓·다라多羅·전라前羅·사라斯羅·지미止迷·마련麻連·상기문上己文·하침라下枕羅 등 부용국을 거느린 백제의 사신이 실려 있다. 이들 부용국은 전라도 서남 끝은 물론 섬진강에서 낙동강 유역에 존재한 소국이라고 추정된다.[21] 서남해안을 통해 백제는 왜뿐만 아니라 남중국과 깊이 교류하였다. 신라와는 비교도 안 될 정도로 근초왕대의 백제가 서남해안의 해양 교류를 통해 세련된 중국문화를 받아들였으며, 6세기에 이르기까지 가야 지역에 부용국을 거느리는 강국으로 성장하였다.

(2) 침류왕대의 왕권중심 귀족국가 성립

근초고왕대의 전성기를 거치면서 백제는 판도를 최대로 넓혔을 뿐만 아니라 광대한 문화역량文化力量을 지녔다. 남북조시대 남조와 빈번하게 교류하였기 때문에 백제는 중국 남방의 귀족문화를 주로 받아들였다. 백제가 해양을 통해 많은 문화를 일찍부터 받아들여 축적하였다.

이를 격파하였다고 하였다. 같은 내용은『三國史記』권26, 東城王 10년조에도 나온다. 또한『資治通鑑』卷97, 晋孝宗 永和 2년조에는 백제의 침입으로 말미암아 부여가 쇠약해져서 선비족에게 멸망당했다고 하였다. 騎馬民族으로 水軍이 약한 북위가 백제에 침입하기는 어렵다. 육로로 고구려를 통과할 수도 없으므로 북위의 백제 침입이나 혹은 백제의 부여 공격은 요서 지역의 백제군 설정을 추정하게 한다.

20 김기섭, 「근초고왕과 요서경략설」, 『백제와 근초고왕』, 학연문화사, 2000, pp. 195~196.

21 이홍직, 「양 직공도 논고—특히 백제국 사신 도경을 중심으로—」, 『한국고대사의 연구』, 신구문화사, 1971, pp. 409~419.

토착문화는 물론 풍부한 중국문화를 겸비한 백제는 고구려나 신라보다도 세련되고 우아한 민족문화를 이룰 수 있었다. 문화 발달에 따른 국가 제도가 비교적 빨리 정비되었다. 근초고왕대를 이어 이루어진 침류왕대의 체제 정비는 방대해진 영토나 국가체제는 물론 풍부하게 축적된 문화를 짜임새 있게 체계화하는 방향으로 진행되었다.

기록상 백제는 고이왕 27년(260년)에 율령 반포라 할 수 있는 국가체제를 갖추어 6좌평佐平과 16품品의 관등官等을 정비하였다. 16품의 관등은 다음과 같이 복색服色제도와 함께 갖추어졌다.

16품 관등

① 자색의紫色衣 은화관銀花冠: 1품 좌평, 2품 달솔達率, 3품 은솔恩率, 4품 덕솔德率, 5품 한솔扞率, 6품 내솔柰率

② 비색의緋色衣: 7품 장덕將德, 8품 시덕施德, 9품 고덕固德, 10품 계덕季德, 11품 대덕對德

③ 청색의青色衣: 12품 문독文督, 13품 무독武督, 14품 좌군左軍, 15품 진무振武, 16품 극우克虞

고이왕 때의 백제는 6좌평과 그 직능, 16관등과 관복제도를 아울러 마련하였다고 한다. 이것은 연맹왕국체제를 넘어서 중앙집권적 귀족국가 모습을 보여 준다. 백제 연맹왕국에 흡수된 소연맹국이나 성읍국가 세력의 대소에 따라 그 수장이나 지배자를 중앙귀족으로 차등하여 편제하였고, 고이왕대에는 연맹왕국체제를 완비하였다.

중앙집권적 귀족국가체제의 성립과 표리表裏가 되어 율령 반포와 불교 공인이 이루어지기 마련이다. 고구려나 신라의 경우 소수림왕과 법흥왕 때에 중앙집권적 귀족국가체제가 성립하면서 율령을 반포하였다.

백제의 중앙집권적 귀족국가체제는 근초고왕 이후 불교가 공인된 침류왕 때에 이루어졌다. 16품 관등의 설정은 중앙집권적 귀족국가의 성립과 그에 따른 율령 반포를 상정하게 한다.

고이왕 때의 관제 정비는 강한 왕권을 전제로 중앙집권적 모습을 바로 보여 준다. 6좌평의 직능 분화뿐만 아니라 관복제가 동시에 도입되고 있기 때문이다. 16품 관등도 세 부류로 세분되었다. 자색 옷을 착용한 1품에서 6품까지의 솔류率類 관등과 비색 옷을 착용한 7품에서 11품까지의 덕류德類 관등 및 청색 옷을 착용한 12품에서 16품까지의 하급 실무 관등이 곧 그것이다. 솔류 관등과 덕류 관등은 고구려의 형류兄類 관등과 사자류使者類 관등을 생각하게 한다.

백제의 16관등제는 솔류보다는 덕류 이하의 관등을 부각하려 하였다. 16관등제를 그대로 실은 『주서周書』에는 자대紫帶·즉대皀帶·적대赤帶·청대青帶·황대黃帶·백대白帶의 6대색제帶色制가 나오는데, 이는 주로 덕류 관등을 주목하여 구별하려는 의도를 지닌 것이다.[22] 아울러 청색 옷을 착용한 하품 관등의 실무 능력을 중시하였다. 백제는 비로소 문독과 무독의 문무文武를 구분하였다. 14품 이하의 좌군과 진무는 무계武系 관등이고 극우도 무계 관등이라고 생각한다.[23] 하급 실무 관등이 무관으로 채워진 셈이다.

---

22 『周書』 百濟전에 나오는 6帶色制가 率類 官等에게는 적용되지 않았다. 銀花冠이 솔류 관등에게만 공동으로 착용된 것과 대비된다. 6帶 중 紫帶는 7품 將德, 皀帶는 8품 施德, 赤帶는 9품 固德, 靑帶는 10품 季德, 黃帶는 11품 對德과 12품 文督, 白帶는 13품 武督부터 16품 克虞까지 착용하였다. 이로 보면 6대색제는 덕류 관등을 더 세분할 목적에서 마련되었다. 백제 전제왕권의 강화에 따라 전문성을 요구할 정도로 덕류 관등의 직무가 중시되었다. 이런 현상은 고구려 사자류 관등이 부상하는 것과 같은 맥락으로 이해할 수 있다.

23 노중국, 『백제정치사연구—국가형성과 지배체제의 변천을 중심으로—』, 일조각, 1988, p. 226.

덕류 관등 이하의 중·하류 실무 관등을 중시하거나 좌평의 기능을 나눌 뿐만 아니라 관복제까지 마련한 관제 정비는 중앙집권적 귀족국가체제의 율령 반포와 맞물려 진행되었다. 6좌평이나 16관등제 및 관복제는 고이왕 때의 국가체제와 다소 거리가 있으며, 오히려 침류왕 때의 율령 반포와 연결하여 이해해야 한다.

다만 일찍 중국의 국가제도를 도입한 백제가 고이왕 때에 고구려나 신라와 비교해 더 세련된 연맹왕국체제를 완비하였다. 백제 국가체제의 세련된 면을 강조하다 보니 고이왕 때에 마치 율령 반포를 의미하는 제도 정비가 이루어졌다고 소급하여 기록하였다.

근초고왕대의 전성기를 거쳤기 때문에 침류왕 때에는 풍부하게 축적된 문화나 넓어진 영토를 효율적으로 정비하고 통어하기 위한 율령 반포가 이루어졌다. 기록으로 남지 않았으나 침류왕 때의 율령 반포는 고이왕 때의 사실로 기록한 제도 정비에 중앙집권체제를 더 강하게 반영하였으며, 사비시대의 국가체제와 흡사한 성격을 가질 수 있었다. 다음 기록은 백제 국가체제를 이해하는 데 도움을 준다.

> 다스리는 성城을 고마固麻라 부르고 읍邑을 담로擔魯라 이르는데, 마치 중국의 군현郡縣을 말하는 것과 같다. 그 나라에는 22담로가 있으며 모두 종족宗族 자제子弟에게 나누어 거하게 하였다.
>
> —『양서』 제이전 백제전—

이 내용은 웅진시대에 관한 기록이지만, 담로擔魯는 백제 건국 초부터 전승되었다고 한다.[24] 고마固麻가 성城이고 읍은 담로라 불렀는데,

24 이병도, 『한국사—고대편—』, 한국학술정보, 2012, pp. 491~492.

서로 어떻게 편제되었는지를 구체적으로 제시할 수는 없다.

고마와 담로는 중국 군현과 같다고 하였다. 백제의 지방제도가 중앙집권적 통치체제를 갖추었음을 알려 준다. 담로는 지방의 대읍大邑이며 주위의 소읍이나 촌락을 거느렸다.[25] 거기에 백제의 종족宗族 자제를 파견하였지만, 왕족이 분거分據해 있지는 않았다. 봉건제가 아니어서 종족 자제의 지방관 파견은 백제의 지방제도가 왕실 중심으로 강한 집권적 통치체제를 구축하고 있었다고 생각한다. 중국 군현제와 같다는 담로제는 중앙집권적 통치체제를 마련하는 기능을 가졌다.[26]

왕실이 처음 파견하는 지방관은 재지在地에서 조세 수취는 물론 군사권 장악 임무를 맡았다. 특히 담로는 신라의 주州와 마찬가지로 중앙 군사제도 정비와 병행하여 설치되었다. 백제에 담로는 일찍부터 존재했어도 정복국가체제를 완성한 근초고왕 때에 집중적으로 설치되었다. 침류왕 때의 율령 반포를 거치면서 담로제가 성립하였지만 담로의 수는 이후에도 영역의 확대에 따라 다소 증가하였다.

담로제를 확립시킬 정도로 율령 반포 후 침류왕 때의 관제는 중앙집권체제를 유지하였다. 강화된 왕권을 배경으로 6좌평제나 16관등제의 더 세분된 직무를 관장하면서 집권체제를 강화하였다. 율령 반포에 내포한 왕권 중심의 집권체제는 이후 사비시대의 22부部 모습에서 유추할 수 있다.

① 내관內官: 전내부前內部·곡부穀部·육부肉部·내략부內掠部·외략부外掠部·마부馬部·도부刀部·공덕부功德部·약부藥部·목부木部·법부法部·후궁

25 이병도, 위의 책, 2012, p. 491.
26 노중국, 앞의 책, 1988, p. 244~243.

부後宮部

② 외관外官: 사군부司軍部·사도부司徒部·사공부司空部·사구부司寇部·점구부點口部·객부客部·외사부外舍部·주부綢部·일관부日官部·도시부都市部

율령 반포 이후 6좌평 아래의 실무 관직을 필요에 따라 설치하였고 사비시대에 이르러 22부를 갖추었다. 22부는 내관內官 12부와 외관外官 10부로 구성되었다. 내관이 왕실 업무를 담당하였다면 외관은 일반 서정을 담당하였다.

내관 중 곡부穀部와 육부肉部·약부藥部·목부木部·후궁부後宮部는 식품이나 의약 및 토목 등 왕실에 직접 필요한 사무를 맡은 기관이다. 내략부內掠部와 외략부外掠部의 직능이 분명하지 않으나[27] 기율을 담당하였을 것으로 생각한다. 이 외 국왕 근시近侍와 왕명 출납을 맡은 전내부前內部를 위시해서 말과 창검을 관리하는 마부馬部와 도부刀部 및 종교와 제의를 주관하는 공덕부功德部·법부法部는 모두 왕실 권위를 상징하는 임무를 담당하였다.

외관 중 사군부司軍部와 사도부司徒部·사공부司空部·사구부司寇部는 『주례周禮』나 『서경書經』에 그대로 나오는 중국 관제이다.[28] 사군부는 내외 병마를 관장하였고, 사도부와 사공부는 의례와 토목 재정을 맡았으며, 사구부는 형벌을 담당하였다. 또한 점구부點口部는 호구 파악, 객부客部는 사신 접대, 외사부外舍部는 관료 임명 업무를 장악하였다. 그 외 주부綢部·일관부日官部·도시부都市部가 산업과 천문을 관장하였다.

27 노중국, 앞의 책, 1988, p, 228에 內掠部와 外掠部가 창고 업무를 맡았다고 하였지만 확실하지 않다. 혹 이들이 기율을 담당하지 않았다 하더라도 내관의 대부분이 왕실 권위를 내세우는 직무를 가졌다.

28 노중국, 앞의 책, 1988, p, 229~230.

내관은 물론 외관 직무 대부분도 강력한 왕권 확립을 뒷받침하는 것이다. 궁내 부서가 서정庶政 부서에 못지않게 더 많으면서 왕권을 강조한 22부는, 사비시대의 관서지만[29] 그 정비 방향은 이미 한성시대부터 정립되었다. 웅진시대부터 사비시대의 백제는 흐트러진 한성시대의 국가체제를 군사력 위주로 재정비하면서 강력한 왕권 중심의 집권체제를 이루고자 하였다. 침류왕 때의 율령 반포는 고이왕 때의 관제 정비에 담로제나 22부의 일부를 개설하면서 이루어졌다.

근초고왕대의 전성기가 끝난 후 백제에는 많은 중국문화가 유입되어 축적되었을 뿐만 아니라 정복 전쟁을 주관한 왕실 세력이 강대해졌다. 한성시대에 이미 백제는 중국 관명을 채용하였고, 유교적 이념에 합당하게 국가체제를 정비하였다. 그리하여 중국 군현제에 가까울 정도로 중앙집권적 귀족국가를 이루었기 때문에 강력한 왕권 중심의 집권체제를 유지하였다. 율령 반포 이후 백제는 중앙집권적 귀족국가라기보다는 왕권중심 귀족국가였다.

2. 백제 침류왕대의 불교 공인과 계율사상

(1) 침류왕대의 불교 공인과 경전의 이해

백제 침류왕 원년(384년)에 동진東晋으로부터 호승胡僧 마라난타摩羅難陀가 들어오면서 처음으로 불교가 전래되었다. 침류왕은 교외에 나가 그를 마중하였고, 대궐로 모셔 공경해 받들면서 그 교설의 가르침을

29 노중국, 앞의 책, 1988, p. 230.

받았다. 임금과 신하가 감화받아 즐거워하며, 크게 불사佛事를 넓히고 함께 찬양하여 받들었다고 한다.[30] 마라난타가 건너온 그 이듬해(385년)에는 한산漢山에 불사佛寺를 세우고 10명을 출가시켜 승려가 되게 하였다. 마라난타가 들어온 지 8년 뒤인 아신왕阿莘王 원년(392년)에는 조서를 내려서 "불법佛法을 숭신崇信하여 복을 구하라"고 하였다.

백제에 불교가 침류왕 때 처음으로 전래하였다는 데 대해서는 달리 파악하기도 한다. 이전에 이미 불교는 들어와 있었다. 그것은 고구려에서와 같이 도교의 '무無' 관념으로 불교의 '공空' 사상을 이해하려는 격의불교格義佛敎의 성격을 가졌다. 고구려 승려 망명亡名이나 신라 초전初傳불교의 전래 전설 등은 공인公認 이전에 불교가 왕실 중심으로 전래하여 수용되었음을 알려 준다. 유독 백제에서는 초전불교의 흔적이나 전래 전설이 나타나 있지 않다. 그러나 고이왕 이후 어느 시기에 불교가 전래되었으며, 침류왕 원년에 공인되어 국가불교로 성립되었다.

왕실이 수용한 초전불교를 홍포弘布하여 국가불교로 공인하는 과정에서 고구려나 신라와 비교하여 백제에서는 귀족의 반대가 거의 없었다. 왕실과 귀족이 불교사상 면에서 조화와 타협을 이루었다기보다는 왕실 주도로 비교적 수월하게 불교를 공인하여 국가불교로 발전시켰다. 백제의 국가불교는 귀족불교라 하더라도 왕실 입장을 더 고려하는 성격을 가졌다.[31] 그리하여 백제의 국가불교는 계율을 강조하거나 법화法華사상을 내세우는 사상 경향을 보였다.

백제에서는 연맹왕국 성립 이래 토착 부족인 귀족보다 연맹왕실의 세력이 강하였다. 율령 반포로 중앙집권적 귀족국가가 성립하였지만, 실

30 覺訓,『海東高僧傳』권1, 流通 1, 摩羅難陀조.

31 김두진,「백제 초전불교의 공인과 그 의미」,『삼국시대 불교신앙사 연구』, 일조각, 2016, pp. 122~123.

제로 왕비족 세력이 약하여 귀족연합 정권을 이루지 못하였다. 한성시대에 해씨解氏와 진씨眞氏가 나오지만, 백제 왕비족에 대해서는 『삼국사기』 등 역사서에 거의 기록되어 있지 않다.[32] 근초왕대에 백제 건국신화가 정착되었는데 그 속에 빠져나간 지신계地神系 시조전승은 미미한 왕비족 존재를 생각하게 한다.[33]

근초고왕대를 전후하여 왕권은 막강하였고, 문화도 풍부하게 축적되어 백제 불교문화가 일찍 성숙하였다. 불교 공인 이후 백제는 중국으로부터 『열반경涅槃經』 등 많은 경전을 구입求入하였다. 백제 승려들은 여러 경전을 연구하였는데, 특히 『법화경法華經』에 의한 실천신앙을 추구하였다. 백제 웅주熊州 사람인[34] 현광玄光은 중국에 들어가 진陳나라의 남악南岳 혜사慧思(515~577년)로부터 『법화경』 안락행품安樂行品의 법문을 은밀히 전수하고는, 더 정진 수행하여 법화삼매法華三昧를 증득證得하였다.

혜사가 지금 깨달은 법문으로 본국 사람들을 제도하도록 당부하니, 현광이 바닷길로 귀국하였다. 돌아오는 길에 그는 제석천제帝釋天帝의 초청을 받아 바닷속 용궁으로 가서 법화삼매를 강설하였고, 고향인 웅주 옹산翁山에 절을 세워 크게 교화하면서 많은 제자를 배출하였다. 현광이 고국에 돌아와 활동하던 시기는 위덕왕대(554~597년) 후반이거나 또는 법왕(599년)과 무왕대(600~640년) 전반기였을 것으로 생각한다.[35]

---

32 이기백, 「백제 왕위계승고」, 『한국고대정치사회사연구』, 일조각, 1996, pp. 153~155.

33 김두진, 「백제시조 온조신화의 형성과 그 전승」, 『한국학논총』 13, 1990, pp. 22~23.

34 『宋高僧傳』을 비롯한 중국 僧傳에 실린 玄光은 新羅人으로 기록되었기 때문에 우정상·김영태 공저, 『한국불교사』(진수당, 1968, p. 35)에서는 玄光을 신라인이라 하였다. 그러나 김영태, 「법화신앙의 전래와 그 전개—삼국·신라시대—」(『한국불교학』 3, 1977)에서는 현광을 백제 승려라고 수정하였다. 원사료에 나오는 熊川이 熊州였는지의 문제는 남아 있지만, 현광은 백제 승려로 파악하는 것이 학계의 定說이다.

35 안계현, 「백제불교에 관한 제문제」, 『백제연구』 8, 1977; 충남대학교 백제연구소 편, 『백

백제 사회에서 현광은 법화신앙을 홍포하였다. 그가 증득한 법화삼매의 안락행품은 삼승三乘이 모여 일승一乘에 들어가는 '회삼귀일會三歸一' 사상을 표방하는데, 방편을 펼쳐 실상實相을 드러내려는 것이다.[36] 귀국 후 백제 사회에서 활동했음에도 불구하고 현광은 중국 남악의 혜사 영당影堂 안에 그려진 28명 중에 들고, 또 그의 영정이 천태산天台山과 국청사國淸寺의 조당祖堂에도 모셔져 있었다.[37]

중국에서 혜사와 그 후계자인 지의智顗에 의한 법화신앙이 천태사상으로 성립하여 크게 떨치고 있을 때, 현광은 지의와 서로 전후하여 백제 법화신앙을 실천적이며 선관적禪觀的 모습으로 전개하였다.[38] 무왕 때의 고승 혜현惠現은 철저한 법화신앙 수행자로서『법화경』의 독송을 생업生業으로 삼았다. 혜현은 백제 법화신앙이 염송적念誦的 성격을 갖는 데 큰 역할을 담당하였지만, 한편으로 삼론三論에도 뛰어난 학자였다.

무왕 3년(602년)에 일본으로 건너가 역서曆書와 천문天文 지리地理 및 둔갑遁甲 방술方術 등의 서적을 전하고, 일본 최고의 승정僧正이 되었던 백제 고승 관륵觀勒은 삼론사상에 정통하였다.[39] 고구려에는 망명 이후 법랑法朗에 이르러 삼론사상이 성행하였는데, 무왕 때의 백제에서도 삼론을 연구하였던 것은 분명하다. 삼론 연구로 당시 백제에 반야般若 계통의 경전이 들어와 신봉되었다.

제불교문화의 연구』, 1994, p. 185.

36 김영태,「백제 불교신앙의 특성」,『백제의 종교와 사상』, 충청남도, 1994, p. 418.

37『宋高僧傳』卷18, 陳新羅國玄光傳,『大正新脩大藏經』卷50, pp. 820~821; 志磐,『佛祖統紀』卷9, 南岳傍出世家,『大正新脩大藏經』卷49, p. 196.

38 안계현, 앞의 논문, 앞의 책, 1994, p. 191.

39『本朝高僧傳』卷1, 法本 1, 百濟國沙門 觀勒전에 "釋觀勒百濟國人 研究三論 旁通外學"이라 하였다.

무왕(무광왕武廣王)이 지모밀지枳慕密地(금마金馬 왕궁王宮 터)에 천도하여 제석정사帝釋精舍를 새로 지었는데, 동지銅紙에 새긴『금강반야경金剛般若經』을 담은 목칠함木漆函과 함께 불사리佛舍利를 탑의 초석 내에 봉안하였다. 무왕 40년(639년)에 벼락이 크게 치면서 화재가 일어나 제석사가 모두 불타버렸으나, 사리병과 목칠함은 불에 타지 않아 불사리와『금강반야경』이 그대로 남아 있다.[40] 의자왕대 말에 일본으로 건너간 백제 승려 의각義覺도 특히『반야심경般若心經』을 독송하였다.[41]

백제에서는『유마경維摩經』이나『성실론成實論』에 대한 관심도 나타나 있었다. 의자왕 16년(656년)에 북악니北岳尼 법명法明은 일본으로 건너가『유마힐경維摩詰經』을 독송하면서 일본 대신의 병을 고쳤다.[42] 의자왕대에 일본으로 건너가 법문法門의 영수로서 존경받았다는 도장道藏은『성실론소成實論疏』16권을 저술하였는데, 법상法相과 구사俱舍 및 삼론三論 등에 밝은 고승이었다.[43] 일본에 전한『유마경』이나『성실론』등은 백제 불교가 이미『유마경』의 독송뿐만 아니라 유식唯識에 대한 이해가 깊었음을 알려 준다.

백제에 삼론 및『금강반야경』신앙이 유포되고 있었음을 보여 주는 자료는『관세음응험기觀世音應驗記』이다. 관음신앙이 퍼져 있었고『관음경』을 독송하였다. 무령왕대에 승려 발정發正이 중국에 가서 공부하고 30여 년 만에 귀국 길에 올랐는데, 월주越州에서 관음응험觀音應驗 도량을 목격하였다.[44] 발정이 관음을 접하는 사실은 백제의 관음신앙과 연관된다. 백제 사회에『관음경』이 널리 유포되었는지는 불분명하나 관음

40『觀世音應驗記』付末尾; 김영태, 앞의 논문, 앞의 책, 1994, p. 420.

41『元亨釋書』卷9,『本朝高僧傳』卷46, 感進, 百濟國沙門 義覺전.

42『元亨釋書』卷18, 願雜 尼女조.

43『日本書記』卷30,『元亨釋書』第9,『本朝高僧傳』卷1, 法本 1, 百濟沙門 道藏전.

44『法華經傳記』卷6, 越州 觀音道場道人.

신앙은 크게 유행하였다.

사료적 가치가 다소 떨어지는 조선시대 자료이기는 하지만「성덕산 관음사사적成德山 觀音寺事蹟」은 백제 사회에 관음신앙이 크게 퍼져 있었음을 생각하게 한다. 충청도 대흥大興에 살고 있던 홀아비 장님 원량元良에게 효성이 지극한 딸 홍장洪莊이 있었다. 효성으로 말미암아 홍장은 동진국東晋國의 왕후가 되었다. 홍장왕후는 모국과 아버지를 위해 불사佛事를 많이 행했는데, 원불願佛로 관음상을 주조하여 모국의 인연이 있는 곳에 닿도록 배에 띄워 보냈다. 배가 마침 전남의 낙안樂安 바닷가에 이르자, 처녀 성덕成德이 불상을 봉안하여 관음사를 창건하였다고 한다.[45]

성덕 처녀는 백제 관음신앙의 상징적 인물로 일본의 성덕태자成德太子와도 깊이 연관되었을 것으로 추측한다.[46] 일본 불교를 일으키는 성덕태자는 관음 응신應身이라고 한다. 사실 백제 관음신앙이 일본에 전해져 그곳의 불교를 일으키는 데 크게 이바지하였다. 백제는 성왕 30년(552년)에 불상과 경전 및 불사리 등을 일본에 보냈는데, 그때 관음상은 물론『법화경』을 전하였다.

백제 관음신앙의 근본 도량은 성덕산이고 그곳에 성덕 처녀와 연관된 연기설화가 퍼져 있다. 백제 관음신앙이 일본에 전해져 그 성지인 성덕成德이 일본 불교를 크게 일으키는 장본인인 성덕태자의 이름으로 나타났다. 백제는 물론 일본에 전해진 관음신앙의 위상을 생각하게 한다. 현재 일본 나라奈良의 법륭사法隆寺에 남아 있는 백제 관음이라 불리는 빼어난 조형미를 갖춘 불상은 백제 관음신앙이 크게 유행한 흔적을 알려 준다.

---

45 『朝鮮寺刹史料』 卷上(韓國文化開發社, 1972, pp. 244~248) 玉果縣 成德山 觀音寺事蹟조.

46 김영태, 앞의 논문, 앞의 책, 1994, p. 427.

(2) 백제 미륵신앙과 계율

백제 사회에 미륵신앙이 유행하였으며, 특히 웅진 지역의 미륵신앙은 잘 알려져 있다. 신라 진지왕대 흥륜사興輪寺의 승려 진자眞慈는 매번 당주堂主인 미륵상 앞에 나아가 발원하였는데, "미륵대성彌勒大聖께서 화랑으로 세상에 출현하면 항상 친근하게 받들어 모시고자 한다"고 하였다. 그러던 중 꿈에 미륵대성이 나타나 진자에게 말하기를, 웅주熊州의 수원사水源寺에 가면 자기를 만나 볼 수 있을 것이라 하였다.

진자는 꿈을 깨고 기뻐하며 수원사에 찾아가니, 문밖에서 한 소년이 웃으며 반가이 맞았다. 그가 바로 미륵의 화신이었다. 신라 흥륜사의 주존主尊이 미륵이었으므로 신라 사회에서도 이미 미륵신앙은 뿌리를 내리고 있었다. 그런데도 공주의 수원사로 가서 미륵선화彌勒仙花를 맞이하라고 하였다. 신라 진지왕 당시는 백제 위덕왕 때여서 한강 유역을 둘러싼 두 나라의 분쟁으로 진자는 공주 지역으로 나아가지 못하였을 것이다. 진자가 미륵선화를 구현하는 연기설화는 백제, 특히 공주 지역이 미륵신앙의 상징적 존재로 자리하였음을 알려 준다.

진자眞慈라는 이름은 바로 미륵신앙과 연관된다. 수원사는 역사에서 그 위상 등이 알려지지 않았지만, 명칭으로 보아 미륵신앙을 구하는 데 원류라는 의미를 나타내는 듯하다. 미륵신앙이 웅진시대에 크게 유행하였지만, 그 구체적 양상은 시대가 조금 내려가는 미륵사彌勒寺 창건에 관한 다음 기록에서 이해할 수 있다.

무왕武王은 부인과 더불어 사자사師子寺로 가고자 하여 용화산龍華山 아래의 큰 못 가에 이르렀는데, 미륵 3존이 못 가운데에서 출현하였으므로 수레를 멈추고 경배하였다. 부인이 왕에게 말하기를 이곳에 큰 절을 이룩하는 것이 나의 소원이라 하였다. 왕이 허락하고 지명知命에게 소임을 맡겼다. 신력神力으로 하룻밤에 산을 무너뜨려서 못을 메워 평지를 만들고 미륵 삼존상과 회전會殿·탑·낭무廊廡를 각각 세 곳에 세워 액호額號를 미륵사라 하였다(『국사國史』에는 왕흥사王興寺라 말함). 진평왕眞平王이 백공百工을 보내어 도와주었는데 지금까지 그 절이 있다.

—『삼국유사』 권2, 무왕조—

미륵사 창건은 무왕, 특히 그의 부인인 선화공주善花公主의 발원으로 이루어졌다고 하는데, 세주細註에는 미륵사가 『국사國史』에서 말하는 왕흥사王興寺라고 부기附記하였다.[47] 법왕이 사비성에 왕흥사를 창건하려 했는데 겨우 터만 닦고 돌아가니, 아들인 무왕이 완성하여 미륵사라고 불렀다(『삼국유사』 권3, 법왕금살法王禁殺조).

왕권 전제화를 위한 국왕 권위를 신장하고자 왕흥사가 건립되었다.[48] 왕흥사는 왕실이 경영하는 사찰로 전륜성왕 신앙을 표방하는 신라의 흥륜사興輪寺와 비교될 수 있다.[49] 선화공주가 발원한 미륵사는 미륵3존의 출현을 경배하기 위해 용화산 아래에 건립되었다.[50] 선화공주는 사

---

47 왕흥사와 미륵사에 관해 자료상의 混同이 있었으며, 그것은 두 사찰이 각각 따로 존재했다고 파악하기도 한다(홍사준, 「호암사지와 왕흥사지고」, 『백제연구』 5, 1974, pp. 147~150). 그러나 사료의 분위기는 두 사찰이 연결되는 것으로 생각하게 한다.

48 김주성, 「백제 사비시대 정치사 연구」, 전남대학교 박사학위논문, 1990, pp. 98~100.

49 미륵사 창건에 신라의 善花(善化)공주가 관여하였다. 미륵신앙을 내세운 선화공주는 音이 비슷하다는 면에서 신라의 彌勒仙花와 연관된 것으로 추측된다. 또한 百濟의 왕흥사는 미륵신앙과 연결되어 있다는 면에서 신라의 興輪寺와 비슷한 성격을 가진 사찰이었다고 생각한다.

50 익산 미륵사지 석탑에서 발견된 「彌勒寺舍利奉安記」에는 백제 좌평 沙宅積德의 딸인 왕비가 伽藍을 건립하고 사리를 봉안하였다고 한다. 다만 「미륵사사리봉안기」가 『三國遺事』 권2, 武王조 내용을 부정하는 것은 아니다. 선화공주의 미륵사 창건 연기설화는 미륵신앙과 계율을 함께 강조하는 백제 불교의 사상적 특성을 잘 알려 준다. 또한 무왕조의 환경이 지금 미륵사지 주변과 거의 일치하는 점도 사료적 가치를 높인다. 사택적덕의 딸인 왕비

자사師子寺와 인연을 맺고 있었다. 무왕과 선화공주가 사자사로 가는 도중에 미륵3존의 출현을 보고 미륵사를 창건하였다. 미륵사 창건 이전에도 선화공주는 사자사의 지명知命법사와 두꺼운 신분을 쌓았다.[51]

사자사는 도솔천 내의 사자상좌師子床座에서 유래한 이름이다.[52] 미륵보살이 상생上生하여 도솔천 칠보대七寶臺의 마니전摩尼殿 사자상좌에 앉아 설법하고는 화생化生한다.[53] 사자상좌 또는 미륵사와 연관된 사자사는 미륵의 출현과 연관된 신앙을 가졌다.[54] 이렇듯 경전 속의 미륵세계를 현실적으로 용화산 밑에 펼쳐 놓은 것이 미륵사라는 큰 가람伽藍이다. 무왕은 미륵불의 용화 이상세계를 실현하고자 하여 미륵사를 창건하였다.[55]

당래불當來佛인 미륵3존불을 봉안하는 미륵사는 세 곳의 가람으로 배치하였다. 이런 미륵사의 구조는 용화수 아래에 미륵불이 출현하여 삼회三會의 설법을 통해 모든 중생을 제도하는 모습을 나타낸다. 산을 등지고 강에 임박하여 축조한 미륵사가 화목花木이 수려한 속에 장려壯麗하게 장식되었는데, 왕이 매번 배를 타고 절에 들어갔다고 한다. 이런 표현은 용화 이상세계의 모습을 떠올리게 한다. 다만 백제 미륵신앙에

는 후비였고, 미륵사를 창건하지 않았거나 혹은 창건에 관여하였더라도 사리를 봉안한 동서 탑을 건립하였다고 생각한다. 그러므로 첫 왕비인 선화공주의 발원으로 미륵사가 창건되었을 가능성은 여전히 남는다.

51 『三國遺事』 권2, 武王조에는 薯童(武王)이 채취하여 쌓아둔 금덩이를 선화공주가 師子寺로 옮겨 놓았다. 知命法師는 神力으로 그것을 하룻밤에 다시 신라 궁중으로 옮겼다. 이를 보면 선화공주와 지명법사는 친분이 두터웠음을 알 수 있다.

52 田村圓證, 「百濟の彌勒信仰」, 『馬韓·百濟文化』 4·5 합집, 1982, p. 26.

53 『觀彌勒上生經』(『大正新修大藏經』 卷14, p. 419. 下)에 "時兜率天七寶臺內 摩尼殿上 師子床座 忽然化生 於蓮華上 結可趺坐"라 하였다.

54 김두진, 「백제의 미륵신앙과 계율」, 『백제연구총서』 3, 충남대학교 백제연구소, 1993, p. 70.

55 김삼용, 「삼국시대 미륵신앙과 그 역사적 위치」, 『한국미륵신앙의 연구』, 동화출판공사, 1983, p. 91.

는 이상사회를 구현하려는 관념이 나타났어도 노골적으로 두드러지지는 않았다.

백제 불교는 계율을 강조하였다. 어쩌면 형식에 흐를 정도로 엄격한 계율은 특별히 미륵신앙과 연결될 수 있음이 흥미롭다. 다음 기록을 참고해 보자.

> 명령을 내려 살생殺生을 금하였으며, 민가에서 기르는 매를 놓아주고 고기잡이나 수렵 도구를 불사르게 하였다.
>
> —『삼국사기』 권27, 법왕 원년 동冬 12월조—

이 내용은 『삼국유사』 권3, 법왕금살조에도 나와 있다. 법왕은 고기잡이나 수렵 도구를 불사르고 사냥하는 매나 가축을 방생放生하는 등 엄격한 계율을 시행하도록 하교下敎하였다.

법왕 때보다 다소 빠른 시기에 겸익謙益이 율부律部를 크게 선양하였다. 성왕 4년(526년)에 그는 계율을 구하고자 중인도中印度에 이르렀다. 거기서 5년 동안 범문梵文을 배워 천축어天竺語에 밝았으며 율부를 깊이 전공하였다. 겸익의 율부에 관한 기록은 사료적 가치가 다소 떨어지지만, 백제에서 계율이 중시된 사실을 알려 주기에는 충분하다. 백제 불교는 당시 유행한 미륵신앙과 함께 계율을 강조하였다.

언제 창건하였는지 불분명하나 미륵불광사彌勒佛光寺를 겸익과 연결하여 기록한 것은 미륵신앙이 계율과 관련된 면을 보충 설명해 준다.[56] 겸익이 인도로부터 돌아온 후 흥륜사에서 율부의 번역과 주소註疏 작업

56 김삼용, 「백제미륵신앙의 특성과 그 역사적 전개」, 『한국미륵신앙의 연구』, 동화출판공사, 1983, p. 122.

을 주도하였다. 흥륜사는 전륜성왕轉輪聖王 관념을 표방하기 위해 창건한 절이며, 그 주존主尊은 신라와 마찬가지로 미륵불이었음이 분명하다. 아울러 성왕은 전륜성왕의 이름을 따서 붙인 왕명이라고 추측한다.[57] 이런 점은 백제의 미륵신앙과 계율이 밀접하게 연결되었음을 생각하게 한다.

백제 미륵신앙에서 특별히 강조한 계율은 용화세계를 구현하기 위해 십선도十善道 수행을 실천하려는 것이다.[58] 미륵신앙 내에는 계율이 큰 비중으로 자리하고 있다. 미륵의 계율은 혼란한 사회의 중생을 제도한다. 계율을 강조하기 위해서는 반드시 혼탁한 현실사회가 전제되어야 한다. 미륵이 출현할 때는 바로 이상사회가 성립되는 것이 아니라 현실사회가 극도로 혼란해져 있다는 것이다. 전륜성왕은 성군聖君이 틀림없으나 너무 어질어서 백성들이 자만하여, 그 결과 사회는 오히려 도둑질과 시기는 물론 살인과 전쟁 등 혼란으로 치닫는다.

전륜성왕 치세가 극도로 혼란해질 때 미륵이 출현하여 백성들을 엄격한 계율로 제도한다. 미륵의 계율에 의한 교화로 말미암아 현실사회는 개혁되어 이상사회가 된다. 미륵신앙에서 계율의 강조는 혼탁한 현실사회를 개혁하여 이상사회를 건설하려는 의도를 담고 있다. 백제 미륵신앙은 미륵이 전륜성왕 치세를 돕는 면을 강하게 보여 주지 않는다. 물론 그런 면이 전혀 없지는 않으나 신라중고기의 미륵신앙에서보다 더 뚜렷하게 나타나 있지 않다.[59] 백제 미륵신앙은 사회 혼란이나 개혁을

57 김영태, 「삼국시대의 미륵신앙」, 『한국미륵사상연구』, 불교문화연구소, 1987, p. 38.

58 김삼용, 「백제미륵신앙의 특성과 그 역사적 전개」, 앞의 책, 1983, p. 131.

59 이 점은 백제의 미륵신앙이 신라중고기의 미륵신앙과 다른 면이다. 신라 진흥왕은 두 아들을 각각 銅輪과 舍(鐵)輪이라 하여 전륜성왕으로 觀念하는 한편, 花郎徒를 改創하여 花郎을 彌勒仙花라 하였다. 곧 진흥왕대의 전륜성왕과 彌勒仙花는 전륜성왕과 그의 치세를 돕는 미륵의 조화를 강조한 셈이다. 백제 미륵신앙에서는 이런 면이 강하게 나타나

구체적으로 부각시키지 않지만, 계율을 크게 내세우고 이상사회의 건설 의지를 은근히 내비치고 있다.

백제 미륵신앙의 양상은 공주 지역으로 남천南遷한 이후의 혼란을 극복하려는 과정에서 혼란 자체를 표면에 내세우지 않으면서 사회체제를 정비해 간 모습을 떠올리게 한다.[60] 백제 미륵신앙에 현실사회를 개혁하려는 의지가 깔려 있었지만, 그것은 수면水面 저 밑 깊숙한 곳에서 비등하고 있을 뿐이다. 미륵신앙 속에 내포한 현실사회의 개혁 의지는 신라하대 백제문화의 부흥을 꿈꾸었던 진표眞表 교학에서 수면 가까이 부상하였다. 그 후 후삼국시대 궁예弓裔의 미륵불신앙이 신라말의 혼란을 부추기면서 실제로 사회개혁 사상을 수면 위로 끌어올렸다.

지 않았다.

60 미륵의 출현과 계율의 강조는 混濁한 현실사회의 부각과 그것을 개혁하려는 의도를 담고 있지만 백제 미륵신앙에서 이런 면이 두드러지지는 않았다. 그 이유는 공주로 南遷한 이후 백제 사회의 혼란을 극복하려는 과정에서 미륵신앙이 유행하였기 때문이다. 熊津시대의 백제 사회는 매우 혼란하였다. 그것은 자칫 백제 사회의 궤멸로 이어질 수도 있어서 오히려 혼란을 강조하지 않은 채 계율을 내세워 질서를 회복하려 하였고, 새로운 사회질서 회복이 이상사회의 到來라는 측면으로 나타났다.

제6부 신라의 귀족연합 국가체제와 불교 대중화

| 제1장 |

신라 6촌장신화의 모습과 그 의미

1. 신라 건국신화 속의 6촌장신화

한국고대의 건국신화는 성읍국가의 개국開國신화를 모체로 성립하였다. 단군신화는 고조선 개국신화로서 선민選民사상을 가졌다. 연맹왕국이 성립하면서 개국신화가 주위 여러 부족의 시조전승을 흡수하면서 영웅전승적英雄傳承的 성격을 가졌다.[1] 고구려와 백제의 건국신화가 이런 모습을 보여 준다. 신라의 건국신화는 선민신화의 여러 시조전승과 영웅전승 시조신화가 얽혀 있는 매우 복잡한 모습을 지녔다. 그리하여 신성족神聖族신화로 정립되었다.[2]

신라 건국신화는 사로국 개국신화인 혁거세 시조전승과 알영 시조전

1 김두진, 「고구려 건국신화의 영웅전승적 성격」, 『국사관논총』 62, 1995 ; 『한국고대의 건국신화와 제의』, 일조각, 1999, pp. 148~162.

2 김두진, 「신라 건국신화의 신성족 관념」, 『한국학논총』 11, 1989 ; 『한국고대의 건국신화와 제의』, 일조각, 1999, pp. 256~257.

승을 중심으로 하여 6촌장六村長신화나 탈해脫解 및 알지閼智신화 등을 포함한 것이다. 신라 건국신화 속에 포함된 6촌장신화에 대해서는 대략 다음과 같이 기록되었다.

① 진한辰韓의 땅에 예로부터 6촌六村이 있었다. 일一은 알천양산촌閼川楊山村이며 장長은 알평謁平이고 처음에 표암봉瓢嵓峯에 내려왔는데, 이 이가 급량부及梁部의 이씨조李氏祖가 되었다. 이二는 돌산고허촌突山高墟村이며 장長은 소벌도리蘇伐都利이고 처음에 형산兄山에 내려왔는데, 이 이가 사량부沙梁部의 정씨조鄭氏祖가 되었다. 삼三은 무산대수촌茂山大樹村이며 장長은 구례마俱禮馬이고 처음에 이산伊山에 내려왔는데, 이 이가 점량부漸梁部 또는 모량부牟梁部의 손씨조孫氏祖가 되었다. 사四는 자산진지촌觜山珍支村이며 장長은 지백호智伯虎이고 처음에 화산花山에 내려왔는데, 이 이가 본피부本彼部의 최씨조崔氏祖가 되었다. 오五는 금산가리촌金山加利村이며 장長은 지타祗沱이고 처음에 명활산明活山에 내려왔는데, 이 이가 한기부漢岐部의 배씨조裵氏祖가 되었다. 육六은 명활산고야촌明活山高耶村이며 장長은 호진虎珍이고 처음에 금강산金剛山에 내려왔는데, 이 이가 습비부習比部의 설씨조薛氏祖가 되었다.

—『삼국유사』 권1, 신라시조 혁거세왕新羅始祖 赫居世王조—

② 전한前漢 지절地節 원년(기원전 69년) 임자壬子 3월 삭朔에 6부조六部祖가 각각 자제를 이끌고 알천안상閼川岸上에 모여서 덕 있는 사람을 찾아 군주로 삼고 나라를 세워 도읍을 정할 것을 의논하였다. 이에 높은 곳에 올라 남쪽을 바라보니 양산楊山 아래의 나정蘿井 곁에 이기異氣가 마치 전광電光처럼 땅으로 내려왔는데, 백마白馬 한 마리가 꿇어앉아 절하는 모양을 하고 있었다. 그곳을 찾아가 보니 자란紫卵 하나가 있었으며, 말은 사람을 보고 길게 울다가 하늘로 올라가 버렸다. 그 알을 깨어 동남童男을 얻었는데 모양이 단

미端美하였다. 이에 따라 혁거세왕赫居世王이라 이름하였다.

—『삼국유사』 권1, 신라시조 혁거세왕조—

③ 이날 사량리沙梁里 알영정閼英井가에 계룡鷄龍이 나타나 좌협左脇에서 동녀童女를 낳았는데, 그 모습과 얼굴은 유달리 고왔으나 입술이 닭의 부리와 같았다. 월성月城 북천北川에 가서 목욕시키니 부리가 떨어졌다. 그리하여 그 내를 발천撥川이라 하였다. 남산의 서록西麓에 궁실을 짓고 두 성아聖兒를 봉양하였다. 남아의 성을 박朴이라 하고 여아를 알영閼英이라 이름하였다. 2성二聖의 나이 13세가 된 오봉五鳳 원년(기원전 57년)에 남자는 왕이 되고 여자는 왕후가 되었으며, 국호를 서라벌徐羅伐이라 하였다.

—『삼국유사』 권1, 신라시조 혁거세왕조—

신라 건국신화의 핵심은 6촌의 조상이 모여 혁거세와 알영을 맞는 내용으로 구성되었다. 6촌장신화는 사로국斯盧國의 개국신화와 밀착되어 신라 건국신화를 형성시키는 주된 요소로 정립되었다. 이후 신라 건국신화가 탈해신화 등 여러 성읍국가의 개국신화를 흡수하였는가 하면,[3] 그 안에 포함된 시조전승이 떨어져 나가 독립된 신화를 형성하기도 하였다. 탈해·알지신화 외에 신라 건국신화에 포함되었던 것은 아달라니사금阿達羅尼師今 때의 연오랑延烏郞·세오녀細烏女신화이다. 또 신라의 사전祀典 속의 명산대천名山大川에 대한 제사도 본래는 시조전승이나 성읍국가의 개국신화를 이루었던 것으로, 신라의 건국신화 속에 광범하게 포함되었을 것이다.

신라 건국신화 속의 6촌장신화는 어떤 모습으로 흡수되었는지가 궁금해진다. 이와 연관하여 신라 건국신화에 흡수되었던 개국신화나 시조

3 김두진, 위의 논문, 위의 책, 1999, pp. 258~263.

전승을 다음과 같이 분류해 보자.

① 6촌장신화
② 탈해 및 알지신화
③ 연오랑·세오녀신화
④ 사전祀典 속의 여러 제사

연오랑·세오녀신화를 제외하면 이들 신화나 제의의 공통적 모습은 사로국의 개국신화와는 달리 천신족과 지신족의 시조전승을 모두 갖춘 것이 아니다. 그중 근간이 된 주된 시조전승만이 드러나 있다. 그러나 그 본모습은 연오랑·세오녀신화와 같이 성읍국가의 개국신화 모습을 갖추었을 것이다. 6촌장이나 탈해·알지신화와는 달리 연오랑·세오녀신화가 천신족과 지신족 시조전승의 모습을 뚜렷하게 간직할 수 있었던 것은 신라 건국신화의 체계 속에서 완전히 벗어나 독립된 성읍국가의 개국신화로 재구성되었기 때문이다.

연오랑·세오녀신화는 본래 영일 지역의 부족 집단이 성읍국가를 건설하면서 성립시킨 개국신화이었다. 그들이 일본 지역으로 이주해 가면서 신라 건국신화에서 분리하여 그곳의 독자적 개국신화로 나타났다.[4] 사실 『일본서기日本書紀』에는 신라나 가야에서 이주한 세력이 성립

4 김두진, 「가야 건국신화의 성립과 그 변화」, 『한국학논총』 19, 1997; 『한국고대의 건국신화와 제의』, 일조각, 1999, p. 232. 물론 이 논문에서는 延烏郎·細烏女신화가 영일 지역 성읍국가의 개국신화였기 때문에 가야 건국신화 속에 포함되는 것이라고 결론을 내렸다. 다만 이 글에서는 가야 지역의 개국신화나 시조전승도 뒤에는 신라 祀典 속에 체계화되었기 때문에 넓은 의미에서 그것이 신라 건국신화 속에 최종적으로 흡수되었다고 생각한다. 일본으로 이주한 세력에 의한 성읍국가의 개국신화가 성립된 사례를 다소 찾을 수 있다. 그중에는 가야국의 왕자 阿羅斯신화도 있지만, 신라에서 이주한 개국신화도 보인다. 특히 연오랑·세오녀가 신라에서 받든 해와 달의 정기였다는 신앙은 신라의 건국신화 속에

시킨 개국신화의 모습이 보인다. 가야국 왕자인 아라사阿羅斯는 백석白石인 동녀童女가 일본으로 들어가 신사神社에 모셔지자 그를 따라 일본으로 갔다.[5] 일본의 스사노오노미코토素戔鳴尊는 아들 이소타케루노카미五十猛神를 데리고 신라에 내려와 살았는데, 다시 배를 타고 일본으로 들어갔다.[6]

아라사와 비슷한 시기에 신라 왕자 천일창天日槍이 일본으로 들어가 단마국但馬國을 세웠다.[7] 천일창은 『고사기古事記』에 나오는 신라 왕자 천지일모天之日矛와 같은 인물이며 아라사신화와 비슷한 개국신화를 가졌다.[8] 천지일모는 천부賤夫로부터 빼앗은 구슬이 아름다운 여자로 변하자 그를 아내로 삼았다. 그 후 부인이 난파難波(지금의 오사카大阪)로 떠나 히메코소진자比賣許會社의 아카류히매신阿加流比賣神이 되자, 그도 아내를 찾아 일본으로 갔다.[9] 이렇듯 초기 신라나 가야 지역의 부족세력이 일본으로 건너가 성읍국가를 건설하는 경우가 많았는데, 연오랑·세오녀신화는 이런 개국신화 모습을 짐작하게 한다.

개국신화의 구조를 완전하게 보이지 않는 면에서 6촌장신화나 탈해·알지신화 또는 사전 속에 포함된 여러 제사는 비슷한 성격을 가졌다. 그러나 사전으로 편성된 제사는 구체적인 시조전승의 모습까지 탈락시킨 점에서 앞의 6촌장이나 탈해·알지신화와 구별된다. 신라중대 말에 김경신金敬信은 왕이 되기 위해 몰래 북천신北川神에게 제사를 지냈다.

흡수되었다가 결국에는 이탈하여 일본으로 이주해 간 조상신신화로 생각된다.

5 『日本書紀』 卷6, 垂仁 2년, 註記.

6 『日本書紀』 卷1, 제8단 1書 제4.

7 『日本書紀』 卷6, 垂仁 3년 春3월조의 註記.

8 황패강, 『일본신화의 연구』, 지식산업사, 1996, pp. 53~54.

9 『古事記』 卷中, 應神天皇, 7 天之日矛조(倉野憲司 等 校注, 『古事記 祝詞』, 東京: 岩波書店, 1958, pp. 255~256). 阿羅斯신화에서 부인은 比賣許會社의 阿加流比賣神이 아닌 比賣碁會社神이 되었다. 이것은 天之日矛신화와 다르다.

이를 보면 비록 시조전승의 모습이 탈락한 명산대천에 대한 제사가 국가적 사전 조직 속에서 파악되었다고 하더라도, 실제로 그것에 대한 제의는 부족 또는 가문별로 행해졌을 것이다.[10]

시조전승을 내세우면서 신화의 모습을 보인다는 점에서 6촌장신화와 탈해·알지신화는 비슷하지만, 후자와 비교해 6촌장신화가 사로국의 개국신화와 밀착되어 있다는 점에서 차이를 보인다. 탈해와 알지신화도 사로국 개국신화와 직접으로 연결되지 않았으나 신라 건국신화 속에 흡수되었을 것임은 쉽게 짐작할 수 있다. 그것은 호공瓠公과의 관계에서 알 수 있다. 탈해는 호공 댁을 궤계詭計로써 빼앗고 신라 중앙정계로 진출하여 남해차차웅의 사위가 되었다. 호공은 탈해니사금 때 시림始林에서 알지閼智를 거두는 장본인이다.

호공을 매개로 탈해와 알지신화는 신라 건국신화에 포함되었다. 본래 탈해와 알지신화는 성읍국가의 개국신화를 이룬 상태에서 신라 건국신화에 흡수되었다.[11] 그런데 두 개국신화와 밀접하게 연결된 시조전승이 존재한다는 것은 중요하다. 시림에서 알지를 거두는 호공과 하서지촌下西知村의 아진포阿珍浦에서 탈해를 맞아 양육하는 아진의선阿珍義先의 존재가 그것이다.[12] 아진의선은 혁거세왕의 해척모海尺母라 했는데, 이 지역에서 제의를 주관한 인물이다. 그렇다면 알지를 거둔 호공도 아진의선과 비슷한 위치에서 시림의 제의를 관장하였을 것이다.

사로국의 개국신화에 6촌장이 깊이 관여하였다. 그들이 기원전 69년에 자제를 이끌고 와서 서로 의논하여 왕과 왕비가 태어나기를 바랐던

---

10 김두진, 「신라의 종묘와 명산대천의 제사」, 『백산학보』 52, 1999, p. 376.

11 김두진, 「신라 건국신화의 신성족 관념」, 앞의 책, 1999, pp. 260~261.

12 김두진, 「신라 탈해신화의 형성기반—영웅전승적 성격을 중심으로—」, 『한국학논총』 8, 1986; 『한국고대의 건국신화와 제의』, 일조각, 1999, p. 303.

알천閼川 강변의 모임은 제의 행위라고 생각한다. 이때의 제사가 바로 사로국의 개국신화와 연결되었다. 6촌장은 혁거세와 알영을 거두어 기르는 역할을 담당함으로써 호공이나 아진의선의 모습을 연상시킨다. 실제로 사로국의 개국신화가 6촌장과 밀접하게 연결되는 모습은 다음에서 더 분명해진다.

> ① 고허촌장高墟村長인 소벌공蘇伐公이 양산楊山 기슭을 바라보니, 나정蘿井 옆 숲속에서 말이 꿇어앉아 울고 있었다. 곧 가서 보니 갑자기 말은 보이지 않고 큰 알이 있었다. 그것을 가르니 아이가 나왔으므로 그를 거두어 길렀다.
>
> —『삼국사기』 권1, 시조 혁거세거서간 즉위년조—
>
> ② 용龍이 알영정閼英井에 나타나 우협右脇으로부터 여아女兒를 낳았다. 노구老嫗가 보고 이상하게 생각하여 거두어 길렀다.
>
> —『삼국사기』 권1, 시조 혁거세거서간 5년 춘春 정월조—

『삼국유사』에는 6촌장과 그 자제들이 남산南山의 서쪽 기슭에 궁실宮室을 짓고, 혁거세와 알영 두 성아聖兒를 봉양하였다고 하였다. 그러나 『삼국사기』에는 6촌장 중 돌산고허촌장인 소벌도리蘇伐都利가 혁거세를 거두어 길렀고, 또한 노구老嫗가 알영을 양육하였다고 하였다.

사로국의 개국신화가 6촌장과 연결되었다는 『삼국유사』의 기록보다는, 소벌도리나 노구가 더 밀접하게 연결되었다는 『삼국사기』의 기록이 본래 모습일 수 있다. 그렇지만 『삼국사기』도 6촌장을 사로국 개국신화와 함께 기록하였기 때문에 그 연관성을 부정하지 않았다. 알영을 거둔 노구는 제사를 주관하였을 것임으로[13] 아진의선을 떠올리게 한다. 소벌

13 최광식, 「삼국사기 소재 노구의 성격」, 『사총』 25, 1981, pp. 7~12.

도리나 나머지 5촌장도 노구와 비슷한 역할을 담당하였다.

다만 신라 건국신화 속에서 다른 개국신화와 연결되었던 아진의선이나 호공보다 더 부각하여 6촌장을 기록하였다. 그들이 모두 천강신화를 가진 것 자체도 이를 알려 주기에 충분하다. 6촌장신화의 위상을 가야 건국신화 중 다음과 같은 9간干 전승에 대한 설명과 비교해 봄으로써 짐작할 수 있다.

① 천지가 처음 열린 이후로 이곳에는 아직 나라 이름이 없었고 또한 임금이니 신하니 하는 칭호도 없었다. 이럴 때 아도간我刀干·여도간汝刀干·피도간彼刀干·유수간留水干·유천간留天干·오천간五天干·신귀간神鬼干 등 9간干이 있었다. 이들 추장이 백성을 통솔하였는데 모두 100호戶로 7만 5,000명이었다.

—『삼국유사』 권2, 가락국기駕洛國記조—

② 수로왕은 아도我刀를 고쳐서 아궁我躬이라 하고, 여도汝刀를 여해汝諧라 하고, 피도彼刀를 피장彼藏이라 하고, 오도五刀를 오상五常이라 하고, 유수留水·유천留天은 유공留功·유덕留德이라 하였으며, 신천神天을 신도神道로, 오천五天을 오능五能이라 하였다. 또한 신귀神鬼는 신귀臣貴라 하였으며, 신라와 같은 관직의 개혁을 단행하였다고 한다.

—『삼국유사』 권2, 가락국기조—

9간이 3월 계욕일禊浴日에 귀지봉龜旨峯에 모여 수로왕首露王을 맞는 제의를 주관하였다. 그들의 모습은 혁거세와 알영을 맞는 신라의 6촌장과 다를 바 없다. 그들도 본래는 천강신화나 시조전승을 가졌겠지만,[14]

14 김두진, 「가야 건국신화의 성립과 그 변화」, 앞의 책, 1999, p. 229.

6촌장과는 달리 분명하게 표방한 것으로 기록되지 않았다.

수로왕은 "9간干이 여러 관리들의 어른인데, 그 지위나 명칭이 모두 소인小人이나 농부들의 칭호와 같으니 이는 벼슬 높은 사람의 명칭이 못 된다. 만일 외국 사람들이 들으면, 반드시 웃음거리가 될 것이다"(『삼국유사』 권2, 가락국기조)라고 하면서, 아도간·여도간·피도간 등의 이름을 아궁간我躬干·여해간汝諧干·피장간彼藏干 등으로 바꾸게 하였다. 이러한 조치는 9간을 가야 연맹왕국 속에 편입시키려는 것으로, 마치 신라의 6촌이 6부로 개편되는 사실을 상기시킨다. 신라의 6촌장신화가 천강신화나 시조전승의 모습을 잘 간직하였지만, 9간 시조전승은 그런 모습을 상실하였다.

아도간·여도간·피도간 등의 이름을 아궁간·여해간·피장간 등으로 고칠 때 가야 9간의 천강신화나 시조전승의 전통은 야비한 것으로 여겨 배제되었다. 반면 6촌장신화는 비록 천신족과 지신족 신앙체계를 갖추지는 않았으나 천강신화로 알려졌고, 사로국의 개국신화와 밀착하여 신라 건국신화를 구성하는 주된 요소로 자리하였다. 그것은 다른 개국신화를 성립시키는 데 관여한 아진의선이나 호공 또는 가야의 건국신화를 성립시키는 데 등장하는 9간보다 뚜렷한 시조전승을 지녔다. 6촌장신화가 신라 건국신화에서 드러날 수 있었음은 6촌이 갖는 세력 기반과 연결하여 이해해야 한다.

2. 신라 6촌장신화의 신앙 모습

신라 6촌장신화는 천강신화의 모습을 가졌고, 초기에는 성읍국가의 개국신화로 형성되었다. 6촌장신화가 개국신화로 성립하였을 때는 주위의 많은 성읍국가도 각자의 시조전승을 기반으로 개국신화를 갖추었다. 연맹왕국이 성립하면서 연맹왕실의 시조전승을 중심으로 한 개국신화가 주위 소국의 개국신화나 시조전승을 흡수하였다. 중앙집권적 귀족국가체제에 부응하여 제천의례가 갖추어지고 건국신화가 정착하면서 불교가 공인되었다.

신라 건국신화에서는 주몽신화나 온조신화와 같은 영웅전승신화를 찾기는 어렵지만, 탈해신화가 영웅전승신화라고 생각한다.[15] 신라 건국신화는 사로국 개국신화를 중심으로 이웃의 많은 개국신화나 시조전승을 흡수하여 이루어졌지만, 영웅전승적 성격을 넘어선 신성족神聖族신화로 나타났다. 신라 건국신화에 흡수될 당시의 6촌장신화가 단순한 개국신화 단계이거나 또는 이를 넘어서 다른 시조전승을 일부 포함한 상태였는지는 알 수 없다.

신라초기의 역사 서술로 변용되었지만, 다음 기록은 6촌장신화의 모습을 유추하는 데 참고가 된다.

위의 글을 살펴보면 6부의 조상은 모두 하늘로부터 내려온 것 같다. 노례왕努禮王 9년(32년)에 처음으로 6부의 이름을 고쳤다. 또한 6성姓을 내렸다.

—『삼국유사』 권1, 신라시조 혁거세왕조—

6촌장인 알평謁平·소벌도리蘇伐都利·구례마俱禮馬·지백호智伯虎·지타祗沱·호진虎珍은 각각 하늘로부터 표암봉瓢嵓峯·형산兄山·이산伊山·화산花山·명활산明活山·금강산金剛山에 내려왔다. 6촌장들은 천신족

15 김두진, 「신라 탈해신화의 형성기반—영웅전승적 성격의 재정립—」, 앞의 책, 1999, p. 292. 주1 참조.

시조전승을 표방하였다.

6촌장신화가 개국신화로 성립되었다면, 천신족 시조전승에 상응한 지신족 시조전승이 존재해야 한다. 그런데 지신족 시조전승은 6촌장신화가 신라 건국신화에 흡수되면서 소멸하고 전하지 않는다. 노례弩禮니사금(유리니사금) 9년에 6촌인 알천양산촌閼川楊山村·돌산고허촌突山高墟村·자산진지촌觜山珍支村·무산대수촌茂山大樹村·금산가리촌金山加利村·명활산고야촌明活山高耶村은 각각 양부梁部·사량부·본피부·점량부·한기부漢岐部·습비부의 6부로 바뀌었다. 6촌이 수도의 행정구역인 6부 체제로 바뀌는 것은 더 후대의 일이지만,[16] 이 당시 개편은 적어도 6촌장신화가 신라 건국신화에 흡수된 이후 변화한 모습을 짐작하게 한다.

6촌장신화에서 지신족 시조전승의 모습을 찾아내는 것이 중요하다. 이와 연관하여 6촌의 이름이 두 지명을 합쳐 이루어졌다는 주장은 시사적이다.[17] 그것은 산명山名과 인접 지역명地域名을 묶은 듯한 인상을 준다. 예를 들면 알천양산촌은 분명 알천閼川과 양산楊山을 묶은 것이다. 그 두 지명은 모두 제의가 행해진 곳이다. 혁거세왕을 맞이하기 위해 6촌장들이 자제와 함께 알천의 강변에 모였다. 이때 거기에서 왕을 맞이하는 제의를 거행하였다. 양산 아래의 나정蘿井 옆에서 혁거세왕이 알의 상태로 발견되었다. 그렇다면 양산의 나정에서도 제의가 행해졌다. 두 곳 모두 양부의 제장祭場이었음이 분명하다.

---

16 신라사에서 수도의 坊里名이 정해지는 때는 慈悲尼師今 12년(469년)이고 전국의 州郡縣을 정하는 시기는 智證王 6년(505년)이다. 6부가 독자적인 통치 영역을 상실하면서 신라 국가체제 속에 정비되는 것은 수도의 방리 및 지방 州郡縣의 설정과 表裏가 되어 이루어졌다. 그런 면에서 炤智麻立干 10년(488년)에 "東陽獻六眼龜 腹下有文字"라고 한 것은 6부 개편과 연관하여 시사성을 주는 讖緯 기사이다. 그런데 6部名의 개정은 儒理尼師今 9년(32년)에 이루어졌고, 그 이전에도 왕이 6부에 순주하거나 6부의 병사를 징발하는 내용이 나오지만, 실제로 이때의 6부는 더 강력한 독자 세력을 가졌을 것이다.

17 김철준, 「신라 상대사회의 Dual Organization(上)」, 『역사학보』 1, 1952, p. 44~47.

양부 내에 있던 두 제장은 처음에 각각 다른 시조전승을 받든 제사가 행해지던 곳이다. 두 제장 중 알천에 지신족 조상신을 모셨다. 양부에는 두 제장 외에도 4성문제四城門祭를 드리는 견수犬首·문열림文熱林·청연靑淵·박수樸樹의 네 제장祭場이 더 있었다. 그중 문열림에서 드리는 제사에는 4성문제 외에 일월제日月祭가 있었다. 다만 문열림이 4성문제와 일월제를 함께 지내는 제장이었는지는 분명하지 않다. 그 안에 두 제사를 각각 주관하는 두 제장을 가졌을 것이다. 알평謁平이 강림한 표암봉瓢嵓峯도 역시 제사를 거행하던 곳이었다.

양부에는 적어도 독자의 시조전승을 가진 8개 이상의 제장이 있었다. 양부 외에 나머지 5부에도 각각 여러 곳에 제장을 두었다. 한기부의 제장에 대한 다음 내용을 참고해 보자.

① 입춘立春 후 해일亥日에 명활성明活城 남쪽의 웅살곡熊殺谷에서 선농先農을 제사한다.
② 혈례穴禮(대성군大城郡)에서[18] 대사大祀를 지낸다.
③ 동쪽의 토함산吐含山(대성군)에서 중사中祀를 지낸다.
④ 삼기三岐(대성군)에서 소사小祀를 지낸다.

—『삼국사기』 권32, 제사조—

아울러 나머지 4부의 제장을 알려 주는 다음 내용도 참고된다.

① 습비부習比部: 금강산金剛山·습비문習比門(4성문제)·내력奈歷(대사大祀)

18 吐含山이 漢岐部에 속했음은 분명한데 大城郡에 있었으므로 대성군 내에 있는 穴禮는 한기부에 속하였다.

② 모량부牟梁部: 이산伊山·훼황卉黃·서술西述(소사小祀)·동로수冬老樹(동로악冬老岳)

③ 사량부沙梁部: 고허高墟(소사)·알영정閼英井·발천撥川(월성月城 북천北川)·형산兄山

④ 본피부本彼部: 화산花山·유촌遊村(영성靈星을 제사)

양부의 알천과 양산이 모두 제장이듯이 나머지 5부 각각의 촌명村名을 구성한 두 곳도 모두 제장이었던 듯하다. 6부에는 적어도 12곳 이상의 제장이 있었다. 사량부의 고허에서 소사를 지냈는데, 그곳은 돌산고허촌의 고허高墟와 일치한다. 돌산도 제장이었음이 분명하다. 사량부 정씨鄭氏의 조상인 소벌도리는 형산에 내려왔으며, 그곳은 제의가 행해진 성산聖山이었다.[19]

6촌장이 하강한 표암봉·형산·화산·이산·명활산·금강산에는 모두 제장이 있었으며, 그것은 6촌장의 시조전승이 전해진 곳이다. 사량부 내의 알영정이나 발천 등에서는 알영 시조전승을 받드는 제사가 행해졌을 듯하다. 본피부에는 자산觜山·진지·화산 외에 영성을 제사하는 유촌이 있었다. 또한 본피부 내에는 35금입댁[金入宅; 부유한 가문]에 속하는 본피댁[本彼宅]·지상댁[池上宅]·항질댁[巷叱宅]이 있었다(『삼국유사』 권1, 진한辰韓조). 이들 금입댁은 본래 부족적 기반을 가졌고, 그들의 시조전승을 받드는 제사를 지냈을 것이다.

모량부는 훼황卉黃과 서술西述에서 소사를 거행하였으며, 소사를 지

19 金庾信의 누이 寶姬는 西兄山에 올라 오줌을 누니, 그것이 서라벌 안에 가득 차는 꿈을 꾸었다. 꿈 이야기를 들은 동생 文姬는 비단을 주고 언니의 꿈을 샀다(『三國史記』 권6, 文武王 즉위년조). 그 꿈의 내용은 문희가 김춘추의 부인이 되어, 그 자손이 신라중대를 다스리게 되는 呪術儀禮와 연관될 수 있다. 경성 안을 가득 메운 오줌을 눈 장소인 서형산은 제의가 행해진 곳으로 이해된다.

낸 동로악도 모량부와 연관되었을 것이다.[20] 동로악은 모량부에 있는 동로수와 연결된다. 지증왕 비를 동로수 아래에서 구했으므로 동로악은 왕비의 간택과 연관한 제의가 행해진 제장이다.[21] 서술은 서술신모에 대한 제사가 행해진 곳이다.[22] 모량부에는 무산茂山·대수大樹·이산伊山 등의 제장이 있었는데, 대수가 동로수 또는 동로악이었던 듯하다. 습비부의 습비문과 내력奈歷에서 각각 4성문제와 대사가 행해졌다.

6부에는 6촌장 시조전승 외에도 다른 여러 부족의 시조전승을 받드는 제장이 많이 있었다. 특히 한기부에서 행해진 제사는 이런 면을 더 분명하게 알려 준다. 명활산은 한기부 및 습비부와 모두 연결되었다.[23] 그러나 습비부 시조 호진虎珍이 금강산金剛山에 하강하였으므로 명활산의 북쪽은 습비부, 그 남쪽은 한기부에게 속하였다.[24] 명활성 남쪽의 웅살곡熊殺谷은 선농先農을 제사하던 제장이다. 대성군大城郡은 대체로 한기부에 속했던 지역인데, 그 안의 혈례穴禮에서는 대사가 행해졌다. 중사가 행해졌던 토함산은 석씨 부족의 상징적 산이었고,[25] 거기에서 석씨 부족의 조상신을 제사하였다.

대성군 내의 북형산성北兄山城에도 중사가 행해졌고, 그 외 한기부의 삼기에서 소사가 행해졌다. 한기부에서 보듯 6부 내에는 개국신화나 시조전승과 연결한 제사를 지내는 제장이 여럿 있었다. 6부 내에 행해졌

---

20 물론 冬老岳이 進禮郡 丹川縣에 있었기 때문에 꼭 모량부 내에 있었는지는 의문이다. 그렇지만 초기 6촌은 경주의 일부 지역을 포함해서 상당히 넓은 지역을 관장하였을 듯하다.

21 김두진, 「신라의 종묘와 명산대천의 제사」, 앞의 책, 1999, p. 367.

22 김두진, 위의 논문, 위의 책, 1999, p. 366.

23 漢岐部의 시조인 祇沱가 명활산에 하강했는가 하면, 습비부는 본래 明活山 高耶村이다.

24 김두진, 「신라 건국신화의 신성족 관념」, 앞의 책, 1999, p. 262.

25 김두진, 「신라 탈해신화의 형성기반—영웅전승적 성격의 재정립—」, 앞의 책, 1999, p. 298.

던 제사를 유형별로 나누면 대개 다음과 같다.

① 박朴·석昔·김씨金氏 왕실의 시조(전승)

② 국가적 제의

③ 대사大祀

④ 중사中祀

⑤ 소사小祀

양부의 양산은 박씨 왕실의 시조전승과 연결되었는가 하면, 사량부의 알영정은 김씨 왕실의 시조전승, 한기부의 토함산은 석씨 왕실의 시조전승과 연결되었다. 한기부의 웅살곡에서 국가적 제의로 선농에 대한 제사가 행해졌고, 본피부의 유촌에서는 영성을 제사하였다.

한기부의 혈례와 습비부의 내력은 대사를 행한 제장이었다. 한기부의 토함산과 북형산성에서 드리는 제사는 중사였다. 그 외에 6부에 소속된 여러 제사는 대체로 소사였을 것이다. 6부 내에 많은 제장이 있었고 대부분 소사에 편입되었지만, 개중에는 중사나 대사 또는 국가적 제의나 박·석·김씨 왕실의 시조전승과 연결된 것도 있었다. 6부 내에 존재하는 여러 제장은 6촌장신화와 신라 건국신화 내에 흡수된 개국신화나 시조전승의 모습을 추측하게 한다. 이들의 신격神格은 천신도 있었겠지만 대부분 지신이었다.

특히 한기부 내의 여러 제장 모습은 흥미롭다. 앞에서 제시한 다섯 유형의 제사를 모두 갖추고 있기 때문이다. 그중 한기부 배씨의 시조신앙을 강하게 전승한 것이 명활성 남쪽의 웅살곡에서 행한 선농에 대한 제사이다. 그것은 국가적 제의로 치뤄졌으며 본래 천신적 성격을 가졌다. 대사인 혈례에서 지모신을 제사하였다. 음즙벌국音汁伐國의 성산聖山이었던 혈례산신은 지모신이었다.[26] 대사인 내력·골화骨火·혈례의 세 산신은 본래 경주 부근에 있었던 성읍국가의 개국신화나 시조전승으로 이어진 지모신이었는데, 세 산이 일찍 신라 국가의 중심으로 편입되는 과정에서 호국신으로 등장하였다.[27]

한기부 내에 있던 토함산신은 석씨 왕실의 시조전승과 연결되었다. 토함산은 석씨의 등장과 밀접하게 연관된 석씨 부족의 성산聖山이었다.[28] 다만 토함산신이 본래 천신이었는지는 분명하지 않다. 아진포의 해척모와 연결된 점이나 탈해가 하늘에서 내려오지 않고 해로海路로 이동해 왔던 점 등에서 그것은 지모신적 성격을 가졌다고 생각한다. 소사를 행한 삼기는 원광이 수행하던 비장산臂長山이라고 생각하는데, 비장산신은 번개와 천둥을 관장하였으므로 천신적 성격을 지녔다.[29] 그 외 북형산신은 정확하게 알 수는 없지만 소벌도리공이 하강한 형산과 같은 성격을 가졌으므로 천신이었을 것이다.

한기부 내에는 천신과 지신을 모두 갖춘 여러 시조전승이 전하였다. 그중 뒤에 금산가리촌으로 되는 성읍국가는 명활산 배씨의 시조전승과 지신인 혈례산신을 숭상하는 시조전승이 결합한 개국신화를 형성하였다. 한기부 내에는 다른 5부에 비해 많은 제장이 존재하였다. 금산가리촌이 된 성읍국가의 개국신화가 다른 이웃 성읍국가의 개국신화나 읍락의 시조전승을 흡수하였던 데에서 그 이유를 찾을 수 있다.

---

26 최광식, 「국가제사의 제장」, 『고대한국의 국가와 제사』, 한길사, 1994, p. 302.

27 김두진, 「신라의 종묘와 명산대천의 제사」, 앞의 책, 1999, p. 363. 奈歷·穴禮·骨火의 세 산신은 고구려의 첩자인 白石의 꾐에 넘어가 고구려로 가던 도중의 金庾信에게 3명의 낭자로 변신하여 나타났다. 곧 세 산신은 지모신적 존재였으며, 김유신의 목숨을 구한 호국신으로 나타났다.

28 이기백, 「신라 오악의 성립과 그 의의」, 『진단학보』 33, 1972; 『신라정치사회사연구』, 일조각, 1974, p. 196.

29 김두진, 「신라의 종묘와 명산대천의 제사」, 앞의 책, 1999, p. 365.

금산가리촌으로 되는 성읍국가는 소연맹국을 형성하였다. 그것은 비교적 강성하여 국가 규모가 컸겠지만, 나머지 5촌으로 성립되는 성읍국가도 대체로 소연맹국을 형성하였다. 한기부보다 더 작을지라도 나머지 5부가 서너 개의 제장을 가졌던 것이 이런 사정을 짐작하게 한다. 한기부에는 천신뿐만 아니라 지신에 대한 제사가 아울러 행해졌지만, 이것을 제천의례로 부를 수는 없다.[30] 제천의례는 연맹왕국을 중심으로 그 안에 편입한 성읍국가를 결속시키려는 목적에서 행해졌다.

금산가리촌으로 되는 성읍국가가 소연맹국을 형성한 후 국읍國邑에서 배씨 시조를 받드는 제의가 행해졌다면, 그 안의 별읍別邑에서는 각자의 시조신에 대해 제사를 지내는 소도신앙이 형성되었다. 한기부뿐만 아니라 6촌장신화는 대체로 이 소도신앙이 영위되는 속에 성립하였다. 금산가리촌장신화는 충분히 제천의례를 성립시킬 소지를 가졌지만 제천의례를 배경으로 성립한 것은 아니다.

사로국으로 편입되면서 금산가리촌에 성립하였던 소연맹국은 정치적 통치권을 상당히 할양당한 채 독자의 종교적 제의를 주관하였다. 금산가리촌을 포함한 이때의 한기부는 별읍, 즉 소도로 불릴 수 있다.[31] 신라초기의 한기부에서는 소도신앙이 행해졌다. 정도의 차이는 있을지라도 사로국이 연맹왕국으로 형성된 초기에 그 안에 들어온 6촌을 비롯한 읍락이나 성읍국가는 정치적 지배권을 다소 빼앗긴 채 소도신앙을 고수하였다. 그중 유독 한기부에는 소도신앙의 전통이 강해 그 유습이 후대에까지 존속되었다.[32]

---

30 김두진, 「신라 건국신화의 신성족 관념」, 앞의 책, 1999, p. 269.

31 김두진, 위의 논문, 위의 책, 1999, p. 270.

32 강영경, 「한국 고대의 市와 井에 대한 일연구—시장의 기원과 관련하여—」, 『원우논총』 2, 숙명여대 대학원, 1984, p. 96~97.

사로국에 편입할 당시 소도신앙을 간직한 6촌장신화의 모습에 대해 살펴보자. 고려시대의 사실이어서 다소 사료적 가치가 떨어지지만 다음 내용을 참고해 보자.

지금 풍속에서 중흥부中興部를 어머니로, 장복부長福部를 아버지로, 임천부臨川部를 아들로, 가덕부加德部를 딸로 삼는데 그 실상은 알 수 없다.

—『삼국유사』 권1, 신라시조 혁거세왕조—

언제부터인지 알 수 없으나 양부인 알천양산촌을 어머니로, 모량부인 무산대수촌을 아버지, 습비부인 명활산고야촌을 아들로, 한기부인 금산가리촌을 딸로 삼았다. 그렇게 불렀던 이유는 고려시대 이후 잘 알 수 없게 되었다. 최근에 이 기록은 사로 6촌이 성립되는 선후를 알려 주는 것으로 해석하였다.[33]

부모나 자녀 등 친족 관계의 설정은 6촌장신화를 서로 연결하면서 가야 건국신화와 비슷한 모습으로 이루어지는 것을 보여 준다. 6가야 각국의 개국신화 모습은 다음과 같이 나타나 있다.

① 얼마 안 되어 자승紫繩이 하늘로부터 내려와 땅에 닿았다. 그 줄의 아래를 찾아보니 붉은 보자기에 금으로 만든 상자가 쌓여 있었다. 그 상자를 열어보니 황금알 6개가 둥글게 놓여 있었다.

—『삼국유사』 권2, 가락국기조—

② 가야산신伽倻山神 정견모주正見母主가 천신인 이비가夷毗訶에게 감응되어 대가야왕大伽倻王인 뇌질주일惱窒朱日과 금관金官가야왕인 뇌질청예惱窒

33 이종욱, 『신라국가형성사연구』, 일조각, 1982, p. 33.

靑裔 두 사람을 낳았다.

—『신증동국여지승람新增東國輿地勝覽』 권29,

고령현高靈縣 건치연혁建置沿革조—

건국신화 속의 부부나 형제 또는 인척 각각은 본래 다른 시조전승을 가졌다. 6가야국의 개국신화가 각자 따로 전승된 것이었고, 처음에는 한 상자 안에서 출현하는 6개의 알로 이어지는 시조전승을 가졌다. 그러다가 대가야의 이진아지왕伊珍阿支王과 금관가야의 수로왕은 뇌질주일惱窒朱日과 뇌질청예惱窒靑裔라고 불리면서 형제로 등장하였다. 그것은 6가야가 연맹왕국으로 성립하는 과정에서 나타났다.

6촌장신화 속의 부모와 자녀 관계는 이진아지왕과 수로왕 같은 친족 계보를 설정할 수 없다. 6가야보다 더 공고한 연맹왕국을 형성한 백제 건국신화의 경우, 본래 두 성읍국가의 시조전승을 이룬 온조와 비류도 확실한 친족 관계로 연결되었다.[34] 이에 비해 6촌장신화 속의 부모와 자녀 관계는 느슨한 느낌을 준다. 6촌을 기반으로 성립한 성읍국가가 공고한 연맹왕국으로 성립하지 못한 데에서 그 이유를 찾을 수 있다. 다만 사로국에 편입되면서 6촌장신화가 완전하지는 않지만 서로 연결된 채로 신라 건국신화에 흡수되었다. 유리왕 때의 가배嘉俳의례는 이를 알려 준다. 6부가 둘로 나뉘어 그 소속된 여자들을 이끌고, 두 왕녀가 베 짜기 내기를 한 것은 분명 제사 행위이다(『삼국사기』 권1, 유리니사금 9년조). 이때 6부는 두 개의 집단으로 나뉘어 결속하였다.

6촌장신화가 각각 성읍국가를 기반으로 한 개국신화를 성립하고는 신

34 김두진, 「백제시조 온조신화의 형성과 그 전승」, 『한국학논총』 13, 1991; 『한국고대의 건국신화와 제의』, 일조각, 1999, pp. 211~213.

라 건국신화로 흡수되었다. 건국신화로 흡수되기까지 6촌장신화는 주위 성읍국가의 개국신화나 읍락의 시조전승을 다소 흡수하였다. 한기부 내에 있던 여러 제장에서 신라 왕실의 시조전승과 연관되거나 국가적 제의인 대사·중사·소사의 명산대천에 대한 제사를 지냈다. 이때의 6촌은 소연맹국을 성립하였고 소도신앙을 영위하였다. 6촌장신화는 서로 연결되어 갔으나 공고하게 결속하지 못한 상황에서 사로국 개국신화 속에 흡수됨으로써 신라 건국신화를 성립시키는 데 일익을 담당하였다.

3. 6촌장신화가 알려 주는 신라의 사회상

신라 6부 중 한기부는 천신과 지신에 대해 모두 제사할 정도로 연맹왕국에 가까운 국가체제를 갖춘 상태에서 사로국에 편입되었다. 나머지 5부는 한기부보다 못한 국가체제를 형성한 상태에서 사로국에 흡수되었다. 편입될 당시에 그들은 확실한 소연맹국 단계에서 소도신앙을 영위하였다. 그렇기 때문에 6촌장신화가 신라 건국신화 속에 포함되어 그 중요한 구성 요소가 되었다. 그런가 하면 6촌 각각이 성립시킨 소연맹국도 사로국 내에서 별읍別邑을 이루고 소도신앙을 고수하였다.

소연맹국을 이룬 6촌 사회 내에는 국읍과 함께 정도의 차이는 있지만 소수의 별읍이 있었다. 6촌 사회의 모습에 대해서는 6부에 관한 다음 기록을 참고함으로써 이해해 보자.

① 급량부及梁部: 노례왕弩禮王 9년에 설치하여 이름을 급량부라고 하였다가 고려 태조 천복天福 5년(940년) 경자庚子에 중흥부中興部로 고쳤다. 파잠波潛·동산東山·피상彼上 등 동쪽 촌이 여기에 속하였다.

② 사량부沙梁部: 지금은 남산부南山部라 하며 구량벌仇良伐·마등오麻等烏·도지道地·회덕廻德 등 남쪽 촌이 여기에 속하였다.

③ 점량부漸梁部: 지금은 장복부長福部라 하며 박곡촌朴谷村 등 서쪽 촌이 여기에 속하였다.

④ 본피부本彼部: 지금은 통선부通仙部라 하며 시파柴巴 등 동남쪽 촌이 여기에 속하였다.

⑤ 한기부漢歧部: 지금은 가덕부加德部라 부르며 상서지上西知·하서지下西知·내아乃兒 등 동쪽 촌이 여기에 속하였다.

⑥ 습비부習比部: 지금은 임천부臨川部라 하며 물이촌勿伊村·잉구미촌仍仇弥村·궐곡闕谷(혹은 갈곡葛谷) 등 동북쪽 촌이 여기에 속하였다.

—『삼국유사』 권1, 신라시조 혁거세왕조—

6부는 각각 여러 촌을 거느리고 있었다. 6부에 속한 촌의 정확한 이름은 잘 알 수 없다. 대체로 급량부에는 파잠촌波潛村·동산촌東山村·피상촌彼上村이 있었고, 사량부에는 구량벌촌仇良伐村·마등오촌麻等烏村·도지촌道地村·회덕촌廻德村 등이 있었다. 그 외에 점량부에는 박곡촌朴谷村, 본피부에는 시파촌柴巴村, 한기부에는 상서지촌上西知村·하서지촌下西知村·내아촌乃兒村, 습비부에는 물이촌勿伊村·잉구미촌仍仇弥村·궐곡촌闕谷村 등이 있었다.

이들 중 지리지나 다른 문헌에서도 확인할 수 있는 촌명은 박곡촌·시파촌·상서지촌·하서지촌·내아촌 등이다. 나머지도 그 이름은 정확하게 나오지 않으나 6부 내에 소속된 다소의 촌이 있었음을 알려 주기에는 충분하다. 한기부에 소속된 하서지촌의 아진포阿珍浦에 제사를 주관했던 아진의선이 살았다. 그렇다면 하서지촌은 한기부 내에 편입되었을지라도 독자의 제의가 행해진 곳이다. 아진의선이 탈해를 거두어 기르는 모습은 6촌장 또는 소벌도리공이 혁거세왕을 거두거나 노구老嫗가 알영을 양육하는 모습과 매우 흡사하다. 이 점은 한기부 내에 배씨 조상인 지타祗沱 시조전승을 받드는 제사와는 별도로 아진의선이 주관한 제사가 있었음을 알려 준다.

하서지촌이 읍락이나 성읍국가의 기반을 가지면서 독자의 제사를 주관하였다면, 상서지촌을 비롯해 6부에 속한 모든 촌은 대체로 하서지촌의 모습과 같이 파악할 수 있다. 6부의 각각에 존재했던 여러 제장도 본래는 성읍국가의 개국신화나 읍락의 시조전승을 받든 제의를 지내는 곳이다. 이때의 제장 역시 별읍으로 존재하였다. 6촌 내에 포함된 별읍이 어떤 형태로 전하였는지는 6부 사회의 모습을 알려 주는 다음 내용에서 짐작할 수 있다.

> 처음에 파사왕婆娑王이 유창택楡滄澤에서 사냥할 때 태자(지마祇摩)도 수종隨從하였다. 사냥이 끝난 뒤 한기부韓(漢)歧部를 지나게 되자 이찬 허루許婁가 잔치를 베풀고 대접하였다. 술에 취할 때 허루의 처가 소녀를 이끌고 나와서 춤을 추었다. (이때) 마제摩帝이찬의 처도 그의 딸을 데리고 나오니 태자가 보고 기뻐하였다.
>
> —『삼국사기』 권1, 지마니사금祇摩尼師今 즉위년조—

왕과 태자가 한기부를 지날 때 허루許婁가 잔치를 베풀어 그들을 대접하였다. 허루는 한기부 내에 거주하였는데, 마제摩帝 또한 거기에 거주하였다. 이들은 왕비족인 김씨 부족이었고, 분기分岐하여 두 개 이상의 씨족인 혈족 집단으로 나누어져 있었다.[35]

---

35 김철준, 앞의 논문, 1952, p. 41.

당시 태자였던 지마니사금의 비를 간택할 때 허루와 마제 혈족 집단은 서로 경쟁하였다. 태자가 마제의 딸을 보고 기뻐하였으며, 그의 딸이 태자비가 되었다. 허루와 마제의 혈족 집단이 왕비 간택을 두고 서로 경쟁하는 것은 한기부 내에 속한 다른 읍락이나 부족 집단의 모습을 떠올리는 데 도움을 준다. 6부의 각각에 속했던 읍락이나 부족 집단의 존재는 6부 사회에 편입된 성읍국가나 읍락을 상정하게 한다.

물론 신라에 편입될 당시의 6촌 사회가 소연맹국으로 성립하였겠지만, 그 국가체제의 규모는 각기 달랐을 것이다. 6촌 중 일부는 단순히 한둘의 읍락이나 성읍국가를 흡수하였다면, 다른 일부는 여러 읍락이나 성읍국가를 흡수하였다. 6촌 사회 내에 흡수된 정치 세력 집단을 규모에 따라 나누어 제시하면 다음과 같다.

① 읍락邑落 또는 부족 세력

② 성읍국가

③ 소연맹체(①+②)

④ 소연맹국(①+②+③)

당시 부락공동체 사회의 기초 단위가 읍락이었다. 성읍국가는 한 읍락이 그대로 성장하여 이룩하기도 하였지만, 대체로 주위의 다른 읍락을 흡수하였다. 소연맹체는 규모가 작은 소연맹국이며, 성읍국가가 중심이 되어 그 안에 다른 읍락을 통합하면서 성립하였다. 6촌 사회는 이 같은 정치 세력을 통합하면서 비교적 큰 규모의 소연맹국으로 발전하였다.

소연맹국을 이룬 6촌은 왕권의 상징인 궁궐을 갖추었다. 6부에 존재한 다음과 같은 궁궐이 이를 짐작하게 한다.

① (진평왕) 7년에 대궁大宮·양궁梁宮·사량궁沙梁宮을 세 곳에 설치하여 각각 사신私臣을 두었는데, 이때에 이르러 내성內省 사신 한 사람을 두어 3궁을 겸하여 관장하게 하였다.

—『삼국사기』 권4, 진평왕眞平王 44년조—

② 전공戰功을 따져 본피궁本彼宮의 재물·전장田莊·노복을 반으로 나누어 유신庾信과 인문仁問에게 주었다.

—『삼국사기』 권6, 문무왕文武王 2년조—

본피궁本彼宮은 본피부의 궁전으로 생각한다.[36] 그렇다면 양궁과 사량궁은 양부와 사량부의 궁전이다. 진평왕 7년(585년)에 대궁·양궁·사량궁에는 각각 사신私臣을 파견하였지만, 진평왕 44년(622년)에는 내성 사신 한 사람이 3궁을 모두 관장하였다. 그것은 양궁이나 사량궁이 왕권의 수중으로 더 확실하게 복속된 모습을 보여 주지만, 한편으로 6부는 본래 궁궐을 가질 정도로 세력 기반이 강했음을 알려 준다.

6촌이 각각 소연맹국으로 성립하였을 당시의 사로국 왕실은 물론 6촌장은 모두 시조전승을 가졌다. 소연맹왕국과 그 안에 흡수된 다른 읍락이나 성읍국가 또는 소연맹체와의 관계를 정확하게 밝히기는 어렵다. 다만 그들이 별읍을 이루었고 각자의 시조전승에서 받든 조상신에게 제사를 지냈다면, 왕실은 국읍에서 직접 또는 천군을 두어 자신의 조상신인 천신에게 제사를 지냈다. 별읍의 지배자나 국읍의 왕실이 모두 독자적 조상신에게 제사를 지냈던 점에서 서로가 독립적이었다.

왕실은 별읍의 지배자들로부터 정치적 통치권을 다소 할양받았을 것

36 이병도 역주, 『국역 삼국사기』(을유문화사, 1977)에는 本彼宮을 '본피부의 本宮'이라 하였다.

이다. 6촌 사회 내의 별읍은 독자 세력을 형성하였던 정도가 각각 달랐겠지만, 다음 기록을 통해 그 대체적인 모습을 추측할 수 있다.

음즙벌국音汁伐國과 실직곡국悉直谷國이 강역을 다투다가 왕(파사婆娑)에게 나아가 판결해 줄 것을 청하였다. 왕은 난처하게 여겨 금관국金官國의 수로왕首露王이 연로年老하고 지식이 많으므로 불러 문의하였다. 수로왕은 의논하여 다투던 땅을 음즙벌국에 소속시켰다.

—『삼국사기』 권1, 파사니사금 23년조—

파사니사금 때 6촌의 소연맹국은 신라에 편입되어 있었다. 이때 신라 연맹왕국에 흡수되었던 음즙벌국音汁伐國·실직곡국悉直谷國·압독국押督國 등이 보인다. 이들 국가와 6부 및 신라와의 관계는 6촌이 각각 소연맹국을 성립하였을 당시의 모습을 떠올리게 한다.

우선 음즙벌국이나 실직곡국·압독국 등은 신라 연맹왕국 속에 흡수되었을지라도 거의 독립적 지위를 유지하였다. 음즙벌국과 실직곡국은 파사니사금에게 분쟁의 판결을 청할 정도로 신라 연맹왕국 내에 복속되었으면서도 서로가 독자적으로 영토를 확보하기 위한 전쟁을 수행하였다. 그들의 다툼에 파사니사금이 오히려 부담을 느꼈을 듯하다. 그리하여 다시 수로왕이 중재를 맡았으나 잘 해결되지 않았다. 이들 나라가 비록 신라 연맹왕국 속에 흡수되었지만 거의 독립적 통치체제를 가졌기 때문이다.

이 사건을 계기로 음즙벌국·실직곡국·압독국이 파사니사금 23년에 신라에 항복한 것으로 기록되었다. 이때에도 그들은 신라 연맹왕국 내에 별읍의 전통을 지키면서 독자의 통치체제를 가졌다. 2년 뒤에 실직곡국이 반기를 들자 신라는 군사를 내어 이를 평정하였으며, 그 나머지 무리를 남쪽 변방으로 사민徙民하였다(『삼국사기』 권1, 파사니사금 25년조). 실직곡국 읍락의 백성을 남쪽의 변방으로 옮기게 하였다면 그것은 그들이 더 확실하게 신라 국가체제 속에 복속되었음을 뜻한다. 6부는 파사니사금 때에 음즙벌국·실직곡국보다는 확실하게 신라 연맹왕국체제 속에 흡수되었다.

파사니사금이 6부주六部主에게 수로왕을 맞아 대접하도록 명령하였다. 6부가 왕의 명령에 대해 일률적으로 움직였다기보다는 독자적으로 행동하였다. 다른 5부는 이찬으로서 수로왕을 맞았으나, 한기부는 그보다 낮은 자로서 주관케 하여 대접하였다. 이로 인한 한기부와 수로왕 사이의 외교적 마찰이 전쟁으로 이어졌다.[37] 실제로 한기부를 기반으로 신라 사회에 정착한 탈해 부족과 가야국 사이에 분쟁이 잦았다.[38] 그 이유는 지정학상으로도 두 세력이 접하였을 뿐만 아니라 같은 해상 세력 기반을 가져 하천이나 연안 해안의 진출을 둘러싸고 충돌할 가능성이 있었기 때문이다.

신라 연맹왕국 속에 편입하였을지라도 연맹왕의 명령을 그대로 따르지 않았거나 가야국과 독자적으로 전쟁을 수행하였다면, 한기부는 연맹왕실과는 달리 독립된 정책을 수립하여 집행하였을 가능성이 있다. 한기부가 처음 사로국 내에 흡수되었으나 별읍 상태로 존재하였다. 이

37 김두진, 「신라 탈해신화의 형성기반—영웅전승적 성격의 재정립—」, 앞의 책, 1999, p. 298.

38 脫解가 바다를 따라 이동해 오던 중 가야국에 닿아 그곳의 지배권을 놓고 首露王과 재주내기를 하였다. 잠깐 사이에 탈해가 변하여 매가 되니 수로왕은 변하여 독수리가 되었다. 또 탈해가 변하여 참새가 되니 수로왕은 변하여 새매가 되었다. 재주 내기에 진 탈해는 수로왕과 왕위를 다투어 이길 수 없다고 판단하고 떠났다. 수로왕은 슬그머니 탈해가 이곳에 머물면서 반란을 꾸밀까 염려하여 급히 水軍을 실은 배 500척을 보내 그를 쫓았다(『三國遺事』 권2, 駕洛國記조). 이 기사 역시 한기부를 기반으로 가진 탈해와 김해의 수로왕 사이에 분쟁이 있었음을 시사한다. 이 분쟁은 탈해 부족이 신라로 이동해 오는 과정에서 가야 지역과 영토 분쟁을 일으킨 사실을 반영하는 것이다.

렇듯 소연맹국으로 성립한 당시의 한기부에 국읍 외 편입된 읍락이나 성읍국가가 별읍 상태로 존재하였다. 그러다가 신라 연맹왕국 속에 흡수되면서 한기부의 국읍도 별읍 상태로 존속하였다. 한기부를 포함한 6촌 사회는 신라 연맹왕국 속에 편입되면서 대체로 비슷한 상황 속에 처하였다.

6촌이 소도신앙을 영위하였기 때문에 그 안의 여러 제장을 포함한 별읍의 지배자는 각자의 조상신을 제사하였다. 6촌의 조상신에 대한 제사도 그런 한 예에 불과하다. 6촌 내의 각 부족이나 성읍국가 또는 읍락의 조상신은 대체로 지신으로 나타났겠지만, 개중에는 천신도 있었고 6촌장은 천신의 자손으로 나타났다. 6촌장 부족은 비교적 오랫동안 소연맹국을 형성하였고, 그 지배자는 국읍에 천군을 임명하여 천신에 대해 제사를 지냈다. 6촌장 부족이 천신에 대해 제사를 지낸 것이나 별읍에서 각 부족이 조상신을 제사한 것은 모두 소도신앙으로 파악된다.

| 제2장 |

신라 법흥왕대의 국가체제 정비와 귀족연합

1. 신라 내물왕대의 김씨 왕실 세습

신라는 사로국斯盧國에서 출발하여 박씨와 석씨 및 김씨가 교대로 왕실을 장악하는 연맹왕국으로 성장하였다. 연맹왕국을 이룬 세 왕실 부족은 본래 성읍국가나 소연맹국 정도의 기반을 가졌다. 이들 외에도 신라 연맹왕국 내에는 6촌으로 대표되는 소연맹국이나 성읍국가 또는 다수의 읍락이 포함되어 있었다. 처음 박씨족이 연맹왕실을 장악하였으나, 이후 석씨 왕실이 등장하여 무력으로 주위를 정복하는 과정에서 연맹왕권을 강화하였다.

김알지金閼智신화나 박혁거세신화와는 달리 석탈해昔脫解신화는 영웅전승적 성격을 가졌다.[1] 석씨 부족은 야장冶匠 등의 우수한 기술 문화를

1 김두진, 「신라 석탈해신화의 형성기반—영웅전설적 성격을 중심으로—」, 『한국학논총』 8, 1986. pp. 9~11.

가졌으며, 무사단을 이끌고 바다를 통해 신라 사회로 들어오면서 김해의 가야 세력과 영토 분쟁을 일으켰다.[2] 실제로 석씨 왕실이 빈번하게 왜국과의 처참한 전쟁을 주도하였다. 그리하여 탈해는 이가 엉겨 붙은 천하무적의 역사力士 골상을 가졌을 뿐만 아니라 죽어 왜를 물리치려는 동악신東岳神이 되었다는 전설이 만들어졌다.

석씨족이 처음 토함산 부근의 한기부漢歧部에 정착하였으며 호공댁[瓠公宅]을 빼앗아 월성 지역으로 이주하고는, 박씨 왕족이나 김씨족의 한 분파와 연합함으로써 신라 국가의 지배 세력으로 군림하였다.[3] 석씨 왕족은 신라 연맹왕국이 서서히 정복국가체제를 갖추면서 왕위를 독점하였다. 제사장적 성격의 차차웅次次雄에서 연장年長의 권위를 더한 이사금尼師今으로의 왕호 변경은 실제로 탈해왕이 주도한 것이다.[4]

이사금 왕호 시대보다 마립간 왕호 시대에 연맹왕권은 더 강화되었다. 신라 연맹왕국 내 김씨 왕족의 세습이 이루어진 시기는 내물왕대부터이다. 다음 마립간에 대한 김대문金大問의 해석을 참고해 보자.

> 마립麻立은 방언方言으로 궐橛을 이른다. 궐표橛標에 준準해 그 자리를 두었는데, 곧 왕궐王橛이 주主가 되고 신궐臣橛은 그 아래에 배열되었다. 이로 인因하여 이름을 붙였다.
>
> —『삼국유사』 권1, 제2남해왕第二南解王조—

비슷한 내용은 『삼국사기』 권3, 눌지마립간 즉위년조에도 나온다. 마

---

2 김두진, 위의 논문, 1986, p. 12.

3 김두진, 위의 논문, 1986, pp. 18~20.

4 탈해가 儒理에게 齒理, 곧 이빨이 많은 자가 왕위에 오르자고 제안하였다. 또한 遙乃井 물을 떠서 먼저 마시다가 잔이 입에 붙어 떨어지지 않았다는 白衣설화도 탈해의 尼師今 칭호 사용과 연관하여 만들어졌다고 생각한다.

립간 왕호 시대는 내물왕대에 시작되어 눌지왕대에 완비되었다.[5] 내물왕대에 궐표제橛標制라는 연맹왕국의 부족장과 군주가 함께하는 군신연합회의가 성립해 있었다. 그것은 마립麻立회의라 할 수 있는 남당南堂 정사의 유풍이며, 뒤에 귀족연합 회의인 화백제로 갖추어져 갔다.[6]

마립에 앉는 궐표는 신궐臣橛과 왕궐王橛로 나뉘어 있었다. 왕궐이 연맹왕의 자리이고, 신궐은 신라 연맹왕국에 복속한 여러 부족장인 귀족의 자리이다. 마립간 왕호는 남당의 정사 모습을 떠올리게 하는 마립회의의 우두머리라는 의미이다. 마립간은 연맹왕국 내 부족장회의를 주관하는 군장이다. 이전에 설치되었던 남당도 마립간 왕호 시대와 연결하여 이해할 수 있다.[7] 마립간 왕호 시대에는 차차웅이나 이사금 왕호 시대보다 더 강한 연맹왕권이 성립되어 있었다.

내물니사금은 남당 정사에 궐표제를 확립함으로써 중앙집권체제를 마련하면서 연맹왕권을 강화하였다.[8] 다음 내용은 내물왕대의 사회 모습을 이해하는 데 도움을 준다.

---

5 『삼국유사』와는 달리 『삼국사기』에는 눌지왕부터 麻立干 왕호를 사용한 것으로 기록되었다. 이병도, 「고대남당고」, 『한국고대사연구』(박영사, 1976, p. 630)에서는 내물왕대에 마립간 왕호를 사용하였다고 한다.

6 이병도, 위의 논문, 위의 책, 1976, pp. 635~638.

7 신라에 南堂은 沾解니사금 3년(249년)에 설치되었으며, 2년 뒤에는 남당에서 처음으로 정무를 보았다. 그 외 신라의 남당 정사에 관한 기사는 味鄒니사금 7년(268년)과 訥祇마립간 7년(423년) 및 진평왕 7년(585년)에 나온다. 그중 진평왕대의 기사는 화백회의가 성립되어 있었기 때문에 큰 의미가 없다. 마립간 왕호가 정립된 눌지왕대의 남당 정사는 중요하다고 생각한다. 또한 미추니사금은 봄과 여름에 비가 내리지 않으므로, 여러 신하를 남당에 모아 놓고 친히 政刑 시행의 得失을 물었다. 미추왕대의 남당 정사가 橛標制를 유추할 수 있어 주목된다. 첨해니사금이 아들 없이 죽고 미추니사금이 즉위하였다. 그러므로 첨해왕대의 남당 정사는 미추왕대의 통치와 연관될 수 있다. 미추니사금은 김씨족으로 처음 왕위에 오른 상징적 인물일 뿐 아니라 그의 사위가 내물니사금인 점도 시사성을 준다.

8 이병도, 앞의 논문, 앞의 책, 1976, pp. 630~635.

위두衛頭를 부符(苻)씨의 진秦나라에 보내 방물方物을 바쳤다. 부견苻堅이 위두에게 "경卿이 말하는 해동海東의 일이 옛날과 같지 않으니 어찌 된 것인가?"라고 물었다. (위두가) "역시 중국과 마찬가지로 시대가 변혁變革되고 명호名號가 바뀌었으니, 지금 어찌 같을 수 있겠습니까?"라고 대답하였다.

—『삼국사기』 권3, 내물니사금 26년조—

신라는 내물니사금 26년(381년)에 전진前秦으로 사신 위두衛頭를 파견하였다. 『진서秦書』에는 신라왕이 누한樓寒이라고 하였다.[9] 누한은 내물니사금을 가리키지만, 그의 이름이라기보다는 마립간을 의미한다.[10] 내물왕이 마립간 왕호 시대를 열었기 때문에 시사성을 준다. 전진왕 부견苻堅과 위두의 문답은 내물왕대의 신라 사회가 전대와는 크게 바뀌었음을 알려 준다.

내물니사금이 신라 연맹왕국체제를 완비하였다. 정복으로 이웃 소국을 대부분 편입한 이후에 연맹왕국은 영역 확장보다 연맹체제를 공고히 하고자 하였다. 내물니사금은 권역을 확정한 연맹왕국의 제도를 정비하였다. 내물니사금은 궐표제를 통해 신하인 부족장을 통제함으로써 연맹왕권을 강화하기 위한 중앙집권체제를 수립하고자 하였다. 한반도의 동남부에 위치한 신라가 전진에 사신을 파견할 수 있었던 것도 연맹왕권이 강화된 사정을 짐작하게 한다.

미추니사금이 김씨족으로서 처음 왕위에 올랐지만 내물왕대의 강화된 연맹왕권은 김씨 왕실의 세습을 가능하게 하였다. 내물왕대에 김씨

9 같은 내용이 현전하지 않는 『秦書』의 逸文으로 『太平御覽』 卷781, 四夷部 2, 東夷 2, 新羅전에 인용되어 있다. 거기에는 본문 외에 "秦書曰 符堅建元十八年 新羅國王樓寒 遣使衛頭"라고 하였다. 建元 18년은 내물니사금 27년(382년)이므로 『삼국사기』 본문과는 1년 차이가 있다.

10 이병도, 앞의 논문, 앞의 책, 1976, p. 630.

왕족 세력은 석씨 왕족을 제어할 정도로 성장하였다. 박씨 왕대 말에 김씨족은 알영閼英이나 알지閼智 등의 혈족 집단으로 나뉘어 있었고, 또한 마제摩帝 혈족 집단은 한기부漢岐部 지역에 기반을 마련하였다.[11] 혈족 집단이 분기화分岐化할 정도로 김씨족의 세력은 신장하였다.[12]

김씨족은 처음 박씨 왕실의 왕비족으로서 사로국의 핵심 지배 세력을 구성하였으며, 뒤에 석씨 왕실이 등장하는 데 도움을 주었다. 벌휴니사금 때에 구도仇道의 활동으로 김씨족은 무력적 기반을 확고하게 마련하였다. 당시 석씨 왕실은 김씨족, 그중 구도계와 혼인함으로써 왕권을 안정시켰다.[13] 이후 김씨족 세력이 꾸준히 신장하지만 석씨 왕실은 벌휴니사금 사후 골정계骨正系와 이매계伊買系의 왕위다툼으로 분열하였다.[14]

조분니사금의 사위인 미추니사금이 왕위에 오르는데 아버지 구도가 가진 무력 기반의 도움을 받았다.[15] 내물니사금은 구도의 손자여서 그의 아버지 말구末仇각간이 미추니사금의 동생이다. 사실 내물니사금은 석씨 왕족과 인척으로 잘 엮이지 않는다. 그의 왕비는 미추니사금의 딸인 내례희內禮希부인이며 어머니는 김씨 휴례休禮부인이다. 내물니사금이 미추니사금의 사위로 왕위에 올랐으나 당시 김씨 왕족은 사실상 석씨 왕족을 능가하는 세력 기반을 구축하였다.

김씨 왕실은 왕위를 세습하는 데 고구려의 도움을 받았다. 다음 내용

11 김두진, 앞의 논문, 1986, p. 19.

12 김두진, 「신라 김알지신화의 형성과 신궁」, 『이기백선생고희기념 한국사학논총 상』, 일조각, 1994, p. 65.

13 탈해의 아들 仇鄒과 혼인한 只珍夫人은 金氏이고, 벌휴니사금의 장자 骨正과 혼인한 玉帽부인은 구도의 딸이다.

14 김두진, 앞의 논문, 1986, pp. 26~28.

15 『三國遺事』 권1, 未鄒王 竹葉軍조에는 미추왕릉의 竹葉이 神兵으로 변하여 신라를 침공한 伊西國 사람들을 물리치는 설화가 전한다. 그리하여 미추왕릉은 竹現陵으로 불리며, 적군의 내침을 막는 호국의 상징으로 추앙되었다. 竹葉軍설화는 미추니사금이 가졌던 무력 기반을 상정하게 한다.

을 참고해 보자.

왕王은 전왕前王의 태자太子 눌지訥祗가 덕망德望이 있음을 꺼려 장차 죽이고자, 고구려 군사를 청해서 거짓으로 그를 맞이하게 하였다. 고구려 사람들은 눌지가 어진 행실이 있음을 보고 이에 창을 돌려 왕(실성實聖)을 죽였으며, 그를 왕으로 세우고 돌아갔다.[16]

시대가 조금 내려가는 기사이긴 하지만 고구려 군사가 실성니사금을 죽이고 눌지를 옹립하였다. 고구려 군사력이 신라 정변에 깊이 관여한 셈이다.

석씨왕대 이래 신라 해변에 왜倭가 자주 침범하였다. 399년(내물니사금 44년)에 왜가 쳐들어오자, 신라가 고구려에 구원을 요청하였다. 이듬해에 고구려 광개토왕은 보병과 기병 5만을 보내어 왜병을 물리쳤다. 이를 계기로 고구려는 군사를 주둔시키면서 신라 사회에 영향력을 행사하였지만,[17] 그 이전에도 신라와는 밀접한 외교 관계를 수립하고 있었다. 백제가 왜 및 가야와 연결되었기 때문에 이를 견제하기 위해 고구려는 신라와의 연결을 꾀하였다.[18] 신라 역시 왜와 가야 및 백제 연합군에 대항하면서 외교 고립을 벗어나고자 고구려와의 연결을 적극적으로 도모하였다.[19]

---

16 『三國遺事』 권1, 第十八實聖王조. 다만 『三國史記』 권3, 訥祗痲立干 즉위년조에는 원망한 눌지가 돌아와 실성니사금을 죽였다고 하였다. 『삼국유사』의 내용이 역사적 진실이라 생각한다.

17 신라 壺杅塚에서 출토된 靑銅廣開土大王銘 壺杅는 장수왕 3년(415년, 실성왕 14년)에 제작되었다고 추정되는데, 고구려 문물이 신라에 빈번하게 전해졌음을 알려 준다.

18 장창은, 『신라 상고기 정치변동과 고구려 관계』, 신서원, 2008, pp. 85~86.

19 이현혜, 「4세기 가야지역의 교역체계의 변천」, 『한국고대사연구 1』, 1988; 『한국 고대의 생산과 교역』, 일조각, 1998, pp. 307~314.

내물왕대 김씨 왕실이 고구려와의 연결을 주도하였다. 교섭 과정에서 강국이었던 고구려가 주도권을 행사함으로써 신라는 종속적 지위를 갖게 되었다.[20] 왕권 신장의 상징으로 내물니사금은 전진에 사신을 보내면서 처음에는 고구려의 도움을 받았다.[21] 국내에 주둔한 고구려 군사력은 신라 정계에 깊이 관여하였다. 그리하여 신라는 왕자 실성이나 눌지 또는 복호卜好를 고구려에 인질로 보냈다. 이후 신라는 고구려의 간섭을 배제하면서 중앙집권적 귀족국가체제를 정비하려는 과제를 안게 되었다.

2. 신라 귀족연합 정권의 등장과 법흥왕

내물니사금부터 실제로 김씨족이 왕위를 계승하였지만, 그들 내에서 왕위다툼도 이어졌다. 왕위를 획득하였다고는 하나 김씨 왕실은 이전의 석씨 왕실을 제압해야 하였다. 그런 과정이 실성니사금의 등극과 눌지의 왕위쟁탈로 나타났다. 내물니사금과 실성니사금은 미추니사금의 조카이다. 내물니사금의 아버지 말구末仇각간과 실성니사금의 아버지 대서지大西知각간은 미추니사금의 동생으로 구도仇道갈문왕의 아들들이다.[22]

---

20 장창은, 앞의 책, 2008, pp. 86~88.

21 내물니사금은 382년에 사신 衛頭를 前秦에 파견하였다. 그런데 5년 전 377년에는 고구려와 신라가 사신을 전진에 파견하였다. 이때 신라는 고구려의 안내를 받아 사신을 전진으로 보냈다.

22 『三國遺事』 王曆. 다만 『三國史記』 권3, 奈勿尼師今 즉위년조에는 末仇각간이 仇道葛文王의 아들이라 하였지만, 實聖尼師今 즉위년조에는 大西知각간이 閼智의 후손이라고 하였다. 이런 기록의 차이는 내물니사금과 실성니사금이 다소 소원한 관계였음을 반영한다고 생각한다.

사촌간이지만 내물니사금과 실성니사금은 경쟁 관계였던 듯하다. 내물니사금의 아들 눌지가 있었음에도 사위인 실성이 먼저 등극한 것은 자연스럽지 않다.[23] 미추니사금의 사위로서 왕위에 나아간 내물니사금이 딱히 경쟁자가 없던 사실과 대조된다. 다음 내용은 이런 분위기를 짐작하게 한다.

> 내물왕奈勿王 37년(392년)에 실성實聖을 고구려에 볼모로 보냈다. 실성은 돌아와 왕이 되자 내물왕이 자기를 외국에 인질 잡힌 것을 원망하여 그 아들을 해쳐 원한을 갚으려 하였다.
>
> —『삼국사기』 권3, 눌지마립간訥祗痲立干 즉위년조—

실성은 자기를 고구려에 인질로 보낸 내물니사금에게 반감을 품었다. 그는 내물니사금 46년(401년)에 고구려 인질에서 풀려 돌아왔는데, 그 전해(400년)에 혜성이 나타났으며 왕이 탔던 내구마內廐馬가 무릎 꿇고 눈물을 흘리며 슬피 울었다고 한다. 실성이 돌아온 다음 해(402년)에 내물니사금이 죽었다. 그의 죽음이 심상치 않다.

실성이 돌아와 왕이 되는 전후의 분위기는 내물니사금이 거세되었을 것으로 추측하게 한다. 내물니사금이 소외되고 실성이 서는 데에도 고구려 군사력이 작용하였다.[24] 내물니사금과 실성의 불화는 실성니사금과 눌지의 왕위쟁탈전으로 이어졌고, 최종 승리는 눌지마립간에게 돌아갔다. 실성니사금과 눌지마립간의 왕위다툼은 김씨 왕실 내 분기된

23 『三國史記』 권3, 實聖尼師今 즉위년조에는 내물니사금의 아들이 어리므로 國人이 실성을 왕으로 세웠다고 한다. 그러나 실성니사금은 즉위하자마자 내물니사금의 아들 未斯欣을 倭에 인질로 보냈다.

24 장창은, 앞의 책, 2008, pp. 91~95.

소혈족 집단의 상호 경쟁은 물론, 왕위 세습에 대한 석씨 왕실의 저항으로 말미암아 나타났다.

무력적 기반을 마련한 구도는 전 왕족인 박씨족과 연합하여 김씨족의 세력 기반을 확충하였다. 구도의 부인 생호生乎(혹은 술례述禮)는 박씨족 이칠伊柒(또는 이비伊非)갈문왕의 딸이기 때문이다. 그의 세 아들 중 미추는 김씨로서 처음 왕위에 올랐으나 사위嗣位할 아들이 있었던 것 같지 않다. 그의 두 동생인 말구각간과 대서지각간의 부인은 각각 김씨족인 휴례休禮와 석씨족인 이리伊利이다.

어머니가 김씨인 내물니사금과 석씨인 실성니사금의 대립은 연맹왕실 내 김씨 왕족과 석씨 왕족의 세력 다툼 양상을 띠었다. 그 대립은 눌지마립간이 등극하기까지 심각하게 전개되었다. 실성니사금이 살해되고 눌지가 옹립되는 사건은 석씨 왕족과 김씨 왕족의 주도권 다툼에 마침표를 찍었다. 눌지마립간 이후 신라사에 석씨족이 왕은 물론 왕비로도 등장하지 않는다. 그러므로 실성니사금의 죽음은 석씨족의 상징인 토함산이 무너진 것으로 기록되었다.[25]

실성니사금을 응원한 고구려 군사력이 다음번에는 눌지를 옹립하였다. 국내에 주둔한 외국 군사력은 내정에 깊이 관여하기 마련이다. 고구려 군사력을 등에 업고 왕위다툼을 벌였던 김씨 왕실은 석씨 왕실을 제압하기 위해 일단 왕비까지 김씨족으로 맞는 폐쇄적인 족내혼을 단행하였다. 왕권을 강화하였다고는 하지만 김씨 왕실이 단독으로 고구려 군사력의 간섭을 배제하기는 어려웠다. 전 왕실인 박씨족과 연합하고

25 탈해는 龍城國에서 알로 태어났다. 배에 실려 오는 동안 알에서 깨어난 동자 탈해는 처음으로 토함산에 올라 石塚에서 7일을 지냈다. 남해차차웅의 사위가 된 탈해가 제안한 尼叱今 연기설화와 연관된 遙乃井도 토함산에 있다. 죽은 후 탈해는 토함산신이 되었고 그의 유골도 토함산에 모셔졌다.

백제와 동맹할 필요를 절감하였다.

왕위 세습 이후 김씨 왕실은 눌지와 그의 동생 습보習寶의 소혈족 집단으로 분기화하였다. 자비마립간과 소지마립간으로 이어지는 눌지계가 폐쇄적 족내혼을 고집하였다면, 지증마립간과 법흥왕으로 이어지는 습보계는 박씨족 왕비를 맞았다.[26] 왕위를 획득하기 위해 눌지계와 습보계는 서로 경쟁하고 있었다. 습보계가 등장하는 다음 내용은 왕위다툼 분위기를 짐작하게 한다.

(소지왕炤知王이) 날이군捺已郡(현재 영주榮州)으로 가는 도중에 고타군古陀郡(현재 안동安東)의 노구老嫗 집에 묵었다. (중략) 노구가 "임금께서 날이捺已의 여자와 상관하러 여러 번 보통 사람들의 옷을 입고 온다고 합니다. 무릇 용龍이 물고기 옷을 입으면 어부에게 잡히고 맙니다. 지금 왕은 만승萬乘의 지위에 있으면서 스스로 신중하지 않으니 어찌 성인聖人이라 할 수 있겠습니까?"라고 하였다.

왕이 그 말을 듣고 크게 부끄럽게 여겨 곧 몰래 그 여자를 맞아들여 별실別室에 두고 아들 하나를 낳기에 이르렀다. 겨울 11월에 왕이 죽었다.

—『삼국사기』 권3, 소지마립간 22년조—

소지마립간이 죽기 두 달 전에 날이군捺已郡에 거동하여 그 고을 사람 파로波路의 집에 묵었다. 마침 비단을 입힌 수레에 명주로 싼 물건을 바치자, 음식인 줄 알고 열었으나 파로의 딸 벽화碧花가 있었다. 왕은 괴이히 여겨 받지 않고 왕궁으로 돌아왔으나 국색인 벽화를 잊지 못해 미

26 訥祇王 妃는 실성니사금의 딸인 阿老夫人이고 慈悲王 妃는 김씨로 未斯欣의 딸이다. 다만 炤知王 妃는 乃宿 또는 期寶葛文王의 딸인데, 성씨가 불분명하나 김씨라고 생각한다. 習寶의 부인은 김씨지만, 智證王 妃는 박씨 延帝夫人이고 법흥왕 비는 박씨 保刀夫人이다.

복으로 몰래 파로의 집에 드나들었다. 소지마립간과 벽화의 동침은 정상적이지 않다.

소지마립간은 날이군으로 가던 중 고타군 노구老嫗로부터 심한 비판을 받았다. 부끄럽게 여겨 벽화를 맞아들이고 별실에 기거하게 하였으나 곧바로 왕이 죽었다. 갑작스러운 소지마립간의 죽음도 자연스럽지 않다. 노구는 신라 명산대천名山大川의 국가적 제의를 관장하는 제사장이라고 생각한다.[27] 고타군의 노구는 그 지역의 토착 세력이면서 신라 국가의 제관祭官으로 등장한 인물이다.[28] 그의 비판이 소지마립간의 죽음과 관련되었다는 인상을 준다. 소지마립간과 벽화와의 사이에 아들이 있었으나, 이후 그에 대한 언급이 전혀 없을 뿐만 아니라 습보계인 지증이 옹립되었다.

소지마립간은 거세된 것이 아닌지 의심하게 한다. 다음 내용은 소지왕대의 정세를 짐작하게 한다.

> (소지炤知)왕王이 궁중으로 들어가 금갑琴匣을 보고 활을 쏘니, 거기에는 내전內殿의 분수승焚修僧과 궁주宮主가 은밀히 간통하고 있었다. 두 사람은 처형되었다.
>
> —『삼국유사』 권1, 사금갑射琴匣조—

소지마립간이 천천정天泉亭에 행차하였을 때 얻은 서출지書出池의 봉서封書 겉면에는 "뜯어보면 두 사람이 죽고 뜯어보지 않으면 한 사람이 죽는다"라고 적혀 있었다. 소지마립간은 두 사람보다 한 사람이 죽는

27 최광식, 「삼국사기 소재 노구의 성격」, 『사총』 25, 1981, pp. 7~12.
28 김두진, 앞의 논문, 1986, p. 16.

것이 낫다고 하였으나, 일관日官이 두 사람은 서민이요 한 사람은 왕입니다"라고 하였다. 봉서를 뜯어본 소지마립간은 간통한 궁주와 분수승焚修僧을 처형하였다.

노구와 분수승은 소지왕대의 정세를 짐작하는 데 도움이 된다. 시기가 맞지 않아 궁주와 벽화가 동일 인물인지 알 수 없으나 비슷한 정치 성향을 지녔다고 생각한다.[29] 분수승의 처형은 초전初傳불교에 대한 반발이 있었음을 알려 준다. 초전불교는 고구려와 만남이 잦던 내물왕대나 눌지왕대에 전래하였고, 왕즉불王卽佛신앙을 표방하기 때문에 왕권을 강화하려는 왕실 중심으로 수용되었다.[30]

왕실이 조용히 수용하여 왕권 강화와 연관되었던 초전불교는 소지왕대에 표면화되었다. 소지마립간은 초전불교의 홍포弘布 정책을 추진하였다.[31] 곧 귀족에게까지 초전불교의 수용을 요구하였다. 불교 공인 과정이라 할 수 있는 그것은 법흥왕 때에 이차돈의 순교로 비로소 성공하지만, 소지마립간 때에는 실패할 수밖에 없었다. 토착적 제의를 받드는 제사장 전통을 고수하는 귀족이 초전불교의 홍포를 반대하였기 때문이다.[32]

분수승은 소지마립간에게 살해되었지만 정작 그를 죽게 만든 장본인은 일관日官이다. 노구에서 이어지는 일관이 소지마립간의 불교 홍포 정책에 반대하였을 것이다. 분수승이나 궁주 또는 벽화 등이 눌지계 왕

29 碧花는 소지왕 22년(500년)에 입궁하였지만 宮主는 소지왕 10년에 처형되었다. 벽화가 처형되었는지도 분명하지 않다. 다만 궁주가 焚修僧과 연결되었던 사실은 벽화가 老嫗의 비판 대상이 되었던 사정을 이해하는 데 도움을 준다.

30 김두진, 「신라 공인불교의 사상과 그 정치사적 의미」, 『두계이병도박사구순기념 한국사학논총』, 지식산업사, 1987, pp. 85~86.

31 김두진, 「신라상고대말 초전불교의 수용」, 『천관우선생환력기념 한국사학논총』, 정음문화사, 1985, pp. 275~276.

32 김두진, 위의 논문, 위의 책, 1985, pp. 277~278.

실의 지지 세력이었고, 일관이나 노구를 비롯한 귀족들이 소지마립간의 반대파에 속해 있었다. 반대파의 핵심이 내물왕계에서 분기分岐한 습보계 왕실 혈족 집단이다.

소지왕대에 눌지계와 습보계 혈족 집단의 왕위다툼은 비교적 일찍부터 심각한 양상으로 전개되었다. 소지마립간 10년(488년)에 분수승과 궁주의 처단은 습보계 세력이 우이牛耳를 잡는 계기가 되었다. 이후에도 소지마립간이 불교 홍포정책을 계속 추진하여 고타군은 물론 일선군一善郡 등을 순행하였다.[33] 그러나 왕권 강화 등 소지마립간의 정책은 점점 탄력을 잃어 갔다. 다음 내용은 이런 분위기를 짐작하게 한다.

> 이언俚言에 이를 달도怛忉라고 하니, 슬퍼하고 근심하며 모든 일에 금기禁忌한다는 말이다.
>
> —『삼국유사』 권1, 사금갑조—

달도怛忉는 궁주와 분수승의 처형을 잊지 않으려는 오기일烏忌日의 제사를 이름인데, 슬퍼 근심하고 금기한다는 의미이다. 오기일에는 모든 일을 꺼려 조심하고 함부로 동작하지 않는다고 한다.

삼가고 금기하는 분위기는 오기일과 연관되었다 하더라도 소지왕대 후반의 정치 상황과 연결해 이해해도 좋을 것이다. 소지마립간이 귀족들의 압력을 받아 오히려 측근 세력이라 할 수 있는 궁주나 분수승을 처단할 수밖에 없었다. 소지마립간은 한 사람이 죽는 것이 낫다고 하였으나 두 사람이 죽도록 봉서를 뜯게 한 자가 일관이다. 이후 습보계를 포함한 귀족들이 왕실을 능가하는 세력을 이루었으므로 소지마립간은 왕

33 김두진, 위의 논문, 위의 책, 1985, p. 275.

권 강화 등의 정책을 능동적으로 펴지 못하였다. 이런 사정이 조심하고 금기하는 모습으로 비쳤을 법하다.

소지마립간이 죽자 습보의 아들인 지증이 왕위를 계승하였다. 왕실이 눌지계를 대신한 습보계 혈족 세력으로 교체되었다. 지증마립간에 이어 법흥왕이 등극하면서 습보계 혈족 집단이 신라 왕실을 확실하게 장악하였다. 지증마립간이 배필을 맞는 다음 내용은 흥미롭다.

> 사자가 모량부牟梁部 동로수冬老樹 아래에 이르러 개 두 마리가 북 크기만 한 똥 덩어리의 양 끝을 물고 다투고 있는 것을 보았다. 마을 사람들에게 수소문하니, 한 소녀小女가 "이것은 모량부 상공相公의 딸이 여기서 빨래하다가 몰래 숲 속에 들어가 눈 것입니다"라고 고告하였다. (사자가) 그 집을 찾아가 살펴보니 키가 7척尺 5촌寸이나 되었다. 이 사실을 아뢰자, 왕은 수레를 보내 궁중宮中으로 맞아들여 왕후로 봉하니 신하들이 모두 축하하였다.
>
> —『삼국유사』 권1, 지철로왕智哲老王조—

모량부 상공相公은 박씨인 등흔登欣이찬이다.[34] 상공의 딸이 왕후로 간택되는 설화는 지증마립간과 연제延帝부인의 혼인을 신비화하려는 의도를 지녔다. 곧 지증마립간과 왕비의 몸이 장대함을 나타내면서도[35] 특별한 혼인 관계를 부각한 것이다.

상공 딸과의 혼인 설화는 직접적으로 지증마립간의 결혼을 가리키지만, 신라중고기의 박씨 왕비족 등장과 연관하여 나타났다고 생각한다. 지증마립간의 음경이 1척尺 5촌寸이라거나 왕비가 북 크기만 한 똥을

34 이희관, 「신라상대 지증왕계의 왕위계승과 박씨왕비족」, 『동아연구』 20, 1990, p. 76.
35 『三國史記』 권4, 智證麻立干 즉위년조에 "王體鴻大 膽力過人"이라 하였다.

누었다고 하였다. 매우 투박하면서도 토속적인 이런 표현은 이 혼인이 갖는 상징성을 떠올리게 한다. 지증마립간 이후 습보계 왕실은 박씨 왕비를 맞이하였다. 신라중고기는 박씨 왕비족 시대이다.

법흥왕대는 신라중고기의 시발점으로 알려져 있지만 그 방향은 이미 지증왕대에 잡히기 시작하였다. 눌지계를 제압하기 위해 습보계 왕실이 박씨족과 연합한 귀족연합 정권을 성립시켰다. 지증마립간 이후의 귀족연합 정권은 미추니사금이 등극할 당시 김씨 왕실과 박씨족의 단순한 연합세력과 분명히 구별된다. 지증마립간이 "덕업德業이 날로 새로워져 사방을 망라網羅한다"는 의미로 국호를 신라로 고쳤다. 이때의 귀족연합 정권은 그 안에 많은 귀족 세력을 광범하게 포용하였다.[36] 귀족연합 정권을 출범시킨 지증마립간에 이어 법흥왕이 등극하였다.

3. 신라 법흥왕대의 중앙집권적 귀족국가 정비

법흥왕은 지증마립간의 장자이며, 왕비는 박씨 보도保刀부인이다. 신라가 법흥왕대에 국가체제의 정비를 거쳐 진흥왕대에 광대하게 영토를 넓히는 등 비약적으로 발전하였다. 법흥왕 23년(536년)에 처음으로 연호年號를 사용하여 건원建元이라 칭하였다. 고유 연호의 사용은 신라가 김씨 왕실의 세습 이래 국내 정세에 깊이 관여하였던 고구려 군사력을 실제로 완전히 축출하였을 뿐만 아니라 중국과도 독자 외교를 펼쳤을 것으로 생각한다.

36 이기백, 「대등고」, 『역사학보』 17·18 합집, 1962; 『신라정치사회사연구』, 일조각, 1974, pp. 86~88. 法興王 이후 大等과 그들로 구성된 會議體가 존속하였는데, 이처럼 신라중고기에는 貴族聯合政權이 뚜렷하게 성립되어 있었다.

법흥왕대 중앙집권적 귀족국가의 체제 정비 모습을 정리하는 데 그 전후 시기에 설치한 제도나 관직에 대한 이해는 도움이 된다. 우선 법흥왕 이전에 정비된 제도를 들면 〈표 2〉와 같다.

〈표 2〉 법흥왕 이전의 제도 정비

연도	내용
눌지왕 22년(438년)	백성에게 우거법牛車法을 가르쳤다.
자비왕 12년(469년)	경도京都의 방리명坊里名을 정하였다.
소지왕 9년(487년) 〃 12년(490년)	비로소 사방四方에 우역郵驛을 설치하였다. 처음으로 경사京師에 시사市肆를 열었다.
지증왕 3년(502년) 지증왕 6년(505년) 〃 〃 지증왕 10년(509년) 〃 15년(514년)	순장殉葬을 금하고 우경牛耕을 사용하였다. 국내의 주군현州郡縣을 정하였다. 비로소 군주軍主(실직주悉直州)를 두었다. 주즙舟楫(선박) 이용 제도를 만들었다. 경도京都에 동시東市를 설치하였다. 소경小京(아시촌阿尸村)을 설치하였다.

법흥왕대 이후 제도 정비가 집중적으로 나타난 시기는 진평왕대와 진덕왕 5년(651년)이다. 이때 정비한 제도는 대략 다음과 같다.[37]

① 진평왕대 초에 정비한 제도

위화부位和府(이부吏部, 진평왕 3년, 581년)·선부서船府署(대감大監 1명, 제감弟監 1명, 583년)·조부調府(영令 1명, 584년)·승부乘府(영令 1명, 584년)·3궁三宮(각각 사신私臣 설치, 585년)·예부禮部(영令 2명, 586년)·품주稟主(대사大舍 2명, 589년)·영객부領客府(영令 2명, 진평왕 13년, 591년)

② 진평왕대 말에 정비한 제도

영객전領客典(왜전倭典을 고침, 진평왕 43년, 621년)·내성內省(사신私臣 1

37 김두진, 「신라 진평왕대초기의 정치개혁—삼국유사 소재 '도화녀 비형랑'조의 분석을 중심으로—」, 『진단학보』 69, 1990, pp. 33~34의 〈表 2〉와 〈表 3〉을 요약 정리하였다.

명, 3궁三宮을 겸장兼掌함, 622년)·상사서賞賜署(대정大正 1명, 624년)·대도서大道署(대정大正 1명, 진평왕 46년, 624년)·시위부侍衛府(대감大監, 6명, 624년)

③ 진덕왕 5년(651년)에 정비한 제도

집사부執事府(품주稟主를 고침, 중시中侍 1명)·시위부侍衛府(장군將軍 6명)·조부調府(영令 2명)·창부倉部(영令 2명, 경卿 2명, 사史 8명)·예부禮部(경卿 2명, 대사大舍 2명, 사史 8명)·영객부領客府(영令 2명)·상사서賞賜署(대사大舍 2명)·공장부工匠府(주서主書 2명)·채전彩典(주서主書 2명)·전사서典祀署(대사大舍 2명)·국학國學(대사大舍 2명)·좌리방부左理方府(영令 2명, 경卿 2명, 좌佐 2명, 진덕왕 6년)·조부調府(대사大舍 2명, 진덕왕대)

소지왕대까지 눌지계 왕실은 방리坊里를 정하여 경도京都의 행정구역을 마련하였다. 사방에 우편역을 설치하고 관도官道를 수리하였으며 시장을 열어 화폐를 통하게 하였다. 방리는 왕실의 통치 질서가 직접 미칠 수 있는 체제로 개편한 행정구획이다.[38] 관도나 우거법牛車法 정비로 왕실이 경도의 여러 지역을 신속하게 장악하면서 집권적 왕권을 강화하였다.

시장 설치는 자급자족의 부락공동체를 넘어서 연맹왕국 내 광역 단위의 결속력을 이루게 하였다. 소지왕대에 6부가 개편되어 지역적 행정단위로 변모해 갔다. 왕권 강화를 위해 눌지계 왕실이 경도의 행정구획을 정비하였다면 습보계 왕실은 지방제도를 정비하였다. 지증마립간은 지방 행정조직인 주군현州郡縣을 정하였으며, 재지 세력의 군사력을 장악하려는 목적에서 주의 장관으로 군주軍主를 파견하였다.

38 김두진, 「신라 상고대말 초전불교의 수용」, 앞의 책, 1985, pp. 282~283.

지증마립간은 동시東市 등 시장을 확대 설치하였으며, 선박 이용제도를 마련하였다. 물화物貨의 유통이 증폭되고 교통망은 해상을 포함하여 전국으로 확대되었다. 또한 아시촌阿尸村(지금의 함안咸安)에 소경小京을 처음으로 설치하였다. 소경은 신라의 영토가 확대됨에 따라 정복 지역에 왕경을 모방하여 만든 특수 행정조직이다. 거기에 6부의 부유한 백성을 옮겨 거주하게 하는 한편, 토착 지배층을 연고지로부터 유리하고자 다른 지역으로 이주시켰다.[39]

소경은 공동체적 기반을 없애면서 지방의 정치·문화 중심지로 성장하였다. 정복 지역의 문화가 경도로 유입되는 한편, 중앙 연맹왕국의 문화가 지방으로 이식되면서 복합적 신라문화가 이루어져 갔다. 중앙 귀족으로 편입된 이전 성읍국가의 지배자는 지방에 독자 기반을 가졌으나 주군현의 정비로 왕실의 직접적인 지배 아래에 들어갔다. 지증왕대부터 신라는 경도와 지방을 확고하게 장악하는 중앙집권체제를 성립시켜 갔다.[40]

지증왕대에 농업생산력 확대는 그간의 순조로웠던 제도 개편과 함께 법흥왕대의 율령 반포를 가능하게 하였다. 노동력 확보를 위해 순장殉葬을 금하고 지방 주군州郡에 명령하여 농사를 권장하였으며, 비로소 우경牛耕을 시행하였다. 이와 함께 전국에 제방을 쌓았다. 신라가 벽골지碧骨池를 축조한 것인지는 알 수 없으나, 적어도 흘해니사금 21년(330년)경에 제방이 건조되었을 것이다.

5~6세기 신라에는 수리 사업이 성행하였다. 눌지마립간 13년(429년)에는 벽골지보다 훨씬 규모가 큰 시제矢堤를 새로 쌓았고, 법흥왕 18년

39 임병태, 「신라소경고」, 『歷史學報』 35·36 합집, 1967, pp. 86~95.
40 김두진, 「신라 공인불교의 사상과 그 정치사적 의미」, 앞의 책, 1987, p. 95.

(531년)에는 제방을 수리하도록 왕명을 내렸다. 법흥왕 23년(536년)에는 영천永川에 청제菁堤를 축조하였다.[41] 도작稻作이 발달하고 우경牛耕 등 농업기술이 향상되면서 신라는 남은 농산물을 방대하게 축적하였다. 이에 따라 왕실은 군대와 관료를 거느리고 집권체제를 강화하면서 대외 발전을 이룰 수 있었다.[42]

정복 사업을 단행한 진흥왕대를 지나 진평왕대에서 진덕여왕 초기에 걸쳐 제도 정비가 집중적으로 이루어졌다. 곧 진평왕대 초기와 말기 및 진덕여왕 5년에 정비한 제도로 크게 나뉜다. 그중 진평왕대 말과 진덕여왕 5년에 마련된 관제는 신라중대의 전제주의를 여는 데 직접 도움이 되었다. 진평왕 44년(622년)에 용춘龍春이 내성사신內省私臣이 되어 3궁을 장악하였고, 진평왕 51년(629년)의 낭비성娘臂城전투 이후 동륜계銅輪系 세력을 제어하면서 사륜계舍輪系가 실제로 신라 사회를 이끌어가는 속에 진덕여왕 5년의 개혁을 이루었다.[43]

진평왕대 말과 진덕여왕 5년의 관제 정비에 중심이 된 것은 집사부와 시위부의 설치이다. 품주가 지닌 가신적家臣的 성격을 표면화하여 왕정의 기밀을 관장하는 집사부는 전제왕권의 요구에 부응하여 설치되었다.[44] 시위부는 궁성을 호위하기 위한 국왕의 직속부대이며 전제왕권의 무력을 뒷받침하였다. 아울러 관리의 서품과 감찰을 맡은 상사서賞賜署나 대도서大道署·좌리방부左理方府 또는 구체적 관부인 공장부工匠

41 이기백, 「영천 청제비의 병진축제기」, 『고고미술』 106·107 합집, 1970; 『신라정치사회사연구』, 일조각, 1974, p. 304.

42 이기백, 「영천 청제비 정원수치기의 고찰」, 『고고미술』 102, 1969; 『신라정치사회사연구』, 일조각, 1974, pp. 286~287.

43 김두진, 앞의 논문, 1990, pp. 33~35.

44 이기백, 「신라 집사부의 성립」, 『진단학보』 26·27·28 合併號, 1964; 『신라정치사회사연구』, 일조각, 1974, pp. 151~153.

府·채전彩典·전사서典祀署나 이미 설치한 관부의 하급 체제를 완비해 갔다.

이와 비교해 진평왕대 초에 정비한 관부는 위화부位和府와 예부 또는 공부貢賦를 관장하고 걷어 들이는 품주와 조부調府·선부船府·승부乘府 등이다. 이때 정비한 관제가 진덕여왕 5년에 개편되면서 신라중대의 전제주의를 여는 데 도움이 되었다. 왕권 강화라는 면에서 진평왕대 초기의 관제 정비는 법흥왕대의 율령 반포와 차이를 가졌을지라도 그것을 이해하는 데 실마리를 제공할 것이다.

법흥왕대에 이르기까지 신라는 대외적으로 고구려의 간섭에서 벗어나 백제와의 동맹을 강화하는 한편,[45] 대내적으로 귀족연합을 이루면서 제도 개혁을 성공적으로 추진하였다. 법흥왕이 귀족연합 정책을 고수하면서 중앙집권적 귀족국가체제를 정비하였다. 『삼국사기』는 당시의 체제 정비 모습을 다음과 같이 너무 소략하게 기록하였다.

> ① 처음으로 병부兵部를 설치하였다.
>
> —『삼국사기』 권4, 법흥왕 4년 하夏 4월조—
>
> ② 율령律令을 반포頒布하고, 처음으로 백관百官의 공복公服을 정하여 주색朱色과 자색紫色의 위계질서位階秩序를 세웠다.
>
> —『삼국사기』 권4, 법흥왕 7년 춘春 정월조—

법흥왕 7년(520년)에 신라는 율령을 반포하였고 그 3년 전인 법흥왕 4

45 소지마립간 15년(493년)에 백제 東城王 牟大가 사신을 파견하여 혼인을 청하자, 왕이 이벌찬 比智의 딸을 보내어 결혼하게 하였다. 이후 고구려와 신라의 살수싸움에 백제 동성왕이 군사 3,000명을 보내 신라를 도왔는가 하면, 고구려와 백제의 치양성싸움에 소지마립간은 장군 德智를 보내 백제를 도왔다.

년에 처음으로 병부를 설치하였다. 이 외 법흥왕대에 중앙 관부를 정비하는 직접적 기록은 전하지 않는다. 다만 다음 내용을 참고하여 법흥왕대의 체제 정비 모습을 이해해 보자.

① 친히 신궁神宮에 제사祭祀하였다. 용龍이 양산정楊山井에 나타났다.

—『삼국사기』 권4, 법흥왕 3년 춘春 정월조—

② 대아찬大阿飡 이등伊登을 사벌주沙伐州 군주軍主로 삼았다.

—『삼국사기』 권4, 법흥왕 12년 춘春 2월조—

③ 처음으로 불교를 공행公行하였다.

—『삼국사기』 권4, 법흥왕 15년조—

④ 이찬伊飡 철부哲夫를 상대등上大等으로 삼아 국사國事를 총괄하게 하였다. 상대등 관직이 이때 처음으로 생겼다.

—『삼국사기』 권4, 법흥왕 18년 하夏 4월조—

⑤ 지방관[外官]이 가족을 데리고 부임하는 것을 허락하였다.

—『삼국사기』 권4, 법흥왕 25년 춘春 정월조—

신궁 제의나 불교 공인은 법흥왕대의 율령 반포를 이해하는 데 도움이 된다. 비교적 분명한 종교 신앙이나 사상의 변화는 그에 상응하는 구체적 사회 사실을 설정할 수 있게 하기 때문이다.

신궁 설치는 『삼국사기』의 신라본기와 제사祭祀조에 각각 달리 기록되었다. 그 설치 시기가 신라본기에는 소지마립간 9년(487년)이지만, 제사조에는 지증왕대라고 하였다. 소지마립간 10년(488년)을 전후한 시기에는 이미 습보계 왕실 혈족 집단이 권력을 장악하였고, 지증마립간이 신궁을 창립하였다. 그렇지 않더라도 습보계 왕실이 신궁을 중시한 것은 분명하다. 법흥왕은 즉위 후 첫 통치 행위로 신궁에 제사 지냈는데, 이때 용이 양산정楊山井에 나타났다고 한다.

습보계 왕실은 신궁의 배향 신격神格에 관심을 가졌다. 나을奈乙에 세운 신궁이 박혁거세를 주신으로 알영閼英까지 제사하는 곳이었다.[46] 다만 이전 단순히 박혁거세와 알영을 모신 시조묘와는 달리 신궁은 알영 시조전승을 더 부각하고, 그 안에 이전 성읍국가나 읍락의 지배자들이 받들었던 시조신, 곧 여러 지신족신앙을 흡수하였다.[47] 그리하여 김알지 시조전승 대신 박혁거세와 알영을 함께 내세우면서 특별히 알영 시조전승을 신성화하였다.

알영 시조전승과 함께 묶인 여러 지신계 시조전승은 아직도 독자적 신앙 영역을 가졌으며, 신라중대에 이르러 명산대천名山大川을 제사하는 국가적 사전祀典으로 짜였다.[48] 법흥왕대에 편제된 중앙귀족들이 자신의 조상신신앙을 가졌고, 이전 다스리던 성읍국가 영역을 거의 독자적으로 거느리고 있었다. 법흥왕대의 불교 공인은 신라 귀족 세력의 기반이 강잉強仍하였음을 알려 준다. 왕실이 강행한 법흥왕 15년(528년)의 불교 공인은 귀족의 반대로 실패하였다.

신라 초전불교는 고구려를 통해 전래되어 왕법王法과 불법佛法을 일치시킴으로써 왕실에 유용한 성향을 지녔다.[49] 초전불교의 강요나 홍포는 왕권 중심의 집권체제를 이루는 데 도움이 된다. 반면 자신의 조상신을 제사하는 면에서 왕실이나 귀족은 독자의 동등한 신앙 영역을 가졌다.

---

46 이종태, 「신라 지증왕대의 신궁설치와 김씨시조인식의 변화」, 『택와허선도선생정년기념 한국사학논총』, 일조각, 1992, p. 67.

47 김두진, 「신라 김알지신화의 형성과 신궁」, 앞의 책, 1994, pp. 77~79.

48 김두진, 위의 논문, 1994, p. 79.

49 이기백, 「삼국시대 불교수용과 그 사회적 의의」, 『역사학보』 6, 1954 ; 『신라사상사연구』, 일조각, 1986, p. 49.

불교 공인에 대해 귀족들은 의당히 반대하는 태도를 보였다.[50] 불교 공인 과정에서 삼국 중 신라 귀족들의 저항과 반대가 가장 심하였다.

법흥왕대에는 왕의 측근인 이차돈異次頓이 순교하였다. 이차돈이 처형되지 않으면 법흥왕이 퇴위해야 할 상황이 발생하였다. 이런 진통을 겪은 후 법흥왕 22년(535년)에 불교를 공인함으로써 국가불교가 성립하였다. 신앙 면에서 왕실과 귀족이 조화와 타협을 이루면서 불교는 공인되었다.[51] 공인불교는 귀족불교라 할 수 있으며, 미륵이나 윤회전생輪廻轉生신앙 등은 귀족에게 유용한 경향을 보였다. 아울러 초전불교의 왕즉불王卽佛신앙이 왕즉보살王卽菩薩의 구세救世보살신앙으로 바뀌었다.[52]

고구려나 백제와 마찬가지로 신라의 불교 공인도 중앙집권적 귀족국가체제의 성립과 연관하여 이루어졌다.[53] 다만 신라의 중앙집권적 귀족국가는 고구려나 백제와 비교하여 귀족 세력의 기반이 강함으로써 귀족연합 정권을 이루었다는 면에서 차이를 가졌다. 법흥왕 18년(531년)에 귀족 세력을 대변하는 상대등上大等 설치는 귀족연합 정권을 정착시켰으며, 그 결과 쉽게 불교를 공인할 수 있었다.[54]

귀족회의(화백회의和白會議)를 조정할 수 있는 상대등은 왕권의 전제화를 도우면서도, 귀족 세력이 왕권에 상당한 제약을 가할 수 있게 하였다.[55] 다만 법흥왕대 귀족연합 정권 내에서 강화된 왕권의 모습을 구체적으로 알려 주는 중앙 관부가 실제로 다양하게 정비되지는 않았다. 법

50 김두진, 「불교의 수용과 고대사회의 변화」, 『한국고대사론』, 1988, pp. 177~179.

51 이기백, 「신라초기 불교와 귀족세력」, 『진단학보』 40, 1975; 『신라사상사연구』, 일조각, 1986, pp. 80~93.

52 김두진, 「신라 공인불교의 사상과 그 정치사적 의미」, 앞의 책, 1987, pp, 84~89.

53 이기백, 「삼국시대 불교 수용과 그 사회적 의의」, 앞의 책, 1986, pp. 46~49.

54 이기백, 「신라 초기 불교와 귀족세력」. 앞의 책, 1986, pp. 78~79.

55 이기백, 「상대등고」, 『역사학보』 19, 1962; 『신라정치사회사연구』, 일조각, 1974, pp. 96.

흥왕 4년(517년)에 중앙 관부로 병부를 처음 설치하고 법흥왕 25년(538년)에 지방관이 가족을 데리고 부임하는 외관휴가법外官携家法을 허용하는 등 율령 반포에 따른 제도 정비는 극히 소략하게 기록되었다.

4. 신라 법흥왕대의 율령 운영

(1) 법흥왕대의 관등과 관부

법흥왕대에 신라는 지방제도를 대체로 정비하였지만, 병부 외에도 서서히 중앙 관부를 갖추어 갔다. 율령이 반포되는 법흥왕 7년에 처음으로 백관의 공복제公服制를 실시하였다. 공복제도에 비색과 자색의 위계를 설정한 것으로 보아 율령 속에 골품제 규정이 있었다고 한다.[56] 신라 연맹왕국 속에 흡수된 여러 성읍국가나 읍락의 지배자인 부족장이 중앙집권적 귀족국가의 중앙귀족으로 편제되면서 골품제도가 마련되었다.

법흥왕대의 율령 반포를 이해하는 데 17관등의 정비는 도움이 되며, 그 내용은 다음과 같이 기록되어 있다.

① 유리니사금儒理尼師今 9년(32년)에 설치한 17관등

1등: 이벌찬伊伐湌, 2등: 이척찬伊尺湌, 3등: 잡찬迊湌, 4등: 파진찬波珍湌, 5등: 대아찬大阿湌, 6등: 아찬阿湌, 7등: 일길찬一吉湌, 8등: 사찬沙湌, 9등: 급벌찬級伐湌, 10등: 대내마大奈麻, 11등: 내마奈麻, 12등: 대사大舍, 13등: 소사小舍, 14등: 길사吉士, 15등: 대오大烏, 16등: 소오小烏,

56 전봉덕, 「신라의 율령고」, 『서울대학교논문집, 인문사회과학』 4, 1956, pp, 325~356.

17등: 조위造位

—『삼국사기』 권1, 유리니사금 9년조—

② 제23대 법흥왕 때에 비로소 6부인六部人의 복색존비服色尊卑 제도를 정하였지만, 아직은 이속夷俗 그대로였다.

—『삼국사기』 권33, 색복色服조—

③ 법흥왕제法興王制

태대각간太大角干에서 대아찬大阿湌까지는 자의紫衣이고, 아찬阿湌에서 급찬級湌까지는 비의緋衣인데 모두 아홀牙笏을 들었다. 대내마大奈麻·내마는 청의靑衣이고, 대사大舍에서 선저지先沮知까지는 황의黃衣이다. 이찬伊湌·잡찬迊湌은 금관錦冠을 썼고 파진찬·대아찬大阿湌 금하衿荷는 비관緋冠을 썼으며, 상당上堂 대내마大奈麻와 적위赤位 대사大舍는 조영組纓을 매었다.

—『삼국사기』 권33, 색복조—

①에 따르면 신라 골품제의 근간이 된 17관등은 유리니사금 9년에 설치되었다고 하나, 이 기사는 믿을 수 없다. 적어도 17관등제는 법흥왕대의 율령 반포로 온전하게 마련되었기 때문이다. 유리왕대는 왕위 이름인 이사금 시대의 시작에 해당한다.

마립간 왕호 시대에 관등이 서서히 갖추어져 갔다. 귀족회의에 참가한 이전 성읍국가의 지배자들은 본래 가졌던 세력 규모에 따른 대소의 관등을 받았다. 김씨 왕실의 세습 이후 내물왕대나 실성왕대부터 관등이 구체적으로 나타났는데, 이 두 왕의 경우 『삼국유사』와 달리 『삼국사기』에는 왕호를 이사금이라고 하였다. 그리하여 신라 17관등의 설치를 이사금 왕호가 시작되는, 유리왕대의 사실로 소급하여 기록하였다고 생각한다.

골품제에 기초한 17관등제는 법흥왕대에 율령이 반포되면서 갖추어졌다. 1위 이벌찬에서 9위 급벌찬까지는 찬류湌類(간류干類) 관등이다. 찬류 관등은 크게 두 부류로 나뉜다. 1위 이벌찬에서 5위 대아찬까지는 진골이 맡으며 자색 옷을 입고, 6위 아찬에서 9위 급벌찬까지는 6두품이 맡고 비색 옷을 입는다. 그 아래의 10위 대내마와 11위 내마는 5두품이 맡고 청색 옷을 입으며, 13위 대사에서 17위 조위까지는 4두품이 맡고 황색 옷을 입는다.

찬류 관등은 모두 아홀牙笏을 들었다. 이찬과 잡찬은 비단 관을 썼고 파진찬과 대아찬 금하衿荷는 비색 관을 썼으며, 상당上堂 대내마와 적위赤位 대사는 갓끈을 착용하였다. 아홀을 든 태대각간은 김유신을 떠올리게 하지만, 금하나 상당 및 적위 등은 신라 옛 관제이다. 이런 내용은 중국식 의관제衣冠制를 도입한 진덕여왕 3년(649년) 이후의 모습을 보여 주어도, 법흥왕대에 신분의 존비를 나타내는 복색服色이 나누어져 있던 사실을 생각하게 한다.

17관등은 진골이나 6두품 신분이 차지하는 찬류 관등을 중시하여 설정되었다. 17관등 중 9개가 찬류 관등이다. 수적으로 많을 뿐만 아니라 찬류 관등만 아홀을 들게 했던 사실은 중요하다고 생각한다. 찬류 관등을 받은 중앙귀족은 본래 사로국을 이룬 핵심 부족장이거나 사로 연맹왕국 당시 소연맹국 및 성읍국가의 지배자였다. 다만 비단 관을 착용한 이벌찬에서 잡찬까지와 비색 관을 착용한 파진찬과 대아찬의 구별로 미루어 진골 내에도 신분이 나누어져 있던 것이 분명하다.

진골 내에 신분 구분이 있었던 이유를 정확하게 지적하기는 어렵다. 왕위를 독점하기 위해 동륜계 혈족 집단이 사륜계와 구별하여 자신을 성골이라고 불렀던 사실은 시사성을 준다.[57] 진골귀족이 많았기 때문

57 이기동, 「신라 내물왕계의 혈연의식」, 『역사학보』 53·54 합집, 1972; 『신라 골품제사회와

이다. 찬류 아래에 5두품 신분이 차지하는 내마류奈麻類 관등이 있고, 그 밑은 4두품 신분이 맡은 대사에서 조위까지의 하급 관등이다. 읍락의 지배자나 혹은 소연맹국 및 성읍국가의 관직에 임명된 자들이 내마류 관등을 받았다. 신라 17관등의 내마류 관등은 고구려나 백제의 사자류使者類 관등이나 덕류德類 관등에 해당하지만, 이들과 비교할 수 없을 정도로 그 존재가 미약하다.

중위제重位制는 신분 구분이 엄격한 경우에 적용되었다. 6두품귀족의 최고위인 아찬은 4중위까지 있었다. 진골과 구분하기 위해서이다. 5두품의 대내마와 내마는 각각 9중위와 7중위까지 있었다.[58] 내마류 관등은 수도 많지 않지만, 찬류 관등과 비교해 신분상 제한을 많이 받았음이 분명하다. 부족장 출신은 본래 가진 세력 기반의 규모에 따라 찬류 관등으로 진출하였으나 5두품의 대내마 관등까지만 오른 사례도 있다. 소연맹국이나 성읍국가 또는 읍락의 지배자들이 율령 반포 후 중앙귀족으로 편성되었는데, 고구려나 백제와는 달리 지방에서 어느 정도 독자적 세력 기반을 갖추고 있었다.

17관등체계가 마련된 법흥왕대에 중앙 관부로 병부 외에 품주가 설치되어 있었다.[59] 품주는 연맹왕국의 관부를 계승한 것인데, 고구려의 주부主簿를 연상시키며 창름倉廩과 인사 기능을 모두 가졌다. 다음 내용은 품주의 직능을 이해하는 데 도움을 준다.

화랑도』, 한국연구원, 1980, p. 88.

58 奈麻에 7重位가 적용된 이유를 잘 알 수는 없다. 다만 같은 5두품이라도 대내마와 내마에 오를 수 있는 자는 신분상 구분되었음이 분명하다. 대내마에 오를 수 있는 5두품귀족은 읍락이나 소국 기반을 가졌던 부족장 출신이었다고 생각한다. 이보다 규모가 큰 성읍국가나 소연맹국의 지배자가 6두품으로 편성되었다면, 진골은 사로국의 핵심 부족장이거나 소연맹국보다 규모가 큰 대국의 지배자에게 주어졌다.

59 이병도, 「고대남당고」, 『서울대학교논문집 인문사회과학』 1, 1954; 『한국고대사연구』, 박영사, 1976, p, 636.

① 여러 관리들에게 명命하여 백성을 다스릴 만한 재주가 있는 사람을 각기 한 명씩 천거하도록 하였다.

—『삼국사기』 권3, 소지마립간 19년조—

② 봄과 여름에 가뭄이 들어 백성이 굶주렸으므로 창고의 곡식을 풀어 진휼賑恤하였다.

—『삼국사기』 권4, 지증마립간智證麻立干 7년조—

소지마립간은 여러 관리에게 백성을 다스릴 만한 재주를 가진 사람을 천거하게 하였고, 지증마립간은 가뭄으로 창고의 곡식을 풀어 백성을 진휼하였다. 법흥왕 이전 연맹왕국의 왕실이 창고와 인사를 관리하는 관부를 두고 있었다.

법흥왕대 이후에 예부나 위화부位和府는 물론 공장부工匠府 등의 관부가 설치되었으므로, 율령 반포 당시에 존재한 중앙 관부는 품주와 병부 정도였다. 처음에는 병부와 품주의 직능도 뚜렷하게 구분되어 있지 않으면서 고구려의 사자와 같은 지방관이 파견되었다. 법흥왕대 율령 반포로 이루어지는 체제는 비로소 병부를 설치하는 경위와 이후 원시적 통합 운영체계를 가진 품주의 직능을 분화하는 데에서 그 의미를 찾을 수 있다.

공부를 걷는 조부가 품주에서 가장 먼저 분리되었다. 그 뒤 집사부와 창부로 나뉘기까지 품주는 상사서賞賜署를 관장하였다.[60] 상사서는 창부 관할 관서이므로 그 설치 이전에 상사서 업무는 품주에 소속되어 있었다. 위화부는 진평왕 3년(581년)에 설치되었다. 진평왕 이전에는 상

60 이기백, 「품주고」, 『이상백박사회갑기념논총』, 1964; 『신라정치사회사연구』, 일조각, 1974, pp. 142~143.

사서의 직능을 가진 품주가 관리를 임명하는 기능까지 가졌다. 왕권 강화에 부응하여 마련한 집사부와는 달리 공부 분배에 대한 중앙귀족의 관심이 창부 독립을 가능하게 하였다.

법흥왕대의 품주는 인사와 창름倉廩 업무를 모두 가졌다. 그중에서도 공부를 걷거나 지방을 통어하는 직능을 중시하였다. 품주에서 가장 먼저 독립 관부로 분리되는 조부가 바로 그런 기능을 맡았기 때문이다. 법흥왕대의 병부도 다소 그런 기능을 가졌다.[61] 진평왕 6년(584년) 조부와 병부에서 분리 설치한 승부乘府는 공부의 수취 임무를 맡았다. 품주처럼 병부 역시 개편되면서 진평왕과 진덕여왕대에 군사당軍師幢 등을 두거나 시위부侍衛府를 설립하여 그 기능을 강화하였다.[62]

병부는 경도京都와 지방에 행정체제를 갖추면서 비로소 중앙 관부로 설치되었다. 곧 지방제도가 군사조직과 연결하여 정비되었다. 지증마립간 6년(505년)에 주군현을 정하였는데, 주의 장관이 군주軍主이며 이사부異斯夫를 실직주悉直州의 군주로 삼았다. 중앙에서 공식적으로 파견한 지방관인 군주는 군대의 고위 통솔자로 주군州軍의 지휘자였다. 그는 주의 행정은 물론 군사를 주로 담당하였다.

(2) 법흥왕대의 율령 집행

법흥왕대에 중앙귀족은 지방에 독자의 세력 기반을 가졌다. 개중에는 상당한 경제력이나 혹은 군사력을 가진 자도 있었다. 이들을 중앙 행정조직 속에 편성하면서 법흥왕대에 율령이 반포되었다. 반포된 율령이

---

61 이기백, 위의 논문, 『신라정치사회사연구』, 1974, p. 143.

62 김두진, 앞의 논문, 1990, pp. 31~32.

실제로 시행된 사례는 매우 중요하나 『삼국사기』 등 역사서에 잘 나타나 있지 않다. 다행히 법흥왕대를 전후한 시기의 금석문에서 율령의 집행 모습을 찾을 수 있다.

중앙 관부는 당연히 율령체제의 바탕 위에서 운영되었겠지만, 지방관의 대민 통치에도 율령을 적용하였다. 특히 군주軍主의 민정 수행은 율령사회 모습을 짐작하는 데 도움이 된다. 다음 내용을 통해 율령이 어떻게 집행되었는가를 이해해 보자.

> 신라 6부六部가 얼룩소를 잡아 집행하니, 이 일을 맡은 대인大人은 훼부喙部의 내사지내마內沙智奈麻와 사훼부沙喙部의 일등지一登智내마·△차나시지△次邢是智이며 훼부喙部의 비수루나比須婁邢시지이다. 거벌모라도사居伐牟羅道使 졸차 소사제지卒次小舍帝智와 실지悉支도사 오루차烏婁次 소사제지·거벌모라居伐牟羅 니모리일벌尼牟利一伐·미의지파단弥宜智波旦·△지사리△只斯利△△지△△智·아대혜촌사인阿大兮村使人 내이리奈尒利는 장杖 60대에 처하고, 갈시조촌사인葛尸条村使人 내이리奈尒利·거△척居△尺과 남미지촌男弥只村사인 (이異)△△△·어즉근리於卽斤利는 장杖 100대에 처한다. 실지군주悉支軍主인 훼부의 이부지尒夫智내마가 주관하였다.[63]

실지군주인 이부지내마가 거벌모라居伐牟羅의 남미지촌男弥只村 등에서 율령을 집행하였다. 「울진 봉평비」는 법흥왕 11년(524년)에 건립되었

---

63 「蔚珍 鳳坪碑」(이기백, 「울진 거벌모라비에 대한 고찰」, 『한국고대정치사회사연구』, 일조각, 1996, p. 210)에 "新羅六部 煞斑牛 (謂)△△事 大人 喙部內沙智奈麻 沙喙部一登智奈麻 △次邢是智 喙部比須婁邢是智 居伐牟羅道使 卒次小舍帝智 悉支道使 烏婁次小舍帝智 居伐牟羅 尼牟利一伐 弥宜智波旦 △只斯利△△智 阿大兮村使人 奈尒利 杖六十 葛尸条村使人 奈尒利 居△尺 男弥只村使人 (異)△△△ 於卽斤利 杖百 悉支軍主 喙部尒夫智奈麻"라고 하였다.

다고 추정되므로 이때는 율령이 반포된 이후이다.

당시 장杖 60대에 처한 자는 거벌모라도사 졸차卒次를 비롯한 오루차烏婁次·니모리尼牟利·미의지弥宜智·△지사리△只斯利·내이리奈尒利 등 5명이고, 장 100대에 처한 자는 갈시조촌葛尸条村 사인使人 내이리奈尒利를 비롯해서 거△척居△尺·이異△△△·어즉근리於卽斤利 등 4명이다. 벌을 받은 9명은 군주를 파견한 주나 그 관할 속현屬縣의 유력자였다.

졸차를 위시한 9명은 거벌모라의 남미지촌에 있는 이야계성尒耶界城에서 일어난 실화失火나 군사적 과실과 연관하여 벌을 받았다. 신라의 노인奴人이었으므로 거벌모라는 복속된 국가였는데 대교법大教法, 곧 법흥왕 7년(520년)에 반포된 율령에 따라 다른 지방과 같은 법적 지위를 허락받았다.[64] 신라가 지방제도를 정비하면서 거벌모라를 지방 행정체계로 편입하였고, 군주가 그곳의 군사력을 중앙으로 흡수하였다.

이야계성의 군사적 과실은 이전 성읍국가의 군사력을 중앙 군사조직 속에 편성하는 과정에서 일어났던 무력 충돌의 한 모습이다. 중앙집권적 귀족국가체제 정비에 거스르는 무력 항쟁이었다면, 장 60대와 100대로 평결한 졸차 등 9명의 형량이 무척 가볍다고 여겨진다. 군주의 이 같은 율령 집행에 태노촌太奴村이 과실의 구체적 형량을 살폈으며, 그 외 나머지 일은 노인법奴人法에 따라 처리되었다.[65]

태노촌은 신라 6부이며 노인법은 성읍국가 당시 그 지방에서 전해 오던 재래법이다.[66] 법흥왕대 반포한 신라 율령이 지방의 재래법과 조화를 이루면서 집행되었다. 실지군주 이부지의 형 집행에 화백회의의 결

64 「울진 봉평비」에 "別教令 居伐牟羅 (男)弥只 本是奴人 雖是奴人 前時王大教法 道狹阼隘 尒耶界城 (失)火遶城 △太軍起 若有者一行△之 (人)(備)(主)△"라고 하였다.

65 「울진 봉평비」에 "王太奴村貿(其)值(三) 其餘事種種奴人法"이라 하였다.

66 이기백, 「울진 거벌모라비에 대한 고찰」, 『한국고대 정치사회사연구』, 일조각, 1996, pp. 219~220.

정이 존중되었고, 6부가 관여하였다. 교사敎事를 내린 모즉지牟卽智 매금왕寐錦王과 사부지徙夫智 갈문왕을 포함한 △부지△夫智 등 모두 14명은 법흥왕대에 화백회의의 구성원이었다.[67]

신라는 물론 고대사회의 형 집행은 제의가 행해지는 시기에 이루어졌다. 신라의 정월 보름날에는 제의를 거행하였고, 이때 6부는 얼룩소를 잡아 그 징후로써 과실을 저지른 사람들의 처벌을 판단하였다.[68] 내사지內沙智와 일등지一登智·△차나△次那·비수루나比須婁那 등 4대인大人이 6부의 판결을 전달하였으며, 실제로 형을 집행한 자는 실지군주였다.[69] 그러므로 내사지 등 4대인은 특정 사건을 처리하기 위해 파견한 임시직이었다.[70] 지증왕대에 처음 파견한 군주는 공부貢賦를 걷기도 했지만, 주로 군사 임무를 수행하였다. 그러다가 율령 반포 이후 지방제도를 정비하면서 군주가 다소의 행정 업무를 수행하였다.

지방관이 가족을 데리고 부임하는 것을 허락하는 법흥왕 25년(538년)에는 지방 행정이 안정되었고, 진흥왕의 순행에 그 지방 군주가 동행하였다. 법흥왕대 실지군주의 형 집행에 동참한 내사지 등 4명은 6부 중 가장 유력한 양부梁部(훼부喙部)와 사량부沙梁部(사훼부沙喙部) 출신이다. 당시 화백회의의 구성원이었던 모즉지, 곧 법흥왕을 포함한 14명은 본피부本彼部와 점량부漸梁部(잠훼부岑喙部) 출신이 각각 1명 있었지만, 대부분 양부와 사량부 출신이다. 법흥왕이 양부 소속인데, 그의 동생 입종 갈문왕으로 추정되는 사부지 갈문왕은 사량부 소속이었다. 법흥왕

---

67 이기백, 위의 논문, 위의 책, 1966, pp. 215~216. 牟卽智寐錦王과 徙夫智葛文王을 포함한 △夫智·美昕智·而△智·吉先智·一(毒)夫智·勿力智·愼宍智·一夫智·一介智·牟心智·(未)斯智·悉介智 등 14명이 화백회의 구성원이라 한다.

68 이기백, 위의 논문, 위의 책, 1966, p. 221.

69 이기백, 위의 논문, 위의 책, 1996, p. 225.

70 이기백, 위의 논문, 위의 책, 1966, p. 224.

형제가 각기 양부와 사량부에 소속되어 있었다.[71]

법흥왕대 율령이 귀족연합 국가체제를 이루면서 반포되었다. 진흥왕 순수비에 왕을 수행한 대등은 양부나 사량부 출신이다. 유리왕대의 가배嘉俳의례는 양부와 사량부를 대표로 하여 나뉜 6부가 화합하는 모습을 보여 준다. 유리니사금 때에 6부의 이름과 성을 내리면서 가배의례를 행하는 모습은 17관등의 설정과 관련되어 있으므로 실제로는 율령 반포 이후의 사실을 소급하여 기록한 것이다. 화합과 협의에 따라 6부가 율령 집행에 관여하였다.

지방의 민정 업무를 수행한 실지군주는 화백회의와 6부 결의를 받들고 거벌모라 지역에서 율령을 집행하였지만, 그리 중요하지 않은 문제는 이전 성읍국가시대의 재래법을 적용하여 처리하였다. 율령 반포로 신라가 중앙집권체제를 강화하면서도 귀족연합 국가를 이루었다. 이런 면은 고구려나 백제와 차이를 보인다. 고구려의 패자沛者는 군주軍主와 비견될 수 있지만 그 임무는 다소 구별된다. 패자가 임시로 지방에 파견되어 군사적 임무를 전적으로 수행하였고, 복속된 소연맹국이나 성읍국가를 지방제도에 편입하면서 그 지배자를 중앙귀족으로 수용하였다.[72]

율령 반포로 고구려가 중앙집권적 귀족국가를 성립시켰다면, 백제는 왕실이나 왕권이 강함으로써 왕권중심 귀족국가를 이루었다. 특히 재지 세력이 약한 백제에서는 왕실의 자제가 지방을 통치하는 담로제를 시행하였다. 군현제와 비슷한 담로제는 강한 왕권 중심의 중앙집권적 통치체제를 마련할 수 있었다. 반면 신라는 중앙귀족이 지방에 유력한

71 김창호, 「금석문 자료로 본 육부와 지방 통치」, 『고신라 금석문의 연구』, 서경문화사, 2007, pp. 168~169.

72 김두진, 「고구려초기의 패자와 국가체제」, 『한국학논총』 31, 2009, pp. 50~52.

세력 기반을 갖추고 있었다. 법흥왕대에 반포한 율령은 왕권 강화를 추구하였으나 화백회의를 통한 귀족 합의를 존중하여 집행되었다.

성읍국가시대의 재래법도 유지되었기 때문에 율령 반포 이후 신라 사회에는 다양하고 복잡한 율령이 있었다. 다음 내용은 이런 모습을 보여준다.

> 진벌珍伐의 일壹(이里 혹은 지번地番?)은 옛날에 두지豆智 사간지궁沙干支宮과 일부지궁日夫智宮이 빼앗았던 것이라고 말하므로 이제 다시 (그것을) 모단벌牟旦伐에게 돌려주어라. (이에) 喙의 작민作民 사간지沙干支의 사인使人 과서모리果西牟利가 말하기를 "만약 후세後世에 다시 말썽을 일으키는 자가 있으면 중죄重罪를 준다"라고 하였다. 전서典書 여모두與牟豆가 고로 기록하였다.[73]

진벌珍伐의 일壹 땅(?)은 과거에 두지豆智와 일부지日夫智가 빼앗았으므로 그 진상을 조사하여 본래 주인인 모단벌牟旦伐에게 되돌려준 것이다. 향후 이 문제로 다시 말썽을 일으키면 중죄를 준다고 하여 현지인의 경계로 삼았다.

「포항 중성리비浦項 中城里碑」는 신사辛巳년의 사로국斯盧國(절로折盧)에 있었던 모단벌이나 사미斯彌 등의 쟁송 사건을 기록하였기 때문에 지증마립간 2년(501년)에 건립되었다고 추증한다. 당시에 양부의 습지習智와 사량부의 사득지斯德智 아간지阿干支가 사량부의 이추지尒抽智와 양부의 본지本智에게 지시하고, 내소독지奈蘇毒智나 염모지念牟智 등 사인使人과 도사道使가 쟁송 사건을 처리하였다.

73 「浦項 中城里碑」에 "珍伐壹(?) 昔云 豆智沙干支宮 日夫智宮奪尒 今更還牟旦伐 喙作民沙干支 使人果西牟利白 口若後世 更噵人者 與重罪 典書與牟豆故記"라고 하였다.

모단벌 등이 제소한 사건에는 율령 반포 이전 지방의 재래법을 적용하였다. 혹 이 사건이 지증왕대의 사실이 아니라 해도, 신라 사회에는 지방마다 재래법이 존재하였으며 반포한 율령과 조화를 이루면서 집행되었던 것은 분명하다. 진흥왕 때 세운 「단양적성비丹陽赤城碑」에는 재래법인 적성의 전사법佃舍法이 나온다. 진흥왕은 적성 지방을 새 영토로 편입한 후 옳은 일을 하다 죽은 야이차也尒次의 부인 삼△三△ 등 그 지방민에게 은전을 내렸다.[74]

「단양적성비」는 마모가 심해 은전의 내용을 정확히 파악하기 어렵다. 대체로 사년四年과 사문師文은 다시 적성연赤城烟으로 가게 하고, 파진루巴珍婁는 국법에 따라 분여分與하며 도지刀只와 오례혜烏禮兮에게는 적성의 전사법을 적용한다는 내용이다.[75] 사년 등 5명과 삼△와의 관계도 잘 알 수 없지만, 적성연이나 전사법은 공부貢賦나 전조田租에 관한 적성 지방의 재래법이 존재하였음을 알려 준다.

법흥왕대에 중앙집권적 귀족연합 국가체제를 공고히 하려는 목적에서 율령이 반포되었다. 법흥왕대 이후 신라 율령체제는 복속한 성읍국가의 재래법을 광범하게 포용하면서 운영되었다. 신라 왕실은 새 영토로 편입한 지방 지배 세력의 독자 기반을 다소 허용하였다. 이리하여 귀족연합 국가체제로의 내부 화합을 이룬 신라 왕실이 밖으로 뻗어 나가는 데에 국력을 모을 수 있었다.

중앙집권적 귀족연합 국가체제를 정비하면서 법흥왕대에 불교가 공인되었다. 공인된 국가불교가 바로 귀족불교로 꽃을 피웠다. 국가불교

74 김창호, 「척경 관련 금석문」, 『고신라 금석문의 연구』, 서경문화사, 2007, pp. 29~45.

75 「丹陽赤城碑」에 "(前)者更赤城烟 去使之 後者公(兄) … 異△耶國法中分與 雖然伊 … 子刀只小女 烏禮兮撰干支 … 使法赤城佃舍法爲之"라고 하였다(김창호, 위의 논문, 위의 책, 2007, p. 44).

의 성립은 귀족이 정치뿐만 아니라 종교신앙 면에서도 왕권에 복속하는 중앙집권적 귀족국가체제를 가능하게 하였다. 굳건한 토착적 기반을 가진 신라 귀족도 왕실과 화합함으로써 중앙집권적 귀족연합 국가체제를 구축하는 데 협조하였다. 그들은 일단 불교를 수용하면서 오히려 적극적으로 융성시킴으로써, 신라의 귀족불교는 논리체계를 갖추면서 융합사상 경향을 보였다.

| 제3장 |

신라 불교의 대중화와 이론체계 성립

1. 신라 귀족불교의 성립

신라 초전初傳불교가 공인되기까지 법흥왕의 측근인 이차돈異次頓이 순교하는 등 격렬한 진통을 겪었다. 토착 기반이 굳건한 귀족 세력이 강성하였기 때문이다. 한편 이 점은 고구려나 백제보다 신라의 귀족불교 문화를 성숙하게 하였다. 저항이 심해 가장 늦게 공인하였지만, 이후 신라의 귀족은 적극적으로 불교를 포용하였다. 자기 문화 전통을 강하게 유지한 신라 귀족은 외래문화를 배척하였으나, 일단 필요성을 인정하면서 오히려 급속도로 불교문화를 받아들였다.

공인불교인 국가불교는 왕실 중심의 전륜성왕轉輪聖王이나 석가불신앙을 포용하였으나 미륵신앙을 수용함으로써 귀족불교로 성립하였다. 파라문婆羅門 출신인 미륵은 귀족에게 친근감을 주었다.[1] 특히 신라중

1 김두진, 「신라 중고시대의 미륵신앙」, 『한국학논총』 9, 1987, pp. 13~14.

고기의 미륵신앙은 불교 공인 이후 귀족의 사회적 지위를 정당화하는 윤회전생輪廻轉生사상과 연관되었다. 귀족들은 현세의 신분이 전세의 업보業報로써 얻어졌다고 믿었으며, 무덤 앞에 미륵상을 세워 윤회전생을 염원하였다.[2]

진지왕대에 흥륜사興輪寺 승려 진자眞慈가 화랑을 맞이하는 연기緣起설화는 귀족 중심으로 수용된 미륵신앙의 양상을 이해하게 한다. 그는 흥륜사 당주堂主인 미륵불에게 빌기를 "대성大聖이 화랑으로 세상에 출현하면 낭도郎徒로서 받들겠습니다"라고 하였다. 그리하여 미륵선화彌勒仙花를 만나고자 웅천熊川(지금의 공주)의 수원사水源寺로 나아갔으나, 동자로 화신한 미륵을 알아보지 못해 접견하지 못하였다. 다시 경사京師로 돌아온 진자는 영묘사靈妙寺 길가에서 소년 미시未尸를 발견하고 국선國仙으로 모셨다.

신라 사회에 미성년 집단인 원화源花가 있었는데. 진흥왕 37년(576년)에 화랑도로 개창改倉되었다. 주로 제의祭儀를 드리면서 유오遊娛하던 원화가 교육과 군사 기능을 중시하는 청소년 전사단戰士團인 화랑도로 바뀌었다.[3] 귀족 가문별로 흩어져 있던 미성년 집단을 모아 통일된 전사조직을 갖추면서 화랑도는 유사시에 군사 동원체제 속에 포함되었다. 귀족연합체제의 정비로 왕실과 귀족이 통합과 화합을 이룬 신라는 군사 기반까지 확충함으로써 급속한 대내외 발전을 이루었다.

신라의 귀족 자제 가운데 선발된 화랑은 귀족의 꽃과 같은 존재로 여겨져 미륵불이 전생한 미륵선화로 불렸다. 화랑과 미륵신앙은 깊이 연

2 김상기, 「화랑과 미륵신앙에 대하여—신선사유구의 조사를 기틀로—」, 『이홍직박사회갑기념 한국사학논총』, 신구문화사, 1969; 『동방사논총』, 서울대학교 출판부, 1974. p. 58.

3 三品彰英, 『新羅花郎の研究』, 東京: 三省堂, 1943, pp. 60~62.

관되었다.[4] 귀족이 미륵신앙을 표방하였는데, 진흥왕대의 왕실은 왕자를 동륜銅輪과 사륜舍輪(철륜鐵輪)으로 불러 전륜성왕을 자처하였다. 화랑도 개창은 왕실과 귀족이 불교신앙 면에서 서로 조화를 이룬 국가불교의 모습을 보여 준다. 정복 군주인 진흥왕은 전륜성왕을 표방하였고, 귀족의 자제인 화랑은 당대에 화생化生하여 불법으로 그의 통치를 돕는 미륵선화로 여겼기 때문이다.

전륜성왕의 통치가 극도의 혼란으로 치닫는 세상에 출현한 미륵이 엄격한 계율로 민중을 교화한다. 그리하여 전륜성왕 치세는 정토淨土인 이상세계를 이루며, 우리가 사는 현실사회는 훗날에 이루어질지라도 바로 미륵정토가 된다. 신라중고기의 미륵신앙은 정복 군주인 전륜성왕을 내세우고 이상세계의 도래를 바랐지만, 백제와는 달리 그 전제가 되는 사회 혼란을 아예 염두에 두지 않았다. 백제 미륵신앙도 사회 혼란을 직접 부각하지는 않았으나,[5] 유가보살계瑜伽菩薩戒 같은 엄격한 계율을 내세웠다.[6]

율령 반포 후 신라의 불교 공인은 외부로 뻗어 나가려는 힘을 배경으로 정복국가체제의 성립을 도왔다.[7] 안정된 귀족연합 정권을 성립함으

4 김상기, 앞의 논문, 『동방사논총』, 1974, pp. 57~61.

5 고구려에 밀려 공주 지역으로 南遷한 백제는 극도로 혼란한 사회상을 애써 엄격한 계율로 바로잡아 안정을 취하고자 하였다. 그러나 미륵 하생 직전의 혼탁한 轉輪聖王 治世를 강조하지는 않는다. 혼란을 내세우다 보면 백제 사회가 와해할 수도 있기 때문이다.

6 김두진, 「백제의 미륵신앙과 계율」, 『백제연구총서』 3, 충남대학교 백제연구소, 1993, pp. 72~74. 보살이 지녀야 할 가장 엄격한 계율이 瑜伽菩薩戒인데 그 說主가 미륵이다.

7 고구려와 신라는 영토 팽창 야욕을 담아 중앙집권적 귀족국가체제를 정비하였다. 소수림왕대나 법흥왕대의 체제 정비가 바탕이 되어 광개토대왕이나 진흥왕의 정복 사업이 이루어졌다. 반면 백제의 국가체제 정비는 이미 넓어진 판도를 유지하려는 목적을 가졌다. 근초고왕대의 전성기를 거친 후 침류왕대에 불교가 공인됨으로써 중앙집권적 귀족국가체제가 정비되었다. 영토 팽창 야욕을 상실한 백제의 체제 정비는 귀족문화를 성숙시키면서 엄격한 통치 질서를 수립하였다. 그러므로 한성시대 백제의 귀족불교도 계율을 강조하였다.

로써 신라중고기의 미륵신앙은 유가보살계를 내세우지는 않았다. 다만 삼국의 귀족불교, 특히 백제의 공인불교는 계율을 중시하였다.[8] 신라의 귀족불교도 엄격한 계율을 강조하였지만, 백성들이 쉽게 지킬 수 있는 계율을 함께 마련하였다. 신라의 귀족불교를 주도한 원광圓光은 심신을 수양할 목적으로 도를 구하고자 찾아온 모량부牟梁部 청년 귀산貴山과 추항箒項에게 세속5계世俗五戒를 내렸다.

원광은 화랑도의 덕목이라 할 수 있는 세속5계와는 별도로 "불교에는 보살계가 있어 그 조목이 10가지인데, 남의 신하나 자식인 자가 감당하기 어려운 것이다"라고 하였다(『삼국유사』 권4, 원광서학圓光西學조). 그가 계법을 이원적으로 언급하였고, 정작 자신은 엄격한 유가보살계를 지니지만 청년들에게는 세속5계를 내렸다. 또한 그는 가서사嘉栖寺에 점찰보占察寶를 설치하여 멸참법滅懺法으로 중생을 깨우쳤다.

원광의 계참회戒懺悔신앙은 엄격한 계법을 견지하면서도 점찰법회를 통해 참회적 수행을 강조하였다.[9] 그는 보살계뿐만 아니라 중생을 위한 범망계梵網戒를 모두 포용하였다.[10] 원광 계법의 이런 면이 자장慈藏에게서 더욱 뚜렷하게 나타났다. 다음 내용은 자장의 계법을 이해하는 데 도움을 준다.

① 홀로 유험幽險한 곳에 자리를 잡고 이리와 호랑이도 피하지 않으면서 고골관枯骨觀을 닦았다. 그러나 권폐倦弊한 마음이 생김으로 소실小室을 지어 주위를 가시나무로 둘러막고, 그 속에 벗은 몸으로 앉아 조금만 움직여도 찔

8 김두진, 「백제 초전불교의 공인과 그 의미」, 『삼국시대 불교신앙사 연구』, 일조각, 2016, pp. 120~123.

9 김두진, 「원광의 계참회신앙과 그 의미」, 『신라사학보』 2, 2004, pp. 72~73.

10 김두진, 위의 논문, 2004, pp. 64~67.

리게 하였으며, 머리를 들보에 매달아 정신이 흐려짐을 막았다.

—『삼국유사』 권4, 자장정률慈藏定律조—

② 머리를 깎고 도를 구하는 이가 세월이 갈수록 더 많아지니, 이에 통도사通度寺를 창건하여 계단戒壇을 쌓고 사방에서 오는 사람을 제도하였다.

—『삼국유사』 권4, 자장정률조—

자장은 진골 신분이며 문벌로서 재상 물망에 오를 정도로 신라 귀족 불교를 대표하였을 뿐만 아니라 왕정에도 깊이 관여하였다. 선덕여왕 때 당나라에 유학하고 귀국한 후 그는 대국통大國統이 되어 전국 사찰을 통할하면서 계율을 관장하였다.

『삼국유사』 의해편義解篇의 자장전이 자장정률慈藏定律조로 표기되었다. 그 내용은 엄격한 계율을 정립하였다기보다는 모두가 계戒를 지녀 생활화하였다는 것이다.[11] 일찍이 자장은 작은 방에 앉아 주위를 가시나무로 둘러막고 조금만 움직여도 찔리도록 수행하였다. 마침 재상에 천거되자 그는 100년 동안 파계하여 살기보다는 하루 동안 계를 지키며 죽기를 원한다고 하였다. 자장이 원광의 유가보살계에 버금가는 엄격한 소승 계율을 지니고 고골관枯骨觀을 닦았다. 그것은 백골관白骨觀이라고도 하는데, 피육을 다 덜어 내어 백골만 앙상하게 남게 하는 고된 수행 과정이다.

당나라로부터 귀국한 자장이 황룡사皇龍寺에서 『보살계본菩薩戒本』을 강연하니 나라 안의 사람들이 불법을 받들어 계를 지니는 자가 열 집 중 여덟아홉 집이 되었다. 『보살계본』은 대승보살계大乘菩薩戒를 강조하기 위해 『범망경梵網經』에서 중계重戒와 경계輕戒를 따로 뽑아 편찬한 책

11 김두진, 「자장의 문수신앙과 계율」, 『한국학논총』 12, 1990, p. 22.

이다.[12] 대승보살계는 출가자나 재가자在家者가 모두 지닐 수 있을 뿐만 아니라 교단이나 사찰을 통어하는 데에도 유용하였다. 신라의 귀족불교는 출가자들에게 엄격한 계율을 강조하였으나 점점 대중화하면서 세속5계 등 재가자들이 지킬 가벼운 계율을 아울러 제시하였다.

도를 구하는 사람이 많아지자, 자장은 통도사를 창건하여 계단을 쌓고 중생을 제도하였다. 대승보살계를 널리 펴려는 목적으로 설치한 통도사 계단은 신라 귀족불교가 전개된 양상을 알려 준다. 불교 공인 초기에는 미륵신앙이 유행하였고 제일 먼저 세운 흥륜사興輪寺의 주존은 미륵불상이다.[13] 시대가 내려가면서 신라의 귀족불교는 석가불을 중시하거나 제석帝釋신앙을 등장시켰다. 석가불이 도리천忉利天에 태어나는 등 전생에서 제석과 서로 밀접하게 연관되었다.

선덕여왕은 사후 도리천에 장사 지내게 된다는 연기설화의 주인공이며, 왕명인 '선덕善德'은 제석을 상징한다.[14] 당시 왕실이 수용한 제석신앙은 석가불신앙이 유행하도록 서로 작용하였다. 석가불신앙은 스스로 석가족임을 칭하는 진평왕대에 나타나 있었고, 선덕여왕대에 크게 유행하였다. 이전 진흥왕 때에 창건한 동축사東竺寺나 황룡사皇龍寺는 본존불로 석가불상을 모셨으며, 양梁나라의 사신 심호沈湖나 수나라에서 불법을 구하고 귀국하는 안홍安弘이 불사리를 전하였다.

불사리는 자장의 석가불신앙과 연관하여 중시되었다.[15] 자장이 계율을 강조하면서 특별히 석가불신앙의 상징으로 통도사를 창건하고 그 계단을 쌓았다. 그는 당나라에 유학하여 불두골佛頭骨·불아佛牙·불사리

---

12 김두진, 위의 논문, 1990, pp. 19~22.

13 이기백, 「신라 초기 불교와 귀족세력」, 『진단학보』 40, 1975; 『신라사상사연구』, 일조각, 1986, p. 94.

14 김두진, 「신라 진평왕대의 석가불신앙」, 『한국학논총』 10, 1988, pp. 22~23.

15 김두진, 위의 논문, 1988, p. 19.

佛舍利 100알과 아울러 석가가 입던 가사 한 벌을 구해 돌아왔으며, 불사리를 황룡사와 태화탑太和塔 및 통도사 계단에 나누어 모셨다. 그중 석가불신앙의 중심이 된 도량은 계단을 개설한 통도사이다.

석가와 같은 날에 태어났다고 할 정도로 석가불신앙에 친숙하였던 자장은 계단에 진신을 모셨으므로 뒷날 불보佛寶 사찰로 추앙된 통도사에는 석가불상을 따로 봉안하지 않았다.[16] 다만 제석이나 석가불신앙이 그의 문수신앙과 밀착하여 전개되었다.[17] 그는 중국 오대산五臺山에 들러 문수 진신眞身을 친견하려 하였고, 실제 그로부터 진신 사리나 불두골 등을 건네받았다. 만년에 자장은 문수신앙에 더 매료되어 있었다.

문수는 비구比丘 모습으로 나타나 여러 대승경전 과목을 가르침으로써 불보살佛菩薩의 지모智母로 존경받았으며 중생을 광범하게 제도하였다.[18] 자장의 계행戒行이 중생 속으로 넓게 퍼지는 것은 바로 이런 문수신앙과 밀접한 연관을 가졌다.[19] 공인 이후 신라 귀족불교는 왕실과 귀족에 의해 두 조류로 전개하였다. 그 하나가 전륜성왕이나 석가불 및 제석신앙을 표방하였다면, 또 하나는 미륵신앙이나 문수신앙의 수용으로 이어졌다. 신라중고기 귀족불교에 표출된 여러 신앙은 서로 밀접하게 연결되어 조화와 회합을 이루면서 전개되었다.

---

16 불사리를 모신 '皇龍寺'는 『三國遺事』(正德本)의 서울대 奎章閣소장본에 '皇龍塔'으로 나와 있다. 그것은 皇龍寺九層塔을 가리킨다고 생각한다. 선덕여왕 14년(645년)에 조성된 황룡사구층탑은 진신 사리를 모셔 경배 대상의 중심이 되었지만, 이미 황룡사에는 본존으로 석가불상이 봉안되어 있었다. 그 외 태화사의 본존불과 태화탑에 대해서는 자세한 사정을 알 수 없다.

17 김두진, 앞의 논문, 1990, p. 15.

18 『大品般若經』 第40, 佛母品 참조.

19 김두진, 앞의 논문, 1990, p. 16.

2. 신라 불교의 대중화와 정토신앙

자장의 문수신앙은 오대산신앙과 연관되었다. 당나라 오대산五臺山에서 만난 문수 진신이 그에게 "신라 명주溟州(지금의 강릉) 경계에 있는 오대산에 1만 문수가 상주하니 가서 뵈라"라고 하였다(『삼국유사』 권3, 대산오만진신臺山五萬眞身조). 다섯 봉우리에 각각 부처가 상주한다는 오대산신앙은 당나라 징관澄觀의 저술에 나오므로 신라중대 말이 되어야 나타날 수 있다.[20] 그러므로 자장과 오대산신앙이 직접 연결될 수는 없다.

귀국 후 자장은 오대산에 들러 문수 진신을 뵈려 하였으나 실패하였다. 월정사月精寺 중심의 오대산신앙이 의상계 화엄종에서 수용되었는데 뒷날 자장의 문수신앙과 연결되었다.[21] 실제로 그는 태백산에 석남원石南院(지금의 정암사淨岩寺)을 세워 거기서 문수 대성을 기다렸다. 당시 문수가 칡 줄기로 엮은 삼태기를 메고 거기에 죽은 강아지를 담아 남루한 방포方袍 차림의 늙은 거사 모습으로 찾아왔다. 자장은 그런 문수 진신을 알아보지 못하였다.

아상我相을 가진 자라고 자장을 비난한 문수는 강아지가 변한 사자보좌獅子寶座에 앉아 떠나버렸다. 이에 자장이 바로 문수를 찾아 나섰으나 따라가지 못하고 쓰러져 세상을 떠났다. 장년의 화려했음에 비해 만년에 그는 태백산에 은거하여 쓸쓸하게 죽었다. 통도사 계단 설립이나 문수신앙 표명은 중생을 제도하려는 의도를 지녔을지라도 대중화를 모색하려는 것이 아니어서 자장은 신라중고기 귀족불교와 운명을 같이하였다.

---

20 박노준, 「당대 오대산신앙과 징관」, 『관동사학』 3, 1988, pp. 105~107.

21 김두진, 「신라하대의 오대산신앙과 화엄결사」, 『가산이지관스님화갑기념논총 한국불교문화사상사』 상, 가산문고, 1992, pp. 677~680.

중생을 제도濟度하려면 신라 불교는 대중화할 수밖에 없다. 신라중고기 말에 귀족불교가 논리체계를 갖추는 한편 대중화로 나아갔다. 신라중대에 이론불교가 정립하고 정토신앙이 광범하게 유행하였다. 신라 귀족불교가 대중화로 방향 전환하는 데 적응하지 못함으로써 자장은 다른 신앙 집단으로부터 배척받았다고 생각한다. 평생 받들었던 문수로부터의 따돌림을 당한 자장의 최후는 그런 추측을 가능하게 한다.

자장은 귀족불교를 대표하지만 선덕여왕이나 특별히 신라중고기 왕실과 밀접하게 연결해 있었다. 그는 신라 국왕이 찰리종왕刹利種王이라는 유연有緣 국토, 곧 불국토설을 주창하였으며 여왕의 권위를 세우고 국가 복록을 도모하고자 황룡사구층탑을 건립하였다(『삼국유사』 권3, 황룡사구층탑조). 중국 유학 당시 청량산淸凉山의 문수가 게偈를 내려 주자, 그는 "1만 가지의 가르침을 배운다 해도 이보다 더 나은 것이 없다"라고 하였다. 원칙적인 하나를 중시하는 화엄사상의 성기론적 법계관을 떠올리게 한다.[22]

자장은 정암사에서 문수신앙 중심의 화엄사상을 내세웠다.[23] 그의 문수신앙 속에 관음신앙의 흔적을 찾을 수는 없다. 그러나 낙산사를 중심으로 뒤이어 성행하는 의상계 화엄종에서는 관음신앙이 중시되었다. 신라중대가 되면서 문수신앙은 관음신앙과 밀착되었다. 신문왕대의 경

---

22 우선 오대산이 淸凉山으로 나와 있다. 또한 문수가 자장에게 내린 梵語로 된 偈를 풀이하면 "了知一切法 自性無所有 如是解法性 卽見盧舍那"라고 하였다. 자성을 고집하지 않으면서 법성을 강조하는 화엄게는 1만 가지보다 나은 하나라고 하였다. 이것은 性起論的 법계관을 생각하게 한다.

23 자장은 태어난 마을의 집을 喜捨하여 元寧寺로 고치고 거기서 『雜花經(화엄경)』을 강의하였다. 마침 52女가 감응하여 몸을 드러내고 聽講하므로 그 숫자대로 나무를 심어 知識樹라고 불렀다(『三國遺事』 권3, 臺山五萬眞身조). 52지식수는 화엄신앙에서 52位의 수행 단계를 상징적으로 나타내는데, 그 첫 번째와 마지막 수행 단계의 說主가 문수이다. 일체의 言說이 없는 노사나의 경지를 설하는 『화엄경』에서 첫 번째와 마지막 설주가 문수이다. 그러므로 문수는 『화엄경』에서 실제로 중시되었다.

흥憬興이나 원성왕대의 연회緣會 등은 관음신앙과 친밀한 문수신앙을 표방하였고, 화엄결사를 이루게 하는 오대산신앙은 문수신앙을 중심에 두면서 관음신앙을 강하게 표방하였다.[24]

자장 이후 신라 불교는 관음신앙의 유행과 함께 대중화되어 갔다. 가항街巷불교의 흥행도 불교 대중화에 보탬이 되었다. 다음 내용은 신라의 가항불교를 이해하는 데 도움을 준다.

> 우연히 광대들이 춤추면서 가지고 노는 큰 박을 얻었는데 모습이 괴이하였다. 그 모양대로 도구道具를 만들어 『화엄경』에서 "일체一切 무애인無㝵人이 한길로(일도一道) 생사生死를 벗어난다"라는 문구를 따와 무애無㝵라고 부르고, 이에 노래를 지어 세상에 퍼뜨렸다. 일찍이 이것을 가지고 천촌만락千村萬落에서 가무歌舞하면서 교화하고 돌아왔으므로 가난하고 무지몽매한 무리까지도 불타佛陀의 이름을 알아 모두 나무[南無]를 칭하였으니 원효元曉의 법화法化가 컸다.
>
> —『삼국유사』 권4, 원효불기元曉不羈조—

요석궁瑤石宮의 홀로된 공주와 결혼하여 설총薛聰을 낳은 이후로 원효元曉는 속인의 옷으로 갈아입고 스스로 소성거사小姓居士라고 불렀다. 그가 무애無㝵라 부르는 광대탈을 쓰고 방방곡곡 촌락을 노래하고 춤추면서 교화하며 다녔다.

원효의 가항교화는 신라 불교를 급속히 대중화시켰다. 그의 교화로 전국의 가난하고 몽매한 무리가 모두 부처를 알아 귀의하였다고 한다. 원효가 가항불교를 주도하였으나 그에게 영향을 준 대안大安이나 혜숙惠宿·혜공惠空 등도 가항불교를 실천하고 있었다. 대안은 그에게 『대승

24 김두진, 앞의 논문, 1990, pp. 25~29.

기신론大乘起信論』 계통의 사상을 전수하여 『금강삼매경론金剛三昧經論』을 편찬하는 데 도움을 주었다.[25]

대안은 헤아리기 어려운 인물이다. 특이한 형색의 옷차림으로 그는 장터에서 방울과 바리때를 흔들며 두드리고, 큰소리로 연거푸 대안이라고 외치면서 돌아다녔다. 진평왕 때에 혜공이 혜숙과 함께 가항불교를 이끌었는데 늘 술에 취해 삼태기를 뒤집어쓴 채 길거리를 노래하며 춤추고 다녔다. 그러므로 그는 부궤화상負簣和尙으로 불렸다. 대안과 혜공의 모습은 마치 원효의 행적을 떠올리게 한다.

대안은 물론 혜공도 원효의 교학 형성에 영향을 준 스승이라고 생각한다. 특히 혜공이 승조僧肇의 후신임을 자처하면서 스스로 『조론肇論』을 찬술하였다고 할 정도로 대승의 공空사상을 깊이 이해하고 있었다. 원효는 여러 경전의 주해註解를 찬술하면서 매번 그에게 의심나는 것을 묻고 혹은 서로 농담하였다고 한다. 이들의 가항불교가 원효에게 영향을 주어 신라 불교는 빠르게 대중화하였다.

원효가 가항불교로 전교한 도구를 무애無㝵라고 불렀는데, 그것은 『화엄경』에 근거하여 일체의 무애인無㝵人이 한길(일도一道)로 생사生死를 벗어난다는 의미이다. 원효는 대중이 생사에서 벗어날 수 있다는 믿음을 주었다. 그 결과 정토淨土신앙이 서서히 등장하였다. 가항불교로써 대중화를 전개하는 것과 서민 대중에게 적합한 정토를 희구하는 것은 서로 일맥상통할 수 있다.[26]

사복蛇福은 대안과 동일인이라고도 추론된다.[27] 대안이 가항불교를

---

25 贊寧, 『宋高僧傳』 卷第4, 義解篇 第2의 1. 唐新羅國黃龍寺元曉전(『大正新脩大藏經』 卷50, p. 730, 上~中)에 "龍王言 可令大安聖者 銓次綴縫 請元曉法師 造疏講釋之"라고 하였다.

26 이기백, 「정토신앙과 신라사회」, 『신라사상사연구』, 일조각, 1986, p. 184.

27 김두진, 「원효의 유심론적 원융사상」, 『한국학논총』 22, 2000, p. 7.

내세웠다면 그는 정토신앙을 추구하였으므로, 그들의 행적은 가항불교와 정토신앙의 연관을 생각하게 한다. 사복은 죽은 어머니를 원효와 함께 장사 지냈다. 어머니의 시체 앞에서 원효가 "나지 말지니 그 죽음이 괴롭다. 죽지 말지니 남이 괴롭다"라고 축언祝言하니 그가 번거롭다고 말하였다. 이에 원효는 '죽고 남이 괴롭다'라고 고쳐 말하였다.

생사가 괴롭다는 표현은 무애탈로써 생사를 벗어나려는 정토신앙으로 이어질 수 있다. 사복이 어머니의 시체를 멘 채 활리산活里山 동쪽 기슭의 뻴기를 뽑고, 그 아래에 있는 칠보 장식한 청허淸虛하고 빛나는 세계로 내려갔다. 어머니가 죽은 몸이었지만 정작 사복은 산 몸으로 연화장세계蓮花藏世界에 들어갔다. 그가 사후는 물론 산 몸으로 정토에 이르는 신앙을 함께 가졌다. '과부의 아들'이라는 표현에서 사복은 높은 귀족 신분은 아니라고 생각한다. 정토왕생신앙이 서민 중심으로 처음 나타났을 때의 모습을 짐작하게 한다.

신라중대에 서민이 염불을 통해 산 몸으로 정토에 가려 했다면, 귀족은 사후에 공덕으로 극락왕생하고자 하였다.[28] 정토신앙은 뒤에 귀족에게 수용되었을지라도 처음에는 서민의 관심을 끌었다. 정토신앙이 가항불교에 편승해 서민 중심으로 일어났다. 다음 내용은 그런 모습을 보여 준다.

① 구참공瞿昰公이 일찍이 산에 놀러 갔다가 산길 중에 죽어 쓰러진 혜공惠空을 보았는데, 그 시체가 부패하여 구더기가 나오므로 오랫동안 슬피 탄식하였다. 말고삐를 돌려 성으로 돌아가자 혜공이 몹시 술에 취해 시중에서 노래

28 이기백, 「신라 정토신앙의 두 유형」, 『역사학보』 99·100 합집, 1983; 『신라사상사연구』, 일조각, 1986, pp. 143~150.

하고 춤추는 것을 보았다.

—『삼국유사』 권4, 이혜동진二惠同塵조—

② 혜숙惠宿이 갑자기 죽으니 마을 사람들이 이현耳峴 동쪽에 장사 지냈다. 이현 서쪽으로부터 오던 그 마을 사람이 도중에 혜숙을 만나 어디로 가느냐고 물었다. (그가) "이곳에 오래 살았기에 다른 곳으로 가려 한다"라고 대답하였다. 서로 인사하고 헤어졌는데 반 리里 정도 가다가 구름을 타고 가버렸다. 그 사람이 이현 동쪽에 이르러 장사 지내는 자들이 아직 흩어지지 않은 것을 보고 사유를 자세하게 이야기하였다. 이에 무덤을 헤쳐 살피니 다만 짚신 한 짝이 있을 뿐이었다.

—『삼국유사』 권4, 이혜동진조—

구참공瞿昆公은 혜공이 산길에 죽어 쓰러진 모습과 시중에서 술에 취해 노래하고 춤추는 행적을 동시에 보았다. 생사를 초월하고 한편으로 시중에서 노래하며 춤추는 혜공은 가항불교를 통해 서민에게 정토신앙을 전하였다.

혜공의 죽음은 가항불교 모습을 충분히 알려 주지만 반드시 정토신앙을 나타낸 것으로 생각할 수는 없다. 혜공과는 달리 혜숙의 가항불교에서는 정토신앙을 분명하게 끌어낼 수 있다. 혜숙이 여자와 침상에 누워 자는 체하면서 동시에 성안의 단월檀越 집에서 7일재七日齋 법석을 주관하였다. 가항불교는 성속聖俗을 구별하지 않는다. 술에 취해 노래하며 춤추는가 하면, 여자의 침상에서 자거나 법석을 주관하는 모습이 염정染淨으로 나뉘지 않기 때문이다.

혜숙의 죽음은 신라중고기 정토신앙의 구체적 모습을 바로 알려 준다. 사람들이 죽은 그를 이현耳峴 동쪽에 장사 지냈다. 그런데 이현 서쪽에서 온 사람에게 혜숙은 산 몸으로 구름을 타고 가는 모습을 보여 준다. 실제로 그의 무덤에는 짚신 한 짝만 있었고 정작 시신이 없었다. 그가 산 몸으로 서방정토에 왕생했음이 분명하다. 이런 사실은 생사를 초월한 가항불교의 정토관을 보여 준다. 정토에 왕생하는 그는 사후였을 수도 또는 산 몸이었을 수도 있다.

정토신앙이 유행하여 불교 대중화를 확산하는 데에는 관음신앙의 등장이 큰 역할을 담당하였다. 관음신앙은 신라중대에 정착했는데 이전에도 유행하고 있었다. 자장의 아버지 무림茂林은 높은 요직을 지냈으나 뒤를 이을 아들이 없었다. 그가 불교에 귀의하여 조성한 천부관음千部觀音에게 자식 하나 낳기를 바라면서 "만일 사내아이를 낳으면 내놓아서 불교계의 동량棟梁으로 삼겠습니다"라고 축원하였다.

자장은 부친이 친히 조상造像한 관음에게 빌어 태어났다. 관음은 법화法華영험신앙을 선도하였는데, 중생의 소소한 모든 소원을 들어주므로 서민과 친근한 모습을 가졌다. 법화영험신앙이 특히 백제에서 성행하였지만, 고구려나 신라에서도 유행하였다.[29] 법화신앙은 석가불을 중시한다. 자장이 신봉한 석가불과 부모의 출생 염원을 들어준 관음은 법화영험신앙을 생각하게 한다. 자장 이전에도 낭지朗智로 추측되는 승려가 삽량주歃良州의 영축산[靈鷲山]에서 늘『법화경』을 외워 신통력을 가졌다.

관음을 크게 내세운 백제와 달리 신라중고기 낭지의 법화영험신앙은 보현을 중시하였다. 낭지 문하의 지통智通에서 연회緣會로 이어진 법화신앙은 관음신앙이나 보현행과 연관하여 광범하게 퍼져 있었다.[30] 비슷한 시기에 한기리韓岐里의 여인 희명希明은 분황사 좌전左殿의 북면에

29 김두진,「백제의 법화사상 유행과 그 의미」,『백제논총』9, 백제문화개발연구원, 2010;『삼국시대 불교신앙사 연구』, 일조각, 2016, pp. 211~215.

30 김두진, 위의 논문, 위의 책, 2016, p. 213.

그려진 천수대비에게 빌어 맹아인 아들의 눈을 뜨게 하였다. 무림이 분황사 천수대비상을 마련한 것인지 알 수 없으나 신라중고기에 관음상은 다소 조상造像되어 있었다.

신라의 중요한 세 곳(3소三所)의 관음 사찰이 중생사衆生寺·백률사栢栗寺·민장사敏藏寺이다.[31] 중생사와 백률사의 관음상은 양대梁代의 화가 장승요張僧繇가 그린, 11면관음보살과 연관하여 조상되었다는 연기설화가 전한다. 경덕왕 때에 우금리禹金里의 가난한 여인 보개寶開는 민장사 관음상에게 빌어서, 바다 장사꾼을 따라 나가 소식이 없던 아들 장춘長春을 돌아오게 하였다. 세 곳의 관음상은 신라중고기 말에서 중대 초기까지 조상되었다.

세 절에 모신 관음이 집 나간 아들을 돌아오게 하고, 아기를 점지해 주거나 북쪽 오랑캐에게 붙잡혀 간 국선國仙을 구해 주었다. 귀족은 물론 서민들도 중생의 소원을 들어주는 법화영험신앙을 넓게 수용하였다. 정작 서민이 주체가 된 신라의 불교 대중화는 관음의 법화영험신앙이 정토신앙과 연결됨으로써 퍼져 나갔다. 실제로 관음은 대중의 정토왕생을 이끌어 주는 역할을 담당하였다.

관음의 도움에 의한 정토왕생신앙이 신라중대에는 뚜렷하게 나타나 있었다. 경덕왕 때에 낭자로 화신化身한 관음의 도움으로 노힐부득努肹夫得은 미륵으로, 달달박박怛怛朴朴은 미타로 성불하여 백월산남사白月山南寺의 두 부처가 되었다. 문무왕 때에 사문沙門 광덕廣德과 엄장嚴莊의 정토왕생을 도운 부인이 분황사의 여종인데 관음의 화신이었다. 경덕왕 때에 귀진貴珍의 여종 욱면郁面은 바로 관음의 응신應身이며 산 몸으로 법당 지붕을 뚫고 서방정토로 나아갔다.

31 김두진, 「삼국유사의 체제와 내용」, 『한국학논총』 23, 2001, p. 8.

경덕왕대에 강주康州(지금의 진주晋州)의 선사善士들이 결성한 만일미타도량[萬日彌陀道場]은 고려시대에까지 성행하였다(『삼국유사』 권5, 포산이성包山二聖조). 만일萬日, 곧 평생을 수행하는 미타도량은 이 땅에 바로 세우고자 한 서방정토신앙의 상징이다. 미타정토신앙이 널리 퍼져 있던 셈이다. 귀진과 욱면이 염불 수행한 미타사는 혜숙이 세운 사찰이므로 신라중고기에 서방정토신앙은 나타나 있었다. 신라중고기 말이 되면 법화영험신앙의 대상인 관음이 서서히 유행하던 정토신앙과 연관되면서 불교 대중화를 촉진하였다.

3. 관음신앙과 신라 이론불교의 정착

신라 귀족불교가 대중화하는 한편, 논리체계를 갖추면서 이론불교로 발전하였다. 이론불교를 마련하는 데 원광圓光은 물론이고 당나라에서 귀국하지는 않았으나 원측圓測 등이 노력하였고, 특히 원효元曉와 의상義湘의 교학이 신라 불교의 철학체계를 수립하는 바탕이 되었다. 이론불교의 성숙은 서민들의 법화영험신앙을 다듬었을 뿐만 아니라 정토왕생신앙의 등장은 불교 대중화를 확산시키는 계기가 되었다.

신라중고기에 미타정토신앙이 유행하였지만, 관음이 서방정토왕생을 돕는 신앙은 신라중대에 퍼져 나갔다. 사후 왕생이 아니더라도 정토신앙은 일찍이 관음신앙과 연관되었다. 의상이 당나라에서 귀국하여 처음 세운 사찰은 낙산사洛山寺인데 그 본존이 관음상이다. 명산을 구해 도량을 건립하려고 다니던 그가 동해안의 동굴 내에 관음 진신이 거주한다는 말을 듣고는, 그곳을 낙산洛山이라 이름 붙이고 대나무가 솟아나는 땅에 낙산사를 세웠다.

서역西域의 보타락가산寶陀洛伽山을 뜻하는 낙산은 소백화小白華라고 하는데 백의대사白衣大士, 곧 관음 진신이 머물러 있는 곳이다. 의상이 낙산사를 관음정토로 건립하였다. 그의 왕생신앙은 이 땅에 건립한 관음정토에 이르는 것이다. 관음도량을 개설한 그는 목숨이 다할 찰나刹那에 대성의 인도로 바로 백화白華도량에 왕생하고, 여러 보살과 더불어 정법을 듣고 지혜를 밝힘으로써 무생인無生忍을 드러내도록 빌었다.[32]

이후 문무왕 16년(676년)에 의상이 왕명을 받들어 화엄종의 주도량으로 부석사浮石寺를 창건하고, 무량수전無量壽殿에 본존인 아미타불상阿彌陀佛像을 모셨다. 서방정토에 왕생하려는 미타신앙은 신라중고기 말에 나타났다. 아미타불을 무량수불로 인식한 정토신앙은 현실정토를 구하려는 경향을 지녔다.[33] 의상 당시는 아니었어도 녹유전綠釉塼으로 내부를 장식하였을 뿐만 아니라 중생의 구품왕생설九品往生說을 나타내는 구도로 축조한 무량수전은 이 땅에 구현된 극락정토라는 상징성을 가졌다.[34]

다만 부석사 창건에 관음신앙이 깊이 연관되어 있지는 않았다. 부석浮石설화와 얽힌 선묘善妙는 관음의 화신일 것으로 추측하는 정도이다.[35] 낙산사의 관음신앙과 부석사의 미타신앙은 정토의 구축과 연관되면서도 관음이 극락정토왕생을 이끌지는 않았다. 조신調信은 낙산사 관음에게 개인적 소원을 빌었는가 하면, 말년에 사재를 내어 정토사를 창

---

32 體元, 「白花道場發願文略解」, 『韓國佛敎全書 第6冊 ―高麗時代篇 三―』, 東國大學校出版部, 1984, p. 570. 下.

33 김두진, 「의상의 관음신앙과 정토」, 『진단학보』 71·72 합집, 1991, p. 17.

34 고익진, 『한국고대 불교사상사』, 동국대학교 출판부, 1989, p. 283.

35 김두진, 앞의 논문, 1991, p. 16,

건하였다.[36] 현실정토는 물론 법화영험신앙을 함께 표방하는 관음신앙이 신라하대에까지 유행하였고, 의상계 화엄종의 신앙적 특성으로 인식되었다.[37]

의상이 화엄사상의 논리체계를 세우면서 관음신앙을 중시하였고, 낙산사 관음은 신라중고기 말의 불교신앙을 선도하였다. 원효는 낙산사 관음에게 예배드리고자 동해안으로 나아갔으나 종국에는 풍랑이 일어 진신을 만나는 데 실패하였다. 낙산사를 향해 가던 도중 그는 다리 아래에서 개짐(월수백月水帛)을 빠는 여인이 건넨 더러운 물을 버리고 다시 깨끗한 물을 떠서 마셨다. 그 순간 관음의 현신인 파랑새(청조靑鳥)가 그만두라고 그를 비난하였다. 가항불교를 이끌면서 성속무애聖俗無碍를 주장한 원효에게 염정染淨의 구별은 무의미해진다.

더러운 물을 먹지 않은 원효가 아집을 가진 제호醍醐화상으로 비쳤던 것이다. 적어도 그의 수행이 낙산사 관음에게는 미흡하게 보였다. 비록 원효는 모든 경전을 주석할 정도로 신라 불교의 수준을 높였지만, 그의 화엄사상이 관음을 내세우는 의상의 화엄사상과는 차이가 있다.[38] 관음신앙은 주로 『법화경』의 보문품普門品과 『화엄경』의 입법계품入法界品에 모두 나와 있다. 보문품에 따른 관음신앙이 법화영험신앙이며 주로 백제에서 유행하였다면, 입법계품의 관음신앙은 실천 수행을 강조한다.[39]

---

36 낙산사 관음신앙을 기록한 『三國遺事』 권3, 洛山二大聖 觀音正趣調神조는 白華정토를 잠깐 언급하였지만, 많은 法華영험신앙 사례를 기록하였다. 신라하대에 調信은 낙산사 관음에게 빌어 꿈에서 太守 金昕의 딸과 결혼하는 소원을 이룬다. 꿈을 깬 그는 인생무상을 느끼고 淨土寺를 세워 白業을 닦았다. 다만 그가 蟹峴嶺에서 出土한 돌미륵은 직접 연결되지는 않으나 정토사와 관련지어 이해할 수 있다. 그가 백화정토신앙을 잇는 현실정토를 추구한 느낌을 준다. 낙산사 관음은 신이한 법화영험신앙과 정토신앙의 모습을 아울러 보여 준다.

37 김두진, 앞의 논문, 1991, p. 18.

38 김두진, 앞의 논문, 1991, pp. 14~15.

39 김두진, 앞의 논문, 앞의 책, 2016, p. 227.

의상의 화엄사상은 실천 수행을 강조하는 『화엄경』 입법계품에 의한 관음신앙을 내세우지만, 법화영험신앙까지도 포용하였다.

신라중고기에 낭지朗智의 법화도량은 백제의 경우와는 달리 보현행普賢行을 추구하였으며, 뒤에 의상계 화엄종으로 흡수되었다. 정토왕생을 돕는 관음도 염불 수행을 강조하였다. 엄장嚴莊과 광덕廣德의 서방정토왕생을 이끈 부인은 관음의 화신이었는데, 원효의 쟁관법錚觀法과 같은 엄격한 계율로 염불 수행하게 하였다. 산 몸으로 서방정토에 왕생한 여종 욱면郁面의 염불 수행을 도운 팔진八珍도 관음의 화신인데, 결사한 무리를 노력도勞力徒와 정수도精修徒로 나누어 정진하게 하였다(『삼국유사』 권5, 욱면비염불서승郁面婢念佛西昇조).

관음신앙은 삼국시대에 나타나 있다 하더라도 의상의 화엄사상에 수용됨으로써 통일신라시대에 넓게 퍼져 나가면서 정착되었다. 의상계 화엄종이 법화도량의 보현행이나 정토왕생을 위한 염불 수행 신앙을 수용하였다. 특별히 의상은 목욕 후 오염된 수건을 사용하지 않고 햇볕에 몸을 말릴 정도로 실천 수행을 강조하였다. 현전하지는 않으나 의상이 지은 『입법계품초기入法界品鈔記』는 관음의 실천신앙을 중시한다.

60권 『화엄경』에 비해 신역인 80권 『화엄경』에서 입법계품의 내용이 충실하게 보강되었다. 낙산사 관음도량은 의상의 실천 수행 신앙이 80권 『화엄경』에 기초하고 있음을 상징적으로 나타낸다.[40] 보타락가산은 구역舊譯이 아닌 신역 『화엄경』에 나온다. 80권 『화엄경』은 698년에 완역되었다. 성덕왕 1년(702년)에 입적하였으므로 의상이 혹 그것을 못 보았을 수도 있다. 그러나 이미 그는 입당 유학 당시 지엄智儼 문하에서 신역 『화엄경』의 신경향을 인지하고 있었다.

40 김두진, 앞의 논문, 1991, pp. 13~14.

원효가 만난 관음화신이 벼를 베거나 생리에 관한 개짐을 빠는 여인이어서 농작물의 증산과 수확 및 생육을 담당하는 지모신地母神을 떠올리게 한다.[41] 낙산사 관음은 마치 불사佛事를 시주하는 선도산신모仙桃山神母와 같은 토착신앙과 불교신앙이 융합하는 양상을 보여 준다.[42] 낙산사 관음의 법화영험신앙도 실제로는 서민들의 사소한 소원을 이루어 주는 신이神異한 토착신앙이라 할 수 있다.

의상의 관음신앙 중시는 실천 수행을 강조하는 최신의 세련된 화엄사상 경향을 표방하는 한편, 서민 대중 속으로 광범하게 퍼진 신이하고 투박한 토착신앙을 아울러 포용하게 하였다. 이런 관음신앙 경지에 미흡했던 원효가 파랑새의 비난을 받았고, 종국에는 낙산의 성굴聖堀에서 진신을 알현할 수 없었다. 그는 60권『화엄경』입법계품에 담긴 실천 수행 신앙의 이해에 머물고 있은 듯하다.[43] 의상의 관음신앙은 불교 대중화와 짝하여 이론불교가 정착하는 데 이바지하였다.

신라 이론불교는 신이한 토착신앙을 흡수하면서 철학적 논리체계를 구축하였다. 신라 불교가 신이한 토착신앙을 이해하고 융합하려는 태도는 바로 철학적 논리체계의 구축과 연관된 것이다. 공인불교가 토착신앙을 포용하면서 주술적 불교신앙이 나타났다. 초전불교에서 삼보三寶는 신성이고, 공인 이후에도 미륵선화는 신선이며 미시未尸는 신선과 사람을 매계媒係하는 자라고 이해하였다.

귀족불교가 성립하면서 토착신앙과 융합하는 주술불교가 나타났다. 이론불교의 정착은 토착신앙과 주술불교와의 관계에서 이해될 수 있

41 김철준,「동명왕편에 보이는 신모의 성격에 대하여」,『유홍렬박사화갑기념논총』, 탐구당, 1971;『한국고대사회연구』, 지식산업사, 1975, p. 42.

42 김철준, 위의 논문,『한국고대사회연구』, 1975, pp. 41~42.

43 김두진, 앞의 논문, 1991, pp. 14~15.

다. 이런 문제를 밝히려는 데 의상의 다음 행적은 도움이 된다.

> 의상이 황복사皇福寺에 있을 때 도중徒衆과 함께 탑塔을 돌았는데, 매번 허공을 밟고 올랐으며 계단으로 오르지 않았다. 그러므로 그 탑에는 사다리가 설치되지 않았고, 도중도 층계에서 세 자나 떨어져 허공을 밟고 돌았다. 의상이 돌아보면서 말하기를 "세상 사람들이 이를 보면 반드시 괴이怪異하다고 하므로 세상에 가르칠 것은 못 된다"라고 하였다.
>
> —『삼국유사』 권4, 의상전교義湘傳敎조—

법화영험신앙에는 신이한 토착신앙이 포함되어 있으며, 의상도 신이한 불교신앙을 포용하였다. 그는 도중徒衆과 함께 허공을 밟고 황복사 탑을 돌아 올라갔다. 그러나 의상은 이런 괴이한 탑돌이를 세상에 가르칠 것이 아니라고 단호하게 언급하였다.

토착신앙은 물론 법화영험신앙도 신이한 특성을 보인다. 다만 의상이 괴이하다고 금지한 것은 신이를 추구하는 불교신앙, 곧 주술불교이다. 반면 이론불교는 정법正法에 따른 논리체계를 구축함으로써 성립하였다. 토착신앙의 삼기산신三岐山神은 원광을 중국에 유학시켜 정법이 널리 유포하도록 돕지만 뇌성벽력으로 주술 닦는 비구를 제거하였다. 이론불교는 주술불교를 배격하지만, 오히려 토착신앙을 포용하면서 정착되었다.

문무왕 10년(670년)에 의상이 급히 귀국하여 당나라의 침입을 알리자, 조정은 신인종神印宗 조사 명랑明朗으로 하여금 밀단법密壇法을 설치하게 하여 국난을 물리쳤다. 불교는 수용되는 과정에서 토착신앙을 포용하였으므로 무불巫佛융합 경향의 주술불교가 나타나기 마련이다. 그것이 정법의 논리체계를 갖춘 밀교密敎 종파인 신인종으로 등장함은 이론

불교의 정착과 함께 의미를 지닌다.[44] 신인 비법은 신통력을 행하는 인혜因惠 등의 주술불교를 배척하지만, 제석을 포함한 여러 천신의 도움으로 국난 극복이나 치병治病은 물론 즉신성불卽身成佛을 추구하였다.[45]

의상과 원효는 신라 이론불교를 정착시키는 주역인데 원융적 화엄사상을 성립하였다. 특히 의상은 당시 중국의 법장法藏과는 극히 대조적인 화엄사상체계를 구축하였다. 법장은 연기론緣起論에 입각하여 법상의 건립을 주장하였지만, 의상은 성기론性起論에 의해 여러 법상이 하나로 모이는 취입趣入을 내세웠다. 법상이 실체를 갖지 않으면 원칙적 하나 속에 융섭融攝될 수밖에 없다. 의상의 화엄사상은 연기보다 성기론에 치중함으로써 극히 융섭적 원융사상을 성립시켰다.

신라 이론불교의 정착은 교단을 성립시켰으며, 중관中觀의 화엄종과 유식唯識의 법상종이 신라중대 불교계를 주도하였다. 이론불교가 교단은 물론 그 안의 교파로 분립하면서도 서로를 통합하려는 원융圓融사상 경향을 지녔다. 신라 귀족불교가 대중교화 논리를 세우면서 성속聖俗을 하나로 보려는 태도를 지녔고, 가항불교를 이끌었던 혜숙도 승조의 원융사상을 포용하였다.[46]

혜숙의 영향을 받은 원효는 신라 화엄종의 방계를 형성하였는데, 중관과 유식을 화쟁和諍하고 다시 실천적 관행觀行까지 융섭한 원융사상을 내세웠다.[47] 원광과 원측은 신라 법상종 교학의 토대를 마련하였다. 원측이 도증道證에서 태현太賢으로 이어지는 서명파西明派 유식학을 성립시켰다. 그것은 오성각별五性各別을 주장하는 중국의 자은파慈恩派와

---

44 김연민, 「신라 문무왕대 명랑의 밀교사상과 그 의미」, 『한국학논총』 30, 2008, p. 34.

45 이종익 외, 『(한국불교) 유가밀교』, 천화불교포교원, 1968, pp. 126~127.

46 이병학, 「『조론』의 성속불이 사상과 혜공의 대중교화」, 『한국사상사학』 60, 2018, pp. 138~144.

47 김두진, 「원효의 유심론적 원융사상」, 『한국학논총』 22, 2000, pp. 7~25.

는 달리 융섭적 사상 경향을 나타내었다.[48] 처음 성실론成實論에서 출발한 원광도 뒤에 『섭대승론攝大乘論』을 받아들이면서 융섭적 사상 경향을 보였다.[49]

이론불교의 원융사상, 특히 성기론적 화엄사상 성립과 불교 대중화는 무열왕대의 전제주의와 짝하여 이루어졌다.[50] 당시 왕실이 서민 대중을 등에 업고 진골귀족 세력을 억압함으로써 전제왕권을 성립시켰다. 공인 이후 귀족불교에서는 귀족연합 국가체제에 부응하여 전륜성왕과 미륵 또는 석가와 미륵신앙이 조화를 이루었다. 법흥왕대 율령 반포 후 미륵신앙이 유행하였다. 신라중고기를 거치면서 왕실은 전륜성왕보다 석가나 제석신앙을 선호하였다. 진평왕대나 진덕여왕대의 국가체제 정비를 통해 전제왕권이 강화되어 갔기 때문이다.

48 김두진, 앞의 논문, 2004, p. 85.
49 김두진, 앞의 논문, 2004, p. 83.
50 김두진, 「의상 화엄사상의 사회적 성격」, 『한국학논총』 17, 1995, pp. 9~13.

제7부 결론

1. 한국고대 사회사상사 전개와 제천의례의 성립

한국고대사 관계 자료는 대부분 2차 사료이다. 문헌 자료와 달리 금석문이나 고고학 자료는 1차 사료여서 당대 사람들의 생활 모습을 바로 알려 주며, 특히 금석문 자료가 문헌 자료의 공백을 메우는 이점을 가졌다. 유물 자료를 편년編年 사료로 이용하기 위해서는 고고학 연구 수준을 높여야 한다. 한국고대사 관계 문헌 자료 중 1차 사료는 주로 최치원崔致遠이나 원효元曉 등 승려들의 문집이다. 2차 사료로 중요한 것이 고려시대에 편찬된 『삼국사기』와 『삼국유사』이다.

정사正史이기 때문에 기전체紀傳體로 편찬된 『삼국사기』는 합리적 유교사관에 입각하여 간명하면서도 정중한 문체로 서술되어 있다. 거기에는 편년으로 서술하기 어려운 설화나 신화가 빠져나갔는가 하면, 지志가 빈약한 대신 열전列傳은 비교적 풍부하게 기록되었다. 불교흥국佛敎興國 사관에 의한 신이神異를 기록한 『삼국유사』는 거의 전체가 인용문으로 구성되어 있어 한국고대 토착문화의 사실적 모습과 전통을 비교적 충실하게 전해 준다. 고조선으로부터 이어지는 역사 기술도 한국고대사를 자주적 입장에서 이해하려는 노력의 산물이다.

『국사』 등 삼국시대에 편찬한 역사서는 전하지 않으나, 『삼국유사』나 『삼국사기』에 그 내용이 다소 인용되어 있다. 그러나 두 사서가 주로 인용한 문헌은 고기古記나 향전鄕傳 등이다. 구체적 사실보다 전승을 기록한 셈이다. 고려중기 이후까지 전승하는 과정에서 고려 사람들이 관심을 가졌던 사실적 내용은 민간신앙을 덧붙인 관념 자료로 바뀌어 기록되었다. 관념적 신앙 자료로 바뀐 한국고대사 관계 자료는 사상사 연구를 더 활발하게 한다.

한국고대 사상사 연구의 가장 중요한 분야가 불교사상사이다. 한국고대 불교사상사 연구는 불교학자들에 의해 개척되었고, 역사학자들이 참가하면서 사회사상사로 심화되었다. 초기 불교학자들의 연구는 역사학적으로 접근하지 않아 불교사상이 당대 사회에서 갖는 독특한 의미를 부각시키지 못하였다. 불교사상이 당대 사회와 어떻게 연관되었느냐에 대한 관심은 역사학자들의 불교사상사 연구에 구체적으로 나타났다. 불교사상사 연구가 사회사상사로 정립되기 위해서는 당대 사회는 물론 불교사상 자체까지 폭넓은 분석 작업을 거쳐야 한다.

한국고대 사회사상사를 정립시키는 방법은 두 방향에서 진행될 수 있다. 첫째, 당대 사회를 이해한 기반 위에 연관된 사상의 특성을 제시하는 것이다. 둘째, 거꾸로 사상의 변화를 자세히 검토한 후 그 변화의 모습에서 달라진 전후의 사회체제를 복원하는 것이다. 전자가 사회사상사를 정립하기 위한 무리 없는 가장 확실한 방법이며, 대부분의 역사학자들이 수용하였다. 다만 이 방법은 사실적 사회사 관계 자료가 충분히 갖추어져 있는 조선시대 이후의 사상사 연구에는 유리할 수 있다.

후자는 사상의 변화를 통해 그와 연관한 사회 양상의 변화를 추구하려는 지식사회학적知識社會學的 방법이라 할 수 있다. 모든 사상은 사회와 연관하여 의미를 갖기 때문에 정치精緻한 사상의 분석은 그것과 연관된 사회 모습을 끌어낼 수 있다. 그러기 위해 사상사뿐만 아니라 역사학을 구조기능적構造機能的으로 연구해야 한다. 한국고대 사상사의 구조기능적 연구는 사상과 당대의 여러 구체적 사회사실과의 관계를 추구하는 것이다. 사상이 한국고대 사회에 수용되어 담당한 역할을 밝히는 연구는 바로 사회사상사가 된다.

사회사상사의 정립은 먼저 자연스럽게 시대정신에 접근하게 한다. 그것은 당대의 사회와 사상을 총체적으로 이해할 수 있는 문화역량文化力量 속에서 배태된다. 한국고대 사회사상사의 정립은 민족사의 시대정신을 비로소 성립시키기 때문에 매우 중요한 의미가 있다. 특정 사회에 포용된 사상의 여러 사실적 모습이 모여 관념이나 이념을 형성시켜 시대정신을 낳는다. 우리 사회 내 수많은 사실을 실증적으로 밝힌 개개의 성격이 모여 시계視界 위로 떠오르거나 안개와 같이 피어오른 이념이 사조思潮가 되어 시대정신을 성립시킨다.

다음으로 사회사상사의 정립은 민족문화의 전승과 창달創達을 가능하게 한다. 모든 학문이 문화 창조에 목적을 두는데 역사학은 유독 교훈, 곧 계감戒鑑을 강조한다. 역사를 통해 교훈을 얻으려는 사관은 동양과 서양을 막론하고 고대부터 나타나 지금까지 중시되었다. 그러므로 역사학이 계감주의를 배제할 수 없지만, 그 목적을 다른 학문과 마찬가지로 민족문화의 창조와 그 전승의 창달에 두어야 한다. 진정한 사회사상사를 정립시키면 역사학 연구가 민족문화를 창조할 수 있게 한다.

사회사상사 정립은 민족문화사 전개의 대세를 파악하게 한다. 민족문화사의 전개를 인간 중심으로 파악하는 것이 중요하다. 역사적 사실도 인간에 의해 만들어져 영위營爲되어 왔으므로 관련 인간으로까지 시야를 돌리면 그 연구 범위는 확대될 수밖에 없다. 민족문화사의 체계를 세우는 데 사회나 사상의 변혁기에 관한 연구가 필요하다. 무불巫佛이나 유불儒佛 등 교섭사상사 연구는 개척해야 할 분야이다. 현대의 총체적 민족문화역량이 쉽게 이해될 수 있는 방도를 모색해야 한다. 민족문화사를 대중화시키는 것도 그 한 방법이 된다.

삼국시대 신라·고구려·백제의 주위에는 성읍城邑국가나 소연맹국이 상당히 존재하고 있었다. 영산강 유역에는 마한이 잔존殘存하였고 낙동강 하류 지역에는 가야가 성장하고 있었다. 가야 연맹왕국은 해상 활동을 통해 번창하였는데, 낙동강을 끼고 내륙으로 진출하면서 남쪽의 김해를 중심으로 한 본가야와 북쪽의 고령을 중심으로 한 대가야의 두 세력권으로 나누어졌다. 정복국가체제를 정비하면서 왕권을 강화한 삼국은 반독립적으로 존재하던 성읍국가나 소연맹국 영역을 점점 확실하게 장악하였고, 6세기를 지나면서 직접 국경을 접한 영역 국가로 성장하였다.

대조영大祚榮이 옛 고구려 영토의 동쪽 지역에 건국한 발해는 스스로 고구려 계승 국가임을 자처하였다. 발해문화 속에는 당나라 문화가 많이 흡수되었어도 고구려문화의 영향이 강하게 나타나 있다. 다만 고구려 영토를 다수 차지하였던 발해사 연구는 아직 회복되지 않는 우리 민족의 영토관에 대한 향수로 남아 있다. 고려 통일 이후 북진정책을 강하게 추진하였을 때 발해사에 대한 관심이 고조되었다. 남북통일 이후 간도 문제를 해결하기 위해서라도 발해사 연구는 심층적으로 이뤄져야 한다.

골품제와 같은 엄격한 신분제도는 신라뿐만 아니라 고구려나 백제에도 존재하였을 가능성이 있다. 다만 신라와 비교해 고구려와 백제가 수도를 자주 옮겼으므로 그때마다 신분제가 해이해졌다. 삼국은 각기 귀족인 부족장들을 중앙의 수도로 불러 모아 정사를 의논하였다. 고구려의 제가회의諸加會議나 백제 정사암政事巖의 남당南堂회의가 바로 그런 것이다. 신라의 화백회의는 남당회의에서 발전한 것이며 만장일치제로 운영되었다.

신라상대 사회에는 미성년 집단이 부족이나 가문별로 존재하였다. 미성년 집단을 개창改創한 화랑도는 본래 가졌던 종교적·의례적 기능보다 교육적·군사적 기능을 더 중시하였다. 격렬한 통일전쟁을 수행하면서 화랑도는 신라의 중앙 군사조직 속에 편제되었다. 화랑도와 비슷한 미성년 집단이 고구려와 백제에도 있었다. 고구려의 경당扃堂은 귀족 자제로 구성된 것은 아니라 하더라도 바로 그런 조직이었다. 계율 위주의 미륵신앙을 강하게 내세우는 백제 사회에도 화랑도와 비슷한 미륵도彌勒徒가 존재하였을 것이다.

한국고대의 경제생활은 주로 농업 중심으로 영위되었고, 농민들이 국가의 수취 대상이었다. 자기 토지를 가진 자영自營농민은 인두人頭나 호戶를 단위로 국가에 포布나 곡식을 바쳤으며, 15세 이상의 남자(정丁)는 일정 기간의 방수나 축성 등의 역역力役에 동원되었다. 농민 중에는 때로 토지를 잃고 용민傭民으로 전락하는 자가 생기기도 하였다. 고구려의 유인遊人은 바로 그런 계층이었다. 자영농민 중에는 경제적 부를 축적하여 신분을 상승시킨 호민豪民이 있었다.

불교는 한국 고대문화를 건설하는 바탕이 되었다. 불교의 보편적 원리가 잡다한 신앙체계나 권역으로 나뉜 무교巫敎를 대신하여 삼국시대의 정신문화를 통합하고 이전보다 더 높은 철학적 논리체계를 성립시켰다. 불교는 처음에 왕실 중심으로 수용되었다. 본래 원시불교는 왕자계급王者階級(크샤트리아) 중심으로 수용되었고 정복국가 이념에 합당한 것이었다. 그뿐만 아니라 원시불교가 강조한 보편적인 법(dharma)은 부족간의 통합 능력을 갖춘 것이어서 왕권을 중심으로 한 중앙집권적 귀족국가 건설에 부합하였다.

한국고대 사회는 부족적部族的 편제編制로 이루어졌다. 일찍이 삼한사회에는 78개에 이르는 현재 군郡 단위 영역의 성읍국가나 소연맹국이 있었다. 이들이 통합되어 연맹왕국을 이루고 중앙집권적 귀족국가가 출현하였다. 고구려 태조왕·백제 고이왕·신라 내물왕대에 연맹왕국체제가 완비되었고, 소수림왕·침류왕·법흥왕대에 중앙집권적 귀족국가 체제가 갖추어졌다.

연맹왕국 내에 우세 부족인 왕실의 시조신앙을 체계화한 개국신화가 선민選民신화이다. 단군신화는 고조선이 연맹왕국으로 성립해 가던 시기에 우세 부족인 환웅족 중심의 선민신화이다. 선민신화가 영웅전승신화나 신성족神聖族신화로 발전하였다. 가장 전형적 영웅전승신화는 고구려 건국신화 속의 주몽 시조전승에 나타나 있다. 주몽이 무사단을 이끄는 정치적 군장의 성격을 강하게 지녔다. 고구려 건국신화는 철제 무기를 사용하는 부족이 등장하여 토착 사회의 여러 부족을 정복하거나 흡수·동화하는 과정에서 형성되었다.

신성족신화는 연맹왕국 내의 한 부족이 영도권을 쥐면서 다른 부족의 시조전승이나 개국신화를 통합하여 더 우월한 세계관으로 발전시킨 것이다. 신성족신화에는 중국문화나 불교의 영향을 많이 받은 어휘가 사용되었다. 신성족 관념은 신라 왕실의 진종眞種설화를 성립시켰다. 신라 왕실은 인도의 찰리종刹利種을 표방하였다. 실제로 23대 법흥왕부터 28대 진덕여왕에 이르는 왕들이 모두 불교식 왕명을 가졌다. 진종설화는 김씨 왕실이 자기 부족의 소혈족小血族 집단을 다른 혈족 집단보다 우월하게 만들려는 관념체계이다.

삼국의 문화는 공통성이 많다. 공통성의 표방이 국가의 통합을 이루고 민족문화를 성립할 수 있게 하였다. 삼국의 문화가 분리된 것 같지만 사실상 연결되어 있었다. 삼국은 다 같이 종래 성읍국가의 지배자를 중앙귀족으로 편제編制하였기 때문이다. 그 사회에는 부족장이 큰 세력을 갖고 있었다. 삼국의 문화는 중국이나 새외 민족 문화와 교류하여 국제성을 견지함으로써 지방에 국한된 폐쇄성을 보이기보다는 서로 연결이 가능한 통합적 성격을 지녔다.

고구려는 삼국 중 가장 빠르게, 소수림왕 때 율령律令을 반포하고 중앙집권적 귀족국가체제를 이루었다. 중국 민족과의 투쟁 과정에서 성장한 고구려가 중국에서 한반도로 통하는 교통로를 장악하면서 등장하였다. 일찍부터 부족 단위의 강력한 군사력을 가진 고구려는 중국 민족의 침입에 대한 방파제 역할을 함으로써 남쪽의 백제와 신라가 온존하게 성립할 수 있었다. 소수림왕 때의 개혁은 고구려 국가의 확대를 위한 조직 정비이기 때문에 광개토대왕이 정복 사업을 수행하는 밑바탕이 되었다.

침류왕을 전후한 시기에 행해진 백제의 제도 개혁은 고구려의 그것과는 달리 근초고왕 때의 넓어진 영토를 유지하는 면에서 추진되었다. 전성기를 거치면서 백제가 체제 정비를 통해 방대하게 축적된 문화를 조밀하게 재구성하면서 우아하면서도 짜임새 있는 문화를 이루었다. 한강 유역을 점유하여 한반도의 동서를 가로지른 백제는 그 지정학적인 중요성으로 말미암아 새로 등장하는 강성한 세력에 의해 영토가 나뉠 수밖에 없었다.

신라는 토착민 세력이 강한 사회를 이루었으며, 부족장 세력을 편제하여 엄격한 신분 질서를 강요하는 골품제를 성립시켰다. 신라 법흥왕 때에 율령이 반포되어 중앙집권적 귀족국가체제의 정비가 이루어졌다. 그것은 진흥왕대의 정복국가체제를 갖추기 위해 마련되었고, 부족별로 흩어져 있던 병력을 흡수하여 중앙의 군사조직 속에 통합하려는 의도를 가졌다. 이런 면에서 신라의 국가체제 정비는 고구려와 비슷하게 이루어져, 귀족문화의 유지를 위한 제도를 마련하기보다는 정복국가체제로의 확대를 위한 것이다.

중앙집권적 귀족국가에는 왕·귀족·일반 백성으로의 신분 질서가 확립되었다. 신분 질서는 국왕을 중심으로 귀족과 백성을 함께 묶는 국가공동체의식을 강조하여 왕실의 전제정치를 뒷받침하였다. 왕실이 국가공동체와의 귀일歸一을 의도하였고, 국가공동체의식을 통해서 전제권을 행사하였다. 마운령비에 나오는 '천은天恩'은 중국 제국帝國을 뜻하는 천天과 다른 의미로 신라 왕실의 부족 전통을 상징적으로 나타내었다.

'천'의 강조는 국왕을 귀족이나 백성이 범할 수 없는 존재로 만들었다.

귀족이나 백성은 국가를 위해 싸우다 죽는 것을 자랑으로 여겼다. 따라서 왕권을 중심으로 한 중앙집권적 귀족국가체제의 질서 유지를 위해 '충忠'을 강조하였다. 즉 충의 윤리가 왕권의 전제화를 위한 것이었다. 세속5계 중 '충' 이외에 '신信'은 화랑도와 같은 집단생활에 필요한 윤리이다. 개인을 국가공동체로 묶어 일체감을 불어넣기 위해 '신'을 요구하였다. '신'이 횡적 유대를 위한 것이라면, 이를 종적으로 한곳에 집중시킨 것이 '충'이다. 따라서 화랑도의 덕목에서 가장 강조한 것이 충과 신이다.

중앙집권적 귀족국가체제를 확립해 가는 시기에 역사서가 편찬되었다. 백제『서기書記』나 신라『국사國史』및 고구려『유기留記』의 편찬은 중앙집권적 귀족국가체제의 확립과 더불어 이루어졌다. 당시『태원경太元經(태현경太玄經)』계통의 사상에서 영향을 받아 역사서를 서술하였다. 그것은 한漢나라 양웅楊雄이 찬술한 책인데, 360년마다 국가가 흥운興運을 맞는다는 내용을 담고 있다. 역사 편찬은 전성기를 맞은 당대 사회를 전대 사회와 구별하려는 노력의 산물이다.

삼국이 처음 편찬한 역사서는 왕권 전제화를 위한 왕실의 전통성을 강조하였다. 전통성을 내세울 수 있는 설화가 역사 서술의 중심을 이루었다. 삼국 역사서는 왕실 전통에 관계된 자료를 수집하는 데 역점을 두었기 때문에 방대한 분량으로 편찬되었다. 다만 영양왕 때에『유기』100권을 5권으로 줄여 편찬한『신집新集』에서는 임금과 신하의 선악을 중점적으로 기술하면서 자연스럽게 사료의 취사 선택이 이루어졌다. 이후 왕정의 덕실德失을 논하기 위해 역사서를 편찬하였다.

한국고대사에서 여성사는 매우 중요하게 다루어야 한다. 사실 상고대上古代 사회에서 상층 계층 중 제사祭祀를 관장하는 제사장이나 야금

冶金 기술을 가진 자가 가장 높은 계급에 속하였다. 그중 제사에 여성이 깊이 관여하였다. 그리하여 흔히 고대 여성사는 무속사巫俗史 연구와 함께 추구되었다. 한국고대사에서도 여성사 연구는 토착土着신앙을 밝히는 데 도움을 줄 것으로 기대된다.

신석기시대 이후 여성들을 중심으로 정착한 초기 농경사회에서는 모권母權이 강하였다. 철제 무기의 등장은 여성이 남성에게 종속되는 과정의 시작이었다. 부여를 위시하여 삼국시대 초기 사회에 일부다처제一夫多妻制가 생겨났으며, 부인의 투기를 매우 엄하게 다스렸다. 그것은 비첩婢妾만이 아닌 여러 아내를 가부장적 질서 속에 묶기 위해 나타난 현상이지만, 한국고대 사회에서 여성들의 사회적 지위는 여전히 높았다.

가부장 집단인 유이민流移民이 이주해 오기 이전의 토착 부족들은 저마다 조상신을 모시는 지신족地神族신앙을 가졌다. 농경이 정착되면서 그것은 지모신地母神신앙으로 나타났고, 대체로 여성들이 지모신에게 제사를 지냈다. 삼국시대까지 여사제女司祭 유풍은 많이 남아 있었는데, 노구老嫗나 노모老母의 존재가 바로 그런 것이다. 그들은 알영閼英이나 탈해 등 성스러운 인물의 양육을 담당하는가 하면, 장차 일어날 일에 대한 징조를 미리 알아 그것에 능동적으로 대처하였다. 혹은 왕의 정사에 깊이 관여하여 잘못되었을 경우 비판을 서슴지 않았다.

불교를 수용한 이후에도 사원 내에서 여성들은 활발하게 활동하였다. 불교 사원 내에서 여성들이 단월로서 또는 시주자로서 불사를 돕는 역할을 하였다. 특히 관음신앙은 여성의 지위가 높았음을 알려 준다. 한국고대의 관음이 주로 여성의 모습으로 나타나고 있으며, 그 신앙은 지모신신앙과 융합된 흔적을 보여 준다. 지모신의 생육력을 이어받음으로써 관음은 불사의 시주에 깊이 관여하였는가 하면, 일반 서민들의 모든 소원을 듣고는 그것을 채워 주었다.

불교 공인 후에도 여성의 사회적 지위는 크게 약화되지 않았지만 유교가 들어오면서 사정은 많이 달라졌다. 합리적 유교이념이 수용됨에 따라 도덕률을 요구하였고, 충도忠道는 물론 효도孝道를 크게 내세웠다. 효도의 정립은 유교이념이 폭넓게 수용되었음을 의미한다. 그 결과 여성에게도 유교적 덕목을 쌓도록 요구하였고, 삼종三從의 도리가 서서히 갖추어져 갔다. 이런 덕목이 강조됨에 따라 그들의 사회활동은 제약되었으며, 그들의 사회적 지위는 낮아지게 되었다.

한국고대 사회에서 합리적 유교이념은 정착되어 가는 과정을 밟고 있었고, 고려시대 이후에야 폭넓은 정치이념으로 자리하였다. 조선시대에는 성리학이 성립하여 정치이념으로 확립되었다. 그런 과정에서 여성들의 정숙을 요구하는 덕목은 보다 강화되어 갔다. 유교이념의 도입으로 삼국시대 말이나 통일신라시대 여성의 사회적 지위는 이전 시대보다 낮아졌다 하더라도, 후대와 비교하여 여전히 상대적으로 높았다.

불교 수용 이전의 토착신앙 중 가장 중요하게 다루어야 할 것이 무교(무격巫覡)신앙이다. 무교신앙은 제정일치 시대의 윤리가 체계를 이루면서 형성된 것이고, 무당은 부족공동체의 기반을 가진 부족장이었으며 제사장 기능을 가졌다. 연맹왕국이 성립되면서 부족장들은 연맹왕 밑의 신하로 등장하였지만, 독자의 부족적 기반을 그대로 가졌다. 무교신앙은 연맹왕국을 성립시키기까지 부족장적 윤리로서 유지될 수 있을지라도 중앙집권적 귀족국가가 성립된 후 전제왕권의 이념으로는 부족하였다. 왕실은 부족장들을 중앙귀족으로 편제하면서 강력한 전제왕권을 수립하려고 할 때 무교신앙과는 다른 관념이 필요했을 것이다.

초기 불교는 왕자王者계급을 위한 정복국가에 필요한 종교였다. 원시불교 경전에 나타나는 전륜성왕轉輪聖王사상이 강대국을 중심으로 통일사업을 진전시키는 정치이념에 도움을 주었다. 삼국이 불교를 처음 공인한 때는 고구려는 소수림왕 2년(372년), 백제는 침류왕 원년(384년)이며, 신라는 두 나라보다 시기가 많이 늦은 법흥왕 22년(535년)이다. 왕실 중심으로 들어와 있던 불교를 공인한 시기는 삼국이 모두 중앙집권적 귀족국가체제를 정비하던 때였다.

중앙집권적 귀족국가를 성립하면서 전제 왕실은 이전 성읍국가나 연맹왕국의 부족장이었던 귀족보다 우월한 관념을 가지려 하였고, 그런 구미에 맞는 것이 왕즉불王卽佛신앙을 내세우는 불교이다. 반면 귀족들은 불교 공인을 반대하였다. 그들은 무교신앙을 계속 포용함으로써 왕과는 같은 사제로서 대등한 관계를 유지하려고 노력하였다. 귀족들의 거센 반대에 부딪힌 불교가 공인되는 데에는 왕실과 귀족 세력 사이에 일정한 타협이 이루어졌기 때문이다.

신라 진흥왕은 전륜성왕을 표방하였고, 왕실의 전륜성왕 관념이 미륵신앙과 깊이 연관되었다. 진흥왕은 화랑을 미륵으로 받들었는데 화랑은 귀족 세력의 상징적 존재이다. 전륜성왕 관념과 미륵신앙은 신라 사회에서의 왕권과 귀족 세력이 불교신앙 면에서 일정한 조화를 이루게 하였다. 전생에서의 선한 업보로 말미암아 현재의 귀족으로 태어났다고 함으로써 윤회전생輪廻轉生신앙도 귀족의 사회적 지위를 인정해 주었다.

고구려 불교의 특징은 삼론학 연구에 있다. 중국 길장吉藏이 대성한 삼론종은 3대조인 고구려 승려 승랑僧朗의 사상을 기점으로 변화되었다. 이를 신삼론新三論이라 한다. 이에 대해 나집羅什부터 승랑 이전까지의 성실론적成實論的 공空사상을 고삼론古三論이라 한다. 승랑은 실상이 '공'의 면과 '가假'의 면을 모두 갖추고 있으므로 이것을 중도中道라고 설명하였다. '공'사상을 근간으로 중도사상을 제창하였다. 다만 대부분의 고구려 삼론학자가 중국에서 명성을 떨치거나 일본에서 생을 마쳤다.

백제 불교의 특징은 율학律學의 연구에서 찾을 수 있다. 겸익謙益이 성왕 4년(526년) 인도에서 범승梵僧 배달여삼장倍達女三藏과 함께 범본梵本 오부율五部律을 가지고 들어와 28명의 승려와 함께 율부律部 72권을 번역하였다고 한다. 담욱曇旭과 혜인惠仁은 이에 대한 율소律疏 36권을 저술하였으며, 왕이 번역된 신율新律의 서문을 썼다. 백제 율학은 미륵 신앙과 연관되었다. 법왕은 형식에 흐를 정도로 계율을 강요하였으며, 특히 공주 지역에 미륵신앙이 크게 유행하였다. 법왕은 사비성의 남쪽에 흥왕사興王寺를 창건하고자 하여 겨우 터만 닦고 돌아가니 무왕이 이 절을 완성하여 미륵사라고 하였다.

신라 불교의 특성은 화엄학 연구에서 찾을 수 있지만 유식학도 일찍부터 대두하였다. 원측圓測은 진평왕 48년(626년)에 중국으로 들어가 그곳에서 입적하였다. 당시 중국 유식사상은 자은慈恩·혜소惠詔·지주智周로 이어지는 정통파와 원측·도증道證으로 이어지는 신라 계통의 일파가 있었다. 원측을 중심으로 중국 정통파에 맞설 수 있는 서명파西明派의 유식사상은 신라에 영향을 주었고, 통일신라시대의 태현太賢이 그의 사상을 계승하였다.

의상의 화엄사상은 일승원교一乘圓敎로 특징지을 수 있다. 원교의 종요宗要를 펴면서 가장 강조한 것이 원융圓融사상이다. 원효의 화엄사상은 일승만교一乘滿敎로 표현되었다. 그가 화쟁和諍사상을 주장하였다. 『십문화쟁론』은 백가의 이론을 모아서 10문으로 분류하고 정리한 저술이다. 원효는 『화엄경』을 종요로 삼으면서도 불교의 거의 모든 경전을 주석하였다. 원효의 불교사상은 신라 불교가 모든 경전을 이해할 수 있는 단계에 이르렀음을 시사한다. 그것은 신라 불교를 새로운 차원으로 나아가게 하였다.

마한馬韓을 위시한 삼한 사회는 결국 연맹왕국을 성립하였을지라도 처음에는 크고 작은 여러 국가를 이루었다. 이들 국가가 대체로 성읍국가城邑國家 단계의 해체기에 들어 있었다. 마한의 국가 내에는 국읍과 별읍이 존재하였다. 삼한 소국의 지배자는 거수渠帥이고 소별읍小別邑의 지배자도 역시 거수여서 본래 별읍은 성읍국가의 기반을 가졌다. 다만 국읍의 영역은 국가와 거의 일치하는데, 성읍국가가 영역을 확대하면서 발전해 갈 때 국읍 외의 다른 읍락을 편입하였다.

별읍은 성읍국가의 영역이 확대되는 과정에서 그 안에 편입하여 들어온 읍락이나 소국이며, 소도蘇塗로 불렸다. 국읍에는 주수主帥가 있어 성읍국가의 영역을 관장하였으며, 별읍은 비록 확대된 성읍국가의 지배 질서 속에 포함되었을지라도 종래의 독자적 통치 영역을 거의 그대로 가지면서 독립된 종교 제의祭儀를 주관하였다. 마한 국가 중에는 성읍국가가 있었지만, 다른 읍락을 편입하여 별읍을 가진 대국도 존재하였다. 국읍 외의 별읍을 가져 영역을 확대한 국가가 소연맹국이다.

마한의 여러 국가 중 600~700가家 정도의 규모를 가진 소국은 성읍국가였겠지만, 1만여 가에 이르는 대국이 소연맹국이다. 마한의 맹주였던 목지국目支國은 강력한 연맹왕권을 갖지 않아 실제로 소연맹국체제를 크게 벗어나지 않았으며, 그 외 한강 유역의 백제百濟도 일찍이 소연맹국을 이루었다. 소연맹국의 국읍에 정치적 지배자가 거주하였다. 천군天君이 국가의 조상인 천신에 대한 제사祭祀를 주관했다면, 별읍에서는 이전 성읍국가나 읍락의 장이 독자의 조상인 지신에 대한 제사를 주관하였다.

마한 소연맹국 사회나 초기 연맹왕국 사회에 편입한 소국이나 별읍의 상호 결속은 외부의 침입에 대해 공동으로 대처할 정도로 공고한 것이 아니었다. 그들은 소연맹국의 국읍이나 연맹왕실로부터 공부貢賦를 부담하거나 통치권을 조금 할양당하기는 하였지만 거의 독립적 통치 영역을 확보하고 있었다. 그리하여 마한 사회의 별읍이나 소국은 이미 편입되었던 소연맹국으로부터의 이완과 다른 소국과의 재결속이 쉬웠다. 염사廉斯 읍락은 마한 사회의 소연맹국에서 쉽게 벗어나 낙랑군에 복속되었다. 마한 54국 중 본래 소연맹국의 별읍으로 존재하였던 신소도국臣蘇塗國은 소속되어 있던 국읍으로부터의 정치적 통제에서 벗어나 독자의 성읍국가를 이룬 후, 다시 다른 소국 또는 읍락을 편입·결속하면서 소연맹국으로 성장하였다.

마한 사회에도 연맹왕국이 성립되어 갔는데 진왕辰王이 연맹왕이었다. 진왕은 진국辰國의 왕이란 의미이다. 진국은 마한 연맹왕국이 성립하기 이전에 존재하여 삼한을 지배한 것으로 이해되므로 사실 진왕은 목지국의 지배자였고 마한 연맹왕국의 상징적 연맹왕에 지나지 않았다. 실제로 소국이나 대국, 곧 소연맹국의 지배자가 마한 사회를 영위하였다. 3세기경이 되면서 마한 연맹왕국은 왕권을 강화하였고, 비슷한 시기에 연맹왕국으로 성장한 백제나 사로국斯盧國이 등장하는 것은 낙랑을 비롯한 한군현漢郡縣의 토착 사회에 대한 빈번한 침입과 연관된다.

한군현의 침입에 대항할 필요를 느낀 마한 소연맹국 사회가 더 큰 정치 연맹체로 결성되어 갔다. 3세기 초에는 상징적 마한의 연맹왕국인 목지국을 중심으로 연맹왕권이 강화되었으나, 한군현의 침입에 이해가 직결된 한강 유역의 소국들은 현실적으로 더 강력한 연맹왕권과 정복국가체제를 갖출 필요를 절감하였다. 이에 상징적인 목지국이 그들의 갈망을 해소하는 데 부족하게 되자, 그것을 대신한 이 지역의 소연맹국이던 백제가 더 강력한 연맹왕국으로 성장하였다.

북쪽의 고구려나 부여 사회와 비교해 마한 사회에는 정복국가체제를 갖춘 연맹왕국의 출발이 늦어, 그 안의 소국에 대한 강한 영도력을 갖는 연맹왕권이 일찍부터 성립하지 못하였다. 마한 사회 토착민과 유이민 사이의 문화 경험에 수준 차이가 커서, 그들이 빨리 결합하여 외부 세력에 능동적으로 대처하기까지 상당한 시간이 소요되었기 때문이다. 마한 사회에서는 고구려나 부여 사회보다 연맹왕국체제를 정립하면서 왕권을 강화하는 데 필요한 관료조직이 잘 정비되지 못하였으며, 정복국가로 성립하면서 이민족과의 투쟁을 기록하는 자국사 서술이 늦게 나타났다.

마한 사회는 한반도의 동남부에 치우쳐 있던 변弁·진한辰韓 사회와 비교하여 문화적으로 선진이어서 그들보다 정복국가의 출현을 앞당겼다. 두 사회의 토착민과 유이민의 문화적 경험에는 크게 차이가 나는데, 마한에서는 유이민의 기술 문화가 주도적 위치를 차지함으로써 유이민 세력이 중심이 되어 그 사회를 이끌어 갔다. 그러나 변·진한 사회의 토착민은 마한 사회의 토착민보다 낙랑문화에 접할 기회가 훨씬 적어 후진이었으나, 여기에 새로 들어오는 유이민 세력이 더 미약하였다. 그 결과 변·진한 사회는 연맹왕국의 출발이 가장 늦었지만, 오히려 선주先住한 토착 부족이 뿌리를 내리면서 주도 세력으로 성장하였다.

소도신앙은 별읍別邑에서 부족 단위로 영위되었다. 소연맹국의 중심인 국읍國邑과는 달리 그 안에 병합하여 들어온 읍락이나 소국은 별읍을 이루었다. 별읍을 이루기 이전 소국의 지배자들은 비록 정치적 통치권을 소연맹국의 지배자에게 다소 할양하였다고는 하지만, 그 외에 특히 종교적 제의를 주관하는 면에서는 거의 독립 형세를 유지하고 있었다. 소도에 도망자가 들어갔을 때 그를 잡아내지 못함은 소연맹국의 지배 질서가 그 안에까지 철저하게 미치지 못하였음을 나타낸 것이다.

소도에서는 귀신鬼神을 숭배하였다. 귀신 숭배는 고려말에 변형되어 나타난 잡귀雜鬼를 받들었다기보다는 각 부족의 조상신을 모시는 것이다. 소도에서 받든 지신地神들은 그들이 처한 정치·사회적 여건에 따라 산신山神에서 하신河神·동굴신 등 여러 모습으로 나타났다. 마한 사회에 천신에 대한 제사가 행해졌을지라도 그것은 소연맹국의 지배 부족이 받들던 조상신에 불과하다.

소연맹국의 소도신앙은 연맹왕국을 거쳐 중앙집권적 귀족국가로 이행해 가면서 제천의례로 정비되어 갔다. 마한 사회는 뒤에 연맹왕국을 성립하였다. 그렇지만 연맹왕권이 공고하게 성립하지 못해 연맹권역 내 여러 세력이 강하게 결속하지 않아서 병합한 소국이나 읍락이 비교적 쉽게 이완하기도 하였다. 삼한에서는 소도제의가 행해진 데 비해 부여나 고구려에서는 영고迎鼓나 동맹東盟제의가 행해졌다 소도와 달리 영고나 동맹제의는 제천의례로 파악된다.

소연맹국 사회에서 왕실은 국읍에서 천신天神을 제사했다면, 그 안에 복속된 읍락의 지배자들은 별읍에서 독자적으로 지신地神을 제사하였다. 천신과 함께 지신을 묶어 제사하는 제천의례는 연맹왕국체제를 성립하고 난 이후에 확립되었다. 고구려 연맹왕국에서는 동맹제의가 성립되었지만, 처음에는 왕실이 천신을 제사하는 10월에 별읍의 지배자는 수신隧神 등 지신을 따로 제사하였다. 고구려초기의 동맹제의 속에는 소도신앙의 흔적이 남아 있어서 천신인 고등신高登神과 지신인 부여신夫餘神을 각각 따로 제사하였다.

고등신은 주몽朱蒙을 상징하는 왕실의 조상신이다. 주몽의 아버지가 천제의 아들인 해모수解慕漱이다. 그는 부여 땅에 도읍을 세웠다. 그곳은 천제의 아들이 나라를 열기 때문에 부여왕 해부루解夫婁가 양보하여 피해 준 땅이다. 해모수와 하백河伯의 딸인 유화柳花 사이에 태어난 주몽은 천제의 자손임을 강조하였다. 고구려 왕실이 까마귀를 토템신앙 대상으로 삼는 것도 조상신이 천신임을 알려 준다. 유화는 깊숙한 방

안에 갇혔으나 틈새로 들어오는 햇빛을 받고는 주몽을 낳았으며, 고리국槀離國의 시녀는 하늘의 기를 받고 동명東明을 낳았다.

일찍이 한반도의 동북 사회를 선도한 정치 세력이 부여이다. 전한시대에 부여는 고조선에 버금갈 정도로 동북(후방)의 광대한 영역에 걸쳐 연맹왕국을 형성하였지만, 연맹왕실이 그 안의 읍락이나 성읍국가 등의 정치 세력을 연맹권역 속에 강하게 결속시키지 못하였다. 그리하여 다소의 큰 정치 세력을 이룬 소연맹국이 부여 연맹왕국에서 이탈하여 고구려나 읍루 또는 동부여 등과 같은 연맹왕국으로 성장하였다.

부여에는 국왕 밑에 마가馬加·우가牛加·저가豬加·구가狗加 외에 대사大使·대사자大使者·사자 등의 관직이 있었다. 이들 관리는 본래 읍락의 지배자였으나 연맹왕국의 관직을 받았으므로 중앙귀족으로 등장하였고 읍락을 떠나 수도에 머물렀다. 크게 보아 부여의 관직은 상위의 족장인 가加 계층과 그 밑의 사자使者 계층으로 나뉘어 있었다. 제가가 별도로 사출도四出道를 다스렸는데, 그것은 본래 성읍국가나 소연맹국의 기반을 가졌다. 사출도는 중앙에서 사방으로 뻗은 행정조직을 장악하고 있어서 중앙집권적 지방 통치조직을 갖추었다.

3세기경까지 부여는 고구려와 비슷할 정도로 강한 연맹왕권을 성립시키면서 중앙집권적 통치체제를 이루었다. 적어도 초기 연맹왕국의 성립에 있어서는 고구려보다 부여가 더 선진적이었다. 고구려 건국 당시에 상대적으로 부여가 강국으로 나타나 있는 것이 이를 시사한다. 부여 연맹왕국의 권역을 확대하면서 하위직이었던 사자 계층의 관직이 중시되어 대소의 여러 직책으로 분화하면서 그 직능을 강화하였다. 위거位居는 우가형牛加兄의 아들로 대사직을 관장하여 왕위에 올랐다.

대사가 제가諸加를 초월하는 직능을 가졌던 3세기경 부여에서는 중앙집권적인 강한 연맹왕권이 성립되어 있었다. 위거는 계부季父 부자의 반란을 쉽게 제압하였다. 물론 부여에서도 귀족회의가 국가의 중대사를 결정하였다. 삼국시대에 중앙집권적 귀족국가가 성립하면서 오히려 그 전통을 굳건하게 확립하였다. 제가회의가 부여왕의 옹립을 결정하였으며, 아울러 적자嫡子 왕위 계승 원칙을 지켰다. 적자를 두지 못한 간위거簡位居왕이 죽자 서얼庶孼인 마여麻余가 왕위를 이었다. 부여 사회는 부자 왕위 계승이 일반화되어 있었다.

연맹왕국체제를 정립하면서 영웅전승적 건국신화가 등장하였는데, 그 효시가 부여 건국신화이다. 부여 건국신화는 연맹왕국에 흡수된 여러 성읍국가의 개국신화를 복잡하게 구성하여 이루어졌더라도 뼈대가 된 것이 색리국索離國 또는 고리국槀離國의 개국신화이다. 무사단을 이끌고 새로운 천지를 찾아 개척하면서 국가를 건설하는 내용을 가진 영웅전승신화는 철제 무기가 등장하는 철기시대를 배경으로 형성되었다. 다만 색리국 개국신화에는 초기 농경사회에 등장하는 대우혼對偶婚이 나타나 있다.

『삼국유사』에는 금와金蛙의 탄생이나 아란불阿蘭弗의 이도移都 전승이 기록되어 있다. 그것은 주몽신화에서 분리된 동부여東扶餘의 개국신화인 부루扶婁 시조전승이다. 그 외에 북부여의 개국신화로 해모수解慕漱 시조전승이 나와 있다. 부여의 동명형 건국신화는 여러 시조전승을 흡수하여 주몽신화로 갖추어졌는데, 그 중심을 이룬 것은 북부여 개국신화인 해모수 시조전승이다. 곧 천제天帝인 해모수가 오룡거五龍車를 타고는 흘승곡성訖升谷城으로 내려와 도읍하는 내용으로 구성되어 있다.

부여 건국신화를 배경으로 영고제의가 성립하였다. 부여는 영고제의 외에도 전쟁 등 군사에 관한 일이 있으면 제천의례를 행하였고, 소를 잡아 그 발굽을 보고는 전쟁의 승패를 점쳤다. 부여 연맹왕실은 주제主祭하는 영고제의에 왕실뿐만 아니라 흡수한 읍락이나 성읍국가의 지배자가 받드는 모든 조상신을 함께 모셨다. 전쟁 등 군사 문제가 있을 때 연맹왕실이 제천의례를 주제하였고, '제천사지'의 형식으로 봉행하였다. 부여 영고제의의 이런 면은 비슷한 시기 주변국의 제천의례와 구별된다. 고구려나 동예는 동맹이나 무천舞天 등의 제천의례를 지내면서 수신이나 호랑이에 대해서는 따로 제사를 지냈다.

동맹제의나 무천제의는 소도신앙적 요소를 지녔다. 소연맹국 사회의 소도신앙은 연맹왕국시대에 제천의례로 발전하였다. 그러다가 중앙집권적 귀족국가가 성립하면서 '제천사지'에 포함된 여러 조상신을 종합하여 국가 의례로 체계화한 것이 바로 대사大祀와 중사中祀 및 소사小祀로 짜인 신라 사전祀典이다. 영고제의가 비교적 확실한 제천의례로 발전한 점에서 부여는 같은 시기의 고구려나 동예 등 이웃 국가와 비교하여 왕권이 강한 연맹왕국을 형성하고 있었다. 그러나 그것이 신라의 사전 같은 체계적인 짜임새를 갖추지 못함으로써 부여는 중앙집권적 귀족국가를 형성하지 못한 상태에서 해체되었다.

2. 삼국의 중앙집권적 귀족국가체제 정비와 국가불교

주몽은 천신족 조상신신앙을 가졌으나 뛰어난 재주로 말미암아 박해를 받아 새로운 천지를 찾아 떠나고 있다. 고구려 건국신화 속의 천신족 조상신이 영웅전승적 성격을 지녔다. 주몽은 활을 잘 쏘았고 말을 기르는 솜씨가 뛰어났다. 화살을 적게 받았어도 사냥에 참여하여 오히려 많은 짐승을 잡았다. 이 능력으로 말미암아 그는 금와왕金蛙王의 왕자인 대소帶素 형제들의 시기를 받아 쫓기게 되었다. 따르는 무리를 거느리고 그는 엄사수掩淲水(시엄수施掩水)를 건너 새 국가를 건설하였다.

이때 거느린 무리는 부족장이 이끄는 무사단이었다. 그뿐만 아니라 부여계의 천신족 조상신신앙을 가진 유리瑠璃나 온조溫祚·비류沸流 시조 전승 등은 모두 영웅전승적 성격을 지녔다.

고구려 동맹제의에서는 수신隧神, 곧 부여신을 모셨다. 연맹왕국 내에 복속한 여러 성읍국가나 부족의 조상신은 지신으로 받들어졌으며 귀신鬼神으로 표현되었다. 삼한은 물론 고구려 연맹왕국 사회도 귀신을 받들었는데, 그것은 영성靈星이나 사직社稷과 동등한 조상신이었다. 거주하는 집 옆에 대옥大屋을 짓고 거기에 조상신인 귀신을 모셨다. 동굴신인 수신 외에도 재사再思나 묵거默居 등 성씨를 하사받은 부족들의 조상신이 이런 존재이다. 처음에 그들은 지모신地母神신앙을 가졌다. 유화 조상신은 지모신신앙을 뚜렷하게 보여 주지만 그 외의 조상신에 지모신신앙의 흔적이 거의 사라졌다. 그러나 부정씨負鼎氏 조상신에 남아 있는 지모신신앙의 흔적은 이들 조상신의 본래 모습을 생각하게 한다.

고구려에는 귀신을 제사 지내는 등 음사淫祀가 많았다. 동맹제의를 처음 시행했을 때 조상신인 귀신을 부족별로 각각 따로 제사하였다. 동맹제의가 제천의례로 확립되면서 왕실은 천신과 함께 여러 부족의 조상신인 지신을 묶어 제사하였다. 태조왕대를 지나면서 고구려는 복속한 성읍국가나 읍락을 성읍으로 편제하면서 정복국가체제를 정비하였다. 왕실의 조상신이 영웅전승적 성격을 갖는 것은 태조왕대 이후 정복국가체제와 연결하여 나타났다. 중앙집권적 귀족국가체제가 성립되면서 동맹제의가 제천의례로 확립되었다.

한국고대 사회는 읍락邑落을 기본 단위로 하여 성읍국가에서 연맹왕국을 거처 중앙집권적 귀족국가(고대국가)로 발전한다는 것이 정설이다. 부족장세력을 편제編制하면서 국가체제가 점차 정비되어 갔다. 『삼국지』 위서 동이전에 나타난 여러 국가 중에 가장 왕권이 강화된 모습을 보여 주는 것은 고구려이다. 고구려의 관직으로 상가相加·대로對盧·패자沛者·고추가古鄒加·주부主簿·우태優台·승丞·사자使者·조의皁衣·선인先人 등이 나타나 있다. 그중 대로와 패자는 같은 관등의 관직으로 왕실에 직속되었으며, 그중 하나만 설치되었다.

고구려초기에 제대가諸大加는 독자적으로 사자나 조의·선인 등의 관직을 두었으며, 부여의 마가馬加·우가牛加·저가豬加 등도 따로 사출도四出道를 두어 다스렸다. 대가는 본래 성읍국가나 소연맹국으로서의 기반을 가진 상태에서 고구려 연맹왕국에 복속하였다. 상가는 적어도 1만여 가家를 거느린 소연맹국의 지배자에게 내린 관직이었고, 그보다 작은 성읍국가의 지배자들은 더 낮은 관직을 받았다. 그들은 대체로 자체 관직체계를 갖춘 상태에서 연맹왕국 내에 흡수되었으며 독자적 세력 기반을 가졌다. 그리하여 고구려초기 사회에 성읍국가나 소연맹국 때의 관직을 그대로 흡수한 누층적인 관직체계가 수립되었다.

고구려초기에 패자는 관직이고 또한 관등이어서 그 기능이 혼합되어 구별되지 않았다.『삼국사기』에 패자가 처음 태조왕 때 등장하며, 이후 약 2세기에 걸쳐 중천왕 때까지 나타난다. 태조왕은 관나부貫那部의 패자 달가達賈를 파견하여 조나藻那를 정벌하였고, 환나부의 설유薛儒를 파견하여 주나朱那를 정벌하였다. 그런데 설유가 주나의 왕자 을음乙音을 사로잡아 고추가로 삼았다. 패자는 정복한 성읍국가를 완전히 해체하기보다는 온전하게 두면서 그 지배자를 고추가로 임명하였다.

조나나 주나가 소국체제를 유지하였지만 이미 고구려 연맹왕국 속에 흡수되어 있었고, 달가나 설유의 정벌은 연맹권역 내에서 거의 독자 세력을 유지하였던 소국 지배자를 왕실 직속으로 공고하게 결속시켰다. 패자의 직능은 수도와 지방의 군사권을 장악하면서, 연맹권역 내에 흡수된 지방 독자 세력의 군사력을 중앙으로 편입시키는 동시에 연맹왕국의 중앙집권체제를 강화하려는 것이었다. 3세기경에 관직 성격을 띠는 상가를 비롯해 패자나 주부·우태·사자·조의·선인 등이 관등으로 성립되어 있었다.

『주서周書』나 『수서隋書』 등에 패자는 전혀 보이지 않고 상가나 대가大加 등이 태대형太大兄·대형大兄·소형小兄 등으로 분화하여 차등화되었으며, 하위직인 사자使者 관등이 다시 태대사자·대사자·소사자 등으로 나뉘었다. 실제로 봉상왕 때가 되면 고구려사에 소형과 대형 관등이 보인다. 연맹왕국이 왕실 중심으로 집권체제를 강화하면서 독자 세력을 가진 상가相加나 사자 등의 제가諸加를 중앙집권체제로 편성하면서 패자는 점차 사라지게 되었다. 그런 과정에서 군사적 기능을 중시한 패자보다는 귀족합의체를 이끌어갈 대로나 귀족 대표격인 대대로가 부각하였다.

고구려는 무력이 강한 국가로 일찍부터 정복국가체제를 갖추었다. 고구려사에서 이웃 국가에 대한 정복 전쟁은 태조왕 이전까지 집중적으로 행해졌다. 반면 태조왕 때부터 고국천왕 때에 이르기까지 고구려사에서 정복 전쟁에 관한 기록이 거의 나타나지 않는다. 태조왕까지의 수많은 전쟁은 고구려 연맹왕국이 이웃 소국을 흡수하면서 영역을 넓히는 것이다. 태조왕 이후 연맹권역 내에 거의 독립적으로 존재한 세력을 왕실 중심의 집권체제로 재편하는 모습은 패자의 정벌로 나타나기도 하였지만, 그것을 대부분 정복 전쟁으로 기록하지 않았다. 또는 당시 역모나 반란 세력을 진압하는 과정에서도 그 기반이 완벽히 해체되지 않고 온존溫存하였다.

공손씨 세력의 붕괴로 말미암아 고구려는 중국과 직접 영토를 맞대면서 전쟁의 양상이 대규모 장기전으로 바뀌었다. 이에 대비하기 위해 고구려는 지방 독자 세력의 군사력을 흡수하면서 왕권을 강화하는 중앙집권체제를 정비하여 갔다. 그리하여 소수림왕 때를 지나 광개토대왕 때에 중앙집권적 귀족국가체제를 완비하였다. 이후 보다 체계적인 관계조직을 토대로 신분제를 정립하였고, 고구려 왕실은 중앙귀족을 관료로 부림으로써 패자보다는 대로나 대대로가 귀족관료를 이끄는 계기를 마련하였다.

태조왕에서 고국천왕대까지의 고구려는 연맹왕국체제를 확립하면서 대외 발전을 이룩하였다. 다만 복속된 읍락이나 성읍국가의 지배자들이 독자 기반을 그대로 가짐으로써 고구려 연맹왕실은 연맹권역을 강하게 결속시키는 집권적 전제왕권을 성립시키기 어려웠다. 동천왕부터 고국원왕대까지 고구려는 서서히 대외 발전의 한계에 직면하였다. 요동으로 진출하기 위해 중국 군현과 투쟁하지 않을 수 없었다. 집권적 국가체제를 성립하지 못한 고구려는 장기간의 대규모 전쟁이 부담이 되었다.

이웃 국가를 정벌하면서 고국천왕대까지 순조롭게 발전한 고구려는 동천왕 이후 고국원왕 때에 위魏나 전연前燕의 침임으로 수도가 함락되는 등 쓰라린 패배를 경험하였다. 이런 실패에 대한 반성이 소수림왕대의 체제 정비와 불교 공인을 가능하게 하였다. 고국원왕이 죽은 다음 해에 소수림왕은 진나라로부터 불교를 받아들였고, 아울러 유교 교육기관인 태학太學을 세워 귀족 자제들을 가르쳤다. 이어 소수림왕 3년(373년)에는 율령을 반포하여 국가체제를 정비하였다.

소수림왕대 순도의 불교 전래는 고구려에 불교가 공인되어 국가불교가 성립되었음을 보여 준다. 불교 공인은 왕실 중심으로 수용한 초전불교를 귀족에게까지 홍포弘布하려는 것이다. 귀족이 왕실의 불교 홍포 정책에 대해 으레 반대하였지만, 고구려 불교 공인 과정에서 그 반대는 심각하게 전개되지 않았다. 고구려 국가불교는 윤회전생輪迴轉生 신앙을 포용하면서도 미륵신앙을 크게 부각하기보다는 석가문불釋迦文佛이나 전륜성왕轉輪聖王 신앙을 표방하였다. 그리하여 왕즉불王卽佛신앙을 유지한 귀족불교가 성립되었다.

격의格義불교로 출발한 고구려 초전初傳불교는 반야般若 공관空觀을 이해하는 데 유리하였다. 공인 이후 고구려 국가불교는 공관에 바탕을 둔 삼론三論사상을 성립시켰다. 의연義淵은 고구려 국가불교가 중관中觀을 수용하는 토대를 마련하였고, 승랑僧朗이 성실론成實論을 극복한 융섭적 신삼론新三論사상을 성립시켰다. 고구려 국가불교의 신삼론사상은 융섭적融攝的 공관으로 발전하였다. 그러나 고구려 신삼론사상은 신라 화엄종사상과는 달리 통합한 모든 법상法相을 민별泯滅하여 혼연混然의 일체를 이루는 강력한 융합사상으로 발전하지는 못하였다.

공관인 중도를 융섭의 주체로 인식함으로써 고구려 국가불교는 일체의 혼연한 융섭보다는 그 주체를 더 분명히 하려는 성격을 가졌다. 승랑은 중도가 부동의 정법正法이어서 바로 불성佛性이요 열반의 주체라고 하였다. 중도융합을 강하게 내세우는 고구려 국가불교가 불성신앙을 견지하면서 정토淨土와 열반을 중시하였다. 불성신앙은 왕실뿐만 아니라 귀족이나 서민에게까지 수용되었다. 석가불이나 전륜성왕신앙 등도 왕실이나 귀족 모두에게 함께 수용되면서 고구려 국가불교는 강한 주체인 중도 공관을 추구하면서 융섭사상을 성립시켰다.

소수림왕대의 국가체제 정비와 국가불교 성립은 광개토대왕과 장수왕대까지 고구려의 발전을 지속할 수 있게 하였다. 소수림왕대 이후 중앙으로 편입된 귀족은 본래 가졌던 협소한 산악 지역을 계속해서 세력기반으로 유지하지 못하였다. 그들의 세력은 수도에 그대로 옮겨진 셈이다. 이전에 소유한 강력한 군사력은 비록 중앙의 통제 아래에 재편되었더라도 여전히 귀족들이 그 통할권을 갖고 있었다. 왕실에 버금가는 강력한 세력 기반을 가진 고구려의 중앙귀족은 왕위 계승에 깊이 관여하였다.

왕위 계승 다툼은 문자명왕대 이후 국가체제의 붕괴를 자초하였다. 평원왕부터 보장왕대까지 누대에 걸쳐 국가권력을 장악한 연개소문 가문은 중앙귀족을 도태시키고 왕실을 억압하면서 독단적 전제체제를 구축하였다. 중앙집권적 귀족국가체제가 해체되면서 고구려 국가불교는 존립 기반을 상실하였다. 연개소문은 왕실이나 귀족연합체제에 부응한 국가불교를 타파하면서 오히려 도교를 숭상하였다. 불성 중심의 융합사상인 국가불교가 뿌리내리지 못하였고, 그리하여 고구려 삼론학승들이 중국이나 일본 등에서 활동하였다.

백제의 건국신화로 온조溫祚·비류沸流·도모都慕·구태仇台 시조전승이 전한다. 그중 중요한 것은 온조와 비류 시조전승이지만, 아버지가 주몽이나 우태여서 두 시조전승에는 신성이 약하게 나타나 있다. 반면 도모는 태양신의 정령을 받아 태어났다고 한다. 아울러 백제의 건국신화 속에는 지신족 시조전승이 빠져 있다. 이런 모습은 백제 건국신화가 후대에 윤색된 것이다. 본래 백제와 고구려는 같은 부여계 문화권에 속하였고, 두 국가의 건국신화 역시 부여계의 동명형신화에 포함된다. 그것은 주몽이 대소帶素의 형제들에게 박해받아, 새로운 천지를 찾아서 국가를 건설하는 영웅전승신화이다. 백제의 건국신화도 부여계의 영웅전승적 성격을 가졌다.

백제 건국신화에는 본래 천신족과 지신족 시조전승이 포함되었는데, 뒷날 지신족 시조전승이 빠져나가고 천신족 시조전승은 부여계의 천신족신앙을 재정립한 것이다. 백제 건국신화 속에 부여계의 신앙 요소가 많이 흡수되었다. 백제초기에 흰 사슴이나 신록神鹿에 대한 신앙을 강조하였는데, 그것은 부여계의 동명형신화 속에 등장하였다. 미약하게 남은 지신족 신앙은 온조보다는 비류 시조전승에 더 뚜렷하게 나타난다. 그 외에 견훤을 낳는 지렁이나 무왕의 아버지인 연못 용, 또는 공주 웅신사熊神祠에 모신 곰 등은 모두 백제 건국신화 속의 지신족 시조전승이 흩어져 존재하는 모습을 보여 준다.

한성시대 백제 왕실이 천신족 시조전승을 가졌다면 토착 부족은 지신족 시조전승을 가졌다. 소도인 여러 별읍에서 제사를 지낸 귀신은 다양한 모습의 조상신을 가리킨다. 고구려나 동예에서 제사를 지내는 귀신도 조상신이다. 천신과 지신으로 나뉜 여러 부족의 조상신은 건국신화로 체계화되면서 국가적 제천의례 속에 정비되었다. 비교적 일찍 제천의례를 성립시킨 고구려는 동굴신 등 일부 지신에게 따로 제사를 지냈지만 대체로 제천의례 속에 천신과 함께 여러 지신을 묶어 제사하였다.

초기에 백제는 산천신이나 용신 또는 돌석신堗石神 등 지신족 조상신을 다양하게 받들었다. 이런 모습은 신라 사회에서도 마찬가지로 나타났겠지만, 통일 이후 신라중대 사회를 지나면서 여러 부족의 조상신은 국가적 제사조직 속에 체계적으로 정비되었다. 백제 사회에서 받든 조상신은 흔히 야래자夜來者의 모습으로 나타났으며 토템신앙을 강하게 지니면서, 신라의 그것보다 훨씬 더 원초적이고 공동체적 유제를 많이 갖고 있었다. 한성시대 백제 사회에는 산천, 특히 산악을 숭배하였기 때문에 신선사상이 퍼져 있었다. 산경문전山景文塼이나 금동용봉봉래산향로金銅龍鳳鳳萊山香爐 등의 문양에서 이런 모습을 읽을 수 있다.

백제는 왕실의 성씨를 부여라고 하였고 고구려와 같은 조상의식을 가져 부여족의 일파임을 표방하였다. 온조와 비류의 부족 집단이 북쪽으로부터 내려오기 이전의 삼한 사회에 선주先住한 토착 세력은 한족韓族이다. 마한 사회의 토착민은 중국 농경문화를 경험하였지만 북방민족의 유목문화를 바로 받아들이기는 어려웠다. 한군현漢郡縣으로부터 경제적 수탈을 받은 토착 사회는 정치적으로는 물론 문화적으로도 후진을 면치 못하였다. 북쪽에서 내려온 유이민 집단은 유목문화와 농경문화를 모두 경험하여 우수한 기술 문화를 가졌다. 초기 백제 사회에는 유이민인 왕실이 토착 세력보다 월등하게 우월한 기술 문화를 가지고 등장하였다.

3세기 초에 대방군帶方郡이 설치되면서 한강 유역의 마한 소국들과 한군현 사이에 불화가 자주 일어났다. 3세기 중엽이 되면 한군현이 토착 사회의 국가에 대한 군사적 침략을 자행하면서 낙랑과 토착 사회의 여러 국가 사이에 전쟁이 빈번하게 일어났다. 한강 유역의 국가들은 이들의 침입에 효과적으로 대처하기 위해 연맹을 결성할 필요를 느꼈다. 한강 중류 지역에 있던 백제는 일찍부터 한강 유역의 국가들과 결속하여 비교적 강력한 영도력을 가진 소연맹국으로 성장하였다.

당시 마한 연맹왕국이 강력한 영도력을 발휘하였다면 연맹왕실 중심으로 굳게 뭉쳐 낙랑과의 전쟁을 수행하였을 것이다. 그러나 목지국이 그 역할을 성공적으로 담당하지 못하였다. 실제로는 낙랑의 침입에 직접 맞닥뜨리는 한강 유역의 백제가 한군현과 대항하면서 국가체제를 공고히 정비하였다. 백제는 마한의 여러 소국을 복속·흡수하면서 연맹왕국을 성립시키고, 이어서 국가체제를 정비하면서 중앙집권적 귀족국가를 성립시켰다.

백제는 온조왕 26년(8년)에 마한을 공격하여 다음 해에 멸망시켰고, 온조왕 34년(16년)에는 마한의 옛 장수였던 주근周勤이 우곡성牛谷城에 웅거하여 일으켰던 반란을 바로 평정하였다. 그러나 온조왕의 마한 병합 기사는 한강 이남에서부터 아산만 일대에 머물던 마한 연맹왕실의 주도 세력이 백제에 흡수된 사정을 가리킨다. 이후 금강 이남에는 마한의 남은 세력이 온존溫存하였다. 영산강 유역에 존재한 마한 세력이 백제에 완전히 통합되는 시기는 근초고왕 때이다. 근초고왕대의 백제는 한강 유역에서부터 동쪽으로는 북한강을 타고 올라갔으며, 금강 이남의 전남 지역을 장악하였다. 이후 백제가 공주 지역으로 수도를 옮기면서부터 영산강 유역에 대한 지배를 오히려 강화하였다.

온조와 비류는 졸본부여로부터 오간烏干·마려馬黎 등 10명의 신하와 더불어 남쪽으로 내려와 각각 국가를 건설하였다. 그중 온조 부족이 한산에 세운 성읍국가가 처음에는 십제十濟로 불렸다. 십제는 미추홀의 비류가 세운 성읍국가를 통합하여 연맹왕국으로 성장하면서 국호를 백제百濟로 고쳤다. 100가百家를 거느리고 바다를 건넜다는 데에서 백제 국호가 유래하였다. 육로를 통한 온조 부족 집단의 남하는 강을 건너면서 계속되었기 때문에 애초의 백제는 비류가 세운 성읍국가와 연관된 국호였으며, 백제伯濟라고 기록하였다.

십제에서 국호를 고친 백제는 연맹왕국의 기반을 마련하였으며, 동시에 연맹왕실의 주도 세력이 교체되었다. 백제 왕실의 지배 세력이 교체되는 것은 고이왕古爾王의 등장으로 말미암았다. 구수왕仇首王의 장자인 사반왕沙伴王이 등극하였으나 너무 어려 능히 정사를 처리할 수 없으므로 초고왕의 모제母弟인 고이왕이 즉위하였다. 고이왕은 사반왕을 폐위시키면서 등극하였다. 고이왕은 백제전기 왕실 중에 이질 부족 집단으로 등장하였기 때문에 시조로 이해되었다.

고이왕은 온조왕으로부터 이어지는 초고왕계와 직접적인 혈연관계를 인정할 수 없는 이질 부족 집단에 속했다면, 비류계와 연결하여 이해하기도 한다. 고이왕과 초고왕의 양계 교립交立이 비류와 온조를 시조로 받드는 시조전승과 관계된 것이라면, 온조-초고왕계와 이에 대립하는 비류-고이왕계를 설정할 수 있다. 고이왕계는 계왕을 끝으로 단절되고 백제 왕실이 초고왕계로 이어진다. 초고왕계가 다시 정치적 실권자로 등장하는 시기는 근초고왕 때이다.

백제는 고이왕 27년(260년)에 율령을 반포하여 국가체제를 정비하였다고 한다. 6좌평제佐平制와 16품 관등 및 공복제公服制를 정비하였다. 이때의 제도 정비는 마치 백제가 중앙집권적 귀족국가체제를 갖추는 모습을 떠올리게 한다. 연맹왕국체제를 정비하는 고이왕 때의 제도 개편이 신라 법흥왕이나 혹은 고구려 소수림왕 때의 율령 반포와 비슷한 모습으로 나타났다. 그러나 고이왕이 남당南堂에서 정사를 볼 때 입는 복식은 아직도 제사장의 복장에서 완전히 벗어나지 못했다는 인상을 준다.

남당 정치를 행하는 고이왕 때의 관제 정비는 엄격히 말해 내물이사금이나 태조왕 당시 신라나 고구려의 제도 정비와 비슷한 것으로 생각된다. 백제가 비교적 일찍 중앙집권적 정치체제를 성립한 듯한 모습을 보이는 것은 우선 연맹왕국에서 중앙집권화를 시도하는 체제 개편이 고구려나 신라와 비교해 훨씬 세련되게 정비되었던 데에서 찾을 수 있다. 백제는 중국의 남조문화와 접하면서 일찍부터 유교의 영향을 받았다. 특히 유교의 예禮를 받아들이면서 백제의 관제는 짜임새 있게 조직되었다.

백제는 마한을 완전히 병합함으로써 한반도에서 고구려와 패권을 다투었다. 백제가 전남 해안 지역까지 영역을 확대하면서 정복국가체제를 완성한 시기는 근초고왕 때다. 근초고왕대의 백제는 경기도와 충청도 및 전라도는 물론 강원도 일부 지역까지 관장하는 전성기를 이루었다. 당시 백제가 영토 확장뿐만 아니라 문화나 외교 면에서도 비약적으로 발전하고 있었다. 근초고왕 27년(372년)에 백제는 남쪽의 왜와 통교하였다. 서남해안을 통해 왜뿐만 아니라 남중국과 빈번하게 교류하였다. 근초고왕대를 이어 침류왕대의 체제 정비는 방대해진 영토나 국가체제는 물론 풍부하게 축적된 문화를 짜임새 있게 체계화하는 방향으로 진행되었다.

백제의 중앙집권적 귀족국가체제는 근초고왕 이후 불교를 공인한 침류왕 때에 이루어졌다. 6좌평과 그 직능 및 16품 관등과 관복제도는 중앙집권적 귀족국가의 모습을 보여 준다. 그것은 고이왕 때의 관제와 연결할 수 있어도 기본적으로 침류왕 때의 불교 공인과 연관하여 이해해야 한다. 근초고왕대의 전성기를 거쳤기 때문에 침류왕 때에는 풍부하게 축적된 문화나 넓어진 영토를 효율적으로 정비하고 통어하기 위한 율령 반포가 이루어졌다.

침류왕 때의 율령 반포는 고이왕대의 제도 정비에 중앙집권체제를 더 강하게 반영하였으며, 사비시대의 국가체제와도 흡사하였다. 군현제와 같다는 담로제는 중앙집권적 통치체제를 마련하는 기능을 가졌다. 6좌평 아래의 실무 관직이 필요에 따라 설치되고 사비시대에 22부로 갖추어졌다. 22부의 내관 12부는 물론 외관 10부의 대부분 직무도 강력한 왕권 확립을 뒷받침하는 것이다. 한성시대에 이미 중국 관명을 채용하였고, 유교적 이념에 합당한 국가체제를 정비하였다. 중국 군현제에 가까울 정도로 중앙집권적 귀족국가를 이루었기 때문에 백제는 강력한 왕권중심 귀족국가체제를 이루었다.

불교는 침류왕 원년(384년) 동진東晋으로부터 마라난타摩羅難陀가 들어오면서 백제에 처음으로 전래되었다고 한다. 그러나 이때는 불교가 공인된 것으로, 그 이전에 불교가 들어와 있었다. 귀족의 반대가 거의 없이 왕실 주도로 비교적 수월하게 불교를 공인함으로써 백제의 국가불교는 귀족불교라 하더라도 왕실 입장을 더 고려하는 성격을 가졌다. 백제 국가불교는 계율을 강조하거나 법화사상을 내세우는 사상 경향을 지녔다.

불교 공인 이후 백제는 중국으로부터 『열반경涅槃經』 등 많은 경전을 구입求入하였다. 백제 불교에서는 『유마경維摩經』이나 『성실론成實論』에 대한 관심도 나타났고, 『법화경法華經』에 의한 실천신앙이 추구되었다. 중국에 들어간 현광玄光은 진陳나라의 남악南岳 혜사慧思로부터 『법화경』 안락행품安樂行品의 법문을 은밀히 전해 받고는 정진 수행하여 법화삼매法華三昧를 증득證得하였다. 무왕 때의 혜현惠現은 철저한 법화신앙 수행자로서 『법화경』의 독송을 생업生業으로 삼았다.

백제에서는 미륵신앙이 유행하였다. 선화공주善花公主의 발원으로 무왕은 미륵사彌勒寺를 창건하였다. 미륵불의 용화 이상세계를 실현하려는 절이 미륵사였다. 다만 백제의 미륵신앙에는 이상사회를 구현하려는 관념이 노골적으로 드러나지 않았다. 백제 불교는 미륵신앙과 함께 계율을 강조하였다. 법왕은 고기잡이나 수렵 도구를 불사르고 사냥하는 매나 가축을 방생放生하는 등 엄격한 계율을 시행하도록 하교下敎하였다. 법왕 때보다 시대가 다소 빠른 성왕대에 겸익謙益이 율부律部를 크게 선양하였다. 겸익과 연관된 미륵불광사彌勒佛光寺는 미륵신앙이 계율과 관련되었음을 알려 준다.

미륵의 계율에 의한 교화로 말미암아 현실사회는 개혁되어 이상사회가 된다. 미륵신앙에서 계율의 강조는 혼탁한 현실사회를 개혁하여 이상사회를 건설하려는 의도를 담고 있다. 백제의 미륵신앙은 혼란이나 현실사회 개혁 의지를 부각하지 않으면서, 계율을 크게 내세워 이상사회 건설 의지를 은근히 내비치고 있다. 공주 지역으로 남천南遷한 이후 혼란을 극복하려는 과정에서 백제가 혼란 자체를 내세우지 않고 체제를 정비해 간 모습을 떠올리게 한다.

신라 건국신화는 사로국 개국신화를 모체로 성립하였다. 사로국 개국신화가 천신족인 혁거세赫居世와 지신족인 알영閼英이 결합하여 이루어진 선민選民사상을 가졌다. 연맹왕국으로 성립하는 과정에서 그것은 주위 여러 읍락의 시조전승이나 성읍국가의 개국신화를 흡수하면서 신라 건국신화로 형성되었다. 신라 건국신화가 다른 개국신화나 시조전승을 포함한 매우 복잡한 신성족神聖族신화로 나타났다. 6촌장六村長신화는 물론 탈해脫解와 알지閼智신화나 연오랑延烏郎·세오녀細烏女신화 등은 한때 신라의 건국신화 속에 포함되었을지라도 최종적으로 분리하여 독립된 시조신화로 성립하였다.

신라 건국신화 속에 여러 시조전승이 포함되었지만, 사로국 개국신화와 밀착되었던 것은 6촌장신화이다. 6촌장이 알천의 강변에 모여서 덕 있는 사람을 군주로 뽑고자 의논하였는데, 마침 양산楊山의 나정蘿井가에서 혁거세를 얻었고 사량리沙梁里의 알영정閼英井에서 알영을 얻었다. 6촌장은 왕과 왕비를 맞이하는 데 깊이 관여한 셈이다. 혁거세와 알영으로 짜인 사로국 개국신화의 앞부분은 6촌장이 하늘에서 내려왔음을 사실적으로 언급하였다. 이 부분은 6촌장신화가 후대에 탈루脫漏한 모습을 보여 주지만, 원래는 천강신화로 6촌의 각각이 성읍국가로 성립된 당시의 개국신화였음을 알 수 있다.

6촌장신화와 혁거세·알영의 사로국 개국신화와의 관계는 9간干 전승과 수로首露·허황옥許黃玉의 금관가야 개국신화와의 관계와 비슷하다. 탈해를 거두어 기르는 아진의선阿珍義先이나 알지를 시림에서 거두는 호공瓠公은 6촌장과 가야 9간의 모습을 떠올리게 한다. 이들 시조전승은 모두 신화로 성립되었다는 점에서 단순히 사전祀典 속에 포함된 명산대천名山大川의 여러 제사에서 모신 지신地神전승과는 구별된다.

다만 알지신화나 탈해신화는 6촌장신화와는 달리 뒤에 신라 건국신화에서 분리되어 독립된 신화체계를 가졌다. 그 이유는 석씨나 김씨 부족이 한때 신라 연맹왕국을 이끌어가던 연맹왕실로 성립한 데에서 찾을 수 있다. 6촌장신화가 신라 건국신화를 형성하는 데 능동적으로 관여하였다. 반면 연오랑·세오녀 시조신화는 신라 연맹왕국 속에 포함되었던 성읍국가의 개국신화가 신라 건국신화에서 떨어져 나가는 모습을 보여준다.

혁거세를 거두어 기른 소벌도리공이나 알영을 양육한 노구老嫗가 사로국 개국신화 속에 포함된 것이 원모습이었지만, 뒤에 그들의 역할은 6촌장 활동을 대신하는 역사 기록으로 남았다. 특히 가야의 9간전승보다는 6촌장신화가 더 뚜렷한 시조신화의 모습을 갖추었다. 이 점은 6촌장신화가 신라 건국신화 속에 포함될 당시에 단순한 개국신화뿐만 아니라 그 안에 다른 시조전승을 일부 포함하였음을 짐작하게 한다.

신라 6부 내에는 6촌장이 하늘에서 내려온 산을 비롯한 여러 제장이 존재하였다. 그중 한기부는 웅살곡熊殺谷·혈례穴禮·토함산·삼기三岐·북형산北兄山·명활산 등 많은 제장을 가졌고, 거기에서 행하는 제사는 선농先農 등 국가적 규모의 제의나 대사·중사·소사를 모두 포함한 것이었다. 이처럼 6부에 소속된 제사는 대개 소사였겠지만, 개중에는 중사나 대사는 물론 국가적 제의나 박·석·김씨 왕실의 시조전승과 연결된 것도 있다.

6촌에는 천신과 지신으로 이어진 여러 시조전승이 전하였다. 그중 한기부의 경우 명활산신은 천신이었고, 다른 5촌장이 내려온 산에서 행해진 제사는 모두 천신에게 드린 것이다. 삼기산신도 천둥과 번개를 관장하는 천신이었고, 토함산신이나 혈례산신 등은 지신이었다. 뒤에 금산 가리촌으로 되는 성읍국가의 개국신화는 명활산신이 토함산신이나 혈례산신 등의 지신 중 하나와 결합하면서 이루어졌다.

한기부에서는 천신뿐만 아니라 지신에 대한 제사가 아울러 행해졌지만 이것을 제천의례로 부를 수는 없다. 한기부를 포함한 6부에서 행하는 모든 제사는 각자의 조상신에게 독자적으로 드렸다. 사로국이 연맹왕국으로 형성된 초기에 그 안에 들어온 6촌을 비롯한 성읍국가나 읍락은 정도의 차이가 있겠지만, 정치적 지배권을 다소 할양당한 채 소도신앙을 영위하였다. 특히 한기부에는 소도신앙의 전통이 강해 후대에까지 존속하였다.

6촌의 소연맹국이 서로 연합하면서 6촌장신화도 연결되어 갔다. 양부를 어머니로, 모량부를 아버지로, 한기부를 딸로, 습비부를 아들로 생각한 것이 이를 알려 준다. 다만 비류와 온조 시조전승은 백제의 건국신화에서 형제로 정리되었으며, 6촌장신화에는 부모와 자녀의 관계가 느슨한 모습으로 나타났다. 이 점은 사로국으로 편입되면서 6촌장신화가 완전하지는 않지만 서로 연결된 채 신라 건국신화 속에 흡수되었음을 알려 준다. 실제로 6부는 유리니사금 때에 두 개의 집단으로 결속하여 가배嘉俳의례를 행하였다.

6촌이 사로국에 편입될 당시의 규모는 각각 달랐을지라도 소연맹국을 형성하였다. 소연맹국을 이룬 6촌 사회에 국읍과 함께 소수의 별읍이 있었다. 그중 비교적 규모가 큰 소연맹국을 형성한 한기부 내에는 몇 개의 별읍이 존재하였다. 6부의 각각에 속한 촌이 다소 나타나는데, 그중 한기부에 속한 하서지촌下西知村은 혁거세의 해척모海尺母인 아진의선이 제의를 주관하던 곳이다. 하서지촌은 한기부 내에 편입되었을지라도 독자적으로 제의가 행해진 지역이다.

하서지촌을 비롯하여 6부에 속한 촌은 대체로 별읍을 구성하였고 소도신앙을 영위하였다. 6부의 각각에 존재한 여러 제장도 본래는 성읍국가의 개국신화나 읍락의 시조전승을 받든 제의를 주관하던 곳으로 별읍을 이루었다. 신라에 편입될 당시 6촌 사회는 소연맹국을 형성하여, 그중 규모가 큰 것은 주위의 읍락이나 성읍국가를 흡수하였다. 소연맹국을 이룬 6촌은 왕권의 상징인 궁궐을 갖추었다. 일단 신라국가에 편입된 이후 6촌 내 소연맹국의 국읍은 다시 별읍이 되었으며, 그 안에 흡수되었던 읍락이나 성읍국가도 별읍을 이루었다.

파사니사금 때에 6촌 소연맹국은 이미 신라국가에 편입되었다. 파사니사금이 6부주部主에게 수로왕을 맞아 대접하도록 명령하였는데, 다른 5부는 이찬으로서 수로왕을 맞았으나 한기부주는 그보다 낮은 자로서 주관하여 수로왕을 대접하였다. 이 때문에 한기부와 가야 사이에 전쟁이 발발하였다. 한기부는 신라국가에 편입되었을지라도 연맹왕의 명령을 그대로 따르지 않거나 독자적으로 정책을 수립하여 시행하였다.

신라 연맹왕국 내 김씨 왕족의 세습이 이루어진 시기는 내물왕대부터이다. 내물니사금은 381년(재위 26년)에 전진前秦으로 사신 위두衛頭를 파견하였다. 내물왕대의 신라 사회가 전대와는 크게 바뀌면서 연맹왕국체제를 완비하였다. 정복으로 이웃 소국이 대부분 편입된 이후의 연맹왕국은 영역 확장보다 연맹체제를 공고히 하고자 하였다. 내물니사금은 권역을 확정한 연맹왕국의 제도를 정비하였다.

미추니사금이 김씨족으로서 처음 왕위에 올랐으며 내물왕대의 강화된 연맹왕권은 왕위 세습을 가능하게 하였다. 내물니사금은 미추니사금의 사위로 왕위에 올랐지만, 당시 김씨 왕족은 사실상 석씨 왕족을 능가하는 세력 기반을 구축하였다. 미추의 아버지 구도가 무력 기반을 확보하였기 때문이다. 또한 김씨 왕실은 왕위를 세습하는 데 고구려의 도움을 받았다. 실제로 왜를 물리치기 위해 파견한 고구려의 군사력이 신라 왕위 계승에 깊이 관여하였다.

내물왕대 이후 김씨 왕족 내의 왕위다툼도 이어졌다. 그런 과정이 실성니사금의 등극과 눌지의 왕위쟁탈로 나타났다. 이후 김씨 왕실은 눌지와 그의 동생 습보習寶의 소혈족 집단으로 분기화하였다. 자비마립간과 소지마립간으로 이어지는 눌지계가 폐쇄적 족내혼을 고집하였다면, 지증마립간과 법흥왕으로 이어지는 습보계는 박씨족 왕비를 맞았다. 왕위를 획득하기 위해 눌지계와 습보계는 서로 경쟁하고 있었다. 소지마립간을 거세하고 지증을 옹립하면서 왕위쟁탈 싸움은 습보계의 승리로 결말이 났다.

소지마립간이 죽자 습보의 아들인 지증이 왕위를 계승하였다. 지증마립간의 맏아들이 법흥왕이다. 법흥왕대는 신라중고기의 시발점으로 되어 있지만, 그 방향은 이미 지증왕대에 잡히기 시작하였다. 눌지계를 제압하기 위해 습보계 왕실이 박씨족과 연합한 귀족연합 정권을 성립시켰다. 당시의 귀족연합 정권은 그 안에 많은 귀족 세력을 광범하게 포용하였다.

법흥왕대에 이르기까지 신라는 대외적으로 고구려의 간섭에서 벗어나 백제와의 동맹을 강화하는 한편, 대내적으로 제도 개혁을 성공적으로 추진하였다. 법흥왕이 귀족연합 정책을 고수하면서 중앙집권적 귀족국가체제를 정비하였다. 신라는 법흥왕 7년(520년)에 율령을 반포하여 백관의 공복제公服制를 실시하였다. 그 3년 전인 법흥왕 4년에 처음으로 중앙 관부인 병부를 설치하였다. 중앙집권적 귀족국가체제를 성립하면서 골품제를 마련하고, 그것에 기초한 17관등제는 율령을 반포하면서 갖추어졌다.

17관등은 진골이나 6두품 신분이 차지하는 찬류湌類(간류干類) 관등을 중시하여 설정되었다. 17관등 중 9개가 찬류 관등이다. 찬류 관등을 받은 중앙귀족들은 본래 사로국을 이룬 핵심 부족장이거나 사로연맹왕국 당시 성읍국가의 지배자였다. 찬류 관등 아래에는 5두품 신분이 차지하는 내마류奈麻類 관등이 있고, 그 밑은 4두품 신분이 맡은 대사에서 조위까지의 하급 관등이다. 읍락의 지배자나 혹은 소연맹국 및 성읍국가의 관직에 임명된 자들이 내마류奈麻類 관등을 받았다.

법흥왕대에 중앙 관부로 병부 외에 이미 품주稟主가 설치되어 있었다. 품주는 본래 연맹왕국 때에 설치된 관직인데 고구려의 주부主簿를 연상시키며 창름倉廩과 인사 업무를 모두 맡았다. 군주軍主의 대민 통치는 율령사회 모습을 짐작하게 한다. 법흥왕 11년(524년)에 실지悉支군주인 이부지尒夫智내마가 거벌모라居伐牟羅의 남미지촌男弥只村 등에서 율령을 집행하였다. 법흥왕대 율령 반포로 신라는 중앙집권체제를 강화하면서도 귀족연합국가를 이루었다. 이런 면은 고구려나 백제와 차이를 보인다. 율령 반포로 고구려가 중앙집권적 귀족국가를 성립시켰다면, 백제는 왕실이나 왕권이 강하였기 때문에 왕권중심 귀족국가를 이루었다.

법흥왕대에 반포한 율령은 왕권 강화의 의미가 있어도 화백회의를 통한 귀족 합의를 존중하여 집행되었다. 성읍국가시대의 재래법도 유지되었기 때문에 이후 신라 사회에 다양하고 복잡한 율령이 존재하였다. 진흥왕 때 세운 「단양적성비丹陽赤城碑」에 나오는 적성연赤城烟이나 전사법佃舍法은 공부貢賦나 전조田租에 관한 적성 지방의 재래법이 존재하였음을 알려 준다. 법흥왕대에 반포한 신라 율령은 지방의 재래법과 조화를 이루면서 집행되었다.

귀족연합 국가체제로의 내부 화합을 이룬 신라 왕실은 밖으로 뻗어나가는 데에 국력을 모을 수 있었다. 법흥왕대의 체제 정비가 뒷받침되어 진흥왕대의 정복 사업이 진행되었다. 법흥왕대에 불교가 공인되었는데, 고구려나 백제에 비해 신라는 귀족들의 심한 반발이 있었다. 그러나 귀족에게 수용되면서 신라 불교가 가장 융성하였고, 공인불교는 바로 귀족불교로 꽃을 피웠다. 신라 법흥왕대에 불교는 왕실과 귀족이 신앙 면에서 조화와 타협을 이루면서 공인되어 국가불교를 이루었다.

왕실 중심으로 수용한 초전初傳불교의 왕즉불王卽佛신앙은 왕즉보살王卽菩薩의 구세救世보살신앙으로 바뀌었을 뿐만 아니라 귀족 처지에서도 유용한 윤회전생輪廻轉生이나 미륵신앙이 수용되었다. 왕실이 전륜성왕轉輪聖王이나 석가불신앙을 표방하였다면 귀족은 미륵신앙을 선호하였다. 신라중고기의 미륵신앙은 정복 군주인 전륜성왕을 내세우고 이상세계의 도래를 바랐지만, 백제와는 달리 사회 혼란을 아예 염두에 두지 않았다.

신라 귀족불교는 엄격한 계율을 강조하지만 백성들도 쉽게 지킬 수 있는 계율을 함께 마련하였다. 원광圓光은 스스로 엄격한 보살계를 지녔으나 모량부牟梁部 청년 귀산貴山과 추항箒項에게 세속5계世俗五戒를 내렸다. 이런 면이 신라 귀족불교를 주도한 자장慈藏에게로 이어졌다. 선덕여왕대에 당나라에 유학하고 귀국한 그는 대국통大國統이 되어 전국 사찰을 통할하면서 계율을 관장하였다. 자장은 모두가 지킬 수 있도록 계율을 생활화하였지만, 자신은 엄격한 소승 계율을 지니고 고골관枯骨觀을 닦았다.

시대가 내려가면서 신라 귀족불교는 석가불을 중시하거나 제석帝釋신앙을 등장시켰다. 당나라 유학 당시 문수로부터 게偈를 받은 자장은 불두골佛頭骨·불아佛牙·불사리佛舍利와 석가가 입던 가사 한 벌을 구해 왔으며, 그중 불사리를 황룡사와 태화탑太和塔 및 통도사 계단에 나누어 모셨다. 통도사 계단은 석가불신앙을 포용하면서 대승보살계를 널리 펴려는 목적으로 설치되었다. 자장의 석가불신앙 중심에 문수신앙이 있었다. 그것은 계행戒行이 중생 속으로 넓게 퍼져 나가게 하였다.

신라중고기 말에 귀족불교는 논리체계를 갖추는 한편, 대중화로 나아갔다. 신라중대에는 이론불교가 정립하고 정토신앙이 광범하게 유행하였다. 자장은 신라 귀족불교가 대중화로 방향을 전환하는 데 적응하지 못하였다. 이후 신라 불교는 관음신앙의 유형과 함께 대중화하였다. 원효元曉의 노력으로 가항街巷불교가 흥행하였다. 그에게 영향을 준 대안大安이나 혜숙惠宿·혜공惠空 등도 가항불교를 실천하고 있었다. 가항불교로써 대중화를 전개하는 것과 서민대중에게 적합한 정토를 희구하는 것은 서로 일맥상통할 수 있다.

불교 대중화에는 관음신앙의 등장이 큰 역할을 담당하였다. 관음은 법화法華영험신앙의 경배 대상이었는데, 중생의 소소한 모든 소원을 들어주므로 서민과 친근한 모습을 나타낸다. 신라의 중요한 3곳(3소三所) 관음 사찰은 중생사衆生寺·백율사栢栗寺·민장사敏藏寺이다. 세 절에 모신 관음은 집 나간 아들을 돌아오게 하고, 아기를 점지하거나 북쪽 오랑캐에게 붙잡혀 간 국선國仙을 구해 주었다. 이렇듯 중생의 소원을 들어준 법화영험신앙이 귀족은 물론 서민에게까지 넓게 수용되었다.

서민이 주체가 된 신라 불교의 대중화는 관음의 법화영험신앙이 정토신앙과 연결함으로써 퍼져 나갔다. 실제로 관음은 대중의 정토왕생을 이끌어 주는 역할을 담당하였다. 귀진貴珍과 욱면郁面이 염불 수행한 미타사는 혜숙이 세운 사찰이므로 신라중고기에도 서방정토신앙은 나타나 있었다. 신라중고기 말이 되면 법화영험신앙의 대상인 관음이 서서히 유행하던 정토신앙과 연결하여 불교 대중화를 촉진하였다. 관음의 도움에 의한 정토왕생신앙이 신라중대에는 뚜렷하게 정착하였다.

의상은 화엄사상의 논리체계를 세우면서 관음신앙을 중시하였다. 관음신앙은 주로 『법화경』의 보문품普門品과 『화엄경』의 입법계품入法界品에 모두 나와 있다. 보문품에 따른 관음신앙이 법화영험신앙이며, 입법계품의 관음신앙은 실천 수행을 강조한다. 의상은 관음신앙을 중시함으로써 실천 수행을 강조하는 최신의 세련된 화엄사상 경향을 표방하는 한편, 서민 대중 속으로 광범하게 퍼진 신이하고 투박한 토착신앙을 아울러 포용하였다.

의상의 화엄사상은 연기론보다 성기론에 치중함으로써 극히 융섭적 원융圓融사상을 성립시켰다. 의상은 당시 중국의 법장法藏과는 극히 대조적인 화엄사상체계를 구축하였다. 수진법계관竪盡法界觀을 가진 법장과는 달리 의상은 횡진법계관橫盡法界觀을 가졌는데, 원효도 의상과 비슷한 화엄법계관을 가졌다. 원효는 신라 화엄종의 방계를 형성하였는데, 중관과 유식을 화쟁和諍하고 다시 실천적 관행觀行까지 융섭한 원융사상을 형성하였다.

원광과 원측이 신라 법상종 교학의 토대를 마련하였다. 원측은 도증道證에서 태현太賢으로 이어지는 서명파西明派 유식학을 성립시켰다. 그것은 오성각별五性各別을 주장하는 중국의 자은파慈恩派 유식사상과는 달리 융섭적 사상 경향을 가졌다. 처음 성실론成實論에서 출발한 원광도 뒤에 『섭대승론攝大乘論』을 받아들이면서 융섭적 성격의 유식사상을 지녔다. 신라 이론불교는 교단이나 교파로 분립하면서도 서로를 통합하려는 원융사상 경향을 나타냈다.

참고문헌

1. 기본 사료

(1) 한국 사료

覺訓, 『海東高僧傳』.
均如, 『釋華嚴敎分記圓通鈔』.
──, 『一乘法界圖圓通記』.
金富軾 외, 『三國史記』(景仁文化社, 1969).
李能和, 『朝鮮佛敎通史』(3책, 新文館, 1918).
安鼎福, 『東史綱目』.
義相, 『華嚴一乘法界圖記』.
李奎報, 「東明王篇」(『東國李相國集』 권3).
李丙燾 譯註, 『國譯 三國史記』(乙酉文化社, 1977; 한국학술정보, 2012).
李荇 외, 『新增東國輿地勝覽』(民族文化推進委員會, 1972).
一然, 『三國遺事』(民衆書館, 1946).
丁若鏞, 『與猶堂全書』.
朝鮮總督府, 『朝鮮寺刹史料』(2책, 京城印刷所, 1911).
───, 『朝鮮金石總覽』(2책, 日韓印刷所, 1919).

體元, 「白花道場發願文略解」(『韓國佛教全書 第6冊 ― 高麗時代篇 三 ―』, 東國大學校出版部, 1984).
許興植 編著, 『韓國金石全文 ― 古代 ―』, 亞細亞文化社, 1984.
黃壽永 編著, 『韓國金石遺文』, 일지사, 1976.

(2) 외국 사료

高楠順次郎 외, 『大正新修大藏經』(大正一切藏經刊行會, 1924~1934).
吉藏, 『大乘玄論』.
道宣, 『續高僧傳』.
師蠻, 『本朝高僧傳』.
李昉, 『太平御覽』.
朝鮮史學會, 『支那史料抄』(景仁文化社, 1969).
志磐, 『佛祖統紀』.
贊寧, 『宋高僧傳』.
倉野憲司 等 校注, 『古事記 祝詞』(東京: 岩波書店, 1958).
坂本太郎 等 校注, 『日本書紀』(東京: 岩波書店, 1967).

2. 단행본

(1) 국내

高柄翊, 『東亞交涉史의 硏究』, 서울대학교 출판부, 1970.
高裕燮, 『한국미술문화사논총』, 통문관, 1966.
―――, 『韓國塔婆의 硏究』, 同和出版公社, 1975.
高翊晋, 『韓國古代 佛教思想史』, 동국대학교 출판부, 1989.
權相老, 『朝鮮佛教略史』, 新文館, 1917.
權仁瀚, 『廣開土王碑文 新硏究』, 박문사, 2015.
김기섭, 『백제와 근초고왕』, 학연문화사, 2000.
金基興, 『새롭게 쓴 한국고대사』, 역사비평사, 1993.
金斗鐘, 『韓國醫學史』, 탐구당, 1966.
金杜珍, 『韓國古代의 建國神話와 祭儀』, 일조각, 1999.
―――, 『신라하대 선종사상사 연구』, 일조각, 2007.

———, 『한국역사학 연구의 성찰』, 서경문화사, 2010.
———, 『삼국시대 불교신앙사 연구』, 일조각, 2016.
金理那, 『韓國古代佛敎彫刻史研究』, 一潮閣, 1989.
金三龍, 『韓國彌勒信仰의 研究』, 同和出版公社, 1983.
金庠基, 『東方史論叢』, 서울대학교 출판부, 1974.
金芿石, 『華嚴學概論』, 동국대학교 출판부, 1960.
김정배, 『韓國古代의 國家起源과 형성』, 高麗大學校出版部, 1986.
김창호, 『고신라 금석문의 연구』, 서경문화사, 2007.
金哲埈, 『韓國古代社會研究』, 知識産業社, 1975.
———, 『한국고대국가발달사』, 春秋文庫 1, 한국일보사, 1975.
———, 『한국문화전통론』, 세종대왕기념사업회, 1983.
盧鏞弼, 『韓國古代社會思想史探究』, 韓國史學, 2007.
盧重國, 『百濟政治史研究—국가형성과 지배체제의 변천을 중심으로—』, 一潮閣, 1988.
———, 『백제사회사상사』, 지식산업사, 2010.
문정창, 『백제사』, 인간사, 1988.
文昌魯, 『三韓時代의 邑落과 社會』, 신서원, 2000.
문화재연구소, 『韓國民俗調査報告書—충청남도 편—』, 문화재관리국, 1975.
박현숙, 『(잊혀진 우리의 역사) 백제이야기』, 대한교과서, 1999.
邊太燮, 『韓國史通論』, 삼영사, 1986.
孫晋泰, 『朝鮮民族文化의 研究』, 乙酉文化社, 1948.
———, 『韓國民族史概論』, 乙酉文化社, 1948.
申瀅植, 『韓國古代史의 新研究』, 一潮閣, 1984.
安啓賢, 『韓國 佛敎史 研究』, 同和出版公社, 1982.
禹貞相·金煐泰 共著, 『韓國佛敎史』, 進修堂, 1968.
李光麟, 『李朝水利史研究』, 韓國研究圖書館, 1961.
李基東, 『新羅 骨品制社會와 花郎徒』, 한국연구원, 1980.
李基白, 『新羅政治社會史研究』, 一潮閣, 1974.
———, 『韓國古代史論』, 探求堂, 1975.
———, 『韓國史新論』, 一潮閣, 1976.
———, 『韓國史學의 方向』, 一潮閣, 1978.

———, 『新羅思想史硏究』, 一潮閣, 1986.
———, 『韓國古代政治社會史硏究』, 일조각, 1996.
李基白·李基東, 『韓國史講座 Ⅰ(古代篇)』, 一潮閣, 1982.
李乃沃, 『百濟美의 발견—백제의 미술과 사상, 그 여덟 가지 사유—』, 悅話堂, 2015.
李丙燾, 『高麗時代의 硏究』, 乙酉文化史, 1947.
———, 『韓國古代史硏究』, 博英社, 1976; 한국학술정보, 2012.
이병도·김재원, 『한국사—고대편—』, 乙酉文化史, 1959.
이병학, 『역사 속의 원효와 금강삼매경론』, 혜안, 2017.
李鍾旭, 『新羅國家形成史硏究』, 一潮閣, 1982.
———, 『新羅骨品制硏究』, 一潮閣, 1999.
李鐘益 외, 『(한국불교) 瑜伽密敎』, 天華佛敎布敎院, 1968.
李泰鎭, 『韓國社會史硏究—農業技術발달과 社會變動—』, 지식산업사, 1986.
李賢惠, 『三韓社會形成過程硏究』, 一潮閣, 1984.
李弘稙, 『韓國古代史의 硏究』, 新丘文化社, 1971.
李熙德, 『韓國古代 自然觀과 王道政治』, 혜안, 1999.
장일규, 『최치원의 사회사상 연구』, 신서원, 2008.
장창은, 『신라상고기 정치변동과 고구려 관계』, 신서원, 2008.
———, 『고구려 남방 진출사』, 경인문화사, 2014.
———, 『삼국시대 전쟁과 국경』, 온샘, 2020.
田鳳德, 『韓國法制史硏究』, 서울대학교 출판부, 1968.
全海宗, 『東夷傳의 文獻的 硏究—魏略·三國志·後漢書 東夷關係 記事의 檢討—』, 一潮閣, 1980.
鄭善如, 『고구려 불교사 연구』, 서경문화사, 2007.
震檀學會 編, 『歷史家의 遺香—斗溪李丙燾先生追念文集—』, 一潮閣, 1991.
秦弘燮, 『韓國의 佛像』, 一志社, 1976.
———, 『삼국시대의 미술문화』, 동화출판공사, 1976.
차하순, 『현대의 역사사상』, 探究堂, 1994.
千寬宇, 『古朝鮮史·三韓史硏究』, 一潮閣, 1989.
——— 編, 『韓國上古史의 爭點』, 一潮閣, 1975.
崔光植, 『고대한국의 국가와 제사』, 한길사, 1994.

崔常壽, 『韓國民俗傳說集』, 通文館, 1958.
崔淑卿·河炫綱 공저, 『韓國女性史—古代-朝鮮時代—』, 梨花女子大學校 出版部, 1972.
黃壽永, 『韓國佛像의 硏究』, 三和出版社, 1973.
黃浿江, 『日本神話의 硏究』, 지식산업사, 1996.

(2) 국외

江上波夫, 『騎馬民族國家: 日本古代史へのアプローチ』, 中公新書 147, 東京: 中央公論社, 1967.
鎌田茂雄, 『中國華嚴思想史の硏究』, 東京: 東京大學 東洋文化硏究所, 1965.
今西龍, 『百濟史硏究』, 東京: 國書刊行會, 1970.
———, 『朝鮮古史の硏究』, 東京: 近澤書店, 1937.
金錫亨 著, 朝鮮史硏究會 譯, 『古代朝日關係史—大和政權と任那—』, 東京: 勁草書房, 1969.
白南雲, 『朝鮮社會經濟史』, 東京: 改造社, 1933.
山崎宏, 『支那中世佛教の展開』, 東京: 清水書店, 1942.
三品彰英, 『新羅花郎の硏究』, 東京: 三省堂, 1943.
王承禮 저, 송기호 역, 『발해의 역사』, 한림대학 아시아문화연구소, 1987.
李進熙 著, 李基東 譯, 『廣開土王碑의 探求』, 一潮閣, 1982.
池內宏, 『滿鮮史硏究』 上世篇 2, 東京: 吉川弘文館, 1960.
Evans-Pritchard, E. E., 『Theories of Primitive Religion』, Oxford: Clarendon Press, 1965(김두진 譯, 『原始宗教論』, 探究堂, 1976).
Harrison, Jane E., 『Ancient art and Ritual』, Oxford: MARUZEN, 1963.
Sahlins, Marshall D., 『Tribesmen』, New Jersey: Prentice-Hall, 1968.
Weber, Max, 「Die protestantische Ethik und der Geist des Kapitalismus」, zuerst, 1904~1905(權世元·姜命圭 共譯, 『프로테스탄티즘의 倫理와 資本主義의 精神』, 一潮閣, 1977).

3. 연구논문

(1) 국내

姜英卿,「韓國 古代社會의 女性—三國時代 女性의 社會活動과 그 地位를 中心으로—」,『淑大史論』11·12 합집, 1982.

———,「한국고대의 市와 井에 대한 一硏究—市場의 기원과 관련하여—」,『원우논총』2, 1984.

姜仁求,「백제의 역사와 사상」,『한국사상사대계 2—古代篇—』. 한국정신문화연구원, 1991.

姜晋哲,「新羅의 祿邑에 對하여」,『李弘稙博士回甲紀念 韓國史學論叢』, 新丘文化社, 1969.

兼若逸之,「新羅 ≪均田成册≫의 硏究—이른바 民政(村落)文書의 分析을 중심으로—」,『韓國史硏究』23, 1979.

高柄翊,「中國歷代正史의 外國列傳—朝鮮傳을 중심으로—」,『大東文化硏究』2, 1966.

———,「三國史記에 있어서의 歷史敍述」,『金載元博士回甲記念論叢』, 1969.

琴京淑,「고구려 초기의 중앙정치구조—諸加會議와 國相制를 중심으로—」,『한국사연구』86, 1994.

金光洙,「高句麗 前半期의 '加' 階級」,『建大史學』6, 1982.

———,「고구려의 '國相'職」,『李元淳教授停年紀念 역사학논총』, 教學社, 1991.

———,「夫餘의 '大使'職」,『水邨朴永錫教授華甲紀念 韓國史學論叢 (上)』, 탐구당, 1992.

金光日,「굿과 정신치료」,『문화인류학』5, 1972.

金東華,「신라하대의 불교사상」,『아세아연구』3-2, 1968.

金東華·洪庭植·李載昌,「불교의 국가관 및 정치사상 연구」,『불교학보』10, 1973.

김두진,「삼한시대의 邑落」,『韓國學論叢』7, 1985.

———,「三韓 別邑社會의 蘇塗信仰」,『韓國古代의 國家와 社會』, 歷史學會 編, 一潮閣, 1985.

———,「한국 고대 여성의 지위」,『한국사시민강좌』15, 일조각, 1994.

———,「고구려초기의 沛者와 국가체제」,『한국학논총』31, 2009.

金庠基, 「花郎과 彌勒信仰에 대하여—神仙寺遺構의 調査를 기틀로—」, 『李弘稙博士回甲紀念 韓國史學論叢』, 新丘文化社, 1969.
김연민, 「新羅 文武王代 明朗의 密敎思想과 그 의미」, 『韓國學論叢』 30, 2008.
金烈圭, 「巫俗的 英雄考—김유신전을 중심으로 하여—」, 『震檀學報』 43, 1977.
金煐泰, 「彌勒仙花考」, 『불교학보』 3·4 합집, 1966.
———, 「신라 占察법회와 진표의 교법연구」, 『불교학보』 9, 1972.
———, 「고구려 불교사상」, 『숭산박길진박사화갑기념 한국불교사상사』, 원광대학교 출판국, 1975.
———, 「점찰법회와 진표의 교법사상」, 『숭산박길진박사화갑기념 한국불교사상사』, 원광대학교 출판국, 1975.
———, 「法華信仰의 傳來와 그 展開—삼국·신라시대—」, 『韓國佛敎學』 3, 1977.
———, 「百濟 佛敎信仰의 特性」, 『百濟의 宗敎와 思想』, 忠淸南道, 1994.
金龍善, 「高句麗 琉璃王考」, 『震檀學報』 87, 1980.
金元龍, 「三國時代 開始에 關한 一考察—三國史記와 樂浪郡에 대한 再檢討—」, 『東亞文化』 7, 1967.
———, 「한국 栽稻 기원에 대한 一考察」, 『震檀學報』 25·26·27 合併號, 1964.
金仁德, 「高句麗 三論思想의 展開」, 『伽山李智冠스님華甲紀念論叢 韓國佛敎文化思想史』 上, 伽山文庫, 1992.
金貞培, 「三韓 位置에 대한 從來說과 文化性格의 檢討」, 『史學硏究』 20, 1968.
———, 「한국에 있어서의 기마민족문제」, 『震檀學報』 75·76 합집, 1977.
———, 「三韓社會의 '國'의 解釋問題」, 『韓國史硏究』 26, 1979.
金周成, 「百濟 사비시대 政治史硏究」, 全南大學校 박사학위논문, 1990.
金知見, 「신라 화엄학의 계보와 사상」, 『학술원논문집』 12, 1973.
———, 「新羅 華嚴學의 主流考」, 『숭산박길진박사화갑기념 한국불교사상사』, 원광대학교 출판국, 1975.
金哲埈, 「신라 상대사회의 Dual organization(下)」, 『歷史學報』 2, 1952.
———, 「高麗中期의 文化意識과 史學의 性格—『三國史記』의 性格에 대한 再檢討—」, 『韓國史硏究』 9, 1973.

南天祐, 「첨성대에 관한 諸說의 檢討」, 『震檀學報』 64, 1974.
南武熙, 「高句麗 僧朗의 生涯와 그의 新三論思想」, 『북악사론』 4, 1997.
南豊鉉, 「漢字借用表記法의 발달」, 『國文學論集』 7·8 합집, 1975.
노명호, 「백제의 東明神話와 東明廟—동명신화의 재생성 현상과 관련하여—」, 『역사학연구』 10, 1981.
盧鏞弼, 「普德의 사상과 활동」, 『韓國上古史學報』 2, 1989.
盧重國, 「백제왕실의 南遷과 지배세력의 변천」, 『한국사론』 4, 서울대학교 국사학과, 1978.
———, 「高句麗國相考 (上·下)」, 『한국학보』 16·17, 1979.
盧泰敦, 「삼국시대의 '部'에 관한 연구—성립과 구조를 중심으로—」, 『韓國史論』 2, 서울대학교 국사학과, 1975.
———, 「발해국의 주민구성과 발해인의 족원」, 역사학회 편, 『한국고대의 국가와 사회』, 一潮閣, 1985.
———, 「扶餘國의 境域과 그 變遷」, 『國史館論叢』 4, 1989.
———, 「筆寫本 花郎世紀는 眞本인가」, 『韓國史硏究』 99·100 합집, 1997.
文明大, 「신라 법상종(瑜伽宗)의 성립문제와 그 미술 (하)—甘山寺 미륵보살상 및 아미타불상과 그 銘文을 중심으로—」, 『震檀學報』 63, 1974.
文昌魯, 「부여의 관제와 그 계통적 접근」, 『한국학논총』 31, 2009.
박대재, 「夫餘의 왕권과 왕위 계승—2~3세기를 중심으로—」, 『韓國史學報』 33, 2008.
朴魯俊, 「唐代 五臺山信仰과 澄觀」, 『關東史學』 3, 1988.
박찬규, 「백제의 마한사회 병합과정 연구」, 『국사관논총』 95, 2001.
白南郁, 「"三國志" 韓傳의 '國'에 관한 問題」, 『白山學報』 26, 1981.
徐大錫, 「백제의 신화」, 『震檀學報』 60, 1985.
송기호, 「발해사 연구의 몇 가지 문제점」, 『한국고대사론』, 한길사, 1988.
申采浩, 「朝鮮歷史上一千年來第一大事件」, 『朝鮮史硏究草』, 朝鮮圖書株式會社, 1929.
신형식, 「삼국통일의 역사적 성격」, 『한국사연구』 61·62 합집, 1988.
安啓賢, 「百濟佛敎에 關한 諸問題」, 『百濟硏究』 8, 1977; 『百濟佛敎文化의 硏究』, 忠南大學校 百濟硏究所, 1994.
余昊奎, 「고구려초기 那部統治體制의 성립과 운영」, 『韓國史論』 27, 서울대학교 국사학과, 1992.

柳炳德, 「승랑과 삼론사상」, 『숭산박길진박사화갑기념 한국불교사상사』, 원광대학교 출판국, 1975.
俞元載, 「泗沘시대의 三山숭배」, 『백제의 종교와 사상』, 충청남도, 1994.
尹容鎭, 「大邱의 初期國家 形成過程—考古學的 資料를 中心으로—」, 『東洋文化硏究』 1, 1974.
이근우, 「日本書紀 神功紀 加羅 7국 정벌기사에 대한 기초적 검토」, 『韓國古代史硏硏』 39, 2005.
李基東, 「古代國家의 歷史意識」, 『韓國史論 6—한국사의 의식과 서술—』, 국사편찬위원회, 1979.
———, 「百濟 王室交代論에 대하여」, 『百濟硏究』 12, 1981.
李基白, 「百濟王位繼承考」, 『震檀學報』 11, 1959.
———, 「고구려의 扃堂—한국 고대국가에 있어서의 未成年 집회의 一遺制—」, 『震檀學報』 35·36 합집, 1967.
———, 「部族國家시대 법속에 나타난 사회와 사상」, 『韓國民族思想史大系 2—고대편—』, 형설출판사, 1973.
———, 「유교수용의 초기 형태」, 『한국민족사상사대계 2—고대편—』, 형설출판사, 1973.
———, 「夫餘의 투기죄」, 『史學志』 4-1, 1974.
———, 「고구려의 국가형성 문제」, 역사학회 편, 『한국고대의 국가와 사회』, 一潮閣, 1985.
이기영, 「경전 인용에 나타난 원효의 독창성」, 『숭산박길진박사화갑기념 한국불교사상사』, 원광대학교 출판국, 1975.
李乃沃, 「淵蓋蘇文의 執權과 道敎」, 『歷史學報』 99·100 합집, 1983.
李道學, 「사비시대 백제의 四方界山과 호국사찰의 성립—法王의 佛敎理念 擴大政策과 관련하여—」, 『백제연구』 20, 1989.
李萬烈, 「고구려 사상정책에 대한 몇 가지 검토」, 『柳洪烈博士 華甲紀念論叢』, 探求堂, 1971.
이병학, 「肇論의 聖俗不二 사상과 혜공의 대중교화」, 『韓國思想史學』 60, 2018.
李龍範, 「고구려의 성장과 鐵」, 『白山學報』 1, 1966.
———, 「處容說話의 一考察—唐代 이슬람商人과 新羅—」, 『震檀學報』 32, 1969.
———, 「삼국사기에 보이는 이슬람상인의 무역품」, 『李弘稙博士回甲紀念 韓

國史學論叢』, 新丘文化社, 1969.
———, 「瞻星臺存疑」, 『震檀學報』 38, 1974.
李佑成, 「삼국사기의 구성과 고려왕조의 정통의식」, 『震檀學報』 38, 1974.
———, 「南北國時代와 崔致遠」, 『創作과 批評』 10-4, 1975.
李鍾旭, 「백제왕국의 성장—통치체제의 강화와 전제왕권의 성립—」, 『대구사학』 12·13 합집, 1977.
———, 「斯盧國의 成長과 辰韓」, 『韓國史研究』 25, 1979.
———, 「고구려초기의 左·右輔와 國相」, 『全海宗博士華甲紀念 史學論叢』, 一潮閣, 1979.
———, 「신라장적을 통하여 본 통일신라의 촌락지배체제」, 『歷史學報』 86, 1980.
———, 「고구려 초기의 地方統治제도」, 『歷史學報』 94·95 합집, 1982.
———, 「한국 초기국가의 형성·발전단계」, 『한국사연구』 67, 1989.
———, 「花郎世紀의 신빙성과 그 저술에 대한 고찰」, 『한국사연구』 97, 1997.
李鍾泰, 「新羅 智證王代의 神宮設置와 金氏始祖認識의 變化」, 『擇窩許善道先生停年紀念 韓國史學論叢』, 一潮閣, 1992.
李春寧, 「한국농업기술사」, 『한국문화사대계 3: 과학·기술사』, 고대민족문화연구소 출판부, 1970.
李賢惠, 「三韓의 '國邑'과 그 成長에 대하여」, 『歷史學報』 69, 1976.
———, 「馬韓 小國의 形成에 대하여」, 『歷史學報』 92, 1981.
李喜寬, 「新羅上代 智證王系의 王位繼承과 朴氏王妃族」, 『東亞研究』 20, 1990.
林起煥, 「고구려 초기 관계조직의 성립과 운영」, 『경희사학』 19, 1995.
———, 「고구려의 정치·경제와 사회」, 국사편찬위원회, 『한국사 5—삼국의 정치와 사회 1: 고구려—』, 탐구당, 1996.
任東權, 「한국원시종교사(一)」, 『한국문화사대계 6: 종교·철학사』, 고대민족문화연구소 출판부, 1970.
林炳泰, 「新羅小京考」, 『歷史學報』 35·36 합집, 1967.
田鳳德, 「新羅의 律令考」, 『서울대학교논문집, 인문사회과학』 4, 1956.
鄭璟喜, 「東明型說話와 古代社會—宗教·社會史的 觀點으로부터의 接近—」, 『歷史學報』 98, 1983.
鄭杜熙, 「廣開土王陵碑文 辛卯年 記事의 再檢討」, 『震檀學報』 82, 1979.

정영호, 「신라미술연구에 있어서의 제문제」, 『신라문화』 1, 1984.
鄭寅普, 「廣開土境平安好太王陵碑文釋略」, 『薝園國學散藁』, 文敎社, 1955.
張戒環, 「北魏佛敎의 사상적 특징—地論學派를 중심으로—」, 『불교학보』 35, 1998.
장원규, 「화엄교학 완성기의 사상연구—傍依의 三師를 中心으로—」, 『불교학보』 11, 1974.
千寬宇, 「三韓의 成立過程—三韓攷 第1部—」, 『史學硏究』 26, 1975.
———, 「〈三國志〉 韓傳의 再檢討—三韓攷 第2部—」, 『震檀學報』 41, 1976.
———, 「三韓의 國家形成 (상)·(하)—三韓攷 第3部—」, 『韓國學報』 2·3, 1976.
———, 「辰·弁韓諸國의 位置 試論」, 『白山學報』 20, 1976.
———, 「馬韓諸國의 位置 試論」, 『東洋學』 9, 단국대학교 동양학연구소, 1979.
———, 「目支國考」, 『韓國史硏究』 24, 1979.
崔光植, 「三國史記 所載 老嫗의 性格」, 『史叢』 25, 1981.
최병헌, 「천태종의 성립」, 국사편찬위원회, 『한국사 6—고려 귀족사회의 문화—』, 탐구당, 1975.
한규철, 「신라와 발해의 정치적 교섭과정—남북국의 사신 파견을 중심으로—」, 『한국사 연구』 43, 1983.
韓炳三, 「선사시대 農耕文青銅器에 대하여」, 『考古美術』 112, 1971.
許善道, 「國史硏究의 基本 目的과 方法—올바른 韓國史觀 定立을 위한 序說—」, 『國民大學報』 157·158號, 1973(『敎養國史』, 1981).
許回淑, 「蘇塗에 關한 硏究」, 『慶熙史學』 3, 1972.
黃晟起, 「원측의 唯識學觀에 관한 연구」, 『불교학보』 9, 1972.
洪承基, 「1~3世紀의 '民'의 存在形態에 대한 一考察—所謂 '下戶'의 實體와 관련하여—」, 『歷史學報』 63, 1974.
洪潤植, 「백제불교」, 『숭산박길진박사화갑기념 한국불교사상사』, 원광대학교 출판국, 1975.
洪以燮, 「고구려인의 문화와 사상」, 『한국사상』 7, 1964(『고대인의 문화와 사상』, 경인문화사, 1973).
———, 「백제사의 성격과 그 문화적 특질」, 『韓國思想』 9, 1968(『고대인의 문화와 사상』, 경인문화사, 1973).

(2) 국외

高崎直道,「古代インドにおける 身分と階級」,『古代史講座』7, 學生社, 1963.

旗田巍,「新羅の村落 1·2—正倉院にある新羅村落文書の研究—」,『歴史學研究』226·227, 1958·1959.

末松保和,「魏志韓傳の別邑に就いて」,『史學雜志』64~12, 1955.

武田幸男,「魏志東夷傳にみえる下戸問題」, 旗田巍·井上秀雄 編,『古代の朝鮮』, 東京: 學生社, 1974.

———,「新羅骨品制の再検討」,『東洋文化研究所紀要』67, 1975.

野村忠夫,「正倉院より發見された新羅民政文書について」,『史學雜誌』62-4, 1953.

池內宏,「新羅の骨品制と王統」,『東洋學報』28-3, 1941.

村上正雄,「魏志韓傳に見える蘇塗の一解釋」,『朝鮮學報』9, 1956.

찾아보기

ㄱ

ㄴ

ㄷ

ㅁ

ㅂ

ㅅ

ㅇ

ㅊ

ㅌ

김두진金杜珍

서울대학교 문리과대학 사학과를 졸업하고 동 대학원의 석사과정을 수료했다. 전남대학교 사범대학 국사교육과 조교수를 거쳐 국민대학교 문과대학 국사학과 교수를 지냈다. 역사학회 및 진단학회 회장을 역임했으며, 현재 국민대학교 명예교수이다. 저서로는 『均如華嚴思想研究』(일조각, 1983), 『義湘: 그의 생애와 화엄사상』(민음사, 1995), 『韓國古代의 建國神話와 祭儀』(일조각, 1999), 『신라화엄사상사연구』(서울대학교 출판부, 2002), 『고려전기 교종과 선종의 교섭사상사 연구』(일조각, 2006), 『백제의 정신세계』(주류성, 2006), 『신라하대 선종사상사 연구』(일조각, 2007), 『고려시대 사상사 산책』(국민대학교 출판부, 2009), 『한국역사학연구의 성찰』(서경문화사, 2010), 『한국고대사의 창을 통해 민족문화 보기』(서경문화사, 2010), 『삼국유사의 사학사적 연구』(일조각, 2014), 『삼국시대 불교신앙사 연구』(일조각, 2016), 『통일신라의 사회변동과 종교사상』(일조각, 2024) 등이 있으며, 역서로는 『원시종교론』(탐구당, 1976), 『譯註 三國遺事』 1~5(共譯, 이회문화사, 2003) 등이 있다.

한국고대의 종교신앙과 국가체제 정비

1판 1쇄 펴낸날 2025년 12월 30일

지은이 | 김두진
펴낸이 | 김시연

편집 | 강영혜
디자인 | 본문 이미애, 표지 최정희

펴낸곳 | (주)일조각
등록 | 1953년 9월 3일 제300-1953-1호(구 : 제1-298호)
주소 | 03176 서울시 종로구 경희궁길 39
전화 | 02-734-3545 / 02-733-8811(편집부)
02-733-5430 / 02-733-5431(영업부)
팩스 | 02-735-9994(편집부) / 02-738-5857(영업부)
이메일 | ilchokak@hanmail.net
홈페이지 | www.ilchokak.co.kr

ISBN 978-89-337-0856-9 93910
값 50,000원